dicionário histórico
de religiões

Lexikon | *obras de referência*

ANTONIO CARLOS DO AMARAL AZEVEDO

dicionário histórico de religiões

coautoria e edição Paulo Geiger
2ª edição revista e atualizada

© 2012 by Antonio Carlos do Amaral Azevedo e Paulo Geiger

Direitos para língua portuguesa adquiridos pela Lexikon Editora Digital Ltda. Todos os direitos reservados. Nenhuma parte desta obra pode ser apropriada e estocada em sistema de banco de dados ou processo similar, em qualquer forma ou meio, seja eletrônico, de fotocópia, gravação etc., sem a permissão do detentor do copirraite.

1ª edição 2002

Lexikon Editora Digital Ltda.
Rua as Assembleia, 92 3º andar – Centro
20011-000 – Rio de Janeiro – RJ – 2526 6824
www.lexikon.com.br – sac@lexikon.com.br

Veja também www.aulete.com.br – seu dicionário na internet

DIRETOR EDITORIAL
Carlos Augusto Lacerda

EDITOR
Paulo Geiger

PRODUÇÃO
Sonia Hey

PROJETO GRÁFICO E DIAGRAMAÇÃO
Nathanael Souza

CAPA
Luis Saguar

IMAGEM DA CAPA
Vitrais: Ermita de la Virgen de la Yedra - La Adrada - Ávila/Espanha
(foto de Luis Saguar)

CIP-BRASIL. CATALOGAÇÃO NA FONTE
SINDICATO NACIONAL DOS EDITORES DE LIVROS, RJ

A986d
2.ed.

Azevedo, Antonio Carlos do Amaral
Dicionário histórico de religiões / Antonio Carlos do Amaral Azevedo ; coautoria e edição Paulo Geiger. – 2.ed. – Rio de Janeiro : Lexikon, 2012.
328p.

Inclui bibliografia
ISBN 978-85-86368-81-3

1. Religiões - Dicionários. 2. Religião - Dicionários. I. Geiger, Paulo. II. Título.

CDD: 201
CDU: 2(038)

Para Marcus e Carmen

AO LEITOR

Este *Dicionário histórico de religiões* obedece ao mesmo critério, metodologia e características do *Dicionário de nomes, termos e conceitos históricos*, de minha autoria. Nele, o leitor encontrará informações concisas através de verbetes redigidos em linguagem simples e objetiva, sem qualquer pretensão teológica, sobre as principais religiões do mundo e suas manifestações (seitas, ritos, cultos, movimentos etc.). O universo a alcançar visa, essencialmente, a estudantes, professores e ao leitor comum. Prioritariamente, agradeço ao professor Arno Wehling, doutor em História e atual presidente do Instituto Histórico e Geográfico Brasileiro, o generoso prefácio com que enriqueceu o *Dicionário*. E também à diretoria e funcionários da Editora.

A.C.
2002

SUMÁRIO

Prefácio à 1ª edição | 11
Critérios, estrutura e notações | 15
Fatos e conceitos | 17
Biografias | 269
Deuses, divindades e demônios | 298
Glossário | 316
Referências bibliográficas | 325

PREFÁCIO À 1ª EDIÇÃO

A ideia de reunir articuladamente o conhecimento é antiga e remonta, na cultura ocidental, à Idade Média e, antes dela, à Antiguidade. Tratava-se da preocupação de enfeixar os saberes existentes num conjunto coerente com o todo e seus elementos componentes devidamente identificados e hierarquizados. Aristóteles e santo Tomás de Aquino são os exemplos clássicos de ambiciosos e bem-sucedidos esforços neste sentido.

Uma primeira grande *classificação* dos conhecimentos foi realizada, não por acaso, por Aristóteles.

O passo seguinte, no sentido de *reunir* e *explicar* as informações, sem o interesse da criação filosófica, estética ou científica, esboçou-se a partir da modernidade e chegou a seu ponto de definição clássica com as enciclopédias e dicionários do século XVIII. A partir daí, amplas enciclopédias e dicionários especializados tornaram-se referências comuns da vida culta. As primeiras tomaram como modelo a *Enciclopédia* de Diderot e d'Alembert, ou a *Enciclopédia britânica*, diferentes na concepção e nos objetivos; os dicionários, por sua vez, refletindo a crescente especialização e fragmentação do conhecimento, verticalizaram-se cada vez mais. Se no século XIX apareceram os primeiros dicionários de arte e política, como o dirigido por Maurice Bock (1863), no século XX eles quase se singularizaram, com o surgimento de obras temáticas como os *Dicionários da Revolução Francesa* dirigidos por François Furet e Albert Soboul, o *Dicionário de epistemologia genética* de A. Battro ou mesmo dicionários dedicados a autores, como o de Borges.

A preocupação classificatória, enciclopedista e dicionarista teria de chegar ao tema das religiões e já de há muito existem, em diferentes idiomas, obras especializadas ou de divulgação dedicadas ao tema.

O fenômeno religioso é uma constante nas culturas, quer as consideremos do ponto de vista antropológico, quer histórico. É elemento muito significativo, senão dominante, na grande maioria delas. Polariza uma daquelas dicotomias a que nos acostumamos para conceber a realidade: ideia-matéria, corpo-alma, sagrado-profano, leigo-eclesiástico. As duas últimas dizem respeito, especificamente, ao tema das religiões.

Existem, em todas as culturas, relações complexas entre os territórios do sagrado e do profano. Objetos, signos, palavras e sons possuem um sentido sagrado ou profano, ou possuem ambos os sentidos, conforme a maneira de serem enunciados e, consequentemente, olhados, percebidos ou sentidos.

Mas, o que é o sagrado? Esta pergunta tem sido respondida teologicamente, filosoficamente, cientificamente. Teólogos o tratam como sua área por excelência. Filósofos tenderam a opor-lhe uma *ratio*, um *logos*, o que levou a resultados díspares, como a condenação de Sócrates e a crítica cáustica de Voltaire.

Cientistas procuraram dar-lhe uma dimensão psicológica, como Freud ou Jung, sociológica, como Durkheim, ou antropológica, como Frasier, para lembrarmos apenas das interpretações matriciais dessas ciências.

A consequência mais "material" e evidente da dicotomia entre o sagrado e o profano é a existência de uma arquitetura institucional a garanti-la, aquela que separa o "eclesiástico" do "leigo". Numa sociedade dominada pelo sagrado, o estado eclesiástico — no sentido da existência de uma comunidade de homens sábios e santos a ditar as normas comportamentais da sociedade e não necessariamente de uma "igreja" formal — é o mais importante, aquele que verdadeiramente se ocupa do que é mais importante para a existência do homem, a sua alma. No Ocidente medieval, tal fato correspondeu à "primeira ordem" ou "primeiro estado", o dos eclesiásticos, mas esta estratificação parece ter sido comum, em certos momentos históricos, às várias sociedades de origem indo-europeia, como a germânica, a grega e a romana.

Assim, estudar uma "igreja" ou religião institucionalizada é apenas considerar o que de mais evidente e "externo" ela apresenta; corre-se o risco, a deter-se aí, de não perceber seu sentido profundo, "orgânico" no jargão evolucionista, "essencial" na definição dos escolásticos.

Outro problema no estudo da religião diz respeito a que, numa perspectiva histórica, ela não é unívoca. Se na maioria das culturas historicamente conhecidas ela possui papel relevante, senão dominante, ainda assim este papel é variável conforme sua relação com outras manifestações da mesma cultura, especialmente os "profanos". Isso é particularmente válido para a cultura ocidental contemporânea que, tributária da tradição renascentista-iluminista neste ponto, separou de tal forma o religioso e o profano que aquele, pelo menos nos meios intelectuais desde a Ilustração, foi apenas mais um ângulo ou "ponto de vista" da percepção da realidade, junto a outros, como o estético, o científico, o religioso ou até o ético.

Ora, essa perspectiva, no conjunto histórico das culturas, é singularíssima: segmentar a realidade e o conhecimento para melhor compreendê-lo corresponde à vitória, no Ocidente, de uma concepção racionalista que, esboçada nos séculos XVI e XVII, somente triunfaria nos seguintes, estimulada pela explosão do conhecimento científico e da tecnologia. Reduzir a religião a um aspecto ou caminho do saber, semelhante em *status* a outros, seus "concorrentes", como a filosofia, a ciência ou a arte, foi solução que a cultura ocidental deu para seus problemas antropológicos mais profundos, bem como para suas relações sociais e políticas: quanto sangue correu (e ainda corre) para que se afirmasse uma atitude de tolerância e relativismo entre diferentes concepções de mundo!

É preciso, portanto, considerar nos estudos das religiões a sua diversa inserção em cada uma das culturas, bem como as transformações de ambas — religião e cultura — no tempo, para aferir seu efetivo significado na vida dos integrantes daquele mundo estranho a nós.

O primeiro mérito de um *Dicionário histórico de religiões*, como o elaborado pelo professor Antonio Carlos do Amaral Azevedo com a colaboração de Paulo Geiger — este, um profundo conhecedor do judaísmo e a quem coube caracterizar os diferentes quadros históricos da religião de Israel —, é justamente o de destacar este diferente significado ou peso histórico das diferentes religiões em seus respectivos contextos históricos, bem como suas modificações no tempo, quer intrínsecas, quer provocadas pelo contato com outras culturas e religiões. O que dizer, nesse aspecto, do profundo impacto que teve, no Novo Mundo, o confronto do cristianismo católico ou protestante com as diferentes religiões das populações pré-colombianas?

Os demais méritos decorrem, como esse, da capacidade do professor Antonio Carlos, já revelada no *Dicionário de nomes, termos e conceitos históricos*, de amplo sucesso editorial: o *Dicionário histórico de religiões* é conciso, como convém à obra que se propõe informativa; é preciso, qualidade dos bons dicionários desde o século XVIII; revela a empatia dos autores com o tema e a abordagem histórica em geral, condição indispensável no trabalho da empreitada.

O *Dicionário histórico de religiões* atende, também, a uma necessidade pedagógica que os autores, conscientemente, buscam suprir: a falta de obra de referência que ponha os estudantes e o público em geral, interessado no tema, em contato com religiões, seitas, doutrinas, personagens e eventos que fazem parte da vida cultural de nossa sociedade, direta ou indiretamente, mediata ou imediatamente.

Conhecedores do tema, bons escritores, o professor Antonio Carlos do Amaral Azevedo e Paulo Geiger, com este dicionário histórico, dão contribuição valiosa a nossos estudantes para o conhecimento de um assunto difícil e cheio de percalços e obstáculos, muitos deles gerados por preconceitos de uma religião em relação às outras, ou de ideologias face às religiões. Assim, o *Dicionário histórico de religiões* é um guia seguro para todos aqueles que desejam iniciar-se num dos temas permanentes de inquietação do espírito humano.

Arno Wehling
Presidente do Instituto Histórico e Geográfico Brasileiro

CRITÉRIOS, ESTRUTURA E NOTAÇÕES

1. CONCEITO O *Dicionário histórico de religiões* é essencialmente uma obra de referência. Apresenta informações básicas e descritivas de elementos factuais, conceituais e históricos concernentes às religiões mais importantes, sem considerar aspectos teológicos ou relativos à fé religiosa em si mesma. O *Dicionário histórico de religiões* apresenta fatos e conceitos a partir de um ponto de observação histórico exterior às religiões, mesmo quando descreve as crenças, os símbolos e os mitos que as caracterizam. Por sua própria dimensão física, não pretende nem poderia ser exaustivo, e visa a apresentar os fatos e conceitos mais relevantes para a compreensão das religiões e de seu papel na história.

2. ESTRUTURA O dicionário está dividido em cinco seções:
a) **FATOS E CONCEITOS:** constitui o corpo principal do dicionário e reúne, em ordem alfabética, verbetes sobre conceitos, fatos, eventos, correntes, facções, seitas, símbolos, mitos etc., referentes às principais religiões.
b) **BIOGRAFIAS:** em ordem alfabética, sucintas, de personagens históricas, reais ou míticas, no âmbito das crenças e da história das religiões.
c) **DEUSES, DIVINDADES E DEMÔNIOS:** cultuados pelas religiões ou descritos em mitologias e superstições.
d) **GLOSSÁRIO:** verbetes reunidos alfabeticamente elucidam palavras e termos usados nos demais verbetes.
e) **REFERÊNCIAS BIBLIOGRÁFICAS:** obras sugeridas para ampliar e aprofundar as informações conceituais, históricas e biográficas.

3. REMISSÕES Ao longo dos textos, o consulente encontrará referências cruzadas a outros verbetes do dicionário, as quais podem apresentar-se de duas maneiras:
a) referências explícitas, na forma **V. CRISTIANISMO*** ou na forma **V. TB. CRISTIANISMO***;
b) referências implícitas, anotadas na forma de um asterisco aposto à palavra que constitui o verbete a que se quer remeter, seguido da inicial referente à seção na qual se encontra. Exs.:

....mórmons*....	remete ao verbete 'mórmons' na seção 'Fatos e conceitos' (sem inicial)
....Moisés*ᵇ....	remete ao verbete 'Moisés' na seção 'Biografias'
....Arimã*ᵈ....	remete ao verbete 'Arimã' na seção 'Deuses, divindades e demônios'
....anátema*ᵍ....	remete ao verbete 'anátema' na seção 'Glossário'

4. ASSINATURAS Os verbetes não assinados foram escritos pelo professor Antonio Carlos do Amaral Azevedo. Os verbetes sobre judaísmo, assinados (P.G.), foram escritos por Paulo Geiger. Os dois verbetes assinados (J.E.P.) foram escritos, a pedido de Paulo Geiger, pelo dr. Joseph Eskenazi Pernidji. Os verbetes sobre religiões afro-brasileiras, assinados (E.D.G.), foram escritos por Eneida Duarte Gaspar.

5. DATAS As datas anteriores à era cristã são acompanhadas da notação a.C. (antes de Cristo; ex.: 156 a.C.). As datas referentes à era cristã ou não têm notação alguma após o registro do ano (ex.: 1848), ou são acompanhadas da notação a.D. (*anno Domini*; ex.: 135 a.D.). Datas separadas por traço de união indicam os anos de nascimento e de morte (ex.: 354-430); datas separadas por barra inclinada indicam abrangência de período histórico (ex.: séculos VIII/X).

Os autores agradecem as valiosas observações e sugestões para os verbetes sobre judaísmo feitas pelo dr. Jacob Dolinger e pelos rabinos Sérgio Margulies e Nilton Bonder; para os verbetes sobre religiões afro-brasileiras, feitas por Eneida Duarte Gaspar; para os verbetes sobre catolicismo, feitas por dom Filipo Santoro; para os verbetes sobre protestantismo, feitas pela professora Magali do Nascimento Cunha; para os verbetes sobre islamismo, feitas pela professora Maria Clara Lucchetti Bingemer.

Fatos e conceitos

A

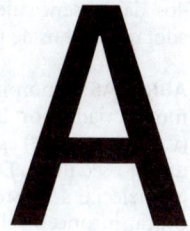

ABADIA Comunidade religiosa cristã (v. Cristianismo*), habitada por homens ou mulheres, dirigida por um abade ou abadessa. As abadias são centros de devoção, desempenhando importante papel não só espiritual como artístico, econômico e intelectual. As abadias surgiram no Egito, no decurso do século IV, quando grupos de eremitas (v. Eremitismo*), não obstante a solidão que praticavam, reuniam-se aos domingos para participarem da eucaristia* e dos ofícios religiosos. Em breve, esses encontros passaram a ser frequentes e diários, a tal ponto que não demoraram a aparecer construções, de preferência próximas a riachos, caracterizadas pela presença de uma capela. Rapidamente, o eremitismo foi superado pelo cenobitismo*; em 315, um egípcio, Pacômio, fundou em Tebas a primeira abadia, consolidando, definitivamente, o monasticismo* (o termo "monaquismo" também é válido). No século V, no Oriente, a população monástica abrangia cerca de 500 mil pessoas. As abadias orientais dispunham de jardins, campos, alamedas, refeitório, células, salas para meditação, enfermarias, farmácia, banheiros, dormitórios. Entre os cartuxos*, cada monge possuía uma pequena casa (célula, oratório, jardim). No Ocidente, o monaquismo começou no século V, progredindo rápido com a fundação de várias abadias que, geralmente, contavam com o apoio da realeza. No século seguinte, o monaquismo alcançou a Irlanda e vizinhanças. Progressivamente, o abade ganhava prestígio e poder. Foi, porém, a partir do conhecimento e aplicação da regra de são Bento (v. Beneditinos*) que o título de abade se impôs no Ocidente enquanto no Oriente, empregava-se o termo "higumeno" para identificar os chefes dos mosteiros (o termo "arquimandrita*g" era também usado). Pouco a pouco as abadias se transformaram em verdadeiras autarquias. Os princípios básicos da regra beneditina (*Ora et labora*) contribuíram para vinculá-las à economia rural, e os seus abades eram respeitados como administradores e guias espirituais competentes, principalmente a partir da época carolíngia (séculos VIII/X). De simples eremita, asceta (v. Ascetismo*) e solitário, dotado de prerrogativas modestas, o abade passou a desfrutar de grandes regalias e poderes, chegando, por vezes, a usar insígnias pontificais, só retornando à simplicidade no início do século XII. Entretanto, no decorrer do período medieval, a importância econômica dos mosteiros fez do abade um personagem essencial. Atualmente, as maiores abadias concentram-se no Tibete.

ABECEDARIANISMO Pequena seita* cristã (v. Cristianismo*), surgida na Alemanha no século XVI, cuja doutrina afirmava que qualquer manifestação do conhecimento é desnecessária e inútil, exceto o saber adquirido nas Santas Escrituras. Esse saber, porém, só será alcançado se obtido não pela leitura e sim pela graça do Espírito Santo (v. Paráclito*g), em comunicação direta com o fiel. A denominação "abecedário" alude às primeiras letras do alfabeto, que é considerado supérfluo pelos adeptos da seita.

ABELIANISMO Heréticos (v. Heresia*), cristãos (v. Cristianismo*) atuantes na cidade de Hipona (África do Norte, à época de santo Agostinho*b (354-430), os abelianos (também chamados "abelitas") eram assim denominados porque acreditavam que Abel, segundo filho de Adão, o primeiro homem, não engendrara filhos, razão pela qual resolveram seguir esse exemplo. Evitando, por força dessa convicção, deixar descendentes, a fim de poupá-

-los da presença de pecadores, os abelianos adotaram filhos de pessoas estranhas à seita*.

ABRAXAS Denominação mística (v. Misticismo*), criada por Basilides, célebre gnóstico (v. Gnosticismo*) egípcio, nascido em Alexandria no século II. De maneira geral, Basilides estabelecia a existência de uma divindade única, inconcebível, impossível de ser caracterizada mas detentora de grande força, que lhe permite emitir emanações representativas dela própria, em número de 365, correspondentes aos dias do ano. A palavra "abraxa", gravada em pedras preciosas, simbolizava a divindade, servindo as pedras como amuletos. Os símbolos nelas registrados, porém, não são pertinentes ao gnosticismo e muito menos ao uso dos basilidianos.

ACADEMIAS RABÍNICAS (*IESHIVOT*) O termo hebraico para as academias judaicas de estudos religiosos — *ieshivá* — deriva do verbo "sentar", e, realmente, pouco se fazia nelas além de sentar e estudar a Torá*, o *Talmud* e as interpretações de seus textos pelos grandes mestres rabínicos. Até a destruição do Segundo Templo* por Tito, em 70 a.D., a prática religiosa judaica congregacional se concentrava no Templo, que todo judeu devia visitar três vezes por ano nas festas de peregrinação — *Pessach*, Shavuot* e Sucot* — e nas pregações e sermões interpretativos dos textos sagrados (Torá), instituídos por Esdras*[b] e pelos escribas, e feitos em público por oradores, mestres (rabis, ou rabinos*) e moralistas. Essa forma de educar através da interpretação dos textos escritos redundou em extenso acervo de comentários, exegeses, aplicações práticas, adaptações de preceitos antigos a condições novas, decisões e ensinamentos éticos baseados na Torá escrita, acervo que passou a ser conhecido como a "Torá Oral", ou Lei Oral. A compreensão dos fundamentos do judaísmo* e de sua prática passava, pois, pelo conhecimento da Torá escrita e da Lei Oral. Essas "classes" rabínicas se distribuíam em mais de uma escola interpretativa, sendo famosa a disputa, entre outras, da escola de Shamai com a de Hilel*[b] (século I). Já sob a ameaça iminente da derrota final para os romanos e da perda da soberania e do centro de sua vida nacional e religiosa, a preservação do judaísmo tornou-se, mais ainda, função da preservação de sua fonte conceitual: a Torá escrita e a Torá oral (mais tarde chamada *Mishná*). Movidos por tal entendimento, sábios rabínicos, liderados por Iochanan ben Zakai*[b], obtiveram dos romanos, em troca da capitulação e aceitação de seu domínio, a criação, no século I, na cidade de Iavne, de uma "escola de judaísmo", onde se institucionalizaria e estruturaria o ensino (e, portanto, o aprendizado) da Torá e da Lei Oral. Com a destruição do Templo e o início da diáspora*, logo essa "escola superior de judaísmo", ou academia rabínica (*ieshivá*) proliferou, e seu modelo se difundiu por todo o exílio. Com a perda do centro religioso e político, o cerne do ritual religioso judaico transferia-se das cerimônias sacrificais do Templo para a liturgia da sinagoga*, e a fonte do conhecimento da herança espiritual passava das pregações e sermões dos mestres para as academias rabínicas. Em 135 a. D., após a derrota da última rebelião militar judaica contra os romanos, em Betar, a academia de Iavne foi fechada, e novas academias foram criadas na Galileia (Séforis e Usha), em Cesareia, Lida e Tiberíades. Esta última assumiu, durante cerca de 800 anos, caráter normativo da vida judaica na Palestina e no Império Romano, e nela se compilou o *Talmud* de Jerusalém. Logo surgiram academias no exílio, as mais importantes no exílio de mais de 500 anos na Babilônia — em Nehardea, Machuza, Sura e Pumbedita. As duas últimas assumiram papel central na vida judaica em âmbito mundial, com suas interpretações e suas instruções às comunidades judaicas da dispersão, respondendo a consultas e questões quanto à aplicação dos princípios religiosos em condições específicas, sistema conhecido como *Responsa**. Foi na *ieshivá* de Sura que foi compilado o *Talmud* da Babilônia, em 500 a.D. A drástica mudança nas condições de vida dos judeus no exílio e sua inserção em sociedades não judaicas fez crescer a importância da exegese e da interpretação dos textos da Torá e da Lei Oral, que visavam à adaptação de sua essência às condições práticas de novos tempos, lugares e circunstâncias. Com isso, o estudo da Torá, da *Mishná* (a compilação da Lei Oral) e do *Talmud* (a *Mishná*, mais os comentários a esta, chamados *Guemará*[x]), mais o do *Midrash** passou a ser fundamental, e *ieshivot* foram sendo criadas em toda a extensão da diáspora, atraindo jovens judeus determinados a dedicar toda a sua juventude, em todas as horas disponíveis, ao estudo do judaísmo. Em condições às vezes dificílimas, quase de penúria, eles comiam pouco, dormiam mal, nos mesmos bancos em que estudavam, sofriam com o frio, mas não perdiam o fervor que os impelia a estudar das primeiras horas do dia até tarde da noite, para conhecer a fundo o judaísmo e dele se tornarem mestres. No século XI, as perseguições na Pérsia e o êxodo dos judeus provocaram o declínio das *ieshivot* da Babilônia, e o incremento da presença judaica — e a criação de *ieshivot* ao longo do tempo e da geografia — no norte da África (Cairo [Egito], Cairuão [Tunísia], Líbia, Marrocos), na Espanha, tanto sob os muçulmanos como após a Reconquista (Barcelona, Córdoba, Gerona, Granada, Lucena, Maiorca, Málaga, Saragoça, Sevilha, Toledo, Tortosa, Valência), na França (Beaucaire, Champagne, Dampière, Lunel, Marselha, Montpellier, Narbonne, Paris, Troyes), na Itália (Bari e Otranto). Na Europa central e oriental (Boêmia, Lituânia, Morávia, Polônia, Renânia, Rússia, Ucrânia) destacaram-se as *ieshivot* de Kovno, Lida, Lomza, Mainz, Minsk, Mir, Radun, Slobodka, Slonim, Vilna e Volozhin, entre outras. Nessas *ieshivot* ensinaram, em diferentes épocas, mestres da maior grandeza, como Nachmanides*b (Gerona), Rabenu Gershon Ben Judá (Maina), Avraham Ibn Daud (Beaucaire), o Gaon de Vilna*b e, principalmente, no século XI, o maior dos comentaristas do *Talmud*, Rabi Shlomo Itzchaki, o Rashi*b (de Troyes). A partir do fim do século XIX, com a maciça imigração judaica da Europa oriental para a América, foram fundadas várias *ieshivot* nos Estados Unidos e no Canadá, e, mais recentemente, na América Latina (no Brasil há uma *ieshivá* em Petrópolis (RJ), uma em Cotia (SP) e uma na capital paulista). Modernamente, algumas *ieshivot* aprofundaram a tendência — manifestada em tempos mais antigos — de incluir em seus currículos matérias de caráter científico (astronomia, medicina [esta já entre os séculos XI e XV], matemática) e humanístico (filosofia, gramática), o que muitas vezes foi criticado pelas correntes mais tradicionalistas, que se atêm ao texto religioso das fontes e das autoridades rabínicas. Assim mesmo, muitas *ieshivot* contemporâneas apresentam estruturas e currículos que as caracterizam como universidades. (P.G.)

ADAMISMO Seita* cristã (v. Cristianismo*) atuante no século II. Seus adeptos frequentavam os lugares do culto*g completamente desnudos, na expectativa de, ao imitar a nudez original de Adão, recuperarem a inocência primitiva do primeiro homem. Posteriormente, o nudismo religioso pode ser encontrado em outras seitas, entre as quais a dos Irmãos do Espírito Livre*, místicos (v. Misticismo*) presentes no continente europeu no decorrer dos séculos XIII/XV.

ADOCIONISMO Heresia* cristã (v. Cristianismo*), surgida na Espanha no século VIII, atribuída a Felipando, bispo de Toledo, e mais tarde apoiada por Félix, bispo de Urgel, não demorando a disseminar-se praticamente por todo o país. Os adocionistas afirmavam não ser o Cristo*b filho verdadeiro de Deus e sim adotivo, o que lhe contestava uma natureza eterna. Essa heresia teve origem numa polêmica entre autoridades eclesiásticas a partir de textos promulgados, que provocaram uma primeira reação de Alcuíno, conselheiro do imperador Carlos Magno, defensor da ortodoxia* católica e que a fez condenar num dos concílios*. Não obstante, essa heresia continuou a se manifestar de maneira endêmica, até extinguir-se ao findar o século XVII.

ADONAI A tradução literal do hebraico é "meus senhores", mas em contextos religiosos tem conotação de "meu Senhor", ou seja, "meu Deus". A função não é vocativa, e sim designativa da Divindade, referindo-se ao próprio Deus. A flexão plural na referência a Deus não é casual, ela aparece também em outra palavra designativa de Deus: *Elohim* significa literalmente "deuses" (singular: *El* ou *Eloha*), mas funciona como nome próprio, referente ao único e uno Deus dos judeus (v. Judaísmo*). Nos textos hebraicos do Antigo Testamento* e dos livros religiosos judaicos, na referência a Deus não aparece a palavra *Adonai*, grafada como tal. Esta palavra é usada oralmente como uma das diferentes formas de evitar a pronúncia de Seu nome inefável. Onde está escrito o Tetragrama* YHVH, transcrição das consoantes do alfabeto hebraico que formam o impronunciável Nome de Deus, lê-se *Adonai*, ou *Hashem* (o Nome), ou *Hamakom* (o Lugar), ou *Elohim* (às vezes pronunciado *Elokim*) etc. Assim, paradoxalmente, o Deus único e espiritual dos judeus, tão conceitualmente incorpóreo que mesmo seu nome é proibido como som físico, ganha muitos nomes em forma de atributos, no esforço de ser referido ao menos eufemisticamente. Desses nomes, *Adonai* é tido como o mais frequentemente usado. (P.G.)

ADVENTISMO Antes uma Igreja, ou movimento, protestante e milenarista (v. Protestantismo*, Milenarismo*), o adventismo foi fundado nos Estados Unidos da América por William Miller (1782-1849), fazendeiro e pregador batista*. Animado pelo sentimento de uma revelação divina, Miller, após estudar as profecias de Daniel*b e do Apocalipse*, passou a acreditar no retorno do Cristo*b à Terra, no que foi acompanhado por milhares de seguidores. Pelos cálculos por ele efetuados, o acontecimento teria lugar no dia 21 de março de 1831, o que não ocorreu. Alegando erro de cálculo, uma segunda data foi prevista (outubro), com novo insucesso. Decepcionados, seus adeptos espalharam-se em pequenos grupos, dos quais apenas um prosperou. Sob o comando de uma jovem, Ellen White (1827-1915), que retomou a causa, surgiram os Adventistas do Sétimo Dia. Como o nome indica, o centro do seu ideário está na guarda do sábado (7° dia, razão do nome), e não do domingo. Os Adventistas do Sétimo Dia seguem à risca os preceitos religiosos prescritos na Bíblia*, dando especial relevo ao Espírito Santo (v. Paráclito*g). O retorno do Cristo é inevitável, afirmam, para inaugurar o milênio no qual Ele reinará, precedendo o Juízo Final, ocasião em que Satã (v. Lúcifer*d) e os não convertidos serão destruídos. Organizados em distritos, os adventistas praticam o liberalismo; não acreditam na imortalidade da alma, e o batismo* é dado por imersão. Sua atividade missionária é intensa e constante, difundindo a doutrina adventista e arrecadando fundos e recursos. O rigorismo moral ocupa lugar de destaque, realçado pela abstinência*g de álcool, carne, café, chá e fumo. Sua presença se faz sentir na Europa, nas Américas, na África do Sul, na Índia, onde mantêm sanatórios e hospitais. Os adventistas não usam armas e, por isso, não devem fazer alistamento militar, o que é motivo de controvérsias em países em que tal procedimento é obrigatório. Dão enorme valor à higiene; "a reforma sanitária integra a obra de salvação", sentenciam. Apesar de forte adesão à crença numa segunda vinda do Cristo, os Adventistas do Sétimo Dia não ignoram a necessidade de explicar o fracasso da profecia. Setores da Igreja Adventista consideram que apenas a salvação pela fé (pilar incontesto do protestantismo) não basta, devendo ser complementada pela realização de obras pias, consubstanciadas num programa de realizações beneméritas em proveito da humanidade. Autores modernos afirmam que os Adventistas do Sétimo Dia caminham para o sectarismo (v. Seita*) e que, sem fugir dos princípios básicos de suas origens, visam a estabelecer um sistema operacional próprio.

AGADÁ Significa, em hebraico, "narrativa", "lenda", e se refere, especificamente, à classificação de textos do *Talmud** que, por contraposição aos textos relativos às leis e disposições legais e suas interpretações (*halachá**), são de natureza literária e folclórica, tais como anedotas, aforismos, parábolas etc. Esses textos tratam de todos os aspectos do judaísmo* cobertos pelas leis orais (*Mishná**) e suas interpretações (*Guemará**), que formam o *Talmud*, dando-lhes ilustrações e exemplificações acessíveis à compreensão popular. Os textos de *Agadá*, muitos deles reunidos no *Midrash**, revestem os textos secos e às vezes herméticos da lei e dos comentários a ela com os fatos, as lendas e as criações literárias que os tornam vivos e assimiláveis pelo povo. O próprio *Talmud* comenta que, assim como a lei (a *halachá*) é o pão, a *Agadá* é o vinho. (P.G.)

AGAPEMONITAS Comunidade religiosa inglesa, fundada em 1859 por Henry James Prince, assim chamada por ter-se estabelecido numa casa denominada *agapemone* ("moradia do amor", em grego), localizada na pequena cidade de Spaxton, Inglaterra. Uma filial, os "Filhos da Ressurreição", foi implantada nos limites de Londres e ainda numa igreja onde um pastor anglicano (v. Anglicanismo*), H. Smith-Pigott passou a oficiar, proclamando-se, em 1902, a encarnação de Jesus*b. Hostilizado, o pastor alojou-se na *agapemone*, falecendo em 1927. A comunidade Spaxton existe ainda, atuando operosamente como instituição caridosa. Esclareça-se que esses religiosos não devem ser confundidos com os Agapetas, grupo que, nos primórdios do cristianismo*, faziam votos de castidade, vivendo sob o mesmo teto, o que despertou crítica severa de são Jerônimo*b.

AGNOSTICISMO Criado pelo fisiologista e naturalista inglês Thomas Huxley (1825-1895), em 1869, o agnosticismo caracteriza uma doutrina que afirma ser impossível ao homem apreender o que existe além dos fenômenos. Assim, agnóstico (de *a-gnoscere*, ausência do conhecer), etimologicamente significa "sem conhecimento", ao contrário de gnóstico (v. Gnosticismo*). O agnosticismo recusa tudo que ultrapasse o conhecimento racional. Para o agnóstico, a realidade transcendente não pode ser apreendida pela razão, o que traz como corolário imediato a convicção de que a fé constitui um simples ato de vontade e não uma realidade, porque não pode ser demonstrada cientificamente. Não sendo ateu (v. Ateísmo) nem crente, o agnóstico afirma: a) existem limites que o ser humano não pode ultrapassar; b) o conhecimento teológico não se baseia em argumentos científicos e, como tal, não pode nem levar ao homem um obter dele o conhecimento do absoluto e do infinito. Ao criar o vocábulo, o sábio inglês se teria inspirado na inscrição *Agnosto Theo* (ao deus desconhecido), que, segundo o apóstolo* Paulo*b, estava gravada num santuário grego.

AGOSTINISMO Sistema teológico elaborado por santo Agostinho*b (354-430), um dos maiores Pais da Igreja* e notável escritor da Antiguidade tardia. Nascido em Tagasta e morto em Hipona, na Argélia, Agostinho elaborou vasta produção literária, profundamente cristã (v. Cristianismo*). Algumas de suas obras são verdadeiras obras-primas, tais como as *Confissões* e *Da Cidade de Deus*, esta "imponente e árdua", conforme afirmava o próprio autor, composta de 32 volumes, escritos entre 413/426. Em todos os momentos de sua vida, desde sua passagem por Cartago (onde permaneceu oito anos), até à morte aos 76 anos de idade, Agostinho só teve um propósito: lutar pela confirmação do cristianismo. Escritas para refutar as acusações pagãs, essas obras ultrapassaram seus fins originais para, por consenso, se transformarem numa "síntese da história espiritual da humanidade". *Da Cidade de Deus*, inspirada na repercussão da invasão de Roma em 410 pelos visigodos, teve uma finalidade crítica, mormente quando define a presença de dois tipos de cidade: a terrestre, essencialmente pecaminosa, na qual a humanidade vive e sofre, e uma outra, a de Deus, reino do amor e da compreensão. Estas cidades, "Babilônia" e "Jerusalém", serão separadas no Juízo Final. As qualidades dos romanos*, inclusive as morais, haviam ultrapassado as dos seus predecessores; no entanto, essas qualidades só poderiam ter pleno sucesso e desempenho na Cidade de Deus. A antiga religião romana é duramente criticada por Agostinho; o ideário e as doutrinas das escolas filosóficas pagãs são violentamente atacados por serem incapazes de proporcionar ao homem a vida eterna. Ao longo dessa obra, o antagonismo entre as duas cidades nunca desaparece. Esse livro, cuja leitura objetivava despertar permanente reflexão sobre os valores cristãos, nem por isso, no decorrer da Idade Média, deixou de servir a interesses jurídicos e políticos. *Da Cidade de Deus* forneceu os elementos fundamentais para a elaboração da famosa Teoria dos Dois Poderes — o espiritual e o temporal —, simbolizados, o primeiro, pela persuasão (a Igreja) e o segundo, pela espada (o Estado). Numerosos foram os que se influenciaram pelos ensinamentos de santo Agostinho, entre os quais santo Anselmo*b (séculos XI/XII; santo Tomás de Aquino*b (século XIII). E também leigos como Abelardo (século XII), filósofo francês, "um dos mais ousados pensadores da Idade Média".

AHMADIYA Movimento religioso muçulmano, fundado na última década do século XIX, por Mirza Ghulan Ahmad (1839-1908), nascido no Punjab (Paquistão). Proclamou-se mero instrumento de uma revelação divina (*wahy*), encarregado de uma missão através da qual Alá*a o teria convocado para ser profeta (*nabi*) a fim de realizar uma missão redentora da humanidade, afirmando ser um avatar*g do deus Krishna*d, e começou a reunir discípulos em torno de si. O movimento, não obstante combatido por alguns segmentos da sociedade indiana, rapidamente transformou-se numa comunidade e progrediu, mantendo-se atuante e passando a desenvolver contínua e eficaz ação missionária. Sua disseminação alcançou, predominantemente, o Paquistão (quase um milhão de adeptos), a Indonésia, a Guiana, o Caribe e a África oriental. Seus adeptos buscavam, principalmente, a adesão das camadas superiores da população. Na Inglaterra, em Londres, edificaram uma mesquita*, ao mesmo tempo em que editavam diversas publicações sobre a sua doutrina, distribuídas em vários idiomas pelo mundo inteiro. Os ensinamentos do *Ahmadiya* obedeceram rigorosamente ao Islã* ortodoxo. Para os *ahmadiya*, Jesus*b não morrera, tendo sobrevivido à crucificação e, posteriormente, curado de suas chagas, teria morrido aos 120 anos na Caxemira. Os *ahmadiya* têm o seu principal centro de irradiação no Paquistão. Em conflito com os sunitas (v. Sunismo*), em 1974, o *Ahmadiya* foi declarado não islâmico, ficando exposta a uma forte repressão por parte de diferentes países muçulmanos.

AKEDÁ A palavra hebraica refere-se ao episódio bíblico do sacrifício* de Isaac*b por seu pai, Abraão*b, ordenado por Deus e por Ele sustado quando Abraão estava na iminência de concretizá-lo. Poucos registros da tradição judaica (v. Judaísmo*) têm tido maior influência do que esse evento na montagem dos princípios básicos da fé e da forma de ver o mundo sob sua óptica. O aparente confronto entre a lealdade e a obediência absoluta a Deus e o amor paternal e o respeito à vida humana; a existência mesma de tal dicotomia; a prevalência da fé e da obediência a Deus sobre os sentimentos de humanidade; e, finalmente, o recuo evidentemente pré-planejado de Deus, configurando todo o episódio como um teste, têm sido motivo não só de considerações filosóficas e teológicas, mas também do posicionamento histórico do povo judeu em relação a princípios éticos, ao sacrifício de seres humanos e ao autossacrifício como prova de lealdade a Deus e de sua aliança com Ele. Segundo o texto bíblico (Gênese*g 22), Isaac pergunta ao pai, que ele vê preparar a pira do holocausto, onde está o animal a ser sacrificado, e Abraão expressa toda a sua fé ao responder que Deus é que o proverá. Um carneiro preso nos arbustos será o animal sacrificado, quando um anjo* detém a mão de Abraão no momento em que ia golpear seu filho. Se considerado o contexto histórico desse relato, uma época em que era comum o sacrifício humano a divindades várias, o drama nele exposto tem o caráter de uma lição que prega uma mudança drástica de postura, ao deixar claro que Deus não deseja, não aprova e não permite o sacrifício humano como demonstração de fé ou devoção. A terrível ordem a Abraão, desde o início, não era para ser obedecida, mas só através da obediência ela é revogada. Consagram-se, assim, simultaneamente os dois conceitos: a obediência a Deus é o guia do livre-arbítrio do homem, e o respeito à vida humana faz parte dessa obediência a Deus. Esse novo conceito de comportamento determinou novas posturas e rituais judaicos na Antiguidade e veio a influenciar, ao longo dos séculos, a formação dos princípios éticos e dos códigos religiosos e legais de toda a humanidade. Para os Judeus, a Akedá permaneceu como um dos símbolos mais marcantes de sua aliança com a Divindade e de sua visão de si mesmos, evocada em momento solene do ritual litúrgico de Rosh Hushaná. (P.G.)

ALÁ Do árabe *Allâh*, em português "Deus", esse termo significa "a divindade por excelência". Etimologicamente, seria o resultado de uma contração de *al-ilâh*, que significa exatamente "o Deus", tese que encontra não poucas discordâncias. "Só Alá é Deus e Maomé*b o seu profeta", proclamam os muçulmanos, num pronunciamento radical embasado no Alcorão*, texto sagrado revelado por Alá, por intermédio do anjo* Gabriel, a Maomé, "o último dos profetas". Esse termo, aliás, não constitui criação original, pois já circulava anteriormente ao advento do Islã*, e parece haver designado antes do mesmo ao deus supremo na Meca*, conforme registram versículos de algumas suratas (suras). Alá, Deus único, "senhor dos céus e da Terra" (*rab al-âlamîn*), é o mestre dos anjos, dos gênios (*djins*), dos homens por Ele criados. Da sua vontade depende quem, no Juízo Final, depois da ressurreição dos mortos, será enviado ao inferno* e quem, ao paraíso. No Alcorão, Ele aparece acompanhado de numerosos qualificativos (99, ao todo), "nomes divinos", repetidos em louvação. O céu e a Terra a Ele se submetem. Altíssimo, Vivo, Inimitável, Poderoso, Benfeitor, Benevolente, Sábio, Justo, Misericordioso, "Em nome de Deus, o Clemente, o Misericordioso" (*Bismillah al-rahmân al-rahîm*). Diversas são as situações nas quais o muçulmano tem a oportunidade ou o dever de repetir essa saudação — a mais comum delas —, inclusive às refeições. Documentos e textos devem começar com essa saudação, a fim de atrair a benção divina. Ou *Bismallah*, simplesmente. A ideia de um poder mais alto, infalível, sempre presente, Deus único e imbatível, envolve a vida do muçulmano: "aquele que se submete a Alá".

ALAUITAS Do árabe *alawiyîn/alawiya*, este termo significa "partidários de Ali", e designa, a partir de meados do século XX, os adeptos da seita* xiita (v. Xiismo*) dos *noseiris* (a grafia *nusayris* também é usual). Não se deve confundir essa seita* com outros alauitas, uma dinastia de "xerifes" (chefes de grandes famílias) provenientes da região de Tafilalet, no sudeste marroquino. Localizados na Síria, os alauitas representam 11% da população do país. Desconhece-se a razão pela qual tem-se usado o termo "alauita", e não *noseiris*, para designar essa seita. Historiadores árabes afirmam que os alauitas nada mais fizeram do que retomar uma denominação que, por quatro séculos, lhes pertencera e que lhes fora proibida durante o domínio xiita na Síria. Qualquer que seja o nome, essa seita surgiu no século IX no Iraque, fundada por Mohamad Ibn Nusayr (razão do nome primitivo). O dogma específico dos alauitas venera Ali Ibn Abu Talib, primo e genro do profeta Maomé*b e que desapareceu deste mundo. Os alauitas creem que a existência corporal resulta de uma decadência. Acreditam na metempsicose, só reservada aos homens; cada pessoa deve esforçar-se para se aproximar de Alá* a fim de poder retornar ao mundo em que viviam, entre as estrelas. Praticam um sincretismo*g esotérico. Os rituais alauitas compreendem duas modalidades, uma exotérica, outra esotérica. A peregrinação é substituída pela visita aos templos. Grupos xiitas têm dado a Ali um caráter sacrossanto, esperando o seu retorno messiânico (v. Messianismo*) na qualidade de *mahdi**.

ALBIGENSES Seita* medieval, atuante na região francesa do Languedoc no decorrer dos séculos XII e XIII, em torno da localidade de Albi, o que deu origem ao nome. O termo "albigense", pela primeira vez empregado no findar o século XIII, não provém da influência da Igreja de Albi; trata-se simplesmente de uma menção geográfica. Esse movimento é fruto de duas heresias* distintas, a dos cátaros (v. Catarismo*) e a dos valdenses (v. Valdismo*), que encontraram no *Midi* francês, particularmente no Languedoc, uma região propícia para difundir e implantar suas doutrinas. A expansão albigense alcançou praticamente toda a região, só terminando após 45 anos de brutal repressão, ao preço de um milhão de vítimas. Vários têm sido os motivos e as razões apontados para explicar e justificar o sucesso dessa heresia, entre os quais a liberalidade e o apoio da nobreza local, representada, basicamente, pelo conde de Toulouse, Raimundo VI. E, de outra parte, a vida modesta e ascética (v. Ascetismo*) dos integrantes da seita, que nenhum título ou vantagens reivindicavam, a não ser sua identificação como "homens bons". A luta empreendida pela Igreja contra esses heréticos só redundou em decepções e dissabores. De nada adiantou a tentativa empreendida por são Bernardo em 1145, no sentido de apaziguar as facções em conflito. Igual destino teve a presença de religiosos enviados pelo papa* Inocêncio III (1160-1216; 1198/1216). As dissensões atingiram o ápice quando o legado papal, Pierre de Castelnau, foi assassinado em 1208, após inútil entrevista com Raimundo VI. O crime acarretou, de imediato, a organização de uma cruzada*, cujo comando foi entregue a Simão de Montfort, o Velho (1168-1218). Cerca de 300 mil homens compunham os efetivos dessa expedição: italianos, alemães, ingleses e uma maioria francesa. O papa justificava a extensão da cruzada num país cristão: na ausência do suserano, o conde de Toulouse, a Igreja tinha autoridade e fundamento moral para combater e extirpar a heresia, cabendo a ele, papa, não só convocar a cristandade como dispor dos territórios que a heresia contaminara. Esses territórios, uma vez saneados, poderiam ser doados àqueles que extirparam o mal. As operações militares se revestiram de extrema violência, com muitos massacres e pilhagens. A possibilidade de enriquecer com a posse de novos territórios estimulava a soldadesca; casas, aldeias, cidades — entre as quais Béziers e Carcassone — foram pilhadas e destruídas. A atividade da Inquisição*, comandada pelos dominicanos*, aos quais o papa Gregório IX dera ampla autoridade, foi intensa, o que não impediu que fossem expulsos de Toulouse. Cerca de mil albigenses, numa última tentativa, refugiaram-se no castelo de Montségur, capitulando após férrea resistência em 1244. Os 200 sobreviventes que recusaram abjurar foram queimados vivos em praça pública. A ação repressiva da Inquisição acabou por extinguir os remanescentes da seita. Estudos recentes vêm questionando a importância (ou mesmo a necessidade) da cruzada e também a da heresia albigense. Segundo afirmam seus autores, esses heréticos foram eliminados porque, acima de sua oposição à Igreja, eles representavam o descontentamento político e social de diferentes categorias da população. Convém não esquecer, salientam, que, no decorrer do conflito, parte da aristocracia e da burguesia e até setores clericais e artesanais, rurais e urbanos, organizaram expressiva resistência à cruzada. A expedição contra os albigenses, por outro lado, era encarada por não poucos, como uma "frutuosa empresa", canalizada para a apropriação de terras e a pilhagem. Para a cristandade ocidental e para o próprio Languedoc o balanço foi negativo, excetuada a unificação das Franças do *Midi* e do Norte. (V. tb. Maniqueísmo*.)

ALCORÃO Para os muçulmanos, o Alcorão (*al-Qur'ân*) é o Livro por excelência (*al-kitâb*), sagrado, instrumento fundamental da espiritualidade islâmica (v. Islã*) e do cotidiano de cada muçulmano. O nome Alcorão parece ser adaptação do siríaco *geryânâ* (ou *queryãnã*), exprimindo a ideia de "comunidade oral", "mensagem", "leitura salmodiada" transmitida em voz alta sob forma de recitação. Para os islâmicos, o Alcorão, originariamente, foi revelado por Alá*, por intermédio do anjo* Gabriel, ao profeta Maomé*b (570-632), o qual por sua vez, oralmente, passou o seu conteúdo aos seus seguidores. Após a morte do Profeta, seu sucessor, o primeiro califa Abu Bakr, receando que a mensagem se perdesse com a morte dos primeiros companheiros e as flutuações dos textos memorizados, incumbiu Zaid Ibn Thabet de reunir todos os fragmentos e enviá-los à viúva de Maomé, Hafsa. E Osman (ou Utman), o terceiro sucessor de Maomé, mandou organizar o livro definitivo que temos hoje. O Alcorão é dividido em 30 partes (*juz*), com 114 suratas, ou suras, (capítulos), cada uma contendo entre três e 286 versículos (*âya*), iniciadas quase sempre (com exceção de uma surata) com as palavras "Em nome de Deus, o Clemente, o Misericordioso" (*Bismillah al-rahmân al-rahîm*), fórmula que, tecnicamente, é designada pelo termo *Bismallah*. As suratas são de extensão variável, sendo que as mais extensas (com exceção da primeira) estão no começo do livro, não sendo seguida, portanto, uma ordem cronológica ou reunião por assunto. É essa ordem tradicional que se encontra em todas as edições árabes do Alcorão. É inegável a beleza literária do texto, bem como o estilo de sua redação, em que a poesia e a forma dos versos exalam religiosidade. Para os muçulmanos, jamais haverá outra obra que o iguale. O Alcorão é a palavra de Alá; o seu teor domina e orienta o pensamento do muçulmano nos planos filosófico, social, jurídico e teológico. A língua utilizada no Alcorão é a *arabiyya*, utilizada no meio comercial e descrita no livro como a que permite explicitar e compreender todas as coisas, ou seja, língua clara e simples (*lîsân'arabi mubîn*), assonante, sem métrica e sem rima, com algumas repetições e refrões.

ALEGORIA "Exposição de pensamento sob forma figurada." Definida assim, a alegoria explica uma ideia por intermédio de imagens. Na história do cristianismo* e, de modo geral, em quase todas as religiões, a alegoria ocupa lugar importante. Na Bíblia*, esse método expositivo é frequentemente empregado; em Alexandria, cidade egípcia, a alegoria era comum nos textos — e no falar — de seus teólogos. Na cultura grega, em particular, ganhou destaque ainda maior com os pensadores, numa época em que passaram a empregá-la nas narrativas de caráter mitológico (v. Mitologia*). Nos poemas homéricos, principalmente — e posteriormente recolhida pelos judeus, que a transpuseram para a Bíblia — esse tipo de exposição foi utilizado amiúde. Inúmeras parábolas são encontradas no Novo Testamento*.

ALQUIMIA Ciência, técnica, misticismo*, são alguns dos termos atribuídos à alquimia. O vocábulo vem do árabe *al-kimia*, aparentado ao grego *chymeía*, originário do verbo *cheîn* (derramar), ou ainda da palavra *khemi* que, no Egito, designava o húmus, terra negra fertilizante. Tanto o Oriente como o Ocidente conheceram a alquimia, sob métodos de expressão e realização diferentes. Constitui tradição afirmar que desde o 4º milênio a.C. os chineses praticavam a alquimia; no entanto, somente a partir do século III de nossa era, através do taoísmo*, essa tese foi comprovada por pesquisas nesse sentido. Foi no Ocidente, porém, particularmente em Alexandria, no Egito, no decurso dos primeiros séculos da era cristã, que a alquimia passou a ser praticada. Dali, estendeu-se ao Império Bizantino e, a seguir, aos árabes. Vale salientar a importância da civilização babilônica no tocante às ciências ocultas; entretanto, é o Egito que, por consenso, vem sendo considerado como a pátria da alquimia. Os árabes foram os grandes divulgadores das obras e das práticas alquímicas no Ocidente. O papa* Silvestre II (938-1003) teria sido o primeiro europeu a conhecê-las. No Ocidente, a partir do século XII, a alquimia virou moda, estimulada por uma série de textos, a maioria atribuída a Hermes*d, divindade grega associada ao deus egípcio Thot*d (os egípcios* tinham o hábito de traduzir para "Hermes" o nome do seu deus). A essa tradução, os gregos aduziram o termo "trismegisto" (muito grande), gerando a forma vernacular Hermes Trismegisto ("três vezes grande"), patrono dos alquimistas. O mais famoso desses textos, onde estão registrados os fundamentos da alquimia, tem o título *Tábua de Esmeralda* (*Tabula Smaragdina*); foi descoberto por Alberto Magno*b (1193-1280) e já mencionado pelo alquimista árabe Jabir ibn Hayyan num de seus tratados do século VIII. Seu conteúdo compõe-se de 13 preceitos (regras) básicos, gravados em caracteres fenícios; é apresentado como uma "revelação" do Hermes Trismegisto, de quem a alquimia herdou o nome de "arte hermética" (v. Hermetismo*). No decorrer do século XIII, a alquimia — "Arte Real", como a chamam seus mestres — alcançou grande popularidade. Personalidades como Alberto Magno, Tomás de Aquino*b (1225-1274), Roger Bacon (1214-1294) e, mormente, o espanhol Raimundo Lúlio (1235-1315) manifestaram muito interesse e curiosidade pelas pesquisas e experiências sobre a transmutação dos metais. As traduções de textos árabes influenciaram sobremodo esse interesse, despertando verdadeira paixonite pela alquimia. No século seguinte, ela assumiu um caráter místico-religioso, transformando-se numa doutrina secreta e misteriosa, em franco antagonismo com a Igreja Católica (v. Catolicismo*). A grande figura desse período é Nicolas Flamel (1350-1418), famoso alquimista francês. Posteriormente, no século XVI, apareceram obras alquímicas que podem ser consideradas trabalhos científicos, tais como a *De Re Metallica*, um tratado de mineralogia elaborado pelo alemão Georg Bauer, dito Agricola, sem dúvida a soma dos conhecimentos da época sobre metais. Praticamente no mesmo período, Teofrasto Bombast Paracelso (1493-1541), médico suíço, descobre o zinco — até então desconhecido —, empregando pela primeira vez compostos químicos. Com o século XVIII, a "Arte Real" entra em declínio. As teorias de Antoine Lavoisier (1743-1794), descobridor do oxigênio e fundador da química moderna, bem como a formulação do cartesianismo, sistema filosófico elaborado por René Descartes (1596-1650), tornaram incompatíveis e superadas as propostas científicas da alquimia. Não obstante, sua presença ainda se faz notar; alquimistas contemporâneos dos séculos XIX e XX continuam a manter a tradição da "Arte Real", em busca da pedra filosofal e da fonte da juventude.

ALUMBRADOS Seita* surgida na Espanha, atuante nesse país no decurso dos séculos XV, XVI e XVII. Ao que tudo indica, o nome *alumbrado* ("iluminado") foi pela primeira vez mencionado por um franciscano* que se dizia "iluminado com as trevas de Satanás" ("*alumbrado con las tinieblas de Satanás*"). Tão logo começou suas prédicas, foi imediatamente encarcerado, o que não impediu o desenvolvimento da seita, que se estendeu a várias regiões do país. Em 1529, apareceu em Toledo um grupo de *alumbrados*, integrado por analfabetos a difundir uma doutrina, misto de luteranismo* e fanatismo, afirmando que a prática do êxtase (*dexamiento*) conduzia o homem a tal perfeição que tornava impossível o exercício do pecado, fazendo-o livre a ponto de não ter que dar conta de seus atos nem mesmo a Deus, já que se entregava a Ele. O *alumbrado* não tomava água benta, não se ajoelhava, não venerava as imagens nem acatava os pregadores. A hóstia nada mais era do que um pedaço de massa; a cruz, um simples pau, e as genuflexões, mera idolatria. O seu triunfo maior era o de aniquilar a própria vontade; todos os bons pensamentos capitulavam ante o *dexamiento*. Em momento algum o *alumbrado* inquiria quaisquer segredos das Santas Escrituras, na expectativa de que caberia a Deus revelá-los.

AMIDISMO Manifestação religiosa do budismo* em torno de Amitaba*d, de origem indiana, fortemente cultuada na China e no Japão. Essa seita*, desde o século IV é atuante no território chinês, cultuando o deus Amida, também chamado Amitaio ("o senhor da vida"), governador do Ocidente. O seu culto*g teria sido instituído por um indivíduo da casta dos sudras. Segundo fontes chinesas, Amitaba era um monge budista que recusou tornar-se um Buda, a menos que lhe fosse permitido transmitir parte de seus conhecimentos às pessoas. No Tibete, cultuado sob o nome de Amitaio, integra o panteão tibetano. Amitaba é o símbolo da pureza de espírito, representando igualmente a vida depois da morte. Na Índia, embora pouco venerado, existem inúmeras efígies suas, sentado, mãos unidas em meditação. Na China, Coreia e Japão são inúmeras as suas representações sob diversas formas.

AMIGOS DO HOMEM Grupo filantrópico de índole milenarista (v. Milenarismo*), oriundo das Testemunhas de Jeová*, das quais reduziram a fácies doutrinal. Os Amigos do Homem surgiram na Suíça em 1919, com o nome de "O Anjo Eterno", segundo outros, "Exército do Eterno". Essa seita* foi fundada por Alexandre Freytag (1870-1947), suíço primitivamente vinculado aos Estudantes da Bíblia (futuras Testemunhas de Jeová). Excluído do movimento, Freytag publicou várias obras, entre elas *A vida eterna*, com alguma repercussão. Freytag estava plenamente convencido de ser a pessoa encarregada de ensinar os homens a conhecer a vida eterna, baseado na ideia de que o homem é uma criatura de Deus, e, mesmo se violar as leis divinas, uma reeducação adequada poderá livrá-lo da morte, cabendo aos Amigos do Homem esse mister. Os que se beneficiarem dessa reeducação constituirão o Exército Eterno, cabendo a ele, Freytag, convocar os eleitos mencionados no Livro do Apocalipse* (144 mil, ao todo), com vistas à restauração que virá, transformando a Terra num paraíso. A imortalidade do homem pode ser alcançada, bastando que ele se alimente adequadamente, refloreste a Terra e que seja altruísta. Isso o animará com o "Espírito de Deus", "fluido vital que nada pode destruir". Posteriormente, o grupo veio a passar por dificuldades, mormente no período 1981/1987; os Amigos do Homem tornaram-se os Amigos sem Fronteira (1984), ausente qualquer referência religiosa. Seus adeptos, não obstante, alertam de que os Amigos do Homem formaram o primeiro grupo familiar universal, destinado por Deus a constituir o mundo de amanhã. No momento atual, esse grupo compreende duas ramificações: uma suíça e outra francesa. Enquanto no lado suíço as práticas do batismo* e da ceia realizam-se uma vez por ano, os franceses limitam-se a reuniões que, conforme anota um especialista, "exprimem a linguagem do coração". Alguns milhares de adeptos vêm-se encarregando de divulgar o movimento; de outra parte, uma revista bimensal (90 mil exemplares, em sete idiomas) ajuda a conhecê-lo. Em sua doutrina, Freytag introduziu uma inovação ao afirmar que a alma humana é imortal e que o homem ressuscitará para viver mil anos.

AMISH Ramo menonita*, atuante nos Estados Unidos da América do Norte, originário do anabatismo*. Os *amish* se caracterizam pelo seu conservadorismo, mantendo costumes do século XVII, e adotam o alemão como idioma cotidiano. Organizaram comunidades em vários países europeus (Suíça, Alemanha, Luxemburgo, Países Baixos), nos EUA e no Canadá. Conservadores, não usam luz elétrica, são refratários a procedimentos técnicos modernos, ao serviço militar, ao cinema e à televisão. Os homens não fazem barba e as mulheres trazem a cabeça coberta. Agricultores notáveis, mestres na carpintaria, não bebem, não fumam e não usam joias. Suas crenças obedecem rigorosamente às normas e aos preceitos bíblicos. Não obstante tal rigorismo, essa vida austera não os impediu de crescer; em 1990, eles eram 90 mil, distribuídos em 550 congregações. Tentativas visando a amenizar a severidade da seita* surgiram em 1910, na Conferência dos *Amish* Menonitas Conservadores, e em 1923 com um cisma na Pensilvânia, mas pouco adiantaram, exceção feita à abertura para o uso de automóveis e eletricidade.

AMORAIM Designação dos sábios rabínicos (v. Rabino*) posteriores aos que compilaram a *Mishná** — o código da lei oral judaica —, chamados *tanaim**. Os *amoraim*, ou "expositores", comparavam minuciosamente cada texto da *Mishná* com todos os comentários, dúvidas, contestações, exemplificações e discussões levantados por centenas de sábios com relação a seu significado, avaliavam analogias e contradições, para resumi-las em textos didáticos e elucidativos das questões suscitadas, muitas vezes apresentando lado a lado, dialeticamente, determinada interpretação e seu contraditório. O acervo assim construído de comentários e interpretações da *Mishná* é uma obra em aramaico chamada *Guemará** e constitui, juntamente com o texto original da *Mishná*, o *Talmud**. Dois grandes grupos de *amoraim* trabalharam paralelamente, sem ligação um com o outro, comentando o mesmo texto da *Mishná*. Um, nas academias babilônias de Machuza, Nehardea, Pumbedita e Sura, criando a *Guemará* que foi terminada em c. de 500 a.D. O *Talmud* babilônio que ela integra é considerado de maior autoridade que o de Jerusalém, baseado na *Guemará* da Palestina, criada pelos *amoraim* do segundo grupo nas academias rabínicas* de Benei Berak, Cesareia, Lida, Siknin e Tiberíades. A *Guemará* de Jerusalém foi terminada antes da babilônia, por volta do século IV a.D. (P.G.)

ANABATISMO Tão logo a Reforma* foi implantada, numerosos foram os que dela discordaram, entre os quais um grupo conhecido como "anabatistas", assim denominados porque não reconheciam a validade do batismo* na infância, e sim quando realizado na idade adulta, mesmo que a pessoa já tivesse sido batizada. Tornava-se então necessária uma "rebatização", o que deu origem ao nome "anabatistas", isto é, "rebatizados". As origens desse movimento — por não poucos considerado uma seita* — são controversas; no entanto, a maioria dos especialistas reconhece 1525 como o ano do nascimento do anabatismo, por iniciativa de um grupo de crentes suíços liderados por Huldrych Zwingli*b (1484-1531), teólogo e humanista. Os grupos anabatistas disseminaram-se pela Suíça, Alemanha, Bélgica e Países Baixos (Holanda), convindo salientar que o anabatismo nunca foi homogêneo nem centralizador. Cerca de 40 seitas de anabatistas, reunidas cada uma em torno de um líder, atuavam com independência própria, clandestinamente, sempre ameaçadas de extermínio. Alguns traços em comum existiam. Um deles, dos mais característicos, era a importância que davam aos problemas sociais. Os anabatistas manifestavam sempre o seu apreço à caridade e à ajuda mútua, rejeitando a propriedade privada e manifestando tendências acentuadas para o exclusivismo. Um outro ponto de fricção era sua recusa de qualquer interferência do Estado em assuntos da Igreja. As prescrições bíblicas deveriam predominar; de acordo com o pensamento anabatista, os verdadeiros cristãos não deveriam exercer cargos públicos nem portar armas. Os primórdios do anabatismo vinculam-se à figura de Thomas Müntzer (1490-1525), um alemão natural da Turíngia, personagem exaltado e radical, "pregador turbulento" e antigo aliado de Lutero*b, que lhe deu um posto de ministro (padre) na cidade de Zwickan. Em 1521, Müntzer mudou-se para a pequena localidade de Allstedt. Convidado para exercer o ministério, casou-se e criou sua liturgia*g própria, traduzindo hinos latinos, e adquirindo logo sólida reputação de pregador. Após angariar numerosos adeptos, fundou a Liga dos Eleitos*, organização revolucionária de índole religiosa e inspiração milenarista (v. Milenarismo*), integrada por tecelões e camponeses, a maioria analfabetos, e preconizando uma nova modalidade de protestantismo*. Para Müntzer eram esses "eleitos" que acabariam por inaugurar o milênio. A reação das autoridades locais fê-lo fugir para outra cidade, Mulhausen, vindo a desempenhar importante papel na Guerra dos Camponeses que sacudiu a Alemanha. Seus discursos e exortações, induzindo a população à pilhagem e ao massacre dos "ímpios", levaram os príncipes a guerreá-lo. Feito prisioneiro, Müntzer foi decapitado em 27 de maio de 1525. Uma segunda explosão do anabatismo revolucionário teve lugar em 1535 nos Países Baixos, comandada por Melchior Hoffmann (1500-1543), um peleteiro alemão, e atraiu grande número de prosélitos. Embora radical, sua prédica se afigurava mais serena do que a de Müntzer, o que de nada lhe valeu, pois não tardou a ser preso na cidade de Estrasburgo e engaiolado (sic) numa torre até a morte. Sempre hostilizados e perseguidos ao longo de sua história, os anabatistas manifestaram duas tendências, uma violenta, outra pacifista. Introduzidos na América do Norte no começo do século XVII, ali formaram vários grupos, entre os quais os menonitas*, os *amish* e os huteritas*.

ANANDA MÁRGA "Caminho da Felicidade", seita* — segundo outros, movimento hindu (v. Hinduísmo*) — fundada em 1955 na cidade de Bihar (Índia) por um ferroviário natural de Bengala, Prabhat Sarkar, adversário intransigente das ideias comunistas. Esta seita, mais política do que religiosa, conta atualmente com cerca de 300 mil seguidores, a maioria dos quais andam sempre armados. O movimento dispõe de sede mundial em Calcutá e na Inglaterra, bem como na Alemanha, Noruega, França, Austrália, Filipinas e no Quênia. O objetivo de Ananda Murti (nome adotado por Prabhat para si próprio) era a criação de um movimento político mas também espiritual, capaz de difundir ideais de justiça social, prioritariamente a extinção do sistema de castas. O governo indiano não demorou em considerar a seita como perigosa, quando não terrorista, e, em 1971, o seu dirigente foi preso, culpado de homicídio e depois libertado. Não obstante esses percalços, as atividades da seita mantêm uma perspectiva altruísta; seus membros (*yogis*) investem sua ação em prisões, auxílio a drogados, creches, escolas e áreas educacionais, da saúde, da agricultura, especialmente no Terceiro Mundo.

ANGLICANISMO Reforma religiosa efetuada na Inglaterra no século XVI por força da qual o protestantismo* foi implantado como religião oficial do país. Obra pessoal do rei Henrique VIII (1491-1547; 1509/1547), nem por isso deve-se atribuir tal fato a mero capricho do monarca, pois de há muito vinham sendo preconizadas mudanças na Igreja inglesa, não só através de manifestações populares mas também de personalidades importantes como John Wycliffe, teólogo e um dos precursores da Reforma*. As reclamações — algumas vigorosas — visavam aos abusos do clero, sua cupidez e depravação, seus privilégios, a disparidade chocante dos rendimentos eclesiásticos, o relaxamento de sua disciplina. De outra parte, as exigências fiscais do papado, frequentes, revoltavam a população, revigorando a necessidade de alterações nos quadros religiosos. A causa — ou o pretexto — foi a demora da Santa Sé em solucionar o pedido de divórcio solicitado pelo soberano. Saliente-se que as relações entre o monarca e a Igreja eram cordiais; Henrique VIII recebera do papa* Leão X (1475-1521; 1513/21) o título de Defensor da Fé (*defensor fidei*). Em 1534, foi promulgado um Ato de Supremacia, declarando o rei chefe supremo da Igreja, nacionalizando-a e colocando-a sob sua direção. De imediato, todos os mosteiros, até então subordinados ao papa, foram fechados, passando o seu patrimônio, imenso, a ser distribuído aos fiéis da coroa, com isso garantindo sua lealdade. A reforma anglicana, continuada por Eduardo VI (1537-1553; 1547/53) e sustada, efemeramente, por sua irmã, a rainha Maria (1516-1558; 1553/58), consolidou-se definitivamente a partir do reinado de Elizabeth I (1533-1603; 1558/1603), personalidade enérgica e autoritária. No decorrer do seu longo reinado, a rainha, através do que se convencionou denominar a "via média", adotou uma política moderada e pragmática. O calvinismo* passou a ser a doutrina oficial, mantidas a hierarquia eclesiástica e parte do cerimonial católico (v. Catolicismo*). Em 1563, publicando a lei dos 39 Artigos, Elizabeth estabeleceu o credo da Igreja Anglicana. São quatro os fundamentos da fé anglicana: a Bíblia*; os sacramentos* (batismo* e eucaristia*g); os primeiros credos e o episcopado. A expansão do anglicanismo pelo mundo deu-se especialmente a partir do século XVII no processo de colonização dos Estados Unidos, da Austrália, do Canadá, da Nova Zelândia e da África do Sul, e, posteriormente no século XVIII, quando missionários britânicos transferiram-se para a Ásia, o Oriente Médio, a África, a América Latina e o Caribe. Foi estabelecida então a Comunhão Anglicana, que tem mais de 70 milhões de adeptos, organizados em 38 províncias, em 164 países. Na Grã-Bretanha, a Igreja dispõe de duas províncias (Cantuária [Canterbury] e York) que cobrem a Inglaterra, a ilha de Man, as ilhas do Canal, as ilhas da Sicília e uma pequena parte do País de Gales. Cada província é formada por dioceses: há 43 na Inglaterra e uma na Europa — esta cobre o resto da Europa, o Marrocos, a Turquia, a Ásia e parte da antiga União Soviética. A rainha da Inglaterra é a chefe suprema da Igreja Anglicana. É a rainha quem nomeia os arcebispos, os bispos e os deões das catedrais, aconselhada pelo primeiro-ministro.

Os dois arcebispos (Cantuária e York) e os 24 bispos *seniors* têm assento na Casa dos Lordes. Como chefe da Igreja, a rainha mantém relacionamento fraterno com as Igrejas da Escócia, da Irlanda e do País de Gales, que são Igrejas livres* da Comunhão Anglicana. A Igreja Anglicana dá à Bíblia enorme importância; os seus oficiantes são considerados magistrados. Sua abertura ecumênica tem possibilitado entendimentos com as demais confissões cristãs e com outras religiões. Seu ecumenismo tornou viável a aproximação com o universo católico, redundando na fundação de um Centro Anglicano em Roma. Não obstante, algumas barreiras são encontradas pelos católicos para maior aproximação: o não reconhecimento da infalibilidade papal*, a aceitação dos casamentos mistos (protestantes com católicos), a defesa do controle da natalidade, a ordenação*g de mulheres, a não exigência de celibato para os sacerdotes.

ANIMISMO "Crença em seres espirituais", segundo definição do etnólogo inglês E.B. Tylor (1832-1917). Em sentido amplo, o termo indica o conjunto de crenças pertinente a um princípio superior (força vital, alma) que existe nos lugares e objetos. Segundo alguns, a teoria de Tylor "fez desses princípios a origem das religiões", formulação que tem sido combatida por grande número de especialistas. Não obstante, seu emprego tem sido frequente. Resumindo-a: essa força vital subsiste nos locais e objetos, trazendo, em decorrência, a ordem e o cerne da transmigração das almas. Animais, árvores e pedras dispõem dessa peculiaridade. Para os primitivos, a alma pode ser transportada por algum tempo, retornando depois à sua morada habitual. A feitiçaria e a magia* se amparam no animismo, afirma o etnógrafo. Antropólogos e historiadores das religiões têm sugerido que, no caso dos animais, existem alguns princípios que lhes são imanentes: a) tudo o que vive recebe uma alma; b) essa alma é dotada de poder variável; c) a alma pode personificar-se, manifestando-se espontaneamente ou estimulada; d) a alma tem condições para libertar-se do corpo, temporariamente. Dados estatísticos das religiões do mundo registram que mais de 100 milhões de pessoas se declaram animistas.

ANJOS Nas religiões inseridas na Bíblia*, os anjos (em grego, *ángelos*; em latim, *angelus*) são configurados como mensageiros e considerados seres espirituais intermediários entre Deus e os homens. Mensageiros celestes (os mais conhecidos são Gabriel, Miguel e Rafael), os anjos encarnam a beleza, a pureza, a serenidade e são representados de várias maneiras. Segundo a maioria dos estudiosos, foi no Oriente Próximo que, pela primeira vez, surgiu a figura do anjo tal como o conhecemos na Bíblia. Textos importantes foram descobertos na localidade de Ugarit (Síria) nos quais encontrou-se o verbo *la'aka* (enviar um mensageiro), que dará origem ao *malach* hebreu, anjo. Muito embora criaturas celestes se fizessem assinalar no início e no fim da vida do Cristo na Terra (é um anjo que anuncia a José, em sonhos, a vinda de Jesus*[b]), foi no Ocidente, mormente a partir da época carolíngia (século VIII), que a angelologia ganhou lugar importante nas práticas religiosas. No entanto, a construção real de sua estrutura vinha dos séculos IV e V quando os chamados "teólogos da Capadócia" (Turquia), a saber, Basílio de Cesareia (330-379), Gregório de Nissa, seu irmão (335-394), e Gregório Nazianzeno*[b] (330-390), confirmaram "a natureza espiritual e inteligível dos anjos". Em 380, as Constituições Apostólicas acrescentaram os querubins e os serafins. A devoção angélica é legitimada pelo Concílio de Aix-la Chapelle (789), condenando porém a elaboração de listas com nomes angélicos. No século IX, as imagens dos anjos multiplicam-se, não raro sob forma humana (o II Concílio* Ecumênico de Niceia, em 787, havia autorizado a representação). Os anjos eram então configurados de muitas maneiras, alguns ápteros (sem asas), outros com dois ou três pares. Querubins e serafins, com frequência, desapareciam envolvidos nas asas pintadas com grande número de olhos, símbolos de onisciência. A representação iconográfica dos anjos se fez por etapas. Até o século IV eram apresentados como jovens vestidos de branco, ápteros, fisionomia repleta de candura, o que visava a não confundi-los com figuras ou entidades pagãs. Só mais tarde, com o triunfo do cristianismo*, é que os anjos aparecem munidos de asas. No século IX, a curiosidade e o interesse aumentaram muito; no entanto, foi no século seguinte que a angelologia alcançou toda a amplitude. Beneditinos*, cistercienses*, cartuxos* e outras ordens religiosas encaram sua própria vida na Terra como "uma imitação da vida angélica". Já nos séculos XIV e XV, as coisas se alteram: no primeiro, no Ocidente, a angelologia passa a ser assunto de segundo plano, recuperando-se, porém, no período seguinte quando a nobreza e a burguesia veem nesses seres alados um confidente, "quase um irmão invisível" que as protege de Satã (v. Lúcifer*[d]), cujo poderio crescia por força das guerras e da peste negra que assolavam a Europa. O anjo transforma-se então no guia que assegura ao fiel o caminho da retidão, que o exorta à penitência, que leva ao Senhor suas orações e que o conforta no leito de morte. Uma das figuras angélicas sempre presente no sentimento religioso ocidental, o arcanjo são Miguel, protetor e patrono da monarquia francesa, nos séculos XIV e XV é visto como chefe das milícias celestes, um santo guerreiro alado, amplamente popularizado pela iconografia. O tema do "anjo da guarda" alcança prodigiosa difusão nos séculos XVI e XVII, impulsionado pelos jesuítas*. Confrarias e manuais a respeito se multiplicam; um trabalho notável surge pela pena do espanhol Francisco Suarez (1548-1617), o *De Angelis*. Não obstante, a angelologia, no decorrer desses séculos, não desfruta mais do consenso anterior. Regressão pura e simples? Mutações ocasionadas pela evolução artística, capazes de anular a dimensão espiritual dos anjos? De qualquer modo, o enfraquecimento gradual da angelologia representou um fator importante na dessacralização, no "desencanto do mundo", este mesmo mundo moderno que lamenta os malefícios do individualismo, do materialismo, que investiga o céu. É tempo, ressalta importante historiador, "de o homem descobrir, ele próprio, sua personalidade secreta, vetor do conhecimento mais profundo. Então, o homem torna-se anjo: portador de Deus na Terra, ícone vivo, ele é mensageiro para alguém, anjo para o próximo".

ANTICLERICALISMO Conjunto de ideias e atitudes polêmicas no tocante ao clero de maneira geral e, em particular, ao católico (v. Catolicismo*). Argumentos, quando não acusações, transformados em verdadeiros temas a ponto de alcançar os limites de uma doutrina, o anticlericalismo fundamenta-se num ponto essencial: para ele o clero não pode ser uma categoria à parte. As alegações são numerosas: o clericalismo representa um perigo para o país, pois não raro interfere na administração do Estado, o que tolhe ou dificulta sua soberania; o clero constitui poderoso grupo de pressão em que predominam os interesses da Igreja* etc. O tema da riqueza clerical surge também como um instrumento de forte argumentação anticlerical, visto que, afirmam seus adeptos, o clero, historicamente, tem demonstrado não praticar as virtudes (castidade, pobreza, renúncia etc.) que recomenda, inclusive quanto à sexualidade. O anticlericalismo tem suas raízes na Idade Média, inserindo-se na época moderna pelo Renascimento e pela Reforma*, alcançando o Iluminismo para desaguar na Revolução Francesa de 1789. Países como a Alemanha e a Inglaterra, sensíveis ao anticlericalismo desde o século XVI, aumentaram seu antagonismo à Igreja Católica. Num crescendo, esse sentimento invadiu a imprensa; uma literatura crítica ampliou os ataques ao clero, acompanhados de manifestações populares na poesia, no teatro etc. No entanto, a progressiva transformação da sociedade católica e o fim da Primeira Guerra Mundial ocasionaram o declínio da repulsa ao clero. O movimento anticlerical desacreditou-se e, atualmente, ninguém mais fala sobre o assunto.

ANTICRISTO Inicialmente, o termo designava, individualmente ou coletivamente, os instigadores de rebeliões, apostasias* ou heresias*. Emprega-se também, impropriamente, Antecristo (quanto ao primeiro, trata-se de um neologismo). Um e outro significam a mesma coisa: o adversário do Cristo*b, contra o qual dirige as forças do mal na grande batalha que precederá o reino do Messias*. Empregado somente nas epístolas* de João, o termo designa o adversário do Cristo, mas também aqueles que renegam a verdade. Foi nas raízes do pensamento apocalíptico (v. Apocalipse*) judaico e no dualismo* religioso que se foi buscar a representação cristã do Anticristo, ser sobrenatural. Espera-se um combate final que preceda a vitória do Cristo. Muitos vultos históricos foram identificados como o Anticristo: Nero, imperador romano, Antíoco Epifanes, rei da Síria. E também Maomé*b, Lutero*b e Calvino*b passaram por essa assimilação (v. Messianismo*).

ANTIGO TESTAMENTO Primeira das duas partes da Bíblia* cristã, designando a Bíblia judaica, também chamada Velho Testamento, cujos textos foram escritos e compilados durante os dez séculos que antecederam a era cristã. Os textos cristãos que compõem o Novo Testamento* foram escritos e acrescentados à Bíblia durante o século que sucedeu à morte de Jesus*b (séculos I e II). O nome hebraico, língua original do Antigo Testamento, é *Tanach*, ou *Tanakh*, formado pelas iniciais hebraicas de suas três grandes divisões: Torá* (o Pentateuco), *Neviim* (Profetas*) e *Ketuvim* (Escritos, ou Hagiógrafos*). O uso do termo "testamento" estabelece um vínculo entre o Novo Testamento e o Antigo, pois provém da palavra latina *testamentum*, que procede do grego *diatheke*, e que, por sua vez, provém do hebraico *berit*, ou aliança, palavra-eixo dos textos bíblicos (em hebraico esta palavra designa ambas as partes da Bíblia cristã: *Haberit Haieshaná* (Antiga Aliança) e *Haberit Hachadashá* (Nova Aliança). A composição exata do *Tanach*, ou seja, do Antigo Testamento, na visão hebraica original, difere daquela que foi adotada na Bíblia católica (a Bíblia protestante [v. Protestantismo*] só difere por rejeitar parcialmente os livros de Daniel*b e Ester), pois os judeus rejeitaram vários livros do cânon*. Embora não se conheça o critério exato para isso, uma das explicações aventadas é a de que só reconheciam como canônicos os textos cujos originais hebraicos foram encontrados. Assim, alguns livros que constam na Bíblia cristã não são incluídos no *Tanach*. Dos 14 livros não incluídos no cânon judaico, chamados Apócrifos*, foram incluídos na versão católica do Antigo Testamento: Baruc, Eclesiástico*g, Judite, Macabeus I e II (v. *Chanuká**), Sabedoria e Tobias. [Para a composição detalhada de cada parte, v. Torá*, Hagiógrafos*, Profetas*.] Os estudos bíblicos, apoiados em arqueologia, paleografia, filologia, etnografia e, principalmente, na cuidadosa análise dos textos, independentemente das crenças de caráter religioso, atribuem sua origem a diferentes fontes em períodos distintos, reconhecíveis não só pelos conceitos e pelas visões que expressam como pelo estilo literário e pela terminologia adotada. Os textos mais antigos teriam sido editados e compilados posteriormente por escribas e por Esdras*b (entre os séculos V e II a.C.). O conjunto dos livros, em sua composição final, teria sido encerrado no século II a.C., com a inclusão de Daniel, do Eclesiastes* e do livro de Ester. Para os judeus, historicamente, o *Tanach* foi muito mais que um repositório de narrativa histórica, preceitos religiosos, conceituação moral, legislação comportamental e fonte de inspiração espiritual. Segundo o historiador Leopold Zunz, ele constituiu a "pátria de bolso" do povo judeu, ao ancorar um povo disperso em sua memória histórica e em suas crenças e valores originais. (P.G.)

ANTINOMISMO Doutrina elaborada pelos primeiros cristãos*, que acreditavam ter a Revelação do Cristo*b suplantado a Lei Mosaica e, por isso, sentiam-se moralmente superiores como "regenerados". Por força dessa posição, os antinomistas acreditavam não ser necessário obedecer aos preceitos do decálogo (v. Dez Mandamentos*), estabelecendo eles próprios sua conduta, o que os tornaria livres para a prática de atos até então condenados. Algumas seitas* gnósticas (v. Gnosticismo*) se deixaram seduzir pelo antinomismo, como também o anabatismo* que, no século XV, adotava práticas antinomistas. Avançando no tempo, esses sectários ampliaram sua atuação, chegando mesmo a obter apoio de várias comunidades europeias. Suas ideias foram aceitas e difundidas por alguns grupos no decorrer da Revolução Inglesa do século XVII, sem maiores consequências.

ANTIPAPA Todo e qualquer indivíduo que tome o nome de papa* e que tenha exercido ou venha a exercer esse cargo sem fundamento canônico é um antipapa. A expressão "outro papa" é equivocada, visto que só pode haver um papa. Várias circunstâncias caracterizam a situação indevida de um antipapa: a) ser eleito papa de maneira irregular, após a morte, deposição ou renúncia de um papa escolhido regularmente; b) chegar ao trono papal pela força ou pela astúcia; c) competir em condições duvidosas. O termo antipapa só foi oficialmente difundido ao findar o século XIV, muito embora insinuações e contestações não faltassem para negar a legalidade deste ou daquele pretendente ao trono papal. Não se sabe ao certo o número de antipapas; entretanto, a maioria dos especialistas concorda em que existiram cerca de 38 a 40 antipapas, começando com Hipólito (217/235) e encerrando com Félix V (1439/1449). A Igreja Católica só confirma 37 deles, como publicado no *Anuário Pontifício* de 1937.

ANTISSEMITISMO Cunhado em 1879 por um agitador alemão, Wilhelm Marr, o termo não tem sido usado em seu sentido literal abrangente de "oposição aos semitas" ou ao semitismo, sendo restrito aos judeus (v. Judaísmo*). Mas como o antijudaísmo (expresso em rejeição, discriminação, restrições, perseguições e massacres dos judeus) é muito anterior ao século XIX, a noção de "antissemitismo" é aplicável também a esses eventos que antecedem o termo. Entre seus vários aspectos e causas — religiosos, econômicos, culturais, psicossociais e políticos —, este dicionário enfoca apenas os primeiros. A resistência dos judeus à aculturação, quando dominados pelas civilizações helênica (século II a.C.) e depois romana (século I a.D.), já lhes havia granjeado o ódio e a rejeição dessas culturas, típicos da reação ao "diferente", mas o fervor religioso do cristianismo* nascente viria a alimentar essa rejeição com um vigor que suplantou em intensidade — e em consequências — a animosidade dos pagãos. Os adeptos e discípulos de Jesus*b, e os primeiros crentes em seu messianismo*, seja na Judeia, seja nas províncias de Roma ou na metrópole do império, eram todos judeus. Ou seja, os primeiros cristãos eram todos judeus (v. Judeo-cristianismo*). Mas a disseminação das novas ideias, sua popularização, sua categorização como religião, exigia a desjudaização do cristianismo, pois a rigorosa prática da religião judaica não seria atraente às multidões de pagãos do Império Romano. A pregação cristã de Paulo*b e o surgimento dos Evangelhos^A afastaram o cristianismo do povo judeu e, mais do que isso, isolaram esta comunidade metodicamente, através de sua demonização. Embora Constantino Magno, ao aceitar o cristianismo como religião do Império Romano, no início do século IV, tenha exarado, em 313, um "Edito da Tolerância" em que incluía os judeus, nunca lhes conferiu igualdade civil, por fazerem parte de uma "seita nefanda e perversa". Os "assassinos de Cristo", como são referidos nos Evangelhos, logo eram alvo de ódio e perseguição pelos cristãos. Apesar de muitas vezes condenado pela alta direção da Igreja e pelo papado (v. Papa*), esse ódio ganhou raízes mais profundas, em que a argumentação de causalidade que supostamente o justificava tornou-se mitológica (v. Mitologia*), caricatural, às vezes grotesca. Os judeus foram alegadamente perseguidos como castigo por serem os assassinos de Cristo (apesar de a sentença e a execução terem sido exclusivamente romanas); por matarem crianças cristãs e lhes usarem o sangue na fabricação do pão ázimo (v. *Matsá**g); por profanarem a hóstia, num segundo martírio ao corpo de Jesus; por envenenarem os poços, provocando a peste; e por qualquer motivo baseado em interpretação ou invenção de fatos. Foram massacrados pelos cruzados [v. Cruzadas*]; obrigados a se converter ou queimados vivos por se recusarem a isso, em suas aldeias da alta Idade Média ou nos autos de fé da Inquisição*; expulsos com a roupa do corpo de seus lares e seus países; isolados em guetos* e proibidos de exercer profissões ou de se integrar nas sociedades; perseguidos e dizimados em *pogroms*, nos quais as motivações de ordem social e política se ocultavam sob palavras de ordem imbuídas da fé cristã, em luta com o próprio demônio, encarnado nos judeus. O antissemitismo latente, na forma de aversão aos judeus, continuou a existir como subproduto de pregações da catequese católica. Foi somente a partir do papado de João XXIII*b que a Igreja recuou oficialmente de sua postura doutrinária contra os judeus. A mudança de atitude, proposta por João XXIII no fim da década de 1950 para o Concílio Vaticano II*, foi ratificada por seu sucessor, Paulo VI. Embora Martinho Lutero*b, o fundador do protestantismo*, tenha manifestado profunda aversão aos judeus, e apesar da importância dos Evangelhos nas igrejas protestantes, o apego destas à Bíblia* como a palavra de Deus, nela incluído o Antigo Testamento*, neutralizou em grande medida o substrato antijudaico do Novo Testamento*. Apesar de, historicamente, o islamismo* ter convivido em relativa paz com o judaísmo, o recrudescimento do fundamentalismo islâmico e de interpretações radicais do Alcorão* veio acrescentar novos aspectos ao antissemitismo, confundindo as razões políticas do antissionismo (v. Sion*) com a pregação religiosa do antijudaísmo, e estendendo aos judeus em geral a atribuição de "infiéis" e de "inimigos do Islã*", e, como tais, alvo potencial de uma guerra santa* purificadora. (P.G.)

ANTONISMO Mistura de espiritismo* e cristianismo*, o antonismo é uma prática religiosa exercida por um mineiro belga, Luís Antônio (1846-1912) que, influenciado pelas obras do francês Allan Kardec*b (1804-1869), iniciou-se no espiritismo na expectativa de se comunicar com seu filho, morto prematuramente aos 20 anos de idade. Acreditando possuir dons mediúnicos, tornou-se místico (v. Misticismo*) e curandeiro e, junto com sua mulher, começou a difundir sua doutrina. Intitulados "Pai e Mãe" por seus adeptos, criaram uma espécie de religião, fundando Igrejas que eram administradas por sacerdotes vestidos com hábitos atípicos. Sua doutrina estabelecia que Jesus*b era tão somente um médium; que o homem é naturalmente bom; que os responsáveis pelos nossos sofrimentos somos nós mesmos. "Deus é tudo e Ele está em todos"; "acreditar em si próprio é acreditar em Deus". "A vida corporal é ilusão; crer na existência da matéria e do mal é pecar; curar o corpo é curar o mal." Os sacramentos* inexistem, mas a "operação", ou seja, o culto*g, certamente conduzirá à eliminação do sofrimento. As orações e a imposição das mãos sobre o doente — etapa fundamental do culto para a cura de quem sofre — possibilitarão a reabilitação física e espiritual. O culto é aberto a qualquer pessoa; o emblema de suas Igrejas é representado por uma Árvore da Ciência composta de sete ramos, correspondentes aos sete pecados capitais. Procurando respeitar todos os credos, o antonismo celebra o batismo*, o casamento e a inumação, mas não a eucaristia*g. Difundido numa quinzena de países, particularmente na Bélgica (27 templos) e na França (32 templos), o antonismo, atualmente, conta com cerca de 20 mil fiéis e milhares de consulentes.

ANTROPOMORFISMO Originária do grego *antropo* (homem), e *morphé* (forma), a palavra "antropomorfismo" é empregada, no quadro das religiões, para atribuir formas ou características humanas a Deus ou divindades que, sob tais formas, agem e falam como fossem humanos. Não obstante, a linguagem antropomórfica referente a Deus mantém sempre limites que evitam se venha a considerá-lo como um ídolo. Na realidade, nos sistemas monoteístas, o antropomorfismo, como fenômeno religioso, designa um modo de falar e de agir metaforicamente, transferindo formas de comportamento humano a entes não humanos. Os sistemas politeístas, eivados, geralmente, de mitos (v. Mitologia*) e símbolos, registram que os deuses nasciam e agiam da mesma maneira que os humanos, sendo, porém, na maioria dos casos, imortais. As sociedades ocidentais e orientais antigas, *grosso modo*, eram pródigas em divindades antropomórficas.

ANTROPOSOFIA Movimento cristão (v. Cristianismo*), fundado em 1913 pelo húngaro Rudolf Steiner (1861-1925) que, desde a juventude manifestava vivo interesse pelo esoterismo. Após dez anos de estudos, no decorrer dos quais participou dos trabalhos de Helena Blavatsky (1831-1891), célebre teosofista russa, discordou das tendências orientalizantes neles contidas e, em consequência, afastou-

-se para criar o movimento antroposófico visando, com isso, a estimular o esoterismo ocidental. A antroposofia não constitui propriamente uma religião sendo, quando muito, uma interpretação esotérica do cristianismo, interpretação essa, segundo Steiner, mais fácil de ser compreendida do que as doutrinas defendidas por Blavatsky. Em 1923, criou-se a Sociedade Antroposófica Universal que se estendeu a vários países europeus e também aos Estados Unidos. A Suíça, através de um centro onde eram realizadas conferências e debates, seminários e exposições sobre a antroposofia, tornou-se o principal centro de atração, para onde afluem centenas de membros.

APOCALIPSE Gênero literário, consubstanciado num conjunto de textos, amplamente difundidos por judeus (v. Judaísmo*) e cristãos* no decorrer dos primeiros séculos de nossa era e, de modo geral, na Idade Média. Originariamente escritos em hebraico, sem esquecer o aramaico e o grego, seu conhecimento foi facilitado pelas traduções em vários idiomas: o latim, o etíope, o siríaco, o copta*, o árabe, o armênio etc. A palavra "apocalipse", transliteração do grego *apokálypsis*, significa "revelação", derivada do verbo *apokalyptein* ("descobrir", "revelar"). Na Bíblia*, esse nome refere-se ao último livro do Novo Testamento*, equivocadamente (segundo vários especialistas) atribuído ao apóstolo* João, e que exerceu enorme influência no Ocidente. Os apocalípticos judaicos, produzidos na Palestina nos séculos III e II a.C. (os Livros de Daniel*[b] e de Ezequiel*[b], o Livro dos Jubileus e o 1º Livro de Henoc, entre outros), tinham como objetivo básico — aliás, comum a todos os apocalipses — desvendar segredos que apenas o céu conhecia, e que, na maioria das vezes, diziam respeito ao destino do mundo, salientando a expectativa de uma época capaz de oferecer aos marginalizados fartura e paz. Escrito, ao que tudo indica, no século I, ao findar o reinado do imperador romano Domiciano (51-96/81-96), e último da Bíblia, o Livro do Apocalipse é, sem dúvida, uma obra cristã, sendo o único texto apocalíptico reconhecido pelo Cânon* cristão. A exemplo do ocorrido com os apocalipses judaicos, o de João tem sido alvo de muitas interpretações que podem ser situadas em dois níveis: um histórico, outro messiânico (v. Messianismo*). Duas hipóteses costumam ser consideradas: a) as visões do Apocalipse procuram descrever de modo alegórico (v. Alegoria*) as condições históricas do cristianismo*; b) as revelações (profecias), em escala mundial, anunciam o fim dos tempos, consubstanciado na luta contra Satanás e na derrota deste. "Um novo céu e uma nova Terra" serão então entregues aos fiéis do Cristo*[b]. Essas manifestações, impregnadas de simbolismo, traduziam a mensagem de Deus, concentrada no Juízo Final dos pecadores e na redenção dos fiéis, nem sempre associada a ideias milenaristas (v. Milenarismo*). Ainda que controladas pela Igreja, essas concepções eram geralmente superadas por outras de caráter popular. Os apocalipses apócrifos* eram mais bem entendidos, assimilados, mesmo por setores que escapavam do controle eclesiástico. Entre esses textos, os denominados Livros (ou Oráculos) Sibilinos* desfrutavam de grande aceitação no mundo dos humildes. A exemplo do apocalipse joanino, esses livros foram escritos em grego. Entre visões do Apocalipse destacava-se a do "Número da Besta": 666. É sabido que, entre os hebreus e os gregos, as letras do alfabeto podiam ser interpretadas como números. Não poucas tentativas foram feitas para vincular esse número a personagens históricos, mormente ao imperador romano, especialmente a Domiciano e Nero, sobretudo este, encarado como o Anticristo*. Modernamente, alguns autores não veem no Apocalipse uma mensagem alarmante, que prognostique o final dos tempos, e sim uma de esperança e bonança, destinada a encorajar o homem a se aproximar de Deus, o Cordeiro, símbolo do amor, luz a iluminar os momentos sombrios da humanidade. Artistas, pensadores, poetas têm-se beneficiado de sua originalidade e teor, do seu simbolismo, de sua especulação visionária, de seu misticismo.

APÓCRIFOS Em grego, apócrifo significa "escondido", "oculto". Os católicos (v. Catolicismo*) atribuíram esse termo aos livros que não tiveram o reconhecimento das autoridades religiosas cristãs e judaicas (v. Cristianismo*, Judaísmo*). Por força disso, não são considerados autênticos. Existem apócrifos no Antigo Testamento* e no Novo Testamento*. No período da Reforma*, os protestantes (v. Protestantismo*) contestaram o valor religioso desses textos. No entanto, os apócrifos são obras interessantes e originais — "bons e úteis para se ler" dirá Lutero*[b] —, contendo vários gêneros literários: autobiografias, orações, passagens apocalípticas (v. Apocalipse*), salmos* etc. Seu repertório, ao que tudo indica, procede do judaísmo* palestiniano, redigido em aramaico ou em hebraico no decorrer dos séculos II a.C. e I a.D., segundo a maioria dos especialistas. O interesse despertado por esse material cresceu muito a partir das sensacionais descobertas dos Manuscritos do Mar Morto* e também de dois Evangelhos* até então ignorados: o de Tomé, encontrado na biblioteca de Nag Hamadi (1945) e o denominado Livro de Q, este inserido no próprio Novo Testamento. O "Q" é uma abreviatura da palavra Quelle (fonte, em alemão), porque, de início, pensava-se que o texto seria tão somente a fonte comum de sentenças já existentes nos Evangelhos* de Lucas e de Mateus. Essas duas descobertas, ao que tudo indica, podem contribuir para questionar a história tradicional das origens do cristianismo*. Os dois Evangelhos, certamente, passarão a integrar os textos sapienciais. No Antigo Testamento, os apócrifos compreendem 14 livros, todos em grego, divididos em históricos, lendários, proféticos, apocalípticos e didáticos. Vale salientar que os protestantes (v. Protestantismo*) quando se referem ao Novo Testamento empregam o termo "apócrifo" da mesma maneira que os católicos (v. Catolicismo*). Já para o Antigo Testamento, o termo é utilizado quando se refere aos livros que os católicos chamam de "deuterocanônicos", isto é, aqueles que integram uma segunda lista (deuteros, segunda; nomos, lei), como, por exemplo, os livros de Tobias, Baruc, Judite, Eclesiástico*ᵍ etc.). Assim, o significado do vocábulo "apócrifo" depende de quem o está empregando e a quê o está atribuindo.

APOSTASIA De origem grega (apo, "fora" e stasis, "colocar-se"), ou seja, deixar, abandonar, separar, a apostasia refere-se ao abandono ou renegação públicos da religião praticada. A apostasia, no cristianismo*, é considerada ato pecaminoso dos mais graves, e na Idade Média redundava em morte; primitivamente, a Igreja proibia a reconciliação com os apóstatas. Na Antiguidade clássica, o apóstata era o soldado que se rebelava contra seus superiores, acarretando severas penalidades. Na história judaica, momentos houve em que não raro se manifestava a vontade de apostatar, principalmente na diáspora*, onde as incertezas da situação e a permanente pressão das culturas dominantes provocavam defecções, individuais ou coletivas. Os apóstatas, sobremodo no período medieval, às vezes transformavam-se em zelosos propagandistas de sua nova fé; no entanto, para os seus parentes e amigos, eles eram considerados mortos. Na comunidade muçulmana, a apostasia (em árabe, ridda) é punida com sanções graves, inclusive a pena de morte para aqueles que renegam o Islã*. Historicamente, apostasias de personalidades importantes foram assinaladas, entre as quais a do imperador romano Juliano (331-363; 361/363), que, renegando o cristianismo, restaurou, sem êxito, o antigo culto*ᵍ do Sol Invicto (Solis Invictus). Também os templários*, famosa ordem militar medieval, foram acusados de apóstatas, sob alegação — jamais comprovada — de que, secretamente, haviam-se convertido ao Islã.

APOSTÓLICA (IGREJA CATÓLICA) Movimento de renovação (reveil) surgido na Inglaterra em 1822, por vezes denominado "Irvingitas" ou "Irvinginianos", devido ao nome de seu fundador Edward Irving (1792-1834), pastor presbiteriano (v. Presbiterianismo*) escocês. Suas prédicas, de índole apocalíptica (v. Apocalipse*), atraíam grandes multidões para as quais o pastor afirmava ser iminente uma segunda vinda não só do Cristo*ᵇ como também a de profetas e de apóstolos*. Alguns historiadores alegavam que, na realidade, Irving desejava restaurar a Igreja primitiva, partindo de uma revelação consubstanciada no retorno do Cristo em 1864. Por sugestão sua, formou-se um grupo de 12 apóstolos, os quais foram enviados pelo mundo com a missão de comunicar a vinda do Cristo, tarefa que redundou num tremendo fracasso. A liturgia*ᵍ dessa Igreja, implantada gradativamente, compreendia elementos católicos, anglicanos e até mesmo detalhes nitidamente ortodoxos (v. Catolicismo*, Anglicanismo*, Ortodoxia*). Na verdade, do ponto de vista doutrinário, a Igreja Católica Apostólica (não confundir com a Igreja Católica Apostólica Romana) é ortodoxa. Os fiéis doam à Igreja um décimo de seus rendimentos. Na Inglaterra, ela dispõe de oitenta centros de culto, contando com 5 mil fiéis.

APÓSTOLOS A palavra, para alguns, é a tradução do aramaico sãliah (hebraico shaliach); para outros é de origem grega. Em ambas as hipóteses, há unanimidade quanto ao significado: apóstolo quer dizer "enviado", "mensageiro", conceito cujo conteúdo foi, essencialmente, estabelecido por Paulo*ᵇ. "O apóstolo é o embaixador do Cristo e testemunha da vida e da ressurreição de Jesus*b." Particularmente aplicado aos 12 discípulos de Cristo, esse vocábulo se tornou de uso corrente após a Páscoa*. São os seguintes os apóstolos citados no Novo Testamento*: André, Bartolomeu, Filipe, Mateus, Tomé, os dois Tiagos, os dois Judas, Pedro*b, João e Simão, o zelote. Posteriormente, Paulo de Tarso reivindicará o título de apóstolo. O termo, de outra parte, possuía acepção mais ampla, envolvendo pessoas nas quais o Cristo percebia vocação especial para a difusão de suas ideias. Os 12 apóstolos desfrutam de posição especial junto a Jesus, sendo tratados como "companheiros" (do latim cum panis, os que comem do mesmo pão) associados à sua missão. Procediam de diferentes regiões e das mais variadas categorias sociais. Paulo não pertencia ao grupo original. Judeu de nascimento, nascido na Ásia (c. 3-64), chamava-se antes Saulo e integrava as milícias romanas, tendo como uma das tarefas perseguir cristãos (v. Perseguições*). Converteu-se ao cristianismo* após uma visão, e passou a chamar-se Paulo. Seu apostolado enquadra-se, essencialmente, na atividade missionária que realizou no Oriente e no Ocidente, pregando o cristianismo. Suas epístolas*, famosas, constituíram um poderoso instrumento de aceitação e conversão de numerosos adeptos no decorrer dos 14 anos de pregação cristã, fundando Igrejas e organizando comunidades. Detido na cidade de Éfeso, foi levado para Roma onde foi decapitado, no ano 67. Os apóstolos são vistos como verdadeiros profetas. Num sentido mais amplo, o nome "apóstolo" estende-se a pessoas que se notabilizaram na evangelização de regiões ou de populações, a citar, entre outros, Francisco Xavier*b (1506-1552), jesuíta espanhol, apóstolo das Índias e do Japão.

APOTEOSE Deificação de um mortal, vocábulo de origem grega, significando "fazer um deus". O termo tem sua utilização mais comum quando se refere à elevação de grandes personalidades históricas, da Antiguidade à Modernidade, à categoria de divindades: imperadores romanos, monarcas indianos, incas do Peru, faraós egípcios etc. A mitologia* e a história gregas (v. Gregos*) mostram numerosos casos em que a apoteose é frequente, como ocorreu com a divinização de Alexandre Magno quando foi sagrado no Egito. A apoteose é inseparável do culto imperial*; essa forma de consagração assumiu particular interesse e relevo no Império Romano, onde a divinização do soberano era prática usual, principalmente a partir de Júlio César, e mantida por intermédio de um colégio sacerdotal. Grosso modo, no Oriente Antigo, o rei era venerado como um ser divino. Mesmo na Modernidade, alguns teóricos do absolutismo puseram em prática, com relação aos seus soberanos, a teoria do direito divino.

APSARÁS Pequenas divindades femininas (ninfas*d), integrantes da mitologia* indiana, belíssimas, habitantes no universo de Indra*d. Nos purana*, elas aparecem com vários nomes; dançarinas e musicistas, as apsarás são frequentemente representadas na arte indiana e, por vezes, figuram em esculturas nos templos. O seu envolvimento com os mortais é constante, pois estão encarregadas pelos deuses de seduzir aqueles que levam uma vida austera, tarefa que era considerada um desafio ao poder divino. Para os heróis mortos em combate reservavam-se, ainda que temporariamente, dias de convivência com as apsarás, verdadeiras cortesãs celestes. O nome "apsará" vem de ap, água e sara, essência, isso porque essas ninfas nasceram da agitação do mar, em especial, da espuma. As apsarás aparecem em diversas culturas orientais, sempre como mensageiras do amor, especialmente em regiões cujos habitantes estão vinculados ao culto*g da deusa Cáli*d. São frequentes as representações de apsarás na pintura, mormente na decoração dos templos.

ARCA DA ALIANÇA Em hebraico, Aron haKodesh (Arca Sagrada), descrita na Bíblia* como a arca em que eram guardadas e transportadas as Tábuas da Lei, gravadas com os Dez Mandamentos* e recebidas por Moisés*b, no monte Sinai, diretamente de Deus. Representavam, pois, o "poder e a glória de Deus", e a aliança assumida pelo povo judeu (v. Judaísmo*) com Sua palavra e Seus desígnios. Símbolo sagrado dessa aliança, a arca com seu precioso conteúdo era abrigada no Tabernáculo*g construído especialmente para ela. Desbravadora de caminhos e protetora contra os perigos e os inimigos, era conduzida à frente do povo em sua peregrinação* pelo deserto rumo à Terra Prometida*. A arca, como descrita na Bíblia (Êxodo*g 25), era feita de madeira de acácia revestida de ouro. Dois anjos* esculpidos em ouro encimavam a tampa. Duas traves, passadas em argolas de ouro, permitiam que fosse carregada. A intensidade de seu caráter simbólico da presença divina e o fervor e a adoração que como tal despertava podem ter advindo da necessidade de, "corporificar" de alguma forma, uma Divindade que, para os judeus, é conceitualmente incorpórea, sem cometer a transgressão de adorar imagens ou criar bezerros de ouro. Depois de conquistada Canaã, as 12 tribos de Israel (v. Jacó*b) estabeleceram-se cada uma em seu território, mas a Arca permaneceu como símbolo central da Aliança e da unidade do povo, guardada em Shiló, e muitas vezes reconduzida à frente dos exércitos de Israel, como fonte de inspiração e coragem, nas batalhas contra seus inimigos. Na batalha de Afek, contra os filisteus*g, no século XI a.C., ante a derrota iminente, os sacerdotes de Shiló foram instados a levar a Arca ao campo de batalha. Foi recebida com brados de tal entusiasmo e vigor que os filisteus, em pânico, concluíram que o Deus dos israelitas havia chegado [Sam. I (4: 3-7)]. Com a construção do Primeiro Templo* de Jerusalém, por Salomão*b, em c. 955 a.C., a Arca foi levada para lá e guardada no Santo dos Santos (v. Templo*) (Kodesh haKodashim, ou Sanctum Sanctorum), recinto ao qual sua presença conferiu o mais alto grau de santidade no ritual judaico. Ninguém podia entrar no Santo dos Santos, a não ser o sumo sacerdote, e, mesmo assim, somente no dia mais sagrado do calendário judaico*, o Iom Kipur*. Qualquer transgressão seria punida com a morte: o transgressor seria fulminado por sua profanação. Em algum momento da história, a Arca desapareceu, e seu destino é até hoje ignorado, sendo fonte de muita especulação, fantasia, romance e filmes de cinema. Com a destruição do Segundo Templo no século I a.D. e a dispersão dos judeus, o ritual religioso judaico descentralizou-se, sendo realizado nas sinagogas* de todo o mundo. Nestas, não mais as Tábuas perdidas, mas os rolos da Torá*, o texto integral do Pentateuco, são guardados numa arca, também chamada Aron haKodesh, um nicho vertical na parede da sinagoga* que é voltada para Sion*. (P.G.)

ARÉS, REVELAÇÃO DE Movimento religioso criado em 1974 pelo francês Michel Potay. Ateu (v. Ateísmo*) até os 20 anos, este personagem desde cedo dedicara-se ao ocultismo e à cura pelo espiritismo*. Ingressando na Igreja Católica Ortodoxa (v. Ortodoxia*) da França, ele obteve um episcopado numa Igreja Ortodoxa não reconhecida pelas autoridades eclesiásticas, levando-o a abandoná-la, instalando-se então em Arés, no departamento da Gironda, numa antiga hotelaria. Dias depois, comunica ter recebido e transcrito, no período de janeiro a abril, 40 revelações ditadas pelo próprio Cristo. Desde então, proclamava, seria "um peregrino (v. Peregrinações*) que encontrou o Senhor em Arés". Esse material ele os publicou num opúsculo amplamente difundido, no qual declarava situar-se na linhagem dos profetas Moisés*b, Isaías*b, Jesus*b e Maomé*b. Na mensagem que elaborou e divulgou, salientava, entre outros temas, a inutilidade dos sacerdotes, a necessidade da valorização dos méritos femininos e que, após a morte, o homem e sua alma viverão nas alturas sagradas. A voz de Deus sairá de um "bastão luminoso". Os peregrinos de Arés substituirão o Padre-Nosso por uma nova oração por eles denominada "Pai do Universo", a ser recitada com os olhos voltados para Arés, considerada como a Nova Jerusalém. A Revelação, monoteísta, teria sido necessária para sanear as Igrejas e as religiões institucionalizadas. O sistema clerical deveria ser suprimido. Salta aos olhos que a prática ritual dos peregrinos de Arés são parecidas com as dos muçulmanos: orações três vezes ao dia, peregrinações à Casa da Revelação, praticadas na rua, de porta em porta. O dízimo a contribuir para a missão é de 5% e o livro-base da doutrina, o Evangelho de Arés, composto de 40 capítulos, é encarado como um quinto Evangelho. Duas associações amparam legalmente a Missão de Arés.

ARIANISMO Primeira grande heresia* cristã (v. Cristianismo*), assim denominada por se ter originado das ideias professadas por Ário (256-336), nascido na Líbia e padre na cidade de Alexandria. O arianismo questionava a natureza da divindade de Jesus*b Cristo, afirmando que o Filho, Pessoa da Santíssima Trindade*, não era totalmente divino, não sendo coeterno com o Pai, a primeira Pessoa, e sim apenas um homem educado à imagem de Deus. "O Filho tem um princípio, mas Deus não tem princípio; Ele existe antes de todos os seres, inclusive o Filho." Essas formulações contrariavam o dogma cristão que estabelecia ser o Filho coeterno do Pai. Dando uma interpretação a um só tempo simples e original do mistério* da Santíssima Trindade, o padre alexandrino ensinava que o Pai era eterno, sem começo ou fim, mas que Jesus — o Verbo — havia sido criado por Deus e que, por sua vez, o Verbo criara o Espírito Santo. Assim, da Santíssima Trindade só o Pai era Deus enquanto os dois outros componentes ficavam a Ele subordinados; sua divindade, portanto, era concebida pelo Pai e, em tal circunstância, inferior. Condenado no Concílio* Ecumênico de Niceia, em 325, e posteriormente no Concílio de Constantinopla, o arianismo subsistiu, mormente entre os povos bárbaros convertidos ao cristianismo, ostrogodos e visigodos em particular. Em ambos os concílios ficou estabelecido que o Cristo era filho de Deus, coeterno do Pai e igual a Ele "por ser da mesma substância ou essência" (*homoousios*). A aceitação do arianismo pelos bárbaros, muitos dos quais se converteram a essa heresia, foi devida, principalmente, à incansável atuação do bispo Úlfila (311-383) que traduziu a Bíblia* e artigos do credo arianista para o gótico (idioma germânico, hoje desaparecido), facilitando, assim, a assimilação da nova doutrina. O arianismo só foi detido no século VI quando os francos aceitaram o catolicismo* e passaram a praticá-lo.

ARMAGEDON Também *Harmagedón*, lugar apocalíptico (v. Apocalipse*), cujo nome designa a maior batalha da história, só registrado no último livro do Novo Testamento* e somente uma vez. Nesse local, forças do bem e do mal se enfrentarão numa luta final. O termo *Armagedon*, grego, equivale ao hebraico *Har-Meguido*, que significa "montanha de Meguido", ao que tudo indica alusão ao contraforte sul do monte Carmel, de onde descortina-se a planície de Izreel. Alguns especialistas traduzem *Armagedon* como "Montanha da Assembleia" (*moguèd*), aparentemente uma referência à "montanha das divindades pagãs". Armagedon é o termo inserido no milenarismo* para anunciar a vinda do Cristo*b no ano 1000, para reinar outros mil. Seja como for, Armagedon lembra a derrota dos inimigos de Deus ali reunidos pelos demônios (v. Demonologia*), no grande dia que marcará o fim dos tempos.

ARMINIANISMO Doutrina de índole congregacionalista (v. Congregacionalismo*), embasada numa doutrina estabelecida pelo teólogo calvinista (v. Calvinismo*) Jakob Harmensen (1560-1609), nome latinizado para Jacobus Arminius. Sua ação voltava-se, essencialmente, contra o calvinismo, mormente contra o principal fundamento dessa doutrina, a predestinação. As ideias de Arminius, porém, só alcançaram maior difusão após a morte do fundador, quando seus discípulos se organizaram teologicamente, divulgando uma *Remontrance* ("protesto", "admoestação") através da qual expunham suas concepções religiosas em cinco artigos (1610). Oito anos depois, esses artigos foram condenados pelo Concílio* de Dordrecht, muitos dos arminianos foram banidos da Holanda e alguns, executados. Não obstante, o arminianismo, oficialmente banido, foi reconhecido em 1795, mantendo o seu ideário, insistindo sobre o caráter universal do Cristo*b e combatendo a doutrina da predestinação, pedra angular do calvinismo. Presente ainda hoje nos Países Baixos — embora reunindo poucos fiéis —, o arminianismo foi bem-aceito na Inglaterra e largamente difundido no metodismo*, no unitarismo* e no evangelismo (v. Evangélicos*).

ARÚSPICES De origem etrusca (v. Etruscosᴬ), os arúspices eram sacerdotes especializados, aos quais se atribuía o poder de interpretar a vontade dos deuses pela observação dos prodígios da natureza (relâmpagos, trovoadas, ventos) e das vísceras de animais sacrificados. Os conhecimentos dos arúspices estavam contidos num conjunto de fórmulas sagradas, a Disciplina Etrusca*, repositório de revelações anunciadas por seres miraculosos. A palavra arúspice (*haruspice*, em latim) parece comportar uma raiz etrusca, tendo como sinônimo outra palavra latina, *extipex*, também aplicável às pessoas que examinavam as entranhas de animais. A análise das partes internas do animal objetivava recolher informações e dados considerados preciosos, procedimento esse (*extipicina*) que qualificava os seus executores como homens excepcionais, acima do normal. Outras civilizações, a babilônica, por exemplo, também exercitavam essas práticas e eram capazes de caracterizá-las como científicas. Órgãos como o pulmão, o cólon, o fígado — principalmente este — eram cuidadosamente examinados. A hepatoscopia, ou seja, a adivinha pela observação do fígado (posição, cor, estado de conservação), desfrutou de grande credibilidade na Antiguidade oriental, muito embora o vocabulário utilizado para revelar o que era visto fosse quase abstrato. Cada parte do fígado analisado fornecia ao arúspice certo tipo de presságio. A influência e o prestígio dos arúspices mantiveram-se constantes, apesar de o Estado jamais lhes outorgar qualquer responsabilidade religiosa. À época imperial, porém, os arúspices conseguiram organizar-se em um colégio sacerdotal.

ASCETISMO O ascetismo é a prática da ascese, palavra de origem grega (*áskesis*) que designava o esforço, a abnegação e o domínio do corpo daqueles que participavam dos jogos atléticos. Os estoicos, filósofos gregos, deram a esta palavra um sentido moral, no que foram seguidos pelos primeiros cristãos* que a utilizaram para caracterizar a abstinência, no seu grau mais elevado, do álcool e do casamento em especial, mas também da maioria dos divertimentos. A ascese passou, então, a ser encarada como uma prática que conduzia o ser humano à plenitude da moralidade. Os primeiros ascetas foram os anacoretas (v. Eremitismo*), homens que abriam mão de qualquer conforto material para se aproximar estreitamente de Deus. Nessas concepções, o corpo, instrumento do prazer, aos olhos dos ascetas nada mais era do que uma coisa corrompida e vil, vergonhosa, que deveria ser maltratada e humilhada. Penitências, flagelações, macerações as mais extremas foram exercitadas por mais de dois séculos e tidas como a melhor demonstração de amor a Deus. Os ascetas não se banhavam, jamais mudavam de roupa, viviam em regiões desérticas, só se alimentando de vegetais. Alguns moravam (*sic*) em colunas. Durante muito tempo, as práticas ascéticas eram consideradas como a melhor forma de uma pessoa demonstrar a sua total devoção ao Senhor. O ascetismo não era exclusivo do cristianismo*. Os hebreus já haviam conhecido os naziritas*g. Os essênios* e os terapeutas* também praticavam o ascetismo; na Índia, a mais comum dessas práticas era o isolamento pessoal, absoluto, num total estado de beatitude*g que possibilitasse ao asceta alcançar o *nirvana**, vocábulo sânscrito (literalmente, "extinção"). Os muçulmanos veem com reserva o ascetismo, para eles uma noção inacessível, aceitando, porém, movimentos místicos, representados essencialmente pelo sufismo*. Não obstante, algumas práticas ascéticas moderadas, vinculadas à piedade islâmica (v. Islã*) costumam ser autorizadas. "Retirar-se por alguns dias para um lugar apropriado, de preferência uma mesquita* reputada santa", costuma ser recomendado. Conceituado por alguns como uma filosofia do corpo, o ascetismo, atualmente, ainda é exercido em várias culturas orientais e ocidentais.

ASHKENAZIM A palavra plural hebraica — singular: *ashkenazi* — significa "alemães" (de *Ashkenaz*, nome atribuído à região que viria a ser a Alemanha moderna, a partir do nome de um dos netos de Noé*b, citado na Bíblia*, em Gênese*g 10:3). Na verdade, não se refere apenas aos judeus alemães, mas aos descendentes dos judeus que, na Idade Média, se estabeleceram na Europa central e oriental e que adotaram como língua comum o ídiche, uma variação do alemão com inserções de outras línguas, principalmente o hebraico. A denominação *ashkenazim* funciona como diferenciador de *sefaradim**, ou sefaraditas, o segundo desses dois grupos do povo judeu, que se caracterizam pelas influências culturais recebidas na dispersão (os *sefaradim* são os descendentes dos judeus que se haviam radicado no início da Idade Média na península Ibérica e na Provença, tendo adotado como língua franca uma corruptela do espanhol com inserções do hebraico, o ladino, ou *judesmo*). Por influência do ambiente social e cultural em que viviam, os judeus *ashkenazim*, ou asquenazitas, assim como os *sefaradim*, desenvolveram hábitos religiosos e culturais próprios. Sem se afastar das raízes comuns e da essência do ritual judaico, ganharam cunho próprio e diferenciado determinados procedimentos ritualísticos, a pronúncia do hebraico nos textos das orações, a composição dos textos devocionais no livro de orações e sua ordem, e o estilo da música e da entonação das preces na sinagoga*. O chamado *nus-sach ashkenazi*, a "versão asquenazita", tanto na ordenação dos textos quanto na pronúncia e na entonação das orações, caracteriza até hoje as congregações de influência asquenazita, e as distingue das sefaraditas. Na versão *ashkenazi* a pronúncia do texto hebraico das orações é influenciada pelo ídiche e, portanto, menos fiel à pronúncia original, preservada na versão *sefaradi*. Além disso, embora não exista qualquer divisão orgânica ou conceitual entre os dois grupos, diferenças culturais podem ser notadas, desde a culinária, por exemplo, até certos comportamentos cerimoniais e ritualísticos, públicos e privados. Com o correr do tempo e das migrações judaicas, o conceito de *ashkenazi* tornou-se mais genérico e não restrito aos descendentes dos judeus da Alemanha. Na Polônia, por exemplo, país que recebeu muitos judeus refugiados das perseguições de que foram vítimas na Alemanha, instituiu-se uma variante da cultura *ashkenazi*, já sob influências eslavas. Conquanto os *ashkenazim* constituam maioria no povo judeu, em Israel, a imigração maciça de judeus dos países orientais e do norte da África nos primeiros anos de independência inverteu essa relação no país, até pelo menos a recente imigração maciça de judeus da ex-União Soviética. E, embora existam ainda certas fronteiras culturais entre *ashkenazim* e *sefaradim*, a interação do judaísmo* com outras culturas vem diminuindo as diferenças, o que é reforçado ainda pela miscigenação entre os dois grupos. (P.G.)

ASSASSINOS Denominação dada à seita* muçulmana ismaelita (v. Ismaelismo*) dos *nizaris*, atuante na Europa — particularmente na Síria — no decorrer dos séculos XII e XIII. Fundada no Irã, segundo consta, esta seita tornou-se célebre pelo modo como eliminava seus inimigos, valendo-se do consumo de haxixe, droga que conduzia à embriaguez, dando origem ao nome do grupo. Vale salientar que o vocábulo "assassinos" era, inicialmente, só aplicado aos ismaelitas sírios e jamais aos de outro país. O título de "Velho da Montanha", outorgado ao seu chefe, também era de origem síria, termo respeitoso bastante difundido entre muçulmanos. Por outro lado, o nome *nizari* surgiu quando os ismaelitas iranianos não reconheceram no filho caçula do califa qualidades que o habilitassem para o exercício do imamato (v. Imame*), optando pelo primogênito, Nizar, então aprisionado no Egito, e adotando o nome de "nizaritas", sob o qual são também designados os "assassinos". O destino e a ação dos nizaritas assumiram novos rumos e aspectos quando Hasan-i-Sabbâh, dito o "Velho da Montanha", tomou Alamut, fortaleza situada a 1.800 m de altitude, dominando um vale de 54 km de comprimento; era uma verdadeira cidadela, praticamente intransponível, de onde Hasan só saiu morto 35 anos após lá chegar. Em 1256, Alamut foi conquistada e desmantelada pelos mongóis. O último de seus líderes acabou sendo preso e executado com milhares de companheiros. Um curto renascimento desses sectários teve lugar na Síria, definitivamente extinto pelos mamelucos, dinastia muçulmana que por quase 300 anos (1250/1517) governou o Egito e a Síria.

ASSUNCIONISMO Grupo religioso fundado em 1843, na cidade de Nîmes (França) pelo abade (v. Abadia*) Emmanuel d'Alson, tendo por objetivo desenvolver um programa de educação mediante a instalação de missões na Europa e no Oriente Próximo. Dissolvido pelo governo francês em 1900, muitos de seus integrantes emigraram para a Inglaterra. Posteriormente, uma pequena associação, as Damas de Assunção (razão do nome do grupo extinto) tentaram reanimar as ideias do abade Emmanuel, agora entre moças da alta sociedade francesa, sem êxito, porém.

ASTECAS Falantes da língua *nahuatl*, os astecas chegaram ao México no século XIII. Suas origens permanecem obscuras e controvertidas, não obstante ser comum tê-los como procedentes da América do Norte. Por outro lado, a maioria dos especialistas vem dando preferência ao termo "mexica" e não "asteca"; seja como for, esse povo constituiu uma brilhante civilização, dominada e destruída pelos espanhóis 300 anos depois de sua instalação no vale do México. Guerreiros e urbanos, os astecas estabeleceram alianças com os principais núcleos políticos vizinhos, fundando a cidade de Tenocltitlán, atual Cidade do México. Herdando de outras culturas da região várias divindades, os astecas encontraram na religião um dos elementos mais importantes para a consecução de seu êxito. Para esse povo, o mundo foi elaborado por etapas consecutivas, configuradas em quatro eras ou, como diziam, nos quatro "sóis", no decorrer dos quais surgiram os seres humanos, plantas e gêneros alimentícios. Essas etapas tinham sido monitoradas por quatro forças: a Terra, o Vento, a Água e o Fogo, até a chegada da quinta era, ou seja, a atual. A previsão do fim dessa última era, a ser destruída por um cataclismo, não os abalou. O alvo de sua principal crença, o brilho solar, só poderia ser mantido se alimentado de corações humanos, preferencialmente de jovens. Daí a frequência de sacrifícios humanos, pelos quais se obteria a energia vital necessária ao esplendor da divindade. Esse procedimento explica as constantes expedições militares dos astecas que, ao guerrear, buscavam antes capturar os inimigos do que exterminá-los em combate. Além do mais, os sacrifícios humanos eram também convenientes ao governo, que deles se valiam para eliminar dirigentes e guerreiros inimigos. Assinale-se que a guerra, promovida pela classe aristocrata (*pilpins*), não era apoiada pelo campesinato, setor quantitativamente dominante da sociedade asteca, que continuava a reverenciar seus antigos deuses, em particular a água e a vegetação. É legítimo afirmar, na religião asteca, a presença de um verdadeiro dualismo*, caracterizado por duas tradições, a guerreira e a pacífica, cultuadas em pé de igualdade. O sistema religioso dos astecas exigia a presença de numeroso corpo sacerdotal, desde os dirigentes supremos até o pequeno clero e os servidores, agrupados por idade e funções. De outra parte, a religião contribuiu significativamente para o desenvolvimento artístico. Ao lado de deuses e ritos*g, a arte dos astecas não só era inspirada na sua religiosidade como também em obras realizadas pelos seus vizinhos, sem, entretanto, copiar pura e simplesmente o que viam. Dessa arte, destaca-se a pirâmide de escadas, encimada por um santuário e ladeada por serpentes emplumadas. Foram os astecas que redescobriram a arte da máscara em pedra, incrustada de turquesas e madrepérolas e usada com frequência.

ATEÍSMO Literalmente "negação da existência de Deus"; aqueles que praticam o ateísmo são considerados ateus, incréus, sendo que, em sentido amplo, o termo engloba a indiferença religiosa, a incredulidade. No entanto, o ateísmo raramente é absoluto, às vezes ficando na esfera de uma espécie de agnosticismo* cujos adeptos não se interessam em conhecer um Ser Supremo, limitando-se ao exercício de um certo ceticismo intitulando-se livres pensadores. O ateísmo, por outro lado, comporta nuanças: uma quando proclama estar a presença de Deus sujeita a dúvidas, alegando que todas as provas apresentadas a favor de Sua existência são refutáveis; uma outra se manifesta no ateísmo prático, que nenhuma concessão Lhe faz, excluindo-O da própria vida e fazendo disso quase uma bandeira. Para o ateísmo "cientista", Deus é inútil, visto que a natureza faz suas próprias leis e que a ciência é superior à fé. Fala-se também num ateísmo "moral", explorado pelo existencialismo, e que tem como tema a contradição entre Deus e o mal. Uma outra de suas modalidades encontra-se no ateísmo humanista, cujo tema principal consiste na argumentação de que Deus e a liberdade humana são incompatíveis, pois ao subordinar o homem à Sua guarda e ao Seu poder "Deus reduz o homem a simples objeto". Manifestando-se de diversas maneiras, o ateísmo mantém-se sempre questionável, englobando adesão, indiferença, rejeição. Durante a Idade Média esteve em grande voga, e não menor interesse desperta nas épocas moderna e contemporânea. Os governos laicos (v. Laicismo*), multiplicados em esfera mundial com as reformulações políticas e sociais decorrentes da Revolução Francesa de 1789, ao conter a intervenção da Igreja nos assuntos leigos, certamente contribuíram — inadvertidamente ou não — para diminuir a influência religiosa na sociedade. Democratas, anarquistas, socialistas passaram a pugnar por uma nova concepção de vida. De outra parte, a qualificação de ateu não raro é atribuída a pessoas que, na realidade, são ou foram panteístas, adeptos de uma doutrina segundo a qual "tudo é Deus", conforme ressalta o notável pensador holandês Baruch Spinoza (1632-1677).

ATONISMO Culto*g religioso, implantado no Egito antigo no século XIV a.C. pelo faraó Amenófis IV, centralizado num único deus, Aton. Este nome não foi criado pelo monarca e há muito já integrava o panteão egípcio como o disco solar, ou seja, a parte visível do sol. As mudanças que acompanharam a implantação da nova religião foram radicais: transferência da capital do reino para uma nova cidade que passou a chamar-se Aquetaton ("horizonte de Aton") e alteração do nome do faraó para Aquenaton ("o que agrada a Aton"). As razões que levaram o soberano a romper com o politeísmo, adotando o monoteísmo pela primeira vez na história do país, são difíceis de serem explicadas. No entanto, fatores de ordem política e espiritual, associados à inegável personalidade do seu idealizador e realizador, parecem ser responsáveis por essa surpreendente transformação religiosa. Neutralizar o poder dos sacerdotes vinculados ao culto de Amon, uma das divindades de maior prestígio no Egito antigo, poderia justificar a adoção de um novo deus, único, divindade que, ao contrário das demais, era visível para todos e cultuado ao ar livre. Também deve ser levada em conta a religiosidade de Amenófis, unanimemente reconhecida, na medida em que uma reforma religiosa seria a ocasião para dividir com o seu povo uma experiência espiritual própria e inédita. O atonismo representou, sem dúvida, importante momento para o Egito antigo, do ponto de vista não apenas teológico, mas também artístico e literário, a ressaltar os belos hinos compostos pelo faraó, caracterizados por seu lirismo. Morto seu idealizador, o atonismo não demorou a ser violentamente combatido e extinto, e o politeísmo restaurado em toda a plenitude.

ATOS DOS APÓSTOLOS Quinto livro do Novo Testamento*, fonte preciosa para o conhecimento histórico dos primeiros 30 anos do cristianismo*, ao que tudo indica composto por Lucas logo após ter escrito o Evangelho* que traz o seu nome (são flagrantes as semelhanças de estilo e de ideias entre as duas obras). Os Atos, que têm como personagens centrais os apóstolos* Pedro*b e Paulo*b, procuram exprimir uma nova posição dos discípulos de Jesus*b, os quais se sentem uma "Igreja". O título de apóstolo passa a ser privilégio dos 12 companheiros do Mestre. A intenção de Lucas, ao descrever Sua ascensão ao paraíso, parece ser a de finalizar Sua atividade histórica. O conteúdo do livro não corresponde ao seu nome, pois apenas Pedro e Paulo ali aparecem com relevância (o apóstolo João é simples figurante). Obra "geográfica e temática", os Atos tratam da história da difusão do Evangelho, de Jerusalém a Roma, percorrendo diferentes caminhos da evangelização paulina, assunto, aliás, dominante. Para escrever os Atos, Lucas apoiou-se em várias tradições e relatos colhidos em diferentes centros religiosos, mormente nos textos de Paulo. De outra parte, os discursos, recurso verbal muito praticado pelos historiadores da Antiguidade, assumem em Lucas caráter doutrinal quando procuram transmitir os temas mais importantes da prédica apostólica. Apoiado na tradição, Lucas trilha um roteiro geográfico, narrando a experiência cristã vivida pelos apóstolos e difundida pelos diáconos*g. Ao redigir os Atos dos Apóstolos, provavelmente entre os anos 80/90, Lucas produziu obra de historiador. Onde, com exatidão, não sabemos; por tradição, na Acaia (Grécia).

ÁUGURES Colégio sacerdotal romano*, integrado por 16 membros, escolhidos por cooptação, encarregados de interpretar a vontade dos deuses mediante a observação dos sinais por estes enviados aos homens sem que, entretanto, isso significasse qualquer previsão do futuro. Originariamente, a operação augural (*inauguratio*) resumia-se em consagrar o rei; posteriormente, após o conhecimento dos auspícios* (*auspicatio*), o áugure, munido de um bastão (*lituus*), traçava um "espaço sagrado" no céu, no interior do qual observava os sinais. Pela *alio die* ("para um outro dia"), o áugure pode interromper quaisquer decisões a serem tomadas, inclusive inaugurações ou debates públicos. No "espaço sagrado", o áugure atentava para o voo dos pássaros, relâmpagos ou outras manifestações que pudessem significar um presságio. Verdadeiro servidor público, ele podia ser recrutado pela aristocracia, recebendo roupa apropriada e salários à custa do governo. Os sinais apreendidos no céu e visíveis à esquerda eram considerados desfavoráveis, ao contrário dos encontrados à direita. Quase todas as cerimônias públicas jamais prescindiam da presença desse personagem, tornando-o um dos religiosos mais respeitados e solicitados pela sociedade romana. O pontificado só terminava quando morria. No entanto, embora o cargo fosse vitalício, a partir do período imperial suas funções e prestígio declinaram bastante.

AUGUSTALES Colégios sacerdotais romanos* aos quais cabia a manutenção do culto imperial*. Esses colégios compreendiam três categorias: a) sacerdotes dedicados a *gens* (família nobre) Julia, composta por pessoas oriundas do Senado; b) os *magistri augustales*, religiosos aos quais estava afeto o culto dos lares*d e que eram recrutados nos meios populares; c) e, finalmente, os *servirí augustales*, de origem controvertida, responsáveis pelo culto imperial prestado ao imperador por qualquer cidadão. Os *augustales* poderiam perpetuar-se ou não; alguns acabaram fundindo-se num só e, por vezes, acabavam transformando-se em mero veículo de ascensão social.

AUSPÍCIOS Presságios que, na Antiguidade, eram considerados manifestações da vontade divina (v. Áugures*), podendo ser interpretados e revelados mediante observação de sinais celestes e do voo dos pássaros. Os auspícios constituíam uma importante modalidade da mântica* no mundo romano*. Inicialmente limitados ao exame do voo de aves, a acepção do termo ampliou-se, passando a designar qualquer sinal tido como um presságio. Em Roma, os auspícios eram chamados de "imperativos" quando solicitados por uma pessoa, e "oblativos", desde que se manifestassem espontaneamente. Os auspícios costumavam ser classificados em cinco categorias: o voo dos pássaros (*auspicia ex avibus*), os fenômenos celestes (*auspicia ex coelo*), o comportamento das pombas sagradas (*auspicia ex pullari*), o comportamento estranho de qualquer quadrúpede (*auspicia ex quadrupedibus*), todo presságio ameaçador (*auspicia ex diris*). Os auspícios interpretados pelos censores, cônsules, ditadores e pretores eram chamados "maiores" (*maiora*) porque prevaleciam sobre os obtidos por outros magistrados. No decorrer do Império, somente o imperador poderia interpretar auspícios. Além dos públicos (*auspicia populi romani*), existiam os particulares, porque o direito de consultar os deuses era extensivo a todo cidadão. Quanto aos auspícios menores, atribuídos a edis, tribunos e questores, só poderiam ser exercidos fora do "pomério" (área sagrada de Roma, onde ninguém poderia entrar armado, exceto quando se comemorava o triunfo).

AVESTA Livro sagrado dos antigos persas no qual estão contidos os fundamentos e princípios da religião desse povo. Escritos em avéstico, idioma já desaparecido, o livro, na realidade o que sobrou de vasta literatura, teve o seu nome pela primeira vez mencionado por um logógrafo grego, Xanto, o Lídio, no século V a.C. O Avesta não é datado com precisão, assim como o seu idioma não é fácil de ser situado geograficamente, acrescido o fato de que os textos que o compõem não foram redigidos na mesma época, e sim transmitidos oralmente durante séculos e só atualizados por escrito na metade do primeiro milênio de nossa era. Atualmente, costuma-se distinguir um Avesta antigo (cerca de 1000 a.C.) e o recente (séculos VI/V a.C.). Trata-se, pois, de conviver com duas épocas para que o exame dessa obra possa redundar na aquisição de dados concretos sobre o livro. A religião nele configurada, o masdeísmo*, assim chamada por referência ao seu deus principal, Ahura Masda, foi fundada, segundo persistente tradição, por Zaratustra (em grego, Zoroastro*[b]), de quem muito pouco se sabe, mas sempre prestigiado pela cultura ocidental. Estudos recentes, entretanto, não hesitam em qualificá-lo como "uma combinação de místico, profeta e xamã"(v. Misticismo*, Xamanismo*). Seja como for, Zoroastro é figura legendária. O Avesta, onde são encontrados hinos, orações, normas jurídicas, ritos*[g] cerimoniais, evoluiu no tempo e no espaço. A parte mais antiga compõe-se de versos (os cinco *Gathas*) e prosa (*Yasna*), integrada num texto curto e homogêneo, o que não ocorre com o Avesta recente. A maioria dos especialistas considera que Zaratustra é o autor do *Gathas* e, seguramente, o criador de uma religião inovadora centrada num deus dominante, Ahura Masda.

AVINHÃO, PAPADO DE As origens da transferência do papado para a cidade francesa de Avinhão, onde permaneceu por quase 40 anos, deveu-se, basicamente, à insegurança política na Itália e em Roma, circunstância que preocupava o então papa Clemente V, que acabava de ser eleito (1305). Quatro anos depois, ele se instalava em Avinhão, certamente sem jamais imaginar que a Santa Sé ali ficaria por quase 40 anos, no decorrer dos quais oito papas franceses (Clemente V, João XXII, Bento XII, Clemente VI, Inocêncio VI, Urbano V, Gregório XI, Clemente VII) e um antipapa* espanhol (Bento XIII) nela residiram (este último foi deposto pelo Concílio* de Constança em 1415). A presença do papado nessa cidade, tornada capital da cristandade, de imediato acarretou um rápido progresso, com o aval de uma população que não demorou a aumentar, para fazê-la a primeira cidade da França depois de Paris, com cerca de 35 mil habitantes, dos quais mil eram judeus. Ressalte-se, porém, que esse progresso se fez sem qualquer plano conjuntural, desordenadamente, em más condições higiênicas. O mecenato papal estendeu-se sobremodo às artes (pintura, escultura, música e arquitetura), à literatura e às bibliotecas. Para esse desenvolvimento contribuíram sem dúvida a centralização e a vida sedentária da cúria*[g] e sua posição no cenário geográfico europeu. Mais juristas do que teólogos, os papas, sem prejuízo de sua espiritualidade, fizeram de Avinhão um centro comercial e bancário ativo e empreendedor. Esse lado moderno da administração papal manifestou-se ainda na legislação, através das constituições de Clemente V (*Clementinas*) e de João XXII (*Corpus juris canonici*), esta a legislação fundamental da Igreja Católica até 1917. O predomínio francês estendeu-se ao favoritismo de que desfrutaram os franceses: eles eram 113 dos 134 cardeais. Como expressivamente assinala um historiador atual, "compreende-se que os italianos considerem a permanência papal em Avinhão como um Cativeiro da Babilônia".

B

BABEL, TORRE DE Na Bíblia*, Babel é o nome pelo qual a Babilônia é designada. Na realidade, trata-se de uma cidade, capital da Babilônia, fundada pelos sumérios. Em 127 a.C., os partas, povo iraniano, invadiram e conquistaram a cidade, que viria a desaparecer da história. Torre de Babel é o nome que se dá a um edifício (torre ou fortaleza) que, de acordo com o Gênese*g bíblico, começara a ser construído mas não foi completado devido à confusão de idiomas deliberadamente causada por Deus. A Torre de Babel mencionada na Bíblia é um zigurate, construção arquitetônica cuja antiguidade remonta ao 3º milênio. Edifício imponente, dotado de escadas em toda a volta, culminava com um santuário onde estava colocada a divindade à qual o monumento era dedicado. As rampas, em espiral, decoradas em toda a sua extensão, circundavam o edifício até o topo. O destino dessa enorme obra continua enigmático. Templo? Observatório astronômico? Representação simbólica? Construção mesopotâmica que nenhuma das civilizações do Oriente Próximo adotou, o zigurate continua a desafiar intérpretes. Até porque todos os zigurates conhecidos nada mais são do que ruínas a desafiar respostas definitivas.

BABISMO Seita* muçulmana, de formação xiita (v. Xiitas*), fundada pelo iraniano Seyyed Ali Mohamad (1820-1850), natural da cidade de Chiraz, no Irã. Tomando o título de *Babud-Din* (em árabe, "Porta da Verdade"), passou a ser conhecido pelos seus discípulos como Bab, o que deu nome à doutrina. Acolhido com entusiasmo por seus correligionários, que nele viam o imame* por eles aguardado, Mohamad logo anunciou a chegada de uma nova época de paz e justiça, situação essa só exequível quando a corrupção dos dirigentes islâmicos — em especial os ulemás* — fosse combatida e extinta. Suas ideias e pregações ganharam imediata adesão de boa parte da população; no entanto, as suas prédicas, calcadas na necessidade de a sociedade ser purificada e na apresentação de um Livro Santo destinado a substituir o Alcorão*, valeram-lhe ser aprisionado em 1847 e, três anos depois, fuzilado na cidade de Tabriz. O corpo, recolhido por seus adeptos, foi sepultado na cidade de Akka, a futura São João d'Acre. O Bab deixou vários livros, dentre os quais o *Bayan* (explicação) que, ao lado de várias inovações espirituais, aconselhava a abolição do jejum e das orações, dois dos mais tradicionais princípios islâmicos. De outra parte, não obstante reconhecer o mérito e a verdade do profetismo de Maomé*b, o Bab estabeleceu uma data para sua vigência. Além disso, propunha a revogação de diversas disposições da lei corânica, estabelecendo ainda uma nova "*gibla*" (direção para a qual o muçulmano deve voltar-se quando reza) e substituindo Meca* pela sua própria moradia. A história do babismo é pontuada de uma longa perseguição, rebeliões violentas e fortes repressões por parte dos ulemás. Apesar disso, esse movimento persistiu (segundo afirmativas, mais de 20 mil adeptos foram eliminados). Desde 1853 os babis estão exilados no Irã, depois assimilados ao bahaísmo*, uma outra seita fundada pelo iraniano Mirza Husayn Ali (1817-1892), um dos primeiros seguidores do Bab, com o qual, curiosamente, jamais se encontrou.

BAHAÍSMO (OU *BAHÂ'Í*) Importante movimento religioso contemporâneo, fundado pelo iraniano Mirza Husayn Ali (1817-1892), discípulo de Ali Mohamad, o Bab, criador do babismo*. Exilado em Bagdá por ter sido acusado de assassinato, Mirza anunciou ser o imame* citado pelo Bab e, a seguir, adotou o nome de Bahá-Allah ("Glória de Deus"), escrevendo três obras, das quais uma, o *Livro Santo*, registra os fundamentos do bahaísmo. De Bagdá, ele emigrou para São João d'Acre onde, acompanhado de um pequeno grupo de fiéis, foi novamente aprisionado durante 24 anos. Escritor prolixo, em trinta anos publicou centenas de livros nos quais expôs a sua doutrina com grande repercussão e não menor interesse popular. Suas cartas, enviadas aos dirigentes de todos os países, incitavam o estabelecimento de um sistema internacional de direito que se preocupasse com a pobreza e com o destino dos oprimidos. Difundido e identificado como pacifista, universalista e defensor da paz, o seu ideário acabou por despertar crescente atenção na comunidade internacional. Após a morte do fundador, ocorrida em 1892, o bahaísmo passou a ser dirigido pelo filho, Abbás Efendi, cognominado Abd al-Bahá, cujas viagens feitas à Alemanha, à África, aos Estados Unidos e à Indonésia possibilitaram a organização de várias comunidades bahaístas. Os traços essenciais do bahaísmo partem das afirmações da existência de um só Deus, de que a revelação é contínua e de que os profetas têm missões permanentes a desempenhar. A doutrina bahaísta, à semelhança do babismo, herdou o xiismo*, uma concepção extremista, que considera Bahá-Allah o último dos profetas. Progressista, o bahaísmo pugna pela igualdade dos direitos do homem e da mulher, que podem ambos ser profetas, exalta o valor da instrução obrigatória, rejeita o ascetismo* e o monasticismo*, desaconselha o divórcio e apoia a monogamia. Em nenhum momento a seita* recomenda rituais ou a presença de sacerdotes. Para o bahaístas, as religiões possuem uma só raiz, salientando que todos os credos são facetas de uma só verdade. Considera-se a síntese de todas as religiões. O bahaísmo conta com fiéis pelo mundo afora; suas publicações são editadas em 48 idiomas, podendo ser encontradas na África, na Europa e na Ásia (em especial no Irã, onde existem cerca de meio milhão de adeptos). Não obstante, a situação dessa seita, de inspiração muçulmana, agravou-se a partir da Revolução Islâmica de 1979, sob a acusação de heterodoxia e de um bom relacionamento com os Estados Unidos e com Israel. Sem dogmas, sem clero, o bahaísmo tem seus ensinamentos inteiramente voltados para a aplicação de princípios morais e sociais, proscrevendo o álcool e as drogas, e recomendando o vegetarianismo. Os bahaístas não fazem parte de qualquer partido político ou associações. E também evitam o serviço militar. Seus templos são lugares abertos a todas as pessoas, cada uma podendo orar como lhe aprouver. Sem cultos*g especiais, incentiva o direito à educação e às práticas de caridade, é reconhecido pela ONU, e tem sua sede na cidade de Haifa (Israel).

BAR MITSVÁ A tradução literal do hebraico é "filho do preceito", referindo-se ao jovem judeu do sexo masculino que, aos 13 anos de idade, passa a assumir os direitos e deveres religiosos do homem judeu (v. Judaísmo*). O termo estende-se também à cerimônia religiosa na sinagoga*, na qual o novo integrante da comunidade, pela primeira vez, é chamado à leitura da Torá*. O marco dos 13 anos para esse ritual de passagem, ou de iniciação, remonta a uma época em que se confundia a maturidade biológica com a psicológica. Em tempos antigos, ao atingir a puberdade o menino já era considerado um homem. A *Mishná* o registra, num texto do século I, no qual se considera que é a idade em que se devem começar a cumprir os 613 preceitos (*mitsvot**) estipulados na Torá. É, então, a partir desse momento que o jovem judeu passa a usar os *tefilin** em suas orações matinais dos dias úteis, é contado no *minian* (número mínimo de dez judeus que formam o quórum para orações e cerimônias religiosas públicas), pode ser chamado ao púlpito da sinagoga para ler uma passagem da Torá e, o mais importante, torna-se ele mesmo o responsável pelo cumprimento desses preceitos ou por suas transgressões. Durante a época do Segundo Templo*, era comum levar o jovem que completara 13 anos ao Templo, onde um sacerdote ou um dos anciãos lhe dava a bênção sacerdotal e proferia uma prédica de aconselhamento e instruções sobre os novos deveres e seu sentido religioso e moral. Essa cerimônia é conduzida hoje pelo rabino*, na sinagoga, diante da família e da congregação, após a leitura da Torá pelo *bar mitsvá*. Como, em geral, ela ocorre nas manhãs de sábado, dia em que não se usam os *tefilin*, é comum que, no primeiro dia de leitura da Torá que antecede esse sábado, o *bar mitsvá* compareça ao *minian* para então, pela primeira vez, cumprir o preceito de usar *tefilin*. Durante séculos de dispersão do povo judeu, esse ritual representava uma efetiva mudança na atitude e nos hábitos do jovem judeu. Modernamente, com o fim do gueto* e das comunidades judaicas fechadas, e com a crescente inserção dos judeus nas culturas e comportamentos das sociedades em que vivem, esse marco passou a ser mais simbólico que real. Com exceção daqueles mais ligados à devoção religiosa, os deveres e direitos da maioria religiosa pouco são exercidos, e, quando são, apenas em ocasiões especiais. Isso não diminui, no entanto, a importância do marco em si e do ritual que o consubstancia, em geral comemorado socialmente com a presença maciça de parentes e amigos na sinagoga. (P.G.)

BARNABITAS Clérigos regulares, ou seja, padres, que obedecem a uma regra que lhe é própria. Os barnabitas participam do movimento de renovação católica, iniciada antes do Concílio* de Trento e aparentada aos teatinos* e jesuítas*. O nome dessa ordem religiosa provém de sua instalação no Convento de São Barnabé, localizado em Milão, na Itália. A congregação dos barnabitas foi fundada em 1530 pelo médico Antônio Maria Zaccaria (1502-1539), padre a partir de 1528. A comunidade por ele criada, juntamente com dois amigos, denominou-se inicialmente "Clérigos Regulares de São Paulo". Morto prematuramente Antônio-Maria, a ordem teve suas normas estabelecidas pelo arcebispo milanês Carlos Borromeu e aprovadas pelo papa* Gregório XIII em 1579. Os barnabitas obedecem a uma regra que não segue os costumes tradicionais do monasticismo*, principalmente os referentes à clausura*g e à realização dos ofícios divinos. Vivendo com extrema pobreza em pequenas comunidades, dedicam-se predominantemente à ação pastoral, ao ensino do catecismo e à ação missionária no Oriente. Embora subsista até hoje, jamais progrediu.

BASÍLICA Edifício de origem grega, surgido no século IV durante o reinado de Constantino Magno, imperador romano (?-337; 306/337), antes palácio ou casa real e também prédio público, servindo como tribunal ou lugar de reunião dos mercadores. Especificamente, o termo "basílica" identifica uma das 13 igrejas de Roma, seis maiores e as outras menores, consideradas as primeiras da cristandade em qualidade. Trata-se de uma grande sala, dividida em naves separadas por colunas e não raro terminada numa abside, ou seja, uma extremidade semicircular. No decorrer da alta Idade Média, todos os edifícios de cultos*g religiosos eram denominados basílicas. Saliente-se que a basílica não era o único tipo de igreja conhecido naquela época. Os primeiros edifícios cristãos destinavam-se a abrigar o túmulo da família imperial, ou a homenagear os restos mortais de um mártir*g, ou ainda a tornar sagrado o lugar de um grande fato histórico. Ressalte-se, porém, que essas basílicas medievais não devem ser confundidas com as canônicas propriamente ditas. A partir do século XVI, por decisão papal (v. Papa*), essa dignidade é conferida a determinadas igrejas, outorgando-lhes uma certa superioridade sobre as outras, exceção feita às catedrais, sedes do bispado. É também conveniente lembrar que esse tipo de edifício era de uso comum na arquitetura romana havia seguramente quatro séculos, servindo de abrigo nas tempestades, para venda de utilidades e objetos os mais variados, lembrando os *souks* (bazares) árabes. Além disso, servia à justiça, ficando os juízes sentados num tablado (donde a palavra tribunal) situado na abside.

BAT MITSVÁ O termo hebraico refere-se à menina judia que, ao atingir 12 anos de idade, passa a assumir os deveres religiosos da mulher judia adulta. É o correspondente feminino de *bar mitsvá**. A tradição judaica ortodoxa (v. Ortodoxia [no Judaísmo]*) considerava apenas os homens como portadores de obrigações e direitos religiosos ritualísticos, mas as correntes modernas do assim chamado "judaísmo liberal" (conservadores*, reformistas [v. Reforma judaica*] etc.) os estendeu também às mulheres. O ritual de passagem da menina *bat mitsvá* é hoje comum nas congregações liberais e em algumas comunidades ortodoxas. (P.G.)

BATISMO Na vida cristã (v. Cristianismo*), um dos principais sacramentos*, caracterizado por lavagem ritual, um banho purificador em nome da Santíssima Trindade* visando à purificação ou à iniciação. A palavra "batismo" provém do verbo grego *baptein/baptizein* ("mergulhar", "lavar"), podendo ser administrado em três modalidades: por imersão (quando o batizado é totalmente mergulhado na água); por afusão ou derramamento (vertendo-se água sobre a cabeça do batizado); e por aspersão (pequena porção de água sobre o batizado). A afusão ou derramamento, a partir do século XV, foi a conservada pela Igreja

Católica (v. Catolicismo*) enquanto a imersão continua a ser praticada na Igreja Ortodoxa (v. Ortodoxia*) e também em algumas Igrejas protestantes (v. Protestantismo*). Esse rito religioso, instituído por João Batista*[b] antes da vinda do Cristo*[b], tinha por objetivo preparar seus seguidores para a chegada do Messias*. O ritual da água e determinadas palavras sacramentais pronunciadas pelo sacerdote confirmam o sinal da presença do Cristo na vida do batizado. Essa prática da imersão ou afusão, por uma parte, é análoga às práticas de ablução ritual conhecidas em várias religiões, particularmente no judaísmo*. Objetos de uso profano podem também ser "batizados", de acordo com algumas confissões cristãs, tais como um navio ao receber nome, quando de seu lançamento ao mar.

BATISTAS Adeptos de uma das mais difundidas e importantes Igrejas protestantes (v. Protestantismo*) que têm como traço dominante o batismo* por imersão total do adulto, e não por aspersão na infância. Os batistas são organizados em comunidades autônomas, não reconhecendo outra autoridade religiosa senão a Bíblia* e o próprio Cristo. De origem moderna, parece fora de dúvida sua correlação com os anabatistas (v. Anabatismo*), quando estes se infiltraram na Inglaterra e daí pelo mundo. Os batistas podem ser divididos em dois ramos: um, que sustenta o arminianismo*, e outro, partidário do calvinismo*, embasado na predestinação, pedra angular do sistema teológico elaborado pelo francês Jean Calvin (v. Calvino*[b]). No decorrer do século XVII, os batistas sofreram tenaz perseguição movida pela monarquia inglesa, o que não evitou sua disseminação pelo país. Os princípios gerais da doutrina batista podem ser assim resumidos: não existe credo oficial; o primado de Jesus*[b] é absoluto; e a autoridade da Bíblia, indiscutível. Para os membros dessa Igreja, a liberdade de religião e de consciência é de suma importância, bem como a separação entre Igreja e Estado, condição predominante desde o início do movimento. Os pastores desempenham um papel fundamental; o seu ministério é diligente e persistente. A comunidade goza de total liberdade para se organizar, podendo imprimir aos ofícios religiosos a forma que desejar. Por outro lado, é fora de dúvida que a Igreja Batista possui raízes calvinistas. A primeira igreja foi organizada em Amsterdã, em 1609. No ano anterior, um grupo de refugiados ingleses havia imigrado para a Holanda em busca da liberdade religiosa, liderados por John Smyth que era pregador e Thomas Helwys que era advogado, e fundaram uma comunidade. John Smyth batizou-se por imersão e, em seguida, batizou os demais fundadores da igreja, constituindo-se assim a primeira igreja organizada. A comunidade de Amsterdã se desfez tempos depois e foi reorganizada em Spitalfields, nos arredores de Londres, em 1612, por Thomas Helwys e seus seguidores, já batizados na Igreja em Amsterdã. É essa Igreja, que agora inicia a linhagem de igrejas batistas que começam a crescer na Inglaterra sob severa perseguição, por dissentirem da Igreja oficial, a Igreja Anglicana (v. Anglicanismo*). A primeira das comunidades batistas nos Estados Unidos foi fundada no estado de Rhode Island (1639) por Roger Williams, teólogo e pastor, responsável também pela criação da capital, Providence. Dotados de invulgar capacidade evangelizadora, os batistas espalharam-se pelo mundo, pioneiros no missionarismo. A Aliança Batista Mundial, fundada em 1905, conta atualmente com mais de 40 milhões de adeptos, envolvendo cerca de 120 mil igrejas regionais que distribuem, regularmente, publicações pertinentes ao movimento batista. Nos Estados Unidos, é grande a adesão de negros, afirmando-se que, de cada dois deles, um é batista. Martin Luther King foi um deles. No Brasil, a primeira Igreja Batista surgiu na Bahia em 1892, e a segunda, no estado de São Paulo. Cerca de um milhão de seguidores estão hoje disseminados nas 3.500 igrejas existentes.

BEGUINAS/BEGARDOS Comunidades meio religiosas e meio leigas, fundadas no século XII por iniciativa de pessoas ricas, localizadas, de preferência, no nordeste europeu. O grupo feminino atuante era integrado por viúvas e solteiras procedentes da Bélgica, Holanda (hoje Países Baixos), Alemanha e França. A origem dos termos "beguina" e "begardo" é controversa; para uns, o primeiro deles provém de *beggini*, o qual, à época, designava cátaros (v. Catarismo*) heréticos que usavam roupas de cor bege; para outros origina-se no antigo alemão *begun* (rezar), pertinente a grupos de cristãos leigos (v. Laicismo*), muito frequentes nos Países Baixos. Para o segundo termo, outras hipóteses sugerem que esses grupos poderiam ser procedentes da palavra inglesa *beggar* (mendigo). Seja como for, a existência desses personagens é inquestionável, e suas atividades, revestidas de diferentes formas, uma realidade histórica. As grandes beguinagens (nome pelo qual as comunidades ficaram conhecidas) eram verdadeiras aldeias, reunindo casas individuais próximas a uma igreja, asilo para doentes e necessitados, bem como outros pequenos edifícios isolados. As origens desse movimento podem ser explicadas pela necessidade de alguns leigos de participar de uma vida espiritual própria, sem recorrer às abadias* ou aos mosteiros (v. Monasticismo*). O sentimento religioso das beguinas e dos begardos se manifestava no mundo físico das aldeias, atendendo aos pobres, recolhendo doentes e necessitados. Suas comunidades, subordinadas exclusivamente à supervisão do bispo local, recebiam não apenas os necessitados, doentes ou deserdados mas, igualmente, filhas de aristocratas obrigadas a abrir mão do casamento por não poder contribuir com dote suficiente à família do noivo, exigência indispensável. A liberdade que facilitava a beguinas e begardos o não pronunciamento dos votos eclesiásticos, proporcionando-lhes grande autonomia nas decisões e no pensamento, não tardou a suscitar a animosidade do clero regular, em especial entre dominicanos* e franciscanos*. A autonomia desfrutada por beguinas e begardos impedia que esses grupos religiosos recebessem ricas doações (prática habitual no período medieval) e que obtivessem lucrativas recompensas no exercício de algumas atribuições, tais como as que recebiam no sepultamento de mortos ilustres. Inicialmente, a Igreja manteve-se neutra ante a nova modalidade de vida religiosa mantida pelas beguinas; no entanto, a presença de leigos e religiosos numa única atividade, desempenhada por comunidades autônomas, ainda que subordinadas a um bispo, começou a despertar inquietação no meio clerical. Beguinas e begardos não demoraram a ser incluídos na categoria de heréticos (v. Heresia*), acusados de marginalidade "num mundo onde as instituições religiosas não previam nenhum lugar para eles". Excluir o sacerdócio institucionalizado das atividades espirituais significava omitir e mesmo excluir o papel e a posição da Igreja. Além do mais, argumentava-se, beguinas e begardos participavam dos empreendimentos da seita* Irmãos do Espírito Livre*, que proclamava serem os homens "uma emanação da substância de Deus, compartilhando sua divindade". No decorrer do Pontificado de João XXII (1245-1334; 1316/1334), as beguinas foram severamente combatidas, amparando-se o papado numa legislação elaborada por Clemente V (1305/1314), posteriormente famosa, as *Clementinas*. Perseguidos a partir do século XIII, begardos e beguinas (uma delas, Marguerite Poreté, foi queimada em praça pública por insubmissão às autoridades eclesiásticas) foram condenados à extinção pelo Congresso de Viena (1311/1312) e, anos depois, entregues à Inquisição*, acusados de panteísmo. Algumas de suas comunidades, porém, ainda persistem nos Países Baixos.

BENEDITINOS Numerosos grupos de religiosos integrados por monges cristãos (v. Cristianismo*) que adotaram a regra de Bento de Núrsia (480-547), redigida no ano de 540. Convém esclarecer que, no sentido estrito do termo, nunca existiu uma Ordem de São Bento e sim um "tronco comum onde foram inseridos vários braços". A expressão *Ordo Sancti Benediti* só surgiu no século XIII, utilizada no vocabulário papal (v. Papa*). Por longo tempo foi considerada uma criação de são Bento, mas tal assertiva está atualmente contestada por força da descoberta — há quase 40 anos — de um documento denominado "regra do Mestre", contido em dois manuscritos datados dos anos 600. Consagrados especialistas, após meticulosos exames, confirmaram ser a "regra do Mestre" anterior à de são Bento. Concomitantemente, demonstraram não ser Bento de Núrsia o autor da regra que, por muito tempo, foi o documento essencial do monasticismo* ocidental, sendo a regra de Bento uma adaptação resumida da "regra do Mestre", com acréscimos circunstanciais. Não se trata, portanto de uma inovação, sendo antes uma síntese de iniciativas já existentes. A regra de são Bento é um pequeno livro, dividido em 73 capítulos precedidos de um prólogo. Os sete primeiros registram os princípios fundamentais da vida e da religiosidade monástica. Não há como negar que a regra atinge os objetivos do seu autor, desejoso de estabelecer "uma escola para servir ao Senhor", um instrumento que dividisse a vida do monge entre a prece e o trabalho manual, em especial o dos campos. A experiência pessoal de Bento, adquirida no exercício do ascetismo* durante três anos, bem como sua permanência em Roma, ainda que temporária, possibilitou-lhe organizar pequenas comunidades religiosas autônomas, com moinho próprio, forja e oficinas. Na concepção beneditina, o mosteiro é uma família, seus integrantes prestam total obediência ao abade (v. Abadia*), e o tempo do monge é dividido entre o trabalho (seis horas diárias no verão) e as orações. No decorrer das refeições, faz-se leitura de textos sacros. A regra dispõe da organização comunitária, definindo as penitências cabíveis quando se desrespeitam as normas da regra. O documento de Bento, no próprio texto, demonstra ser um exemplo de moderação (*discretio*); nele conjugam-se austeridade e brandura. O monge, quase um leigo (v. Laicismo*), vincula-se ao mosteiro de corpo e alma; a regra, segundo Bento, deve se inscrever num "contexto histórico estruturado e adaptado ao Ocidente". O mosteiro tem no seu dirigente maior, o abade, eleito vitaliciamente, um líder que usufrui de grande liberdade de interpretação da regra, cuja consolidação, porém, se fez lentamente. Na França, a primeira menção que a ela concerne data do século VII. Essa lentidão tem sido atribuída ao fato de não ser um documento original e também à presença de numerosas outras regras, implicando uma verdadeira competição. Não obstante, a regra beneditina, três séculos depois de instituída, era observada em quase todos os mosteiros ocidentais. Os beneditinos identificam-se exteriormente pelo uso da roupa negra. No campo cultural, seu desempenho tem sido significativo, mercê de sua atividade intelectual na busca da piedade cristã. Seus conhecimentos gramaticais e retóricos, bastante cuidados em suas escolas, contribuíram muito para a civilização europeia e realçaram o brilho de seu primeiro mosteiro, o de Monte Cassino. Na história da Igreja Católica (v. Catolicismo*), a presença beneditina sempre se fez sentir; de seus quadros saíram 40 papas, mais de 150 cardeais e milhares de eruditos, entre os quais historiadores notáveis.

BÍBLIA O primeiro livro impresso (por Gutenberg, em 1450) e desde então o mais traduzido, mais publicado, mais vendido, e mais lido de todos os livros, considerado sagrado por cristãos e por judeus, não é uma obra unívoca, mas uma coletânea de textos e livros diversos, coletânea que difere em suas versões cristã e judaica (v. Cristianismo*, Judaísmo*). Essa pluralidade é atestada pelo próprio nome, derivado da forma plural do grego *biblion*, "livro". O termo "Bíblia" tem-se aplicado, na versão judaica, ao conjunto de obras que formam o Antigo Testamento*, constituído de três partes principais, escritas em hebraico, que os judeus denominam *Tanach*, acrônimo dos títulos dessas partes: *Torá**, *Neviim* (Profetas*), *Ketuvim* (Hagiógrafos*). Para os cristãos, além do Antigo Testamento, a Bíblia inclui os textos do Novo Testamento*, constituído dos Evangelhos*, os Atos dos Apóstolos*, as várias Epístolas* e o Apocalipse*. Os livros incluídos no Antigo Testamento tampouco coincidem nas versões aceitas por judeus, católicos e protestantes (v. Protestantismo*). O Antigo Testamento relata a visão religiosa judaica (depois adotada pelos cristãos) da cosmogonia, da natureza de um Deus único que estabelece uma Aliança com os antigos hebreus — precursores do povo judeu —, a história da formação desse povo e seu estabelecimento na Terra Prometida* e as leis básicas, ditadas por Deus através de Moisés*[b], que devem reger seu comportamento. O Novo Testamento contém o relato da vida terrena de Jesus*[b], sua pregação e seu martírio, configurando sua natureza divina e os conceitos teológicos que lhe são fundamentos. O Novo Testamento contém também relatos sobre a formação das primeiras comunidades cristãs, resultado das primeiras atividades missionárias dos seguidores de Jesus, e cartas (Epístolas*) remetidas a essas comunidades. Não se dispõe dos originais dos textos bíblicos, mas de cópias de origens diversas, que, depois de comparadas e analisadas, permitiram uma reconstituição que se presume bastante fiel aos textos originais. O Antigo Testamento, redigido originalmente em hebraico, foi reunido ao longo de séculos, antes da era cristã, e fixado pelos massoretas (os sábios que se dedicaram ao estudo dos textos e à sua compilação) entre o século II a.C. e o século XV a.D. Os primeiros textos do Novo Testamento, redigido em grego, foram cartas paulinas, sendo depois reunidos a elas trechos dos Evangelhos e outras cartas do próprio apóstolo* Paulo*[b] e de outros autores. A Bíblia cristã, contendo o Novo Testamento, remonta aos séculos IV e V, nas versões grega e siríaca, e na latina (Vulgata*), feita por são Jerônimo*[b], que traduziu a Bíblia hebraica e reuniu os dois livros, na versão até hoje aceita pelos católicos (v. Catolicismo*). A partir de então, a Bíblia foi traduzida e compilada em centenas de versões, estudada e analisada nos métodos próprios da hermenêutica bíblica — apoiados na arqueologia e na paleontologia —, em busca de seus sentidos factuais e alegóricos (v. Alegoria*). Entre as edições mais famosas, citem-se as latinas

Itala (200/250) e *Vulgata* (século IV); a inglesa *King James Bible* (1611); a francesa *Bible de Jérusalem* (1956); a alemã, de Lutero* (1522); e as portuguesas de João Ferreira de Almeida (século XVII), Antônio Pereira de Figueiredo (século XVIII) e a *Bíblia de Jerusalém* (1981). (V. tb. Apócrifos*, Antigo Testamento*, Novo Testamento*.) (P.G.)

BODHISATTVA No budismo*, nome dado a determinadas pessoas que renunciam temporariamente, ou de modo definitivo, ao estado de iluminação interior para ajudar outras pessoas a alcançarem essa situação. Esse tipo de renúncia obedece a sentimentos de "pura compaixão para com todas as criaturas vivas". O caminho a percorrer por um *bodhisattva* é longo e difícil, passando por várias "existências" e por um longo e penoso treinamento dividido em dez etapas, no decorrer das quais deve praticar pelo menos seis virtudes consideradas exemplares: paciência, retidão, heroísmo, compaixão, sabedoria e meditação. Na Índia, os *bodhisattvas* são apresentados vestidos como príncipes, não raro coroados e ornamentados com numerosas joias. Geralmente representados em pé ou sentados, a flor que seguram na mão direita permite sua identificação de imediato. Ao atingir a perfeição no exercício das virtudes já assinaladas, o *bodhisattva* está pronto para sentir-se iluminado, alcançar o nirvana* e tornar-se um buda.

BOGOMILISMO Heresia* cristã (v. Cristianismo*) surgida no século XII nos Bálcãs, especialmente entre os búlgaros, povo eslavo, por iniciativa de um padre, Teófilo Bogomil, nome ao qual seus seguidores davam o significado de "Amado por Deus". Pouco se sabe a respeito desse personagem, quer quanto à sua procedência quer quanto à data e às circunstâncias de seu desaparecimento. No entanto, a repercussão de suas ideias, bem como a permanência destas por quase meio milênio, fizeram desse religioso o maior heresiarca do mundo eslavo. Suas prédicas começaram no século XI, ficando desde logo manifestado o seu caráter dualístico (v. Dualismo*), antes maniqueísta (v. Maniqueísmo*) do que pauliciano (v. Paulicianismo*). A incerteza permanece, porém, até porque, praticamente, todas as informações a respeito dessa heresia procedem dos seus adversários. A isso, convém aduzir que o bogomilismo não demonstra unidade doutrinária, mercê da presença de duas tendências ou escolas, correspondentes a dualistas, absolutos ou mitigados. Em que pese as suas origens espirituais, o nascimento do bogomilismo tem sido explicado — não sem críticas — pelas grandes transformações de ordem econômica e social ocorridas na Bulgária. A consolidação do Estado búlgaro, operada na ocasião, trouxe uma nova aristocracia composta de dignitários religiosos e de grandes proprietários imobiliários, provocando o rebaixamento social de boa parte do antigo grupo dirigente do país, no qual o xamanismo* desempenhava importante papel. De outra parte, a influência do clero grego e bizantino nunca deixou de existir, inspirando o comportamento do grupo dominante búlgaro. Tal conjuntura, para alguns autores, poderia explicar o aparecimento de uma nova doutrina (no caso, o bogomilismo), capaz de atender às aspirações da população e à sua crença de que "o mundo é mau, a Igreja, corrompida, e o verdadeiro cristianismo* só poderia ser encontrado na pobreza e na simplicidade". Para os bogomilos — ponto essencial — o mundo era obra do Diabo (o Luciferiano). Os sacramentos* eram rejeitados, assim como o culto*^{g} da Virgem Maria*^{b}, dos santos e das imagens. Convertidos e iniciados submetiam-se a um ritual solene no decorrer do qual lhes eram transmitidos elevados princípios de ordem moral. A hierarquia eclesiástica e as Igrejas eram condenadas e ignoradas. O bogomilismo, após quase 500 anos de atuação, extinguiu-se ao findar o século XV.

BOLANDISMO Movimento de jesuítas* belgas, encarregados de organizar e publicar monumental enciclopédia crítica da vida dos santos, os *Acta sanctorum*, projeto concebido no século XVII pelo jesuíta flamengo Herberto Rosweyd. Quando morreu, seus livros e documentos foram legados a um outro jesuíta, Jean Van Bolland (1596-1665), a quem coube a responsabilidade de prosseguir com a obra, dando o nome ao grupo. Sob sua direção, os cinco primeiros volumes foram publicados. Em 1773, quando da extinção momentânea da Ordem dos Jesuítas pelo papa Clemente XIV (1705-1774; 1769/1773) através da bula* *Dominus ac Redemptor Noster*, 51 deles estavam editados. Os trabalhos foram interrompidos por cerca de 40 anos. Não obstante, a partir de 1837, os bolandistas formaram uma associação, composta essencialmente de jesuítas sob o patrocínio do governo belga.

BRAHMA-KUMARI Organização criada em 1937 com o nome de Universidade Espiritual, na cidade de Karachi (Índia), pelas mãos do hindu Brahma Baba Lekk Raj, morto em 1969. Os seus discípulos o chamavam de Baba, simplesmente, e o consideravam uma reencarnação de divindades, com o título de Mestre Divino. Os objetivos básicos do Baba eram favorecer a evolução da espiritualidade humana e fazer advir a paz no mundo. O funcionamento dessa organização manifestava-se na prática do hinduísmo*, da ascese alimentar e do celibato. O ingresso na Brahma-Kumari era orientado e realizado por mulheres. Na expectativa de um mundo melhor, prometido para breve, os adeptos deveriam tornar-se "joias divinas do Baba", sem qualquer apego ou paixão de ordem material ou espiritual. Por ocasião do Ano Internacional para a Paz da ONU, a Universidade lançou um apelo mundial conclamando a humanidade ao engajamento pela paz. Em 1987, o movimento divulgou um projeto intitulado "Cooperação global por um mundo melhor". Segundo a organização, haveria mais de 200 mil fiéis em ação e cerca de 1.500 centros em 52 países.

BRAMANAS Conjunto de textos contendo comentários de cada um dos Vedas*, redigidos em sânscrito arcaico, provavelmente elaborados no século V a.C. São, conforme o nome indica, explicações fornecidas por um especialista em interpretação dos sacrifícios e rituais, bem como mitos (v. Mitologia*), lendas e narrativas alegóricas (v. Alegoria*). Para o estudo do sacrifício e do clero, os Bramanas são indispensáveis. Quanto ao seu conteúdo propriamente dito, esses comentários são algo repetitivos, referindo-se sempre às liturgias, instruções e regras a respeito das cerimônias védicas e das lendas. Os Bramanas são os mais antigos documentos indianos que abordam especulações filosóficas e linguísticas. Sua leitura, embora cansativa, é extremamente útil para analisar as escolas védicas. Nenhuma referência é feita ao budismo*.

BRÂMANES Membros da mais alta das quatro castas tradicionais da Índia bramânica (v. Bramanismo*), dos quais eram escolhidos os sacerdotes encarregados dos sacrifícios. A partir da adolescência, o brâmane é considerado "duas vezes nascido" (*dvija*); o cordão sagrado atado à cintura lhe garante quarteirão especial para moradia e poços de água de uso exclusivo. A casta dos brâmanes representa 6% da população indiana, dividindo-se em três subcastas (cerca de 4 mil indivíduos). Do ponto de vista religioso, o brâmane, teoricamente inviolável, deve dedicar-se ao estudo dos Vedas* e dos textos sagrados. No entanto, não pequeno número deles abraçaram carreiras leigas.

BRAMANISMO Religião da Índia antiga. O bramanismo vincula-se ao hinduísmo*, não havendo, ao que parece, solução de continuidade entre esses dois sistemas religiosos. O bramanismo provém do vedismo, a mais remota das religiões indianas, embasada no conteúdo dos Vedas*, enorme conjunto de textos escritos provavelmente entre 1200 e 900 a.C., quando os primeiros indo-europeus chegaram à Índia para se instalar no vale do Ganges. Eles foram transmitidos, no início, oralmente (donde a importância dada aos hinos e aos cantos recitativos) e transcritos não antes do século IV a.C. A exatidão dessas datas é duvidosa, sendo impossível identificar a época no decurso da qual ocorreu a passagem do bramanismo para o hinduísmo. A presença de novos hábitos, costumes e divindades, bem como a de novas doutrinas, fixou as diferenças entre os dois sistemas. Alguns especialistas veem no bramanismo uma simples transformação do vedismo, rotulando-o como "vedismo recente"; mas o que realmente separou o vedismo do bramanismo foi o aparecimento progressivo de novas tradições populares sobrepondo-se ao vedismo na qualidade de doutrinas, configuradas na divinização de objetos, no culto*g de imagens e na investigação sobre a relação entre o homem e os deuses. A dinâmica do bramanismo se apoia na divisão do povo indiano em quatro castas, encimadas pelos brâmanes*; a sociedade se ampara na Revelação (*shruti*), textos religiosos tidos como revelados pela divindade. A influência dos brâmanes, embora atualmente atenuada, estende-se por toda a Índia. A diversificação do sistema de castas, acompanhada da consolidação de sua estrutura, ocasionou sensíveis mudanças no grupo bramânico que, até então tolerante, tornou-se impermeável. A grande contribuição para o conhecimento do bramanismo veio dos Upanixades, textos especulativos (a palavra significa "ensino confidencial acerca de um mestre"). Esses escritos, antiquíssimos, tratam da psicologia e da ética, formulando também os primordiais fundamentos da filosofia hindu. Redigidos em prosa, em verso ou na forma de diálogos, muito numerosos (cerca de 1.100), os Upanixades*, que datam de 800 a 300 a.C., fixaram definitivamente o conceito de carma* e o que dele decorre.

BUCANITAS Seita* escocesa, fundada em 1779 por Elizabeth Buchan (1738-1791), filha de um modesto estalajadeiro, sujeita com frequência a transes e êxtases religiosos. Em visita à pequena localidade de Irvine, aí conheceu o pastor presbiteriano (v. Presbiterianismo*) Hugo White; juntos, fundaram a seita em 1779. Cinco anos depois foram expulsos, refugiando-se com cerca de 40 adeptos na cidade de Nithsdale, onde não demorou para que fossem acusados de viver em promiscuidade sexual e da prática de pedofilia. Esgotados os recursos que mantinham a seita, discordâncias internas conduziram a numerosas deserções, até que os bucanitas desapareceram para sempre.

BUDISMO Primordialmente uma filosofia ou ética de vida, o budismo, verdadeiramente só conhecido depois do século XIX da era cristã, veio a constituir-se numa das grandes religiões do mundo. A sua doutrina baseia-se nos ensinamentos formulados por Sidarta Gautama (v. Buda*[b]), um indiano de origem nobre, nascido no século VI a.C. e que, aos 35 anos de idade, abandonou tudo o que possuía para dedicar-se à meditação e à prédica do seu ideário espiritual. Após sete anos de ascese (v. Ascetismo*) e de ter adquirido nítida consciência do destino da humanidade, meditando durante 49 dias à sombra de uma figueira, Sidarta alcançou a iluminação, tornando-se o Buda, isto é, "o Iluminado". O propulsor básico da doutrina búdica é a dor do universo, exposta nas "quatro nobres verdades", assim resumidas: a) tudo na vida é dor (*dukka*); b) a origem da dor está na sede do desejo; c) a destruição do desejo possibilita o afastamento da dor e o alcance do nirvana*; d) para isso, é necessário caminhar na senda dos deveres mencionados pelo Buda nos seus ensinamentos. O nirvana, termo especificamente búdico, é de difícil definição. *Grosso modo*, significa "extinção", o começo de um descanso eterno, não poucas vezes equiparado ao paraíso (esta palavra provém do persa *pardez*, significando "jardim cercado de muros"). Já nos primeiros tempos do budismo procurava-se definir o nirvana sob um ângulo positivo, como "a aurora de um dia que o cair da tarde nunca escurecerá". A conquista do nirvana, a partir da qual a pessoa desfrutará de total estado de pureza e da mais completa beatitude*[g] e despojamento da ambição e do desejo, é alcançada pela eliminação de quaisquer sentimentos negativos (cólera, cobiça, ignorância, alucinação, violência etc.). Por outro lado, as convicções religiosas do Buda e dos seus primeiros discípulos não foram de imediato conhecimento, só se verificando séculos depois, em plena época do cristianismo*. A isso se deve a circunstância de o budismo ter passado por evoluções e ramificações ao longo do tempo, inclusive no plano geográfico. As escrituras canônicas do budismo estão reunidas em três grupos, e por isso são denominadas "Três Cestas de Flores" (em páli, *Tripitaka*), perfazendo três escolas ou correntes, às quais se pode aduzir uma quarta. A menor delas está representada nos textos do budismo *Teravada*, redigidos em páli, idioma atualmente fora de uso e só empregado em algumas comunidades bramânicas (v. Bramanismo*). Os escritos do budismo *Teravada* — também pejorativamente chamado de "Pequeno Veículo" (*Hinayana*) pelos adeptos da segunda escola, o "Grande Veículo" (*Mahayana*) — compreendem cerca de 15 mil páginas. Os do Grande Veículo, redigidos em sânscrito, chinês ou japonês, chegam a 100 mil páginas. Uma terceira escola, o Veículo de Diamante, também rotulado de "budismo tântrico" (v. Tantra*), surgiu no século VII, mas seus numerosos textos só foram redigidos bem mais tarde. Nessa modalidade de budismo, praticada especialmente no Tibete e nas regiões himalaias, a magia* desempenhava um papel importante, ao lado de especulações esotéricas. O budismo tântrico, muitas vezes chamado "Terceiro Veículo", teve no lamaísmo* sua maior âncora. A proliferação desses textos suscitou o aparecimento de uma nova escola, a do Zen*, que procura ensinar sem qualquer apoio de textos, considerando a *Bodhi* (despertar) um fato perceptivo e pouco conceitual. Originariamente indiano, o budismo é praticamente inexistente na Índia. No entanto, expandiu-se por toda a Ásia, em duas direções: para o norte, por via terrestre, no caminho da antiga e famosa "rota da seda"; e para o sul, através da via marítima. O budismo *Teravada* instalou-se nos países do sul asiático: Sri Lanka, Birmânia, Laos, Tailândia, Camboja e sul do Vietnã. O *Mahayana* está presente na China, Coreia, Japão, Vietnã e Taiwan (Formosa), enquanto o budismo tântrico (*Vajraya-*

na) situou-se no Tibete, na Mongólia e nas regiões himalaias. Noventa e oito por cento dos 300 milhões de budistas hoje existentes estão no sul e no leste da Ásia. Ao contrário do judaísmo*, religião fundada por eleição do povo judeu, do Islã*, sob a comunidade dos crentes (*umma*), e do cristianismo*, patrocinado por uma assembleia (igreja, em grego, *enklésia*) de fiéis, o budismo se apresenta como uma religião individualizada, como um recolhimento espiritual pessoal, numa concentração isolada, buscando conquistar o nirvana. Juntamente com os cristãos, o budismo procura também a vida monástica (v. Monasticismo*); seus mosteiros, mormente os do Tibete, são famosos e os maiores do mundo.

BULA O mais importante dos atos formais da Igreja Católica, escrito e editado em nome do papa*. O vocábulo designa o selo arredondado, originariamente de chumbo, (do latim *bula,* bola) que, até 1878, lacrava os documentos promulgados pelo Sumo Pontífice. O uso desse tipo de selo não é exclusivo do papado; desde muito cedo (século IV), na bacia mediterrânea, imperadores e reis da Itália, monarcas espanhóis, os doges de Veneza (até a queda da República veneziana em 1797), bispos e arcebispos, condes, notários e outras personalidades utilizavam a bula. O mais antigo exemplar de que se tem notícia é uma bula do papa Adeodato I (615/618), representando no verso "Sua Santidade" e no reverso o seu nome. A partir de então, até o meio do século XI, as bulas só traziam inscrições em letras maiúsculas. As representações figuradas foram conservadas, acompanhadas de legendas várias evocando a primazia do episcopado. O selo de chumbo, posteriormente, foi substituído pelo de cera vermelha, mantendo-se o feitio circular. As bulas transmitem decisões sobre aspectos doutrinários ou outros que tenham importância social, política, econômica ou cultural. A identificação das bulas é feita pelas primeiras palavras que iniciam o texto, sempre redigido em latim. Muitas vezes, a publicação de uma bula papal em país católico foi mal recebida pelas autoridades governamentais, que nela viam uma forma de interferência no poder civil e secular, e exigindo o direito de analisar seu teor antes de permitir a publicação (*exequatur*). Com a separação entre Igreja e Estado, em muitos países essa preocupação diminuiu, e, em muitos casos, todo controle sobre atos pontifícios ou de autoridades religiosas cessou completamente. As bulas sempre alcançaram grande repercussão, principalmente no período medieval, quando a Igreja representava o poder regulador das questões e dos problemas da sociedade ocidental.

BULA DE OURO ("Bula Áurea.") Na Idade Média, denominação dada a diversos documentos publicados por imperadores do Sacro Império Romano de Nação Germânica, fundado em 962 por Oton I (936-973; 962/973). As origens desse império prendem-se à partilha do Estado carolíngio decorrente do Tratado de Verdun, assinado em 843. Uma das bulas de ouro mais famosa foi a chamada "Constituição Latina", promulgada por Carlos IV nas Dietas (assembleias) de Nuremberg e Metz em 1356. Pelos seus termos, o direito de voto (*Kur*) ficava restrito a sete príncipes, o que limitava a quatro votos a maioria necessária para a escolha do novo chefe de Estado (saliente-se que o império era composto por mais de 300 estados). Expedida por um monarca, a Bula de Ouro transformava-se num ato do poder secular e não da Igreja, o que estimulava as ambições imperiais e da nobreza.

C

CAABA Pequeno edifício construído na cidade de Meca* (Arábia Saudita), de formato cúbico, comumente designado em árabe *Bayt Allah* (Casa de Deus), capital religiosa do Islã*. Segundo algumas tradições, esse prédio teria sido obra de Abraão*[b], patriarca* dos hebreus e dos árabes, e foi construído no século VI no local de um antigo edifício destruído pelo fogo. Certas correntes acreditam que esse edifício antiquíssimo, de formato cúbico, veio do céu e foi restaurado por Abraão e seu filho Ismael após o dilúvio* universal. Já outras tradições atribuem a construção da Caaba a Adão. De todo modo, a Caaba tornou-se o maior centro de peregrinação* e referência islâmica. No decorrer de séculos, com suas dimensões inalteradas — 10 m de largura por 12 m de comprimento e 15 m de altura —, a Caaba passou por várias reformas, tendo sido praticamente reconstruída em 1955. A parte considerada mais sagrada pelos muçulmanos é o local onde está incrustada a sagrada Pedra Negra (*al-hajar al-aswad*), que deve ser tocada e beijada no decorrer da peregrinação. Um outro traço marcante da Caaba é o véu de seda preto que a cobre inteiramente, ornamentado com uma faixa bordada e uma larga inscrição que reproduz o texto da "confissão da fé" (*shahâda*). Durante o período pré-islâmico, a Caaba guardava ídolos religiosos, inclusive a Pedra Negra que, mesmo depois da purificação processada por Maomé*[b], foi mantida e venerada. De acordo com o Alcorão*, os muçulmanos devem, pelo menos uma vez na vida, visitar a Caaba em peregrinação. No decurso dos últimos anos, grandes melhoramentos foram feitos, visando a corresponder ao afluxo dos peregrinos e proporcionando-lhes maior conforto.

CABALA Em hebraico *kabalá*, do verbo que significa "receber", em alusão à "tradição recebida". A cabala refere-se ao conteúdo de ideias, textos e práticas do judaísmo* que se ocupam dos aspectos místicos (v. Misticismo*) e esotéricos da tradição judaica, diferentemente da vertente tradicional do pensamento judaico, baseada na interpretação racional e legalística das fontes judaicas textuais e orais. Os cabalistas não renegam a racionalidade e a busca da sabedoria nos textos e conceitos judaicos segundo a tradição rabínica (v. Rabino*), mas acrescentam-lhes especulações filosóficas — e muitas vezes manipulações mágicas (v. Magia*) — sobre seus sentidos ocultos, que constituiriam, em sua visão, a base verdadeira da Divindade e do Universo. Ainda no período do Segundo Templo*, no século I a.D., uma corrente gnóstica judaica no Egito helenista buscava montar um sistema de informações e interpretações secretas sobre o Universo que só poderia ser transmitido oralmente e apenas para os poucos iniciados capazes de lidar com ele. É sensível a influência dos elementos místicos de outras religiões e filosofias sobre essa corrente, e, no decorrer do tempo, sobre o futuro sistema que se chamaria cabala: a metempsicose, do hinduísmo; a astrologia, da Caldeia; a angelologia e a demonologia*, da Babilônia; o panteísmo e sua doutrina das emanações, do neoplatonismo; o quietismo*, do sufismo*; o ascetismo*, do cristianismo* medieval. Interagindo com algumas tradições místicas do próprio judaísmo (como a do *maassé merkavá*, o êxtase dos que percorrem o universo numa carruagem fantástica, descrito no *Sefer Ietsirá* — "O Livro da Criação"), formou-se um sistema filosófico e místico tão complexo que já não se tornava tão necessário cuidar para que poucos o penetrassem, pois só poucos estariam mesmo capacitados para isso. O primeiro centro dessa corrente foi o próprio centro do judaísmo, a Babilônia, a partir do século VI (quando se encerrou a *Guemará**) até a alta Idade Média. Os sábios cabalistas da Babilônia transmitiram seus conhecimentos e suas ideias sobre os mistérios dos textos judaicos e seus segredos a seus colegas da Alemanha, Espanha, França e Itália. As perseguições, os massacres, o sofrimento dos judeus nesse período favoreceram o crescimento dessa vertente mística, que, além das interpretações filosóficas, oferecia também algumas soluções mágicas para os infortúnios, mas todas com base nos princípios fundamentais do judaísmo, como expressos em seus textos e suas tradições. A cabala adaptou ao judaísmo o panteísmo dos neoplatonistas: Só Deus é real, mas não habita o mundo físico, que é integrado ao Divino e proveniente de suas emanações. Paradoxalmente infinito e incorpóreo ao mesmo tempo, Deus é mencionado no *Bahir*, um dos livros básicos da cabala, como *Ein Sof*, o "Sem Fim" ou "Infinito". Em sua infinitude, Deus ocupava todos os espaços do Ser, e, para que o universo fosse criado, Ele voluntariamente se contraiu um pouco (*tsimtsum* ou "contração"), abrindo um espaço para a criação do universo físico. Mesmo a própria criação, ato divino, não veio diretamente de Deus, mas, a partir d'Ele, de emanações divinas chamadas *sefirot* (esferas). Segundo Fílon*b, filósofo judeu neoplatonista do século I, a *sefirá* mais elevada era o próprio *Ein Sof*, de onde emanavam outras nove, formando uma árvore de dez *sefirot* que continham todos os atributos do universo. A cabala, no *Sefer Ietsirá*, contempla muitas outras interpretações esotéricas da cosmogonia. Uma delas atribui poder mágico às letras do hebraico, língua sagrada da Torá*, que comanda e narra a criação. Atribuindo um valor numérico a cada letra (processo chamado *guematria*, hoje conhecido como "numerologia"), a analogia entre o valor numérico de palavras diferentes (a soma dos valores de cada uma de suas letras) abria campo para manipulações mágicas de combinação de palavras e seus significados, capazes de prever e mudar o destino. Poder muito maior estaria reservado aos que decodificassem o verdadeiro nome de Deus, registrado na Torá no tetragrama* YHVH, mas comumente pronunciado *Adonai**. Todos esses poderes mágicos poderiam ser usados para preservar o povo judeu e defendê-lo de seus inimigos. Tornou-se famosa a história do Golem* de Praga, monstro de barro criado pelo rabino Judá ben Betsalel, o Maharal de Praga, que lhe deu vida com manipulações cabalísticas, e que combateu os que perseguiam os judeus da cidade até ser destruído pelo próprio Maharal. O grande filósofo aristoteliano judeu Maimônides*b, cuja visão racionalista valeu-lhe por algum tempo a desconfiança e mesmo o repúdio dos sábios rabínicos, desaconselhava a especulação cabalística por quem não estivesse devidamente preparado para isso, o que abrangia a grande maioria. Os segredos ocultos da Torá e os mistérios do universo não estavam ao alcance de qualquer um. A principal obra da cabala é o livro do *Zohar* ("Esplendor"), do século XIII, atribuído ao cabalista espanhol Moisés de Leon (Moisés Shem Tov) e, segundo alguns, a Shimon ben Iochai, no século II. O *Zohar* contém quase todas as ideias e conceitos da cabala, mas sua simples leitura já é difícil e enigmática. (P.G.)

CABIROS Do grego *kabiroi*, também grafado "cabiras", divindades cultuadas em várias localidades, sobretudo na Grécia e, em especial, nas ilhas de Samotrácia e Lemnos. No idioma fenício, o termo significava "deuses poderosos" (*cabirim*), não se sabendo de onde se originam. A exemplo de outras divindades, os cabiros tinham os seus próprios mistérios e não raro eram identificados com outros deuses, como ocorria entre os romanos*, que os confundiam com os penates*d, os deuses domésticos. Pouco se conhece sobre os detalhes rituais de seu culto*g.

CALENDÁRIO JUDAICO Ao usar os ciclos lunares como base no cômputo do tempo, os judeus (v. Judaísmo*) da Antiguidade (como também, em certa medida, os contemporâneos) tiveram duas grandes dificuldades na fixação de um calendário confiável, referência indispensável para o cumprimento dos preceitos religiosos que estabelecem ritos*g e comemorações em determinados dias do mês e do ano. A primeira é relativa ao ciclo mensal; a segunda, ao ciclo anual. No ciclo semanal, marcado pela comemoração do *shabat**, não havia qualquer dificuldade, pois a contagem dos dias, unidade básica da medida de tempo, é determinada igualmente pelos ciclos solar e lunar, e, a cada sete ocasos, o sétimo marcava o início do *shabat*. [O dia é contado pelos judeus a partir do ocaso (sinalizado pelo aparecimento de três estrelas no céu) até o ocaso seguinte, de acordo com o texto do Gênese*g que diz, ao relatar a Criação: "...e fez-se noite, e fez-se dia...".] Os dias da semana, com exceção do *shabat*, não têm nomes específicos, sendo designados, em hebraico, pelo ordinal correspondente: primeiro (domingo), segundo etc. Em tempos antigos, cada ciclo mensal era determinado pelo aparecimento visível da lua nova, constatado por duas testemunhas que informavam a autoridade rabínica (v. Rabino*). Essa informação tinha de ser rapidamente repassada a todas as comunidades judaicas, para a celebração do *Rosh Chodesh* — o primeiro dia do mês — e das demais festividades do mês, e isso era feito por sinais visuais (fumaça, fogo), com as inevitáveis confusões, imprecisões e atrasos que esse método suscitava. Além disso, o ciclo lunar não era múltiplo exato do ciclo solar: fora medido pelos astrônomos rabínicos em 29 dias, 12 horas, 44 minutos e 3 segundos. Em relação ao ciclo anual essa discrepância se acentuava, pois o ano lunar tinha 354 dias, 8 horas, 48 minutos e 36 segundos, e o solar 365 dias, 6 horas e 48 segundos. Para se montar um calendário fixo, que serviria de referência estável a todas as datas e festividades, era preciso sincronizá-lo com o ciclo anual astronômico, como marcado pelo calendário universal solar. A concepção e a aprovação desse calendário lunissolar, em 358 a.D., gerou discussões e divergências entre rabinos e especialistas que duraram um século, até sua final implementação. O sistema de compensação, bastante complexo, baseia-se em acréscimos que variam ciclicamente, em alguns níveis diferentes. São 12 meses, contados diferentemente nos anos civil e religioso: *Tishrei* é o primeiro mês do ano religioso e o sétimo do ano civil, assim constituído: *Nissan, Iar, Sivan, Tamuz, Av, Elul, Tishrei, Cheshvan, Kislev, Tevet, Shevat, Adar*. Os meses de *Iar, Tamuz, Elul, Tevet* e *Adar* têm sempre 29 dias; *Nissan, Sivan, Av, Tishrei* e *Shevat* têm sempre 30 dias; *Cheshvan* e *Kislev* podem variar entre 29 e 30 dias, de acordo com o ano, para evitar que certas festividades recaiam em determinados dias da semana (o *Iom Kipur**, por exemplo, não deve cair numa sexta-feira ou num domingo). O ciclo de ajuste com o calendário solar tem 19 anos, em sete dos quais o calendário judaico intercala um 13º mês de 29 dias (*ve-Adar*, ou *Adar-bet*) entre *Adar* e *Nissan*, no terceiro, no sexto, no oitavo, no décimo primeiro, no décimo quarto, no décimo sétimo e no décimo nono anos do ciclo. A contagem dos anos pelo calendário judaico tem como marco de passagem o primeiro dia de *Rosh Hashaná**, e, como ponto de partida, a Criação do Universo por Deus, o que representa 3.760 anos a mais que os contados pelo calendário gregoriano, a partir do nascimento de Jesus*b. Apesar de hoje usarem o calendário universal para todos os efeitos de sua vida civil, inclusive em Israel, os judeus têm as datas do calendário judaico como referência para os rituais religiosos, as comemorações e as festividades. (P.G.)

CALVÁRIO Do latim *calvaria*, esta palavra designa o local onde Jesus*b foi crucificado, ou seja, a colina em Jerusalém chamada Gólgota, assim conhecida por apresentar formato semelhante a uma calota craniana (*cranion topas*, em grego). O lugar, sagrado para cristãos*, foi profanado no século II, quando o imperador romano Adriano (76-138; 117/138) ali construiu um templo em homenagem a Vênus, divindade pagã. Essa profanação, porém, foi reparada por outro soberano, Constantino Magno (285-337), conforme tradição, a pedido de sua mãe Helena (a quem se atribui ter encontrado as relíquias da cruz onde o Cristo fora crucificado). Essas descobertas, comemoradas no dia 3 de maio, foram exibidas em várias localidades, provocando ironia e polêmica.

CALVINISMO Sistema religioso cristão (v. Cristianismo*), de formação protestante (v. Protestantismo*), elaborado no século XVI pelo francês Jean Calvin (1509-1564), latinizado Calvinus, donde Calvino*b. Esse sistema, adotado pelas igrejas ditas reformistas (v. Reforma*), teve os seus princípios teológicos reformulados na *Instituição da religião cristã*, obra escrita em latim e publicada em 1536 na cidade suíça de Basileia. Destinado a estudos jurídicos, Calvino não demorou a se interessar pelo humanismo, chegando mesmo a escrever um comentário sobre Sêneca, educador romano, intitulado *De clementia*. Em 1533, uma "conversão repentina aos estudos sábios" ("*subita conversio ad docilitatem*"), assinalou o início do profundo interesse de Calvino pelos assuntos bíblicos, primeiro passo no caminho da reforma que tomou o seu nome. Os princípios básicos que regem o calvinismo residem: a) no reconhecimento da Bíblia* como a única fonte da fé, admitindo-se os dogmas estabelecidos pelos cinco primeiros concílios*; b) na doutrina da graça*g e da predestinação; c) no retorno à simplicidade primitiva do culto*g no qual apenas o batismo* e a comunhão*g são admitidos como sacramentos*. A edição da *Instituição* publicada em 1541, dedicada ao rei francês Francisco I (1494-1547; 1515/1547), comportava seis capítulos, sucessivamente ampliados até alcançar 80. Já então perseguido pela Inquisição*, Calvino refugiou-se em Genebra onde, juntamente com Guilherme Farel (1489-1565) tentou, sem êxito, implantar uma reforma religiosa na cidade. Uma segunda estada nessa cidade, a partir de 1541, levou-o ao sucesso. Imbuído de sua missão de profeta chamado por Deus para restaurar a Igreja na sua pureza primitiva, paulatinamente ele transformou Genebra, mediante a adoção de estruturas rígidas e severas, o que teria conferido à cidade o caráter de uma teocracia*, fato atualmente discutível e rejeitado por historiadores modernos. De Estrasburgo, onde estivera em anos anteriores, trouxe para Genebra a implantação de quatro funções a serem exercidas: pelo pastor (sacramentos e prédicas); pelo diácono*g (cuidar de pobres e doentes); pelo doutor (ensino) e pelos conselheiros presbiterianos* (v. Presbiterianismo*) (a quem competia a supervisão da moralidade e do comportamento da comunidade). Impôs à cidade o mesmo radicalismo que imprimira à sua própria concepção de vida, no sentido de obter da população um comportamento envolvido por uma pureza que beirava a santidade. Admitia o controle e a excomunhão*g de seus membros e até mesmo a violência, inclusive a condenação à morte, como ocorreu com a execução do teólogo e médico espanhol Miguel Servet por ter questionado o dogma da Santíssima Trindade*. Do ideário calvinista, a doutrina da predestinação foi o postulado que mais repercutiu na alma popular: "nós chamamos de predestinação o conselho eterno de Deus pelo qual é determinado o que Ele desejava fazer de cada homem... Ele não os criou em condições iguais; uns terão vida eterna, outros a eterna danação". Deus escolhe um certo número de pessoas às quais concede a graça de participar da glória eterna em companhia do Cristo"[b]. Nenhuma fé ou obra pia são necessárias para que a escolha seja realizada. Assim, "de acordo com os fins para os quais o homem foi criado, ele está predestinado a morrer ou a viver". Não poucas foram as restrições levantadas acerca dessa doutrina que, para muitos, tolhia o livre-arbítrio, obrigando o ser humano a viver na incerteza, numa permanente indagação sobre o destino que lhe seria reservado após a morte. A ética calvinista repercutiu no campo econômico, ressaltada pelo sociólogo alemão Max Weber (1864-1920) num trabalho famoso, *A ética do protestantismo e o espírito do capitalismo*, exaltando o trabalho, aprovando o empréstimo a juros razoáveis, mas condenando a usura. O calvinismo difundiu-se com rapidez na França, Países Baixos, Escócia, Inglaterra, Estados Unidos, Canadá, África do Sul e outros países. Dotado de sólida formação jurídica, Calvino pôde dar à sua doutrina um rigor lógico. A Aliança Reformada Mundial, criada em 1970 a partir da união das alianças presbiteriana e congregacionalista (as principais Igrejas da tradição calvinista), agrupa mais de 75 milhões de seguidores do calvinismo, com 214 igrejas membros, em 106 países.

CAMÁLDULOS Ao contrário do que mantém a tradição, a Ordem dos Camáldulos não foi fundada pelo eremita (v. Eremitismo*) italiano João Romualdo (950-1027) no ano de 1012, embora a ele deva o seu nome, dado em consequência à fundação do Ermitágio de São Salvador de Camaldoli, em Arezzo. Somente em 1113 a ordem foi reconhecida. Suas comunidades são diversificadas: umas obedecem à regra beneditina (v. Beneditinos*), outras são eremíticas, ou seja, os seus monges vivem como eremitas. Suas instalações diferem das utilizadas pelos cartuxos*; os religiosos usam roupa branca e mantêm a barba. Suas atividades, consubstanciadas essencialmente na jardinagem e na coleta da madeira, não impedem os jejuns frequentes e severos. Carne e ovos são permanentemente abolidos. Na maioria das vezes, as orações são feitas individualmente ou, eventualmente, na igreja; dedicam-se também à leitura de textos sacros e à meditação. Apesar de o conjunto de suas concepções religiosas se inspirar na Ordem Beneditina, os camáldulos, sempre que podem, realçam a importância da humildade e da obediência. Apesar das dificuldades decorrentes de suas características (uma ordem, a um só tempo, cenobítica e eremítica), os camáldulos alcançaram grande sucesso no decorrer dos séculos XII e XIII, aumentando o seu patrimônio imobiliário, principalmente na Itália central e setentrional. No século XVII, essa ordem floresce na Áustria e na Polônia, sobrevivendo até os dias atuais.

CAMILIANOS Congregação de clérigos regulares, fundada em 1582 por Camilo de Lellis, especificamente dedicada à função hospitalar. Primitivamente denominados "companheiros do pai Camilo", foram depois chamados de "congregação de clérigos regulares ministros dos enfermos". Em 1591, a congregação tornou-se uma ordem religiosa, e seus integrantes pronunciavam votos de pobreza, castidade e obediência, sem prejuízo da ajuda espiritual e material aos doentes. Após a morte do fundador, a ordem não parou de se desenvolver, construindo vários hospitais; progressivamente, os camilianos, já então conhecidos como "os bons irmãos", tornaram-se extremamente populares ao enfrentar situações difíceis, sobretudo no decorrer das epidemias de peste, quando mais de 100 deles morreram. Sua dedicação lhes valeu serem mencionados como "pais e irmãos do morrer bem", ou seja, morrer fazendo o bem.

CAMISARDOS Grupo de protestantes (v. Protestantismo*) franceses que, no início do século XVII, resistiram belicosamente às tentativas das autoridades locais no sentido de obrigá-los a se converter ao catolicismo*. O nome deriva da camisa branca que muitos deles usavam como identificação. Dirigidos pelo jovem padeiro Jean Cavalier, durante dois a quatro anos os camisardos promoveram uma tenaz guerrilha contra as tropas governamentais, até que, numericamente inferiorizados, acabaram por capitular. Uma outra rebelião, no mesmo sentido, foi também reprimida. Entre os camisardos surgiram várias manifestações de profetismo, constatando-se, mesmo, a presença de um núcleo denominado "Profetas de Cévennes" (local onde grassou o movimento). Alguns de seus integrantes emigraram para Londres e lá desenvolveram intensa atividade, anunciando o reaparecimento do Cristo*b. Na Inglaterra, os camisardos ficaram conhecidos como os "Profetas Franceses".

CANDELÁRIA Festividade religiosa, muito popular na Europa, comemorada no dia 2 de fevereiro, à luz de candeias (do latim *candelarum*), em homenagem à Virgem Maria*b, comemorando o seu encontro com santo Simeão no Templo* de Jerusalém. Também nessa localidade, a festa era celebrada 40 dias após o Natal*. No decurso da solenidade eram abençoadas as velas, conservadas como talismã pelos fiéis. A liturgia*g católica faz dessas cerimônias uma comemoração a Jesus*b.

CANDOMBLÉ Religião politeísta africana, procedente da África Ocidental (Nigéria, Benim, Angola e Congo), trazida ao Brasil pelo tráfico de escravos. A primeira casa de culto*g foi o Candomblé do Engenho Velho, criado em Salvador (BA) no início do século XIX. Progressivamente, a rigorosa repressão imposta aos escravos pelos seus senhores e pela polícia foi substituída pela expansão, cada vez maior, da cultura negra, cujas crenças foram absorvidas pelos brancos numa surpreendente amplitude. Ao se reorganizar no Brasil, o candomblé dividiu-se em "nações" diferenciadas por detalhes rituais. São de origem sudanesa as nações jeje*g, nagô (ijexá, keto, oió, efon, egbá), mina (V. Tambor de mina*) e muçurumim. As nações banto são angola (omoloçô, moçambique), congo, cabinda e cabula. Linha "cruzada" é a que mistura componentes de várias nações, bem como elementos de umbanda* e quimbanda*. A influência ameríndia (trazida pela pajelança) produziu o toré, o catimbó* e o candomblé de caboclo*d. Este último segue o padrão básico do candomblé, mas assenta caboclos que incorporam e trabalham como na umbanda. No sul do Brasil, o candomblé é chamado "batuque"; em alguns estados nordestinos, "xangô". O candomblé é uma religião mágica (v. Magia*) e ritual. O termo abrange não só a religião como o local onde adeptos e sacerdotes realizam seus cultos, também chamado "terreiro" ou "casa" de candomblé. De maneira geral, o candomblé fica localizado nos subúrbios, em lugar retirado. No terreno existe, quase sempre, uma árvore sagrada ("pé de *loko*" ou iroco, uma gameleira branca ou cajazeira) enfeitada com *ojás* (faixas de pano usadas no vestuário dos orixás), ervas e arbustos usados nos rituais. O prédio geralmente é uma construção modesta, compreendendo o salão de festas ("barracão") e dependências para as pessoas que moram no templo e para os iniciandos durante a longa reclusão ritual da "feitura de santo"; e também "pejis", santuários onde ficam os "assentamentos" da(s) divindade(s), isto é, a sua morada. As divindades do candomblé são os orixás*, forças poderosas e sagradas às quais são oferecidos sacrifícios de certos animais (carneiro, galo, bode, pomba e outros), conforme a preferência do deus, sendo que a galinha-d'angola é universal. Os orixás possuem símbolos próprios (adereços, cores das roupas, batidas de atabaques, canções características), bebidas, alimentos preferidos e também *quizilas* (tabus ou antipatias). Seus filhos usam trajes típicos da entidade incorporada e "guias" (colares) feitos de miçangas nas cores do orixá ou, em alguns casos, de búzios (*brajás*). O assentamento de um orixá contém objetos (pedra, ferramenta, concha etc.) que simbolizam seu poder. Ele pode ficar dentro do templo ou na natureza (em uma árvore, um riacho etc.). Eventualmente, nas festividades, são expostos os atributos de cada orixá; os adeptos reverenciam os "pejis", curvando-se e tocando a testa e o chão com a ponta dos dedos. O candomblé inclui cerimônias públicas e privadas nas quais não se misturam o culto aos orixás, o mais comum, e o dos mortos (eguns), privativo de uns poucos terreiros especiais. O ritual público consta de cantos e danças, impulsionados pelo ritmo dos tambores, provocando o transe que levará os praticantes a se comunicarem com as divindades. No barracão, numa espécie de trono, ao lado da percussão ("orquestra" formada por três atabaques), senta-se a "mãe de santo", figura principal da hierarquia religiosa, que tem um grande papel na invocação das divindades e na manutenção dos ritos*ᵍ; da sua atuação depende o domínio dos atabaques, instrumentos por todos considerados sagrados, inclusive pelos orixás. O culto privado consiste no trato, pelo indivíduo, do seu "orixá de cabeça", ou seja, do dono da sua cabeça, e do segundo orixá, o "juntó", geralmente do sexo oposto. A pessoa descobre os seus orixás mediante consulta ao "jogo dos búzios", prerrogativa religiosa do "babalorixá" (pai de santo) ou da "ialorixá" (mãe de santo). É indispensável que o futuro devoto saiba a que orixás pertence. Os atributos do orixá são rigorosamente respeitados, encarados com seriedade por qualquer seguidor do candomblé, iniciado (participante dos rituais) ou não. O comportamento e as atitudes do orixá devem ser assimilados pelo devoto, que tende a herdar os traços do deus e identificar-se com a sua conduta. O candomblé ignora o pecado, pois nas religiões que o originaram não existia a oposição entre o bem e o mal. Por esse motivo, corrigir as fraquezas humanas significa estabelecer o que está errado na relação entre a pessoa e o seu deus e executar as ações mágicas necessárias para restaurar a harmonia entre o dois.

CÂNON Coleção de textos e obras considerados de inspiração divina e reconhecidos como tal por autoridades na interpretação bíblica, daí o estabelecimento do "cânon bíblico" — a forma como foram organizados os livros que formam a Bíblia*. O termo, de origem grega, deriva do vocábulo semita *ganu*, "vime", utilizado para construir cestos e também como medida de comprimento. Por extensão, significa "norma", "lei". Daí dizer-se "direito canônico" para identificar regras e leis pertinentes a esta ou aquela religião. Do ponto de vista cristão é o "cânon eclesiástico" ou "lei canônica" que estabelece, através de decretos, as verdades da fé, dos costumes, da liturgia*ᵍ e até mesmo a política que diz respeito à Igreja, cuja disciplina é regulamentada pelo direito canônico. Essa disciplina, no catolicismo* romano, é formada pelos textos e pelas tradições apostólicas, as cartas canônicas dos primeiros bispos, os decretos (*decretales*) papais (v. Papa*) e as decisões de concílios* e sínodos*ᵍ. As mais antigas dessas coleções procedem da África (Cartago), da Síria, da Gália e da Espanha, reunidas no século V num *corpus* por Dionísio o Pequeno (*Dionysus Exiguus*), assim chamado não por ser de baixa estatura, mas por sua humildade. Foi, porém, no século XII que Graciano, canonista romano, publicou uma coleção importante na história do direito canônico. Outras surgiram até que o Concílio de Trento (século XVI) centralizou a legislação na Santa Sé após aprovar como sagrados os livros incluídos na Vulgata*. Outras confissões religiosas possuem suas leis canônicas, que tomam por base outras fontes que remetem à sua própria tradição. Os judeus (v. Judaísmo*) têm seu cânon próprio, que determinou os textos a serem incluídos no Antigo Testamento*, o que foi adotado por Lutero*ᵇ, e por consequência, pelos seguidores do protestantismo*, estabelecendo a distinção entre a Bíblia protestante e a Bíblia católica (esta, inclui no Antigo Testamento, os chamados livros deuterocanônicos) (v. Apócrifos*). A canonicidade dos livros, nos quadros cristãos ou judaicos, denuncia o caráter regulador da fé.

CANONIZAÇÃO Ato solene por intermédio do qual o papa*, por decreto, inclui uma pessoa no rol dos santos e que, como tal, pode passar a ser objeto de culto*ᵍ público. Embora tenha havido exceções, geralmente são necessários 50 anos decorridos após a morte do candidato à canonização para que seja examinado o seu ingresso entre os santos. A primeira etapa é a da beatificação*ᵍ, a ser examinada pelo bispo da diocese*ᵍ local, que deve verificar duas qualificações indispensáveis por parte do candidato: virtudes cristãs e realização de milagres, confirmados por eventuais testemunhas, a favor ou contra. Depois, se o caso for tomado em consideração, organiza-se um dossiê que é transmitido ao Vaticano* para exame. Se aprovado, anuncia-se que o candidato merece ser incluído no céu, recebendo o título de "bem-aventurado". Para alcançar a etapa final, ele deve ter realizado pelo menos dois milagres, severamente investigados pela Congregação dos Ritos. Uma vez consideradas satisfatórias as fases do processo, realiza-se a cerimônia de canonização com a pompa tradicional na basílica* de São Pedro, ocasião em que o papa invoca o auxílio de Deus. Após o processo encerrado, verifica-se solene celebração, no decorrer da qual o bem-aventurado é incorporado ao quadro dos santos, devendo receber adoração pública.

CANUDOS Movimento rural brasileiro (1893/1897), localizado no arraial de Canudos (Bahia), ao findar do século XIX, liderado pelo cearense Antônio Vicente Mendes Maciel (1828-1897), mais tarde conhecido como Antônio Conselheiro. É objeto de uma das maiores obras da literatura brasileira, Os sertões, escrita por Euclides da Cunha (1866-1909). Enquanto no movimento do Contestado* poucas lideranças se destacaram, em Canudos a figura do Conselheiro emerge como chefe incontestável, carismático e atuante até o último dia de sua existência. Antônio Vicente levava uma vida ascética (v. Ascetismo*), incentivava a realização de obras pias e participava nelas (construção de igrejas e cemitérios) e pregava em praça pública, aconselhando amor a Deus e a retidão pessoal de cada um. Desavenças e incidentes com autoridades civis e eclesiásticas se exacerbaram quando o Conselheiro e seus seguidores queimaram, publicamente, as tábuas onde estavam afixados os editais relativos à cobrança dos impostos. Perseguidos, derrotaram as tropas governistas e, a seguir, deslocaram-se para uma fazenda abandonada às margens do rio Vaza-Barris, onde organizaram uma comunidade até serem dizimados por forças militares. A composição humana do arraial abrangia um expressivo número de famílias legalmente constituídas. Ao contrário do que a história por muito tempo registrou, Canudos jamais foi um refúgio de criminosos e vadios, abrigando, sim, significativa quantidade de pessoas proprietárias de gado, terra e moradia. As transações comerciais corriam livremente; o intercâmbio com vizinhos era amistoso e com pouquíssimas desavenças. A diferença social era reconhecida e aceita por todos. O povoado, além de desenvolver razoável atividade agrícola capaz de assegurar a produção de alimentos, contava, permanentemente, com a presença de negociantes, os quais, embora não fizessem parte da comunidade, ali ganhavam a vida. Em 1974, foi publicado um texto manuscrito pelo próprio Conselheiro e por ele denominado "Tempestades que se levantam no Coração de Maria por ocasião do Mistério da Anunciação*". Esse documento, rotulado como os "Sermões do Conselheiro", contribuiu decisivamente para a revisão de alguns conceitos emitidos sobre Canudos. Outros estudos surgidos posteriormente vieram revelar dados e facetas até então ignorados sobre a comunidade de Vaza-Barris, como a organização da família, o recato, a piedade filial, a dedicação e um severo puritanismo (a virgindade feminina, símbolo de pureza, constituía condição fundamental para o caminho do céu). Para a pobreza, odiosa e injusta, a compensação era o conforto espiritual alcançado através da resignação e do amor a Deus. A corrupção e a desordem eram condenadas com veemência; as prédicas recomendavam prisão perpétua para o ladrão e para o assassino. Politicamente, Antônio Conselheiro foi um adversário irredutível da República, que considerava o maior dos males. O imperador deposto, bradava, "fora vítima de uma traição, e o regime republicano um exterminador da religião". De modo geral, os seguidores do Conselheiro aguardavam a morte com naturalidade, solidários com o seu líder maior e absolutamente convictos de que dele emanavam poderes e fluidos divinos. Em 1897, após quatro expedições militares enviadas para acabar com o arraial, Canudos foi totalmente incendiado, e os sobreviventes, caçados como animais. O corpo do Conselheiro teve a cabeça decapitada e levada para Salvador, onde foi examinada pelo doutor Nina Rodrigues. A Igreja, apoiando a destruição do arraial, participou das comemorações. A hipótese de uma influência sebastianista em Canudos é atualmente contestada, bem como as alegadas características messiânicas (v. Messianismo*) do movimento. Da mesma forma, atualmente se contesta a índole socialista dos integrantes de Canudos, conforme assertiva de competente pesquisador do assunto, que propõe "não incluir Canudos na linha evolutiva das revoluções ocidentais", sem omitir, no entanto, o seu significado para a história sociorreligiosa do Brasil.

CAODAÍSMO Religião asiática, de caráter sincretista (v. Sincretismo*g), praticada especialmente no Vietnã, decorrente das experiências espíritas de um jovem médium, Ngô Van Chiên, e consolidada, em 1920, como doutrina dedicada a um ser supremo, Cao Dai (*Cao* = "alto"; *Dai* = "palácio"). O caodaísmo reúne em seu bojo o budismo*, o confucionismo* e o taoísmo*, além de crenças populares e cultos*g a personalidades mundiais. O caodaísmo, não raro, é tido como uma renovação do budismo, mas essa interpretação não encontrou muitos adeptos. Para a elaboração do caodaísmo, duas revelações teriam ocorrido: a primeira seria constituída pelo culto dos ancestrais*, do judaísmo*, do taoísmo e do budismo; já a segunda compreenderia o cristianismo* e o confucionismo. O caodaísmo constituiria a terceira revelação. A estrutura hierárquica dessa doutrina estriba-se no catolicismo*, tendo como dirigente maior um papa, seis cardeais, 12 arcebispos, 72 bispos, três mil sarcedotes e médiuns. Singularmente, o caodaísmo dispõe de um exército, que teve uma expressiva influência nos acontecimentos político-militares do Vietnã. Em 1971, os adeptos do caodaísmo chegavam a dois milhões.

CAPUCHINHOS Ordem monástica, um dos ramos dos franciscanos*, fundada em 1526 por Matteo di Bascio, um religioso desejoso de recuperar os ideais primitivos da Ordem Franciscana. Em 1528, o papa Clemente VII (1478-1534; 1523/34), pela bula* *Religionis Zelus*, estabeleceu o ato de fundação, consolidando juridicamente o movimento, só definitivamente organizado em 1536. Os capuchinhos, assim denominados pelo uso de um capucho originariamente imaginado por Francisco de Assis, tiveram de enfrentar a oposição dos observantes* e dos conventuais* que se opunham à sua expansão. Em 1619, porém, por decisão papal, eles adquirem plena autonomia, inicialmente limitada à península Itálica. Já em 1574 o papa Gregório XIII (1502-1585; 1572/1585) amplia o seu raio de ação, passando os capuchinhos a desfrutar de plena liberdade. Além de notáveis pregadores, sua ação social e o seu empenho no combate às epidemias contribuíram poderosamente para sua estima e popularidade. Ativos, empreendedores, os capuchinhos assistiam aos prisioneiros e aos condenados à morte, ocupando-se também dos órfãos e das crianças abandonadas. A atividade missionária dos capuchinhos os levou praticamente a todos os continentes do mundo, do Brasil (onde ainda desenvolvem marcante atuação) ao Canadá. No século XVIII, fundam uma Sociedade de Estudos Orientais, atualmente Instituto Nacional de Línguas e Civilizações Orientais (INALCO). No plano político os capuchinhos também se destacaram, a citar, entre muitos, François le Clerc du Tremblay, dito "*le père Joseph*", o célebre conselheiro íntimo do cardeal Richelieu.

CARAÍBAS Na historiografia brasileira, no decorrer do período colonial (1500-1808), o vocábulo "caraíba" aparece várias vezes, nem sempre denominando o mesmo objeto. Assim, quando os portugueses chegaram ao Brasil, os índios tupis os chamaram caraíbas, o mesmo acontecendo depois com os jesuítas*. Os primeiros, certamente, não só pelo seu aspecto como também devido aos objetos (armas, vestimenta, navios etc.) e ao idioma que traziam. Quanto aos jesuítas, ao que tudo indica, devido ao entusiasmo com que praticavam a catequese. Ser caraíba (*Karai*), na cultura tupi, significava possuir e dispor de poderes incomuns, inclusive para se comunicar com os espíritos, sendo por isso identificado como grande pajé ("pajé-açu"). Os caraíbas dispunham de trânsito livre nas tribos, inclusive nas inimigas. Nelas, em transe e no decorrer de grandes festas, invocavam e anunciavam a proximidade de um novo tempo, pródigo em fartura, em que prevaleceria a juventude eterna, sem guerras nem canibalismo, e sem o homem branco. "Não curem de trabalhar nem vão à roça, que o mantimento por si crescerá e que nunca lhes faltará que comer", bradavam, mencionando a existência de uma "terra sem mal", paraíso sempre presente no imaginário tupi. Os caraíbas, na festa, fumando o "petume" (tabaco), sopravam a fumaça nos integrantes da tribo, referindo-se não apenas à "terra onde ninguém morria" mas também exaltando os feitos heróicos da tribo e dos seus heróis. Gozando de grande prestígio, os caraíbas comandaram importantes migrações de tupis-guaranis, convencendo famílias inteiras a abandonar o seu território em busca de novas regiões. A influência dos caraíbas atingiu os próprios jesuítas que não hesitaram em replicar esses "feiticeiros", utilizando os seus discursos e imitando suas atitudes. A ação dos caraíbas, de outra parte, estendeu-se ao anticolonialismo, como ficou demonstrado no movimento das Santidades Indígenas*, recentemente estudado por um dos melhores historiadores do Brasil.

CARAÍTAS O termo provém do hebraico *karaim*, por sua vez derivado de *Mikra* (as Escrituras), referindo-se aos "adeptos das Escrituras", ou seja, aos judeus que delas faziam o eixo central de suas concepções e de seus comportamentos religiosos. Historicamente a conotação não é genérica, pois designa especificamente uma seita* no judaísmo* que, a partir do século VIII a.D., negou peremptoriamente a validade da interpretação das Escrituras pelos sábios rabínicos (v. Rabino*), como expressa no *Talmud*, atendo-se apenas à Torá* e aos Profetas* como fonte autorizada do judaísmo. O fundador dessa seita, o judeu babilônio Anan Ben David, estabeleceu, em 760, o princípio de que só os textos originais da Bíblia* eram confiáveis, e que, portanto, toda opinião ou interpretação era descartável, mesmo a sua própria. Ao contrário do que se poderia supor, essa visão não implicou um hermetismo radical quanto ao significado literal do texto bíblico, em seus sentidos simbólico e alegórico (v. Alegoria*). Muitos dos seguidores de Anan Ben David eram, como ele próprio, conhecedores de filosofia, linguística, gramática e ciências diversas. Ao se concentrarem, por princípio, exclusivamente no texto bíblico, os caraítas desconsideravam as interpretações legalísticas e práticas que os sábios rabínicos lhe atribuíam, em sua preocupação de tornar as Escrituras sagradas um código ético e comportamental adequado à vida judaica nos contextos aos quais tinha de se adaptar. Não só isso, mas se despiram eles mesmos da preocupação de interpretar os *significados* do texto para se concentrarem no próprio texto. Muitas das teorias da crítica bíblica moderna devem-se a essa visão pioneira dos caraítas. Essa visão lhes valeu a hostilidade dos sábios rabínicos e seus adeptos, que os consideraram uma seita cismática, não lhes poupando ataques e acusações de heresia*, de corrupção, e até mesmo de traição ao judaísmo e aos judeus. A resposta dos caraítas a esses ataques não foi menos virulenta. Os caraítas adotaram um comportamento ascético (v. Ascetismo*), condizente com suas pretensões messiânicas. Alegavam ser descendentes dos saduceus*, da época do Segundo Templo*, mas nenhuma evidência corrobora essa pretensão. Isolados do restante do povo judeu por imposições rabínicas, que proibiam o casamento e mesmo o contacto de não caraítas com caraítas, a seita foi-se reduzindo gradualmente. Apesar da segregação interna, 10 mil caraítas remanescentes na ex-União Soviética tiveram o mesmo destino dos demais judeus: foram exterminados pelo nazismo nos fuzilamentos coletivos e nas câmaras de gás. (P.G.)

CARIJITAS Seita* islâmica (v. Islã*) dissidente. Seus integrantes recusaram apoiar o califa Ali (600?-661) quando, na qualidade de quarto sucessor de Maomé*[b] promoveu um acordo com seus adversários mediante arbitragem. Os carijitas só aceitavam o califado eleito pela comunidade islâmica e nunca a sucessão hereditária, inspirados nos antigos princípios beduínos baseados na igualdade e na independência da livre escolha. Essas convicções vêm do Alcorão* e da tradição: "os homens são iguais como os dentes de um pente", afirmavam amiúde. O califa, governante e líder, deve ser o mais digno e só pode ser confirmado no poder supremo pela escolha coletiva, fosse ele "até mesmo um escravo negro". Os carijitas (em árabe, *khârijiya*) constituem uma das mais antigas seitas islâmicas; o termo *khâriji* (plural *khawâridj*) quer dizer "o que se afasta, o que está saindo", tomando um sentido de revolta, de rebeldia. Omitir a livre escolha em benefício da hereditariedade implicava selecionar a partir de uma só fonte: a tribo dos Corachitas ("*Quraysh*"), caracterizando um julgamento humano e transgredindo a posição simbólica de que "o julgamento só cabe a Deus" (em árabe, *la hukma illâ billâh*), posição essa fundamentada no Alcorão. Em outras palavras: é a comunidade inteira que deve eleger o califa, rigorismo moral que pode explicar por que os carijitas eram chamados de os "puritanos do Islã". A fé, proclamam, está em relação direta com a obediência à Lei (xariá); aquele que a ignora ou não a obedece é um apóstata (v. Apostasia*) e como tal deve ser combatido. Ativistas notáveis, os carijitas, entretanto, nunca conseguiram fundar Estados importantes, o mesmo acontecendo com várias de suas ramificações (ozarigas, ibaditas, sufritas etc.), apesar de sua doutrina ser bem recebida pelos berberes que não aceitavam o domínio árabe. O ideário doutrinário do carijismo é predominantemente de ação. Não poucas são as manifestações literárias que confirmam tal desiderato. No entanto, estão longe de saberem formular ou apresentar questões teóricas. De qualquer modo, o nome e o renome dessa antiga seita islâmica se mantêm vivos até os dias atuais. Os ibaditas, atuantes no norte da África, ainda subsistem.

CARMA Um dos temas fundamentais da religiosidade indiana. Literalmente, o *carma*, termo sânscrito que significa ação, ato, trabalho, exprime as consequências das coisas feitas pelo homem no passado e que determinam o que vai acontecer com ele (caráter, classe social, êxito ou insucesso, felicidade ou infortúnio). A boa ou má ação resultará na nova existência de alegria ou de dor. Trata-se, como se vê, de uma relação de causa e efeito. Para qualquer corporificação futura (animal, humana) tudo está na dependência do carma, ou seja, da bagagem acumulada anteriormente. Assim, nosso viver atual é determinado pelo que fizemos no passado. O carma é inevitável, ninguém pode dele esquivar-se. Sua lei é a retribuição; o que fazemos hoje produzirá frutos no futuro, germinará consequências. Essas concepções vinculam-se às da transmigração da alma, num ciclo contínuo (*samsara*), nascer e renascer. Na verdade, o carma é um "código de ética que condiciona a conduta moral das pessoas". A alma, segundo as escolas hindus que interpretam o processo de sua transmigração, é envolvida por uma fina membrana quase imperceptível. A natureza desse envoltório é que estabelece o equilíbrio capaz de avaliar o bom ou mau carma proveniente do passado. O resultado dessa "pesagem" do que ocorreu antes é o determinante da nova existência, do renascer para a salvação, a liberação final da alma (*moksha*) e do fardo do carma. Alguns autores negam a capacidade da alma de "recordar" suas existências anteriores; outros, porém, confirmam essa memória.

CÁRMATAS Seita* muçulmana (em árabe, *al-Qarâmita*), um dos ramos do ismaelismo*, cujos adeptos empreenderam uma série de investidas revolucionárias na Síria, no Iraque e na Arábia contra a dinastia dos abácidas durante todo o século X. O nome da seita teria sido dado pelos seguidores de um chefe ismaelita, Hamdân Qarmat, atuante na região de Koufa (em árabe, *al-küfa*), uma das mais importantes cidades iraquianas medievais. Os partidários de Hamdân ter-se-iam recusado a reconhecer um *mahdi** fatimita.

Posteriormente, um personagem, conhecido como o "homem da camela" (*sic*), pretendeu apoderar-se de Damasco, sendo executado no decurso da operação. Essa série de agitações só terminou em 907. Não obstante, outros grupos cármatas prosseguiram em suas incursões, a mais ousada delas quando se apoderaram da célebre Pedra Negra (v. Caaba*) em 929, só devolvida em 951. A desagregação desses sectários terminou com o seu desaparecimento no transcorrer do século XI. No entanto, sua lembrança perdurou por algum tempo, graças às promessas com que tinham animado sua propaganda, embasada predominantemente na eliminação da injustiça social. Na verdade, os verdadeiros beneficiados foram os filhos e netos da liderança cármata.

CARMELITAS Também chamados "frades brancos" (pela vestimenta que usam), os carmelitas são uma ordem religiosa mendicante*, procedente, segundo tradição, de uma comunidade de eremitas (v. Eremitismo*), fundada, ao que parece, por um cruzado (v. Cruzadas*) calabrês chamado Bertoldo, em 1150, no monte Carmel, hoje Israel. Premidos pelos muçulmanos, os carmelitas migraram para o Ocidente no começo do século XIII, chegando a Paris em 1254. Nessa cidade, enfrentaram duradoura e curiosa polêmica quanto à cor de sua vestimenta. Isso porque, inicialmente, o manto que usavam era listrado, o que, de imediato, os tornaram objeto de zombarias e injúrias por parte da população, sendo apelidados de "frades barrados" (com duplo sentido, pois *barrés* significa "listrado", mas, em francês arcaico, a palavra *barrs*, significava "bastardo"). O escândalo cresceu de tal modo que o papa Alexandre IV (?-1261; 1254/61) interveio, solicitando aos carmelitas adotarem um manto liso. O incidente durou mais de 27 anos, só terminando em 1287 quando os carmelitas passaram a adotar vestimenta inteiramente branca. Chegados ao Ocidente, uma autorização especial lhes foi dada em 1226 pelo papa Honório III (1150-1227; 1216/1227), confirmada três anos depois por Gregório IX, seu sucessor. Em 1247, uma regra foi aprovada pelo papa Inocêncio IV (1195-1254; 1243/1254), graças aos esforços de Simon Stock, um inglês, prior geral da ordem. A partir de então, os carmelitas passaram a levar uma vida acentuadamente cenobítica (v. Cenobitismo*), em conventos urbanos, dedicando-se aos estudos e ao ensino, mestres e doutores na universidade. Contemplativos, não exercendo o apostolado ou a pregação, os carmelitas vivem do trabalho manual e do esmolar, não podendo receber quaisquer doações imobiliárias. A regra determina abstinência*g absoluta e perpétua, jejum rigoroso e não menos rigoroso silêncio, pobreza. O signo distintivo da ordem é o uso do escapulário*g. No século XVI, os carmelitas se espalham pela Europa, alcançando o apogeu, época em que enfrentaram uma grave crise provocada pelo Grande Cisma da Igreja do Ocidente (1378/1417) (v. Cismas da Igreja*). Em 1562, a ordem sofreu uma grande reforma empreendida por Teresa d'Ávila*b (1515-1582) e Juan de la Cruz (1542-1591), ambos canonizados (v. Canonização*) posteriormente. Dessa reforma redundou a formação de dois grupos de carmelitas: os carmelitas "calçados" e os carmelitas "descalços", denominação esta oriunda da decisão de santa Teresa de somente usar sandálias de corda, idênticas às dos pobres. Não obstante a rápida difusão da reforma, a sua propagação não foi fácil, visto que parte dos carmelitas, os chamados "mitigados", não hesitaram em atacar fisicamente o autor da reforma, infligindo-lhe uma série de humilhações que culminaram com a sua prisão por nove meses. Em 1593, o papa Clemente VIII (1536-1605; 1592/1605) decidiu pela separação definitiva dos dois grupos e a formação de uma ordem independente feminina, reconhecendo Teresa d'Ávila como sua fundadora. A Ordem das Carmelitas Descalças cresceu rapidamente; no século XVII, ela ergueu mais de 50 mosteiros espanhóis, não demorando a ser considerada uma ordem monástica clássica (v. Monasticismo*). No século XVIII, no decurso da Revolução Francesa os carmelitas, de ambos os grupos, foram duramente perseguidos e muitos deles foram deportados ou guilhotinados. A Ordem dos Carmelitas (masculina) foi aprovada pelo papa Inocêncio IV em 1245; no Brasil, os primeiros deles foram portugueses que chegaram em 1580, e que exerceram apreciável atividade pedagógica e espiritual.

CARTUXOS Ordem monástica (v. Monasticismo*), fundada em 1084 por são Bruno (c. 1033-1101), sediada no maciço da Grande Cartuxa, ao norte de Grenoble. "Cartuxa" é a denominação dada a mosteiros instalados em lugares solitários e, de modo geral, destinados a religiosos contemplativos, ou seja, àqueles que se consagram às orações, vivendo enclausurados (v. Clausura*g). "A vida cartusiana é uma forma de semieremitismo". Misto de cenobitismo* e eremitismo*, os cartuxos levam uma vida solitária; cada monge possui o seu próprio alojamento, dispondo de um oratório, sala de trabalho, oficina e jardim. O silêncio constitui um dos componentes fundamentais da ordem; nesse sentido, a leitura é um instrumento básico, jamais realizada em voz alta. Os monges podem reunir-se duas vezes por dia e, obrigatoriamente, uma vez à noite para cerimônias religiosas. Os cartuxos não têm uma doutrina; a comunidade reúne-se na igreja para "matinas", "laudas" e "vésperas" (horas dedicadas a orações). O padre diz a missa sozinho, em voz baixa, enquanto os presentes mantêm-se em silêncio. Outro traço marcante dos cartuxos manifesta-se na sua obstinação em preservar a comunidade da riqueza; busca-se a pobreza como um dom espiritual que deve ser procurado e cultuado. Nenhuma propriedade pessoal, sejam dízimos*g, taxas, ou qualquer objeto que denuncie ou caracterize vantagens pessoais. Somente em 1127, por solicitação de alguns priores*g (superiores) foi redigida uma regra inspirada na de são Bento (v. Beneditinos*) e denominada "costumes", que descreve os hábitos da época. Austera, não prevê mortificações pessoais nem qualquer esforço físico como penitência. Os "costumes" constam de 41 capítulos referentes ao comportamento cotidiano dos monges e 35 destinados aos encarregados da manutenção da comunidade, cujo chefe, escolhido pelo voto, é o prior e não o abade (v. Abadia), e a quem se presta total obediência. O progresso da ordem foi lento; as cartuxas surgiram pouco a pouco, 30 anos depois de sua fundação, na Espanha, Inglaterra, Itália, Dinamarca. No começo do século XV totalizavam 160. A Reforma* e as Guerras de Religião* suprimiram 39, que foram vendidas ou destruídas; com a Revolução Francesa (1789) quase todas desapareceram, salvando-se a Grande Cartuxa e algumas outras. A ordem continua importante, não só pelo seu estilo de vida como por fabricar o famoso licor que leva o seu nome (em francês, *chartreux*), fonte de renda para sua manutenção.

CATACUMBAS Cemitérios subterrâneos, encravados na rocha. Na Itália, as famosas catacumbas de Roma foram construídas pelos primeiros cristãos*, muito embora necrópoles similares tenham sido feitas por outros grupos. O termo, de origem controversa, parece proceder do grego, significando "descida", "buraco". Na sociedade romana (v. Romanos*), os cadáveres eram habitualmente cremados; os cristãos, no entanto, preferiam o sepultamento, por ter sido Jesus*[b] enterrado, e também porque muitos dos primeiros cristãos eram judeus (o judaísmo* prescreve o sepultamento dos mortos; v. *Chevra Kadisha**). As catacumbas de Roma ficam cerca de 12 metros abaixo do nível da rua, medindo três metros de altura e um metro de largura. Várias galerias laterais abrigam nichos cravados no muro. Existem também pequenas capelas. As catacumbas mais antigas datam do século I. As perseguições realizadas pelos governantes romanos contribuíram muito para aumentar a quantidade desses cemitérios que, não raro, serviam de refúgio. O hábito de enterrar nas catacumbas perdurou até o século V. Com as invasões bárbaras, esses locais foram saqueados; suas relíquias, porém, foram, em grande parte, resgatadas pela Igreja.

CATARISMO Seita* de heréticos (v. Heresia*) medievais que, no século XII, estabeleceram uma doutrina religiosa, de caráter dualista (v. Dualismo*), configurada no confronto entre dois princípios antagônicos e permanentes, o do Bem e o do Mal. O termo vem do grego *katharós*, "puro", e foi adotado por volta de 1160. Os cátaros retomaram ideias e temas espirituais do maniqueísmo*, sem perda de outros elementos, buscados no bogomilismo*, movimento sectário surgido na Bulgária. Sua expansão no continente europeu foi rápida e eficiente, brotando na Alemanha por intermédio de comunidades bem estruturadas que se intitulavam "pobres do Cristo" e, a seguir, "cátaros". Um outro país atingido foi a Itália, onde a cidade de Milão passou a ser um dos principais centros da heresia. Foi porém na França, mormente na região do *Midi*, que o catarismo alcançou impressionante sucesso. Ao findar do século XII e começo do XIII, a seita estendia-se por essa área, transformando-se no mais eficiente e persistente adversário do cristianismo*. Constituíram-se duas correntes, a dos dualistas absolutos e a dos dualistas mitigados, representando verdadeiras escolas, não raro divergentes, mas que em nenhum momento interromperam a notável unidade doutrinária do catarismo. Partindo do recrutamento de operários urbanos e camponeses, o movimento cátaro disseminou-se, envolvendo todas as camadas sociais. Os traços essenciais da doutrina são de fácil reconhecimento: Deus não criou o mundo visível; o casamento, o batismo*, a eucaristia*[g] e a confissão*[g] são desnecessários, por serem inúteis; o Espírito Santo, "descendo sobre o fiel pela imposição das mãos, purifica-o e santifica-o". Os cátaros não acreditavam no purgatório ou no inferno*; para eles, o verdadeiro Deus não se encontrava neste mundo. No plano doutrinário, é sempre o problema do Bem e do Mal que fundamenta o ideário cátaro. Seus integrantes não atribuíam nenhuma existência real ao mundo sensível; sua posição em relação à Igreja se reflete no desprezo aos sacramentos*, à cruz, ao culto*[g] e às igrejas de modo geral. Até mesmo o Antigo Testamento* deveria ser rejeitado. Tais objetivos só poderiam ser alcançados quando executados por uma elite de pessoas, homens e mulheres, o que explica no meio cátaro o estabelecimento de uma hierarquia paralela à eclesiástica, distinguindo os "Perfeitos" de uma massa de "Crentes". Os primeiros desfrutam de estatuto privilegiado após receberem o *consolamentum*, um batismo especial, consumado exclusivamente pela imposição das mãos. Vegetarianos, de modo geral toda nutrição de origem animal era abandonada. Aos simples fiéis, nenhuma exigência, exceto a obrigação de levar uma vida correta. A ideia de que praticavam o suicídio pelo jejum prolongado (*endura*), que caberia ao diácono*[g] da comunidade ordenar, vem sendo recebida com reservas por vários historiadores, até porque essa prática só apareceu no século XIV, quando as igrejas cátaras já não mais existiam. No decurso dos grandes momentos do catarismo, não se conhecem exemplos do *endura*. Se casos de suicídio houve, foram raros e de iniciativa pessoal, sem qualquer relação com hábitos exercidos pela seita. Os cátaros, também conhecidos com outros nomes (albigenses*, patarinos*, neomaniqueístas etc.), foram condenados em vários concílios*. A Igreja lhes moveu implacável repressão, principalmente na cruzada* organizada pelo papa* Inocêncio III no século XIII. (V. tb. Albingenses*, Valdismo*.)

CATECUMENATO Processo pelo qual uma pessoa inicia-se, doutrinária e moralmente, na vida religiosa (no cristianismo*, se adulto, antes de receber o batismo*). Essa iniciação, importante, teve duração variável no decorrer da história. Muitos catecúmenos só foram batizados na hora da morte (um dos exemplos mais citados é o do imperador romano Constantino Magno). O catecumenato, de modo geral, abrangia três etapas ou estágios: a doutrina, os sacramentos* e a vida catequista. Ao longo do tempo, o catecumenato perdeu importância, mormente na Idade Média, quando a sua duração limitava-se a 40 dias da quaresma (40 dias antes da Páscoa*). O termo "catecumenato", por vezes, estende-se às pessoas que, já batizadas, desejam aprofundar-se no estudo da fé.

CATIMBÓ Nos ritos*ᵍ afro-brasileiros, prática mágico-litúrgica que mistura crenças religiosas, feitiçaria e curandeirismo, de origem tupi, africana e europeia. Também é chamado "ritual de jurema", pois utiliza uma bebida preparada com a raiz dessa planta, adotada pelos índios para induzir o transe religioso. A iniciação do "catimbozeiro" consiste na aprendizagem das técnicas de transe e magia*, e depende da manifestação espontânea do dom no indivíduo. A "mesa de jurema" (sessão de catimbó) pode ser realizada em um terreiro ou uma residência particular (geralmente de quem encomenda ao catimbozeiro a realização de um feitiço ou cura). O material necessário (bebida, fumo, cachimbo e apetrechos das entidades — ervas, pedras etc.) fica arrumado sobre uma mesa. Os assistentes dançam e cantam os "linhos" (cânticos), para que o catimbozeiro incorpore sucessivamente diversas entidades que dão consultas aos presentes, geralmente envolvendo cura de doenças, fechamento do corpo (ritual de proteção), anulação de feitiços e busca de amor, enriquecimento etc. O método de cura ou magia mais usado é a defumação com o cachimbo pela entidade incorporada. Os "mestres do catimbó" (entidades) podem ser caboclos*ᵈ, pretos-velhos*ᵈ, ciganos*ᵈ, feiticeiros, sereias e outros seres marinhos (como o Martim Pescador). O mais famoso é Zé Pelintra, conhecido em todo o Brasil e cultuado na umbanda* como membro do Povo da Rua*ᵈ. As entidades do catimbó vivem no Juremal, um mundo encantado dividido em diversos reinos (Vajucá, Tigre, Pedra Branca, Fundo do Mar etc.). Geralmente, os mestres de cada reino são especializados em um certo tipo de magia: saúde, dinheiro, amor etc. Eles podem trabalhar na "fumaça às direitas" (para o bem) ou "às esquerdas" (para o mal). No Nordeste, são comuns os terreiros de umbanda cruzada com jurema, que realizam separadamente os dois tipos de rituais e que fazem filhas de jurema e filhas de santo. O toré é um culto parecido com o catimbó, consistindo exclusivamente em sessões de consulta e cura nas quais "baixam" caboclos, mestres juremeiros e alguns poucos orixás*; não há culto das entidades fora dessas sessões. (E.D.G.)

CATOLICISMO Modalidade do cristianismo* praticada pela Igreja Católica* Romana. O nome "católico" significa "universal" não somente do ponto de vista geográfico, mas também em alusão a sua receptividade a qualquer cultura ou raça. Em sua aplicação a partir do século XVI, o termo indica o conjunto de fiéis e as instituições que reconhecem a autoridade do papa* (do grego *papas*, pai), título que era dado, primordialmente, a todos os bispos. Gradativamente, porém, no Oriente e no Ocidente, esse título tornou-se específico ao findar o século IV e no decurso do século V, sem prejuízo de outras designações, tais como Santo Padre, Sumo Pontífice* e outras. A Igreja Católica, histórica e doutrinariamente, se distingue de outras igualmente cristãs: a Ortodoxa (v. Ortodoxia*), a Anglicana (v. Anglicanismo*) e a Protestante (v. Protestantismo*). O termo "católico" só se tornou restrito a partir do século XI, em 1054, quando ocorreu a separação entre Roma e Constantinopla (Bizâncio), o que vale dizer, entre Ocidente e Oriente. A expressão "mil anos de catolicismo" torna-se, então, anacrônica. Primitivamente, o nome Igreja (do grego *enklesía*, assembleia) designava comunidades locais; sua missão universal fê-la "católica". Ao longo dos primeiros séculos de existência, sua unidade foi posta em dúvida, mercê de inúmeras dissidências, na maioria regionais. A primeira grande cisão (v. Cismas da Igreja*) verificou-se, como foi mencionado, no século XI; cinco séculos depois, outras separações, dessa vez amplas e duradouras (v. Reforma*), trouxeram novos sistemas religiosos, ainda cristãos, mas basicamente diferenciados por restrições litúrgicas (v. Liturgia*ᵍ) e pertinentes à infalibilidade papal*, à adoração de imagens, ao primado de Roma, à tradição teológica. No mundo atual, o catolicismo é a religião que mais adeptos possui. A expansão missionária levada a efeito pelas Igrejas cristãs fez com que os seus credos penetrassem nos lugares mais distantes do globo, sem perda das características de outros sistemas vigentes. O dogma do catolicismo resume-se no Credo (do latim, "eu creio"), estabelecido a partir do

Concílio* Ecumênico de Niceia, em 325, e que exprime a crença no Espírito Santo e a fé na Encarnação e na Ressurreição. Já no início do século XX, as Igrejas cristãs voltavam-se para o ecumenismo, proclamando a necessidade de uma reavaliação de suas posturas tradicionais. Coube ao Concílio Vaticano II* (1962-1965), inspirado e convocado pelo papa João XXIII*[b] (1881-1963; 1958/1963), propor, objetivamente, as primeiras providências nesse sentido. Iniciado em 11 de outubro de 1962, o concílio demonstrou de imediato o seu pragmatismo, ao salientar que o catolicismo não foi configurado ou implantado obedecendo unicamente a critérios teológicos. Suas origens e o seu desenrolar histórico não bastavam para garantir a adesão e a fidelidade doutrinária do futuro cristão. Encerrado o concílio no dia 8 de dezembro de 1965, as reformas propostas por ele começaram a ser implantadas pelo papa Paulo VI até sua morte em 1978, e por João Paulo II a partir de sua eleição nessa mesma data. Delas destacavam-se a reforma da cúria*[g], a elaboração de um novo Código do Direito Canônico destinado à Igreja latina, e de um outro para as Igrejas Orientais católicas. Por outro lado, todas as ordens religiosas, inclusive as monásticas (v. Monasticismo*), e todas as congregações deveriam reavaliar suas constituições. No campo litúrgico, a reforma conciliar substituiu as normas existentes, em vigor desde 1570 (pontificado de Pio V), modificando o ritual das missas, da penitência, do batismo* e do casamento. Um dos atos mais importantes do concílio foi a promulgação da encíclica* *Ecclesiam Suam*, por Paulo VI, em 1964, na qual o papa propunha o diálogo imediato com todos os homens, crentes ou incréus, cristãos ou não. No ano seguinte, o patriarca* ecumênico de Constantinopla e o Sumo Pontífice anularam as excomunhões recíprocas que, em 1054, simbolizaram as rupturas entre as Igrejas Católica e Ortodoxa. O Concílio Vaticano II, ao encerrar a era tridentina (ou seja, referente às decisões do Concílio de Trento, 1545/1563), despertava uma nova concepção espiritual na prática do catolicismo, sem perda de suas raízes. Os seus fins e métodos doutrinários e administrativos acabavam de ser modificados, enfatizando a atuação dos bispos, a missão social da Igreja com relação aos oprimidos, a participação de leigos no culto*[g] e, principalmente, a absoluta necessidade do diálogo e da colaboração com aqueles que praticam outros credos, reconhecendo e preservando os valores espirituais por eles cultivados.

CELESTINOS Ordem monástica beneditina (v. Beneditinos*), fundada na segunda metade do século XIII nos montes Abruzos (Itália) por Pietro Angeleri, dito de Morrone (1215-1296), tornado o 190º papa, com o nome de Celestino V (agosto/dezembro 1294). Os monges dessa congregação, cenobítica (v. Cenobitismo*) e eremítica (v. Eremitismo*) adotaram esse nome em homenagem ao fundador da ordem. Os celestinos, na realidade, são influenciados pelos franciscanos*, especialmente pelo ramo "espiritual", que pratica pobreza rigorosa. E de outra parte, em matéria de penitências, inspiram-se nos camáldulos*. No decorrer do século XIV, os celestinos gozaram de grande prestígio na Itália, mormente na região napolitana, graças ao apoio que lhes prestaram os soberanos locais. Na França, a congregação celestina obteve o apoio do rei Filipe, o Belo (1268-1314; 1285/1314) que sustentou o papa até sua renúncia em 1294, pressionado pelo cardeal Caetani, seu substituto na Santa Sé com o nome de Bonifácio VIII (1235-1303; 1294/1303). Os celestinos vieram a desfrutar de grande popularidade na França, chegando a possuir 17 casas no século XV, mantendo a mesma estrutura até o século XVIII, quando a realeza reformou as ordens monásticas, extinguindo os mosteiros celestinos, os últimos em 1870.

CENOBITISMO Termo de origem grega ("modo de vida em comum"), opondo-se a eremitismo*, que é praticado por pessoas que vivem isoladas, longe de qualquer lugar habitado. Estruturalmente, o cenobitismo é formado basicamente pelo mosteiro (v. Monasticismo*), instituição em que vive a comunidade, e que obedece a estritos comportamentos cotidianos e às determinações de um abade (v. Abadia*), a um só tempo líder e pai. Os ideais religiosos do cenobitismo traduzem uma certa concepção de ascetismo*, ideais esses herdados dos chamados Pais do Deserto através do eremitismo, este com frequência considerado superior ao cenobitismo por parecer mais rigoroso e mais difícil de ser exercido. No entanto, por maioria, o cenobitismo vem sendo considerado "como a primeira forma de vida religiosa", tendo em vista as vantagens que apresenta, tais como segurança, sociabilidade, espírito comunal. Não são a solidão ou as privações que possibilitam alcançar a perfeição, e sim a vida em comum, a obediência e a recusa do individualismo. O cenobitismo surgiu pelas mãos de Pacômio (292-c.346), um egípcio nascido em Tebas e originariamente pagão. Soldado do exército romano, dele fugiu, adotando o eremitismo durante 7 anos. Em 320, fundou o seu primeiro mosteiro. Antes de Pacômio existia um semicenobitismo, com células de anacoretas reunidas em torno de um chefe espiritual, na maioria das vezes um ancião. Essa primeira forma de cenobitismo irá inspirar e ajudar o cenobitismo criado por Basílio de Cesareia (330-370) no século IV, cuja vida comunal baseava-se menos na disciplina do que na relação cordial e confiante entre os monges. A forma definitiva do cenobitismo ocidental surge no século VI com a regra beneditina (v. Beneditinos*), moderada e bem adaptada ao Ocidente.

CHABAD Acrônimo hebraico de *Chochmá, Biná, Daat* ("Sabedoria, Compreensão, Conhecimento"), importante movimento inspirado no chassidismo*, criado na segunda metade do século XVIII por Shneour Zalman (1747-1813), na cidade de Liadi, Rússia Branca. O *Chabad* adotou os mesmos princípios que norteavam o movimento chassídico, mas, ao contrário da linha popular e simplista deste, fundamentou-se numa visão mais cultural e intelectual, como bem expressa seu nome. Por isso, foi criticado tanto pelos adeptos do chassidismo quanto pelos *mitnagdim**g, seus opositores. A visão religiosa do *Chabad* é de natureza panteísta, ou seja, baseada na onipresença de Deus em toda a Criação, sem a qual nada poderia existir. A atuação do homem nesse universo impregnado da presença divina deve ser regida por "sabedoria, compreensão e conhecimento", para que ele, imperfeito por sua própria natureza animal, possa aprimorar-se. Não como os *chassidim* originais, os adeptos do *Chabad* irão conseguir essa integração mais pela meditação e estudo da Torá* do que pela emoção extática, embora sempre com base na "intenção" (*kavaná*) e no apego e amor a Deus (*devekut*), elementos fundamentais do chassidismo. O *tsadik* (v. Chassidismo*) do *Chabad* é um líder e orientador religioso, e não o milagreiro e curandeiro dos primórdios do chassidismo. Após a morte de seu fundador, o *Chabad* foi liderado pela dinastia chassídica Schneerson, radicada inicialmente em Lubavich (Dov Ber, Menachem Mendel, Samuel, Shalom Dov Ber), depois em Otwock e em Nova York (Josef Isaac). O mais recente representante dessa dinastia, Menachem Mendel Schneerson, o *Lubavicher Rebe* (1902-1994), liderou o *Chabad* de sua sede em Nova York, e foi figura de grande importância não só para o *Chabad* como para todo o judaísmo* contemporâneo. Sua profunda sabedoria, seu grande carisma, e, segundo seus adeptos, sua inspiração divina, granjearam-lhe respeito e culto além das fronteiras do movimento. O movimento *Chabad* está organizado em todo o mundo judaico, inclusive no Brasil. (P.G.)

CHANUKÁ Festividade judaica, cujo nome em hebraico significa "inauguração", ou "dedicação", referindo-se à reinauguração do Templo* de Jerusalém depois de purificado da profanação que lhe haviam infligido os sírios helênicos, que dominaram a Judeia no século II a.C. Na verdade, a festa associa os aspectos religioso e nacional, ao comemorar não só a purificação do Templo e o resgate dos valores religiosos judaicos na Judeia (v. Judaísmo*), mas também a vitória dos judeus na guerra de libertação do jugo dos conquistadores. A dominação de Antíoco IV Epifanes, a imposição da cultura helênica no sentido de converter os judeus ao politeísmo, a obrigação de os judeus violarem publicamente sua tradição religiosa (as leis dietéticas e de pureza ritual, o respeito ao *shabat**), a proibição do culto*g judaico no Templo e sua profanação com imagens e rituais pagãos, a revolta dos judeus, a sangrenta guerra que durou três anos (168-165 a.C.) e a vitória final estão relatados nos livros Macabeus I e II, que fazem parte da Bíblia* católica, mas não estão incluídos no cânon* judaico do Antigo Testamento*. Liderados por uma família de judeus zelosos da aldeia de Modiin, os Chashmonaim, ou Hasmoneus — Matatiahu e seus cinco filhos, Iochanan (João), Shimon (Simão), Iehudá (Judá), Eleazar e Ionatan (Jônatas) —, os judeus se organizaram num exército de guerrilheiros, sob o comando de Iehudá, chamado o Macabeu (do hebraico *ha-Macabi*: "o martelo"), epíteto que se estendeu a seus irmãos. Após a surpreendente vitória sobre os sírios helênicos em Emaús, em 165 a.C., os judeus, liderados pelos Macabeus, entraram no Templo profanado e semidestruído, onde uma estátua de Zeus*d fora erguida em frente ao altar dos sacrifícios*. A estátua foi destruída, e o Templo, restaurado e purificado. No dia 25 do mês de *Kislev*, Iehudá reconsagrou o Templo e acendeu a lâmpada de óleo que, no ritual judaico, deve arder perenemente. Lenda ou fato histórico, ocorreu então o "milagre de *Chanuká*": a quantidade disponível de óleo, suficiente para apenas um dia, manteve a lâmpada acesa durante oito dias. Desde então os judeus comemoram *Chanuká* durante oito dias, acendendo velas ao escurecer, uma na véspera do primeiro dia, duas na véspera do segundo dia etc., até completar oito velas acesas na véspera do último dia. Daí também chamada a "Festa das Luzes", *Chanuká* representa para os judeus a vitória da fé monoteísta sobre o paganismo, a luta pela liberdade e a disposição ao sacrifício em nome da afirmação da identidade. (P.G.)

CHASSIDISMO Movimento religioso judaico, surgido na Europa oriental no século XVIII, até hoje importante vertente conceitual e prática do judaísmo*. O chassidismo nasceu e cresceu como reação das populações judaicas às formas "oficiais" da prática do judaísmo, concentrada no estudo da Torá* e do *Talmud**, e no rigor ritualístico da liturgia (v. Liturgia judaica*) e dos costumes religiosos. Quem dominava o exercício do judaísmo no papel de seu intérprete normativo eram os eruditos, os intelectuais, os judeus que podiam permitir-se dedicar muitas horas ao estudo e à especulação sobre os textos do *Talmud*. O judeu comum, por sua vez, cumpria rituais e entoava orações em hebraico que evocavam o cumprimento estrito de preceitos e normas, em textos que sequer entendia. Essa forma de praticar o judaísmo tornou-se fora do alcance das massas de judeus pauperizadas e perseguidas dos guetos* e das aldeias. Esses judeus, ao juntarem seu instintivo fervor religioso às angústias e sofrimentos de sua vida e à impossibilidade de encontrar no judaísmo "oficial" o caminho de sua redenção espiritual, tornaram-se sensíveis ao misticismo* dos cabalistas (v. Cabala*) e às esperanças que a magia* e o transcendental podiam manter vivas apesar de tudo. Assolados pelos massacres, como o chefiado pelo cossaco Bogdan Chmielnicki em 1648, desiludidos com a traição do falso messias Shabetai Tsevi, que se convertera ao islamismo* (v. Messianismo judaico*), eles ansiavam por mudanças que tornassem suas vidas mais suportáveis. É nesse cenário, em 1735, que surge um pregador chamado Eliezer ben Israel (c.1700-1760), não se sabe se nascido na Ucrânia ou na Galícia, não se sabe se um professor, um bedel de sinagoga* ou um carreteiro. Sabe-se que ele levou às massas judaicas a mensagem pela qual ansiavam: a de que no judaísmo a intenção (*kavaná*), a devoção entusiasta (*hitlahavut, devekut*), a intensidade da fé, o amor a Deus e ao próximo, e as formas espontâneas e emocionais de expressar esse amor têm mais peso e importância que o estudo e os rituais formais, em que coração e alma não participam. Essas formas de expressão eram muitas vezes a canção e a dança, o êxtase, a alegria pela comunhão com Deus e com a natureza. Essa popularização das formas de culto*ᵍ, associada ao misticismo e, em parte, à vertente mágica dos cabalistas, possíveis instrumentos de redenção dos judeus oprimidos, fizeram com que as pregações de Eliezer mobilizassem milhões de adeptos. Eram chamados *chassidim*, ou seja, "devotos", de onde o termo "chassidismo", atribuído ao movimento. Eliezer foi chamado o Baal Shem Tov*ᵇ, o "senhor do bom nome", epíteto atribuível a um cabalista miraculoso, como era tido. Logo os adeptos do chassidismo constituíram quase a metade da população judaica da Europa oriental. O chassidismo foi inicialmente um movimento de ruptura com padrões antigos, e sua importância para a democratização e a abertura do culto judaico a todas as camadas do povo judeu foi e continua a ser imensa, se bem que algumas facções chassídicas tenham modificado o legado do Baal Shem Tov, que se baseava numa relação "direta" do devoto com Deus. Alguns líderes chassídicos (o líder de um círculo chassídico é chamado *rebe*, forma ídiche de *rabi*, ou *tsadik*, "justo", "pio") assumiram o papel de intermediários necessários — e os únicos possíveis — entre o devoto e Deus, e com isso institucionalizaram o chassidismo e galgaram a posições de honra e prestígio (e, em alguns casos, opulência) que não constavam no ideário original. Ao instituírem também o princípio de que o papel do *rebe* era hereditário, criaram verdadeiras dinastias chassídicas, muitas das quais ainda perduram. Com as grandes migrações judaicas do fim do século XIX, o movimento chassídico instalou-se na América e na Europa ocidental e, mais tarde, em Israel. Seus diferentes segmentos identificam-se com os núcleos de origem das dinastias chassídicas, as cidades dos primeiros *rebes* na Europa. No que tange à atitude dos judeus devotos não chassídicos frente ao movimento, sua primeira reação foi a previsível. Consideraram o chassidismo um desvio inaceitável da fé judaica e o combateram sem trégua, chegando até à excomunhão de seus seguidores e à queima de seus escritos. Os opositores mais ferrenhos foram chamados de *mitnagdim**g, e a disputa entre o judaísmo rabínico (v. Rabino*) e o chassidismo estendeu-se por muito tempo. Em tempos mais modernos, nos grandes centros urbanos, com a diluição dos elementos mais místicos e esotéricos e do abismo social que havia no início entre os dois grupos, o antagonismo se diluiu também, até se tornar mais uma questão de diferença de fórmulas e de estilo de atuação. (V. tb. *Chabad**.) (P.G.)

CHAZAN Nome, em hebraico, do chantre, ou cantor litúrgico, que entoa as orações nos serviços religiosos das sinagogas*. O *chazan* é o sucessor do *baal tefilá* (o "mestre de oração"), um membro voluntário da congregação que, representando-a ante Deus e os símbolos sagrados do judaísmo*, conduzia as preces. O *baal tefilá* era em geral dotado de boa voz (e por isso mesmo escolhido para essa função honrosa, mas não remunerada) e de uma sensibilidade que lhe permitia inspirar-se nos significados da oração e — condicionado pela tradição litúrgica judaica (v. Liturgia judaica*), pelas notações musicais primitivas que integram o texto dos livros de oração, pelas influências culturais do meio em que vivia e por sua própria cultura musical — quase que improvisar uma cantilena, nem sempre sofisticada em termos musicais, mas cheia de emoção. O *baal tefilá* era (e ainda é, em muitas congregações pequenas que não contam com um *chazan* profissional) o representante da congregação (em hebraico, *shaliach tsibur*), e a ele cabe ser o intermediário da expressão de seus anseios e de sua transmissão a Deus. Esse papel foi aos poucos sendo assumido por um cantor mais atento à técnica musical, mais identificado com a linha melódica e harmônica da música erudita, quase sempre um profissional: o *chazan*. No final do século XVI e início do século XVII, a influência da Renascença fez-se sentir na música sinagogal. A monumental criação musical, especialmente aquela inspirada no serviço religioso cristão, não podia deixar de ser percebida e admirada por judeus cultos e sintonizados com as expressões culturais do meio em que viviam. A riqueza informal da música litúrgica judaica não satisfazia mais o senso estético reeducado em novos padrões, e a emoção da prece pedia como suporte o prazer sensório (e com isso realimentador da emoção) da boa música, de melodias anotadas e memorizáveis, de harmonias construídas para coros ou acompanhamentos instrumentais. O centralizador dessa transformação foi o *chazan*. Um dos primeiros *chazanim* (pl. hebr. de *chazan*), foi o compositor, violinista e tenor mantuano Salomone Rossi, que, em 1605, depois de longa campanha contra a resistência dos judeus ultraortodoxos (v. Ortodoxia [no judaísmo]*) que se opunham a qualquer modificação da tradição litúrgica, organizou um serviço com a participação de um coro de oito vozes que o acompanhava nas orações que compusera de acordo com regras musicais do contraponto e da harmonia. Essa revolução foi apoiada por alguns rabinos* importantes, como Leone Modena, que demonstrou nada haver no *Talmud** que proibisse essa nova forma no ritual. Ela foi aos poucos conquistando as congregações da Europa. As congregações lideradas pelos *chazanim* aprenderam novas melodias para as orações, e os acompanhavam com emoção. Compositores, entre eles o próprio Salomone, criaram dezenas de partituras para as orações do *Sidur** e do *Machzor**. Concorreram para a formação de um novo repertório, através da inspiração dos compositores litúrgicos, as linhas melódicas específicas das orações em várias regiões da dispersão judaica, como a do cancioneiro ladino dos judeus originários da península Ibérica; como a dos judeus *ashkenazim** da Alemanha, da Boêmia e da Áustria, em sua pronúncia e seu sotaque musical influenciados pelo ídiche; e como a dos judeus da Europa oriental, principalmente da Polônia e da Lituânia, a partir do século XIX. A evolução da liturgia estruturada em modelos musicais formais não tem um padrão fixo, variando de acordo com a congregação, a linha de devoção adotada, seus recursos e o talento de seus *chazanim*. Muitas congregações de orientação ortodoxa mantêm a figura do *baal tefilá*, mesmo quando as linhas melódicas das orações estejam mais de acordo com a composição musical formal do que com a inspiração e o improviso. Outras introduziram coros masculinos para ritos*g especiais, principalmente em *Rosh Hashaná** e no *Iom Kipur**. As congregações ditas conservadoras muitas vezes adotam o acompanhamento por instrumentos, além do coro, que pode ser misto. Nas sinagogas chamadas liberais, não raro o órgão, além do coro misto, contribui para uma atmosfera solene, criticada pelos ortodoxos como sendo imitação do culto*ᵍ em templos cristãos, e, quando no sábado, profanação do *shabat**. Em todos os casos, o papel do *chazan* é o de conceber a linha musical da liturgia e centralizar sua realização, tanto no papel de *shaliach tsibur* e *baal tefilá*, como no de sofisticado regente, intérprete e diretor musical profissional. Entre muitos grandes *chazanim*, alguns de dons operísticos (foram também cantores de ópera) podem ser citados o vienense Salomon Sulzer (1804-1890), quem primeiro estabilizou e oficializou a nova forma da liturgia; o londrino Leoni (pseudônimo de Meyer Levin); os alemães Hermann Jadlowker e Joseph Schwartz; e os americanos Iossele Rosenblat, Jan Peerce, Robert Merrill, Alexander Kipnis, Moshe Kousssevitsky, Richard Tucker e Sidor Belarsky. (P.G.)

CHEVRA KADISHA Em hebraico, "sociedade (ou fraternidade) sagrada", referindo-se à instituição comunitária judaica encarregada das providências e cerimônias mortuárias e da criação e manutenção dos cemitérios judaicos. Como em quase todas as religiões e quase todas as sociedades, a morte tem no judaísmo* uma importância que transcende seus aspectos biológicos e antropológicos. O não ser seria uma etapa transitória até o dia da ressurreição dos mortos, quando as almas retornariam aos corpos redivivos, e por isso o cuidado com os vivos — expresso nas leis éticas do judaísmo e nos preceitos de pureza e impureza —, a assistência aos necessitados — expressa nas instituições beneficentes de toda comunidade judaica — e a preservação dos valores judaicos — a cargo das instituições educacionais e religiosas — tinham continuação no cuidado com os moribundos e os mortos, atribuição da *Chevra Kadisha*. Desde os primórdios da existência do judaísmo, a instintiva medida de enterrar os mortos foi transformada em regra e preceito religioso, como definido, no século II, pelo rabino* Chanina bar Chama: "Moisés*ᵇ foi enterrado (por Deus) num vale em Moab; façam, pois, o mesmo, e enterrem os mortos". A tarefa de fazê-lo, tão difícil para os familiares e amigos, foi assumida desde os tempos rabínicos por uma sociedade comunitária. Antigamente, os membros da *Chevra Kadisha* tinham a piedosa missão de acompanhar o moribundo, tentando salvar sua vida pela via da fé e da oração, além de dar-lhe — assim como a seus parentes — apoio espiritual, consolo e força nesse momento de transe, e de realizar todo o ritual que precede e se segue ao óbito, até o sepultamento. Em tempos mais recentes, no entanto, é só a partir do óbito que sua função tem início. Os ritos*ᵍ de luto e sepultamento no judaísmo são influenciados tanto pelas concepções religiosas de vida e de morte como por costumes recolhidos de crenças e superstições de várias origens, e por isso podem variar de acordo com a comunidade, com o grau de zelo religioso e com as circunstâncias. Entre as medidas mais comuns e disseminadas estão a de pôr o corpo do recém-falecido no chão, os pés voltados para a porta, totalmente coberto (a partir desse momento não será mais visto, a não ser pelos funcionários da *Chevra Kadisha*, pois o corpo é impuro depois que a alma o abandona), a de acender duas velas de cera na altura da cabeça e a de cobrir todos os espelhos da casa. Esse costume, além de aludir a que o momento não se presta a vaidades, baseia-se provavelmente na crença supersticiosa de que a imagem refletida no espelho é a alma da pessoa, e que a alma liberta do falecido pode querer arrebatar as almas de seus entes queridos para levá-las consigo. A *Chevra Kadisha* encarrega-se de remover o corpo, lavá-lo, envolvê-lo em mortalha de linho branco (se for homem, põe-se junto a ele seu *talit**) e colocá-lo num caixão simples (em algumas comunidades ortodoxas (v. Ortodoxia [no judaísmo]*) não se usa o caixão), sempre igual. Como a morte restitui o homem à condição original em que veio ao mundo, nu e sem posses, o ritual judaico é o mesmo para todos. Faz-se um talho nas roupas dos parentes mais próximos, reminiscência da antiga manifestação de luto de rasgar as vestes, e, acompanhado pelos presentes, pelo entoar de salmos* e de uma oração especial, *El malé rachamim* ("Deus misericordioso"), o corpo é levado à sepultura e enterrado. Os parentes mais chegados recitam o *Kadish**, a prece dos enlutados. À saída do cemitério é costume lavar as mãos, para livrá-las da impureza inerente à proximidade dos mortos. Cabe ainda à *Chevra Kadisha* providenciar a lápide, em geral inaugurada até o primeiro aniversário da morte, e administrar os cemitérios. (P.G.)

CHUPÁ Na cerimônia religiosa do casamento judaico (v. Judaísmo*), os noivos e o celebrante, comumente um rabino*, ficam sob a *chupá*, o pálio nupcial, formado por um quadrado de seda, cetim ou veludo, esticado e sustentado em seus cantos por quatro postes, em geral ornados com flores. A tradição remonta a tempos muito antigos, quando a *chupá* era na verdade uma espécie de cabana totalmente fechada, que servia de câmara nupcial. O pálio contemporâneo é em geral armado na sinagoga (ou outro recinto) em que se celebra o casamento, mas algumas congregações ou famílias mais tradicionalistas preferem manter o velho costume de armá-lo a céu aberto, sob as estrelas, numa alusão, bastante adequada num casamento, às palavras de Deus a Abraão*b, ao estabelecer com ele uma Aliança e um compromisso de que seus descendentes seriam numerosos como as estrelas no céu. É sob a *chupá* que se proferem as bênçãos e se observam todos os ritos nupciais, como o partilhar do vinho, a colocação do anel pelo noivo no indicador da noiva e a quebra de um cálice de vidro, esmagado pelo pé do noivo ao final da cerimônia e saudado pelos presentes com um *Mazal Tov!* ("Boa sorte!"). (P.G.)

CIÊNCIA CRISTÃ Religião fundada por Mary Baker Eddy (1821-1910), nascida no Estado de New Hampshire (Estados Unidos da América do Norte), uma ex-congregacionalista (v. Congregacionalismo*), profunda conhecedora da Bíblia*. Visionária, hipersensível, em 1906 acidentou-se gravemente, tendo uma cura quase instantânea. Esse fato exerceu grande influência na sua vida, fazendo-a retirar-se para um lugar ermo a fim de dedicar-se ao estudo das Escrituras e refletir sobre sua missão espiritual na Terra. Em 1873, escreveu e publicou um livro, *Ciência e saúde com a Chave das Escrituras* (*Science and Health With Key to the Scriptures*), no qual expunha amplamente sua doutrina. Esta, no dizer de seus seguidores, representava uma "redescoberta" do cristianismo* primitivo. Para difundir suas ideias, Mary Eddy fundou, na cidade de Boston, a "Primeira Igreja Cientista do Cristo", atualmente dispondo de várias ramificações em numerosos países, publicando livros e revistas que explicam os fundamentos da religião em diversos idiomas. A Igreja da Ciência Cristã não possui sacerdotes; os seus serviços religiosos e reuniões são orientados por "leitores" cujos sermões são retirados da Bíblia e do livro já mencionado. A Ciência Cristã reconhece a presença de "práticos" que se dedicam a atender doentes, mas a cura está "intimamente ligada à regeneração moral e espiritual do crente". Conta com um milhão e meio de fiéis, disseminados em 57 países. Cerca de 20 mil práticos estão em atividade exercendo o atendimento.

CIRCUNCISÃO A circuncisão, ou, em terminologia médica, postectomia, consiste na ablação cirúrgica (em geral de natureza profilática) do prepúcio do pênis. Seja como rito*g de iniciação tribal, seja como uma forma de sacrifício e preito a divindades, a circuncisão foi e ainda é prática comum entre muitos povos e etnias. Entre os judeus (v. Judaísmo*) e os muçulmanos (v. Islã*) é praticada desde a Antiguidade como rito religioso de origem histórica, aos oito dias de vida do recém-nascido (a menos que seja postergada em razão de ordem médica). Em hebraico, o termo mais usado para o ritual da *milá* ("circuncisão") é *berit milá* ("pacto da circuncisão"), referência aos termos da aliança estabelecida entre Deus e Abraão*b. Em Gênese*g 17:11, são as palavras de Deus que o determinam: "E sereis circuncidados na carne de vossos prepúcios, e isso será um símbolo da aliança entre Mim e vós". Pode-se entender, então, do ponto de vista histórico-religioso, que judeus e árabes muçulmanos cumpram esse ritual, uma vez que Abraão, através de Isaac*b e de Ismael, é o patriarca de judeus e árabes, sendo estes últimos os iniciadores do islamismo*. No início da era cristã, todos os cristãos eram judeus, e pelo esforço empreendido por Paulo*b no sentido de conquistar os gentios para as novas ideias era preciso "desjudaizar" o cristianismo* (v. Judeo-cristianismo*, Antissemitismo*). Isso porque os rigorosos preceitos e costumes dos judeus eram fatores de rejeição, e é compreensível que a circuncisão tenha sido o mais forte deles. Baseando-se em Deuteronômio*g 10:16 e em Jeremias*b 9:25, Paulo adotou o conceito da "circuncisão do coração" e aboliu a circuncisão física para os neófitos do cristianismo. Em pouco tempo, não havia mais cristãos judeus. O rito de integração religiosa adotado no lugar da circuncisão foi o batismo*, que tem como antecedente o batismo de João Batista*b, o qual já aparece no Novo Testamento*. A água benta da pia batismal e as palavras do sacramento*: "Eu te batizo em nome do Pai, do Filho e do Espírito Santo* substituíram o rito anterior, os padrinhos tomaram o lugar do *sandak* (aquele que na *berit milá* judaica tem a criança sobre uma almofada em seus joelhos no momento em que o *mohel* — aquele que pratica a circuncisão obedecendo aos ritos religiosos — faz o seu trabalho). A circuncisão permaneceu como um dos rituais judaicos mais praticados, mesmo entre judeus não tão devotos nem cumpridores de outros preceitos. Sua antiga natureza tribal ganhou conotação de pertinência histórica e de marca de identidade, que transcende, na percepção dos judeus, o aspecto puramente religioso. (P.G.)

CISMAS DA IGREJA Expressão utilizada para caracterizar o rompimento da unidade eclesiástica, algumas vezes verificado na Igreja Católica. Dois deles, em particular, adquiriram notoriedade: o do Oriente (1054) e o chamado Grande Cisma do Ocidente (1378/1417). O primeiro verificou-se no Império Bizantino, muito embora, anteriormente, em 867, uma tentativa nesse sentido tivesse ocorrido quando, por questões políticas, o patriarca* de Constantinopla Inácio (797-877) foi deposto e substituído por Fócio, um teólogo de grande erudição. O papado reagiu, denunciando a irregularidade da substituição; em represália, um concílio* realizado em Constantinopla considerou destituído o papa romano Nicolau I (800-867; 858/867) e ilegal sua intervenção nos assuntos da Igreja bizantina. A solução dada ao caso pelo imperador Basílio I (813-886; 866/886) apenas adiou o fim da questão. Após ofensas e excomunhões*ᵍ recíprocas, no ano de 1054, quando a Igreja bizantina era chefiada por Miguel Cerulário (1000-1059; 1043/1058), "o patriarca mais ambicioso da história bizantina", foi consumada a ruptura entre Roma e Constantinopla. Surgia assim a Igreja Ortodoxa Grega (v. Ortodoxia*). O segundo Cisma, conhecido simplesmente como "o Grande Cisma", surgiu da permanência do Papado na cidade francesa de Avinhão por cerca de 40 anos (1305/1378), período que os italianos denominam "Cativeiro de Babilônia" (v. Avinhão, Papado de*). A origem dessa cisão foi a escolha de Urbano VI (1318-1389; 1378/89) para ocupar o trono da Santa Sé, antepondo-se a Clemente VII, suíço, cardeal de Genebra, patrocinado pelo rei de França, Carlos V (1338-1380) e apoiado também pela Escócia e pela Espanha. A maioria italiana e os países escandinavos preferiam Urbano. Tentada uma conciliação no Concílio de Pisa (1401), o resultado foi a eleição de um terceiro papa, Alexandre V. Configurava-se, então, uma situação *sui generis* na história da Igreja: três papas ao mesmo tempo. Finalmente, após laboriosas negociações, o Concílio de Constança (1417) encontrou a solução da crise, elegendo Martinho V (1368-1431; 1417/1431) como único papa, possibilitando ao catolicismo* restaurar a sua unidade. A Reforma* protestante pode ser considerada como um dos grandes cismas da Igreja.

CISTERCIENSES Religiosos, membros de uma ordem monástica (v. Monasticismo*) fundada em Cister (*Citeaux*, *Cistercium*), lugarejo francês, no ano de 1098 pelo abade (v. Abadia*) Roberto, que, anos antes, criara um mosteiro na cidade de Molesme. O seu objetivo, ao qual se associaram uma vintena de companheiros, era reviver a regra de são Bento (v. Beneditinos*), observada na maioria dos mosteiros, mas nem sempre adequadamente. Os primeiros anos de implantação foram difíceis, só ganhando alento a partir da administração do abade inglês Stephen Harding (1109/1134), e amplo sucesso com a chegada do futuro são Bernardo, acompanhado de parentes e amigos. Em alguns anos foram fundadas quatro novas abadias, as denominadas "quatro filhas" de Cister, entre as quais a de Claraval, dirigida por Bernardo. A Ordem Cisterciense se distinguia, a um só tempo, pela sua originalidade espiritual e pela organização, destacando-se das demais por rejeitar a excessiva riqueza da maioria dos mosteiros da época, principalmente da abadia de Cluny*, fundada em 909. Os cistercienses demonstravam sua simplicidade e pobreza nas roupas que usavam, na frugalidade da alimentação e no próprio culto*ᵍ, vivendo do trabalho manual, recusando doações de terras e não dispondo de servos nem do recebimento do dízimo*ᵍ. Longe das cidades, o comportamento dos cistercienses se aproximava bastante do ideal preconizado pelos antigos Pais do Deserto (v. Eremitismo*). Os fundamentos desse procedimento inspiravam-se no conteúdo de três textos normativos, a salientar a *Carta Caritatis*, elaborada sob responsabilidade de Stephen Harding, espécie de constituição que outorgava a cada mosteiro ampla autonomia (incomum para a época), utilizando uma forma de controle da comunidade mediante uma visita anual do abade da casa matriz, e uma reunião anual em Cister, de todos os abades da ordem. Estabeleciam-se assim laços de amizade em detrimento dos hierárquicos e uma modalidade de vida que proporcionava a cada abadia autoridade, independência e "uma coesão sem precedentes na história monástica". A presença de Bernardo, abade de Claraval, extraordinária figura não só na ordem como em toda a cristandade, assinala o apogeu de Cister, que se expandiu por quase toda a Europa (Itália, Bélgica, França, Inglaterra, Espanha). Quando são Bernardo morreu em 1153, a ordem contava com 343 abadias; no século XIII, 694; e, em 1675, 742 casas. No plano econômico, os monges de Cister inovaram. Atendendo as características de suas terras, de pouca extensão, eles criaram um tipo de trabalho a cargo de irmãos leigos, os chamados "irmãos conversos", que cultivavam os campos e cuidavam das transações comerciais. Esse cultivo era feito em granjas de sua propriedade, onde criavam seus rebanhos e plantavam trigo, jamais arrendando as propriedades. Não obstante as muitas fundações cistercienses transmitirem uma imagem de estabilidade, a partir do começo do século XV a ordem entrara em declínio, em grande parte devido à atração exercida pelas novas ordens (franciscanos*, dominicanos*), às guerras e até mesmo ao gigantismo da ordem. Em cerca de 1750, algumas casas cistercianas continuavam prestigiadas, embora carecendo de dinamismo. Durante a Revolução Francesa, a exemplo de outras, a Ordem de Cister foi fechada. Os cistercienses chegaram ao Brasil em 1951, instalando-se em São Paulo e em Minas Gerais.

CLARISSAS Ordem religiosa de monjas, também chamadas "Irmãs Pobres", fundada por Clara de Assis*b (1194-1253) em 1212. Bem menos conhecida do que (são) Francisco de Assis (v. Franciscanos*), responsável por sua conversão, Clara estagiou em mosteiros beneditinos*, e mais tarde fundou uma ordem religiosa conforme suas próprias convicções. Na regra que elabora, a *Formula vitae*, ela exige rigorosa pobreza das religiosas, bem como renúncia a quaisquer rendas individuais ou propriedades comunais. Em 1215, ela obtém do papa* Inocêncio III (1116-1216; 1198/1216) uma autorização especial para praticar pobreza absoluta (*privilegium paupertatis*). As monjas viviam em rigorosa clausura*g, sustentando-se do seu trabalho e de esmolas angariadas em via pública ou de particulares. Cinquenta anos depois, a ordem é respeitada e plena de êxito. Ao iniciar-se o século XIV, ela dispõe de novas casas, em grande parte espalhadas pela Itália mas também pelo resto da Europa: Alemanha, França, Espanha etc. Começa, então, a surgir uma distinção entre "clarissas ricas" ou "urbanistas" — porque respeitam a regra promulgada pelo papa Urbano IV (1200-1264; 1261/1264) — e as "clarissas pobres", fiéis à regra de santa Clara.

CLUNY A abadia* de Cluny foi fundada no ano de 909 por iniciativa do duque de Aquitânia, Guilherme, o Piedoso, tornando-se "o símbolo de um monaquismo poderoso e triunfante", conforme salienta uma historiadora das religiões. Os monges clunisianos seguem a regra beneditina (v. Beneditinos*), abrindo mão, porém, da simplicidade primitiva preconizada por são Bento (490-560) e fixando, posteriormente, os detalhes de sua vida cotidiana, a começar pela prática do silêncio, exigência fundamental. Os clunisianos não trabalhavam a terra, cabendo aos camponeses fazê-lo, pois, a exemplo do que pensavam os cavaleiros e senhores feudais, o trabalho manual era considerado uma atividade indigna. A sociedade aristocrática de Cluny amava a opulência, transmitindo-a para a abadia, onde o abade constitui a pedra angular do seu funcionamento. Ele é personagem eminente, verdadeiro príncipe, grande senhor, não raro político e diplomata. Os primeiros deles, todos canonizados (v. Canonização*), foram os artífices do sucesso de Cluny. Durante 250 anos, abades de reconhecido valor e competência ficaram à frente das casas clunisianas, entre eles Odon (927/942), criador de biblioteca da abadia; Odilon (994/1048), grande administrador; Hugo de Semur (1049-1109); e principalmente Pedro, o Venerável (1122/56), a quem Cluny deve o seu apogeu, quando teve 1.200 casas, habitadas por cerca de 10 mil religiosos, abrangendo França, Itália, Inglaterra, Espanha e Portugal. De 1340 a 1450 os clunisianos enfrentaram grande crise econômica, agravada pelas guerras e também pelas exigências fiscais exercidas pela realeza e pelo papado. O século XV foi, para a Ordem Clunisiana, uma época difícil, quando se acelerou sua decadência, de nada adiantando as reformas realizadas mais tarde (no século XVII) por são Mauro. Em 1790, a Ordem de Cluny desapareceu.

COHEN Em hebraico, sacerdote (pl.: *cohanim*), especificamente os membros da casta de sacerdotes que serviu nos dois templos (v. Templo*), o do rei Salomão*b e o de Herodes. Das 12 tribos de Israel (descendentes dos filhos de Jacó*b, ou Israel), a de Levi, a que pertenceram Moisés*b e seu irmão Aarão*b, foi designada para servir no Templo, nas várias funções administrativas e litúrgicas. Entre esses levitas, os descendentes diretos de Aarão formavam a casta dos *cohanim*, os sacerdotes que cumpriam as funções eclesiásticas mais elevadas, e por isso mesmo sujeitos a rigorosas regras de conduta e de pureza. No sistema religioso judaico daquela época, a centralização dos serviços religiosos mais importantes no Templo emprestou ao sacerdócio uma influência que cresceu ao longo do tempo. Os *cohanim*, liderados pelo sumo sacerdote (*hacohen hagadol*), a mais alta autoridade religiosa, eram os intermediários entre o homem e a Divindade, conduziam os cerimoniais de sacrifício*, das oferendas dos primeiros frutos e da obrigatória contribuição de meio *shekel* de cada israelita. Orientavam o exercício conceitual e prático da religião e o cumprimento dos preceitos bíblicos, funcionando como juízes em questões religiosas e civis. Mesmo antes da construção do primeiro Templo, os levitas e os *cohanim* já serviam no Tabernáculo*g do deserto e, depois do estabelecimento em Canaã, no santuário de Shiló, onde era guardada a Arca da Aliança*. Suas tarefas e procedimentos, suas vestimentas e seus paramentos, tudo era determinado em detalhes no texto da Torá*. Especial rigor prevalecia nas regras de pureza. Por exemplo, o *cohen* que tivesse um defeito físico ou fosse casado com uma divorciada não podia servir no Templo; um *cohen* não podia ter contacto com cadáveres (nem mesmo entrar em cemitérios) e, se tivesse, só após se purificar podia voltar a servir no Templo. Com o advento da monarquia e dos primeiros reis (Saul, Davi*b e Salomão), com a centralização do poder político e a construção do primeiro Templo, a importância religiosa dos sacerdotes ganhou conotação política que se acentuou na época do Segundo Templo e da conquista romana da Judeia. A casta funcional dos *cohanim*, como tal, desapareceu com o Templo, mas seus descendentes (assim como os dos levitas) ainda se reconhecem e preservam sua identidade e continuidade, e os mais devotos procuram manter pelo menos algumas das regras de pureza que obrigavam e caracterizavam seus ancestrais. O ritual religioso judaico lhes reserva a bênção sacerdotal (*birkat cohanim*) e algumas outras distinções. Recentemente surgiram evidências, apresentadas como prova da consistência dessa linhagem, de que os descendentes diretos dos *cohanim* têm o mesmo DNA. Muitas famílias de *cohanim* mais zelosas preservaram no nome a indicação de sua ascendência: são os Cohen, os Kahan, os Kahane, os Kohn, os Kuhn, os Kogan, alguns Cunha, e outros similares. (P.G.)

COMPITAIS Festividades comemorativas do encerramento do ano agrícola, celebradas no mundo romano* e consagradas aos lares*d, divindades protetoras da família e de suas residências. As datas dessas celebrações variavam, ficando a critério de um magistrado, o pretor, escolher o dia conveniente. Reunidos nos limites das propriedades, de preferência nas encruzilhadas (*compitum*, em latim, razão do nome), os camponeses praticavam ritos*g agrários, inclusive com a participação dos escravos. Durante a República (509/527 a.C.), as Compitais eram realizadas em janeiro, enquanto no período imperial (27 a.C./192 a.D.), em junho. Ao festejarem, as famílias preparavam bolos e bonecas, estas representando os membros de cada família. Por outro lado, essas cerimônias procuravam aproximar escravos de seus proprietários; no banquete que organizavam, donos e servos comiam juntos numa só mesa. De origem rural, as Compitais misturavam subordinados e senhores: libertos, artesãos, escravos, pobres e ricos comemoravam em comum. Imagens femininas e masculinas eram depositadas nas encruzilhadas, bordadas em tecido ou esculpidas em barro, na expectativa de que os espíritos não atacassem as pessoas. Segundo tradição, a origem desses rituais partira de uma iniciativa do rei Sérvio Túlio (578/534 a.C.), tido como filho de uma escrava. Ao findar a República, essas festividades foram proibidas; posteriormente, porém, por determinação de Augusto, foram restabelecidas e integradas no culto imperial*.

CONCÍLIOS Na história da Igreja, reunião de eclesiásticos, bispos e teólogos, transcrição do latim *concilium*, palavra oriunda de *cum calare* (em grego, *kalein*), significando "reunir". Por vezes emprega-se o termo "sínodo"*g, derivado de *sun odos*, isto é, "reunidos", "em conjunto", atualmente, de preferência, empregado para identificar assembleias menores de pouca autoridade. Um concílio não é uma conferência e sim uma reunião solene, liturgicamente (v. Liturgia*g) organizada, destinada a estabelecer a doutrina, a disciplina e a prática do cristianismo*. Distinguem-se várias modalidades: os "concílios ecumênicos", com decisões confirmadas pelo papa*, irrevogáveis, abrangendo todos os fiéis; concílios nacionais ou regionais, destinados a solucionar ou fixar regras locais. Ambos exprimem a consciência da Igreja, o que lhes confere autoridade e execução. Enquanto a Igreja Católica admite 21 concílios, a Ortodoxa (v. Ortodoxia*) só reconhece os sete primeiros concílios ecumênicos realizados no Oriente, sendo que os quatro iniciais desfrutam de grande autoridade, visto serem os responsáveis pelos fundamentos espirituais do cristianismo. Um outro concílio, o de Trento, realizado nessa cidade italiana, reuniu-se, intermitentemente, de 1545 a 1563, vindo a ser o instrumento capital da Contrarreforma*, produzindo resultados consideráveis para o destino do catolicismo* então abalado pela reforma luterana (v. Reforma*). Entre as providências mais importantes destacam-se a manutenção dos sacramentos*, a ênfase dada à eucaristia*[g] e às obras pias, a adoção de um catecismo norteado pelo dogma católico, bem como a oficialização do tomismo (princípios, ideias e concepções religiosas firmados por Tomás de Aquino*[b]). E ainda a criação de seminários destinados à preparação dos sacerdotes e das prédicas. Dois outros concílios importantes foram o Vaticano I, em 1870, que definiu a infalibilidade papal* e o Vaticano II* (1962/1965), convocado por um grande prelado, o papa* João XXIII*[b], em que estiveram presentes milhares de dignitários eclesiásticos e que se desenrolou em clima de grande entusiasmo, alcançando significativos resultados. O primeiro concílio da história da Igreja foi o de Jerusalém, mencionado nos Atos dos Apóstolos*, cap. 15. No Concílio de Niceia, onde se abordaram questões teológicas, definiu-se um dos credos, até hoje recitado tanto por católicos romanos quanto por protestantes (v. Protestantismo*).

CONCLAVE Assembleia de cardeais especificamente destinada à eleição do novo papa*, muito embora, eventualmente, o termo possa referir-se a qualquer reunião formal de prelados. Sua origem remonta ao século XIII, época em que a escolha do novo pontífice católico constituía tarefa demorada, podendo, às vezes, a decisão demorar um ano ou mais para ser definida. Os cardeais que integram esses conclaves ficam isolados na Capela Sistina do Vaticano*, incomunicáveis, até elegerem o novo Sumo Pontífice. Esse critério foi estabelecido por um senador romano quando a Igreja Católica se preparava para escolher o substituto do papa Gregório IX (?-1241; 1227/1241). Os cardeais, em número de dez, foram reunidos num palácio, trancados e mal alimentados até elegerem Celestino IV, que reinou apenas seis meses (julho/dezembro 1294). A partir de então, esse método de escolha papal tornou-se regra, atenuada com o correr do tempo, sem, entretanto, perder as características originais, ou seja, o isolamento dos cardeais eleitores. A votação é processada mediante quatro escrutínios, e o resultado da apuração comunicado para o exterior com sinais de fumaça (resultante da queima dos votos): se um novo papa fosse eleito, a fumaça era branca; se não, a fumaça era negra. A partir de João Paulo I, morto aos 33 dias de sua eleição (1978), essa modalidade de anúncio foi modificada. O vocábulo "conclave" vem do latim *cum clavis* ("com chave").

CONCORDATA Acordos geralmente realizados sob forma de tratados concluídos entre a Igreja e um Estado qualquer, com o fito de estabelecer e regulamentar relações entre o poder espiritual e o temporal. No direito eclesiástico se institucionaliza mediante convenção escrita, tendo como signatários a Santa Sé e um Estado de população católica (v. Catolicismo*). Não raro, porém, o termo "concordata" tem sido aplicado abusivamente quando referente a tréguas, ou a simples promessas de tratados, especialmente no decorrer dos séculos XI ao XV. A chamada Questão das Investiduras, por exemplo, envolvendo num áspero conflito o sacerdócio e o Império Alemão, foi interrompida por entendimentos ou compromissos entre as partes envolvidas que não podem ser considerados como concordatas. A história registra várias concordatas importantes, a citar entre outras a que foi assinada por Napoleão Bonaparte e o papa* Pio VII em 1801, através da qual o governo francês reconhecia a religião católica como a praticada pela maioria da população. Durante mais de um século esse documento regulamentou as relações da Igreja com o governo da França. Uma outra concordata não menos notável foi a concluída por Benito Mussolini, chefe do governo italiano, e o papa Pio XI em 1929, legalizada pelos Tratados de Latrão nesse mesmo ano e que, entre outras decisões, instituiu o Estado do Vaticano*. Atualmente, as concordatas não alcançam a ressonância de outrora, e a própria Igreja adota novos critérios em busca da paz, predominando o da persuasão e do entendimento, sem prejuízo dos recursos jurídicos porventura considerados mais adequados.

CONFUCIONISMO Doutrina ético-filosófica dominante na China por mais de dois mil anos, com ampla repercussão em países asiáticos e ocidentais, elaborada por Kung-Fu-Tzu (551-479 a.C.), nome que os jesuítas* latinizaram para Confúcio no século XVII. Denominado pelos chineses "a Escola", ou também "Doutrina dos Letrados", o confucionismo não possui templos, sacerdotes ou livros sagrados, sendo antes uma filosofia do que uma religião. As obras nas quais estão contidos os seus temas e princípios compõem vasta literatura; os textos mais conhecidos são os chamados "Cinco Clássicos": o *Livro dos Documentos Históricos* (*Chu King*), o *Livro da Poesia* (*Che King*), o *Livro das Mudanças* (*I King*), o *Livro das Cerimônias* (*Li King*) e os *Anais da Primavera e do Outono* (*Ch'un-ch'in*). Nesses livros estão indicados crônicas, poesias, cerimônias, ritos*g, sentenças, fatos da vida cotidiana. A moral constitui o fundamento da ideologia confuciana, moral de índole burguesa que privilegia não as origens nem a posição social do indivíduo e sim a virtude, adquirida pela educação. O confucionismo não busca a redenção*g nos moldes do budismo* ou do cristianismo*, e sim a exercitada e desenvolvida nas relações familiares. O confucionismo pretende formar um homem superior que, pela bondade e pelo seu humanismo, ficará imune à avidez, à agressividade, aos ressentimentos pessoais. Essa virtude, perfeita, é designada pela palavra *jen* (vencer). Para Confúcio, o homem deve exceder-se em todos os momentos, na prática de atitudes corretas e da integridade. A piedade filial constitui uma regra que, se transgredida, beira os limites do sacrilégio. Homem de sua época, as ideias e os conceitos de Confúcio refletem a situação de sua pátria, então atravessada por um período de grande turbulência. A desordem e a ambição dominavam a classe dirigente, e o povo vivia em extrema pobreza. Para eliminar esse estado de coisas, só um príncipe, um soberano, sábio e virtuoso que, pelo exemplo e serenidade, restabeleceria o equilíbrio social. O exercício do *jen* traria a bondade e o amor à aldeia, à família, ao Estado. Essas ideias e princípios exerceram profunda e duradoura influência sobre a civilização chinesa, de longa aplicação até o começo do século XX, inclusive no preparo dos célebres exames públicos para o ingresso no funcionalismo. E também na expansão militar japonesa, quando essa "ideologia" foi implementada na Segunda Guerra Mundial.

CONGREGACIONALISMO Um dos principais ramos do protestantismo*. O termo, empregado a partir da metade do século XVIII, caracteriza o princípio básico que rege o seu desempenho: "cada Igreja é uma congregação" sob a autoridade de Jesus*b Cristo, único a quem o adepto deve obediência e responsabilidade. Os congregacionalistas têm por origem o movimento dos brownistas, criado pelo teólogo inglês Robert Browne (1550-1633), antigo aluno da Universidade de Cambridge. Fortemente influenciado pelo calvinismo*, pelo puritanismo* e pelo anabatismo*, Browne fundou na cidade inglesa de Norwich, em 1580, a primeira igreja congregacionalista, visando a "juntar-se ao Senhor em uma aliança". Ele desenvolveu uma doutrina segundo a qual a religião é produto da consciência individual e jamais deve ser imposta ou difundida por qualquer poder, eclesiástico ou político. Isso contrariava frontalmente as concepções da Igreja Anglicana (v. Anglicanismo*) que, juntamente com os presbiterianos (v. Presbiterianismo*) consideravam ser dever do Estado estabelecer o modelo religioso a ser adotado pelos fiéis. As comunidades congregacionalistas desfrutam de ampla autonomia, respondendo pelo recrutamento de seus adeptos como também por suas próprias regras quanto a questões de fé e de disciplina. Saliente-se que, primitivamente, esse grupo chamava-se "Independentes", com uma posição dogmática claramente hostil ao papa*, aos bispos, presbíteros e pastores, ao rei e ao Parlamento. A mudança de nome para o atual implicava acentuar cada vez mais sua preocupação com os problemas eclesiásticos; nas comunidades, a figura central é o pastor, que é escolhido pelos seus membros. Em completa harmonia com o conteúdo do Novo Testamento*, os congregacionalistas têm na Bíblia* a sua fonte, sem, entretanto, abrir mão das modernas interpretações das Escrituras. Ao fundar esse ramo do protestantismo, Browne desenvolveu uma doutrina baseada na consciência individual. Em 1919, suas igrejas foram grupadas em "províncias", dirigidas por um "moderador", ministro supervisor das prédicas e da atuação pastoral. Um traço marcante desse protestantismo diz respeito à sua preocupação em poder contar com pastores instruídos e bem preparados para o ministério. As universidades americanas de Harvard e Yale foram fundadas pelos congregacionalistas. A presença de mulheres e de leigos nas atividades pastorais é permitida, estes últimos configurados nos diáconos*ᵍ e diaconisas, escolhidos pelos fiéis e destinados a auxiliar o pastor na administração. Às diaconisas, em particular, compete a prática de obras espirituais e sociais. A comunhão*ᵍ é acessível a todos e o batismo*, embora praticado, não é obrigatório. O congregacionalismo chega ao Brasil em 1855 com o médico missionário norte-americano Robert Reid Kalley, que estabelece no Rio de Janeiro a primeira igreja congregacionalista do Brasil, que foi a primeira igreja protestante oficializada em terras brasileiras.

CONSCIÊNCIA DE KRISHNA A Associação Internacional para a Consciência de Krishna é uma seita* religiosa fundada ao findar do ano de 1960 por Bhaktivedanta Prabhupada, *swami* (mestre), morto em 1977. Essa seita, inserida na corrente espiritual da devoção (*Bakti*), doutrina extremamente popular entre os adeptos não apenas de Krishna*ᵈ mas também de Vixnu*ᵈ, outra divindade de igual importância, em dez anos de fundação organizou 80 centros nas principais cidades do mundo. Atualmente conta com 140 templos (40 nos Estados Unidos). Seus devotos são facilmente reconhecidos pelos cabelos raspados dos homens e mantos (sáris) brancos das mulheres. A doutrina se baseia nos textos védicos (v. Vedas*), especialmente nos Upanixades* ou no *Bhagavad-Gita*, e é adotada por mais de seis mil fiéis. Ao contrário do hinduísmo* tradicional, a seita indica Krishna como divindade suprema e única e não uma reencarnação de Vixnu. Todo homem deve aproveitar cada momento de sua vida para identificar-se com Krishna, viver na "Consciência" do deus, dançando, pensando nele, reverenciando os *murtis* (ícones). O devoto (*bhakta*) se abstém de carne, ovos e peixes, não fuma e não bebe, inclusive chá ou café e, em nenhuma hipótese, aterá qualquer relação espúria. O modo de vida de um adepto subordina-se inteiramente aos Vedas*, bem como ao Mestre do qual recebe o saber védico. A Associação publica um jornal periódico intitulado *Volta a Krishna*; seus seguidores percorrem as ruas, entoando cantos em homenagem à divindade que, sem dúvida, é a mais venerada em toda a Índia. Muitas pessoas, porém, criticam os métodos desse movimento, condenando a ruptura do adepto com a família bem como a possibilidade de os iniciantes despersonalizarem-se. Eram cerca de 20 mil, ao findar do século passado.

CONSERVADORES (NO JUDAÍSMO) Um dos segmentos que se formaram a partir da Reforma judaica* do século XIX é o do chamado Judaísmo Conservador, cuja estrutura ideológica apoiou-se em duas vertentes. A primeira, que originou algumas variantes, foi liderada por Nachman Krochmal, Zacharias Frankel e o historiador Heinrich Graetz, e baseava-se na visão de que o judaísmo* em toda a sua história sempre se fortalecera por ter conseguido adequar seu conteúdo teológico e ético e sua liturgia a novas circunstâncias, sem perder a essência. A partir dessa ideia, afirmava a necessidade de revitalização do judaísmo com uma adaptação maior aos tempos e às realidades contemporâneas. A segunda, da qual Salomon Schechter foi importante porta-voz, advogava uma visão nacional da religião judaica, identificada com o movimento nacional judaico, o sionismo (v. Sion*). Ao contrário dos reformistas, nos primeiros tempos da reforma, os conservadores não eram favoráveis a mudanças radicais no culto*ᵍ judaico e eram moderados na reinterpretação da *halachá**, mas adotaram algumas mudanças, como a não separação de homens e mulheres no serviço da sinagoga, modificações na liturgia, e maior ênfase no papel educacional da sinagoga e da congregação. Isso lhes valeu, da mesma forma que a todas as correntes derivadas da Reforma, inclusive as ditas "liberais", a oposição dos judeus ortodoxos (v. Ortodoxia [no judaísmo]*). O judaísmo conservador é praticado em congregações do mundo inteiro, principalmente nos Estados Unidos. (P.G.)

CONTESTADO Denominação dada à vasta região brasileira que abrange parte dos estados do Paraná e de Santa Catarina, objeto de disputa histórica entre esses estados, cada um contestando (razão do nome) a jurisdição do outro sobre a área. Por força dessa controvérsia essa região transformou-se num palco de conflitos armados, de menor ou maior intensidade. Um deles, extenso e belicoso, ficou conhecido como a "Guerra do Contestado" (1912/1916), também chamada de a "Guerra dos Pelados" porque os rebeldes raspavam a cabeça. Esse movimento, não obstante messiânico (v. Messianismo*), insere-se no quadro das transformações econômicas e sociais advindas dos últimos anos do Império, sem com isso se minimizarem os sentimentos espirituais que nele sempre prevaleceram. Sem jamais contar com lideranças marcantes, a Guerra do Contestado, desde o começo, contou com algumas figuras singulares que contribuíram significativamente para a manutenção do movimento. Convém assinalar que, de há muito, padrões de violência eram comuns no comportamento da sociedade rural dessa região. As prédicas, coletivas ou individuais realizadas por indivíduos intitulados "monges" junto às comunidades campesinas, na sua maioria analfabetas, crédulas e sonhadoras, eram assíduas e habituais, influindo decisivamente no modo de agir da população. Esses "monges" apareciam pregando a redenção*g e anunciando a chegada de um reino encantado, pleno de justiça, paz e prosperidade. Adversários da República, que consideravam uma perversão, proclamavam a lei do rei como única e verdadeira. As condições sociais, tensas e difíceis, aguçavam a rivalidade entre as facções políticas locais comandadas por "coronéis". A par disso, a presença de duas companhias inglesas, detentoras de amplas concessões territoriais em Santa Catarina e responsáveis pela expulsão de moradores e posseiros de terras arrendadas, irritavam a população. Tudo isso contribuiu para que, orientados pelos "monges", os caboclos começassem a pegar em armas. A atuação desses "religiosos" estendia-se a outras funções, como as de árbitros ou conselheiros em vários assuntos. Progressivamente, a rebelião cresceu; uma série de combates teve lugar, e novos redutos surgiam, fortificados e bem estruturados com revoltosos dispostos a lutar pela sua "monarquia". Reunidos na pequena localidade de Taquaruçu, sob o clima dos festejos em homenagem ao Bom Jesus e sensíveis aos trechos, lidos pelo "monge" José Maria, da *História do imperador Carlos Magno e os Doze Pares de França*, obra muito em voga, os rebeldes multiplicaram-se. Dispersados, mudaram-se para Irani, lugarejo próximo, no qual enfrentaram tropas governistas, ocasião em que José Maria foi morto. Taquaruçu destruído, outras fortificações apareceram. As "vilas santas" por eles organizadas apresentavam uma organização original na qual "a sua vocação era a festa permanente". Procissões e festejos sucediam-se diariamente, sem impedir porém a realização de cerimônias sérias. Entre essas, uma das mais importantes e bem organizadas era a "forma", efetuada todos os dias com a convocação dos fiéis para o "quadro santo", espaço quadrangular cujos vértices eram marcados com cruzes. Distribuídos adequadamente, os "pares de França" acompanhavam a fala do chefe, controlando a multidão. Durante a "forma", os mais variados assuntos, coletivos ou individuais, eram abordados, inclusive casamentos e punições. As lideranças dessas comunidades, com algumas exceções, permanecem anônimas, sabendo-se, entretanto, que a experiência e o carisma representavam fatores essenciais para o comando. Paralelamente a essas chefias, algumas jovens ("as virgens") adquiriram poder e prestígio, alegando serem porta-vozes de anjos* e santos. As relações homem/mulher ficavam submetidas a regulamentação severa, muito embora situações desabonadoras tenham sido constatadas por contemporâneos. Os casamentos eram realizados sem a participação do clero ou do juiz. O desperdício, frequente, era ignorado; as necessidades econômicas eram supridas por compra ou pilhagem, e o dinheiro do inimigo, repudiado, não por honestidade mas pelo fato de ser papel-moeda republicano (de modo geral, os "monges" eram monarquistas). Em revanche, as moedas imperiais eram valorizadas e procuradas. A Adeotado, um de seus líderes, guardador de porcos, juntava-se Aleixo Gonçalves, capitão da Guarda Nacional. A devoção dos jagunços (outro nome dado aos revoltosos) era total; alguns houve que não hesitaram em abandonar tudo que possuíam pela causa, muito embora outros tenham conservado suas propriedades. Os rebeldes do Contestado só capitularam em 1916 quando o último de seus chefes foi preso. Redutos, "guardas", "vilas santas", acabaram. Ao contrário de outros — Canudos*, Juazeiro* — o movimento do Contestado manteve-se, praticamente, imune à influência política. Seus participantes estavam, como afirmava um deles, "num outro século".

CONTRARREFORMA Termo inadequado para caracterizar a restauração e reconquista da Igreja Católica (v. Catolicismo*), cujo poder e prestígio haviam sido contestados no século XV, e mesmo abalados pela Reforma* protestante (v. Protestantismo*) implantada pelo monge alemão Martinho Lutero*b (1483-1546). Tradicionalmente, a grande maioria dos historiadores acentuavam que, na Contrarreforma, os principais fatores que teriam garantido o seu êxito teriam sido a atuação de um grupo de papas* reformadores, o Concílio* de Trento (1545-1563), os jesuítas*, a Inquisição* e o Índex* (catálogo de obras proibidas pela Igreja). Nos últimos anos, entretanto, uma nova maneira de ver e interpretar esse importante momento da religiosidade cristã (v. Cristianismo*) tem sido equacionada. É imperativo assinalar desde logo que a Contrarreforma não representa uma oposição ao protestantismo. As suas origens devemos buscá-las ainda na Idade Média, no decorrer da qual numerosas heresias* provocavam a insatisfação de vários setores da sociedade com relação à Igreja Católica. Esta, de sua parte, mediante pronunciamentos papais e de dignitários eclesiásticos, salientava a necessidade urgente de uma ampla reformulação dogmática e administrativa nos seus quadros, isso muito antes da reforma luterana. De outra parte, há de se considerar que não foram somente as relações coletivas que apressaram a Contrarreforma, devendo ser levadas em conta as iniciativas pessoais dos que clamavam publicamente pela reforma da Igreja. No entanto, voltada para os instrumentos tradicionais, a historiografia ocidental, durante longo tempo, ignorou figuras fundamentais da Contrarreforma, só recentemente valorizadas e realçadas: o bispo e o pároco, hoje reconhecidos como agentes indispensáveis na reforma paroquial (v. Paróquia*g). A valorização dos sacerdotes colocou-os num plano elevado, mais do que nunca, quando o sacerdócio passa a ser visto como uma vocação. Com isso, a Igreja pretendia formar religiosos altamente preparados, destinados a assegurar o bem-estar espiritual e temporal dos leigos. Caracterizava-se assim o clero como uma categoria especial, diferente do leigo, na vestimenta, no comportamento e no título. Uma outra falha a exigir correções era a ausência de seminários, cuja origem é desconhecida. Um historiador moderno assinala que nenhum deles existia em Paris até 1656, não obstante o Concílio de Trento ter recomendado a fundação de pelo menos um. A reforma dos bispados, a valorização dos sacerdotes, a fundação de colégios e seminários e a intensa administração dos sacramentos* foram alguns dos trunfos da Contrarreforma, cujo nome, aliás, vem sendo de há muito criticado e, por vezes, substituído por "Reforma Católica". Mecanismos repressivos, como a Inquisição e o Índex, poucos resultados obtiveram, até porque a atuação aterrorizante da primeira e o pouco crédito desfrutado pelo segundo não demoraram em transformá-los em peças negativas. Quanto aos jesuítas, ao que tudo indica, cabe expressiva parcela do sucesso da Contrarreforma, graças principalmente a sua vocação pedagógica, logo manifestada na fundação de numerosos colégios em regiões as mais longínquas. Uma das razões pela qual triunfaram foi o incremento do teatro, representado nos "dramas escolares", tais como *A vida de são Francisco Xavier* ou *O triunfo de Davi*, ambos apresentados na Índia.

CONVENTUAIS Até 1517, este termo designava o conjunto dos Irmãos Menores, ou seja, os franciscanos*. A partir dessa data, porém, com a cisão da Ordem de São Francisco de Assis, "conventuais" passou a designar um dos ramos dos franciscanos, que defendia uma concepção particular de vida, manifestando-se favoravelmente ao abrandamento da regra de são Francisco, posição essa não aceita pela ordem. Entre outras reivindicações, algumas das quais consumadas por conta própria, destacava-se a sua preferência por residir em conventos localizados em áreas urbanas e não em eremitérios, moradia habitual da ordem. Ao mesmo tempo, sobretudo a partir do século XV, esse termo indicava os religiosos que não observavam as regras da ordem, contrapondo-se a uma corrente que as respeitava com o maior empenho e que, por isso mesmo, tornou-se conhecida como os "Observantes*". Após a separação de 1517, os conventuais quase foram extintos quando o papa Pio V (1504-1572;/1566/72) elaborou um projeto relativo à sua supressão, e só não o foram pela intervenção do cardeal Borromeu, futuro arcebispo de Milão e figura de grande prestígio no clero europeu. Não obstante, no conjunto, pouco apoio angariaram junto à hierarquia eclesiástica. Apesar de tudo, os conventuais permaneceram, readquirindo estabilidade e alcançando os séculos XVII e XVIII num clima de prosperidade. Os conventuais são estreitamente ligados à Santa Sé; muitas vezes bispos, arcebispos, cardeais preenchem a função de núncios (embaixadores). Quando em 1773 a Ordem dos Jesuítas* foi extinta, foram os conventuais que substituíram aqueles religiosos nessa função. De outra parte, os conventuais sempre deram grande valor aos estudos e à cultura, que constituem a sua predileção, organizando vários centros culturais, dos quais um dos mais importantes é o do Colégio Sistino, implementado pelo papa* Sisto V no convento dos Santos Apóstolos em Roma no ano de 1587.

COPTAS Os árabes, quando conquistaram o Egito, passaram a designar com esse nome a população autóctone daquele país. "Copta" provém do termo *qibt*, deformação da palavra grega *aiguptos*, por apócope (supressão) da primeira sílaba. Os ocidentais de *qibt* fizeram *copta*, grafado *cophta* até o fim do século XVIII. Atualmente, esse nome é aplicável apenas aos cristãos autóctones do Egito que obedecem ao patriarca* de Alexandria. O idioma copta representa o fim da língua egípcia faraônica, tendo sido adotado como escrita a partir do século III. Para isso, foram utilizados caracteres do alfabeto grego, aduzindo-se outros provenientes do demótico (escrita popular), a fim de possibilitar sons inexistentes em grego. Segundo tradição, a Igreja copta remonta aos primeiros séculos de evangelização da cidade de Alexandria por são Marcos, evangelização essa contestada pela maioria dos especialistas, que consideram improvável a penetração do cristianismo* no Egito durante o período apostólico. De qualquer modo, porém, não se pode negar a influência da Igreja copta na história do cristianismo primitivo. O seu chefe, embora administre em Alexandria, reside no Cairo, escolhido entre os monges do convento de Santo Antônio, localizado em um deserto perto do mar Vermelho. O clero existente compreende bispos, arcebispos e diáconos*g; o casamento dos sacerdotes é permitido; a virgindade feminina é recomendada. Viúvos e viúvas não podem casar-se. Os coptas admitem os sete sacramentos*, os meninos devem ser circuncidados aos sete ou oito anos de idade (v. Circuncisão*). Na liturgia*g copta o ritual é extenso; os jejuns, prolongados, e as orações, obrigatórias sete vezes ao dia. Seus hábitos alimentares incluem a proibição de carne de porco e de animais estrangulados. As peregrinações* a Jerusalém são recomendadas. Os coptas são monofisistas (v. Monofisismo*) e monotelitas (v. Monotelismo*), representando hoje uma população de quase nove milhões de cristãos, cerca de 8% da população egípcia, convindo esclarecer que somente a partir do governo de Mehemet Ali (1769-1849; 1805/1849) eles começaram realmente a participar da vida do país. A liturgia copta, de origem alexandrina, apresenta características monásticas (v. Monasticismo*) e traços do cerimonial bizantino e sírio.

CRISTÃO-NOVO Denominação dada a judeus (v. Judaísmo*) convertidos ao cristianismo*, contrapondo-se a "cristão-velho" (que não possui antepassados judaicos). O nome cristão-novo frequentemente era substituído por "converso" e, na Espanha, pejorativamente, por "marrano"* que, no idioma espanhol, significa "porco". Na historiografia moderna, este termo é empregado sem qualquer sentido pejorativo aos judeus convertidos e aos seus descendentes espanhóis e portugueses que mantiveram suas crenças e práticas ancestrais. O termo "marrano", aliás, vem sendo substituído por "criptojudaico", sem dúvida mais adequado, até porque as conversões dificilmente eram espontâneas (embora algumas houvesse sinceras). Quase todas resultavam da pressão social e de medidas compulsórias tomadas pelo governo para evitar que os conversos judaizassem ao contato dos judeus. Assim ocorreu em 1492, quando milhares foram expulsos da Espanha, só poupados os que se comprometessem a observar os ritos*g e cerimônias cristãs (v. Cristianismo*). Intrinsecamente, essa conversão representava uma manifestação antijudaica que vinha de longa data, e particularmente aguda nos séculos XV/XVIII. No decorrer desse período, a Espanha, que outrora tinha acolhido os judeus sem maiores dificuldades, tornou-se um dos países mais intolerantes ante a presença judaica. A explicação dessa rejeição parece vincular-se, basicamente, a transformações de ordem econômica e social ocorridas na península Ibérica: a ascensão da burguesia, a ação dos conquistadores espanhóis e, ainda, a presença muçulmana. Autores modernos têm assinalado o nexo existente na Espanha da época entre a conjuntura econômica e demográfica e as conversões e perseguições. A isso se aduza a presença da Inquisição*, invocando pretextos para obrigar judeus à conversão mediante argumentos os mais diversos, que beiravam a tolice e a ambição (numerosos foram os judeus que tiveram seus bens confiscados). O teatro religioso desempenhou importante papel na repressão aos judeus, promovendo representações que transmitiam aos espectadores boas razões para detestá-los. As conversões, na sua maioria, se verificavam pela expectativa de os conversos se livrarem da hostilidade ou do banimento, apesar de não poucos continuarem, às escondidas, a manter seus cultos*ᵍ tradicionais. A influência dos cristãos-novos na Europa, em especial na península Ibérica, foi sempre marcante. Muitos deles eram pessoas talentosas, instruídas e diligentes, possuidoras de sólida formação cultural que os levaram a desempenhar cargos e funções de destaque na administração pública, principalmente nos setores fiscal e tributário. O prestígio e a aceitação que desfrutavam junto à monarquia provocavam críticas e inveja, aliadas à suspeita de que, apesar de declarados conversos, mantinham-se fiéis ao antigo credo. Não demorou que um clima de antipatia e desconfiança surgisse e estabelecido fosse. Em 1478, a Inquisição se instalou em Castela; quatro anos depois em Sevilha e, finalmente, em todo o país. Sob a direção de Tomás de Torquemada (1420-1498), um dominicano* de origem judaica, a Inquisição trabalhou "com zelo aterrorizante". Em 15 anos, cerca de nove mil pessoas foram lançadas à fogueira. Quando em 1492 veio a decisão monárquica de expulsar os judeus, grande parte deles refugiou-se em Portugal, país no qual a conversão transcorreu mais tranquila, o que é explicável, em parte, pela coesão e unidade dos marranos portugueses por força do pequeno percentual que representavam no total da população (menos de 5%). E também pela circunstância de Portugal, à época, estar envolvido com os descobrimentos ultramarinos e com o comércio internacional, o que tornava indispensável a presença de mão de obra qualificada, facilmente encontrada entre os conversos. De sua parte, o cristão-novo português, ao contrário do espanhol, aceitava melhor a liturgia*ᵍ católica (v. Catolicismo*), comparecia à missa e comungava, vivendo "mui cristãmente". Em Portugal, o termo "cristão-novo", no uso corrente, costumava ser substituído por "homens da nação" ou "homens de negócio", o que parece indicar não haver, por parte da sociedade lusitana — acentuadamente católica — nenhuma preocupação estigmatizante. A própria Inquisição, passado o furor inicial de sua implantação em Portugal (1536), mostrou-se mais complacente e moderada. De qualquer forma, o marranismo espanhol ou português acabou esvaziando-se, tendo os marranos, por serem contestados ou perseguidos, emigrado para outros países. Os judeus foram expulsos da Espanha (1492) e de Portugal (1496). Em 1777, o marquês de Pombal, então ministro dirigente do governo português, proibiu quaisquer distinções entre cristãos-novos e cristãos-velhos.

CRISTÃOS Nome dado aos integrantes de um grupo religioso que, em parte do Oriente e em Roma, professavam desde os meados do século I uma doutrina formulada por um judeu, Jesus*ᵇ, depois identificado como Cristo, ou seja, "o ungido"(v. Judeo-cristianismo*). Inicialmente atuantes na Judeia sob domínio romano*, os cristãos logo se espalharam pelas províncias de Roma e na própria metrópole. Em Roma, a princípio tolerados pelo governo, os cristãos começaram a ser hostilizados sob suspeita de constituírem uma ameaça ao Estado, visto não aceitarem o culto imperial* e combaterem o panteão romano. Perseguidos a partir do século I — a primeira perseguição* foi ordenada pelo imperador Nero (37-68; 54/68), que os responsabilizou pelo incêndio de Roma em 64, certamente casual —, as acusações aumentaram, gerando outras perseguições estimuladas pelo governo, intercaladas por períodos de tolerância ou de indiferença. Na metade do século III, o Estado decretou uma perseguição oficial; no século seguinte, o imperador Diocleciano (245-313; 284/305) desencadeou a mais sangrenta das repressões, visando ao extermínio. Somente em 313, quando o Edito de Milão*, promulgado pelo imperador Constantino Magno (270?-337; 306/337), estabeleceu a tolerância religiosa, é que os cristãos puderam cultuar livremente seu Deus. Com rapidez, eles se impuseram na sociedade romana, expansão sustada de modo precário no reinado do imperador Juliano (331-363; 361/363), quando se esboçou uma breve reação pagã coordenada pelo próprio monarca. No século IV, o imperador Teodósio Magno (346-395; 379/395), influenciado por seu confessor, o bispo Ambrósio (340-397), proclamou solenemente a oficialização do cristianismo*. A expansão do cristianismo, de acordo com muitos especialistas, deve-se à expectativa de uma vida menos materialista e mais espiritual — não limitada a algumas pessoas, mas a todos que abraçassem sua doutrina e acreditassem nos poderes miraculosos atribuídos ao Cristo —, à dispersão de cristãos que, fugindo da perseguição romana, levavam sua fé a diferentes locais onde se refugiavam no Oriente, e ainda à incansável pregação de seus adeptos, em especial à dos apóstolos*.

CRISTÃOS DE SÃO TOMÉ Grupo de religiosos atuantes no sudeste da Índia, adeptos desse apóstolo* o qual, segundo crença corrente, teria exercido o seu ministério na ilha de Malabar e ali sido martirizado. Trata-se de uma vertente dos nestorianos (v. Nestorianismo*) persas, denominada Igreja Siríaca da Índia e estabelecida nesse país desde o século VI. Dirigidos por autoridades indianas, esses cristãos acreditam que o apóstolo Tomé pregou o Evangelho* naquela região, tendo sido martirizado a mando de um príncipe da localidade. Sua teologia e liturgia*^{g} seguem o modelo dos jacobitas (v. Jacobitismo*), cristãos da Síria e do Iraque, assim chamados por acreditarem que sua denominação (agrupamento religioso) foi fundada por Jacobus Baradeu, bispo de Edessa. O culto*^{g}, efetuado por sacerdotes celibatários, é realizado em siríaco.

CRISTIANISMO Pela primeira vez pronunciada por um bispo na cidade turca de Antioquia, ao começar o século II, esta palavra identifica a religião fundada por Jesus*^{b} Cristo, cujos dogmas e princípios gravitam em torno de seus postulados e de seus milagres. A doutrina cristã está exposta numa da partes das Bíblia*, o Novo Testamento* e é considerada uma "revelação definitiva e necessária aos homens". As origens do cristianismo, buscadas na tradição judaica, especialmente no milenarismo* e em documentos de caráter missionário — os Evangelhos* — passam atualmente por um reexame, por força de algumas descobertas, entre as quais a verificada em onze cavernas situadas na localidade de Qumran (Jordânia) no ano de 1947, onde foram encontrados centenas de manuscritos e milhares de fragmentos (v. Manuscritos do Mar Morto*). Iniciado nos meados do século I, antes de este terminar já o cristianismo se espalhara por quase todas as regiões que integravam o Império Romano, em grande parte graças à atividade missionária dos apóstolos*, especialmente à desenvolvida por são Paulo*^{b}. A obra evangélica prosseguiu atravessando séculos, de nada adiantando as perseguições* que sofreu nos primeiros anos de sua existência. O êxito do cristianismo e de sua propagação tem sido entendido como decorrente de inabalável vontade de seus fiéis, bem como da própria doutrina, que oferecia uma vida plena de felicidade para toda a humanidade. E também da personalidade do seu fundador, dos seus poderes miraculosos e da disciplina e união da Igreja. No século IV, as decisões do imperador Constantino Magno (285-337; 306/337) muito contribuíram para que o cristianismo viesse a desfrutar de posição predominante na órbita romana. Uma tentativa de retorno ao paganismo, patrocinada por um novo monarca, Juliano, o Apóstata (331-363; 361/363) (v. Apostasia*), não surtiu efeito. Em 395, o imperador Teodósio Magno (346-395; 379/395) oficializou o cristianismo, configurando, assim, a tomada do poder político pela Igreja. Em consequência, as conversões tornaram-se mais frequentes, facilitadas pela própria Igreja ao adaptar instituições e costumes pagãos, entre os quais a celebração do Natal*, que coincidiu com a nativitade de Mitra*^{d}, divindade oriental extremamente popular em Roma (v. Mitracismo*), comemorada no dia 25 de dezembro. Historicamente, uma nova fase do cristianismo, em particular para o catolicismo, se abre no ano de 800, com a coroação de Carlos Magno (743-814), rei dos francos e dos lombardos, como imperador do Ocidente. A partir da coroação, Estado e Igreja estabelecem estreita colaboração. A influência do papado acentuou-se não apenas no plano espiritual, mas também no político e social, o que trouxe, como consequência, a implantação de uma verdadeira teocracia*. Diferentemente do Oriente cristão, que não rejeita a predominância do político sobre o espiritual, duas forças se defrontam no Ocidente latino: o papa* e o imperador, que não concordam quanto ao papel da Igreja no que se refere ao *dominiam mundi*, ou seja, a soberania no mundo. Os textos jurídicos em que ambos se apoiam nunca alcançaram concórdia. Como foi recentemente assinalado, "a cristandade se desloca do mosteiro à catedral e desta para o palácio". O cristianismo se ramifica em três diferentes confissões, a partir de cismas em diferentes períodos da História (v. Cismas da Igreja*): a católica romana (v. Catolicismo*), a católica ortodoxa (v. Ortodoxia*) e a protestante (v. Protestantismo*). Do século XVI ao XIX, as divergências entre as Igrejas cristãs aumentam, provocadas pelo surgimento de luteranos (v. Luteranismo*), anglicanos (v. Anglicanismo*), batistas*, adventistas (v. Adventismo*), metodistas (v. Metodismo*), velhos-católicos* e outras denominações em permanente questionamento, num clima de polêmica desunião e endurecimento confessional. No decorrer do século XIX, porém, dos meios protestantes partiram as primeiras iniciativas buscando a unidade cristã, não só individuais como coletivas, manifestadas através de associações, conferências internacionais, movimentos, federações. É o movimento ecumênico que, com suas diferentes ênfases, culmina com a criação do Conselho Mundial de Igrejas (Amsterdã, Países Baixos, 1948). Apesar de não integrá-lo, a Igreja Católica, participando como observadora, assume abertura para o diálogo ecumênico com o Concílio Vaticano II* (1962-1965), quando se refere, pela primeira vez, aos adeptos de outras confissões cristãs como cristãos. No pontificado de João Paulo II, a Igreja Católica Romana promulga um "Decreto sobre o ecumenismo". Vale salientar a observação do papa João Paulo II quando, em 1979, visitava o patriarca de Constantinopla: "Como podemos continuar separados ainda?"

CRISTODELFOS Seita* protestante (v. Protestantismo*) norte-americana, fundada em 1848 por John Thomas (1805-1871), inglês, filho de um pastor "não conformista" (v. Não conformismo*) que havia emigrado para os Estados Unidos. "Cristodelfo", nome originário do grego, significa "irmão do Cristo", tendo sido adotado pelos seguidores da seita em 1864. Os cristodelfos não se consideravam separatistas, proclamando-se sempre defensores dos tempos apostólicos (v. Apóstolos*) e obedecendo rigorosamente aos princípios bíblicos. Milenaristas (v. Milenarismo*), acreditavam na inauguração de um reino do Cristo*b em data por este fixada e com Jerusalém como capital. O reinado durará mil anos, no decorrer do qual o pecado — causa básica da morte do homem — diminuirá. Os eleitos usufruirão vida eterna e os que não se beneficiarem da graça*g divina serão destruídos. A seita não possui sacerdotes; cada uma de suas igrejas é autoadministrada, e os fiéis são colocados em nível de absoluta igualdade. Pouca ou quase nenhuma festividade ou comemoração; no "Dia do Senhor", promovem uma refeição coletiva ao som de preces e hinos.

CRUZADAS Expedições militares patrocinadas pela Igreja Católica e organizadas pela cristandade medieval, visando a libertar cristãos*, então dominados pelos muçulmanos, e a recuperar relíquias e localidades sagradas. Mantidas em nossa memória pela literatura e pelo cinema, as "cruzadas" e seus múltiplos episódios, muitos dos quais modificados pela lenda, não demoraram a designar, no vocabulário ocidental, qualquer empreendimento levado a termo por um ideal. Sem dúvida importantes, as cruzadas representam uma etapa singular do antagonismo entre Oriente e Ocidente no decorrer da Idade Média. As reformas eclesiásticas realizadas pelo papa Gregório VII (1020-1085; 1073/1085), através de 27 sentenças conhecidas como *Dictatus Papae*, influenciaram a concepção dessas expedições. Dotadas de características especiais, as cruzadas — principalmente a primeira, da qual nenhum monarca ocidental participou —, nascidas de motivações de vária ordem, apresentam características *sui generis* que as identificam como uma peregrinação* armada envolvida por um sentimento de penitência e de acesso à redenção*. Na verdade, as reformas de Gregório procuravam extinguir a influência da realeza e dos senhores feudais e, em consequência, organizar uma "monarquia" na qual Deus fosse o soberano supremo, tendo na Terra o papa como o seu vigário. Germinava, assim, o conceito de uma teocracia*, possibilitando o controle dos assuntos da Igreja e libertando-a da tutela feudal; o papa possui a autoridade (*auctoritas*); reis, príncipes, imperadores exercem, por delegação, o poder (*protestas*). O programa papal incluía uma reforma moral no interior da Igreja para eliminar os flagelos que a afligiam (heresias*, simonia, corrupção, violência, adultério), atingindo príncipes, leigos e membros do clero. No exterior, outras ameaças consubstanciavam-se, principalmente na ação devastadora dos turcos, ao destruírem as tropas bizantinas (batalhas de Manzikert, 1071) para dominar quase toda a Ásia Menor. À luz dessas considerações, não era difícil perceber a importância do contexto demográfico e social. Em 1095, no Concílio* de Clermont Ferrand, o papa Urbano II (1042-1099; 1088/1099), francês de nascimento, conclama a cristandade a partir para o Oriente, obtendo imediata adesão da população presente, manifestada aos gritos de "Deus o quer...", "...*Deus lo volt*". A razão do sucesso, ao que tudo indica, além dos dotes oratórios do prelado, deveu-se certamente ao mérito e significado da peregrinação* armada como invocados nos temas do discurso, tais como o sofrimento dos cristãos, a necessidade de socorrê-los e a libertação dos lugares santos ora em poder dos muçulmanos. Participar de cruzada era ato de piedade cristã, "seguir nu o Cristo nu"; cada integrante da cruzada é um "soldado do Cristo" (v. Jesus*b), o que espiritualiza a função de combatente, garantindo sua entrada no paraíso celeste. Peregrinação e guerra santa* caminhavam juntas. Rezar em túmulos de personagens santificados ou tocar em objetos que lhes pertenceram fazia com que o cristão se sentisse protegido e purificado. Morrer a caminho é assegurar a vida eterna. Muito embora o apelo papal se dirigisse apenas aos cavaleiros e não aos inermes — isto é, às multidões desarmadas, ineptas para o combate —, monges, padres, mulheres e crianças se incorporam à cruzada, atendendo a chamados quase sempre demagógicos formulados por pregadores populares, dos quais um deles, Pedro, o Eremita, se tornou símbolo. Esses grupos, sem qualquer preparação militar, partiram aos milhares para Jerusalém, assaltando e pilhando várias regiões europeias. Uma vez no Oriente, foram aprisionados ou massacrados pelos muçulmanos. Motivos de ordem material explicam também a gênese das cruzadas. Em pleno apogeu do feudalismo, os interesses da nobreza viam nessas expedições amplas possibilidades de aumentar o seu patrimônio imobiliário, aduzindo ainda o lucro com o transporte das tropas para o Oriente. Fenômeno complexo, as cruzadas se desenrolaram num clima de emoção, de maravilhas por encontrar e de uma fé intensa, na qual peregrinos e guerreiros misturavam ambições pessoais e religiosidade. Por mais de dois séculos essas expedições preocuparam o Ocidente e, de modo geral, nenhuma delas alcançou os seus propósitos, inclusive quanto à tomada de Jerusalém que, embora ocupada por uns tempos, jamais se tornou posse definitiva dos cruzados.

CULTO DAS RELÍQUIAS "Relíquias" do latim *reliquiae*, "resto", refere-se aos vestígios, objetos ou partes (ossos, instrumentos de suplício dos mártires*g, fragmentos de roupa) de um santo venerado e, por força disso, admirados e valorizados. O culto das relíquias existe desde os primórdios do cristianismo*. As mais reverenciadas entre elas (os despojos do Cristo, os fragmentos da cruz na qual Jesus*b foi martirizado, os espinhos da coroa etc.) despertam, permanentemente, respeito e curiosidade, dando lugar a exposições, procissões e peregrinações*. A Igreja Católica, a par admitir e mesmo estimular esse culto*g, previne os fiéis contra a superstição ou a má-fé, enquanto os protestantes (v. Protestantismo*) o proscrevem sumariamente. Essa devoção das relíquias, principalmente as dos mártires, desenvolveu-se lentamente, iniciando-se, ao que parece, no decorrer das primeiras perseguições* aos cristãos* quando, na medida do possível, os despojos das vítimas eram recolhidos e sepultados decentemente. O culto das relíquias ganha grande impulso a partir do século IV. Quando a cidade de Constantinopla começou a ser construída, numerosas relíquias foram levadas para as novas igrejas. Por outro lado, a multiplicação das peregrinações e a edificações de grande basílicas* proporcionaram o surgimento de uma nova moda: as lembranças evangélicas, tais como a coluna de flagelação do Cristo, a pedra sobre a qual Jesus fora sepultado e outros vestígios de Santidade. No decurso da Idade Média as relíquias foram muito procuradas, não raro abusivamente, a ponto de os fiéis se apossarem, clandestinamente, dos corpos — ou parte deles — de alguns santos. As dificuldades na constatação do furto, de outra parte, facilitavam a impunidade. A atração pelas relíquias estendeu-se até a época das cruzadas*. No decorrer da primeira, acreditou-se ter sido encontrada a lança que havia ferido Jesus; quando uma batalha estava prestes a começar, uma cruz era colocada à frente das tropas. A devoção das relíquias continua sendo mantida pela Igreja Católica, que aconselha aos devotos grande discrição nessa prática, com vistas a não transformá-la em idolatria ou magia*.

CULTO DOS ANCESTRAIS Uma das mais antigas manifestações religiosas, por vezes confundida com o culto dos mortos*. De modo geral, todas as religiões primitivas dedicam grande parte de suas atividades a essa modalidade de culto*g. Entre os chineses, esse culto, de remotíssima origem, tornou-se a base do confucionismo*. Profundamente integrado com a alma chinesa, o culto dos ancestrais, ao iniciar-se o século XVIII, tornou-se o principal adversário do cristianismo* na China. Saliente-se desde logo que, não obstante o fervor chinês, o culto dos ancestrais não é uma religião, quando muito uma manifestação sentimental, leiga, sem sacerdócio, sem igrejas e sem livros sagrados. Trata-se, essencialmente, de um pronunciamento espiritual familiar, com ritos*g próprios, bastando um pequeno nicho como capela, e o primogênito como oficiante. A peculiaridade de seus ritos e sua permanência desde a aurora da civilização chinesa ultrapassam todas as camadas sociais. Um dos traços marcantes dessas cerimônias é a sua simplicidade, nelas não se manifestando a gravidade trágica diante da morte, geralmente encontrada na sociedade ocidental. Na China imperial, o próprio imperador, intitulado o Filho do Céu, diante do qual todos se inclinavam uma vez por ano, comparecia ao templo para ajoelhar-se diante de seu pai morto. O material litúrgico utilizado resumia-se a um pequeno altar de madeira acompanhado de um incenso e de oferendas, frutas e gulodices preferidas do defunto. Uma singularidade: após "usados", serão degustados pela família. Assim procedendo, o culto aos ancestrais seria, para os chineses, apenas "uma demonstração original das relações entre os mortos e a vida". O fato de participar do culto de seus ancestrais engrandece os parentes. A um de seus discípulos que lhe perguntara se os ancestrais falecidos realmente valorizavam ou sentiam as oferendas dos presentes, Confúcio respondeu apenas: "Não basta que estejamos reunidos em seu nome?"

CULTO DOS MORTOS Conjunto de ritos*g e cerimônias praticados por diferentes povos da Antiguidade e particularmente originais na civilização egípcia. Os egípcios* não acreditavam que um indivíduo morto estivesse de fato morto. Para eles, a vida terrestre prolongava-se no além, com as mesmas necessidades materiais e espirituais (alimentação, moradia, atividades, sentimentos). Por essa razão, consideravam obrigatório garantir a continuidade da vida fora deste mundo, visto que a morte nada mais era do que uma passagem no decurso da qual jamais a pessoa seria destruída. Tanto quanto as divindades — existentes aos milhares — os que morriam necessitavam de cuidados especiais a fim de evitar o seu aniquilamento por forças hostis. O culto dos mortos nada mais era do que um serviço dos vivos para manter imunes a essas forças as pessoas que morriam. Uma das medidas nesse sentido era a mumificação, procedimento científico e técnico que visava a conservar o cadáver e era levado a termo por especialistas. O corpo era inumado acompanhado de alimentos, mobiliário, bebidas e numerosos objetos, de ordem pessoal ou não. A presença desse material, periodicamente preservado pelo primogênito e pelos herdeiros, afigurava-se indispensável com vistas a dotar o morto de instrumentos necessários à sua nova existência. De imediato pode-se ver o quanto essa prática era onerosa, razão pela qual cultuar os mortos era tarefa para ricos e poderosos. No caso, o faraó e a casa real. A mumificação era praticada desde o 3º milênio, conforme documentam os objetos encontrados nas sepulturas. A manutenção dos túmulos e os pesados encargos decorrentes do culto em geral provocaram o aparecimento de "fundações funerárias", curioso expediente de que se valeram os egípcios para garantir o sustento da sepultura e de seu "habitante", cabendo aos *nomos* (grandes circunscrições administrativas) a responsabilidade de alimentar o morto. Inicialmente criado para a monarquia, o sistema foi estendido aos familiares do faraó e às pessoas próximas, sendo-lhes assegurado também o direito de construir mastabas* à sombra da pirâmide real e, com isso, beneficiar-se das oferendas reservadas para o soberano ali sepultado. Posteriormente, com o culto cada vez mais dispendioso, procurou-se remediar a situação com outras iniciativas, tais como a de gravar nas paredes dos túmulos fórmulas que, lidas em voz alta, assegurariam o sustento do morto. Ou então esculpir, nos muros, cenas que reproduzissem aquilo de que o sepultado precisaria. O declínio do poder faraônico e da civilização egípcia apressou o desinteresse pelo culto dos mortos, que ao correr dos tempos, ficou limitado a uma simples libação com água, realizada de dez em dez dias, e a uma única frase pronunciada: "que o meu nome perdure". Os princípios que orientavam os egípcios na execução dessas cerimônias revelavam a conjugação de sentimentos mágicos e pragmáticos. Confiantes no poder da magia*, preceitos e imagens, os egípcios acreditavam que o culto possibilitasse ao morto desfrutar de realidades concretizadas nos objetos depositados ou reproduzidos na sua "nova casa". Na verdade, esses ritos funerários representavam para os egípcios, antes de tudo, manifestações de amor intenso à vida, a ponto de conservá-la depois da morte.

CULTO FÁLICO Adoração da imagem do órgão genital masculino como símbolo da fertilidade e da força reprodutora da natureza. O culto fálico foi praticado na quase totalidade das civilizações antigas, sendo encontrado ainda em algumas culturas primitivas. Na história das religiões, esse culto sempre teve presença marcante e jamais foi vinculado a qualquer sintoma de licenciosidade. As cerimônias e os ritos*g fálicos tinham por objetivo apoiar a conservação da natureza e da espécie humana e animal, procurando com isso estimular a fecundidade da terra, dos rebanhos e dos homens. Na Grécia antiga, era particularmente associado aos cultos*g de diversas divindades, entre as quais Dioniso*d, Deméter*d e Hermes*d. Um de seus deuses mais populares, Príapo*d, simbolizava a fertilidade, e foi cultuado principalmente com festas no decorrer do século IV a.C.. Seu culto estendeu-se até a Itália. Em Roma, uma coletânea de 80 poemas foi publicada em honra a essa divindade, o "deus dos jardins", não raro e equivocadamente identificado como Pã*d, Dioniso ou um sátiro*d qualquer. As maiores e expressivas manifestações do culto fálico ocorriam na Índia clássica, principalmente na forma de cerimônias dedicadas ao deus Xiva (v. Xivaísmo*), e ainda atualmente pelos lingaiatas*, seita* indiana que tem como símbolo o órgão sexual masculino.

CULTO IMPERIAL (ROMANO) Propagado inicialmente nas regiões orientais do Império, o culto*g do imperador significa essencialmente a sua divinização. Sua procedência, porém, tem sido questionada, pois, segundo várias fontes, a mística imperial procede da península Ibérica, tendo surgido no século I a.C. Seja como for, são as raízes profundas da mentalidade romana (v. Romanos*) que melhor caracterizam e explicam essa manifestação de religiosidade. Não padece dúvida, entretanto, que suas origens prendem-se às homenagens prestadas desde a mais alta Antiguidade aos faraós egípcios*, chegando à época helenística com o culto do "herói" ou do "fundador". Desde a República (509-27 a.C.), os governantes romanos faziam sentir ao povo que, ao exercerem o poder, estavam investidos de uma missão divina. Tal concepção consolidou-se oficialmente no século I a.C. quando Otávio, magistrado então no poder, adotou o título de Augusto, incorporando-o ao seu nome, e que será, a partir de então, retomado por todos os imperadores. Esse culto, no mundo romano, representava uma manifestação de lealdade a Roma e, concomitantemente, um instrumento de alta significação política e religiosa. Esse título, *augustus*, torna a função imperial inseparável da sacralidade. Conduzido ao poder por ser divinizado, o imperador não precisa justificar qualquer de seus atos ou de suas decisões. Saliente-se, no entanto, que ele não é um deus, e sim, um "agente da divindade, alma de um ser transcendente que é o Estado romano". Se o desempenho de sua missão for positivo e digno, o povo romano o divinizará para sempre após sua morte, alcançando a qualidade de *divus*, merecedor de cerimônias e homenagens. O senado, pela apoteose*, dispõe de poderes para incluir o monarca defunto no panteão divino. O culto imperial era realizado nos municípios e nas províncias através de rituais e textos, em altares e edifícios, públicos ou não, no decorrer da administração dos Flávios e dos Antoninos, e também no governo do imperador Aureliano (212-275; 270/275), culminando com a adoção do rito*g da "adoração" imposto por Diocleciano (245-313; 284/305) que tornou obrigatório ajoelhar-se diante do imperador. O culto imperial teve longa duração, só desaparecendo ao findar o século IV quando o imperador Teodósio Magno oficializou o cristianismo*.

D

DADUPANTHÎS Seita* hindu fundada pelo poeta indiano Dâdu Dayâl (1544-1603), originário da cidade de Ahmenabad, autor de numerosos poemas religiosos. Embora rejeitasse os Vedas* e o Alcorão*, em suas obras é notória a influência muçulmana. Para Dâdu, Xiva (v. Xivaísmo*) e Vixnu*d eram pessoas deificadas, ensinando a existência de um Deus único, criador e mantenedor de todas as coisas. Os *dadupanthîs* ("aqueles que seguem o caminho de Dâdu") dividem-se em dois grupos: os leigos, denominados "fiéis" ou "servidores", que podem contrair matrimônio e exercem qualquer profissão honesta e os "padres" ou "mestres" (todos os monges). Algumas seitas compõem esses grupos: os *kaisas*; os *nagas*, mercenários celibatários a serviço do Estado; os *utradis*, ascetas (v. Ascetismo*) e eruditos; os *virkats*, estudantes nômades e outros.

DANÇA DOS ESPÍRITOS Movimento religioso de índole profética e messiânica (v. Messianismo*) deflagrado por grupos indígenas dos Estados Unidos na segunda metade do século XIX. Outras iniciativas no mesmo sentido haviam germinado anteriormente sem, entretanto, alcançar a mesma repercussão. Entre elas, a de Tecumseh, um índio *shawnee* responsável pela formação de poderosa confederação integrada por várias tribos (*creeks, miami, choctaws* etc.). No entanto, foi somente a partir de 1888, com a "revelação" de Wowoka, líder dos *paiute*, que realmente surgiu a Dança dos Espíritos (*Ghost Dance*), rapidamente difundida e praticada por diversos grupos: *arapaho, sioux, cheyenne, kaiowa*, e outros. Sua religiosidade manifestava-se, basicamente, pela crença no retorno dos mortos e na derrota da supremacia do homem branco. A nova religião condenava qualquer ação violenta contra os "caras pálidas"; sua expulsão far-se-ia de maneira pacífica, espontaneamente, impulsionada pelos espíritos convocados pela Dança. Os adeptos do movimento, além de condenarem a luta armada, comprometiam-se a não roubar e a renunciar à bebida alcoólica. Além do mais, a presença dos espíritos traria uma nova era, isenta de sofrimentos e de miséria. Essas convicções materializavam-se na prática de cerimônias e ritos*g invocativos dos espíritos, consubstanciados numa dança que, embora diversificada entre as tribos, jamais abdicava de um núcleo comum: o retorno dos mortos. As cerimônias duravam quatro ou cinco dias consecutivos; os participantes, com o corpo pintado, formavam círculos, abraçados ombro a ombro, cantando ritmadamente num lamento fúnebre, o que caracterizava o apelo aos mortos. Comandados pelo xamã (v. Xamanismo*), invocavam-se os espíritos quando a dança se tornava frenética, chegando ao paroxismo. Era inevitável que um movimento de rebeldia, preconizando a repulsa aos brancos e o seu afastamento, viesse a ser hostilizado e perseguido. Nada impediu, porém, que sua irradiação fosse rápida, alcançando as mais remotas regiões da nação americana. Nem sempre, entretanto, a Dança dos Espíritos contou com a adesão de todas as tribos do país. Os navajos, localizados no Arizona e no Novo México, jamais a aceitaram, rejeição insatisfatoriamente explicada. A Dança dos Espíritos continua a ser praticada em algumas comunidades indígenas norte-americanas.

DANÇARINOS Grupos de fanáticos religiosos, surgidos na França no século XIV, em Aix-la--Chapelle (hoje Aachen, cidade alemã) no ano de 1374. Frenéticos, homens e mulheres percorriam as ruas gritando e dançando, em transe, afirmando estar vendo o céu, com o Cristo*b ao lado da Virgem Maria*b. O histerismo de seus integrantes alcançou a Alemanha, os Países Baixos e a Bélgica, despertando não pequena agitação que se estendeu até o século XVII.

DANDINOS Ascetas (v. Ascetismo*) indianos, adeptos do deus Xiva (v. Xivaísmo*), cujo nome deriva-se do bastão (*danda*, em sânscrito) que usam permanentemente. Sua iniciação é feita pelo batismo* e por incinerações rituais. Vivendo de esmolas, os dandinos fazem votos de castidade e de pobreza, evitando o uso do fogo. Seus mortos são inumados ou lançados nos rios.

DARMA Derivado da raiz *dhri* ("sustentar", "dispor de todas as coisas"), o darma é uma noção fundamental da filosofia e da religiosidade indiana, em especial do hinduísmo* e, de certa forma, do budismo* e do jainismo*. Associar o darma à lei e à ordem é insuficiente, visto que a concepção que os indianos têm dessa palavra é muito ampla e elevada. Submeter-se ao darma é imperativo; não fazê-lo é cometer falta grave, o que levará o hindu ao inferno*. Os deuses são a garantia do darma, sem o qual o homem não se realiza. Deveres e obrigações, sua casta, sua identidade interior dependem do darma, regra que dispõe e estabelece o comportamento dos seres vivos no universo. Esses deveres e obrigações são designados pelo termo "*vadharma*" (dever pessoal), socialmente diferenciável. Assim, o *vadharma* de um xátria não é o mesmo de um brâmane*; o de um estudante não é o de um pai de família, e assim por diante. Desse modo, cada pessoa tem o seu darma individual através do qual é identificado na sociedade hindu. No entanto, paralelamente ao darma individual, específico a cada situação, existe um outro comum a todas as classes (paciência, veracidade, generosidade etc.). Esse termo participa de vários títulos de obras religiosas, tais como o *Dharmagupta Vinaya* (Tratado sobre a disciplina), o *Dharma-aranyaka* (ascetas hindus [v. Ascetismo*]); o *Dharma-pitaka* (coleção de textos sagrados) e inúmeras outras.

DEÍSMO De modo amplo, crença num ser supremo, e, particularmente, referindo-se a uma corrente de pensamento religioso difundida na França (onde teve grande influência) e na Inglaterra (onde se originou) nos séculos XVII e XVIII. Alguns "iluministas" como Voltaire e Rousseau, este menos hostil ao cristianismo* do que o outro, deram maior atenção ao deísmo. Os deístas rejeitam a Bíblia*, negam os milagres, não acreditam na missão salvadora do Cristo*[b] e lutam por uma religião natural, opondo-se à religião revelada, especialmente ao cristianismo. O Cristo é considerado apenas um homem superior. No século XVIII, o deísmo manifestou-se com rigor maior; alguns de seus adeptos negavam até a imortalidade da alma, aceitando a existência de um deus que prescinde do culto*[g]. Os deístas comparam esse deus a um relógio que não se preocupa com o seu pêndulo, visto ter sido por ele criado e colocado no lugar devido. Na Inglaterra, o "pai" do deísmo foi lorde Herbert de Cherbury, enquanto que a França teve em Voltaire o seu maior defensor e propagandista. O deísmo teve uma série de manifestações a seu favor no decorrer da Revolução Francesa (1789), tendo havido várias tentativas para a criação de cultos religiosos independentes, como o do Ser Supremo e o da Razão, este uma forma de descristianização, patrocinada por camadas revolucionárias radicais.

DEMIURGO De origem grega, este vocábulo serve à história e à filosofia. Platão (429-347 a.C.), filósofo grego, na sua obra *Timeu* (em grego, *Timaios*), faz do demiurgo o criador do universo a partir de quatro elementos: terra, ar, fogo e água. Desses, o demiurgo criou os deuses superiores e as estrelas. Etimologicamente, "demiurgo" significa "operário habilitado", "artesão". No século XV, autores costumavam empregar o termo *demogorgon* (grego) para designar a divindade primordial a qual, segundo outros, nada mais era do que uma corrupção ou erro de transcrição cometido por copistas. Na Grécia antiga, a palavra tomaria sentido diferente; na época arcaica, os demiurgos eram os artífices, adivinhos, arautos e também os magistrados e ainda os privilegiados detentores do poder. Modernamente, na maçonaria, o "Grande Arquiteto" é chamado de "o demiurgo do universo". Os gnósticos usam essa palavra para designar um deus menor, inferior, "criador desajeitado do mundo, do corpo e da alma do homem".

DEMONOLOGIA Ramo da teologia que estuda os demônios, configurados como seres inferiores aos deuses e que "de modo favorável ou nefasto se interessam pelos seres humanos e por suas atividades". A palavra "demônio" vem do grego *daímon*, gênio, espírito. No mundo antigo, acreditava-se na existência de um grande número de seres espirituais, dotados de várias formas, residindo em diversas partes do universo, mas invisíveis ao olhar humano. Essas concepções ocorriam principalmente no pensamento de populações primitivas, algumas das quais ainda existentes. Na realidade, entretanto, a crença em espíritos e em demônios, seres maléficos, é encontrada em todas as religiões, épocas e nas civilizações as mais diversas. É do conhecimento comum a noção ancestral segundo a qual os espíritos dos mortos, desencarnados, perambulavam pelo mundo; um outro fator perturbador manifesta-se na experiência vivida no pesadelo no qual o homem tem a sensação de estar vivendo ou convivendo como um ser sobrenatural possuidor de poderes maléficos. Os demônios, primitivamente, eram tidos como "neutros", isto é, não eram bons nem maus. Com o correr dos tempos, surgiram distinções entre os demônios bons (os chamados "anjos* da guarda") e os "maus espíritos", os emissários do mal. Os cristãos* primitivos jamais duvidaram da existência dos demônios, responsáveis diretos pelas doenças ou desequilíbrio mental. "Possuídos" e "energúmenos" era "coisa" do demônio; palavras como "catalepsia", "êxtase", "epilepsia" atestavam a presença demoníaca. O "arquivo" demoníaco é imenso. Assim, os ogros seriam uma reminiscência do homem pré-histórico; os gregos* tinham os seus faunos*d e sátiros*d; os romanos* exorcizavam os lêmures*d; havia os *trolls* escandinavos, os *djins* muçulmanos, os *rakshasa* indianos e outros. Nem todos os demônios tomam a forma humana ou semi-humana: lobisomens, gatos, e mesmo a serpente do Jardim do Éden são exemplos que ilustram a inesgotável galeria demoníaca.

DERVIXES O termo, de origem persa, significando "pobres", identifica religiosos muçulmanos, de formação sufista (v. Sufismo*), pertencentes a diferentes ordens ou confrarias espalhadas por várias regiões orientais. A mais popular dessas ordens é conhecida como "dançantes" (*mawlâwviyyâ*), organizada ao findar do século XIII, tendo como principal foco de atuação a Anatólia central (Turquia). Esses muçulmanos professam uma modalidade de iniciação mística (v. Misticismo*) muito pessoal, obedecendo a caminhos próprios. Fundada por Jalâl ad-Din Rûmi (1207-1273), com sede na cidade de Kanya (Turquia), os dervixes dançantes não têm domicílio nem desempenham quaisquer funções. Errantes, esses religiosos buscam o êxtase, "valsando, a cabeça inclinada sobre as espáduas, olhos semicerrados, boca entreaberta, igual a nadadores confiantes que se deixam levar pelas águas". Os dervixes podem ser comparados aos faquires* e aos monges; existem mais de 30 ordens deles, cada uma submetendo-se a treinamento apropriado antes de serem aceitos na ordem. Algumas dessas confrarias praticam o auto-hipnotismo. A exemplo de outras, a Ordem dos Rodopiantes foi extinta em 1925; no entanto algumas ainda podem ser encontradas no Oriente Médio, em especial na Ásia Menor. A partir de 1954 se lhes autorizou celebrar cada ano o aniversário da morte de Rûmi, praticando em Kanya sua dança ritual.

DEUSA-MÃE Denominação genérica pertinente a uma divindade reverenciada por diversos povos como símbolo da fertilidade e de proteção à natureza. Já na época pré-histórica sua existência é atestada por numerosas representações, geralmente expressas na configuração de uma mulher grávida, esculpida ou pintada. O culto*g da deusa-mãe expandiu-se por extensa área, abrangendo grande parte da Europa e da Ásia. Não raro, na representação dessa divindade eram associados animais (leopardos, ursos, borboletas etc.) como seus atributos, simbolizando, conforme o caso e a sociedade, funções da própria deusa-mãe. Admite-se, atualmente, com restrições, que as primeiras de suas representações surgiram na Palestina, há milênios. Na Anatólia, região da Turquia, foram recolhidas numerosas figurinhas dessa deusa, em diferentes posturas: sentada, ajoelhada ou de pé. Gregos* e romanos* também a cultuavam; em Roma, ela desfrutou de grande popularidade e prestígio através do culto de Cibele, originário da Frígia (Ásia Menor). Apesar da resistência do Senado, um templo em sua homenagem foi levantado para acolher a imagem da deusa e de seus sacerdotes, curiosamente denominados "galos", na sua grande maioria eunucos que tinham permissão de percorrer as ruas de Roma dançando e cantando (o nome desses sacerdotes provém de Gallus, um rio da Galácia).

DEZ MANDAMENTOS Um dos episódios mais marcantes nas tradições religiosas, pelo que representou no estabelecimento de novos valores conceituais relativos à fé e ao culto*g a Deus, e a princípios éticos de comportamento, foi o da entrega aos hebreus das Tábuas da Lei com os Dez Mandamentos, ou Decálogo. Na tradição religiosa judaica (v. Judaísmo*), os Dez Mandamentos foram ditados diretamente por Deus a Moisés*ᵇ, que os gravou em duas pedras, na epifania* do monte Sinai, após a libertação dos judeus da escravidão do Egito, por volta do século XIII a.C. O episódio é narrado na Torá*, primeira parte do Antigo Testamento*, e o teor dos Dez Mandamentos é citado duas vezes, com ligeiras diferenças: uma em Êxodo*ᵍ 20:1-14, outra em Deuteronômio*ᵍ 5:6-21. Os Dez Mandamentos representam um resumo incisivo do código comportamental completo da Torá, que também teria sido entregue por Deus aos hebreus pela mão de Moisés. Esse código compõe-se de 613 preceitos, ou *mitsvot**, que dispõem sobre as obrigações religiosas e sobre os princípios éticos que devem reger o comportamento do homem para com Deus, para com os outros homens e para com o mundo em que vive. Da mesma forma, nos Dez Mandamentos, os cinco primeiros tratam dos princípios da fé, ou seja, das relações entre o homem e Deus, e os outros cinco tratam dos principais fundamentos para as relações entre os homens. Paralelamente à tradição judaica, que atribui aos Dez Mandamentos, assim como à Torá, origem divina ("da boca de Deus pela mão de Moisés"), alguns estudos de religião comparada estabelecem analogias entre seu conteúdo e espírito e os de outros códigos e textos que lhes antecedem, como o código de Hamurabi, da Babilônia, em c. 1700 a.C., e o Livro dos Mortos*, do Egito, em c. 1500 a.C. Seja como for, no contexto das primitivas sociedades seminômades e tribais em que surgiram e foram aceitos e adotados, os Dez Mandamentos representaram um notável avanço nos conceitos religiosos e nos parâmetros de conduta social, que vieram a influenciar os aspectos éticos da fé e os princípios de justiça estabelecidos nos códigos do Direito (P.G.).

DIÁSPORA A palavra grega tem o sentido genérico de "dispersão", mas em sua aplicação à dispersão dos judeus (v. Judaísmo*) foi usada durante séculos com a conotação de "exílio", correspondente à palavra hebraica *galut*. Esta, por sua vez, tem sido usada como referência ao exílio — ou dispersão — em massa dos judeus depois da destruição do Templo* pelos romanos, em 70 a.D. e da perda de sua soberania nacional na Judeia. No registro da memória histórica dos judeus essa perda implicou a expulsão da maior parte da população judaica, e, portanto, um exílio forçado. Embora o marco histórico para o início da diáspora judaica seja a perda da pátria e da soberania nacional, já se registrava a presença de judeus em vários lugares fora da Judeia muitos séculos antes, e nem sempre por terem sido expulsos. No alto Egito, por exemplo, um contingente militar formado por judeus para combater os etíopes atestava, por volta do século VII a.C., a presença de uma comunidade judaica orgânica, talvez descendentes de judeus que não tinham saído do Egito no êxodo. Eles construíram um suntuoso templo no século II a.C., em Onias, com todas as características do Templo de Jerusalém, o que indica terem tido contacto com os judeus da Judeia. Essa percepção dos judeus dispersos de que o exílio tinha um "centro" em Jerusalém os acompanhou por muitos séculos, e para isso a religião judaica teve papel preponderante. Já nos tempos do primeiro grande exílio, que se seguiu à destruição do primeiro Templo por Nabucodonosor no século VI a.C., há evidências de que a massa de judeus levados à força para a Babilônia já lá encontrara uma comunidade judaica estabelecida, à qual juntou-se a maior parte dos exilados, mesmo quando lhes foi permitido voltar à Judeia, um século depois. Os judeus haviam "chorado junto aos rios da Babilônia, ao recordarem Sion*", mas apenas c. 60 mil voltaram, movidos pelo fervor religioso de Esdras*ᵇ e Neemias. Durante todo o período dos domínios helênico e romano na Judeia registram-se comunidades judaicas estabelecidas desde a Babilônia e a Pérsia até o norte da África e a Europa mediterrânea: Tessalônica, Atenas e Roma, para só citar algumas. Na óptica dos judeus, a dispersão, ou diáspora, torna-se exílio, ou *galut*, a partir do século I. Assim como nas comunidades da dispersão voluntária que existiam antes disso, os judeus das comunidades do exílio em geral se adaptaram a essa condição, não obstante terem sidos muitas vezes, ao longo dos séculos, discriminados e perseguidos. Mas, na essência de sua identidade religiosa e nacional, permaneceu a ideia e o sentimento de que a *galut* era uma condição dolorosa mas provisória, e que o futuro do povo judeu era o retorno a Sion. Antes de ser formulada em termos políticos, a partir do século XIX, com o surgimento do movimento sionista, essa visão foi expressa nos rituais religiosos, no misticismo* judaico e nos textos das orações. Os judeus rezam voltados para a direção de Sion, aguardando a vinda do Messias* que os restaurará na Terra Prometida*, e suas orações evocam o retorno a Jerusalém de todos os dispersos. Com o estabelecimento do Estado de Israel e a aprovação de sua "Lei do Retorno", que dá a todo judeu que para lá imigrar o direito automático à cidadania israelense, a noção de diáspora perdeu em grande parte o sentido de "exílio forçado". Mas os ritos*g e as preces dos judeus, em todas as partes, continuam a expressar o conceito de que eles constituem um só povo, cuja origem e cujo centro está em Sion. (P.G.)

DIDAKÉ Livro anônimo (em grego significa "ensino"), nomeado *Ensino do Senhor aos 12 apóstolos*, no qual se expressa a doutrina cristã (v. Cristianismo*) e que teria sido escrito no século II a.D. Trata-se de um livro de catecismo composto de quatro partes: a) doutrina e moral; b) liturgia*g; c) ordenações disciplinares, organização e administração do clero; d) exortações. Considerado o mais antigo dos livros doutrinários do cristianismo, teve grande uso entre as primeiras comunidades cristãs, tendo sido largamente utilizado pelos Pais da Igreja*. Foi encontrado em Constantinopla no ano de 1875.

DILÚVIO A história do Dilúvio e do papel de Noé*b como interlocutor de um novo pacto com Deus não é exclusiva da Bíblia*, nem cronologicamente inovadora. Relato semelhante foi gravado em caracteres cuneiformes em uma tábua encontrada na região da Mesopotâmia (hoje Iraque) em 1872, e consta do Gilgamesh, poema escrito provavelmente por volta de 2000 a.C. Neste, a decisão do deus Marduk*d de castigar a humanidade pelos crimes cometidos simplesmente extinguindo-a sob as águas, a preservação de casais de cada espécie numa arca, a sequência dos acontecimentos até o pouso da arca, a atuação de Utnapishtim (o sucedâneo do Noé bíblico) e seu pacto com Deus são muito similares a todos os elementos da narrativa na Bíblia. O episódio do Dilúvio, tal como relatado nesses textos, expressa a preocupação do homem antigo com a moral e a justiça, atributos para ele tão fundamentais que, para o bem do homem, eram uma imposição de Deus. Antes dos textos que expressam ideias e leis reguladoras e normativas do comportamento humano, são os critérios e providências divinas que vão implementá-los na terra, através da atuação de um mensageiro (anjo*) ou de um homem "escolhido". A perpetuação desses princípios pressupõe um pacto, um compromisso estável que regerá a conduta humana. O Dilúvio é a correção drástica dos males da terra pela extirpação de todos os seus agentes possíveis, e o salvamento das espécies é o ponto de partida para uma nova oportunidade, através de um pacto que modifique a atitude e os conceitos. Muitas versões dessa ideia básica da hecatombe total, consequência da disseminação do mal, da fome, das guerras, têm sido desenvolvidas ao longo das civilizações, das culturas e das religiões. Obras de ficção científica na literatura e no cinema as têm explorado, inspiradas nas visões apocalípticas do Armagedon*, do dia do Juízo Final e da Redenção messiânica. (P.G.)

DIONISÍACAS Festividades celebradas em homenagem a Dioniso*d, deus da vegetação, do entusiasmo e da possessão, nascido duas vezes. Essa divindade, apesar de não integrar o panteão homérico, além de ser muito popular na Antiguidade, era uma das mais antigas do mundo grego. Sua origem é controversa, a maioria dos estudiosos fazem-na proceder da Trácia, região famosa por seus cultos*g estranhos e orgiásticos. Sua presença entre os helenos — recentemente comprovada pelo deciframento da escrita cretomicênica realizado por Michael Ventris, arqueólogo inglês, em 1952 —, é atestada desde o século XIV a.C. As comemorações em sua homenagem envolviam uma série de rituais, entre os quais danças e procissões ocupavam lugar destacado. As Dionisíacas eram realizadas em vários lugares, inclusive Atenas, através de quatro festas: Pequenas Dionisíacas, Leneanas, Grandes Dionisíacas e Antestérias. As primeiras, celebradas nos "demos" (burgos, mais tarde circunscrições ou distritos de extensão variável), tinham como núcleo central uma procissão na qual integrantes mascarados cantavam e dançavam, agradecendo ao deus a colheita obtida. As Leneanas eram comemoradas no inverno, em local onde fora erigido o mais antigo templo de Dioniso, o "Lenaion" (daí a denominação da festa). As Grandes Dionisíacas celebravam-se na primavera, durante seis dias, e eram de longe as mais importantes, comemorando o triunfo do deus sobre o inverno. Brilhantes, essas festividades atraíam para Atenas milhares de pessoas que cantavam, disputavam jogos e encenavam representações teatrais. Na majestosa procissão realizada, indispensável, transportava-se a estátua do deus até um templo e daí ao teatro que até hoje tem o seu nome. Os concursos dramáticos ocupavam os três últimos dias, com três concorrentes, cada um deles apresentando seu trabalho em um desses dias, e ainda uma sátira, elaborada na Grécia, e depois uma tragédia, esta a representação clássica do teatro grego. O drama satírico não pretendia enveredar-se pelo caminho da crítica; o seu nome provinha das pessoas que, disfarçadas como sátiros*d formavam o coro teatral. Quanto às Antestérias, comemoradas em fevereiro/março (antes-terium), procuravam exaltar o revigoramento da natureza com a chegada da primavera. O próprio nome "antestéria" simboliza "festa das flores". Dioniso costumava ser também reverenciado em outros lugares, sempre num clima de entusiasmo frenético, próximo do delírio, geralmente com assídua participação feminina. O culto dionisíaco assumia singular exaltação quando os seus adeptos ficavam possuídos pela *mania* ("loucura sagrada") numa orgia* (*órguia*), isto é, um conjunto de ritos*g que provocava o entusiasmo, o êxtase, no qual o fiel — quase sempre mulher — "recebia" o deus. Nessa ocasião, as fiéis do deus transformam-se em "mênades" (possuídas) tomadas pela *mania*, errando nas montanhas, coroadas, empunhando os tirsos e vestidas com pele de cervo. Dotadas de força quase sobre-humana, oriunda dos sentimentos que se apoderavam delas, liberadas de qualquer responsabilidade social, as mênades se lançavam à caça de um animal para devorá-lo cru, num rito oncofágico. Os gregos*, ao se dedicarem a essas práticas, não viam na *mania* ou na *órguia* quaisquer manifestações de licenciosidade, e sim uma catarse, uma purgação de efeito moral consubstanciada nas procissões, nos gritos e nos transes, até mesmo nos sacrifícios de animais que devoravam.

DISCIPLINA ETRUSCA Conjunto de fórmulas, doutrinas e práticas religiosas dos etruscos*, povo que, ao longo dos séculos VII/II a.C. constituiu brilhante civilização na Toscana (Itália), influenciando poderosamente a formação política e social dos romanos*. As origens desse povo, obscuras e complexas, não são fáceis de serem precisadas, em grande parte devido ao seu idioma (a escrita foi facilmente decifrada). O povo etrusco, atualmente, vem sendo conceituado preferencialmente como um *eth-nos*, mistura grega e oriental que influenciou amplos setores da civilização romana. Em matéria de religião, os etruscos produziram um corpo de doutrinas em que princípios religiosos e as modalidades de sua aplicação estavam registrados por escrito nos Livros Etruscos (*Libri Etrusci*), cujo conteúdo tratava da "disciplina etrusca". Esta, contida em livros considerados sagrados, abrange três séries: os arúspices* (*libri haruspicini*), nos quais aprende-se a arte de interpretar a vontade dos deuses mediante a observação das entranhas dos animais, em particular pela hepatoscopia (exame do fígado); os fulgurais (*libri fulgurales*) que tratam dos fenômenos da natureza; e os rituais (*libri rituales*), os mais vastos e complexos, reunindo um conjunto de regras sobre a vida das pessoas, a constituição política e as forças militares. Nenhum desses livros chegou completo ao nosso conhecimento. Não obstante, os fragmentos existentes possibilitam assimilar toda a doutrina, salientando que, entre os etruscos, somente profissionais habilitados poderiam compreendê-la e pô-la em prática. A Disciplina Etrusca não é uma obra de inspiração individual. A lenda mais antiga sobre as origens da "disciplina" refere-se a um personagem, Tagés, que apenas nascido começou a falar como um ancião perspicaz. A Disciplina, como assinalava o notável político e orador romano Cícero (103-43 a. C.), representava um grande sistema de atividades e comportamentos técnicos bem determinados, que independem de quem os executa. Trata-se de um código, de uma arte transmitida sem nenhuma inspiração, completamente diferente do que se verificava nos oráculos* gregos. A Disciplina Etrusca ressalta a importância da mântica* nas concepções religiosas dos etruscos, algumas das quais incorporadas pelos romanos, de maneira tão intensa que até o cristianismo* teve de enfrentá-las e combatê-las. Traços da Disciplina Etrusca foram detectados nas leis promulgadas pelo imperador Teodósio Magno (246-395; 379/395) ao oficializar a religião do Cristo*b no século IV. Observando vísceras de animais sacrificados, raios e prodígios de natureza, o povo etrusco procurava relacionar o futuro do homem com a vontade dos deuses, alertando-o para o seu destino. Um aspecto particular de sua doutrina diz respeito ao entendimento que os etruscos tinham do além, ou seja, do outro mundo. Melhor dizendo: de quais perspectivas seriam oferecidas ao ser humano. Ao contrário dos romanos, que acreditavam numa sobrevivência incerta, mal definida, a doutrina toscana propunha situações precisas e tranquilizadoras a respeito do que aguardava o homem depois da morte. Com efeito, o ser humano poderia não desaparecer totalmente, até mesmo sobreviver, transformando-se num deus, bastando para isso a realização de certos sacrifícios a determinadas divindades.

DISCÍPULOS DO CRISTO O mais importante grupo protestante (v. Protestantismo*) de origem exclusivamente americana, atualmente com mais de dois milhões de adeptos disseminados pelos Estados Unidos e pelo Canadá. A sua origem resulta das prédicas formuladas pelo pastor irlandês Alexander Campbell (1788-1866), emigrante na América, fato esse ocasionado pelas dificuldades que encontrou na Irlanda quando pugnou pela unidade das Igrejas no seu país. Suas ideias e princípios religiosos são apresentados em algumas das cerca de 60 obras que escreveu ou publicou, e defendem a necessidade dos dogmas, que deveriam inspirar-se no cristianismo* primitivo. Os Discípulos do Cristo desenvolvem significativa atividade missionária, podendo ser encontrados na Austrália, na Nova Zelândia e na África do Sul.

DOAÇÕES DE CONSTANTINO Denominação pela qual ficou conhecido um documento do século VIII, do imperador Constantino Magno (285-337) à Igreja Católica, na pessoa do papa* Silvestre II, doando terras que, mais tarde, deram origem aos Estados Pontifícios*. Esse documento, ao que tudo indica, foi pela primeira vez mencionado quando o papa Estevão II, em 754, encontrou-se com o rei de França, Pepino, o Breve (assim chamado por sua pequena estatura). Vale esclarecer que esse personagem já havia sido reconhecido como soberano pelo papa Zacarias três anos antes. Na reunião de 754, o papa Estevão referiu-se a documento que, séculos depois, comprovou-se ter sido falsificado pela chancelaria papal. Nesse documento, na verdade um "falso", o imperador Constantino afirmava ter feito essa doação como recompensa pelo seu batismo* (na realidade, o imperador só foi batizado no seu leito de morte) e também como gratidão por ter sido curado de grave doença (lepra). Desconhece-se a reação do rei Pepino ao tomar conhecimento das doações. É fora de dúvida, porém, que ele foi confirmado solenemente rei de França.

DOCETISMO Doutrina de índole gnóstica (v. Gnosticismo*), para muitos uma heresia*, o docetismo (do grego *dókesis*, "aparência") surgiu nos primeiros tempos da Igreja Católica. Essa doutrina, mencionada no Antigo Testamento*, afirmava a impossibilidade, ante a impureza da matéria, de o Cristo ser de carne humana, sendo o seu corpo apenas aparente, o que demonstrava o caráter ilusório da Crucificação, da Ressurreição e da Ascensão de Jesus*b. Combatido no século II, o docetismo reapareceu duas vezes, tendo sido refutado pelos doutores da Igreja*. No século VI, o docetismo inseriu-se no monoteísmo*.

DOMINICANOS Ordem religiosa fundada pelo espanhol Domingos de Gusmão* (1170?-1221), denominada Irmãos Pregadores porque os seus objetivos fundamentais eram a prédica, o ensino do cristianismo* e a defesa da fé. Os dominicanos, na França chamados de "jacobinos", apresentavam características similares às dos franciscanos*. Ambos não observam o voto de estabilidade que determina a permanência em seus mosteiros, mantendo-se sempre à disposição de seu "mestre geral". Por outro lado, para os irmãos pregadores a pobreza constitui um fator de credibilidade na transmissão de sua mensagem, enquanto os "irmãos menores", os franciscanos, a encaram como um modo de vida, a exemplo do Cristo*b. A palavra, uma sólida formação cultural e a firmeza exposta em suas prédicas constituem alguns dos traços peculiares dos dominicanos. A ordem, que se considera uma fraternidade organizada democraticamente, se antepõe estruturalmente à presença do "abade-pai" ou à obediência a um "abade-chefe"(v. Abadia*). O mestre geral da ordem não é confirmado pelo papa*, e sim, pelo capítulo geral. Os dominicanos dedicam uma atenção especial e constante à palavra e ao estudo, este verdadeiramente institucionalizado no âmago de sua vida religiosa, numa concepção totalmente oposta aos franciscanos. O livro, para os dominicanos, é uma "arma"; cada convento possui uma biblioteca. Os estudos compreendem vários níveis nos quais são praticados exercícios idênticos aos das universidades. Nas escolas de formação para missionários aprendia-se o grego, o árabe, o hebraico; no século XIII, cerca de cinco mil professores integram a ordem. Sua expansão foi rápida. Desde 1221, dividida em "províncias", ela se estende à Grécia, Escandinávia,

Polônia e Romênia, alcançando a Terra Santa. No século seguinte, com conventos implantados da Finlândia ao Marrocos, da Irlanda à Ucrânia, os dominicanos contam com 15 mil membros e perto de 500 conventos. Em 1793, todos os Pregadores foram expulsos da França, retornando no século XIX, após essa ruína passageira, que, segundo um especialista, "teve um efeito salutar na renovação da ordem".

DONATISMO Movimento cismático surgido no norte da África no decorrer do século IV sob a chefia do bispo de Cartago, Donato (razão do nome). Segundo os donatistas, um grande número de cristãos*, para não serem perseguidos pelos romanos, entregaram às autoridades municipais exemplares das Escrituras e o mobiliário litúrgico (v. Liturgia*) das cerimônias cristãs, o que lhes valeu serem chamados de "*traditores*" (do latim *tradere*, entregar), para os quais a comunidade cristã solicitava severa punição. A questão dos *traditores* transformou-se no estopim do movimento quando um dos bispos acusado de traição teve sua consagração contestada. Os donatistas, também chamados de circunceliários (*Circum cellas*), isto é, aqueles que rondam celeiros, achavam que os *traditores* (traidores) não pertenciam mais à Igreja, pois tinham quebrado a dignidade de seu ministério. Nesse movimento, os cismáticos tinham no campesinato o setor mais radical, caracterizando-se pela intransigência, o desprezo em relação à morte e a vocação para o martírio. Em 411, o imperador Honório convocou uma conferência dirigida pelo tribuno Marcelino, íntegro e católico fervoroso, estando presente Agostinho*b, bispo de Hipona. Os resultados foram fatais para o donatismo, ante as medidas tomadas: proibição de qualquer reunião, restituição imediata dos bens eclesiásticos porventura em seu poder e confisco dos domínios ocupados pelos donatistas. Saliente-se que vários proprietários imobiliários e funcionários municipais apoiaram o movimento. O significado dessa rebelião tem sido muito discutido, alguns nela vendo motivos políticos, outros alegando ser simples manifestação do nacionalismo africano (berbere, especificamente), patrocinado pelas camadas rurais contra grupos romanizados da população. Combatidos com rigor, os donatistas, na sua grande maioria, foram presos e executados. O seu principal líder e mentor, Donato, morreu exilado. A rebelião durara 99 anos. (312-411).

DOUKHOBORS (Em russo, "lutadores do Espírito" ou "negadores espirituais".) Seita* cristã (v. Cristianismo*) russa cujos adeptos, porém, se encontram quase todos no Canadá. Os *doukhobors* acreditam que o amor é Deus e qualquer homem ou mulher pode receber o Espírito divino. Esses sectários não estabeleceram quaisquer formas de culto*g ou cerimônia, inclusive o serviço do casamento, considerando encerrado o matrimônio quando não exista mais amor. Por isso, praticam a livre união, sem nenhuma celebração ou comemoração oficial. Não existem ícones*g. A Bíblia* é considerada como sendo a palavra de Deus, o que não os impede de acreditarem também na "Luz interior" e nos ensinamentos de seu líder. Para os *doukhobors*, todos são iguais, "irmãos e irmãs em Cristo" (v. Jesus*). O fundador da seita, em cerca de 1750, foi um militar prussiano, segundo alguns um *quaker** então estabelecido na Ucrânia. Esse nome, *doukhobors*, foi dado aos fiéis por padres ortodoxos (v. Ortodoxia*) alegando que "esses heréticos lutam contra a Igreja" (v. Heresia*); de sua parte, os *doukhobors* afirmavam estarem imbuídos do Espírito da verdade. De qualquer modo, ao findar o século XVIII foram autorizados a se estabelecer numa colônia, por eles fundada, nas proximidades do mar de Azov, e de lá foram deportados para a Geórgia, onde, surpreendentemente, prosperaram até 1887 quando, mais uma vez foram perseguidos pelo governo russo, e, também, pelos cossacos. A resistência e obstinação desses sectários, entretanto, chamou a atenção de Leon Tolstoi (1828-1910), célebre romancista e autor renomado, que, em seu nome apelou para a opinião pública. O czar Nicolau II (1868-1918; 1894/1917), último imperador da Rússia, autorizou-os a emigrar, o que fizeram no decorrer de dois anos, estabelecendo-se no Canadá, onde se revelaram cidadãos capazes e trabalhadores.

DOUTORES DA IGREJA Denominação dada — como um verdadeiro título — nas Igrejas cristãs (v. Cristianismo*) a ilustres teólogos orientais e ocidentais, entre os quais Gregório Nazianzeno*b, João Crisóstomo*b, Atanásio, Agostinho*b, Gregório Magno*b, Jerônimo*b e outros, todos canonizados (v. Canonização*). Esse título lhes é outorgado pelo reconhecimento de haverem produzido obras eminentes.

DRUIDISMO Sistema religioso, filosófico, jurídico e social instituído pelos celtas, povo indo-

-europeu, estabelecido em vasta área europeia e também, em menor escala, na Ásia Menor, a partir do século VIII a.C. Esse sistema foi organizado pelos druidas, "a elite intelectual dos celtas", classe sacerdotal cujo nome, bem como sua origem, tem sido objeto de várias interpretações. Parece, entretanto, fora de dúvida que o emprego do vocábulo "druida" não foi registrado anteriormente ao século I a.C. Modernamente, a explicação etimológica mais aceita é a de que "druida" significa "detentor do saber", o que vale dizer, "sábio". Do ponto de vista linguístico, os celtas distribuíram-se em dois grandes grupos: o continental (gaulês, celtíbero e lepontino) e o insular (gaélico e britônico). Os três idiomas do primeiro grupo não mais existem; quanto aos do segundo, ainda podem ser encontrados. No desempenho de um amplo leque de atividades — o que, aliás, lhes proporcionava algumas compensações, pois ficavam isentos de impostos e do serviço militar — os druidas celebravam cultos*g e sacrifícios, inclusive humanos, profetizavam o futuro e interpretavam presságios. Um outro aspecto de sua atividade diz respeito ao exercício da medicina, impregnada de magia* e de xamanismo*. Os druidas eram ótimos herboristas, conhecendo profundamente as plantas medicinais, muito utilizadas na cura de doenças e ferimentos. Vê-se logo que esse grupo sacerdotal comportava funções especializadas, embora não formassem uma classe fechada, pois pessoas de qualquer procedência social poderiam vir a ser druidas desde que, previamente, se habilitassem através de longos estudos e vocação manifesta. Assim, não se nascia druida; tornava-se um deles após 20 anos de aprendizagem. O ensino era exclusivamente oral, e seu nível cultural repercutiu até no mundo greco-romano; pelo seu saber, os druidas agiam como intermediários entre o homem e o sobrenatural, intérpretes das intenções divinas, cujos cultos e cerimônias nunca foram proibidos pelos romanos quando, a partir do século I a.C., dominaram as regiões célticas. Não obstante, por força do seu nacionalismo, os druidas acabaram sendo hostilizados e perseguidos pelos romanos até serem extintos. Um dos aspectos mais singulares da religiosidade céltica manifestava-se na atividade dos santuários druídicos, nomeados *nemetons* (equivalentes aos *temenos* gregos). O *nemeton* era uma clareira sagrada no âmago da floresta na qual, pelo menos uma vez por ano, os druidas se reuniam. O fato de o culto ser ao ar livre decorre de os celtas considerarem impróprio encerrar deuses em recintos fechados. Para os celtas, o *nemeton* era o centro do universo. Uma das cerimônias ali realizadas que mais atenção despertava era a dos rituais, em especial a do visco, planta parasitária que brotava em determinadas árvores, principalmente no carvalho. Essa cerimônia obedecia a normas precisas e imutáveis: o druida vestido de branco (símbolo da pureza?) cortava o visco com uma foice dourada (ouro, imagem do sol; a foice, lua crescente). Não se conhece o destino dessa planta depois de podada, sabendo-se, por outro lado, que esse vegetal era considerado poderoso remédio contra a esterilidade e antídoto para todos os venenos. A exemplo de outras religiões, o druidismo possuía seus deuses, embora não se saiba muito bem a verdadeira significação que os druidas lhes davam, havendo mesmo uma possibilidade de serem consideradas funções especializadas. De qualquer maneira, a seu respeito existem testemunhos, inclusive os assinalados por César. Desses deuses, o mais importante era Mercúrio (v. Hermes*d), do qual existiam numerosas estátuas. Narrativas épicas e inscrições votivas ou funerárias parecem comprovar essa existência. Os deuses eram nominalmente diversificados conforme a região. Ao findar o século XIX e no decurso do século XX, diversos grupos humanos surgiram, intitulando-se continuadores do druidismo (cerca de um milhão de pessoas) e o espalhando pelo mundo, mormente no País de Gales, Irlanda, Austrália e América do Norte, na maioria desses lugares com caráter folclórico. Vale salientar a observação recente de um notável especialista do mundo celta: "o druidismo só se justifica no quadro da sociedade céltica. Não basta vestir um grande manto branco para ser um druida".

DRUSOS Minoria de origem árabe, surgida no Egito no decorrer do século XI, configurada por alguns como seita* herética (v. Heresia*). Os drusos estão espalhados por quatro países: o Líbano (350 mil), a Síria (400 mil), a Jordânia (alguns milhares) e Israel (c. nove mil), perfazendo um total de quase um milhão no Oriente Próximo, constituindo uma força política de inegável importância. Os drusos não são considerados um povo, e sim grupos vinculados por um ponto comum: sua doutrina religiosa, uma variante do xiismo*, nascida no Egito à época em que esse país estava dominado e governado pela poderosa dinastia muçulmana dos fatímidas (909/1171). Um de seus califas, o sexto, Al--Hâkim (906-1021; 996/1021), "personagem enigmático e algo desequilibrado", após um período de intolerância e severidade com os seus súditos (reclusão das mulheres, perseguição* aos cristãos, destruição do Santo Sepulcro de Jerusalém etc.), repentinamente mudou de comportamento, passando a conviver com todas as práticas religiosas, culminando por proclamar sua própria divindade. Assinale-se que os drusos estão convencidos de que o califa possuía o dom da ubiquidade, acreditando que Al-Hâkim, a um só tempo, estava em seu palácio no Egito e no deserto, onde se entregava a meditações, no decorrer de uma das quais desapareceu (1021). A partir de então, nascia o drusismo, uma nova religião, fundada por dois ismaelitas (v. Ismaelismo*), Mohamad ibn Ismail el Darazi, que deu o seu nome aos drusos (duruz, drusos, plural de darazí) e Haruza ibn Ali, originário da Pérsia (Irã atual). Doutrinariamente, em termos de fé, como o traço essencial de sua religiosidade — ausente na tradição islâmica (v. Islã*) —, os drusos acreditam na reencarnação, formam uma comunidade fechada, de doutrina esotérica e moral austera, e praticam às vezes uma dissimulação legal (taqiyya) para proteger-se. Além do mais, não têm mesquitas*; os seus locais de culto*g não estão orientados para a cidade de Meca* (peculiaridade obrigatória entre muçulmanos). Segundo alguns, não cumprem o jejum do Ramadã*g nem a proibição de bebidas alcoólicas, com exceção de uma minoria. Por outro lado, os drusos admitem que Deus se manifesta periodicamente sob forma humana (makam); sua profissão de fé não reconhece sobre a Terra outro imame* senão "Nosso Senhor Al-Hâkim", e recitam apenas duas orações hebdomadárias, a mais importante às quintas-feiras. A doutrina drusa está exposta numa coleção de 111 textos denominada "Epístolas da sabedoria", estruturada numa oposição entre o aparente (zahir) e o oculto (bâtim). Após a morte do califa, houve forte perseguição aos drusos no Egito, redundando no seu desaparecimento do país e consequente dispersão, que levou a sua instalação nos países já mencionados. Em 1043, um certo Baha ed-Din, então chefe espiritual dos drusos, decidiu realizar o que se chamou o "fechamento das portas", proibindo o proselitismo, a iniciação ou a conversão de qualquer pessoa, caso raríssimo na história das religiões. Procedeu-se a uma reformulação dos quadros drusos ditos, a partir de então, "iniciados" (juhâl) e "inteligentes" (uqqal). A vida destes últimos, os chamados "drusos de base", difere da dos outros, exigindo-se deles apenas respeitar um certo número de prescrições morais. Quanto aos primeiros, não lhes é imposta a abstinência*g do álcool, do tabaco e das relações sexuais.

DUALISMO Expressão genérica pertinente a doutrinas religiosas e filosóficas que procuram explicar a presença de dois princípios antagônicos permanentemente em luta, espírito e matéria. Um deles, o bem, se opõe ao outro, o mal, caracterizando o conflito cotidiano que se verifica no mundo. O vocábulo "dualismo" surgiu no fim do século XVIII, designando formas de pensamento, verdadeiro sistema existente nos planos religioso, filosófico, antropológico etc. Essa concepção dual é encontrada em várias culturas, como o zoroastrismo (v. Masdeísmo*) persa, a religião egípcia ou o hinduísmo*. Na antiga Pérsia (atual Irã), o dualismo se manifesta no masdeísmo no qual Arimã*d, divindade benfazeja, enfrenta Ormuzd*d, ou Ahura Masda, o mal. Também nos Manuscritos do Mar Morto* há referências a um príncipe da luz e a um anjo* das trevas. Foi, porém, através do maniqueísmo*, doutrina fundada no século III pelo persa Mani*b (216-277) e rapidamente difundida no Oriente e no Ocidente, que o dualismo se consolidou, constituindo-se no embasamento de várias seitas* religiosas, entre outras o bogomilismo*, o catarismo*, o paulicianismo* etc.

EBIONISMO Seita* cristã judaizante, atuante no decurso do século II e que, no dizer de Tertuliano*b (160-220?), célebre teólogo cristão*, teve como líder um judeu chamado Ebion, personagem cuja existência é posta em dúvida. Segundo autores, o termo derivaria da palavra hebraica *evion*, que significa "pobre". Esses sectários negavam a divindade de Jesus*b, reconhecendo-o apenas como um Messias*. Por outro lado, rejeitavam os textos dos apóstolos*, admitindo tão somente o Evangelho* de Mateus e recusando formalmente os de Paulo*b a quem consideravam um apóstata (v. Apostasia*). Proclamando-se pobres e únicos representantes daqueles mencionados pelo Cristo no Sermão da Montanha, os ebionitas praticavam a circuncisão* e observavam o *shabat**. Um evangelho desse grupo, elaborado, provavelmente, no século II, consta do Antigo Testamento*. A seita extinguiu-se no século V.

ECKANKAR Religião de tipo orientalista, fundada nos Estados Unidos da América do Norte em 1965 pelo americano Paul Twitchell (1908-1971). A "Ciência secreta do caminho da alma", seu nome original, aspira ser uma técnica espiritual tendo por objetivo imediato alcançar o céu. Essa religião se apresenta com um sincretismo*g composto de elementos esparsos provenientes do cristianismo*, do hinduísmo*, do ocultismo e até mesmo da ficção científica. Segundo afirmava seu fundador, a *Eckankar* transmitiria as verdades deliberadamente omitidas pelas Igrejas, as quais, assim agindo, controlariam melhor as populações e com isso possibilitariam desde logo seu contato com Deus. Isso seria feito através da iluminação interior de cada crente, dando acesso a ensinamentos religiosos antigos, entre os quais os de Platão, Sócrates e Jesus*b (*sic*), Rama*d e Krishna*d. As revelações de Eck colocam à disposição do discípulo uma sabedoria ampla, sabedoria essa indevidamente apropriada pelas religiões. A partir de 1960, Twitchell dedica-se à parapsicologia e ao ocultismo, proclamando-se conhecedor dessa sabedoria antiga e, como tal, descendente de uma linhagem de antigos Mestres d'Eck "aos quais remontaram as origens da humanidade". O mestre Eck, na realidade, é um avatar*g do divino, afirmava, capaz de se deslocar pelo universo, material ou espiritual, trazendo ajuda e felicidade ao ser humano. Essa religião, surpreendentemente, conheceu rápido crescimento em vários países, a começar pelo Canadá (Québec). Sua sede situa-se na Califórnia, para onde cada fiel envia sua quota anual de 300 dólares (1983). Em 1979, contava com 50 mil adeptos. A organização publicava, então, duas revistas.

ECLESIASTES Juntamente com o Livro de Jó*b e o de Provérbios*g é um dos assim chamados Livros de Sabedoria* do Antigo Testamento*, e seu título em hebraico é *Kohelet*. Alguns atribuem a autoria do Eclesiastes ao rei Salomão*b, mas sua temática e seu estilo de pessimismo e desencanto o aproximam mais da postura dos saduceus*, por volta do século III ou II a.C., em sua afinidade com as culturas helênica e romana: valorização do terreno e do efêmero, a ideia de "aproveitar a vida", em consonância com a filosofia epicurista e hedonista, e a negação da imortalidade da alma. O ceticismo do Eclesiastes é expresso em linguagem poética, densa e introspectiva. O melancólico conformismo com o destino e com o vazio conceitual da existência é compensado pelo estímulo ao prazer terreno imediato, o que parece contradizer a atitude religiosa clássica do judaísmo*, de rigor comportamental a ser compensado pela elevação espiritual que enche a vida de significado. Apesar dessa aparente contradição, assim como os outros livros de Sabedoria, o Eclesiastes exprime uma preocupação universal com a alma e com o destino do homem. (P.G.)

EDITO DE MILÃO Nome pelo qual é chamado um documento publicado em 313, atribuído ao imperador romano Constantino Magno (285-337; 306/337), que dava liberdade de credo aos cristãos* e abolia o culto imperial*. A controvérsia a respeito desse texto tem sido longa e persistente, dividindo especialistas e historiadores de modo geral. O Edito de Milão não constituía uma inovação quando foi promulgado, pois dois anos antes o imperador Galero, que compartilhava o poder com Constantino, promulgara um edito pelo qual permitia aos cristãos a prática de seu culto e o direito de reunião. Quanto à veracidade do documento, um acaso conservou a sua integridade através de dois exemplares, vindos de fontes diversas, na verdade independentes um do outro. O primeiro se encontra na obra de Lactâncio (245-325), autor latino e apologista cristão de origem africana, e o segundo, na de Eusébio*[b] (265-340), bispo de Cesareia, autor da famosa *História eclesiástica*. Afixado na Palestina, é um texto neutro, mencionando "a divindade", seja ela qual for, que reina nos céus. O cristianismo* se tornara então uma religião amparada por lei (*religio licita*), o que autorizava aos cristãos oficiar seus cultos*[g]. Os conflitos nos quais estiveram envolvidos os ocupantes do poder, Constantino e seu cunhado Licínio, terminaram quando ambos formalizaram, na cidade de Milão, a promulgação do documento, que amparava não só o cristianismo como as demais religiões. Se do ponto de vista ocidental o Edito nada mais fez do que consagrar uma situação de fato, no lado oriental o documento transformou visceralmente a vida dos cristãos.

EGÍPCIOS No dizer do historiador grego Heródoto (484-425 a.C.), os egípcios eram os mais religiosos dos homens. "Cultuando os mesmos deuses e divindades, imbuídos das mesmas crenças e realizando os mesmos ritos*[g] e cerimônias, os egípcios transmitiram à humanidade um notável exemplo de continuidade espiritual". No decurso de sua civilização desenvolvida e implantada ao longo de milênios, nenhuma ruptura séria desfez o seu equilíbrio cultural. Do período neolítico (c.5500 a.C.) à sua unificação, quando surgiram os primeiros de seus reis, os faraós (de *per-âa*, "casa grande"), pouco ou quase nada se modificou no quadro religioso do país. No entanto, nessa cultura rica em hinos e rituais, a presença dos chamados "textos de reflexão" é modesta, devido em grande parte à fragilidade dos papiros, instrumentos fundamentais na perpetuação gráfica. Um dos traços característicos da religião egípcia, fonte de permanente atração, manifesta-se no seu politeísmo. Contam-se às centenas os deuses do Egito, locais ou nacionais, dos nomos (províncias) ou das grandes cidades, de formas as mais diversas, animais ou vegetais: homem, mulher, gato, falcão, abutre, touro, lótus, sicômoro, vaca, escorpião, cobra etc. Uma mesma divindade poderia ser cultuada em vários nomos, com aspectos e identificação diferentes. Essa multiplicidade de deuses data da pré-história egípcia, época na qual cada nomo possuía uma divindade particular. Desde os primórdios de sua civilização, influências políticas contribuíram para manter indelével o caráter divino da realeza, consubstanciada essencialmente na figura do faraó, "um deus sobre a Terra". As concepções religiosas e também filosóficas se concentravam numa divindade, Maat*[d], encarnação da justiça e da verdade, símbolo da ética e da ordem universal. Desobedecê-la implicaria o rompimento do equilíbrio do mundo e da regularidade dos fenômenos que sustentavam a vida, o raiar e o cair do sol e as benfazejas inundações do rio Nilo. O antropomorfismo* sempre esteve presente no pensamento dos egípcios, sendo frequente a configuração híbrida de algumas divindades, a mais comum aquela que associava corpo humano e cabeça de animal. Alguns animais não eram incluídos nessa prática (o galo, por exemplo). De outra parte, animais poderosos participavam desse hibridismo, tais como o leão ou a serpente. O comportamento humano, desde a mais remota Antiguidade, era encarado como extremamente complexo. Os homens agiam num espaço real, limitado, enquanto os deuses, imprevisíveis e poderosos, atuavam no universo. Os egípcios viam no homem componentes indispensáveis à sua existência, a começar pelo próprio corpo, mero suporte físico. Alguns livros funerários registram transformações de mortos em animais sem que a personalidade humana desapareça. Todo ser vivo possuía um corpo (*djet*), acompanhado de uma sombra (*shut*), "espécie de irradiação móvel e silenciosa do corpo", cujo desaparecimento é matéria controversa. Um outro elemento indispensável na caracterização do ser humano era o coração, núcleo dos sentimentos, campo preferido dos deuses, moradia do pensamento e do intelecto, transmissor da alegria e da tristeza, da angústia e da coragem, Tão importante quanto o coração era o nome, indispensável para assegurar a eficiência dos ritos. Pelo nome, o homem revelava sua identidade e projetava o seu destino e a sua individualidade. A vida do homem norteava-se por princípios inexistentes no vocabulário moderno: o *"ka"*, o *"ba"* e o *"akh"*. O primeiro, durante muito tempo traduzido por "duplo", era apanágio dos deuses, presente na alimentação, energia alojada no homem e destinada a manter o corpo e o seu bem-estar. Deuses faraós possuíam maior quantidade de *ka*. O *ba*, não raro equivocadamente traduzido por "alma", pode ser compreendido como uma faculdade viva, dinâmica, exclusiva do faraó morto e, posteriormente, extensiva a qualquer mortal. A partir da 18ª dinastia (1567/1320 a.C.), o *ba* passou a ser representado como um pássaro de cabeça humana, procurando exprimir sua mobilidade. Quanto ao *akh*, costuma ser interpretado como uma força espiritual, representado pelo *ibis camata* ("garça branca"). Os espíritos *akh*, luminosos e habitualmente pacíficos, nem sempre o eram, podendo ser agressivos e temíveis. Os coptas* veem no *akh* um demônio. Os egípcios tinham também o costume de organizar seus deuses em agrupamentos de duas modalidades: as "tríades" (pai, mãe, filhos) e as "enéades", estas reunindo nove divindades. Na mentalidade egípcia, o número nove simbolizava a universalidade. Ciclos e lendas formavam-se em torno de deuses poderosos e populares, tais como Rá*d, o sol, ou Hórus*d, um dos mais antigos deuses do Egito, ou ainda Osíris*d, deus da vegetação, marido de Ísis*d, assassinado por seu irmão e, mais tarde, recuperado pela esposa. Algumas divindades apresentavam configuração animal, entre as quais Ápis*d (touro), Hathor*d, Anúbis*d (chacal), Sobeke (crocodilo), Hórus (falcão). Na concepção dos antigos egípcios, os deuses eram sempre belos: "ossos de prata, carne de ouro ou azul (Amon) ou verde (Osíris); de seus corpos emanava suave fragrância revelando a presença divina". O culto dos animais, de há muito, costumava ser praticado no Egito. Cemitérios de cães, carneiros, gazelas, touros foram encontrados, alguns anteriores às primeiras dinastias. O animal sagrado (não confundir com os animais associados a divindades locais) era considerado um deus vivo, selecionado pelos sacerdotes e reverenciado em templo próprio. Morto, caberia ao clero procurar outro animal da espécie no qual o deus "reencarnara". Na realidade, toda a fauna viva do Egito era reputada sagrada, sendo mais fácil (no dizer de renomado egiptólogo) "enumerar os animais não venerados do que aqueles que o foram". Alguns homens importantes, excepcionalmente, foram divinizados, entre os quais Imhotep, famoso arquiteto e conselheiro do faraó Djoser (3ª dinastia, 2800 a.C.), elevado à categoria de deus-curandeiro e representado como um jovem sentado com um papiro nos joelhos. Quanto aos templos, quase sempre construídos em pedra, ao contrário da maioria dos santuários da Antiguidade, ficavam reservados para os sacerdotes, cabendo à população frequentar apenas as partes externas dos edifícios. Os clérigos, "donos da casa", submetiam-se a purificações antes de ingressarem nos lugares sagrados, eliminando os pelos do corpo e raspando a cabeça a cada dois dias, devendo ainda abster-se de certo tipo de alimentação. Os textos egípcios são taxativos: quem entrar no templo deverá estar purificado de qualquer contato feminino. Um outro traço importante na religião egípcia convergia para sua associação com a magia*, "rainha no país dos faraós", associação essa baseada em dois fatores: o poder do nome e a força das imagens. Pronunciar o nome de uma divindade era o suficiente para se obter o que desejava; reproduzir plasticamente uma pessoa ou um objeto implicaria participar dessa pessoa ou desse objeto. Os egípcios não acreditavam na astrologia; entretanto, admitiam uma correlação entre os fatos mitológicos (v. Mitologia*) e o cotidiano, elaborando "calendários de dias fastos e nefastos" concernentes às aventuras dos deuses. A religião egípcia evoluiu ao longo dos séculos sabendo manter suas características essenciais. Extremamente complexa, rica e sentimental, essa religião — exceção feita a raríssimas ocasiões — jamais manifestou intolerância ou proselitismo sobre qualquer sistema religioso. Como bem salientou Petosiris, sábio e grande sacerdote do deus Thot*d: "Aquele cujo coração está firme no caminho dos deuses, firme está a sua existência na Terra".

ELÊUSIS, MISTÉRIOS DE Conjunto de ritos*g e cerimônias realizados na pequena cidade grega de Elêusis, perto de Atenas. Essas festividades, das mais importantes da Grécia, durante quase dois mil anos, reuniam centenas de pessoas a fim de homenagear duas divindades intimamente associadas: Deméter*[d], deusa da terra cultivada, e Perséfone, sua filha, deusa dos infernos*, companheira de Hades*[d] (Plutão), seu tio. Todo o cerimonial de Elêusis girava em torno do rapto de Perséfone (Koré) realizado por Hades e de sua volta ao Olimpo, a morada dos deuses. O retorno simbolizava a germinação periódica dos grãos e da vegetação em geral, fruto da fecundidade da terra patrocinada por Deméter. Os mistérios de Elêusis eram abertos a todos, sem distinção de sexo ou de classe social, inclusive aos escravos, que podiam ser "iniciados" se fossem gregos, e até mesmo aos "metecos" (estrangeiros), uma vez naturalizados. A população que acorria a Elêusis participava, inicialmente, dos "Pequenos Mistérios" (meses de fevereiro/março) como um verdadeiro prólogo aos "Grandes Mistérios", estes celebrados em setembro ao longo de vários dias. Mais do que transmitir fórmulas ou informações, a iniciação dos candidatos visava a estabelecer um estado de espírito que os inspirasse a fazer parte dos mistérios*. No entanto, quanto ao culto*[g] propriamente dito, somente aos que se iniciavam eram acessíveis as palavras que caracterizavam o culto. O significado dessas palavras, proferidas secretamente, bem como os rituais então consumados, permanecem ignorados. O grau supremo da iniciação, feita em sala especial (telesterion), é, no entanto, bem conhecido: propunha-se proporcionar ao neófito um sentimento de autocontemplação (epoptéia), manifestado numa felicidade que ele "via", antecipando o seu próprio futuro. A administração do santuário de Elêusis ficava a cargo de um grupo de sacerdotes, destacando-se os eumólpidas, entre os quais escolhia-se, por sorteio, o hierofante (aquele que mostra as coisas sagradas), principal sacerdote de Elêusis. A longevidade e o prestígio dessas cerimônias ultrapassaram os limites da Grécia. Roma, inclusive, não ficou insensível à sua mensagem. Um de seus maiores nomes, o grande orador político Cícero, proclamava serem os mistérios de Elêusis "não apenas um meio de se viver alegremente mas, também, de morrer com esperança".

EMPAREDADAS Denominação pela qual ficaram conhecidas em Portugal, durante a Idade Média, mulheres que, por penitência, se encerravam em pequenas celas cuja única abertura era em forma de cruz na porta. Os únicos contatos com o mundo exterior limitavam-se à comunhão*[g] e à alimentação, realizadas no próprio cubículo em que estavam isoladas. Essa forma de penitência existia desde o século XIII, estendendo-se até quase o século XIX. Embora a maioria esmagadora fosse de mulheres, homens também houve que se entregavam a essa modalidade de penitência.

ENCÍCLICA Carta pastoral solene enviada pelo papa* a todos os bispos do mundo e, por intermédio deles, aos católicos de todo o mundo, ou aos de um país. As encíclicas, geralmente conhecidas pelas suas duas ou três palavras iniciais, expressam a visão da Igreja ante questões doutrinárias, morais ou disciplinares, ou sua posição ante novos fatos e circunstâncias da sociedade secular. A encíclica é escrita em latim e é publicada nos *Atos da Sé Apostólica*. Uma das características da encíclica é sua destinação universal, como se explicita na *Mater et magistra*, de João XXIII*[b] (1961): "A todo o clero e aos fiéis do mundo inteiro". Entre as encíclicas mais importantes, podem-se também citar: *Mirari vos*, de Gregório XVI (1832); *Quanta cura*, de Pio IX (1864); *Imortale Dei* e *Rerum novarum*, de Leão XIII (1885 e 1891); *Pascendi*, de Pio X (1907); *Quadragesimo ano* de Pio XI (1931); *Mystici corporis Christi*, de Pio XII (1943); *Pacem in terris*, de João XXIII (1963); *Populorum progressio* e *Humanae vitae*, de Paulo VI (1967 e 1968); *Veritatis splendor*, de João Paulo II (1993).

ENCRATISMO Movimento religioso surgido no Oriente Próximo e em áreas mediterrâneas no decurso dos séculos II a V. Fundado por Taciano (c.110-c.175), teólogo cristão de origem oriental, seus adeptos — os encratitas — eram assim denominados por praticarem a *enkratéia*, palavra grega que significa "continência" (do verbo conter). Para esses sectários, os verdadeiros cristãos deveriam ser continentes, isto é, conter a prática do sexo, bem como restringir alguns alimentos como a carne e o vinho, cuja ingestão associavam ao comportamento animal e à incitação à relação amorosa. Tais concepções, logo tornadas uma constante, baseavam-se na interpretação que não pequena parte da sociedade fazia do pecado original, fruto da renúncia de Adão e Eva à pureza do ser humano, até então garantida pela união do casal ao Espírito Santo

Para os seguidores de Taciano, essa união simbolizava a santificação dos seres humanos. Ao se unirem carnalmente, o "casamento" com o Espírito Santo ficava anulado, rompendo os limites que os mantinham separados do reino animal. Para a maioria dos encratitas a sexualização de Adão e Eva havia praticamente eliminado esses limites, pois o relacionamento físico implicaria compartilhar com os animais duas de suas características mais peculiares: a de fazerem sexo e a de não serem imortais. Se os animais praticavam o sexo e morriam, o mesmo teria de ocorrer com os seres humanos, representados por Adão e Eva. Nesses termos, o homem, igualado aos animais, perderia a imortalidade, só restaurada desde que permanecesse casto, primeiro pelo batismo* e depois pela prática da *enkratéia*. Tal atitude em relação ao sexo tornou-se, aliás, típica da cristandade como um todo, pois até o findar da Idade Média o sexo era encarado como um mal necessário, que tolhia o verdadeiro caminho para a redenção*g: o celibato e a virgindade. As concepções morais e religiosas dos encratitas, baseadas na abstinência*g sexual e na restrição alimentar, parecem ter influenciado duas seitas* importantes: a dos essênios* e a dos terapeutas*. Práticas como a castidade, a austeridade, a frugalidade e a continência marcaram o comportamento cotidiano desses dois grupos. De outra parte, há indícios de que o encratismo também se fez sentir na elaboração da doutrina dualista "Luz/Trevas", binômio que simbolizava os domínios do bem e do mal (v. Dualismo*). Por outro lado há quem encontre no ascetismo* cristão tendências encratitas, de imediato contestadas pela Igreja Católica quando salienta que essa prática não é senão uma forma de servir a Deus. É fora de dúvida, porém, que a posição da Igreja primitiva para com a sexualidade representou, na consciência popular, um fator decisivo para a ruptura com o paganismo*.

EPIFANIA (Do grego *epipháneia*, manifestação, aparição.) Além do sentido genérico de "aparição divina", aplicável a várias instâncias de várias religiões, é, especificamente, uma festa cristã, realizada no dia 6 de janeiro para comemorar o aparecimento do Cristo aos "gentios", ou seja, aos romanos. Sabe-se que o nascimento de Jesus*b só começou a ser celebrado no decorrer do século IV, sem que, no entanto, ficasse seguramente estabelecida uma data universal para esse evento: no Ocidente, o dia 25 de dezembro; no Oriente, o dia 6 de janeiro. Quanto às datas, não há certeza de que Jesus tenha nascido em uma delas. Vale dizer que a fixação de 25 de dezembro como data do aniversário de Jesus ocorreu numa época em que, de há muito, era festejado Mithra*d, divindade de origem persa que fora introduzida no meio romano — segundo Plutarco, historiador grego — por soldados que retornavam de campanhas no Oriente. Extremamente popular, Mithra era considerado a encarnação do deus Sol. Seus adeptos, nessa data, celebravam o seu nascimento. A celebração de uma festa da luz, porém, já era feita desde o início do século III a.C., brindando o solstício de inverno com o surgir da luz, na ocorrência, o Sol. Essas solenidades, realizadas sobremodo na cidade egípcia de Alexandria, comemoravam o nascimento de Aion — o Tempo —, com os fiéis cantando numa grande procissão o esplendor da luz. Festejava-se, então, a epifania, aparição divina, plena de milagres. A devoção fez da Epifania cristã a revelação de Deus, "manifestação divina e repentina", simbolizando-a na adoração dos Três Reis Magos vindos do Oriente, e que se consolidou a partir do século XII, quando as relíquias desses personagens foram trasladadas de Milão (Itália) para Colônia (Alemanha). Na Epifania cristã celebra-se uma nova Luz, manifestação divina na Terra, processada pela encarnação: o nascimento do Menino-Deus.

EPÍSTOLAS Denominação pertinente a 21 livros do Novo Testamento*, assim chamados por terem sido redigidos em forma de cartas. Quatorze delas são atribuídas a Paulo*b, e inseridas na Vulgata*. As epístolas, uma das modalidades de literatura didática então em voga na Antiguidade, foram amplamente utilizadas pelos primeiros missionários e também pelos Pais da Igreja*, que delas se valiam para ensinar às comunidades cristãs. As outras sete, intituladas epístolas católicas, não têm destino especial, assumindo, assim, a função de cartas circulares, dirigidas aos fiéis espalhados pelo Oriente por causa da perseguição* romana e escritas pelos apóstolos* Pedro,*b Tiago e João*b. Na liturgia*g católica, o termo estendeu-se à primeira leitura da missa, na maioria das vezes oficiada com texto retirado de uma das epístolas.

ERASTIANISMO Doutrina elaborada no século XVI pelo médico e teólogo suíço Thomas

Eraste (1524-1583), professor da Universidade de Heidelberg, que teria escrito um livro, publicado após sua morte, no qual atacava o calvinismo*. Nesse livro, Thomas achava que os tribunais eclesiásticos* deveriam excomungar e punir heréticos (v. Excomunhão*g, Heresia*). No século XVII, surgiu o termo "erastianismo" para identificar uma escola (corrente) inglesa que negava autonomia à Igreja, alegando que somente uma autoridade suprema deveria existir: o poder secular, ou seja, o Estado.

EREMITISMO Forma de devoção religiosa praticada por homens e mulheres que, abandonando a sociedade, retiravam-se para regiões desérticas, buscando o ascetismo* e a meditação. Os eremitas (grego, *eremos*, solitário) foram muito numerosos no decorrer dos primeiros séculos do cristianismo*. Espalhando-se por Oriente e Ocidente, instalavam-se em locais ermos, nos quais procuravam a espiritualidade no silêncio e no isolamento; também conhecidos como "anacoretas" ("aqueles que fogem do mundo"), eles apareceram no Egito, construindo pequenas celas nas grutas que encontravam e em ruínas de antigas construções. As razões dessa atitude, adotada por surpreendente número de pessoas, parecem ter sido de ordem predominantemente — senão exclusiva — espiritual, inspiradas na renúncia e na descrença da convivência coletiva. O extremo rigor que impunham às suas vidas, seu afastamento de qualquer contato humano (a não ser episodicamente), tudo contribuía para que os eremitas passassem a ser vistos como santos. O eremitismo, em algumas culturas (a hindu, por exemplo), é considerado um estágio superior do espírito humano. Na própria Bíblia*, certos profetas, em determinado momento de sua existência, apelaram para a solidão. O eremitismo, por vezes, buscava na mortificação a remissão dos pecados, como faziam os estilitas, indivíduos que se isolavam no topo de colunas, ou os denominados "estacionários", que nunca se deitavam. O primeiro eremita comprovadamente histórico foi santo Antônio, nascido no Egito no século III, que viveu solitário nas ruínas de uma fortaleza situada próxima ao litoral do mar Vermelho. A prática do eremitismo tem sido recentemente interpretada também como uma manifestação de liberdade, alcançada na imensidão do deserto como instrumento de fuga, de eliminação da iniquidade e da remissão dos pecados.

ESCATOLOGIA Parte da teologia que trata dos últimos fins (do grego *ta eschata*, "últimas coisas"). Está presente na doutrina ou nas tradições de várias religiões, tendo em cada uma seus contornos específicos. No Alcorão*, por exemplo, é chamada de "o último dia" (*al yawm al ajir*), sendo ponto essencial da doutrina de fé muçulmana e, juntamente com a unicidade de Deus, a primeira verdade de fé a ser proclamada pelo Alcorão. Os assuntos pertinentes à escatologia — termo instituído a partir do século XIX — dizem respeito à morte, ao Juízo Final, ao céu, ao inferno* e à ressurreição. Temas escatológicos povoaram sempre o imaginário de várias culturas, sendo objeto de permanente interesse e mesmo preocupação, não só do homem comum mas também dos eruditos. No mundo cristão e hebraico, a escatologia aparece salientando a intervenção de Deus, num sentido ora destruidor, ora construtivo, aguardando-se a transformação do mundo esperançoso com a presença divina. Entre os muçulmanos, a escatologia ocupa lugar extremamente importante, objetivando chamar a atenção de poderosos e egoístas para o fim que lhes estaria reservado após a morte. No Antigo Testamento*, a alma, depois da morte, aguarda em lugar indefinido o juízo final e definitivo. De acordo com o Novo Testamento*, os católicos (v. Catolicismo*) e protestantes (v. Protestantismo*) participam de igual expectativa. Já os ortodoxos (v. Ortodoxia*) pensam que a grande maioria, após morrer, aguarda numa espécie de purgatório, beneficiando-se das orações dos vivos que podem atenuar suas penas. (V. tb. Escatologia [no judaísmo]*.)

ESCATOLOGIA (NO JUDAÍSMO) As visões escatológicas, comuns nas religiões e literaturas antigas, imaginavam um mundo de "depois dos dias", mundo que, com a purgação de seus erros e depois do inevitável choque entre o bem e o mal, atingiria um estágio novo de bem-aventurança, ou, em outras versões, retornaria aos valores positivos com que fora originalmente criado. No judaísmo, como expresso logo nos primeiros livros da Bíblia*, essa visão estava associada à concepção de um futuro conforme à Aliança do povo judeu com Deus, condicionado ao seu cumprimento e ao comportamento que isso implicava. Na visão escatológica judaica, o dia da redenção*g, ou o "dia do Senhor", viria após uma época de sofrimento, inaugurando uma era em que as promessas divinas se realizariam, Israel venceria seus inimigos e obteria, na terra que lhe fora prometida, a paz que compartilharia com toda a humanidade. Nas palavras dos profetas bíblicos, a visão do "fim dos dias" e do "depois dos dias" está impregnada de valores morais e sociais, pois a perspectiva de um mundo melhor está firmemente ancorada no comportamento ético, na justiça e na fidelidade de Israel aos preceitos divinos. Por outro lado, o abandono desses preceitos por Israel o conduziria à catástrofe, caso não demonstrasse arrependimento sincero. Assim, o "dia do Senhor", coincidia, para Israel, com o dia em que seria julgada sua conduta, transformando-se num dia de julgamento, o "dia do Juízo". Apresentada pelo primeiro dos grandes profetas, Amós, essa visão irá impregnar os textos de muitos outros. À medida que a realidade tornava mais distante o esperado raiar dessa nova era, seus contornos ganhavam mais dramaticidade e fantasia. Foi associada ao surgimento de um descendente da casa real que viria a ser o redentor de Israel (o Messias*), à restauração do reino de Israel com a volta de todo Israel a sua casa, à ressurreição dos mortos. O grande choque que transformaria o mundo ganhou um desenho apocalíptico, como nas profecias de Ezequiel*[b], Zacarias e Daniel*[b] e, mais tarde, no livro do Apocalipse*, do Novo Testamento*. Após a batalha final contra Gog e Magog por Jerusalém, liderada pelo Messias ben José, dos escombros e do sofrimento surgiria a nova era, anunciada pelo profeta Elias (v. Messias*) e trazida pelo Messias ben Davi. As dispersões judaicas se reuniriam na Terra Prometida* e viria então o Dia do Juízo Final, quando os justos do mundo seriam recompensados, enquanto os iníquos desceriam ao *Guehinom*. (P.G.)

ESPIRITISMO Sistema religioso cuja doutrina baseia-se na sobrevivência da alma e na presença de fenômenos paranormais, obra dos espíritos desencarnados que se podem comunicar com as pessoas através de um médium, ou seja, por intermédio entre o mundo dos vivos e o invisível. A origem dessas ideias e convicções é longínqua. De há muito acreditava-se numa comunicação entre vivos e mortos, estes representados por espíritos. No entanto, foi somente a partir do século XIX que alguns fatos inusitados vieram à luz. Nesse sentido, nos Estados Unidos da América do Norte, em 1847, já havia quem afirmasse ter conversado com um espírito mediante batidas na mesa, obtendo grande divulgação e enorme sucesso, não só na América como em grande parte do mundo. A crença na reencarnação, baseada na transmigração das almas, se ampara na concepção indiana do carma* e na comunicação com os mortos. Essa comunicação é feita por pessoas habilitadas a esse mister, os médiuns, no decorrer de reuniões apropriadas, comumente denominadas "sessões espíritas". O seu maior apologista foi um francês, Léon Hipolyte Denizard Revail (1804-1869), mais conhecido — e assim consagrado — pelo nome de Allan Kardec*[b], certamente o responsável pela sistematização da nova doutrina. No Brasil, o kardecismo* surgiu na segunda metade do século XIX, tendo-se instalado as principais organizações espíritas na Bahia e no Rio de Janeiro. Segundo Kardec, o espírito nada mais é do que a realidade do próprio indivíduo, um corpo etéreo feito de matéria sutil e dotado de um "fluido vital". A terapia mediúnica se desenvolve, essencialmente, mediante os "passes", capazes de eliminar o desconforto e de combater as doenças. Esses passes, ministrados por médiuns em transe no decurso da sessão, visam a combater as más influências e trazer a "luz", ou seja, a energia positiva. Tudo isso embasado em dois mandamentos essenciais: o amor ao próximo e a caridade, agentes da purificação e da luz. O espiritismo conta com milhões de adeptos na América do Sul (Brasil e Argentina, sobretudo), dispondo de centros, pastores e missionários, bem como de associações e federações em várias partes do mundo.

ESSÊNIOS Seita* do judaísmo*, principalmente entre os séculos II a.C. e I a.D., à qual poderiam ter pertencido Jesus*[b] e os apóstolos*, e provável núcleo do cristianismo* em seus primórdios, o judeo-cristianismo*. A palavra provém do hebraico *tsenuim*, à qual podem-se atribuir vários significados: "modestos", "castos", "humildes", ou ainda, segundo Fílon*[b], "sagrados". A seita, como muitas outras que grassaram entre os judeus na mesma época, surgiu como uma reação ao caos político, social e religioso que dominou a Judeia durante os períodos de dominação helênica (gregos e selêucidas) e romana. Os judeus devotos eram perseguidos e humilhados não só pelos invasores, mas também por membros dos estamentos judaicos "oficiais" — a corte real, a hierarquia sacerdotal, os ricos proprietários de terra —, cujos interesses próprios levavam à submissão aos ditames dos conquistadores, à corrupção, à injustiça social, à profanação de valores e símbolos religiosos e, pior, à opressão e perseguição dos que permaneciam fiéis ao judaísmo, como expresso em seus princípios éticos e na prática da religião. Esse zelo religioso, mesclado com a revolta nacional e social, caracterizou a essência do ideário e do comportamento dessas seitas, especialmente a dos essênios. Os fundadores da seita podem ter sido dissidentes dos fariseus*, por não mais satisfazerem estes o nível de zelo religioso esperado, ou continuadores da missão dos revolucionários macabeus que haviam derrotado os selêucidas e reconsagrado o Templo* em 165 a.C. (v. Chanuká*). Eles viviam em comunidades ao longo das margens do mar Morto e do rio Jordão (e, segundo o historiador Flávio Josefo, também em cidades), completamente afastados, fisicamente e em estilo de vida, do convívio com outros estratos da sociedade. Como fundamentos da vida monástica (v. Monasticismo*) que instituíram e de que foram os precursores, renunciaram a todos os bens e interesses individuais em favor do coletivismo, trabalhavam na comunidade para seu sustento (agricultura, pastoreio, apicultura), cuidavam de seus idosos e seus doentes, e praticavam um ascetismo* que ia da frugalidade e da simplicidade à abstinência*ᵍ sexual. Toda essa forma de vida representava uma das trilhas que levaria à redenção dos puros valores éticos do judaísmo, que eles viam comprometidos e violados pelos conquistadores e pelo *establishment*. Era complementada pela prática desses valores, através do estudo da Torá*, da oração e do extremo cuidado com a pureza: banhavam-se constantemente e vestiam-se de branco. Os rituais de purificação por imersão conduzidos pelo essênio Iochanan [João], o "banhista", ou "batista", tornaram-se depois o sacramento* de integração ao cristianismo. Em resumo, os essênios visavam ao exercício da santidade de espírito e de ações, da justiça social (não tinham escravos) e, principalmente, do amor e da misericórdia. Toda essa estrutura de ideias e de comportamentos preparava o terreno para a vinda do Messias*, marco da transformação ansiada e buscada pelos essênios. Não é difícil identificar aqui muitos dos fatores que motivaram a pregação de Jesus e dos apóstolos, a percepção de Jesus como o Messias, o ideário do judeo-cristianismo, e, depois, o do cristianismo. A descoberta dos Manuscritos do Mar Morto*, na gruta de Qumran, em 1947, teve um efeito impactante no estudo histórico dos essênios e de sua influência na formação das ideias religiosas que constituíram a base e o eixo dessas religiões. (P.G.)

ESTADOS PONTIFÍCIOS (*"Patrimonium Sancti Petri"*), denominação dada aos territórios italianos subordinados ao papa* no período de 756 a 1870. A origem desses Estados remonta à época do reinado de Constantino Magno (306/337), imperador romano que, através de doações, teria dado ao papa Silvestre I (314/335) a cidade de Roma e terras da Itália (na realidade, tratava-se de um documento falsificado pela chancelaria papal). A Igreja, de há muito, possuía importantes domínios, fruto da generosidade dos monarcas e do legado de fiéis. Ao iniciar-se o século VIII, o papa Gregório Magno*ᵇ (540-604; 590/604) era o "maior proprietário do Ocidente". A origem desses bens prende-se à aliança selada entre a Igreja e Pepino, o Breve (714-768; 751/768), ocasião em que o papa Estevão II, ao solicitar àquele soberano auxílio contra os lombardos, povo bárbaro, cede-lhe o exarcado (território) de Ravena, ilegalmente confiscado do Império Bizantino. Progressivamente, os territórios pontifícios sofreram intervenções vindas de monarcas europeus, acompanhadas de disputas fronteiriças e de lutas feudais. Quanto à situação desses Estados e sua evolução, uma tenaz oposição aos papas surgiu no século XV oriunda da ambição dos reis. Até à Revolução Francesa (1789), os Estados Pontifícios desfrutaram de relativa calmaria e prosperidade; no entanto, a partir de 1815, com o surgimento do "princípio das nacionalidades", aos olhos dos patriotas italianos o papado representava sério obstáculo à unidade do país, esta finalmente consumada em 1871. A chamada "Questão romana", envolvendo os Estados Pontifícios — ou o que deles restava — só foi solucionada em 1929 pelos tratados de Latrão, os quais, ao criarem o Estado do Vaticano*, extinguiram outros territórios da Igreja Católica.

ETRUSCOS Povo da antiga Itália, localizado inicialmente numa área entre os rios Arno e Tibre, os etruscos não demoraram a expandir-se para o norte, estabelecendo-se numa região então chamada Etrúria, atualmente identificada como a Toscana. Arqueologicamente comprovada, a civilização etrusca, brilhante e orientalizante, estendeu-se até o século II a.C., embora dominada pelos romanos desde 264 a.C. O desenvolvimento dessa civilização, cujos integrantes passaram a ser chamados pelos romanos de *tusci*, coincidiu com a chegada dos gregos ao sul da Itália, Pretendeu-se mesmo que o nome latino *tusci* provinha do verbo grego *thuein* (sacrificar) em virtude do hábito etrusco de oferecer sacrifícios comemorativos. De outra parte, afirmava-se que o vocábulo "cerimônia" procedia do nome de uma cidade etrusca, Caeré, aliada e vizinha de Roma, esta fundada pelos etruscos e por eles governada de 606 a 519 a.C. A proclamada influência etrusca sobre os romanos está atualmente em questão por força de recentes pesquisas que contestam a simples transposição da religião toscana para os romanos e sua imediata assimilação. A dívida religiosa destes com os etruscos não é tão importante como se alegava, convindo salientar que não poucas divindades gregas foram adotadas pelo panteão etrusco, algumas delas com o nome original. O conhecimento da religião etrusca é obtido por intermédio de alguns documentos e das inscrições neles contidas, entre os quais a múmia de Zagreb (capital da Croácia) e o fígado de bronze de Piacenza, certamente o mais importante (v. Disciplina Etrusca*). A esse material acrescentam-se outros que, embora não se reportem especificamente à religião, contêm dados e elementos que servem para elucidar outros ritos*g e cerimônias. Os espelhos, com suas figurações mitológicas (v. Mitologia*), estão entre esses elementos; as pedras preciosas e as estatuetas representam deuses ou heróis divinizados. Não há como negar que os etruscos foram os primeiros "professores" de Roma, instruindo os romanos em vários setores, não apenas na vida civil, mas também nos costumes religiosos. Tal circunstância, tudo indica, terá contribuído para a grande dificuldade de separar, na religião, os elementos etruscos dos itálicos e dos de origem oriental. Cerca de 17 nomes de deuses podem ser considerados puramente etruscos, alguns correspondentes a divindades gregas e romanas: Tin (Júpiter), Turms (Mercúrio), Fufluns (Baco), Turan (Vênus) (v. Zeus*d, Hermes*d, Dioniso*d, Afrodite*d). O quadro mostra a limitada originalidade no plano divino; entretanto, no que diz respeito à morte e ao outro mundo, os etruscos demonstravam uma certa especificação. Assim, para eles a imortalidade da alma era preterida pela preferência por uma sobrevivência à moda egípcia, com gêneros e bebidas colocados junto ao cadáver. Que tais concepções tenham se alterado para prevalecer a crença numa sobrevivência espiritual num mundo subterrâneo é hipótese posta em dúvida por numerosos especialistas. Ainda nesse setor, as analogias com o panteão grego permaneciam, sendo comum a presença de traços gregos misturados aos etruscos. Uma das mais conhecidas manifestações da influência helênica materializava-se na figura demoníaca de Charu, o Caronte grego, barqueiro do inferno* a quem competia conduzir as almas para outras margens do mundo infernal. Os toscanos, de sua parte, souberam produzir demônios, alguns femininos como Vante, alada, brandindo serpentes e portando uma chave para entrar no inferno, ou um rolo no qual deveria ser inscrito o destino dos mortos. Quanto aos templos, moradia dos deuses etruscos, sua arquitetura, bastante conhecida, se desenvolveu no decorrer do século VI a.C., confirmando as afirmativas do grande arquiteto romano Vitrúvio a respeito. *Tuscanicum templum* era o santuário etrusco, cujo modelo se impôs em Roma. O templo etrusco difere do grego, não tendo portas laterais, nem o formato alongado daquele. Sua cobertura era de madeira, e a decoração era feita com estátuas de terracota. As cerimônias religiosas da antiga Etrúria tinham como ponto central o sacrifício, iniciado com uma procissão que conduzia oficiantes e vítimas ao altar, e era dirigido por sacerdotes, um deles identificado pelo *lituus* (v. Áugures*). O ano religioso, a exemplo de Roma, era organizado obedecendo a calendário previamente estabelecido que incluía uma sucessão de festas. Esses calendários etruscos estão bem documentados em dois registros: a chamada "telha de Cápua", na qual 300 palavras legíveis estão gravadas numa placa datada do século V a.C.; e a já mencionada "múmia de Zagreb" com 200 palavras traçadas a tinta. Os sacerdotes toscanos pertenciam à camada mais elevada da sociedade. São cargos oficiais, visto que o Estado etrusco não é leigo, competindo-lhe regulamentar as relações da comunidade com os deuses. O ministério sacerdotal só poderia ser exercido por famílias ilustres, mormente as romanas. O culto*g se manifestava mediante orações e sacrifícios, imprecações e refeições sagradas, jogos, danças, músicas, corridas e até mesmo combates de gladiadores, "tanto ou mais do que em Roma".

EUDISTAS Também conhecidos como Congregação dos Missionários de Jesus e Maria, fundada em 1643 por João Eudes (1601-1680), educador francês cognominado "o São Vicente de Paula normando". Os eudistas integram uma comunidade sem pronunciantes de votos, destinando-se, basicamente, à formação de sacerdotes. Ativo missionário, ordenado (v. Ordenação*) padre em 1625, João Eudes passou a desenvolver intensa pregação, evangelizando e instruindo a população, além de promover a fundação de seminários. Destes, seis eram dirigidos por sua própria congregação, destacando-se o de Caen, importante cidade francesa. Em 1645, Eudes esboçou uma constituição na qual previa a presença de um superior geral, eleito vitaliciamente, e ainda uma assembleia, dotada de plenos poderes, a reunir-se a cada três anos. Em 1674, um clérigo acusou-o num panfleto, e, muito criticado pelo seu relacionamento com uma modesta camponesa, ele foi obrigado a deixar Paris. Não obstante, a sua congregação obteve êxito, mantendo apreciável número de participantes em seus quadros e em outros seminários, situados principalmente na Normandia. Dispersados ao findar o século XVIII, os eudistas se restabeleceram em 1826, alcançando finalmente a aprovação da Santa Sé em 1851.

EVADISMO Seita* fundada em Paris (França) na primeira década do século XIX por um indivíduo chamado Ganneau e que, autodenominando-se "Mapah" (junção das primeiras sílabas de *maman* e *papa*), proclamou-se profeta e deus. A seguir, instalou-se numa modesta oficina, passando a recrutar seguidores no meio parisiense e a expor suas ideias numa linguagem bíblica e poética que, basicamente, consistia numa exaltação à sensualidade. Visando a ressaltar a mulher, Ganneau alertava para o diminuto papel por ela desempenhado na sociedade e nas religiões do mundo, colocando, então, o nome de Eva em primeiro lugar no seu culto*ᵍ. Daí a denominação da doutrina. Ao morrer, o fundador desse movimento, segundo a tradição, conseguira angariar um único adepto, e assim mesmo, anônimo.

EVANGELHOS A palavra "evangelho", de origem grega (*eu-eggelion*) significa "boa nova", "boa notícia". Esse vocábulo já existia na Antiguidade, designando a recompensa dada a mensageiros portadores de boas notícias, tais como o advento de um imperador, anúncio de vitórias militares, respostas favoráveis de oráculos*. E ainda quando eram promulgadas isenções de impostos, anistias etc. No Novo Testamento* o sentido da palavra evoluiu, assumindo conteúdo religioso, sem excluir um certo sentimento profano quando realça promessas estimulantes dos profetas para os tempos messiânicos (v. Messianismo*). No universo cristão, "evangelho" passou, então, a significar a mensagem de salvação contida nos atos e nas palavras de Jesus*ᵇ. *Grosso modo*, esse Evangelho constitui o embasamento da pregação dos primeiros apóstolos*, identificado como "a tradição oral". Para os autores que vieram a constituir os Evangelhos do Novo Testamento existe somente um: aquele que trata da vida, da morte e da ressurreição do Cristo. É no sentido de "mensagem" que, no dizer cristão, Jesus escolheu "evangelho" para caracterizar a sua pregação, mensagem de salvação redentora contida não apenas em suas palavras mas também nos seus atos. A passagem da tradição oral para os documentos escritos ocorreu em datas, lugares e circunstâncias diversos. Isso explica as diferenças entre as histórias referentes a Jesus; os seus testemunhos, concordantes quanto à Paixão e à Ressurreição, por vezes se contradizem sobre certos detalhes. Do ponto de vista literário, são quatro os Evangelhos, primeiros livros do Novo Testamento, atribuídos a Mateus, Marcos (para alguns, o "inventor" desse gênero), Lucas e João. Os três primeiros, que têm em comum certo número de relatos, são denominados "sinóticos" porque podem ser confrontados em conjunto, dada a semelhança do conteúdo. O de João, ao contrário, apresenta plano diferente: sua originalidade anula qualquer semelhança com os outros. E é também o que desperta mais problemas quanto a autor, local de origem e interpretação. Seja como for, os quatro Evangelhos surgiram em comunidades, datas e situações diferentes. Neles não existe qualquer pretensão biográfica. Atualmente, alguns estudiosos tendem a considerar os Evangelhos "um testemunho para despertar a fé" e não um relato histórico. O seu valor, entretanto, é inquestionável, quer pelo modo como foram redigidos, quer pelos acontecimentos que registram, ou pela constante manifestação de fé cristã. Por esse raciocínio, parece fora de dúvida, portanto, que os Evangelhos foram escritos a serviço do apostolado como testemunho e convocação para a aceitação da fé.

EVANGÉLICOS Termo genérico usado no Brasil para designar membros das Igrejas protestantes. Em outros países, em especial nos Estados Unidos e na Europa, o termo "*evangelicals*" refere-se a uma tendência entre os diferentes grupos protestantes. No Brasil, o termo passou a ser utilizado a partir da prática dos missionários norte-americanos que haviam implantado o protestantismo* no começo da segunda metade do século XIX: eles eram *evangelicals* ou *evangélicos*, ou seja, adeptos do conservadorismo protestante, que desejavam afirmar a sua fidelidade ao Evangelho* e não à ciência ou à razão humana. Esta corrente protestante foi a promotora do movimento das Alianças Evangélicas, iniciativa da associação de Igrejas protestantes, nascida na Inglaterra no final do século XIX. Eram associações caracterizadas pela teologia dos movimentos pietistas (v. Pietismo*) e fundamentalistas (v. Fundamentalismo*) e pela busca da união de todos os protestantes a fim de formar uma frente única para disputar espaço com o catolicismo* — interpretado como único empecilho ao avanço missionário iniciado no final do século XVIII. A influência desse movimento alcançou o Brasil expressivamente no início do século XX, com o avanço de projetos missionários protestantes em todo o mundo, patrocinados pelas Alianças Evangélicas. Muitas denominações brasileiras acrescentaram aos seus nomes a expressão "evangélica" como uma identificação da sua natureza. O termo "crente", usado desde o princípio do protestantismo brasileiro para identificar os adeptos dessa confissão, empregado de forma pejorativa ao longo do tempo, foi substituído por "evangélico" para designar os adeptos e as igrejas não católicas. O termo "protestante" raramente foi utilizado para identificar os não católicos no Brasil, sendo mais adotado por historiadores e estudiosos da teologia e da religião.

EVEMERISMO Movimento filosófico imbuído de laivos religiosos, através do qual Evémero, um grego originário de Messina (Sicília, Itália), pretendia explicar a mitologia* pelos fatos históricos. Amigo pessoal de Cassandro, à época (século IV a.C.) rei da Macedônia, Evémero afirmava ter visitado uma ilha no oceano Índico chamada Panchaio, na qual encontrou várias inscrições rupestres. Numa delas contava-se que os deuses e deusas da Grécia antiga eram reis e heróis que haviam sido deificados depois de mortos. A respeito disso, Evémero escreveu um livro em três volumes, hoje perdido, por ele denominado *Narrativa sagrada*. Segundo alguns autores, essa obra teria influenciado a elaboração de outros gêneros literários, como *A Utopia*, de Thomas More (1478-1535) e *A Cidade do Sol*, de Tommaso Campanella (1568-1639), duas das mais importantes produções literárias do século XVI. Poucas pessoas, porém, acreditaram na sua *Narrativa*, embora tivesse grande difusão e alcançasse sucesso entre os apologistas do cristianismo*, que nela viam uma arma extremamente útil contra o paganismo. Não demorou, porém, que Evémero fosse considerado ateu (v. Ateísmo*), e os evemeristas, adversários dos cristãos. A ideia de que divindades haviam sido anteriormente pessoas comuns, transformadas depois da morte em seres superiores, implicava dessacralizar a essência da religião grega*. Mais tarde, no século XVIII, os "iluministas" valeram-se também do evemerismo contra os dogmas das religiões.

EXÉRCITO DA SALVAÇÃO Movimento religioso cristão protestante (v. Cristianismo*, Protestantismo*), fundado em Londres, no ano de 1878, pelo reverendo William Booth (1829-1912), pastor metodista (v. Metodismo*). Os seus membros submetem-se a rigorosa estrutura militar, usam uniformes e obedecem a uma hierarquia nos menores detalhes, previstos em manuais e regulamentos, envolvendo efetivos que vão de soldado a general, em rigorosa igualdade para homens e mulheres. Esse movimento de evangelização, por suas características, não demorou a se transformar numa espécie de Igreja, acolhendo em seus quadros pessoas de várias procedências. Seus integrantes afirmam ser "corajosos, firmes, corretos e zelosos". Catarina Booth, mulher do fundador, salienta que "qualquer um que venha com amor a Deus pode ser salvo". Os adeptos desse movimento orgulham-se de proclamar que os seus princípios podem-se resumir em três palavras: "Sopa, Sabão, Salvação". Suas atividades consistem, basicamente, em auxiliar pessoas necessitadas, ajudando-as a sair da miséria, e transformá-las em seus apóstolos*. Essa ajuda, insistem, jamais poderá ser considerada uma esmola. Mediante ação rápida e persistente, o movimento expandiu-se em curto espaço de tempo, alcançando âmbito internacional. Quase todos os países do mundo conhecem o Exército da Salvação e sua bandeira vermelha e dourada. Suas prédicas e serviços são realizados em praça pública e nos saguões dos grandes edifícios urbanos. Atualmente, mais de 2 milhões de "soldados" espalham-se pelo mundo, com 20 mil postos em 75 países, centralizados em Londres. Publicam um jornal hebdomadário: *Avante*. No Brasil, o Exército da Salvação estabeleceu-se em 1920 na cidade de São Paulo, mas suas atividades estão praticamente encerradas por decisão própria.

EXORCISMO Conjunto de fórmulas invocativas executadas por especialistas e destinadas a expulsar maus espíritos, demônios ou entidades maléficas. A prática do exorcismo é antiquíssima, constatada já entre numerosos povos da Antiguidade, sob múltiplos aspectos. Sua presença data, ao que parece, do II milênio: sumérios, assírios, babilônios valiam-se do exorcismo contra divindades mal-humoradas, bruxas, feiticeira(o)s (na Mesopotâmia a feitiçaria era proibida). Além disso, doenças e mau-olhado eram combatidos pelo exorcismo, que também ajudava a incentivar relações afetivas ou a trazer prosperidade. De modo geral, todas as religiões antigas praticavam o exorcismo. Foi, porém, o cristianismo* que o instituiu como rito*g oficial da Igreja em 1614, por ato formal do papa Paulo V (1552-1621; 1605/1621). O exorcismo, por bastante tempo, foi considerado um dom do Espírito Santo. Posteriormente, a Igreja criou um grupo especial de clérigos encarregados da prática do exorcismo. Nos primórdios do cristianismo, os rituais eram executados apenas com a invocação do Cristo*b, sem qualquer gesto ou fala de caráter mágico (v. Magia*). Na Igreja primitiva, durante o batismo*, o espírito do mal era intimado a se afastar das pessoas, convindo ressaltar que, no exercício desse sacramento*, a unção continua precedida de uma oração na qual é suplicado a Deus que o Espírito Santo "habite" a criança batizada. Com o correr dos tempos, os exorcistas tornaram-se uma ordem menor da Igreja Católica, assim se mantendo até 1972, quando foi abolida pelo papa Paulo VI (1879-1978; 1963/1978). Atualmente o exorcismo constitui atribuição dos bispos ou de um sacerdote especialmente designado para esse fim. O progresso da parapsicologia tornou mais difícil determinar os limites entre as alterações psicossomáticas e as manifestações diabólicas, estas expressivamente contidas ou reduzidas pelas conquistas das ciências médicas.

F

FAMÍLIA DO AMOR Também denominado, tão logo surgiu, "Filhos de Deus", esse movimento religioso de índole milenarista (v. Milenarismo*) nasceu em 1968, nos Estados Unidos, proveniente da fusão de dois grupos cristãos (v. Cristianismo*): os "Adolescentes do Cristo" e os "Revolucionários de Jesus", ambos vindos dos meios *hippies* da cidade de São Francisco. Dirigida por um pastor protestante (v. Protestantismo*), de nome David Brandt Berg (1918-1994), que mudou o seu nome para Moisés David (ou, simplesmente, Mo), seu objeto — segundo proclamava — era "trazer a verdadeira mensagem do Evangelho* à juventude desiludida, drogada e revoltada dos Estados Unidos". Mo afirmava ter frequentes visões catastróficas, reivindicando ser um profeta que estabelecia contatos com os espíritos. O seu ensinamento, conforme alegava, baseava-se em duas fontes: a Bíblia* e as "Cartas de Mo", redigidas pelo próprio Berg. Os temas nelas tratados abordam a família, a educação, a liberdade sexual e a total submissão ao dirigente da seita*. A partir de 1978, entretanto, esse grupo religioso muda de rumo, abolindo e modificando sua estrutura em proveito de nova organização e de novo nome. O novo movimento passou, então, a se chamar "A Família do Amor" ou simplesmente "A Família" adotando um novo tipo evangélico, com quatro objetivos essenciais: "anunciar o Evangelho, implementar novas comunidades, dar às crianças melhor escolarização, alertar o mundo sobre a iminência dos Últimos Dias e a próxima vinda do Anticristo*". A reação dos poderes públicos não demorou, acompanhada de numerosas críticas da população e de ataques às comunidades, em particular na Argentina (1989), na Espanha (1990) e na Austrália (1992). Não obstante as "Cartas de Mo" e a difusão levada a efeito pela "A Família"— que afirmava contar com nove mil fiéis instalados em 200 comunidades —, a posição quase clandestina do movimento torna difícil avaliar seriamente a sua credibilidade.

FAMILISTAS Seita* cristã (v. Cristianismo*), de caráter místico (v. Misticismo*), fundada na Holanda no século XVI pelo alemão Hendirk Niclaes, originário da Vestfália e criador também de uma sociedade similar na Inglaterra. Conhecida, outrossim, pelo nome Família do Amor, essa associação instituiu uma doutrina baseada, essencialmente, numa religião que exaltava o amor (razão do nome). Sua mensagem limita-se aos ensinamentos transmitidos pelo seu fundador, que preconizava a implementação de um "reino universal de relações afetivas" (não confundir com a seita Família do Amor*, nascida em 1968 nos Estados Unidos). Os familistas, numerosos na Inglaterra, formaram naquele país uma associação de caráter secreto, o que levou a rainha Elisabete I (1533-1603; 1558/1603), em 1580, a promover severa repressão contra eles. No século XVII, porém, os familistas continuavam a atuar em território inglês, vindo a contribuir, em parte, com suas ideias para o surgimento de uma outra seita de grande sucesso: os *quakers**.

FAQUIRES Religiosos muçulmanos cujo nome deriva-se do adjetivo árabe *fagir*, correspondente ao substantivo *fagr* (pobreza), termos que, em algumas regiões do mundo, mormente na Índia, identificam indivíduos voltados para práticas mortificantes do corpo. Esses personagens fazem parte de várias congregações que visitam lugares e túmulos santificados. Numerosos entre os hinduístas (v. Hinduísmo*), os faquires formam um grupo peculiar, de caráter místico (v. Misticismo*), na sua maioria mendigos e errantes. Deitando-se em estrados de pregos, perfurando os lábios, pálpebras e orelhas ou fazendo jejuns prolongados, os faquires, com frequência, são acusados de charlatanismo e mesmo de atos ilícitos. Não raro são confundidos com os *sâdhu* e os *samnyasin*, hindus, que, sem realizar qualquer magia*, contentam-se em cantar hinos religiosos ao som de violões. Os faquires nada têm a ver com os praticantes de ioga*.

FARISEUS A palavra deriva do grego *pharisaios*, e esta do hebraico *perushim*, que significa "separados", ou "isolados", e refere-se à seita* judaica existente na Judeia nos dois últimos séculos antes da era cristã. Os fariseus constituíam um grupo divergente — e opositor — dos saduceus*, a aristocracia do *establishment* judaico, formada pelos membros da corte, os sacerdotes (v. Cohen*) do Templo*, os ricos, os proprietários de terra, ligados por interesse aos conquistadores estrangeiros (primeiro os povos helênicos, depois os romanos) e por isso sujeitos a sua influência política e cultural e menos zelosos de sua própria identidade judaica, nacional e religiosa. Desde o século VI a.C., após a destruição do primeiro Templo, o exílio da Babilônia e o retorno de parte dos exilados, a liderança judaica sob Esdras*[b], Neemias e os escribas percebera a necessidade de isolar os judeus das influências culturais e religiosas dos povos conquistadores, radicalizando a identificação com a tradição judaica, o estudo da Torá* e o cumprimento dos preceitos nela contidos. Correspondia a "construir uma cerca em volta da Torá", ou seja, isolar o povo judeu de todas as miscigenações e todas as influências estranhas, e, ao mesmo tempo, propiciar a cada judeu — e exigir dele — o exercício do judaísmo*. Estudar e compreender seus conceitos e exercê-los na prática deixava de ser prerrogativa dos intermediários entre o povo e Deus — a classe exclusiva e dinástica dos sacerdotes — em ocasiões especiais, para ser atributo democrático, cotidiano, de todo o povo. Pela primeira vez na história, e a partir de então, o estudo (no caso, do judaísmo) era grátis e obrigatório. As invasões e o domínio de povos helênicos (os gregos, os selêucidas) no século III a.C. reintroduziram a tão temida influência cultural e religiosa estrangeira, atingindo principalmente as classes mais abastadas e os estamentos "oficiais". O fervor da fidelidade aos valores judaicos alimentou a revolta dos Macabeus (v. *Chanuká**), mas sua vitória em 165 a.C. não resolveu definitivamente o problema. A nova dinastia real dos hasmoneus, a classe dos sacerdotes e os judeus ricos novamente atrelaram seus interesses aos dos novos conquistadores, os romanos, e o judaísmo "puro" se viu de novo ameaçado. Os judeus "devotos", em oposição a esses saduceus, criaram então a seita dos fariseus, que buscavam a reafirmação do judaísmo através de seu exercício por cada judeu — e não como monopólio da elite de sacerdotes —, o estudo das fontes da lei escrita e da tradição oral, a oração, e a prática dos 613 preceitos enumerados na Torá (v. *Mitsvot**). Pode-se entender que o farisaísmo é o início da linha rabínica, que floresceu após a destruição do segundo Templo em 70 a.D., e a dispersão dos judeus pelo mundo. Foram mais de dois séculos de luta acirrada entre essas duas tendências. Estima-se que, durante todo esse período, o total dos fariseus tenha atingido 10 mil. A dispersão e o fim da soberania judaica na Judeia trouxeram o fim natural dos saduceus. A influência farisaica continuou a se exercer através do judaísmo rabínico, da interpretação dos textos judaicos e sua compilação (*Mishná** e *Guemará**, formando o *Talmud**) e da prática judaica, democratizada e disseminada por todo o povo. O povo judeu disperso defendeu-se de influências estranhas para preservar sua religião, suas tradições e o estudo de suas fontes, segundo o modelo conceitual e comportamental dos fariseus. (P.G.)

FECIAIS Na Roma antiga, colégio integrado por 20 sacerdotes recrutados por cooptação, mensageiros para a paz ou para a guerra. Suas atividades eram exercidas predominantemente no campo internacional, e suas origens são atribuídas à época da realeza (séculos XIII/VIII a.C.). A esses sacerdotes competia cuidar da matéria de política estrangeira, não podendo haver declaração de guerra ou tratados de paz sem a sua participação, inclusive nas delegações diplomáticas. Os feciais são considerados fundadores do direito internacional. Suas funções incluíam dar assistência às missões diplomáticas, negociar e concluir tratados. Como chefe de uma delegação, o fecial é agraciado com o título de *pater patratus*. A partir do Império, porém, o seu papel diminuiu muito no cenário romano, acabando por ser extinto.

FERAIS (COMEMORAÇÃO DOS MORTOS) Festividades públicas, realizadas em Roma ("feral" significa lúgubre), destinadas a homenagear pais e familiares falecidos. As Ferais eram comemoradas em fevereiro, mês dos mortos no decorrer do qual a cidade permanecia em "luto religioso" não sendo permitidas quaisquer festividades. Concomitantemente, oferendas eram depositadas nos túmulos: sal, trigo, vinho, flores. Os magistrados abriam mão de suas insígnias, os templos eram fechados e os casamentos proibidos. Essas "Parentais" (outra denominação pela qual eram conhecidas) desfrutavam de grande respeito em Roma; não obstante, em alguns dias, assembleias públicas podiam ser realizadas. No último dia do mês, ocorriam comemorações domésticas saudando o bom relacionamento familiar entre os parentes vivos, integrantes da mesma *gens* (grupo familiar vinculado a um ancestral comum).

FESTIVIDADES JUDAICAS O calendário judaico* é rico em festividades e comemorações, algumas de caráter puramente religioso, outras associando o elemento histórico, e outras relacionadas com os ciclos da agricultura, a atividade econômica fundamental nos tempos em que se fixou o calendário. Não raro essas diferentes motivações se entrelaçam e se fundem, como nas três festividades da peregrinação*, nas quais os judeus (v. Judaísmo*) deviam ir ao Templo* de Jerusalém oferecer sacrifício* e reafirmar sua fé comum e sua unicidade como povo. Além de seu sentido religioso, essas três festas se relacionam com a história e com a atividade agrícola então na Terra Prometida*, hoje em Israel: *Pessach**, com seu caráter histórico de comemoração da libertação dos judeus da escravidão do Egito, também a "Festa da Primavera" e a "Festa da Sega", quando se começa a colher os grãos; *Shavuot**, em que se comemora a outorga da Torá* ao povo judeu, também chamada "Festa das Primícias", por ser a ocasião em que se levavam ao Templo, como oferenda, os primeiros frutos; e *Sucot**, a "Festa das Cabanas," que lembra a passagem dos judeus libertados do cativeiro do Egito pelo deserto, habitando em cabanas, e também chamada "Festa da Colheita", quando se termina de juntar os grãos nos celeiros, protegidos do inverno que se aproxima. Outras festividades importantes do calendário judaico são: *Purim**, que comemora a salvação dos judeus da Pérsia do extermínio, graças à atuação da rainha Ester; *Lag Baomer*, de origem obscura, ligada à oferenda do *omer*, medida de grão ou feixe de cereais, e também a data da morte de Shimon ben Iochai, tido por cabalistas como o autor do Zohar (v. Cabala*); *Tishá beAv**, o nono dia do mês de Av, dia de luto e jejum pela destruição dos dois templos nessa mesma data; *Rosh Hashaná**, no primeiro dia de Tishrei, primeiro mês do ano religioso; *Iom Kipur**, no décimo dia de Tishrei, o dia mais sagrado do calendário judaico, todo dedicado ao jejum e a orações; *Simchat Torá**, ao final de *Sucot*, quando se festeja o término do ciclo anual de leitura pública da Torá; e *Chanuká**, que lembra a vitória dos Macabeus sobre os selêucidas e a purificação e consagração do Templo. Além do ciclo anual, o ciclo mensal é marcado pelos rituais religiosos do *Rosh Chodesh*, o primeiro dia de cada mês, e a semana é marcada pela santidade do *shabat**. A discrepância entre o calendário universal, que é solar, e o calendário judaico que era lunar, criava muitas dificuldades para a conciliação dos ciclos mensais (lunares) e anuais (solares), e, consequentemente, para a criação de um calendário fixo e prefixado, o que só veio a ser resolvido em 358 a.D. com um calendário lunissolar (v. Calendário judaico*). Até então, a dúvida sobre o dia exato em que recaía uma festividade, principalmente na diáspora*, longe das autoridades religiosas que constatavam e marcavam oficialmente o advento da lua nova e o início dos ciclos mensais, fez com que, como medida de segurança, às vezes se adicionasse um dia à comemoração, o que prevalece até hoje. (P.G.)

FLAGELANTES Grupos de pessoas, religiosas ou leigas, que, em determinado período da Idade Média (ao que tudo indica nos princípios do século XIII), recorriam à autoflagelação como meio de expulsar do corpo os pecados e de, pela mortificação, purificarem-se. Essa tortura, que os homens — e, eventualmente, também as mulheres — infligiam a si mesmos, visava a obter o perdão de Deus e a poupar os flagelantes de castigos maiores na outra vida. Essa prática, porém, não constitui uma inovação medieval, visto que, na Antiguidade, foram constatados exemplos desse procedimento, no Oriente e no Ocidente. Os antigos egípcios* flagelavam-se nas festividades realizadas em homenagem à deusa Ísis[xd]. Na Grécia antiga, jovens espartanos eram fustigados a fim de que o seu sangue se espalhasse no altar da deusa Artêmis[xd]. Em Roma, nas Lupercais*, as mulheres deixavam-se chicotear.

Em algumas religiões de mistérios*, a flagelação era praticada. Entre os cristãos essa prática era consumada como uma penitência, não demorando a se transformar em verdadeira obsessão. O seu exercício, além do perdão dos pecados, despertava a perspectiva de que, sangrando, à imagem do corpo de Cristo, aqueles que se autoflagelavam sentiam-se encarregados de uma missão redentora capaz de assegurar a salvação da humanidade. Na sua própria penitência os flagelantes viam uma "imitação do Cristo (*imitatio Christi*) coletiva". O movimento dos flagelantes começou nas cidades italianas, lançado em Perugia por um eremita (v. Eremitismo*), espalhando-se rapidamente, culminando com a formação de grupos diante da Igreja, que se flagelavam durante horas. Centenas de fiéis, de ambos os sexos, de todas as idades e condições sociais, lançavam-se pelas ruas, açoitando-se uns aos outros e entoando hinos e salmos*. Esse movimento em breve atravessou os Alpes, reapareceu na Alemanha, estendendo-se pela Europa até a Polônia. Fatos incomuns como inundações, epidemias ou invasões bastavam para os flagelantes aparecerem. No continente europeu, apenas na Inglaterra essa prática não progrediu, limitando-se a casos esporádicos. A flagelação, utilizada como instrumento capaz de extirpar o pecado, parece envolver também motivos de ordem material. Guerras entre facções políticas, enfermidades, miséria, insegurança, tudo impulsionava a população a acreditar, temer e aguardar o fim do mundo. Visões apocalípticas (v. Apocalipse*), decorrentes de profecias que previam doenças, conflitos, fomes, despertavam amiúde angústia em milhares de pessoas. Somente a expectativa de uma nova aurora poderia amenizar as aflições de muitas comunidades medievais. Os flagelantes deslocavam-se aos bandos de 50 a 100 pessoas, autodenominando-se Portadores da Cruz, ou Irmãos da Cruz, esta desenhada ou bordada na roupa branca, à maneira dos cruzados (v. Cruzadas*), comandados por um chefe, quase sempre leigo e que exercia funções de verdadeiro sacerdote. As manifestações milenaristas (v. Milenarismo*) desse movimento surgiram logo, fazendo com que esses grupos ficassem fora do controle clerical. Os flagelantes sentiam-se tocados pelo Espírito Santo e inspirados por Cristo, tornando-se, assim, sagrados e, por força disso, em condições de alcançar a redenção*g, bem supremo ambicionado por todo cristão*. Tais concepções acarretaram profundas alterações na própria estrutura do movimento. Os seus primitivos integrantes (artesãos, camponeses, até mesmo burgueses) foram substituídos por marginais, foras da lei, vagabundos e criminosos, sob o comando de "profetas", apóstatas (v. Apostasia*) e heréticos (v. Heresia*), o que, de imediato, transformou o movimento numa horda anárquica e incontrolável. Massacres, incêndios, saques, faziam dos flagelantes uma força revolucionária que não tardou a despertar a reação da Igreja e da sociedade em geral (a Universidade de Paris promulgou condenação formal contra eles). Uma bula* do papa* Clemente VI (1291-1352; 1342/1352) proibiu, definitivamente, o movimento. Seus efeitos foram imediatos; as autoridades eclesiásticas da Alemanha e da Holanda proibiram todas as procissões desses grupos; alguns de seus integrantes foram decapitados, outros enforcados. Vale salientar que, nos dias que correm e em determinados cultos*g, casos isolados dessa prática têm sido apontados pela mídia, inclusive em países do chamado "primeiro mundo".

FLÂMINES Sacerdotes romanos*, em número de 15, cada um dedicado ao culto*g de determinada divindade, o que, para alguns autores descaracteriza o grupo como um "colégio". O nome "flâmine", ao que tudo indica, é de origem indo-europeia; dos 15, três eram tidos como os maiores, a saber, os de Júpiter (v. Zeus*d), Marte (v. Ares*d) e Quirino, aos quais seguiam-se 12 menores, estes de origem plebeia. O flâmine supremo, o de Júpiter (*flamine Dialis*), permanentemente portando um manto tecido por sua mulher, é quem efetua os sacrifícios e preside os casamentos. Todos os flâmines usam um boné de couro branco, de formato cônico (*galerus*). Uma vez viúvo, o flâmine, obrigatoriamente, solicita demissão de suas funções. Nomeados pelo Pontífice Máximo (v. Pontífices*), os maiores retirados sempre da aristocracia, os flâmines, a partir do governo de Augusto, passaram a ser escolhidos pelo próprio imperador. No decorrer do período imperial foram criados flâmines especiais, um para cada soberano (v. Culto Imperial*).

FRANCISCANOS Ordem religiosa fundada por Francisco de Assis (1181/1182-1226) em 1209. "Il Poverello", nome pelo qual ficou conhecido, deu aos seus companheiros e a ele próprio a denominação de "irmãos menores", querendo com isso salientar a importância que dava à humildade. Por outro lado, esses religiosos são também chamados "cordeiros" por causa da corda que trazem na cintura de suas vestes marrons. Na verdade, os franciscanos formam uma família religiosa subdividida em três ramos independentes: os irmãos menores, os conventuais* e os capuchinhos*. A chamada "ala esquerda" do primeiro ramo, constituída pelos "espirituais", dissolveu-se em 1257, e um outro grupo, os *fraticelli**, após separar-se da ordem, desapareceu. A regra da ordem foi estabelecida em 1223 pelo papa* Honório III (1140-1227; 1216/1227) e, a partir de então, ela foi institucionalizada como Ordem dos Irmãos Menores (*Ordo Fratrum Minorum*). A ramificação ocorreu logo após a morte do seu fundador (1226). Na realidade, inicialmente Francisco não desejava criar uma ordem nem redigir qualquer regra. Sua intenção era a de seguir o Cristo*b, fazendo de si próprio uma imagem pequena, acabou, porém, por ceder às pressões do grupo de religiosos que o cercavam. A regra estipula que os irmãos devem "viver na castidade e na obediência", renunciando à posse de bens pessoais ou coletivos. Tendo no trabalho a principal fonte do seu sustento podem, entretanto, caso necessário, recorrer à esmola. As discórdias não demoraram. A ala radical, constituída pelos espirituais, foi dissolvida sob alegação de ser herética (v. Heresia*) enquanto o outro grupo, os *fraticelli* ("irmãozinhos"), também se extinguiu. A principal facção do radicalismo existente adotou o nome de Irmãos da Estrita Observância ou, simplesmente, observantes*, denominação que subsistiu até 1897, quando foi anulada por decisão do papa Leão XIII (1810-1903; 1878/1903). O segundo ramo, o dos conventuais, acabou sendo reconhecido pelo papa João XXII (1245-1334; 1316/1334) em 1332. E o terceiro, o dos capuchinhos, fundado no século XVI pelo frade Matteo di Bascio, nascido em 1495, teve a ordem aprovada em 1528 pelo papa Clemente VII (1478-1534; 1523/1534), vindo a ser uma das grandes correntes dos franciscanos. Os seus integrantes são justamente considerados grandes pregadores populares. A exemplo de outras, a Ordem Franciscana possui um ramo feminino, as clarissas*, o qual, como o masculino, desfruta de grande popularidade.

FRATICELLI Um dos ramos da Ordem dos Irmãos Menores (v. Franciscanos*) que, no século XIII, separaram-se da ordem, alegando serem os únicos e verdadeiros herdeiros dos princípios e das ideias formulados por Francisco de Assis. Adeptos da pobreza, os *fraticelli* empregavam toda sua energia na pregação entre os pobres e nos cuidados com os deserdados e leprosos, postura associada a visíveis manifestações milenaristas (v. Milenarismo*). O fundador da ordem morreu em 1226; quatro anos depois a ordem já se havia afastado de seus ideais originais, transformando-se numa grande organização que alcançava quase toda a cristandade. Entre os seus propósitos destacavam-se o de procurar exercer influência sobre o poder público, além de possuir grandes propriedades imobiliárias. No entanto, muitos franciscanos recusavam-se a acompanhar essas transformações, esforçando-se por restaurar a simplicidade dos primeiros anos. Os mais radicais desse grupo, autointitulados "espirituais", passaram a abandonar as normas até então adotadas; os seus pontos de vista sobre a pobreza do Cristo e dos apóstolos*, bem como a ilegitimidade da hierarquia católica constituíam a sua "opinião", de tal modo persistente que deu nome a uma nova facção do ramo, os *fraticelli de opinione*. Semelhante postura chocava-se com pronunciamentos de João XXII (1245-1334; 1316/1334), segundo papa de Avinhão (v. Avinhão, Papado de*), grande administrador e financista instável. Pouco numerosa, essa corrente radical não demorou a despertar a oposição do papado, que via nesses dissidentes uma ameaça, não só doutrinária como social. Em resposta à condenação papal, os *fraticelli* replicaram que não só o Sumo Pontífice como todos os papas a seguir eram heréticos (v. Heresia*). Eliminados pela conversão ou pelo extermínio, os *fraticelli* acabaram, senão extintos, pelo menos reduzidos a grupos clandestinos e obscuros, sem qualquer expressão.

FUNDAMENTALISMO Movimento religioso irrompido nos Estados Unidos da América do Norte, no estado de Tennessee, nos primórdios do século XIX. O nome "fundamentalismo" foi criado pelo pastor batista* Curtis Lows, editor do jornal *Watchman Examiner* e, de imediato, adotado pelos seus companheiros de fé. Seguiram-se 12 pequenos textos, publicados para difundir os "Fundamentos da fé" (*Fundamentals of faith*), princípios e ideias básicas pertinentes aos pontos capitais do fundamentalismo. Cerca de 30 anos antes de o século XIX terminar,

FUNDAMENTALISMO

vários grupos protestantes (v. Protestantismo*) passaram a empregar esse termo, utilizado para caracterizar uma doutrina antiliberal, cujos pontos capitais podem assim ser resumidos: a Bíblia* não erra; o nascimento de Jesus*b é virginal (Maria*b, sua mãe, não perdeu a virgindade ao dar à luz); a ressurreição de Jesus é física; e os milagres por Ele realizados são autênticos. O adversário do fundamentalismo estava representado pelo darwinismo, isto é, pela teoria do evolucionismo humano ensinada por um professor, John Scopes, numa escola do Tennessee. Rapidamente, a polêmica fundamentalismo *versus* evolucionismo ganhou as manchetes dos jornais em escala mundial, sobretudo no decurso e depois do julgamento do professor (chamado *the Monkey Trial*, o "Julgamento do Macaco"), acusado de pecador e herege. O debate transformou-se numa verdadeira guerra entre "Deus e o macaco" e pouco adiantou a absolvição do réu e o reconhecimento da legalidade de seu ensino. O termo "fundamentalista", porém, evoluiu para outras concepções. A partir de 1978, com a Revolução Islâmica que, no Irã, depôs o governo do xá da Pérsia, o nome vem sendo aplicado num outro sentido, não raro de modo abusivo e impróprio, pejorativamente, para designar um "fundamentalismo islâmico". E quase sempre como sinônimo de intransigência e fanatismo. As críticas dirigem-se às principais facções do Islã*, de preferência aos xiitas (v. Xiismo*) e sunitas (v. Sunismo*), acusados de atitudes ideológicas negativas (extremistas, intolerantes, obscurantistas etc.). Essa noção de "fundamentalismo" associada à de fanatismo estendeu-se, em uso comum, também a outras religiões e ideias. De outra parte, o termo fundamentalismo é, inadequadamente, utilizado como sinônimo de integrismo*. Embora os dois vocábulos estejam inseridos na mesma religião — o cristianismo* —, encerram e divulgam propostas diferentes, até porque este último é de procedência católica, enquanto o outro vem do protestantismo*, Vale, ainda, salientar que o ativismo islâmico não combate apenas a modernidade, mas também a tradição, esta representada, basicamente, pelos *hadiths** (conjunto de textos que relatam as intenções ou atitudes do profeta Maomé*b), recolhidas e transmitidas pelos *muhaddithûn*, sábios especializados nesse mister. No caminhar atual, questiona-se o que buscam os fundamentalistas: a volta ao passado, ou o rigoroso retorno às Escrituras; ou a rejeição da ciência, da história, da evolução técnica; ou buscar a pureza primitiva de sua religiosidade; ou aceitar — e por ele lutar — o texto corânico. O fundamentalismo é religião ou política? No Islã, sem dúvida, ambas as coisas. Quaisquer que sejam seus segmentos e ramificações, a conquista do poder e o seu exercício passam, inevitavelmente, pela religião, inseparáveis, uma "nomocracia divina", como foi recentemente assinalado.

G

GALICANISMO Doutrina de origem moderna, surgida nas discussões político-religiosas, através da qual a Igreja de França, não obstante ressaltar sua vinculação ao catolicismo* e à Santa Sé, entendia restringir a autoridade do papa* (mormente a relacionada com o poder temporal), invocando, para isso, as chamadas "liberdades galicanas". Essa doutrina se fez sentir no ensino teológico desde o século XV, principalmente nos debates que envolveram a "pragmática sanção de Bourges" (7 de julho de 1438), imposta ao rei francês Carlos VII (1403-1461; 1422/1461). Vinte e três decretos reformistas foram homologados, proclamando a superioridade dos concílios* sobre o papa, alterando as regras de eleição dos bispos e outorgando uma certa liberdade à Igreja francesa. Essas reformas foram imediatamente recusadas pelo Sumo Pontífice e contestadas pelo rei Luís XI, até que, mediante concordata* concluída entre o papa Leão X (1475-1521; 1513/1521) e o monarca francês Francisco I (1494-1547; 1515/1547), foram abolidas no ano de 1516. As primeiras manifestações do galicanismo remontam ao desentendimento ocorrido, ao se iniciar o século XIV, entre Filipe, o Belo (1268-1314; 1285/1314) e o papa Bonifácio VIII (1235-1303; 1294/1303) em torno da doutrina teocrática (v. Teocracia*) formulada pelo pontífice, a qual os legistas do monarca responderam condenando e ignorando o seu teor. O galicanismo, por outro lado, encontrou abrigo no parlamento e na Sorbonne; vários textos importantes surgiram referendando as reivindicações de independência e domínio da Igreja. No decorrer do século XVII, o galicanismo alcançou novos progressos no alto clero, que era firmemente controlado por Luís XIV através de editos sobre a *regale* (direitos considerados inerentes à monarquia). O conflito que se seguiu levou o soberano a obter de uma assembleia do clero a famosa "Declaração dos quatro artigos" resumindo a doutrina galicana. Apesar da resistência papal e até o término do Antigo Regime, o parlamento francês manteve a Declaração. Em 1801, por concordata, foi aceita a concepção de uma Igreja relativamente autônoma, sem prejuízo das vivas polêmicas presentes durante todo o século XIX. De uma parte, houve o ultramontanismo*, atribuindo a Roma, ou seja, ao Sumo Pontífice, total autonomia na direção doutrinária e na vida cristã (v. Cristianismo*), e, de outra, o galicanismo, que não demorou a ser vencido com a proclamação da infalibilidade papal* pelo Concílio do Vaticano I em 1870. A separação das Igrejas e do Estado (1905) possibilitou à Santa Sé nomear livremente os bispos de França.

GAON Em hebraico moderno, "gênio", "eminência" (plural *gueonim*). Título atribuído aos líderes espirituais — que eram também, muitas vezes, os líderes comunitários — da comunidade judaica da Babilônia na era posterior à compilação do *Talmud** (séculos VI a XIII a.D.). Mais especificamente, título dos sábios rabínicos (v. Rabino*) que dirigiam as duas mais importantes academias rabínicas* da Babilônia e, portanto, do mundo judaico, a de Sura e a de Pumbedita. Entre os muitos *gueonim* das duas academias, são particularmente famosos e importantes Saadia Gaon, da academia de Sura (nomeado em 928, em atividade até sua morte, em 942), e Sherira Gaon, da academia de Pumbedita (969-998). (P.G.)

GERMANOS Sob a denominação de "mitologia* germânica" foram agrupados os mitos e as crenças dos germânicos, que constituíram diferentes povos, tribos e comunidades. De origem indo-europeia, como os gregos* e os romanos*, sua organização social e suas manifestações religiosas guardam, por esse motivo, alguns pontos de contato com a etapa mais primitiva das civilizações clássicas. Sendo os povos germanos ágrafos até o início da era cristã, é difícil fixar suas origens. Alguns autores as remontam ao II milênio a.C., mas foi no final do I milênio a.C. que entraram em contato mais intenso com os romanos. Estenderam seu domínio da Escandinávia ao rio Reno e, embora ligados pela língua, pela religião e pelos costumes, dividiram-se em diversos povos que, frequentemente, entraram em conflito com o Império Romano e entre si. Essa multiplicidade refletiu-se nas diferenças religiosas que ostentavam, não obstante a existência de um tronco comum de crenças. As informações sobre os germânicos e sua religião dependem de fontes indiretas, em geral autores romanos ou cristãos*, ou a registros de uma época posterior, na qual esses povos já haviam entrado em contato com outras culturas e sido por elas influenciados. Outro fator que marcou a visão contemporânea sobre o tema foi a intensa valorização da religião e da mitologia dos germânicos pelo romantismo e pelo nacionalismo alemão no século XIX, quando deuses e heróis dos antigos povos foram utilizados como símbolos da identidade nacional, numa época em que se produziam as lutas pela unidade alemã sob a hegemonia da Prússia. As obras de Richard Wagner foram, na música, a principal expressão desse clima nacionalista, retomado de forma exacerbada pelo nazismo, quando os deuses do Panteão germânico transformaram-se em instrumento ideológico de afirmação de suposta superioridade "ariana" em relação a outros povos. Algumas características marcaram a religião germânica: a hierarquia de seres, com os principais deuses (eles próprios justapostos numa escala que culminava em Odin e Thor), os espíritos menores, como os elfos, entes que viviam na natureza (floresta e rios), os gigantes (que personificavam forças naturais) e os *Drückgeister* (espíritos opressores que se originavam nos mortos), entre outros; a sobrevivência da alma, pois, após a morte, ela se reincorporaria à natureza; a finitude e o eterno retorno dos deuses, porque até os deuses principais morreriam — e nisso constituía-se o "crepúsculo dos deuses" a que Wagner deu a maior expressão estética — embora para renascer no futuro; e a "árvore do Destino", gigantesco vegetal que amparava todo o mundo, no qual viviam e se nutriam os seres vivos, e que os ligava à terra, na qual firmava suas raízes, e ao céu, que sua copa alcançava. A veneração da árvore entre os primitivos germânicos explica porque suas assembleias e o exercício da justiça faziam-se sobre os freixos e os carvalhos, bem como o papel atribuído à árvore nas festas de solstício de inverno, incorporado após o cristianismo* na árvore de Natal*. No politeísmo germânico sobressaiu, em diferentes povos, regiões e épocas, Odin, ou Wotan, rei dos deuses, para o qual convergiam a sabedoria, a força e o espírito guerreiro. Seu filho Thor —, nascido da união com *Iord* (a terra), era representado como um guerreiro de barba ruiva, tendo sempre à mão um martelo mágico com o qual combatia seus inimigos, especialmente os gigantes. Outra divindade importante era Tyr, ou Zin (conforme a região ou o povo), o guardião da honra e da lealdade, a quem se atribuía a execução da justiça. Em sociedades voltadas para a guerra, era grande a importância atribuída a valores como a bravura, a honra e a lealdade. Os guerreiros mais valorosos, mortos em combate, eram levados por Odin para o *Wahala* (paraíso), onde tinham vida típica da nobreza guerreira a que haviam pertencido em vida, preparando-se para combates futuros, sob a liderança de seu deus, contra os inimigos. Esses guerreiros eram escolhidos pelas valquírias, virgens guerreiras que participavam das batalhas e conduziam os combatentes mortos para o *Wahala*, em magníficas cavalgadas pelo céu. As práticas divinatórias assemelhavam-se às dos demais povos indo-europeus, sendo comuns a observação do voo dos pássaros, as manifestações de certos cavalos considerados sagrados e a manipulação de pedaços de árvores. A crença, firmemente arraigada, de que havia um destino prefixado para os seres humanos, propiciava às três Normas, equivalente germânico das Parcas gregas, um papel relevante na religião germânica. Elas eram representadas como fabricantes dos fios da vida, cabendo a cada uma a confecção do passado, do presente e do futuro. A maior evocação estética da religião germânica foi o poema épico *Nibelungen*, redigido anonimamente nos séculos XII ou XIII mas que recolheu a tradição oral de séculos anteriores. Descoberto no século XVIII, veio a ser a principal referência sobre a religião dos antigos germânicos para os autores românticos na literatura e na música, destacando-se a tetralogia operística wagneriana *O anel dos*

Nibelungos. Com a cristianização dos povos germânicos, em diferentes momentos históricos, foram-se apagando os traços da antiga religião, não obstante terem sobrevivido, ainda por muitos séculos, no imaginário popular de diversos países e regiões da Europa.

GNOSTICISMO "As fronteiras do gnosticismo são indemarcáveis", ponderava um historiador das religiões ao se referir a essa forma de religiosidade. Não sendo uma religião, sem ortodoxia própria e estrutura específica, o gnosticismo é extremamente difícil de ser definido. Teodoto, gnóstico famoso, indagava no século II: "Quem somos nós? O que somos? Onde estamos? Para onde vamos?" Durante muito tempo, o gnosticismo foi considerado uma heresia*, em grande parte devido à cerrada oposição movida pelos Pais da Igreja*, principalmente Clemente de Alexandria (150-215), nascido em Atenas e autor de obras importantes. Buscando uma definição, o gnosticismo pode ser entendido como um movimento de pensamento cujos participantes se consideram eleitos pelo fato de possuírem a gnose, termo derivado do grego *gnosis* (sabedoria, conhecimento). Em sentido limitado, esse termo identifica um conjunto de doutrinas, seitas*, correntes e escolas que têm como denominador comum o saber. O gnosticismo não é sistema nem Igreja, o seu nascimento e sua extinção são indatáveis, no entanto, o seu estudo vem de longa data. Ao que tudo indica, coube a Irineu (130-208), bispo de Lyon e doutor da Igreja*, a primazia de, no século II, ter publicado uma obra a respeito, intitulada *Adversus Haeresis*, em cinco tomos, certamente testemunho dos mais importantes sobre o gnosticismo. A partir de então, a ofensiva da Igreja aumentou, consubstanciando-se em seguidas refutações através de textos eruditos, não raro polêmicos e tendenciosos. Além da obra de Irineu, no decorrer dos séculos II e III, destacaram-se as de Hipólito (170-235) e Epifânio (315-413), o primeiro, padre romano, autor de um catálogo em 10 volumes, o segundo, bispo da cidade de Salamina, célebre pela ironia com que ridicularizava as teorias de seus adversários, apresentando-as como um punhado de mentiras e tolices patrocinadas pelo demônio. Os estudos sobre o gnosticismo foram radicalmente renovados, a partir de 1945, com a descoberta de manuscritos coptas* traduzidos do grego, encontrados na localidade egípcia de Nag Hammadi e, na sua maioria, anônimos (anonimato plenamente cabível, uma vez que se tratava de autores perseguidos). Pela primeira vez, então, tornou-se possível conhecer textos gnósticos originais e, consequentemente, o manuseio de fontes diretas sobre o gnosticismo. Um dos aspectos marcantes dessa documentação é a sua diversificação. Como são obras pessoais elaboradas por um ou mais autores, em versões e etapas desiguais, a sua interpretação apresenta algumas dificuldades. A leitura desses manuscritos revela, de imediato, a impossibilidade de atribuir aos gnósticos mensagens de caráter popular, não obstante o dilema a enfrentar: a divulgação do ideário gnóstico, a discrição de suas comunidades e a necessidade do proselitismo. No rol dos textos de Nag Hammadi encontravam-se evangelhos* atribuídos aos apóstolos* Tomé e Filipe, diálogos do Cristo*[b] com seus discípulos, tratados de cosmologia e outros documentos relevantes. O gnosticismo é exercido através de um verdadeiro mosaico de escolas, cultos*[g] e seitas de diversas procedências (egípcia, grega, judaica, cristã, babilônica). Segundo Epifânio, cerca de 80 delas atuavam no mundo helenístico. Os gnósticos dispensam cerimônias ou quaisquer liturgias*[g]; o progresso dos estudos filosóficos e da história das religiões tem possibilitado novas e recentes pesquisas sobre o gnosticismo, reformulando sua conceituação, admitindo ser o conhecimento gnóstico essencialmente intuitivo, apreendido por intermédio de uma "iluminação pessoal"; o acesso à gnose realiza-se por caminhos subjetivos, místicos, extáticos. De acordo com a maioria dos especialistas, o gnosticismo se insere numa modalidade espiritual ampla, objeto de muita especulação desde os primórdios do cristianismo*, em grande parte decorrente dos ensinamentos transmitidos por Valentino (século II), um egípcio de Alexandria que, em Roma, fundou uma didascália (pequeno grupo de estudantes orientados por um só professor) de grande influência e repercussão. O gnosticismo procura o conhecimento de si próprio, o saber absoluto. Essencialmente subjetivo, esse tipo de conhecimento, a gnose, e não as obras ou leituras de textos sagrados, conduziria o homem à salvação eterna. Praticamente extinto, quase nada resta do gnosticismo, embora as descobertas de Nag Hammadi tenham despertado senão interesse pelo menos curiosidade. Os documentos encontrados são de inegável valor, comparáveis aos Manuscritos do Mar

Morto*, mas poucos esclarecimentos fornecem sobre os grupos gnósticos. A gnose, no proclamar de seus adeptos, conduz o homem à salvação pelo saber; a fé subordina-se à ciência e não às Escrituras. A ideia de que o gnosticismo é uma heresia está, atualmente, fora de cogitação (v. Agnosticismo*, Alquimia*, Mandeísmo*, Maniqueísmo*).

GOLEM Segundo a versão judaica da Criação, como descrita no livro do Gênese*g, o homem foi modelado por Deus a partir do barro, ao qual insuflou vida com o sopro divino. A tradição e o folclore judaicos (v. Judaísmo*), a cabala* e mesmo o *Talmud*, registram desde o início da diáspora*, em 70 a.D., lendas e referências a *golem*, um punhado de barro esculpido na forma humana, a que se podia dar vida com o uso mágico (v. Magia*) — em manipulações secretas, acessíveis a muito poucos — do nome inefável de Deus, o Tetragrama*. A *Agadá**, o módulo do *Talmud* que reúne narrativas, anedotas e tradições populares, contém relatos de muitos *golems* que foram criados e animados em diferentes épocas e lugares, uns como simples experiência cabalística, outros para servirem de criados, outros, de animais, para serem consumidos como alimento, e outros como guardiões e defensores dos judeus perseguidos, uma constante na história judaica medieval. Historicamente, *golem* ganhou conotação de nome próprio e um artigo definido na lenda do Golem de Praga, o monstro de barro criado pelo rabi Judá Low Ben Betsalel, conhecido como "o Maharal de Praga". No sótão da *Altneuschul*, a antiga sinagoga* de Praga (que ainda hoje funciona e é considerada a mais antiga da Europa), em 1580, o Maharal construiu um monstro de barro com mais de três metros de altura e deu-lhe vida com manipulações cabalísticas. O Golem foi chamado Iossef, ou José, ganhou o emprego de bedel do tribunal judaico e a missão de proteger os judeus no gueto* de Praga e combater os que os perseguiam e atormentavam, que não eram raros naquela época. Dez anos depois, o Maharal, em procedimentos análogos aos da vivificação do Golem retirou-lhe o "sopro divino". A lenda conclui com duas versões alternativas: uns dizem que o Golem voltou a ser pó, como os seres humanos; outros, que ele ainda lá está, oculto no sótão da *Altneuschul*, aguardando, como todos os mortos, a ressurreição na era messiânica (v. Messianismo*) por vir. (P.G.)

GREGOS Não obstante a língua grega não possuir uma palavra para designar o que chamamos de religião, as manifestações nesse sentido sempre acompanharam a vida dos gregos. Assinale-se, desde logo, que os atuais conceitos empregados para analisar ou simplesmente caracterizar essa religião não podem ser adotados quando se pretende interpretá-la. As concepções religiosas desse povo, na Antiguidade, se materializavam num conjunto de mitos (v. Mitologia*), ritos*g e práticas cultuais cujos atos fundamentais estavam intimamente vinculados a orações, sacrifícios, oferendas, cantos e, eventualmente, danças. Suas divindades são antropomórficas (v. Antropomorfismo*), com forma e atributos próprios, fruto das relações entre a arte e a religião. Na realidade, foram os escultores, historiadores e poetas que criaram os seus deuses, dando-lhes uma representação definida através de atos e atributos. "Quando um grego fala de um deus, ele o vê como o escultor o representa." Na imaginação dos gregos, suas divindades não se situavam fora deste mundo, não criaram o universo nem os seres humanos e nem todas possuíam o mesmo saber e os mesmos poderes. No entanto, sua intervenção nos assuntos humanos era constante e diversificada. As concepções religiosas dos antigos gregos formam um conjunto de práticas e de crenças que nada devem a fundadores ou a qualquer texto que possa servir de referência, como a Bíblia* ou o Alcorão*. A religião grega não possui nenhum dogma, nenhuma doutrina. O estudo e o conhecimento dessa religião consistem em inventariar e interpretar suas práticas sem que nelas exista a noção de algum dogma, bem como a presença de um deus único. Diversas são as fontes que ajudam a conhecer o quadro religioso dos gregos: arqueológicas, literárias, inscrições de várias ordens, documentos iconográficos e papirológicos, aos quais convém aduzir indicações de historiadores, polígrafos, lexicógrafos e geógrafos. Entre estes últimos, impossível deixar de mencionar Pausânias (século II a.D.), autor de uma *Descrição da Grécia* (*Periégesis Hellados*), pontuada de explicações e de considerável número de informações sobre tradições regionais e locais de cultos. Durante muito tempo a religião dos gregos teve como principal e quase única referência a mitologia. Conhecer fábulas pagãs, histórias e façanhas de deuses e heróis, nada melhor para a compreensão de textos ou obras de arte inspirada na "vida" das divindades gregas. Foi somente no século XIX que as pesquisas dos fenômenos e a atualização de métodos científicos apropriados possibilitaram traçar fronteiras entre o mito e a religião. Um outro problema, não raro transformado em contratempo, refere-se ao vocabulário: algumas noções gregas — sagrado, puro e impuro, piedade e impiedade, por exemplo — têm significação que não corresponde ao nosso entendimento. Torna-se então necessário não se deixar surpreender por palavras ou frases que podem encobrir concepções diferentes. Um exemplo: símbolo de vida quando circula no corpo humano ou de consagração quando escorre pelo altar no decurso do sacrifício, o sangue, uma vez derramado no solo, passa a ser considerado sujeira, imundice, nódoa. Também o vocábulo "impiedade" não tinha o mesmo sentido verificado em outras religiões, sendo entendido no mundo grego, como "desrespeito aos credos e aos rituais comuns dos habitantes da cidade". Desacatar os deuses, profanar ou imitar cerimônias, mutilar estátuas, valia uma acusação de impiedade e, geralmente, condenação à morte. Na religião grega, os rituais eram de fundamental importância. Faltar aos rituais, além de ser antissocial, implicaria atrair a cólera divina. Configurados num conjunto de regras, promovidos pela "pólis" (cidade) ou por uma pessoa em seu próprio nome, ou organizados em torno de um culto, os rituais tomavam formas as mais diversas, variando de um deus para outro de uma cidade para outra. Mais importante ainda eram os rituais de purificação, que iam da ablução à aspersão com sangue de um bacuri. Para os gregos, a limpeza era companheira da pureza, o que justificava a existência de bacias cheias d'água semelhantes a uma pia de água benta na entrada dos templos. Quanto aos cultos, públicos ou privados, eram imprescindíveis: a ablução purificadora, as libações, a prece e o sacrifício de animais consumíveis, sem dúvida o elemento mais importante e cuja execução obedecia a detalhadas prescrições e rituais; o sacrifício, mais do que expiação, significava uma oferenda ao deus, incluindo cereais, bebidas e vítimas animais que eram degoladas, uma parte destinada aos deuses cremada no altar, e a que sobrava, consumida pelos participantes da cerimônia. No caso do sacrifício privado, o executor poderia ser o chefe do grupo que promovera o evento ou então o *mageiros*, personagem circunstancialmente engajado como cozinheiro e sacrificante. Os grandes sacrifícios cívicos, idealizados e realizados pela cidade e aos quais os gregos denominavam *thusia* (oferecer aos deuses) eram famosos, promovidos por ocasião das festas mais importantes e luxuosas, dando lugar ao abate de numerosos animais, o que possibilitava alimentar os cidadãos presentes. As prescrições rituais, extremamente complexas, variavam conforme os locais e as divindades em causa; não obstante, alguns traços eram comuns. Em todas as etapas do culto*g, a preocupação com a higiene predominava, manifestada na limpeza, na boa conduta pessoal e na decência do vestuário. Negligenciar tais preceitos redundaria na impossibilidade da aproximação com os deuses e do desenrolar da cerimônia. Na Grécia antiga, o sacerdócio era uma função eventual, de maneira alguma institucionalizada como classe ou casta clerical e dificilmente exercida vitaliciamente. A separação entre o temporal e o espiritual era uma noção ignorada pelos gregos. A sociedade helênica jamais estabeleceu uma separação entre o leigo e o sagrado. O privilégio usufruído por duas famílias gregas de renome (Kerikes e Eumólpidas), que por longo tempo administraram os mistérios de Elêusis*, constitui uma exceção. O sacerdócio grego nada mais era do que uma magistratura transitória, episódica. Semelhante postura enfatiza, significativamente, o caráter social da religião grega. O cidadão sentia-se membro da sociedade na medida em que participava concretamente de seus cultos e de suas crenças. A religião e os seus ritos, transmitidos pelo ancestrais, antecipavam-se às obrigações para com a pátria, como bem demonstrava o jovem ateniense quando afirmava: "eu combaterei para defender os santuários e a pólis". Um outro tipo de celebração manifestava-se nas festas (*héortai*) destinadas a homenagear certas divindades, comemoradas em determinadas datas do ano mas não obrigatoriamente. As mais renomadas realizavam-se em Atenas com grande frequência popular, destacando-se as grandes Panateneias, em honra a Atena*d Polia, deusa protetora da cidade, e as grandes Dionisíacas*, homenageando Dioniso*d, deus do vinho e do teatro, ambas, por unanimidade, reconhecidas como "festas patrióticas". O povo grego amava essas festividades, que se sucediam amiúde, sendo que as atenienses, no decorrer do período clássico (século V/IV a.C.), ocupavam quase um terço do ano. Os gregos não se consideravam politeístas. O termo "politeísta" foi criado pelo judeu Fílon*b de Alexandria (30 a.C.- 45 a.D.), que era monoteísta. Uma religião politeísta se caracteriza pela pluralidade de suas divindades e credos; para os gregos, os seus deuses apresentavam múltiplos aspectos sem prejuízo da sua individualidade divina. Os deuses gregos eram imortais (*athanatoi*), embora um dia nascidos, acrescida a circunstância de que suas veias não eram alimentadas por sangue mas por uma substância especial (*ichor*). As divindades eram antropomórficas, ou seja, adquiriam forma humana, idealizada e configurada pela arte. O deus é mais forte do que o homem, mas foi criado como um ser humano, o que torna significativa a familiaridade com os mortais. Os deuses eram belos, fortes, poderosos, jamais envelheciam, alimentados pelo néctar e pela ambrosia. Não são pessoas e sim forças organizadas e classificadas pela religiosidade que definem os seus poderes sobrenaturais, como agem e até onde vão as suas proezas e os seus limites. Cada um deles tem um nome e uma força próprios, embora a individualidade não exclua a existência de poderes coletivos. Os gregos, além do mais, acreditavam na presença de entidades misteriosas, benfazejas ou malévolas, que interferiam nos assuntos humanos. Seres sobrenaturais, os demônios (*daimones**d) não eram deuses nem heróis. Estes, conhecidos ou anônimos, eram personagens que adquiriam fama e prestígio após morrerem gloriosamente. O herói era geralmente reconhecido pelo culto que lhe era prestado, embora diferente das cerimônias. Belos, dotados de excepcional vigor e destino incomum, os heróis curavam, protegiam e puniam. O mais famoso e representativo dos heróis na Antiguidade grega foi Héracles*d (Hércules) ao qual, entre outros feitos, atribui-se a fundação dos Jogos Olímpicos. "Qualquer mortal poderá tornar-se um herói após sua morte, mas jamais um deus." Um herói é reconhecido pelo culto que lhe é prestado e que difere dos demais cultos pela frequência e duração das manifestações cultuais. A seu respeito surge um ciclo de aventuras e proezas, envolvendo temas comuns ou não: em torno deles constrói-se uma mitologia variável, flexível, chegando ao romance, que tem nos argonautas um bom exemplo. Quanto aos santuários, qualquer local poderia tornar-se um lugar de culto, bastando que os cidadãos o reconhecessem como tal. Para isso, limitava-se o terreno, fazendo dele um recinto cercado e ao qual chamavam de *Témenos*, a salientar que vários deuses podiam ser venerados num mesmo santuário. Nessas circunstâncias, o termo "santuário" significa "parte de um edifício sagrado", a mais secreta e a mais santa. A ágora de Atenas é um bom exemplo do que vinha a ser "santuário". O politeísmo divino na Grécia antiga era representado, basicamente, pelo seu panteão olímpico — referência a Olimpo, o monte mais alto da Grécia, morada de Zeus e das principais divindades — integrado pelos seus deuses e suas deusas mais importantes, com identidades e atributos próprios, hierarquizados, dos quais 12 se destacavam. Deuses e deusas vinculam-se por laços de parentesco, desconhecem a velhice e se mantêm imortais. Poderosos e bem-aventurados, reunidos numa relação dita "canônica", os olímpicos têm por nomes Zeus*d/Hera*d; Poseídon*d/Deméter*d; Apolo*d/Artêmis*d; Ares*d/Afrodite*d; Hermes*d/Atena*d e Hefesto*d/Héstia*d.

GUEHINOM Palavra hebraica para "Geena", o inferno* na versão judaica. A visão de inferno que a tradição judaica contempla desde a Antiguidade não é muito diferente daquelas desenvolvidas por outros povos antigos, do Hades*d dos gregos* (em hebraico *Sheol*), e do inferno cristão. É o lugar onde as almas dos perversos pagarão pelos pecados e crimes cometidos em vida, em eterna escuridão (que contrasta com a luz do paraíso, o *Gan Eden*, ou jardim do Éden), rompida apenas pelo fogo que as queimará, um fogo 60 vezes mais quente que o fogo terreno. Há várias interpretações e descrições do *Guehinom*, umas populares, outras dos sábios rabínicos (v. Rabino*). Alguns atribuem a origem do nome ao vale de Hinom ("vale" em hebraico é *gai*, e "vale de" é *guei*), ao sul de Jerusalém, onde os canaanitas, antes da conquista israelita, sacrificavam seres humano a Moloch. Outros localizavam o *Guehinom* muito mais a oeste, outros o viam fora da Terra, versão que se acabou impondo em quase todas as culturas. Contrariando a ideia da inexorabilidade do castigo — ponto final de uma danação irrecorrível da alma — que caracteriza o inferno na maioria das interpretações, algumas correntes rabínicas, como a de Hilel*b, viam nele uma etapa de purgação da alma, para sua purificação e ulterior ascensão ao *Gan Eden*. Com isso, estendiam sua noção de perfectibilidade do ser humano ao pós-vida (como expressa na visão judaica do livre-arbítrio e na tradição do *Iom Kipur**, que abre ao homem, em vida, a constante possibilidade do arrependimento e da purgação dos pecados pela oração e por boas ações). O inferno, assim, estaria condenado ao desaparecimento através da própria ação do homem, em sua conversão sincera aos princípios religiosos e morais e à prática do bem. (P.G.)

GUEMARÁ O *Talmud**, uma das obras básicas do judaísmo*, é constituído de dois módulos principais: a *Mishná** (e seu complemento, a *Tossefta*g*) — compilação da Lei Oral —, e a *Guemará*, a reunião dos comentários rabínicos (v. Rabino*) sobre a *Mishná*. [Em separado do *Talmud*, mas a ele intimamente ligado, publica-se o *Midrash**, uma coleção de comentários livres e criativos do *Tanach*, ou Antigo Testamento*.] Na verdade, o eixo do *Talmud* é a *Guemará*, tão preponderante que, nas referências a ele e em seu estudo, às vezes confundem-se os termos, a referência ao *Talmud* sendo na verdade uma referência à *Guemará*. A palavra *guemará* vem do aramaico, a língua em que é escrita, e significa "término". A *Mishná* — a codificação das leis e tradições orais do judaísmo e acervo de interpretações rabínicas das leis básicas da Torá* — foi completada no século II a.D. por Iehudá haNassi*b, mas imediatamente constatou-se que seu texto não encerrava as questões por ele abertas. A decisão pela inclusão de uma determinada visão ou interpretação não acalmara a inquietação intelectual da busca de outros significados e explicações, talvez mais próximos da verdade e da intenção original. Essas opiniões divergentes, bem como suas contestações e novas interpretações, foram sendo agrupadas em torno de cada texto da *Mishná* que as motivava, configurando um fórum aberto, o registro democrático e amplo de uma rica discussão entre sábios rabínicos sobre o sentido conceitual e prático das leis, das tradições, dos rituais religiosos e da ética comportamental judaica. É o conjunto desses comentários, desse repertório sempre aberto, que constitui a *Guemará*. Os sábios rabínicos que contribuíram para o contínuo crescimento e enriquecimento da *Guemará* são chamados *amoraim**, ou expositores. Eles analisavam detalhadamente o texto da *Mishná*, pesavam a coerência e os fundamentos de cada comentário anterior, buscavam soluções para as contradições e as divergências e, principalmente, invocavam uma nova interpretação de alguma lei ou postulado antigo que os tornassem viáveis em circunstâncias inteiramente novas, com isso mantendo viva e atual, em sua nova forma, a essência milenar do pensamento e da visão judaicos. Nesse esforço, o universo básico dos *amoraim* não raro transcendeu os limites da *Mishná*, em seus comentários e em suas análises sobre muitos aspectos da vida judaica na dispersão durante a era rabínica, como a importância das ciências, as relações cíveis, o peso da devoção religiosa, as questões éticas, as relações com o mundo não judaico etc. A conclusão do *Talmud* da Babilônia, em c. 500 a.D., não significou o encerramento dessa contribuição. Comentários de sábios rabínicos continuaram a enriquecer o acervo durante séculos, mantendo aberta a discussão sobre o conteúdo e a forma da lei e da tradição judaica através do tempo e do espaço. Entre os mais famosos, citem-se os de Alfassi (século X), Rashi*b, as *Tossafot* (século XII; v. Tossafistas*g), Rashba (século XIII), Nachmanides*b (século XIV). (P.G.)

GUERRA SANTA Na concepção bíblica do Antigo Testamento*, a guerra é a luta do "povo eleito" — os hebreus —, liderado por Iavé, seu Deus, contra a idolatria, Deus que protege Israel contra seus inimigos. De outra parte, numa outra concepção, a guerra, de punitiva passa a inspirar um sentimento de horror, transformando-se numa "guerra-desastre". Consequentemente, a guerra passa a ser uma decisão dos homens. Ao liderar a guerra, Iavé visava à destruição do pecado e àqueles que rejeitam a salvação. Em sua visão, os israelitas cumprem uma missão: assegurar a presença do seu Deus na história, concretizando na "Terra Prometida*" a aliança estabelecida com Ele. Povo, terra e Deus se unem na obtenção desse espaço geográfico, realizada através da conquista, uma conquista "santa". Outra modalidade de guerra santa é representada pelas cruzadas*. Protegidas por santos e bênçãos especiais, patrocinadas por papas*, dispondo de armas e bandeiras sob a proteção do Cristo*b, a cruzada é uma guerra santa, opinião partilhada pelos cristãos*. A justificativa oficial desse empreendimento era a libertação e a proteção dos Lugares Santos, então em poder dos turcos. A recompensa outorgada aos que morriam nessas expedições consubstanciava-se na completa remissão dos seus pecados. (Para "guerra santa" no islamismo, v. tb. *Jihad**.)

GUERRAS DE RELIGIÃO Conjunto de conflitos, basicamente consubstanciados na França em oito lutas no decorrer de quase meio século (1562/1598), motivadas por princípios espirituais e pela ambição de senhores feudais. Violentas, essas guerras, entremeadas por tratados de paz, teve como personagens católicos (v. Catolicismo*) e calvinistas (v. Calvinismo*). Para alguns autores, esses combates poderiam ser rotulados como uma guerra santa*, até porque — alegam — para muitos que deles participavam nada mais eram do que uma manifestação da cólera divina. Os católicos, em particular, consideravam-se guerreiros de Deus. Desses confrontos, que envolviam famílias poderosas como os Guise (católicos) e os Coligny (protestantes [v. Protestantismo*]), aguçados a partir do aparecimento de cartazes afixados em Paris (*l'affaire des placards*, 1534), resultaram massacres, assassinatos e emboscadas, enquanto os senhores feudais, descontentes com o seu rebaixamento político e social ante o crescimento do poder monárquico, encontraram nesses embates o momento para fazer ressurgir antigos costumes através das proezas da cavalaria e de pilhagens. Juristas, filósofos e teólogos forneceram, sob certos aspectos, embasamento doutrinário às guerras de religião, concebendo-as como "guerras justas", que visavam a "reparar uma injustiça sofrida pela nação" ou então porque esses conflitos eram conduzidos por autoridades (no caso os reis) desejosos de ampliar cada vez mais o seu poderio. Das oito guerras francesas, a mais demorada foi a última (1585/1598), conhecida como a "guerra dos três Henriques" (Henrique III, Henrique de Navarra, Henrique de Guise). O Edito de Nantes, promulgado em 1598, encerrou definitivamente as guerras de religião, o que não impediu, porém, que a França, por um bom período, se ressentisse desta longa anarquia. Outras nações foram atingidas por guerras de religião, entre elas a Alemanha (Guerra dos Trinta Anos); a Suíça (1529/1531; 1656; 1712), sem esquecer os embates sangrentos entre católicos e protestantes na Irlanda do Norte.

GUETO Atualmente de conotação genérica, significando um bairro onde se concentram habitantes de uma minoria, o termo originariamente aplicava-se somente aos judeus, isto é, ao bairro onde estes, compulsoriamente ou não, eram confinados e segregados do resto da população. Sua etimologia é motivo de divergências, sendo a versão mais aceita aquela que localiza a origem do termo no bairro judaico de Veneza, que ficava junto a uma fundição, em italiano *gueta*. Outras associações buscam analogias com o hebraico *guet* (divórcio), o italiano *borguetto* (quarteirão), ou *guitto* (sujo), e o alemão *gitter* (barras). Mas o uso desse termo é muito mais recente que o objeto que representa: ao longo de séculos, desde a Idade Média, os judeus viveram em *juderias,* judiarias, *juiveries, jew's streets, judengassen, melás.* Foi a Igreja Católica, no Quarto Concílio* de Latrão, em 1215, quem primeiro determinou que os judeus fossem concentrados em um bairro e isolados num *vicus judaeorum*, um "bairro de judeus". As razões da Igreja, naturalmente, eram de natureza religiosa, e visavam a neutralizar o suposto perigo que representavam as superstições e os costumes judaicos para a fé dos cristãos, como textualmente declara o preâmbulo do Código das Leis Canônicas do Concílio de Breslau, na Polônia, em 1266. A precaução de ordem religiosa teve desastrosas consequências de ordem civil e humanitária. Os guetos compulsórios, na prática, ao concentrar em áreas restritas mais do dobro (às vezes, muito mais) da população que elas normalmente comportariam, transformaram-se em aglomerações de gente em condições subumanas, onde a miséria, a sujeira, a doença, a humilhação, não só faziam da vida um fardo, mas fechavam o círculo vicioso da segregação dos judeus, fazendo de sua consequência uma causa que supostamente a justificava: a indignidade dos judeus e de sua forma de vida. No início por determinação apenas das autoridades religiosas, mais tarde por decretos do poder secular (no século XVI), os guetos proliferaram na Europa ao longo de toda a Idade Média, mais ou menos no mesmo modelo: uma divisão física (um muro, um fosso, uma cerca) separava suas casas e ruas amontoadas do resto das cidades; guardas vigiavam seus portões, ou seu único portão (*porta judaeorum*) para impedir a entrada e saída de judeus sem autorização; restrições à atividade econômica dentro do gueto e fora dele levaram à pauperização e à deterioração das condições de vida. Na Rússia, a Igreja Ortodoxa (v. Ortodoxia*) não seguiu o mesmo caminho. O confinamento dos judeus foi determinado muito depois, a partir do século XVIII (1772), e era de natureza geográfica: os judeus só poderiam viver em determinados territórios do império, no âmbito de uma "Área de Estabelecimento". A modernidade e a Emancipação trouxeram parâmetros com cujo contexto o gueto era in compatível, e o gueto compulsório foi desaparecendo. O último a ser oficialmente extinto foi o de Roma, em 1885. O gueto foi recriado pelo nazismo na década de 1940, como uma das etapas da "Solução Final", que visava a uma Europa *judenrein*, livre dos judeus. Foram criados guetos em várias cidades, para, como na Idade Média, isolar os judeus e facilitar o controle sobre eles. Mas, ao contrário dos guetos medievais, cujos muros muitas vezes serviram de proteção contra o assédio de turbas em busca do massacre e da pilhagem, os guetos nazistas serviram de concentração e estação de partida dos judeus para os campos de extermínio. No gueto de Varsóvia (e no de Vilna) os judeus se rebelaram e lutaram até a morte. Observe-se, por outro lado, que o isolamento dos judeus funcionou muitas vezes como uma defesa de sua identidade, sua religião e seus costumes. Por isso, nem todos os guetos foram compulsórios, e a tendência dos judeus de se concentrarem em determinados bairros para melhor se preservarem criou "guetos" abertos, que continuaram durante algum tempo, após a extinção do último gueto compulsório. Contemporaneamente, com poucas exceções, mesmo essa concentração judaica em determinados bairros acabou desaparecendo. (P.G.)

GURU Literalmente, a palavra "guru" significa "preceptor"; esta concepção, no entanto, de tal forma evoluiu que, em algumas regiões da Índia passou a identificá-los como divindades, principalmente entre os *sikhs**. Genericamente, esse nome é dado a líderes espirituais indianos, em particular aqueles que praticam o hinduísmo* (85% da população). Os seus adeptos, ante a dificuldade de sua assimilação, recomendam a presença de um guia que oriente a sua compreensão e a aquisição de seus princípios. Esse guia é o guru, considerado o mestre por excelência, que desfruta de grande prestígio no campo da educação. Especificamente, este título foi outorgado aos orientadores de jovens brâmanes* desde o século VII. O primeiro passo na relação mestre-discípulo consiste na restrita confiança entre professor e aluno, sendo apropriado que habitem a mesma casa. O relacionamento familiar enraizará profunda veneração pelo mestre (em sânscrito, o vocábulo *guru* significa "profundo"); o saber do mestre, adquirido basicamente através da experiência, proporciona-lhe os meios adequados para conduzir o seu pupilo pelo caminho que ele, guru, percorreu. A aprendizagem é feita, essencialmente, pela reflexão. É partindo da experiência e por ela conduzido que o discípulo descobre o saber. Na Índia, a presença do guru no campo pedagógico é nítida, provindo dos tempos védicos (v. Vedas*) quando o ensino comportava não apenas textos sagrados, mas também outros domínios, como fonética, etimologia, astronomia, gramática etc.). Essa modalidade de instrução alcançava, quase que exclusivamente, as camadas superiores da população. Hoje, não obstante alguns indianos manterem para seus filhos a assistência intelectual de gurus, não raro é o próprio pai que inicia o filho nas primeiras etapas da vida. No plano das artes, da dança e do teatro, os gurus costumam estar presentes; contudo, no que diz respeito ao saber intelectual propriamente dito, os indianos não empregam o termo "guru", e sim *pandit* ou *swami* (letrados, sábios). No tocante à ioga*, aqui entendida como prática de exercícios físicos e mentais para disciplinar o corpo, a presença do guru, tem-se confirmado como indispensável. Quais os critérios que permitem diferenciar um verdadeiro guru de um charlatão? A maioria das escolhas é feita através do processo de tentativa e erro. Não são poucos os que dão cursos de iniciação mediante polpudas remunerações. Segundo muitos, o guru que se instala no Ocidente só tem um objetivo: enriquecer.

H

HADITHS Vocábulo árabe que significa "palavra", "provérbio", "relato", utilizado para, mediante curta narrativa, contar detalhes e momentos do profeta Maomé*ᵇ. A soma de todos esses *hadiths* constitui a suna ("tradição", v. Sunismo*) que não deve ser confundida com a tradição dos *hadiths*. Estes são milhares, deles conhecendo-se seis coleções importantes. Os *hadiths* compreendem duas partes: uma, na qual são anotados os nomes das pessoas que informam o que o Profeta teria dito (A disse que B comunicou, tendo recebido de C que, por sua vez ouviu de W, companheiro do Profeta...); e a outra que é constituída pelo próprio texto de cada *hadith*. Existem os falsos e os verdadeiros *hadiths*; para distingui-los, especialistas estudam os narradores para estabelecer quais eram dignos de fé. Na realidade, pouca importância dão os muçulmanos a esse fato, pois para eles o Alcorão* e a suna são as fontes fundamentais do Islã*, o qual, acima de tudo, é "uma mensagem religiosa". A religião preconizada por essa mensagem não conhece sacramento* nem clero. Não existem, no Islã, intermediários entre o crente e o seu deus. Os pontos essenciais da fé são transmitidos através dos dogmas pouco numerosos, embasados num ponto: acreditar em um só deus, crença resumida na fórmula, "só Alá* é Deus" (*"lâ ilâha illâ Allâh"*). O Islã, proclamam os muçulmanos, é uma religião rigorosamente monoteísta. As mais antigas coleções de *hadiths* (um grande número de *hadiths* foram inventados, sabe-se, e foram chamados de *ahádit* exatamente por serem falsos) foram elaboradas na época dos omíadas, célebre dinastia (661/750) de descendentes de um clã da cidade de Meca*. Atualmente, historiadores e especialistas continuam fazendo a crítica externa desses documentos, compondo dicionários e trabalhos voltados, especificamente, para os *hadiths*.

HAGADÁ A palavra hebraica significa "narrativa", e designa especificamente o texto — e o livro que o contém — em que se narra a história do cativeiro dos judeus no Egito e de sua libertação por Moisés*ᵇ. A *Hagadá* é lida na noite do *seder**, o jantar e a cerimônia familiar comemorativa daquele evento, na véspera do primeiro dia de *Pessach**. O dramático relato da história é entremeado, na *Hagadá*, de comentários, perguntas e respostas, descrições dos elementos simbólicos da festa, e sua leitura se alterna com o entoar de canções, com alguns rituais simbólicos, com a lauta refeição do *seder* e com a libação obrigatória de quatro cálices de vinho. A leitura da *Hagadá* é prescrita na Torá*, em Êxodo*ᵍ 13:8, e alguns de seus textos são bem antigos, embora a estrutura atual date do século II a.D. A partir de então tem recebido acréscimos, e sua popularidade como texto e como livro de arte fez dela, depois do Antigo Testamento*, o livro mais disseminado da religião judaica, traduzido para muitas línguas. Algumas edições de luxo medievais, ricamente ilustradas e iluminadas, tornaram-se famosas, como a *Hagadá* de Sarajevo, a de Darmstadt, a de Crawford. A primeira *Hagadá* impressa em hebraico, em 1526, é também uma das mais ricas e mais famosas: a *Hagadá* de Praga. (P.G.)

HAGIÓGRAFOS Em hebraico *Ketuvim* ("escritos"), é a terceira parte do *Tanach*, a Bíblia* judaica, ou Antigo Testamento* (as duas primeiras partes são a Torá*, o Pentateuco, e *Neviim*, os Profetas*). É formado de vários livros de caráter vário, escritos originalmente em hebraico e procedentes de diferentes épocas e contextos. No cânon* judaico, que difere do cânon cristão católico (este inclui ainda os livros Tobias, Judite, Sabedoria, Macabeus I e II [v. Chanuká*] e Eclesiástico*), os livros que compõem os Hagiógrafos são: Salmos*, ou Saltério (hebr.: *Tehilim*), Cântico dos Cânticos (hebr: *Shir Hashirim*), os chamados "Livros de Sabedoria*": (Jó*ᵇ, Provérbios*ᵍ Eclesiastes*), o livro de Ester (hebr.: *Meguilat Ester*), o livro de Ruth (hebr.: *Meguilat Ruth*), Lamentações (hebr.: *Eicha*), Daniel*ᵇ, Esdras*ᵇ (hebr.: *Ezra*), Neemias (hebr.: *Nechemia*) e Crônicas I e II (hebr.: *Divrei Haiamim*). Essa coletânea cobre, em sua óptica, em sua temática e em seu estilo, descrições e visões não só diferentes, mas às vezes opostas, testemunho da diversidade de circunstâncias históricas e das reações dos judeus e seus porta-vozes a elas (v. Judaísmo*). São, na maioria, criações literárias, muitas delas em verso, que evocam às vezes fatos históricos (Ester e a vitória dos judeus da Pérsia sobre os seus algozes, Ruth (v. *Shavuot**) e a solidariedade de uma judia por conversão, Daniel e a visão apocalíptica [v. Apocalipse*]), às vezes reflexões filosóficas sobre o Homem e o povo judeu ante a dor e a tragédia (os livros de Sabedoria, Lamentações), às vezes comentários e doutrinamentos (Esdras, Neemias, Crônicas), às vezes pura expressão poética de sentimentos e aspirações (Cântico dos Cânticos). Seu denominador comum é a fidelidade dos judeus a seu Deus e ao destino que essa fidelidade impõe no relacionamento com o mundo e com a vida, expressa em drama, alegria, sofrimento, amor e esperança. (P.G.)

HALACHÁ A palavra hebraica deriva do verbo "andar", e tem o sentido de "encaminhamento", "orientação". Refere-se a uma das duas classificações dos textos do *Talmud**, cobrindo aqueles que tratam diretamente dos aspectos legais (preceitos e mandamentos sobre diversos aspectos conceituais e comportamentais do judaísmo*, e os comentários e interpretações a eles relativos), em contraposição à *Agadá**, os textos talmúdicos de ficção e folclore, como anedotas, lendas, aforismos, provérbios, parábolas etc., que ilustram e popularizam essa legislação e sua aplicação na vida judaica. A *halachá* constitui-se, assim, no acervo de leis e preceitos do judaísmo em quase todos os aspectos do culto*ᵍ e do comportamento social, e de suas interpretações, criado com a contribuição de centenas de sábios rabínicos (v. Rabino*) durante séculos. Apesar de ser normativa em sua essência, representa na verdade um debate entre sábios e um painel de ideias construído sobre a discussão e a dialética. Essa aparente contradição entre o caráter normativo das leis judaicas e sua abertura à interpretação, inerente ao *Talmud* em geral, tem gerado alguma discordância entre as correntes modernas do judaísmo quanto à autoridade absoluta da *halachá*. Entendem as correntes ditas ortodoxas (v. Ortodoxia [no Judaísmo]*) que suas disposições estão consolidadas, enquanto as correntes ditas liberais entendem que, como no passado, ainda são passíveis de interpretações e adaptações a novos tempos e novas realidades. (P.G.)

HANBALISMO Considerada a mais rigorista das quatro grandes escolas jurídicas do Islã*, o hanbalismo foi fundado pelo iraquiano Ahmad ibn Hanbal, famoso pela fidelidade absoluta aos textos, recusando quaisquer inovações. O hanbalismo representa um dos aspectos fundamentais do sunismo*. Ao contrário da escola hanefita (v. Hanefismo*), a abordagem de Hanbal visava a reduzir, tanto quanto possível, o recurso à "reflexão pessoal" (*ra'y*), mantendo-se rigorosamente os ensinamentos textuais. O hanbalismo se faz notar também pelo seu antagonismo ao xiismo* e ainda pela sua agressividade. Os hanbalistas têm sido reprimidos na Arábia, ante a constância de suas tendências agressivas, explicáveis, ao que parece, pela rudeza da região. Os hanbalistas "representam a extrema direita do culto*ᵍ fanático da suna".

HANEFISMO Uma das grandes escolas jurídicas do Islã*, fundada pelo iraniano Abu Hanifa (700-767) que lhe deu o nome, sendo a preferida dos muçulmanos não árabes. Hanifa era considerado pouco rigorista, dando grande valor à reflexão pessoal (*ra'y*) quando um determinado caso não consegue ser elucidado pelas fontes. O método adotado por Hanifa, acentuadamente especulativo, sofre a influência do neoplatonismo. Sua escola foi adotada pelos selgúcidas, poderosa dinastia turca, o que possibilitou grande difusão na Anatólia. Também na Índia essa corrente jurídica desfrutou de grande aceitação, tendo o imperador Aurangzeb mandado editar uma grande coletânea do direito hanefita. Atualmente, essa escola é adotada na Síria, no Paquistão e em parte do Egito. Seu fundador é tido como um legista excepcional, chamado, por vezes, "o pretor de Bagdá".

HARE KRISHNA Movimento de caráter religioso consolidado numa Associação Internacional para a Consciência de Krishna, fundada por um indiano tido como sábio, o *swami* ("ilustre") Bhakti-vedanta Prabhupada, morto em 1978. Esse movimento, atualmente contando com expressivo número de adeptos engajados em várias partes do mundo — inclusive no Brasil —, visa a propagar, universalmente, a religiosidade hindu (v. Hinduísmo*) baseada na devoção (*bhakti*). O caminho a seguir, proposto por essa seita*, consiste na adoção de uma espiritualidade manifestada pela repetição incessante do nome "Hare Krishna", utilizando-se uma forma de meditação conhecida na Índia pelo termo *japa*, prece repetitiva muito conhecida no país. Essa técnica, chamada no Ocidente de "Oração de Jesus" reflete a crença numa divindade que, a qualquer momento, poderá surgir entre os homens metamorfoseada, a fim de recompensar o devoto. Krishna^{xd} e Xiva (v. Xivaísmo*) situam-se entre os deuses mais populares reverenciados por esse movimento, cujos adeptos, vestidos com mantos alaranjados e cabeças raspadas, cantam nas ruas, ao mesmo tempo que procuram vender livros e objetos variados. Sua simplicidade de vida é indiscutível, sem qualquer radicalismo ou comportamentos impositivos. Os *Hare Krishna* consideram o mundo exterior naturalista e desprezível. Esse movimento — para alguns seita — se apoia nos textos sagrados dos Vedas*, principalmente nos Upanixades* e no *Bhagavad-Gita*, sem perder de vista também a extraordinária mitologia* do hinduísmo. Entretanto, diferenciando-se deste, os *Hare Krishna* ensinam que Krishna é a divindade única e suprema e não apenas um avatar*^{g} de Vixnu*^{d}. O *bhakta* (devoto) não come carne, peixes ou ovos, oferecendo a Krishna toda e qualquer comida antes de se alimentar. O *bhakta* não se intoxica, abrindo mão do tabaco, do álcool, de drogas, de café e chá. Segundo dados fornecidos pela própria Associação, existem oito milhões de simpatizantes em 81 países, e 400 templos. Observadores neutros, porém, indicam cifras menores.

HASKALÁ A palavra hebraica deriva de *sechel*, "mente", "juízo", "inteligência", atributos que, em Daniel 12:3, são associados a "brilho", "esplendor", "iluminação", e daí seu uso para designar a versão judaica do Iluminismo, movimento de esclarecimento e racionalização que acompanhou na Europa, a partir do século XVII, os ideais libertários que culminaram com a Revolução Francesa e a Declaração dos Direitos do Homem e do Cidadão, em 1789. A *Haskalá* foi a reação judaica à percepção de que também aos judeus se aplicariam os benefícios da emancipação do homem e de sua libertação do jugo dos reis, dos déspotas, dos senhores feudais e da Igreja institucionalizada, ponto de partida para uma era de "liberdade, igualdade e fraternidade" acenada com o fim da Idade Média e com o advento do capitalismo. Para os judeus inseridos nas sociedades emancipadas da Europa ocidental, isso significava sua saída do gueto* real e virtual, do isolamento religioso e cultural, das limitações e restrições discriminatórias para o convívio pleno com a sociedade maior e sua cultura, e o acesso aos círculos, às atividades e às oportunidades a que tinham direito todos os cidadãos. Foi um ferrenho inimigo dos judeus, Frederico II da Prússia, quem percebeu a importância de sua emancipação para o avanço do país. Os judeus, com seu talento para novos empreendimentos e para o comércio, e com a vantagem de suas relações internacionais, eram necessários para desenvolver a indústria prussiana, chave vital para o progresso na nova era. Muitos judeus ricos e empreendedores foram levados a se estabelecer na Prússia, atraídos pela emancipação e pelas facilidades que lhes oferecia o imperador. Não tardou que uma nova ideia surgisse e crescesse no seio da comunidade judaica da Alemanha. Para uma verdadeira revolução no *status* dos judeus não bastariam as concessões e medidas de fora para dentro, mas seria necessário que essa revolução se processasse *dentro* dos judeus, em sua atitude, em sua visão do mundo, em sua mentalidade. Sair do gueto era interagir com o mundo, falar sua língua, assimilar suas conquistas e sua cultura. Mais: era fazer conviver os novos valores, modernos e universais, com a tradição e as particularidades do judaísmo*, preservadas durante 18 séculos de dispersão. A *Haskalá*, ou iluminismo judaico, visava inicialmente a promover o aperfeiçoamento individual e coletivo dos judeus nos parâmetros da nova sociedade emancipada, sem a perda dos fundamentos da fé judaica. As contradições inerentes a tal objetivo logo se fizeram sentir: para demolir a prisão intelectual do gueto e para desparoquializar a comunidade judaica, os adeptos da *Haskalá* (os *maskilim*) combateram o "jargão" judaico dos judeus alemães, o ídiche, para privilegiar o alemão, a língua da nova cultura. O principal mentor da *Haskalá* alemã, Moses Mendelssohn (1729-1786) não só completou a tradução da Torá* para o alemão em 1780, mas criou uma versão em alemão escrito em caracteres hebraicos (que são os mesmos do ídiche), para induzir os judeus que não sabiam ler em alemão a conhecer o texto em alemão através das letras hebraicas. Mas, ao lutar contra o ídiche, os *maskilim* estavam indo de encontro a uma das âncoras da instituição comunitária. E, para conciliar os novos comportamentos culturais, os novos horizontes de conhecimento, o acesso a universidades, as novas atividades profissionais — antes vedadas aos judeus — com os ritos*g, hábitos e crenças tradicionais do judaísmo, que também visavam a preservar, os *maskilim* conceberam um lema que, em sua contradição interna, se revelaria inaplicável: "seja um judeu em casa e um homem na rua". Assim, apesar de suas honestas intenções de conciliação, das importantes adesões, da compreensão e apoio de muitos intelectuais não judeus, a *Haskalá* alemã acabou fracassando em seu modelo, e muitos de seus adeptos (inclusive Heinrich Heine, os filhos de Mendelssohn e seu neto, o compositor Felix Mendelssohn) acabaram convertendo-se ao cristianismo*, forma mais rápida e menos contraditória de se assimilarem à cultura e à sociedade em que viviam como emancipados. Mas a *Haskalá* teve influência marcante na busca de uma solução "moderna" para o culto*g religioso judaico que redundou na Reforma judaica* e deu uma contribuição importante para a educação judaica, a partir de então, ao criar em Berlim, em 1781, a escola paroquial, modelo existente até hoje nas comunidades judaicas, em que o ensino dos elementos da tradição judaica convive com o ensino das matérias "universais": a língua vernácula, a história, a geografia, as ciências. A *Haskalá* na Europa oriental tomou direção diferente. Ela foi importada da Alemanha e da Áustria via Galícia, na Polônia, e teve grande incentivo na política liberal do czar Alexandre I para com os judeus. Mas, diferentemente do que ocorrera na Alemanha, muitos *maskilim* que combatiam o ídiche por ser "língua de gueto", mesmo influenciados pelo alemão e pela cultura alemã, foram buscar no hebraico a principal língua de expressão. Houve assim duas correntes na *Haskalá* da Europa oriental: uma idichista e outra hebraísta. Ambas combateram o chassidismo*, por seu apego crédulo e "antirracional" ao misticismo*, ao milagre, ao paroquialismo. Mas também se revoltaram contra a tendêndia assimilacionista de seus antecessores da Europa central. A criação em hebraico dos *maskilim* russos, galicianos, ucranianos, lituanos e outros foi contribuição importante para a cultura judaica e ajudou a sedimentar o terreno que levaria a ideias nacionalistas e ao sionismo (v. Sion*). (P.G.)

HÉGIRA Em árabe, *hijra*, "êxodo". Emigração voluntária do profeta Maomé*b em 622, deixando sua cidade natal Meca* para localizar-se no oásis de Yatríb, logo depois denominado Medina (cidade do Profeta). Essa data, de capital importância para a história do Islã*, é extremamente difícil de ser determinada com precisão. De qualquer modo, ela não só anuncia a criação do primeiro Estado islâmico do planeta — o de Medina —, como estabelece o início da era muçulmana: 15 de julho, ano 622 do calendário cristão. Além do mais, foi a partir da hégira que Maomé tornou-se um líder político, verdadeiro chefe de Estado. A partir de então, a comunidade islâmica (*umma*) foi organizada, através de pronunciamentos e revelações que constituem o Livro Sagrado dos muçulmanos, ou seja, o Alcorão*. A doutrina nele contida exprime a palavra de Deus (Alá*) recebida pelo profeta Maomé, transmitida oralmente e decorada pelos discípulos. Por definição, o muçulmano (*muslim*) submete-se total e voluntariamente a Alá e nele deposita sua fé. Os profetas são os enviados de Alá recomendados pelo Alcorão porque vêm para advertir o seu povo. Maomé é o último deles. Quando, anos depois, o Profeta retorna a Meca triunfante e a Caaba* passa a ser o templo por excelência, as bases do Islã estavam historicamente assentadas.

HERESIA Vindo do grego *haíresis* e do latim *haeresis*, significa "escolha", "opção", tomando um sentido pejorativo e repressivo quando, no ano de 325, o arianismo*, doutrina que contestava a divindade de Jesus*b, foi condenado pelo Concílio* de Niceia. Configurava--se, então, a constituição do cristianismo* como religião do Estado, só oficializada, porém, 70 anos depois por decisão do imperador romano Teodósio Magno (347-395; 379/395). O herege é, portanto, uma pessoa que contesta uma doutrina estabelecida pela Igreja como dogma, escolhendo um outro caminho espiritual. Não obstante, a continuidade da heresia, mesmo após ter sido eliminada, vem a ser um de seus traços peculiares, conforme assinala uma especialista brasileira. Heresias podem gerar outras heresias impulsionadas por dissidências no interior delas próprias. No decorrer dos séculos IV e V, o arianismo, o maniqueísmo* e o priscilianismo* abalaram a comunidade cristã. O iconoclasmo*, que alguns consideram uma heresia, pouca repercussão teve no Ocidente. Não obstante, no século XII, a heresia dos patarinos* milaneses, estreitamente associada ao catarismo* e ao bogomilismo* sublevou populações contra o clero episcopal sob a alegação de simonia (compra ou venda de coisas espirituais). As heresias foram tenazmente combatidas, sob forma doutrinal ou secular. Em 1229, o papa* Gregório IX (? -1241) criou o Tribunal do Santo Ofício, encarregando a Ordem dos Dominicanos* de administrá-lo e, de modo geral, legislar, condenando ou absolvendo os heréticos. A atuação desse órgão estendeu-se aos países ibéricos, à Itália e ao Brasil, neste último predominantemente no período colonial.

HERMETISMO Conjunto de doutrinas místicas (v. Misticismo*), astrológicas, mágicas, alquímicas e, ligeiramente, filosóficas, contidas numa coletânea de 17 textos, de desigual valor, elaborados no Egito entre os séculos II a.C. e III a.D. Costumam-se estabelecer duas categorias a respeito: os escritos que compõem o hermetismo popular (magia*, alquimia*, astrologia, ciências ocultas) e o chamado erudito, integrado pelos 17 tratados, ambos redigidos em grego. A feitura desses textos, posteriormente conhecidos como *Corpus Hermeticum*, era atribuída ao deus egípcio Thot*d que, naquele país, desfrutava de grande popularidade. Patrono dos escribas, sua identificação com Hermes*d, divindade grega, já era de há muito conhecida por Heródoto (484-425 a.C.), historiador grego considerado o "pai da História". Integram ainda o *Corpus* alguns papiros e um tratado, o *Asclepius*, do qual se conhece uma tradução latina. Era comum aos egípcios* traduzir o nome de Thot para Hermes, assimilando-se numa só entidade, o "Hermes Trismegisto" (três vezes grande). O hermetismo, sob alguns aspectos, vincula-se a diversas correntes espirituais, inclusive ao neoplatonismo e, quaisquer sejam as influências alcançadas, o objetivos, é unir-se ao divino. Longe das preocupações científicas, apegando-se de preferência aos princípios espirituais difundidos nos primórdios do cristianismo*, o hermetismo, entretanto, não dispõe de clero, apesar da presença de uma certa atmosfera religiosa. Em nenhum momento, o *Corpus Hermeticum* veio a ser uma Bíblia* ou guia de sistemas religiosos ou laicos (v. Laicismo*). O seu conteúdo dispõe de receitas mágicas e reflexões de cunho teológico apresentadas sob a forma de diálogos. Os escritos herméticos gozaram de grande interesse junto aos Pais da Igreja*, convindo, porém, a inexistência de uma religião hermética. As formulações do hermetismo nada mais são do que especulações em torno de um doutrinário espiritual e filosófico, descambando para o vocabulário alquimista, de onde aliás procede o termo "hermético": "inteiramente fechado", "de difícil compreensão".

HESICASMO Segmento do quietismo*, os hesicastas eram numerosos na Grécia no século XIV. Uma das características mais originais de um hesicasta era, sentado, olhar fixamente o seu próprio umbigo, o que lhes valcu o apelido de "alma do umbigo". Por intermédio dessa técnica procuravam, pela auto-hipnose, alcançar o êxtase e a iluminação interior. O centro de suas atividades localizava-se no monte Atos, uma península escarpada da Macedônia onde, a partir do século X, cerca de 20 mosteiros foram edificados, tornando-se um importante centro espiritual de ortodoxos (v. Ortodoxia*). Desde 1060, o acesso às mulheres é proibido. A fidelidade eclesiástica dos hesicastas vincula-se à sua tradição ortodoxa. A essência do hesicasmo manifesta-se num método conhecido como "a Prece de Jesus*b", tendo em são Gregório Palamas*b (1296-1359), teólogo grego e eremita (v. Eremitismo*), seu maior representante. Ao findar o século XVIII, os textos mais importantes desse movimento espiritual foram reunidos numa compilação, a *Filocália*, depois traduzida do original grego para o russo.

HIERONIMITAS Congregações religiosas fundadas nos séculos XIV e XV, na Itália e na Espanha, inspiradas numa obra de Giovanni d'Andrea denominada *Hieronymianus*, onde se realça a figura de um asceta (v. Ascetismo*) chamado Jerônimo. Estabelecidos nas imediações de Toledo, os hieronimitas espanhóis adotaram o cenobitismo*, a regra de santo Agostinho*b e constituições que tinham por modelo as do Mosteiro do Santo Sepulcro. Em 1374, o papa* Gregório XI (1329-1378; 1371/1378), francês, último dos papas de Avinhão (v. Avinhão, Papado de*), confirmou a ordem. Os hieronimitas não possuíam uma espiritualidade própria, preferindo a prática da obediência e do silêncio, dando primazia ao canto coral e às missas oficiadas solenemente oito horas por dia. Uma tentativa, no sentido de ser composta uma regra constituída de extratos autênticos das obras de são Jerônimo*b, fracassou. A ação e a influência da Ordem dos Hieronimitas, protegida e enriquecida pelas monarquias espanhola e portuguesa, estenderam-se à Andaluzia, à Catalunha e à Estremadura, bem como a Portugal, atingindo o apogeu no século XIV. Outros grupos de hieronimitas surgiram, totalmente independentes da ordem espanhola. Em 1360, eremitas (v. Eremitismo*) de uma comunidade fundada por Pedro Gambacorta conseguiram reunir hieronimitas e franciscanos* sem qualquer vinculação com seus homônimos da Espanha ou de Portugal, apesar dos esforços do papa* Nicolau V (1397-1455; 1447/1455) no sentido de uni-los com os seus confrades da Espanha.

HINDUÍSMO Conjunto de crenças, cultos*g, doutrinas e princípios religiosos praticados e assimilados por mais de 80% dos indianos. O hinduísmo, cujo apogeu situa-se à época da dinastia Gupta (séculos III/VI), é extremamente complexo e de difícil conceituação. O termo, aliás, não é indiano, e sim ocidental, vindo da pena de Ram Mohan Roy*b (1772-1833), por muitos considerado o "Pai da Índia moderna". Ao que tudo indica, a palavra "hinduísmo" começou a ser empregada no início do século XIX, utilizando-se o vocábulo *hindoo*, ao qual foi acrescentado o sufixo inglês *ism*. Os indianos, entretanto, preferem a expressão *sanátana darma* que pode ser traduzida como "ordem permanente" (dos seres e das coisas). O darma* constitui noção básica em qualquer dos sistemas religiosos da Índia, inclusive no budismo* — hoje praticamente extinto naquele país — e no jainismo*. Historicamente, o hinduísmo evoluiu quando os primeiros árias, povo indo-europeu, estabeleceram-se na bacia do rio Indo (2º milênio a.C.), expandindo-se lentamente até o rio Ganges, muito antes do aparecimento do budismo. O hinduísmo não dispõe de nenhum livro sagrado, nem cânone escrito, nem chefe religioso ou temporal, nem congregação ou colégio sacerdotal e muito menos um culto único. No campo especulativo, poucas ou nenhuma religião proporciona aos seus adeptos a liberdade do hinduísmo sem que, porém, as normas de conduta, nitidamente estabelecidas, deixem de ser observadas. O comportamento é mais importante do que a crença, "nada impedindo que um agnóstico possa ser um bom hinduísta" (v. Agnosticismo*). Regras concisas e claramente definidas são observadas quanto à adoração das divindades e seus avatares*g (encarnações, metamorfoses) e no tocante à rigorosa atitude para com as castas, mormente em relação ao casamento e à nutrição. Convém ainda salientar o comportamento peculiar do hindu com os animais, tal como alimentar alguns gratuitamente, mesmo não sendo seu proprietário. A vaca, sagrada para os hinduístas, é reverenciada sem qualquer culto ou cerimônias especiais (não existe na Índia nenhuma deusa-vaca ou templo que a homenageie). A serpente também goza de veneração, bem como os símios, os quais, embora também respeitados, não são considerados sagrados. No decorrer dos séculos IV/XII, o hinduísmo foi significativamente favorecido pelo surgimento de uma literatura popular, representada, essencialmente, por dois grandes poemas, o *Mahabharata* e o *Ramayana* e, também por um conjunto de 18 textos sagrados muito antigos e de difícil leitura, os *purana**, escritos em sânscrito. O *Mahabharata* ("Grande batalha dos Bharatas"), provavelmente a maior epopeia do mundo, tem por assunto o conflito entre dois ramos da dinastia dos Baharata, contendo cerca de 200 mil versos. Trata-se de uma obra coletiva que adquiriu forma definitiva entre os séculos II/III. Dele consta um poema famoso, o *Bhagavad-Gita*, certamente uma interpolação feita no século I, traduzido, praticamente, em todas as línguas e tido como "o texto fundamental da ética hindu". O segundo desses poemas, o *Ramayana*, mais antigo, relata as aventuras de Roma, sétima encarnação do deus Vixnu*d, contendo 24 mil versos num total de sete livros, poema esse atribuído a um poeta chamado Valmiki. Os cultos mais populares e representativos do hinduísmo gravitam basicamente em torno de duas divindades: Vixnu e Xiva (v. Xivaísmo*), a primeira, tolerante e benfazeja, ao contrário da outra, temida e perigosa. Vixnu, geralmente representado com quatro braços, tem o poder da metamorfose. O seu principal avatar é Krishna*d, tão popular quanto o deus que encarna. Xiva, ou Civa, é uma divindade masculina, ambivalente, a um só tempo protetora, criadora e destruidora, amada e odiada, e seu culto chega a ser quase uma religião. Patrono dos ascetas (v. Ascetismo*), possui três olhos, símbolos de visão e saber incomparáveis. Senhor dos animais, serpentes enrolam seus braços e seu pescoço. O panteão hindu é enorme; segundo a tradição existem 33.333 deuses, "simbolizando uma quantidade fantástica". A presença muçulmana na Índia, configurada no decorrer dos séculos XIII/XVIII com a formação do Império Mongol, em nada conteve a evolução do hinduísmo, salvo em algumas regiões, sem maiores consequências. Alguns imperadores mongóis, Akbar (1542-1605; 1556/1605) em particular, toleraram e até se interessaram pelo conteúdo do hinduísmo. Modernamente (séculos XIX e XX), movimentos religiosos hindus surgiram na Índia colonial, propondo uma reinterpretação do hinduísmo tradicional. Nesse neo-hinduísmo distinguem-se várias correntes, com destaque para o nacionalismo hindu e o chamado "modernismo reformista", este ilustrado por um movimento nascido na região de Bengala em 1828, o *Bramo Samag*, fundado por Ram Mohan Roy. Outras iniciativas alcançaram também os planos social, político e literário, trazidas pela atuação de personalidades hindus, entre elas Rabindranath Tagore*b (1861-1941), artista, poeta e escritor, nascido e morto em Calcutá e o primeiro asiático a receber o prêmio Nobel de literatura (1913). O neo-hinduísmo, embora difundido e atraente, não suplanta o hinduísmo tradicional, este permanentemente presente e atuante nas inúmeras aldeias da Índia, bem como nos meios iletrados ortodoxos. O seu prestígio limita-se às áreas de classes média e superior, influenciadas pela ocidentalização. Durante os quatro milênios de sua história, o hinduísmo nunca deixou de ampliar e enriquecer suas experiências, múltiplas e heterogêneas, unidas por um traço comum, o de serem originárias de sua terra natal, a Índia.

HOSPITALARES Denominação genérica para diversas ordens religiosas providas de características específicas, criadas no Ocidente e no Oriente nos séculos XI e XII para cuidar dos doentes e feridos. Suas origens são longínquas: desde o século VI, são Bento (v. Beneditinos*) considerava o recolhimento de pobres e doentes uma função da Igreja. A espiritualidade dessas ordens acentuava o caráter religioso dos hospitais, mesmo que fossem leigos. Progressivamente, os cuidados com doentes e viajantes passaram a ser considerados como uma participação nos sofrimentos do Cristo e, até mesmo, na compaixão de Jesus*b com os aflitos. Medicina e religião ficavam, então, estreitamente associadas. Várias dessas ordens nasceram na Terra Santa, entre elas — uma das mais importantes — a Ordem de São João de Jerusalém, fundada em 1099 e situada naquela cidade. Essa ordem apareceu pelas mãos de negociantes italianos que ali edificaram uma casa destinada a acolher peregrinos (v. Peregrinações*), logo depois acrescida de um hospital, o que deu origem ao nome da ordem. A ordem e sua regra foram aprovadas em 1113 pelo papa* Pascoal II (1050-1118; 1099/1118), ficando subordinada à regra de santo Agostinho*b e compreendendo três categorias de irmãos: os cavaleiros, os sargentos e os padres; os primeiros constituindo-se na elite da instituição. Os capelães encarregados da orientação dos irmãos ficavam dispensados de qualquer tarefa militar. Tempos depois, expulsa de Jerusalém pelos muçulmanos, a ordem transferiu-se para as ilhas de Chipre e Rodes, sucessivamente, acabando por se instalar na ilha de Malta, onde ficou de 1530 a 1798 com o nome de Ordem de Malta. Ali conheceu um período brilhante, detendo a expansão turca e passando a dedicar-se essencialmente à proteção de embarcações cristãs, apesar de os maltenses a detestarem.

HUGUENOTES Protestantes (v. Protestantismo*) calvinistas (v. Calvinismo*), assim denominados no Ocidente no decorrer dos séculos XVI e XVII, nome esse de etimologia duvidosa, objeto de opiniões diversas. Os huguenotes começaram a desempenhar grande atividade de 1560 a 1584 como persistentes adversários dos católicos franceses, durante as chamadas "guerras de religião*" (um total de oito) que tiveram como episódio mais violento e sangrento o Massacre de São Bartolomeu, em 1572. Para alguns, "huguenote" deriva de Hugo Capeto, fundador dos Capetíngios, importante dinastia francesa; para outros, provém de Hugon, um personagem lendário. Há também quem prefira a procedência do alemão *Eidgenossen* ("confederados"), habitantes da cidade suíça de Genebra que se revoltaram contra o bispado local. As guerras de religião terminaram em 1598 com a publicação do Edito de Nantes, na França, que concedia aos huguenotes grande tolerância, além de sólidas garantias de liberdade. Não obstante as hostilidades recrudescerem até 1629, os protestantes conservaram suas liberdades de credo. Em 1685, o Edito de Nantes foi revogado, e os huguenotes preferiram manter sua fé e emigrar para o estrangeiro. Todos os seus direitos civis, porém, foram recuperados com a Revolução de 1789. Posteriormente, Napoleão Bonaparte deu aos protestantes completa igualdade com os católicos, muito embora os cargos públicos mais importantes continuassem nas mãos destes.

HUMILIATI Comunidades religiosas surgidas na Idade Média, localizadas principalmente na Lombardia (norte da Itália), cujos integrantes pareciam originar-se de camadas superiores da sociedade. A exemplo dos valdenses (v. Valdismo*), os *humiliati* foram excomungados (v. Excomunhão*g) no século XII (1184), acompanhados de outros heréticos (v. Heresia*). O grupo mais forte entre eles era composto por leigos espiritualmente partidários dos ensinamentos evangélicos. O seu pedido de aprovação do seu modo de viver, solicitado ao papa* Inocêncio III (1160-1216; 1198/1216) não foi de imediato concedido, argumentando-se que o seu tipo de vida era diferente do de qualquer outra comunidade, a salientar a presença entre eles, de "leigos, eclesiásticos e monásticos" (v. Laicismo*, Monasticismo*). A essa época, somente os clérigos podiam ser dispensados de jurar, justamente um dos quesitos solicitados pelos *humiliati*. De outra parte, porém, a sua vida cotidiana causava admiração na comunidade não apenas pelas prédicas e pelo estilo austero de comportamento, mas também pela vida em família e por sua aversão ao luxo e às festas. Tudo isso fazia dos *humiliati* um grupo *sui generis*. No plano espiritual, sua presença era ainda mais louvável, cuidando desinteressadamente dos doentes e moribundos e ainda dos seus funerais. Os *humiliati*, apesar de contar com a aprovação tácita da Igreja, não eram considerados, canonicamente, uma Igreja. Sua estrutura interna previa a presença de ordens; a Primeira e a Segunda integradas por padres e leigos solteiros (homens e mulheres), praticantes do ascetismo*. A Ordem Terceira*g, formada acentuadamente por casais leigos, obteve aprovação papal quanto ao seu modo de vida, não podendo, porém, serem aceitos na Igreja como religiosos. Além do mais, foram-lhes impostas algumas exigências: jejum duas vezes na semana, refeições frugais, evitar quaisquer formas de usura, não ostentar luxo. Em 1201, porém, a Ordem Primeira foi reconhecida como comunidade religiosa, com as obrigações e privilégios habituais. Quanto à Ordem Terceira, sua regalia mais importante foi a autorização extraordinária para realizar prédicas, sendo-lhes vedado, porém, abordar temas teológicos, limitando-se tão somente a exortar a vida cristã (v. Cristianismo*). Vale acrescentar que a autorização obtida para pregar contrariava frontalmente a legislação do século XII, explícita ao salientar as condições do pregador no seu mister: "só quando enviado".

HUSSITISMO Cristãos da Boêmia (antiga Tcheco-Eslováquia) os quais, no século XV, revoltaram-se em defesa das ideias religiosas propagadas por Jan Huss*b (1369-1415), teólogo e personagem central de um movimento reformador da Igreja naquele país. O hussitismo surgiu devido a um complexo conjunto de fatores, entre os quais, ao lado da questão religiosa, o desequilíbrio socioeconômico em relação ao campo e à realidade urbana. Em Praga, "a cidade dourada", a miséria popular se antepunha à ostentação das camadas dirigentes, nelas incluído o alto clero, de comportamento permanentemente criticado. Por outro lado, a instalação do papado na cidade francesa de Avinhão (v. Avinhão, Papado de*) contribuiu para essa instabilidade, agravada pelo julgamento de grupos valdenses (v. Valdismo*) acusados de heréticos (v. Heresia*). Logo após a morte de Huss, seus seguidores rebelaram-se, formando dois grupos: os moderados, também chamados "calistinos" ou "utraquistas" e os radicais, conhecidos como "taboritas". Os primeiros (do latim *calix*, "cálice", e *uterque*, "os dois") eram assim designados porque desejavam que na comunhão*g, além da hóstia, fosse oferecido aos leigos o cálice com vinho. Esses personagens procediam da nobreza e da alta burguesia, enquanto os segundos, os taboritas, instalados na pequena aldeia de Tabor (o que lhes imortalizou o nome), eram recrutados, principalmente, nos meios populares. Extremados, condenavam os santos, as imagens e as relíquias; advogavam o confisco dos bens eclesiásticos e a permissão para que homens e mulheres pudessem exercer o sacerdócio. Excetuando o batismo*, todos os sacramentos* seriam rejeitados, e qualquer conhecimento científico era considerado inútil, visto ser assimilado ao paganismo. Tido por muitos como um movimento isolado no século XV, o hussitismo resultou do descontentamento popular, mas também da ação de radicais universitários da Universidade de

Praga, fundada em 1348 como uma contrapartida intelectual às de Paris e Oxford. Na elaboração do hussitismo, o embasamento erudito não foi desprezível, mormente quando se sabe que a pregação evangélica provinha, não raro, dos meios universitários e ainda da palavra, escrita ou verbal, de estrangeiros. Ao findar do século XIV, um inglês, John Wycliffe (1320-1384), atacou contundentemente a confissão*ᵍ obrigatória, as penitências, as indulgências*ᵍ e, de modo geral, a administração papal, secular e espiritual. As guerras hussitas duraram 15 anos, nos quais não faltaram prédicas milenaristas (v. Milenarismo*) extremamente violentas. As camadas inferiores da população (artesãos, ferreiros, tecelões, alfaiates, operários etc.) que não dispunham de nenhuma influência na administração encontraram, no movimento hussita, a oportunidade de obter poder e prestígio. As associações profissionais (guildas), em grande número, não hesitaram em lhes fornecer recursos, orientando muitas das atitudes e posições assumidas pelos rebeldes. Esse procedimento encontrou decidido apoio no campesinato tcheco, sempre às voltas com a pesada tributação imposta pela nobreza. Os conflitos hussitas assolaram e ensanguentaram não apenas a Boêmia, mas também a Hungria, a Áustria e a Baviera. A doutrina hussita está contida, de forma sistemática, num livro, o *Quatro artigos*, redigido em 1415/1422 numa Dieta (Assembleia). Calistinos e taboritas que fugiram da repressão governamental fundaram um grupo religioso, precursor dos Irmãos Morávios*, de cujos quadros sairá uma das figuras mais notáveis da pedagogia mundial: Comenius (Jan Amos Komensky, 1592-1670), o introdutor do desenho no livro escolar. Quanto à principal personagem hussita, o seu fim foi o esperado: foi excomungado (v. Excomunhão*ᵍ), preso e queimado vivo. Os seus discípulos o consideram um patriota e mártir*ᵍ da fé.

HUTERITAS Desde 1533 denominados Irmãos Huteritas, esse grupo de origem europeia, mas na maioria formado de religiosos norte-americanos, apresenta certa originalidade. Procedentes da linha dos anabatistas (v. Anabatismo*), os huteritas distinguem-se pelo seu pacifismo, ao qual aduzem uma vida comunitária organizada, sã e frugal, e uso em comum dos bens. Sua teologia se afigurava rigorosamente protestante (v. Protestantismo*). Localizados inicialmente na Morávia (parte central da atual República Tcheca), os huteritas — descendentes de alemães — chegaram à América do Norte na segunda década do século XVI, mantendo-se sempre fiéis a seus hábitos e suas vestimentas e ainda à sua denominação: Irmãos Huteritas. No século seguinte, diante das perseguições, foram obrigados a deixar a Morávia, ficando próximos da extinção, quando, já no século XVIII (1770), emigraram para a Rússia, onde o governo imperial lhes cedeu para cultivo um de seus distritos. A partir de 1870, ei-los nas grandes planícies do Dakota do Sul, estado norte-americano, fundando três importantes comunidades. A emigração prosseguiu quando, para fugir ao serviço militar, contrário às suas convicções religiosas, dirigiram-se para o Canadá. O seu modo de viver se mantém até hoje: propriedade coletiva de bens (ao contrário dos *amish**), uniformes, tecnologia moderna na agricultura, simplicidade de vida.

IAVÉ V. Adonai*, Nomes de Deus*, Tetragrama*.

ICONOCLASMO Movimento de antagonismo e rejeição a imagens, irrompido no império bizantino no decorrer dos séculos VIII e IX a.D. As origens do iconoclasmo (ou iconoclastia) são complexas, envolvendo motivos e razões de ordem religiosa, política e econômica. Foi o imperador Leão III (675-741;717/741) quem desencadeou a crise, provavelmente influenciado pelo monofisismo*, bem como pelas heresias* cristológicas de períodos anteriores e que haviam repercutido em Bizâncio. Nessa época, as imagens eram objeto de grande adoração, conduzida a exagero de tal ordem que não demorou a transformar-se em verdadeira mania. As próprias autoridades eclesiásticas bizantinas censuravam com veemência a maneira pela qual os santos eram cultuados (v. Culto*g), quer pelo seu aspecto mundano e artificial, quer pela proliferação de ícones*g em todos os setores da sociedade. O Estado não via com bons olhos o poder dos mosteiros, instituições de grande prestígio e que, gradualmente, tornaram-se o natural refúgio da mocidade que não desejava servir na administração pública ou nas forças armadas. Convém desde logo assinalar que o iconoclasmo bizantino foi uma iniciativa imperial, o que certamente contribuiu para a sua duração (32 anos) e repercussão geográfica e social, assegurando-lhe um lugar marcante na história. Não é inverossímil que os soberanos tenham sido influenciados por grupos tradicionalmente hostis às imagens, tais como judeus, árabes e a seita* asiática dos paulicianos (v. Paulicianismo*). O motivo central da iconoclastia, ao que parece, foi o problema monástico (v. Monasticismo*), caracterizado essencialmente pela ambicionada riqueza dos mosteiros e pelo perigo causado pela presença dos monges, dado o seu número sempre crescente, preocupação constante para a monarquia. Seguindo esse raciocínio e vendo o que semelhante situação representava do ponto de vista econômico, social e político, os monarcas desencadearam uma luta feroz contra as imagens, visando à dispersão dos monges e à secularização dos seus bens. A presença dos árabes que, por anos, trilhavam a Ásia Menor, tinha certamente trazido sua cultura a Bizâncio e com ela a profunda aversão à iconolatria. Assim, a latente hostilidade às imagens caminhou rapidamente para uma guerra declarada: em 726, o imperador toma abertamente posição contra elas, amparado nas províncias orientais do Império, nas quais um bom número de habitantes eram adversários das imagens. Todas as negociações entabuladas com as altas instâncias eclesiásticas apresentaram resultados negativos, fazendo com que o imperador, através de um edito, ordenasse a destruição de todas as imagens de santos. O movimento iconoclasta passou por duas etapas, a primeira vigente no período 730/780, contemporizada com uma trégua e liberdade de culto temporária, encerrando-se com a convocação, em 787, do 7º Concílio* Ecumênico de Niceia, que declarou heréticos (v. Heresia*) os iconoclastas. Um segundo surto de iconoclastia, sem o rigor do anterior, irrompeu no século IX, durante cerca de 30 anos. Em 843, o culto das imagens foi definitivamente restaurado, fortalecendo sensivelmente o prestígio universal do império bizantino e, paradoxalmente, contribuindo para a ruptura entre Roma e Constantinopla, consubstanciada no chamado Cisma do Oriente de 1054, um dos fatores que originaram a formação da Igreja Ortodoxa (v. Ortodoxia*).

IGREJAS LIVRES Denominação dada a grupos protestantes (v. Protestantismo*) que se declaram autônomos, livres em dois sentidos: a) do Estado, quando localizadas em países onde há estreita ligação da Igreja com o Estado, que exerce ingerência sobre ela, como na Alemanha e na Grã-Bretanha, onde há um grande número de igrejas livres; b) de tradições eclesiásticas, quando localizadas em países onde não há ingerência do Estado sobre a Igreja; nesse caso, são denominações independentes, livres de qualquer vínculo eclesiástico com tradições do ramo protestante, apesar de adotarem suas doutrinas. Em 1940, foi criado o Conselho Federal das Igrejas Livres (Free Church Federal Council), ampliando a articulação que já existia das igrejas livres em diversos países por meio de associações, conselhos e convenções. No Brasil, um expressivo número de igrejas livres associadas na Convenção das Igrejas Evangélicas Livres do Brasil.

IMAME "Aquele que vai à frente", vocábulo com acepções diferentes, conforme o contexto no qual é mencionado. Em todo caso, é fundamentalmente o chefe ou o guia. O imame é quem dirige a prece, um dos pilares do Islã*, o que preside a reunião ritual da comunidade (*umma*) e dos outros fiéis, agrupados em fileiras cerradas diante do muro da *qibla*, direção para a qual o muçulmano deve voltar-se quando reza (*ahl al qibla*, "gentes da *qibla*", isto é, os adeptos do Islã). Qualquer muçulmano adulto e suficientemente conhecedor das regras a observar pode desempenhar as funções do imame. O imame se assinala por ser competente em matéria de religiosidade e responsabilidade; nas mesquitas* de grande porte, ele, na qualidade de pregador oficial (*Katîb*), assegura a fala das sextas-feiras (*Kutba*). É preciso, para esse mister —, pelo menos nas grandes cidades, desde o século IX — que seja realizado por uma pessoa de *status* reconhecido, tal como um cádi (juiz), observada a confirmação superior. Assim, o imame é, a um só tempo, espiritual e temporal, o guia da comunidade. Em determinadas situações, o imame, sob o nome de califa, substituirá Maomé na qualidade de chefe de Estado. Ao longo do tempo, o termo adquiriu uma conotação de veneração, admiração e respeito, sacralizando túmulos que se tornaram grandes santuários visitados piedosamente. Entre os sunitas (v. Sunismo*), o título de imame foi dado às quatro grandes escolas de jurisprudência, bem como a alguns teólogos. No meio xiita (v. Xiismo*), os imames (em número de 12) são os sucessores de Ali, o quarto califa assassinado; mas, entre os ismaelitas (v. Ismaelismo*), são sete. Atualmente, é o imame quem dirige a prece das sextas-feiras nas mesquitas. No Irã, os imames se sucedem de pai para filho.

IMPERADOR DOS ÚLTIMOS DIAS Designação de uso corrente na Idade Média — acentuadamente entre os séculos IX e XI — referente a um rei que lideraria a marcha da cristandade (v. Cristianismo*) para Jerusalém, local onde seriam consumados os "últimos dias", ou seja, a luta contra Satã (v. Lúcifer*[d]). Com a derrota deste, seria constituído um império universal cristão. A figura desse rei de há muito circulava nas profecias gregas do Oriente, identificada no basileu (nome oficial do imperador) bizantino. Não demorou, porém, que, no imaginário ocidental, o imperador dos últimos dias fosse configurado na pessoa de Carlos Magno (742-814), rei dos francos e imperador do Ocidente. Já nas cruzadas* a figura desse monarca mostrava-se presente, pois participar dessas expedições armadas era "percorrer a estrada de Carlos Magno". Ao findar o século XI, à medida que a ideia de cruzada ganhava alento e forma, a imagem do imperador dos últimos dias revitalizava-se, alcançando outros soberanos. Henrique IV (1050-1106), rei e imperador germânico, foi um desses, envolvido pelas profecias que o indicavam como o grande vencedor dos infiéis muçulmanos e conquistador de Jerusalém na luta final contra o Anticristo*. A figura de Carlos Magno, nesse sentido, dominava sempre, mantendo a crença, por parte da população, de ser o grande vencedor. Grande número de pessoas acreditava que ele jamais morreria, apenas aguardando a hora da batalha final. No entanto, jamais Carlos Magno deixou-se envolver nessas concepções escatológicas (v. Escatologia*) e messiânicas (v. Messianismo*). As camadas pobres da sociedade ocidental foram influenciadas por essas profecias, considerando indispensável a presença do imperador dos últimos dias para a concretização de suas esperanças. Nesse personagem, assinala um moderno historiador, "confluem e se combinam as imagens do bom pai e do bom filho". Aos olhos de grande parte da população, o imperador dos últimos dias era o próprio Cristo*[b].

INCAS Ao contrário do que costumeiramente é divulgado, os incas não eram um povo, sequer uma etnia, e sim uma dinastia de reis quíchuas do antigo Peru. O poderoso império que conseguiram criar, o qual chamavam de *Tahuantinsuyo*, abrangia não só o Peru como ainda o Equador, a Bolívia, parte do Chile e da Colômbia, numa extensão linear de mais de quatro mil quilômetros. No século XVI, quando os espanhóis dominaram os incas, esse império abrigava uma população próxima dos 10 milhões de habitantes. As origens dos incas são obscuras, envoltas em lendas e controvérsias. Entre os traços de sua cultura, a religião ocupou sempre um lugar destacado, manifestado com frequência em cerimônias e ritos dedicados a forças invisíveis e poderosas, as quais, segundo acreditavam, intervinham amiúde na vida das pessoas. Essas homenagens eram necessárias e indispensáveis para tranquilizá-las, conforme proclamavam. Os próprios soberanos incas, apesar de situarem-se em plano superior, reconheciam que a vida política e social era completamente dominada pelo fator religioso. O poder absoluto desfrutado por esses reis e o modo peculiar como organizaram o Estado estavam associados à teoria de sua origem divina, garantia para se proclamarem os "Filhos do Sol". Politeístas, os incas acreditavam na existência de determinadas divindades muito poderosas, entendidas como seres sobre-humanos. Os incas adoravam os astros, em particular o Sol, a Lua, as estrelas, observados nos *intihuatanas*, verdadeiros observatórios. Na sua religião pareciam conviver tradições antagônicas: a popular, oriunda espontaneamente da alma simples do camponês; e a estatal, esta sem dúvida elaborada pelos governantes, politeísta, encimada por Viracocha, divindade surgida das águas, mãe dos seres humanos e dos fundamentos da civilização, a qual, surpreendentemente, apesar de homenageada, não era a mais importante. A exemplo dos astecas*, a adoração predominante voltava-se para Inti, deus Sol. Os templos incas não eram facultados ao público, constituindo-se num refúgio privativo dos sacerdotes e das "Virgens do Sol", jovens selecionadas pelo Estado, destinadas a serem esposas de dignitários e até mesmo do imperador. Nos templos incas não eram permitidas reuniões; os sacrifícios religiosos, às vezes de seres humanos, não eram frequentes, ao contrário daqueles dos astecas e maias*. As cerimônias religiosas, na sua maioria, estavam relacionadas com os ciclos agrícolas, através de rituais muito complicados, realizados a céu aberto em grandes esplanadas e envolvendo oferendas com a imolação de animais. Um dos aspectos mais curiosos da religiosidade inca consistia na confissão dos pecados e na previsão do futuro, esta última consubstanciada no exame das vísceras de um lhama. A religião dos incas girava em torno da crença e do culto*g de vários deuses, sob o domínio de uma divindade suprema, conhecida e adorada com o nome de Viracocha, representada por um ídolo de ouro com traços humanos. Os sacerdotes se encarregavam dos cultos e da manutenção dos templos, e, além de conduzir os sacrifícios, eram especialistas na adivinhação, atuando como curandeiros e praticantes de magia*. Todas as cerimônias incluíam seres humanos e animais. Uma outra manifestação de religiosidade era obtida no culto das *huacas*, pirâmides transformadas em templos sagrados, algumas com 50 metros de altura. Montanhas, rochas, objetos e lugares eram identificados como *huacas*, a salientar a chamada "cultura de Mische", um conjunto localizado no vale do Miche, razão do nome. Lamentavelmente, em que pese o esforço e a contribuição arqueológica de notáveis pesquisadores, a ausência de documentação escrita (em boa parte destruída pelos espanhóis) tem impossibilitado maiores conhecimentos da doutrina incásica e de sua fundamentação teológica.

ÍNDEX Relação oficial, promulgada pela Igreja Católica no século XVI, dos livros que, sob pena de excomunhão*g, os fiéis estavam proibidos de ler ou possuir. Esse Índex (*Index Librorum Prohibitorum*) nada mais era do que uma forma de censura literária, prática existente de há muito na Igreja, e que tomava a simples denominação de "livros proibidos". As obras relacionadas nessa lista, existente de 1559 a 1966, eram proibidas em razão de seu caráter "nocivo à fé e aos costumes cristãos*". Quando surgiu a máquina de imprimir, tornando possível a publicação de numeroso e variado material literário, o problema se agravou, tal a quantidade de obras e textos avulsos capazes de suscitar a reação da Igreja. A primeira condenação historicamente certa foi a de *Thalia*, livro do bispo Ário, no Concílio* de Niceia (325 a.D.) (v. Arianismo*). O primeiro Índex geral foi publicado em 1564 e reimpresso várias vezes, resultante do trabalho da Congregação do Índex, especialmente criada pelo papa Pio V (1504-1572; 1566/1572), órgão que, posteriormente, teve suas atribuições transferidas para o Santo Ofício, um dos sagrados colégios pontificais da época. Em 1571, esse mesmo prelado criou uma nova Congregação do Índex, responsável pela edição de um outro Índex muito completo, só superado pelo de Leão XIII (1810-1903;1878/1903), publicado em 1900. Dezessete anos depois, em 1917, a Congregação foi extinta, substituída pela Congregação do Santo Ofício, à qual se deve a última edição desse famoso catálogo, em 1948. Por decreto de 15 de novembro de 1966, a mesma Congregação ab-rogou o Índex e também a censura eclesiástica correspondente. Vale esclarecer que o Índex dos livros proibidos é, por vezes, confundido com um outro, nomeado *Expurgatorius*, o qual, após exame das obras, tem poderes para autorizar sua veiculação e leitura, uma vez observada a eliminação de certas passagens. Grandes escritores e pensadores importantes tiveram seus escritos alijados do público por constarem dessa relação (Voltaire, Locke, Rousseau, Zola, Alexandre Dumas, André Gide e outros), inclusive trabalhos científicos de Kepler, Copérnico e Galileu, só vindo a lume quando o papa interveio pessoalmente, autorizando sua divulgação.

INFALIBILIDADE PAPAL Dogma da Igreja Católica, o qual, segundo teólogos, existe implicitamente quando o papa* se pronuncia *ex cathedra*, ou seja, da "cadeira de São Pedro"*b, na qualidade de Pastor e Doutor dos cristãos" (v. Catolicismo*). Suprema autoridade apostólica, o papa define a doutrina que deve ser reconhecida pela Igreja universal. A infalibilidade foi proclamada em 1870 (para alguns, 1869) no Concílio* Vaticano I, reunido sob a presidência de Pio IX (1792-1878; 1846/1878) com a aprovação de um bom número dos prelados presentes. O termo "infalibilidade", aplicado ao papa, apareceu pela primeira vez numa controvérsia entre um grupo de franciscanos* e o papa João XXII (1244-1334; 1316/1334). O papa é infalível quando, como pastor e doutor supremo da Igreja, pretende definir um ponto da doutrina ou da moral cristã. A infalibilidade, primitivamente, era privilégio da Igreja como um todo. A partir do Concílio Vaticano I, esse privilégio assumia um caráter pessoal, garantindo inteira independência ao papa para formular a infalibilidade ou não. A partir da decisão do concílio, o papa passava a desfrutar de completa independência na decisão sobre os concílios e na aplicação da infalibilidade em matéria de fé e costumes. A infalibilidade exclui não apenas qualquer erro, mas também a possibilidade do erro. Com isso, passa a ser um atributo funcional do Sumo Pontífice que se torna "o intérprete privilegiado da guarda do Espírito". O primado pontifical se manifesta, então, através de uma centralização crescente da Cúria*g, submissão total do episcopado mundial e a convocação periódica dos ensinamentos fundamentais da Igreja, feita por intermédio de uma série de encíclicas*.

INFERNO Todas as culturas possuem uma ideia do inferno. Nos textos mais antigos da humanidade, principalmente os vinculados ao pensamento religioso, o inferno, de uma forma ou de outra, está presente. A noção de inferno foi alcançada gradualmente pelo homem, passando da moradia dos mortos ou da residência dos espíritos desencarnados para o lugar dos suplícios eternos. Assim o *Sheol* — ou *Guehinom** — hebraico equivale ao Hades*d grego; o inglês *Hell* e o germânico *Hölle* procedem do verbo "esconder", "recobrir", vocábulos que implicam uma localização subterrânea. A ideia de inferno, desde a mais remota Antiguidade, com raríssimas exceções, está ligada à condição humana que ali projeta os seus ódios e sofrimentos, seus desesperos e sua impotência. O inferno é, pois, "o revelador da ambiguidade humana". De todos os infernos, "a ponto de se tornar o arquétipo, o mais elaborado e completo dos infernos é o cristão". Como foi admiravelmente realçado, o inferno cristão é a "contrapartida de uma religião da salvação desejosa de respeitar a liberdade humana". Não se sabe quando nasceu o inferno, no entanto é provável que os pré-históricos tivessem uma noção. A inumação de cadáveres, praticada há 50 mil anos, certamente estaria acompanhada de uma crença na sobrevivência dos mortos. Até o presente, porém, não há como definir nem precisar a natureza desse inferno. As civilizações mais recentes, entretanto, permitem apreender alguns traços, de crenças antiquíssimas sobre o inferno, inclusive caracterizá-las. Alguns povos, como os do Tibete, da Nova Guiné, os índios da América do Norte, os tungúzios e *yuraks* da Sibéria, através de práticas xamânicas (v. Xamanismo*), possibilitam conhecer os seus infernos. Foram, porém, as grandes civilizações orientais que desenvolveram e individualizaram a noção de inferno como um lugar de sofrimento e punições infligidas por forças sobrenaturais depois da morte, por transgressões de normas de caráter moral presentes nas grandes religiões. Assim, o inferno "corrige" aqueles que, vivos, não praticaram uma vida modelar. Na Mesopotâmia, essencialmente representada pela Assíria e Babilônia, os textos mais antigos que abordam o inferno estão representados por tabletes de argila do 2º milênio a.C. que contam o diálogo entre um herói, Gilgamesh, e o seu amigo Enkidu, cujo espírito "desceu" ao inferno. Alguns espíritos são mais infelizes que os outros (*edimus*), como por exemplo os acidentados, as vítimas da guerra, os que não têm sepultura ou aqueles que não dispõem de familiares para manter seus túmulos. Esses personagens se transformam em espíritos amargos e frustrados, tornando-se malvados e agressivos. Não há possibilidade de fuga nos infernos. Quanto ao Egito, sua mitologia* é uma das mais ricas do Oriente Médio, e sua civilização milenar, com a manutenção de milhares de textos e pinturas, possibilita apreender, desde o 3º milênio, que concepção os egípcios* tinham do inferno. Após longa viagem, a "alma" chega ao lugar do seu julgamento; suas más ações são relacionadas, colocadas no sarcófago (v. Livro dos Mortos*) e lidas em voz alta. O significado dessa leitura é controvertido, não havendo unanimidade entre os egiptólogos. As penalidades não são duradouras, visto que não visam a causar sofrimento, e sim destruir os que alimentaram as forças da desordem universal. No Irã antigo, as religiões eram marcadas por uma visão dualista (v. Dualismo*) do universo, onde forças do bem e do mal, se defrontam. A alma, após a morte, viaja pelas esferas celestes, lunar e solar, chegando a um ponto diante do qual se encontra o mundo celeste, o reino de Ahura Masda (v. Masdeísmo*). Já então se caracteriza o dualismo, uma separação entre os bons e os maus. O destino do homem após a morte depende da escolha feita no decorrer da vida. Os traços clássicos do mundo infernal foram estabelecidos na Grécia, de início sob forma poética, mitológica, e depois numa reflexão sobre o mal e sua punição. Na realidade, quase não há religião no inferno grego, a começar pelo problema do mal, cuja solução obteve sempre respostas bem humanas. Existia sempre uma estreita relação desses infernos com as questões políticas e sociais. Os infernos gregos foram elaborados por legisladores à procura de uma sociedade capaz de encontrar uma solução para o problema do mal. Nos infernos gregos, entrava-se e saía-se com enorme facilidade. A maior crítica partiu dos filósofos, a maioria deles exprimindo um grande cepticismo, como Aristóteles: "a morte do indivíduo sendo total, a existência de um inferno está excluída". E acrescenta: "É nesta vida que, vinculando-se a falsos valores, o homem constrói a sua infelicidade". A partir do século V a.C., três concepções de inferno coabitavam no universo greco-romano: um inferno existencial, que está na Terra; um filosófico, o de Platão; e um popular, onde os malvados eram supliciados. No tocante ao inferno cristão, sua concepção nasceu popularmente, por intermédio do Apocalipse* e dos textos apócrifos*. Ao longo da Idade Média, coube aos monges estabelecer suas concepções, geralmente rigorosas, ao descreverem numerosas viagens ao mundo das trevas, concomitantemente com a divulgação dos pecados, que conduziam as pessoas à danação, e também das penalidades que deveriam receber. A elaboração do inferno cristão foi obra de gente humilde, ansiosa por conhecer o futuro destino de sua alma, na esperança de uma eternidade bem-aventurada. Havia sempre a expectativa de poder contar com uma compensação capaz, não de redimir, mas de atenuar os sacrifícios exigidos dos fiéis, assegurando-lhes um futuro prazeroso e punindo os infratores. Tertuliano*b (155-225), escritor e polemista cristão, não afirmava que "a felicidade dos eleitos seria maior com o sofrimento dos condenados"? O inferno popular desenvolveu-se espontaneamente, em boa parte devido à contribuição de outras religiões, povoado por avarentos, fornicadores, preguiçosos, orgulhosos e egoístas. Segundo tudo indica, coube a santo Agostinho*b (254-430), bispo africano, doutor* e pai da Igreja*, estabelecer as linhas quase definitivas do inferno cristão: "Todos os pagãos vítimas do pecado original, todas as crianças mortas sem batismo*, todos os cristãos que insistem no pecado, serão condenados ao inferno eterno". A concepção do inferno cristão deve muito aos meios monásticos (v. Monasticismo*) que souberam ver na salvação um universo diferente, reservando o paraíso aos virtuosos e a condenação aos outros. Foram os mosteiros que criaram as narrativas de viagens ao inferno mediante visões incorporadas em textos históricos, procurando, assim, atribuir-lhes a veracidade necessária. Foi nos séculos XII e XIII que, na área cristã, as noções sobre o inferno tornaram-se precisas, graças às formulações jurídicas e teológicas dos direitos canônico, civil e romano. Não obstante, no decurso dos dois últimos séculos, a noção de inferno alterou-se sobremodo, mormente após as teses apresentadas e as decisões tomadas no Concílio Vaticano II* (1962/1965), revolucionárias e pragmáticas.

INQUISIÇÃO Ao que tudo indica, a Inquisição, tribunal instituído para extirpar as heresias*, foi criado na Europa no século XIII. No entanto, ressalve-se, é praticamente impossível determinar, com certeza, quando a Inquisição medieval começou. A maioria dos especialistas, porém, afirma que sua fundação remonta ao sínodo*g de Toulouse, em 1229, logo após o sucesso da cruzada* contra os albigenses*. Uma vez instituída, a Inquisição se fez sentir durante séculos na Itália, na França e, mais tarde, na Espanha e em Portugal, sem esquecer a sua presença nas colônias americanas destes dois últimos países. Desde o século XII, bispos eram designados para visitar as dioceses*g em busca de movimentos ou simples sintomas heréticos. Tanto a Inquisição medieval como a moderna (séculos XVI/XVIII) usavam os mesmos instrumentos de trabalho: a denúncia, a delação, os rumores. Já então começaram a surgir os auxiliares da Inquisição, rapidamente identificados como "familiares", verdadeiros delatores. Um desses inquisidores tornou-se o mais famoso: Nicolau Eymerich, autor de um manual que, no decorrer de séculos, tornou-se o texto-guia dos inquisidores. Quem denunciava ficava fora de qualquer represália, visto ser o segredo a norma básica do funcionamento da Inquisição. A Inquisição episcopal, depois a monástica (v. Monasticismo*), tornou-se nacional com a presença dos dominicanos*, ordem virtualmente criada para combater a heresia, e aos quais o papa* Gregório IX (1170-1241; 1227/1241) encarregou sua implementação, após promulgar a bula* *Excommunicamus* em 1231. A Inquisição agiu em vários países, mormente nos localizados na Europa ocidental, alcançando o apogeu na Espanha (sendo Tomás de Torquemada o inquisidor-mor) e em Portugal. O estabelecimento do Tribunal da Inquisição deveu-se à coabitação, nesses países, de três grupos religiosos importantes: os cristãos, os muçulmanos e os judeus (v. Cristianismo*, Islamismo*, Judaísmo*), criteriosamente distribuídos em bairros denominados "judiarias", em Portugal, e *aljamas*, ou *juderías*, na Espanha. A partir de então, as decisões fundamentais passam a ser emitidas pela monarquia (e não pelo papa), cabendo ao rei nomear e remunerar os inquisidores. O confisco dos bens dessas minorias e sua expulsão do território espanhol, sob alegação de ser necessária a unificação religiosa e política, levaram à expulsão de judeus e muçulmanos (mouros) em 1492, exceto os que se convertiam ao cristianismo. Consequentemente, o número de conversões aumentou, embora os "convertidos" continuassem, às escondidas, fiéis aos seus cultos*g tradicionais. Os que resistiam eram lançados ao "braço secular", após terem sido inquiridos de todas as maneiras. Um dos instrumentos do qual o Santo Ofício se valia era o auto de fé, grande festa popular que durava o dia todo, por vezes estendendo-se até o dia seguinte. O primeiro deles foi organizado na Espanha em 1481, e eles se repetiram até o século XIX, não sendo possível precisar quantos foram. O termo, aliás, literalmente, significa "ato da fé", o que, à época, queria dizer "efeito moral" e, no sentido teatral, "representação da fé", "encenação religiosa". O sermão proferido pelo sacerdote constituía um momento importante na cerimônia e era agente altamente eficiente na disseminação do ódio ao herege. De modo geral, os autos de fé eram realizados aos domingos, e a população se preparava com antecedência para o acontecimento, iniciado com missa solene à qual se seguia uma procissão liderada pelos clérigos e seguida pelos condenados. Os presos fugidos dos cárceres tinham as suas efígies de madeira destruídas publicamente. (Na Espanha, mais de 30 mil hereges foram queimados num período de três séculos e meio; em efígie, cerca de 18 mil). Os condenados pelo Tribunal eram queimados vivos, e os arrependidos, estrangulados diante da fogueira. O Santo Ofício agiu também no Brasil a partir de 1591, com a presença de um inquisidor, muito embora desde 1493 um dominicano* tenha estado no Brasil e exigido a imediata instalação do Santo Ofício no país. E, na América do Norte, o primeiro auto de fé ocorreu em 1528, no México.

INTEGRISMO Intraduzível nos idiomas inglês (*integralism*) e alemão (*integralismus*), este termo é de origem francesa, surgindo como uma reação contra a posição assumida pelo papa* Leão XIII (1810-1903; 1878/1903) na célebre *encíclica* [illegible] mendava à comunidade cristã maior aproximação com a classe operária. A aplicação cotidiana desse vocábulo e sua institucionalização só se verificou ao iniciar-se o reinado de Pio X (1835-1914; 1903/1914), conhecido como o "papa integrista". Assinale-se que, atualmente, quem estuda religiões esbarra amiúde com uma série de termos de definição às vezes inadequadamente aplicadas, tais como fundamentalismo*, ultraortodoxos, extremismo e outros. Assim, não parece descabida a perspicaz e recente observação de um analista da religiosidade moderna quando salienta que, "em vez de exorcizarem o mal, agridem o fiel". O integrismo, há bem pouco tempo florescente e em insistente oposição à reformulação dogmática e clerical, está em declínio. Não obstante, ainda persiste, como comprovou o movimento liderado pelo antigo arcebispo de Dakar, Marcel Lefebvre (excomungado em 1988 [v. Excomunhão*g]), falecido em 1991 e, desde 1970, o mais insistente adversário das reformas preconizadas no Concílio Vaticano II* (1962/1965). O integrismo católico provém de uma tríplice vertente: da Contrarreforma* (séculos XVI/XVII), da Contrarrevolução francesa, adversária dos postulados revolucionários de 1789, e do chamado "contramodernismo", movimento que, no decurso dos séculos XIX e XX, repudiou quaisquer modificações estruturais no catolicismo*. Vários pontífices* apoiaram o integrismo, entre os quais Pio X que, na encíclica *Pascendi* (1907) via no modernismo o "ponto de encontro de todas as heresias*". O arrefecimento do integrismo católico deve-se não apenas ao temor de que a vinculação dos seus adeptos com Roma viesse a enfraquecê-los, mas também à presença carismática do papa João Paulo II. A mais recente "migração" do vocábulo "integrista" ocorre num outro campo, o político, em especial no universo islâmico (v. Islamismo*), principalmente após a Revolução Islâmica de 1979, a partir da qual "integrismo" tornou-se sinônimo de "radicalismo".

INTEGRISMO MUÇULMANO Nos países islâmicos, integrismo ou fundamentalismo* refere-se ao retorno aos princípios da xariá, o conjunto dos mandamentos de Alá* prescritos no Alcorão* e na suna (v. Sunismo*). Fenômeno recorrente desde o surgimento do Islã*, essencialmente político mas sem perder de vista a religiosidade, o integrismo contesta o poder teocrático (v. Teocracia*) do Estado muçulmano clássico e a conduta "laicizante e ímpia" de seus dirigentes. Embora proibida contra muçulmanos, é pela guerra santa* (*Jihad**, ou *Djihad*) que os integrismos, os de outrora e os atuais, pretendem impor-se. Já no século XVIII, um dos êxitos mais notáveis do integrismo está representado pelo wahhabismo*, movimento político e religioso integrista nascido na Arábia e fundado por pregador austero de nome Mohammed Ibn El-Wahhab, que originou o termo. Outras manifestações de integrismo surgiram, entre as quais o movimento religioso — e logo político — dos Irmãos Muçulmanos, fundado por um professor primário, Hassan El-Banna, assassinado em 1949. O integrismo muçulmano se caracteriza por concepções radicais e maniqueístas (v. Maniqueísmo*), não obstante aceitar determinados aspectos modernos, tais como o capitalismo e o progresso técnico.

IOGA Do sânscrito *yuj* ("unir", "atar"), entre os hindus significa algo que procura canalizar as energias do ser humano para determinado fim, isto é, o controle físico e mental de si próprio. Trata-se de uma disciplina pessoal de meditação e de devoção filosófica e espiritual. A ioga representa o quarto dos seis sistemas idealizados pelo hinduísmo* para obter a salvação. O termo, aliás, não raro, vem sendo empregado abusivamente quando designa quaisquer modalidades de exercícios físicos, inclusive mortificações. A prática da ioga diz respeito a uma escola específica que considera os exercícios físicos como o caminho mais seguro para o indivíduo chegar à redenção. Assim, a ioga é, a um só tempo, método e objetivo. De origem remotíssima, já existia antes do surgimento do cristianismo*, como disciplina especial do corpo e do espírito, através de posturas físicas e do controle da respiração. Somente a partir dos séculos I e II é que a ioga passou a ser estudada e seus princípios sistematizados e valorizados. Atribui-se ao hindu Patanjali a idealização desse sistema, cujo fim supremo é alcançar a união de quem a pratica com o Absoluto, caracterizado espiritualmente pela sigla "OM", composta de três sons (A, U e M), representando sob forma audível o Verbo divino, o passado e o futuro, a unidade, o cosmo. Concentração e meditação são os instrumentos essenciais da ioga. Seus adeptos necessitam passar por oito estágios para serem considerados iogues: o domínio de si mesmo, prática constante, postura específica, concentração total, meditação, controle profundo da respiração, anestesia dos sentidos. Há várias modalidades de ioga; dentre as mais conhecidas e difundidas, a *hatayoga* (literalmente, "ioga de força") dá aos exercícios físicos particular importância, com acrobacia e posturas extremamente difíceis. A ioga não é uma religião, devendo ser encarada como uma prática onde a disciplina espiritual e a moral desempenham papel importante; conta com adeptos de todas as classes sociais, no Oriente e no Ocidente.

IOM KIPUR Significa, em hebraico, "Dia de Expiação". É o décimo dia do sétimo mês, *Tishrei* (recai em setembro/outubro, dependendo do ciclo anual lunissolar e sua adaptação ao ciclo anual solar), e o dia mais sagrado do calendário judaico*. Os rigores dos preceitos judaicos que regulam a atuação do homem ante o Divino, ante a natureza e ante seus semelhantes baseiam-se fundamentalmente no livre-arbítrio. Os judeus acreditam ter recebido de Deus um código de comportamento ancorado em princípios de justiça, amor a Deus, à natureza e ao próximo. O homem dispõe, assim, dos instrumentos necessários para viver uma vida de virtudes e boas ações, e torna-se o único responsável por isso. Os desvios dessa conduta ideal vão constituir um acervo negativo que viola o pacto inicial, tornando o homem vulnerável a todas as consequências, desde o remorso até a condenação divina. Mas o judaísmo acredita na busca constante da perfeição do ser humano, e, como o pacto é renovável, se firmado na sinceridade de intenção e nos fatos concretos que o comprovem, a autocrítica, o reconhecimento da culpa e sua expiação ganham o caráter de encruzilhada decisiva na vida dos judeus. É nos dez dias entre o primeiro dia de *Rosh Hashaná** e o *Iom Kipur* que os judeus, cada um no nível de devoção e introspecção que o grau de sua fé religiosa suscita, fará o balanço de seus próprios atos e pensamentos no ano judaico que acabou de terminar e planejará a correção de seus desvios e as ações expiatórias (oração, caridade, ajuda ao próximo, reconciliação e perdão) com base em autêntica e sincera reformulação do comportamento. Esses dez dias, que o hebraico chama apropriadamente de "Dias Terríveis" (*Iamim Noraim*), culminam no *Iom Kipur*, quando o julgamento divino avaliará a sinceridade e a adequação do arrependimento e da correção de rumo de cada judeu individualmente, e seu destino no ano entrante será selado. Daí a gravidade e a solenidade que caracterizam os rituais desse dia decisivo. Na época do Templo*, os pecados do homem eram "concentrados" em dois bodes. Um era sacrificado e seu sangue aspergido no Santo dos Santos*ᵍ, o mais sagrado recinto do Templo*, onde só o sumo sacerdote (v. *Cohen**), e só nesse dia, podia entrar. O outro era o "bode expiatório", ou o "bode para Azazel" (*seir laAzazel*), sacrificado para apaziguar Azazel, o demônio (segundo outra versão, Azazel não denomina o demônio, mas o lugar em que o bode era sacrificado). Era atirado do alto de um precipício, no deserto, e um fio de lã de cor clara era acenado ao povo para sinalizar que a expiação dos pecados estaria consumada. Outro ritual, que perdura somente entre os judeus mais rigorosos em sua devoção, é o da *kapará*: o devoto agarra um galo (ou galinha) pelas pernas e o gira por sobre a cabeça três vezes, pronunciando fórmulas cabalísticas (v. Cabala*) que transferem seus pecados ao animal. O sangue da ave, morta segundo o ritual, consumará a expiação. Alguns substituem este procedimento ritual por contribuições filantrópicas. O fim do Templo e a dispersão mudaram o foco da expiação, transferindo-a do caráter coletivo e automático do sacrifício* para a responsabilidade individual de cada judeu exercitar sua própria transformação interna para expiar seus pecados. Todo judeu maior de 13 anos (v. *Bar mitsvá**), se a saúde o permitir, é obrigado a jejuar (jejum total, de alimentos e de líquidos) desde o pôr do sol da véspera, quando começa o dia judaico, até o encerrar das orações, após o pôr do sol do dia seguinte. Sua atitude será de introspecção e meditação ao longo de todo o período, durante as preces e entre elas. A maior parte dessas horas ele passará na sinagoga*, concentrado em orações e rituais. Nesta, os rolos da Torá* estão envoltos nesse dia em tecidos brancos, cor também das túnicas dos rabinos* e do *chazan** (cantor), como símbolo da pureza, do arrependimento e do perdão. Os homens (e também mulheres, no rito*ᵍ de algumas sinagogas liberais) vestem o *talit**. Desde a solene oração inicial no entardecer, o *Kol Nidrei*, até a emoção do toque final do *shofar**, anunciando o fim do *Iom Kipur* e o fechamento do livro onde se registrou definitivamente o destino de cada judeu, as preces realçam insistentemente os temas da confissão (*vidui*) dos pecados e das transgressões, do arrependimento (*slichot*) e da expiação (*kaparot*) como redenção*ᵍ do dev tino do homem; elas evocam a grandeza de Deus e de Sua misericórdia, Sua disposição de Pai e de Rei ao perdão (*Avinu Malkenu*, "Nosso Pai, Nosso Rei"), e o valor das boas ações, da solidariedade e da justiça social. No intervalo entre as orações matinais e as da tarde tem lugar um serviço especial de recordação dos mortos. E, no fim do ritual de encerramento *(Neilá)*, antes do último toque do *shofar*, as repetições por três vezes do *shemá** e por sete vezes da declaração "O Senhor (YHVH) é o Deus" reafirmam a básica crença monoteísta e a fidelidade de Israel a seu Deus e o compromisso com Seus desígnios. (P.G.)

IRMÃOS APOSTÓLICOS Também conhecidos como "Apóstolos de Cristo", esta seita*, fundada pelo italiano Gerardo Segarelli, no século XIII, era composta por "irmãos" e "irmãs", atuando em pequenas comunidades que buscavam a perfeição da vida apostólica. Do ponto de vista doutrinal, foram poucos os ensinamentos transmitidos pelo criador da seita, visto ter sido queimado em praça pública no ano de 1300. O seu sucessor, Dulcino de Novara, teve o mesmo destino após dois anos de desentendimentos com o papa* Bonifácio VIII (1235-1303;1294/1303), reputado canonista (v. Cânon*). No entanto, Dulcino escrevera três epístolas*, especificando os traços gerais que deveriam nortear seus seguidores, profetizando que a estrutura eclesiástica então vigente seria extinta e também que um novo papa, santificado, corrigiria os erros anteriores. Dulcino distinguia quatro fases na história da Igreja, no decurso das quais a bondade, a humildade, a pobreza, a castidade, a honra, a avareza, a riqueza assinalariam a chegada de um enviado de Deus para inaugurar uma vida evangelicamente perfeita e generosa. Um século após sua extinção, entretanto, ainda era possível encontrar vestígios dos Irmãos Apostólicos não apenas na Itália, mas igualmente na Alemanha e na França.

IRMÃOS ARVALES O mais antigo dos colégios sacerdotais de Roma (v. Romanos*), assim chamado pelos sacrifícios públicos que seus integrantes ofereciam à fertilidade dos campos (*arvum*, campo lavrado). O colégio compreendia 12 membros, escolhidos nas famílias aristocratas. Segundo a tradição, porém, teria sido formado por 12 filhos da ama de leite de Rômulo, um dos lendários fundadores da cidade. Os arvales eram encarregados da purificação campestre, contando para isso com o beneplácito dos deuses. Daí a celebração realizada anualmente no mês de maio, em homenagem à Dea Dia, divindade agrária assimilada a Ceres (v. Deméter*^{d}). O famoso canto dos irmãos arvales (*Carmen arvale*), preservado numa inscrição (218 a.D.), é o mais antigo testemunho da poesia latina; sua versão original data do século VI ou V a.C. Apesar de pouco difundido, o papel desempenhado em Roma por esse grupo sacerdotal era importante a ponto de, a partir do governo de Augusto (27 a.C./14), ser dirigido, segundo consta, pelo próprio imperador.

IRMÃOS DA VIDA COMUM Comunidade católica (v. Catolicismo*), fundada na Holanda (Países Baixos) por um missionário, Gehard Groot (1340-1384) e por Florentius Radewyn (1350-1400), cônego de Utrecht. Religiosos e leigos (v. Laicismo*) integravam esse agrupamento, procedentes das mais variadas categorias sociais, com o objetivo de reencontrar o estilo de vida dos primitivos cristãos. Proclamando votos de castidade e pobreza, lançaram-se ao mundo, pregando o Evangelho*, ensinando e amparando os menos favorecidos, administrando os sacramentos*. Sua sustentação financeira provinha de intensa atividade agrícola, das oficinas e da cópia de manuscritos. Os Irmãos da Vida Comum não possuíam patrimônio próprio. Sua atividade era tão intensa que até os monges não conseguiam evitar uma ponta de ciúme. As filiais, estabelecidas nos Países Baixos e em algumas regiões da Alemanha, prosperaram durante um século, declinando após a Reforma*, a tal ponto que, no início do século XVII, praticamente todas as casas haviam encerrado suas atividades. A última conseguiu permanecer aberta até a primeira metade do século XIX.

IRMÃOS DE PLYMOUTH Seita* protestante (v. Protestantismo*) fundada na cidade irlandesa de Dublin, muito embora um de seus ramos tenha-se estabelecido na cidade inglesa de Plymouth no século XIX, o que deu origem ao seu nome. Um dos seus principais líderes, John Darby (1800-1882) — seus sectários são também conhecidos como "darbistas" — foi durante algum tempo membro da Igreja Episcopal da Irlanda, dela se afastando, conforme afirmava, em virtude de "razões de consciência". Um dos traços dominantes das convicções dessa seita se manifestava na profunda aversão à organização da Igreja Anglicana (v. Anglicanismo*), estendendo-a a qualquer estrutura religiosa que nela se modelasse. Calvinistas (v. Calvinismo*) e milenaristas (v. Milenarismo*), os Irmãos de Plymouth praticavam o batismo* de adultos; não dispunham de sacerdotes, celebrando a comunhão*ᵍ aos domingos. Pastores, "Abertos" e "Exclusivos", leigos (v. Laicismo*) não ordenados (v. Ordenação*ᵍ), levavam a cabo a disseminação de sua doutrina em assembleias realizadas numa sala qualquer, genericamente denominada "A Câmara". Puritanos de extrema severidade dogmática não admitiam diversões tidas como profanas. O culto*ᵍ principal concentrava-se na "Partilha do Pão", rito*ᵍ muito simples vinculado à lembrança da Última Ceia de Jesus*ᵇ. Os domingos são rigorosamente observados.

IRMÃOS DO ESPÍRITO LIVRE Heresia* medieval, antes um estado de espírito místico e piedoso, esse grupo surgiu no século XII tendo como um de seus principais teóricos Amaury de Bème (pequena localidade próxima a Chartres), condenado pelo papa* Inocêncio III (1160-1216; 1198/1216) pela tese apresentada, segundo a qual "todo cristão* é parte do Cristo*ᵇ e sofre com ele o suplício da cruz". Amaury abjura e morre em 1209. Os amauricianos, nome pelo qual esses sectários também se identificavam, eram acusados de ver em Deus não um juiz e sim um ser bondoso cuja presença divina, revelada ao crente, bastaria para que este pudesse agir livremente, sem depender dos sacramentos*, da penitência e da própria Igreja. Os Irmãos do Espírito Livre, sempre advogando a mais ampla liberdade de suas ideias, contavam em seus quadros com alguns dos mais instigantes doutrinadores da Igreja medieval. Sustentando que a redenção*ᵍ individual não dependia dos sacramentos, os amauricianos buscavam a perfeição espiritual através da devoção e do amor, de intensa vida apostólica e permanente união com Deus. Assim procedendo, o adepto poderia, sem nenhum remorso de pecado, ceder aos apelos da carne. Os Irmãos do Livre Espírito, acompanhando a onda de misticismo* que então aflorava na comunidade europeia, a partir do século XI, acentuavam a importância da liberdade ("onde está o espírito, há liberdade", clamavam) e de suas próprias experiências, rejeitando qualquer manifestação das autoridades eclesiásticas com relação às suas dúvidas espirituais. Para o Espírito Livre, o ponto fundamental residia no comportamento de cada um; uma vez este considerado perfeito, impossível seria pecar. Uma de suas adeptas, a francesa Marguerite Porète escreveu um livro, *O espelho das almas livres*, no qual expunha os princípios básicos da doutrina, sendo presa e executada na fogueira em 1310. O êxito das formulações elaboradas pelos Irmãos do Espírito Livre deveu-se muito ao interesse e à pregação dos beguinas* e begardos, os quais foram incessantemente perseguidos pelas autoridades no decorrer de quase 100 anos, sob a justificativa de que suas atividades, embasadas na mendicância, eram um convite à libertinagem. Além do mais, argumentava-se, a sua desobediência e a busca pessoal da santidade, sem a participação da Igreja, caracterizavam-nos como hereges. Autores os mais diversos salientam o radicalismo dessa perseguição, consumada na primeira metade do século XV.

IRMÃOS MORÁVIOS A Sociedade dos Irmãos Morávios (*Jednota Bratrska*) foi fundada em 1437, inspirada nos ideais espirituais do reformador tcheco Jan Huss*ᵇ (1369-1415). Trata-se de um grupo religioso, com Igreja própria, fruto de uma arregimentação levada a efeito por remanescentes do movimento hussita (v. Hussitismo*), localizado na Boêmia e cujo nome parece ser de origem celta. Separando-se da Igreja Católica, esses dissidentes formaram seus próprios quadros hierárquicos, sob a direção de um bispo. Ao iniciar-se o século XVII, os morávios — por alguns historiadores considerados como os "*quakers** da Alemanha" —, traduziram a Bíblia* para o seu idioma, publicando numerosos textos referentes ao seu credo e inauguraram diversos estabelecimentos de ensino. A Guerra dos Trinta Anos, grande conflito desencadeado na Europa (1618-1648), obrigou-os a se refugiarem na Polônia, onde conseguiram divulgar e manter a sua doutrina. No começo do século XVIII, os morávios atravessaram as fronteiras da Alemanha com um grupo de fiéis bastante reduzido, identificado como "a semente escondida". Nesse país os morávios construíram uma aldeia sob a liderança de Nikolaus Ludwig, conde von Zinzendorf, um nobre alemão, criado no pietismo*. Inicialmente heterogênea, a comunidade morávia não demorou a se unificar, desenvolvendo atividades missionárias e pedagógicas muito bem-sucedidas, mormente no tocante à evangelização de escravos negros oriundos das colônias americanas. Os morávios, muito embora manifestassem o seu particularismo por sua organização teocrática (v. Teocracia*), a um só tempo comunitária e patriarcal, caracterizavam-se pela tolerância e por uma fé viva e permanente. De outra parte, aceitavam o credo dos apóstolos*, sem entretanto abrir mão da liberdade de consciência e de não se filiar a nenhum cânon* fora das Escrituras. O culto*ᵍ, extremamente simples, incluía formas litúrgicas (v. Liturgia*ᵍ) diversas, destacando-se os hinos, entoados, praticamente, em todas as cerimônias. Os seus ministros compreendem três ordens: bispos, presbíteros e diáconos*ᵍ, desprovidos de quaisquer privilégios, inclusive quanto a remunerações. Igrejas e congregações ficam reunidas em "províncias", dotadas de autonomia, administradas por conselhos e assembleias. Ademais, contam com um Sínodo*ᵍ Geral, integrado por representantes de territórios providos de missões. A atuação da Sociedade dos Irmãos Morávios estende-se por quase todo o globo terrestre, inclusive o Brasil. Atualmente, cerca de 800 mil membros estão difundidos pelos Estados Unidos, pela África, América do Sul e Inglaterra. Caracterizam-nos uma vida austera e o repúdio à violência.

IRMÃS DE CARIDADE Na Igreja Católica, religiosas sem clausura*ᵍ que dedicam sua existência aos pobres, aos doentes e àqueles que necessitam assistência pessoal. A mais antiga e a mais famosa dessas instituições é a de São Vicente de Paulo, por ele fundada em 1633. As Irmãs de Caridade formam uma comunidade de celibatárias e de viúvas sem filhos; "seus mosteiros são constituídos pelas casas dos pobres, suas celas são quartos alugados, sua capela é a igreja da paróquia*ᵍ e a sua clausura, a obediência". O hábito (vestimenta) das Irmãs é igual ao dos camponeses franceses do século XVIII: beca cinzenta azulada, mangas largas, avental branco, gola larga de cor branca e ampla touca branca (*cornette*). Com extrema rapidez, essa ordem estendeu-se por todo o mundo. Os votos são pronunciados após um noviciato de cinco anos e renovados a cada ano. Existem congregações similares na França, Irlanda e também no Brasil.

ISLÃ O mundo islâmico, que abrange todos os povos de civilização islâmica, que professam o islamismo* (religião monoteísta e síntese entre fé religiosa e organização sociopolítica, originariamente árabe, fundada pelo profeta Maomé*ᵇ [570?-632] no século VII). Islã significa submissão total e voluntária à vontade de Deus. Os seus adeptos, os muçulmanos (*muslim*), são os que se submetem ao seu deus único e onipotente, Alá*. Monoteístas estritos, os muçulmanos formam uma comunidade (*umma*) de crentes, irmanados e solidários, não importando as diferenças de raça, idioma ou civilização. Majoritariamente asiático e significativamente expandido na África, o Islã é uma realidade político-religiosa de enorme importância. Nascida na cidade de Meca*, na península Arábica, no século VII, a doutrina islâmica está contida num livro sagrado, o Alcorão*, que foi revelado por Alá, por intermédio do anjo* Gabriel, ao profeta Maomé (em árabe, *Muhamad*) É através da pregação de Maomé que a doutrina islâmica se expressa no Alcorão, composto de 114 suratas subdivididas em versículos (*âyât*), num total de 6.236, e é organizado de acordo com a extensão das suratas, ou suras, as mais longas no início, as mais curtas no fim. Há uma exceção: a primeira surata só tem sete versículos. A doutrina islâmica reveste-se de grande simplicidade, já que o poder divino é ilimitado e discricionário, nada acontecendo senão com a permissão e a presciência de Alá — o que leva a crer no princípio da predestinação e mesmo da fatalidade. Daí decorre a expressão *maktub* ("está escrito"). No mundo atual existem cerca de um bilhão de pessoas que declaram ser muçulmanas; nem todos os muçulmanos são árabes e nem todos os árabes são muçulmanos. Quinze séculos de história permitiram estender a influência do Islã em importantes partes da Ásia e da África, bem como, em menor grau, da Europa e da América. A prática religiosa no Islã repousa em cinco obrigações ("pilares"): a profissão de fé ("só Alá é Deus e Maomé o seu profeta"); a prece (*salàt*), cinco vezes ao dia, na aurora, ao meio-dia, no meio da tarde, ao cair do sol e à noite (a prece em comum na mesquita é recomendada às sextas-feiras); a caridade (*zakàt*), entendida como distribuição de esmolas, é a terceira obrigação. Trata-se de uma espécie de imposto obrigatório, mas a espontânea é igualmente aconselhada (o rico, para demonstrar seu reconhecimento a Alá, deve oferecer uma parte de seus bens aos pobres); a quarta obrigação, e a mais conhecida, é o jejum do mês de Ramadã*ᵍ (*siyam ramadàn*), durante o qual, da aurora ao cair do sol, o muçulmano priva-se de comer e de beber, de relações sexuais e de fumar (assim procedendo, o muçulmano fica mais próximo de Alá); finalmente, o quinto pilar é a peregrinação* (hajj) (o muçulmano obriga-se a ir a Meca pelo menos uma vez em sua vida e circungirar a Caaba* — o maior santuário muçulmano — sete vezes, vestido de branco. O jihad* (literalmente, empenho) subdivide-se em grande e pequeno jihad; o grande jihad é uma obrigação segundo a qual cada fiel deve empenhar-se em combater os aspectos mais passionais e desvirtuosos de sua própria personalidade, dedicando-se assim a seu crescimento espiritual. Em relação à obrigação bélica, erroneamente definida como "guerra santa"*, é dever de todo muçulmano se empenhar na defesa do território islâmico, quando estiver exposto ao ataque inimigo. Este é o pequeno jihad.

ISLAMISMO Segunda maior religião, atualmente, em número de adeptos, caracteriza-se pelo monoteísmo estrito (está entre as três grandes religiões monoteístas do mundo) e síntese entre fé religiosa e organização sociopolítica; originalmente árabe, foi fundada pelo profeta Maomé*b no século VII. Os muçulmanos creem na existência de anjos*, de um Livro Sagrado, o Alcorão*, e dos profetas. Esperam o dia do Juízo Final e acreditam em predestinação, reencarnação, Geena (inferno) e paraíso. O termo expressa um conceito que faz parte do de Islã*. Recentemente, este vocábulo vem sendo usado por grupos identificados como "islamitas", visando a uma tendência que exige a rigorosa aplicação de fontes mais antigas do Islã, ou seja, o Alcorão, a suna (v. Sunismo*) e a lei (xariá).

ISMAELISMO Movimento político-religioso surgido no século VIII, decorrente da crise ocorrida pela morte do profeta Maomé*b no ano de 632, sem ter indicado o seu sucessor. Após algumas discussões nem sempre tranquilas, foi escolhido Abu Baka, amigo do Profeta e muito respeitado. No entanto a escolha não fora unânime, sendo contestada por alguns muçulmanos que preferiam o primo e genro do Profeta, Ali. Esses muçulmanos foram então denominados xiitas (v. Xiismo*), ou seja, "partidários", "correligionários". De qualquer maneira, ao ser escolhido o sucessor do Profeta, criava-se, quase incidentalmente, uma das maiores instituições islâmicas: o califado (de khalifa, "sucessor", "herdeiro"). O termo "ismaelita" provém de Ismail, primogênito do sexto imame* Djafar-el-Sadik e por este designado como seu substituto, sem que, entretanto, assumisse o cargo, por ter sido renegado pelo pai. Após sua morte, em 765, alguns xiitas continuaram seus partidários — o que lhes valeu serem chamados "ismaelitas" — acreditando que os descendentes de Ismael estabeleceriam uma sucessão de imames. Parte dos ismaelitas, porém, consideram que essa sucessão se detém no sétimo imame, razão pela qual são conhecidos como "septimanos", ao contrário da maioria xiita, que admite uma sequência de 12 imames e, por isso, chamados de "duodecimanos". A organização e as atividades dessa seita*, inclusive a intensa propagação de seus ensinamentos, cabiam aos d'ai, aos quais compete a difusão — e não raro a elaboração — da mensagem do imame. Para os ismaelitas, as pessoas são regidas por dois imperativos: um de ordem legal (xariá), e outro, a ressurreição, cada um dirigido por um superior. O primeiro estabelece as relações do homem com os seus semelhantes, organizando a sociedade e os deveres recíprocos de cada um. Quanto ao segundo, por intermédio do imame, define o entendimento do indivíduo com Deus, o seu Criador. Na religião ismaelita, o imame desempenha um grande papel, pois é a personificação do saber e do amor de Deus (Alá*). A palavra do imame é a palavra de Deus, os seus atos são de Deus. O homem, individualmente, não sabe e não pode ter acesso a Deus senão pelo intelecto, do qual o imame é manifestação entre os mortais. Para o ismaelita, as abluções (al-tahará) rituais significam a purificação da alma, a fim de que ele esteja em condições de aparecer diante de Deus ou de se comunicar com Ele. O jejum ritual (al-siyām) proporciona o controle de si próprio, disciplinando o ismaelita a fim de que saiba manter o silêncio, para não trair os segredos de Alá. Das origens à época contemporânea, o ismaelismo marcou profundamente a sociedade e a mentalidade islâmicas. Grandes místicos (v. Misticismo*) do Islã*, entre os quais Al-Ghazali*b, Al-Halladj e outros, foram por ele influenciados.

JACOBITISMO Cristãos da Síria e do Iraque, opositores da Igreja Nestoriana (v. Nestorianismo*) com a qual mantinham contato permanente (a oeste do rio Eufrates, na Mesopotâmia). Alguns historiadores preferem o nome "Igreja Síria Ocidental", por oposição à "Igreja Oriental", diferenciação não apenas geográfica, como também no modo de expressão. Ambas, porém, utilizam o siríaco como língua litúrgica (v. Liturgia*g) e teológica, cada uma com pronúncia e escrita próprias. Ao nome "jacobita", dado ao findar do século VI, essa Igreja vem preferindo o de "Siro-ortodoxa", procurando, com isso, distingui-la da Igreja Siro-católica integrada por ex-jacobitas. A Igreja Jacobita, formada no reinado do imperador bizantino Justiniano I (482-565; 527/565), teve como principal organizador Jacob Bar Addai, apelidado Baradeu (siríaco *Burde'ana*), que significa "coberto de farrapos", disfarce por ele usado quando percorreu todo o Oriente, consagrando clérigos e bispos e reorganizando as comunidades dispersas. A proclamação oficial do imperador, aderindo ao Concílio* de Calcedônia (451), resultou num período de severas perseguições aos monofisistas (v. Monofisismo*). A Igreja Jacobita revestiu-se de traços específicos mantidos até hoje: clandestina e contra o Estado. Graças a Baradeu, ela difundiu-se nas províncias, ainda que sua hierarquia vivesse à margem da existente, compondo um aglomerado de fiéis e dioceses*g. Jamais alcançou unidade nacional como as obtidas no Egito, na Armênia e na Etiópia. A ocupação da Síria pelos muçulmanos, ao começar o século VII, ocasionou salutar efeito sobre a Igreja Jacobita, a qual se sentiu reconhecida no mesmo nível e título que as outras. Na da Mesopotâmia, monofisistas e nestorianos acabaram por encontrar um *modus vivendi*, geralmente pacífico, sem prejuízo de sua rivalidade. No plano cultural, apesar de uma grande atividade literária, os jacobitas pouco trabalho realizaram em matéria de traduções das obras gregas. Na Mesopotâmia, entretanto, ao norte, os jacobitas desenvolveram grande atividade monástica (v. Monasticismo*), tornando-se um centro de vibrantes especulações teológicas graças, em grande parte, à presença de teólogos vindos da Calcedônia (hoje Kadicov, importante bairro da Turquia). O declínio veio com a invasão das tropas de Tamerlão (1366-1405) ao começar o século XIV, só se recuperando séculos depois e mantendo-se atuante até nossos dias. Têm cerca de 200 mil fiéis disseminados pelo norte do Iraque, Síria, Líbano e Chipre, e mais de um milhão na Índia.

JAINISMO Também "jinismo" (do sânscrito *jina*, "vencedor", "conquistador", "liberto das paixões humanas"), religião professada por dois milhões de hindus (v. Hinduísmo*), fundada no século VI a.C. por um sábio nomeado Vardhamana, também chamado Mahavira*d ("grande herói"). Tanto quanto o budismo*, seu contemporâneo, o jainismo é tido como uma heterodoxia (oposição aos dogmas estabelecidos). Por muito tempo transmitida oralmente, a doutrina jainista foi fixada num cânon instituído no Concílio* de Valabi em 980 a.D. O jainismo não se considera uma religião e não reconhece nenhuma divindade seus integrantes são completamente ateus (v. Ateísmo*). Como aconteceu com o budismo, ao correr dos séculos o jainismo viu o surgimento de numerosas seitas*, que diferiam em alguns pontos da doutrina jainista, ou de algumas de suas práticas. As duas maiores, frutos de um cisma na comunidade jainista, são a dos *shvetambra* ("os que se vestem de branco") e a dos *digambara* ("os que se vestem do céu", isto é, nus). Essas duas correntes se espalharam por toda a Índia, passando por perseguições de alguns soberanos vinculados ao bramanismo*. Fontes existem que afirmam ser o jainismo mais antigo do que o budismo, até porque, argumentam, ao longo do tempo sofreu numerosas transformações, em grande parte, devidas à influência do hinduísmo, sobretudo quanto a ritos*g e costumes hindus. Para os jainistas, os únicos seres sobrenaturais são os homens virtuosos (*tirtancaras*). Ao contrário dos budistas e dos hinduístas, monges e leigos jainistas nunca deixaram a Índia, mantendo o mesmo rigor e simplicidade e perfeito entendimento com a sociedade indiana em geral. Tais circunstâncias têm angariado para suas fileiras um bom número de altos dignitários e personalidades indianas. Um outro fator importante no êxito jainista reside na transmissão de seus princípios em linguagem popular e na maneira hábil como é conduzida pelos monges. Leigos (v. Laicismo*) e religiosos mantêm estreita solidariedade, os primeiros trazendo valiosos recursos aos segundos, o que explica a riqueza dos templos, os inúmeros manuscritos (os mais antigos da Índia) e a rede hospitalar, cujos edifícios, embora poucos, têm importância considerável. A literatura religiosa dos jainistas compreende 45 textos pertinentes à doutrina, à hagiografia*g e a várias informações profanas. Os jainistas, na sua quase totalidade, fazem parte dos vaixás (terceira casta do bramanismo), exceção feita aos agricultores, pois estes não aceitam a limitação de propriedade territorial aconselhada pelo jainismo. Mahavira não foi um criador, mas tanto a sua religião como o budismo podem ser considerados como uma reação contra o politeísmo bramânico e, mormente, contra os sacrifícios que caracterizavam a religião indiana dessa época. Um dos valores sobremodo cultivados pelo jainismo consubstanciava-se no princípio da "não violência" (*ahimsã*). A violência (*himsã*) é o mais grave dos 18 pecados capitais apontados no jainismo. O jainista não come carne de nenhum animal; sua nutrição limita-se a nozes, legumes, água filtrada, frutos. O jainista, homem ou mulher, se compromete a não perturbar os seres vivos (humanos ou não), a não mentir, a não roubar, a renunciar a bens materiais, a abster-se (v. Abstinência*g) da sexualidade. Não existe proselitismo na religião jainista; quase todos empregam brâmanes* para realizar os cultos*g domésticos

JANSENISMO Doutrina religiosa de formação católica surgida na França no século XIII, originária das ideias difundidas pelo teólogo holandês Cornelius Jansen (Jansênio, em latim, *Jansenius*) professor da Universidade de Louvain. Num livro de sua autoria, o *Augustinus*, só publicado após sua morte (1638), Jansênio contestava a interpretação dada por diversos segmentos da Igreja Católica às teorias de santo Agostinho*b (354-430), especialmente pelos jesuítas*. No entanto, a obra foi calorosamente recebida nos Países Baixos (Holanda) e na França, em grande parte por causa da impopularidade jesuítica. Em Paris, foi acolhida com entusiasmo, principalmente pelos teólogos do convento de Porto Real, retiro de personalidades importantes que defenderam ardentemente o livro e a sua doutrina, entre os quais Antoine Arnauld, autor de um tratado, a *Frequente comunhão* (1643). Esses "senhores", como eram chamados, contribuíram decisivamente para que, em mosteiros de Paris, fossem abertas escolas onde os filhos da grande burguesia parisiense receberam o ensino e a formação jansenistas. Figuras importantes do meio intelectual (Racine, Pascal) estudaram nessas escolas. Combatido pelos jesuítas, que, na época, monopolizavam a educação na França, o jansenismo foi duramente hostilizado, sem que os jansenistas arrefecessem suas posições. Em 1661, redigiu-se um "Formulário" no qual, sob pena de excomunhão*g, os jansenistas deveriam assinar a condenação das ideias de Jansênio, visando a destruir o espírito jansenista. Em 1711, a Abadia* de São Royal foi destruída; quatro anos depois, a doutrina foi anulada e extinta pela bula* *Unigenitus*, promulgada pelo papa* Clemente XI (1649-1721; 1700/1721).

JESUATAS Ordem mendicante* dos "pobres do Cristo". Também identificados como "clérigos" de são Jerônimo*b, seu santo patrono, os jesuatas (*sic*) surgiram na Itália no século XIV, sendo assim denominados porque os seus integrantes amiúde invocavam o nome de Jesus*b. A ordem, criada por João Colombini, um rico comerciante, obedece aos mesmos princípios adotados por Francisco de Assis (v. Franciscanos*). Em 1367, o papa* Gregório XI (1329-1378; 1370/1378) aprovou a ordem. Os jesuatas não possuem regras fixas nem disciplina determinada; no entanto, fazem penitência, misturando elementos provenientes dos franciscanos e dos flagelantes*b. Au mesmo tempo, cultuam a pobreza absoluta, renunciando a qualquer forma de segurança pessoal. As penitências severas e a flagelação ocupam lugar importante no seu cotidiano. Em 1426, a ordem passou por uma fase de reestruturação no plano jurídico e na organização interna. Uma nova regra, inspirada na de santo Agostinho*b foi implantada, sendo ele o autor de parte do texto. Em 1426, o papa Eugênio IV (1383-1447; 1431/1447) aprovou a regra. Uma terceira etapa na vida dos jesuatas ocorre quando, em 1567, o papa Pio V (1504-1572; 1566/1572) coloca-os na categoria dos mendicantes, com alguns problemas. O primeiro deles dizia respeito ao sacerdócio, visto que a Ordem dos Jesuatas, até então, só possuía irmãos, ou seja, leigos. Em 1606, o papa Paulo V (1552-1621; 1605/1621) lhes dá permissão para ordenar (v. Orde-nação*g) 100 padres. O segundo problema dizia respeito aos estudos. Para continuar pobre, atendendo assim à formação da ordem, deveria o jesuata abster-se dos estudos? Entre prós e contras, a tensão estava criada. Em 1668, o papa Clemente IX (1600-1669; 1667/1669) suprimiu a ordem, assim agindo, segundo rumores, para atender a pedidos dos venezianos que ambicionavam o seu patrimônio.

JESUÍTAS Ordem de clérigos regulares fundada em 1540, na cidade de Paris, por Inácio de Loyola (1491-1556), um basco a serviço do vice-rei de Navarra. As constituições da Companhia de Jesus, equivalentes a uma regra, foram esboçadas por Loyola em 1539 e completadas 17 anos depois, organizando uma ordem fortemente hierarquizada e centralizada, lembrando a monarquia absoluta. Loyola fora ferido em batalha, e, no decorrer de sua convalescença, a leitura de livros religiosos e a meditação levaram-no a se considerar "um cavaleiro a serviço de Jesus"*b. Aprovada pelo papa* Paulo III (1468-1549; 1534/1549), em 1540, a regra da ordem jamais foi alterada. Sua organização, inspirada na formação militar do fundador, é comandada por um geral, eleito vitaliciamente. Sua estrutura compreende casas e províncias; os seus componentes proferem os votos usuais de castidade e pobreza, aos quais aduzem o da obediência ao papa e ao superior geral. A Companhia de Jesus, também chamada Sociedade de Jesus (as letras S.J. apostas ao nome identificam o jesuíta), tem por divisa a frase "Para maior glória de Deus" (*Ad majorem Dei gloriam*) e por guia os "Exercícios Espirituais", redigidos pelo próprio Loyola. Antes de serem admitidos na ordem, os candidatos são postos à prova durante uma dezena de anos, começando com um noviciado longo (dois anos), ao término do qual pronunciam votos simples e perpétuos. Sua formação, porém, continua por seis anos, dedicados aos estudos de teologia e filosofia, notadamente. Após um último ano de observação, são pronunciados os votos definitivos. A obediência absoluta às ordens da Companhia constitui quesito dos mais importantes na formação dos jesuítas. Estes são clérigos regulares que se diferenciam completamente dos monges, devendo observar algumas práticas cotidianas: um tempo dedicado às orações, exame de consciência, leitura e missa. Grandes missionários, os jesuítas espalharam-se pelo mundo, atuando no Oriente e no Ocidente na qualidade de confessores e conselheiros de vários monarcas. Na Europa e na América, destacaram-se como educadores, através de um método, o *Ratio studiorum*, promulgado em 1599. Incansáveis, alcançaram a Etiópia (1555), o Japão (1549), a China (1563), as Filipinas (1594). No Brasil, a sua presença foi significativa, principalmente no período colonial, quando fundaram escolas e missões e se dedicaram à catequese dos indígenas. Quando Loyola morreu, a Companhia contava com mil membros e 150 fundações; em 1773, data de sua dissolução pelo papa Clemente XIV (1705-1774; 1769/1774), já dispunha de 23 mil jesuítas distribuídos por 39 províncias e 800 colégios, onde trabalhavam 13 mil professores. Os jesuítas, longe de viverem nos mosteiros, estavam sempre em contato com o mundo, permanentemente disponíveis para a evangelização e para o trabalho missionário. De modo geral, mais instruídos que os demais clérigos, teólogos notáveis, os jesuítas desempenharam importante papel na contestação do protestantismo*, na repressão às heresias* (em menor escala do que os dominicanos*) e na formação da opinião europeia para o reconhecimento da infalibilidade papal*.

JIHAD (Também *gihâd, djihâd.*) Este vocábulo significa originalmente "esforço de si mesmo", "empenho" (*djihâd ala nafs*). O profeta Maomé*b declara que o verdadeiro combatente é aquele que combate a si próprio e a seus defeitos, buscando a perfeição no caminho de Alá*. Este é o grande *jihad*. A expressão "guerra santa"* é utilizada impropriamente para definir o termo *jihad*. A guerra só é permitida em defesa própria, e com limites bem definidos. Uma vez empreendida, deve ser conduzida com vigor, não de modo implacável, mas para restabelecer a paz e a liberdade de culto*ᴳ a Alá. Este é o pequeno *jihad*. Porém há limites que não devem ser transgredidos: as mulheres, as crianças, os velhos e os enfermos não devem ser molestados, a plantação de subsistência não deve ser destruída, nem a paz pode ser recusada quando proposta pelo inimigo. O *jihad* remonta aos hábitos guerreiros dos antigos árabes, tais como os combates ritualizados entre as tribos, muito diferentes das *razzias*, cujos objetivos eram acentuadamente econômicos: pilhagens, fazer prisioneiros para vendê-los etc. Etimologicamente, *jihad* significa "esforço para um fim determinado", conceito surgido em Medina (em árabe, *al Madina*), antiga Yatrib.

JUAZEIRO (Também Joazeiro.) Episódio político religioso cujo desenrolar concentra-se em torno da biografia de um sacerdote, o padre Cícero Romão Batista, um líder carismático nascido em 1844 na pequena cidade do Crato (Ceará) e falecido, em 1934, no mesmo local. Quando lá chegou, em 1872, o ambiente da cidade era o pior possível, com ladrões, ébrios e desordeiros agindo livremente no vilarejo; tudo contribuindo para que as práticas religiosas fossem abandonadas. Durante 18 anos o padre dedicou-se à recuperação espiritual da população, sendo uma de suas primeiras iniciativas a de instituir o culto*ᴳ de Nossa Senhora das Dores. Incansável, cabelo e barba permanentemente por fazer, peregrinando de casa em casa, de sítio em sítio, padre Cícero não demorou a ganhar o respeito, a simpatia e o conceito de "homem diferente". Conselheiro e pai, viveu com extrema simplicidade o "Padim Ciço", ou "Padrinho", como o designavam os romeiros, num relacionamento paternal cotidiano. Daí para "santo", quando, na celebração do Sagrado Coração de Jesus, eis que da boca de uma das beatas, Maria de Araújo, verte sangue no momento em que recebe a hóstia, fato que se repete outras vezes. A repercussão do milagre, enraizada, aumenta assustadoramente a afluência de pessoas de todos os níveis sociais, trazidas pela fé ou por simples curiosidade. O caso alcança ampla publicidade quando, numa grande procissão, o reitor do seminário do Crato, que fora a Juazeiro, tirou de um relicário*ᴳ e exibiu os panos de altar manchados com o sangue vertido pela beata, afirmando ser o de Cristo*ᵇ. A reação da Igreja foi imediata: proibiu o padre Cícero de pregar, de ouvir confissões (v. Confissão*ᴳ) e de oficiar missas, o que pouco adiantou, pois os fiéis afluíam cada vez mais para ficar perto do "santo" e para ser por ele abençoados. Nessa ocasião, surgiu um novo personagem, o médico baiano Floro Bartolomeu que, apoiado pelo Padrinho, elegeu-se deputado federal. Progressivamente, política e religião se misturavam, como na luta pela emancipação da vila da qual Cícero tornou-se prefeito (o primeiro, aliás). O seu prestígio político e espiritual crescia sempre, obedecendo ele a todas as imposições da Igreja, não admitindo, porém, ser expulso da "sua" Juazeiro. Adorado, lendas e milagres não cessavam, espalhando-se sertão afora. E, na capital, Floro Bartolomeu completava o poderio de ambos. Quando este faleceu, em 1926, e o Padrinho beirava a morte, "viam-se cenas vergonhosas entre os seus familiares, lutando pelo dinheiro que os romeiros lhe traziam, arrancando cédulas uns das mãos dos outros". Padre Cícero morreu em 1934, aos 91 anos de idade; com ele desaparecia do cenário nordestino uma figura singular, carismática, poderosa, transformadora de um simples lugarejo numa cidade "onde já se vivia como no céu". Mas não só o episódio do milagre terá contribuído para o crescimento da população. A presença dos romeiros, vindos a Juazeiro essencialmente para ver e falar com o "Padim Ciço", colaborou significativamente na intensificação da religiosidade, a salientar os grupos de penitentes provindos de setores humildes, cujas práticas se revestiam de extrema severidade para com eles mesmos, autoflagelando-se enquanto cantavam e rezavam. De outra parte, certamente em razão da fama e do prestígio de Cícero, o número de beatos cresceu bastante: homens e mulheres orando e frequentando igrejas, cuidando de doentes ou enterrando mortos. Além disso, assinala renomado historiador, mutirões religiosos, consubstanciados em "bandeiras", foram formados, transportando material destinado à feitura de obras pias, tudo impulsionado por cantos e lamentações. Uma outra manifestação de religiosidade configurou-se nas irmandades, algumas já existentes anteriormente aos milagres, outras criadas posteriormente. A mais importante, a Legião da Cruz, foi criada em 1885 com o objetivo maior de levantar fundos para a Santa Sé. Todos esses problemas, atividades e novos temas eram limbulos nas bênçãos diárias de Cícero aos romeiros. Essas práticas desempenharam papel importante e generalizado: os adeptos de padre preferiam a bênção do Padrinho, abrindo mão dos sacramentos*. O clima religioso, embora associado ao político, durou até o último dia do padre. "Cortes celestes", "santos e santas" patrocinavam cerimônias especiais, todas em torno de Cícero, de cuja santidade ninguém duvidava. Quando morreu, dizia-se: "viajou e vai voltar, messianizou-se, o apóstolo* do Nordeste retornará um dia." (v. Messianismo*.)

JUDAÍSMO Entende-se por "judaísmo" todo o acervo religioso, histórico e cultural que constitui o elemento de identidade dos judeus e do povo judeu. Tanto como conceito quanto sob o aspecto histórico, o judaísmo incorpora esses parâmetros como um todo, sendo aplicável indistintamente e cumulativamente aos judeus "históricos" — ou seja, todos os que se identificam ou são identificados, por sua genealogia ou por sua percepção de pertinência, com o povo judeu —, aos judeus "religiosos" — ou seja, os que professam e praticam (em diferentes graus de devoção) a religião judaica —, e aos judeus "culturais" — que se identificam com as tradições judaicas, as criações culturais do povo judeu ao longo do tempo, e os problemas e perspectivas dos judeus e do povo judeu como entidade diferenciada. Assim, para a maioria dos judeus, o significado de "judaísmo" e de "judeu" transcende o aspecto puramente religioso, o que nem sempre é compreendido muito bem, pois não tem analogia total com os termos que designam outras religiões, como "cristianismo", "islamismo", "budismo" etc. Considerado sob o aspecto religioso, o judaísmo é a religião dos judeus, sendo estes definidos, segundo as regras da religião judaica ortodoxa (v. Halachá*), como todas as pessoas que descendem de mãe judia ou que se tenham convertido à religião judaica. Certas correntes do judaísmo moderno, ditas "liberais", aceitam também a descendência patrilinear. O início do desenvolvimento histórico do judaísmo como religião dos judeus é descrito no Antigo Testamento* e remonta a cerca de 1.800 anos antes da era cristã. Segundo o texto bíblico, Deus estabeleceu uma aliança com Abraão*b, válida para a toda a sua descendência. Uma nova percepção da Divindade se estabelecia, um Deus único que dialogava com o homem e que baseava o culto*g a Ele em comportamentos ancorados em princípios de ética e justiça. Os descendentes de Abraão foram escravizados no Egito, e, libertados pela mão de Deus, renovaram a Aliança ao aceitar um destino comum na Terra Prometida*, fundamentado no cumprimento dos preceitos divinos. Essa mescla de história, fé e regras de comportamento, consolidada nos textos da Torá*, constitui, a partir do século XIII a.C., o cerne da religião judaica. A esse registro escrito inicial somaram-se depois os outros livros do Antigo Testamento (Profetas* e Hagiógrafos*), até o século II a.C.; a Lei Oral (Mishná*) com seus comentários e interpretações (Guemará*), que compõem o Talmud*, até c. século VI a.D., além de muitos acréscimos e comentários sobre o Talmud, os livros de oração (Sidur*, Machzor*), as Responsa*. Além dessas obras básicas, uma infinidade de textos comentam, interpretam e esclarecem o sentido conceitual e prático do judaísmo, como expresso em sua fé, nos princípios éticos e comportamentais em que se baseia, em seus rituais, leis e tradições. A par do caráter pessoal da fé e do cumprimento individual de seus preceitos, um aspecto específico do judaísmo é o de ser a priori uma religião coletiva assumida por um grupo, o povo judeu. O termo judaico para seu templo, não é "casa de oração", mas "casa de reunião" (beit knesset), ou "assembleia" (em grego synagogé, de onde sinagoga*), pressupondo um quórum mínimo de dez fiéis. Outro aspecto básico do judaísmo é seu caráter não dogmático. O judaísmo, em suas leis, rituais e tradições é um código de comportamento ético, ou seja, uma religião de "fazeres", fundamentada na fé no Deus único e no papel que Ele teria atribuído ao povo judeu para a difusão e implementação de Sua visão de justiça e humanidade. Em seu conceito mais amplo, o judaísmo implica, pois, a percepção de pertinência ao povo judeu, a identificação com os valores religiosos e comportamentais e culturais, nos quais se originou e que desenvolveu e ampliou ao longo de quase 40 séculos de existência, e a sintonia e engajamento com os processos que lhe são comuns como entidade histórica. (P.G.)

JUDEO-CRISTIANISMO Usa-se também o termo "protocristianismo" com o mesmo sentido, referindo-se ambos à crença dos grupos judeus da Palestina que, no século I a.D., aceitaram Jesus*b como o Messias* e acolheram alguns dos seus ensinamentos. Inicialmente, o grupo era constituído pelos chamados apóstolos*, parentes e seguidores de Jesus que viriam a formar o que se chamou "a Igreja de Jerusalém". Essa sua aceitação de *Ieshu*, ou *Ioshua* (nome hebraico de Jesus) como o *mashiach*, ou Messias, deve ter concorrido para que fossem conhecidos como "messianistas". Por sua identificação com os pobres e despossuídos, foram também chamados de "ebionitas" (v. Ebionismo*) (do hebraico *evion*, "pobre"). Com a penetração da língua grega na diáspora* judaica através da ação de Paulo*b, a palavra hebraica *knesset* (referindo-se a "assembleia", "reunião", também traduzida para *synagogé*, de onde sinagoga*) foi traduzida para *enklesía*, e daí para o latim *ecclesia* (igreja), e a palavra *mashiach* (ou messias, "ungido", referindo-se a que o esperado salvador seria ungido, como todos os reis de Israel) foi traduzida para o correspondente grego *christós*, cristo, que com isso adquiriu o sentido de "salvador" ou "redentor" (v. Redenção*g). Como o termo "ungido" pressupõe na tradição hebraica condição de realeza, pois o salvador seria descendente do rei Davi*b, o Evangelho* de Mateus teve como necessário estabelecer a descendência davídica de Jesus. Assim, não é de estranhar que, ainda que ironicamente, os romanos tenham gravado na cruz em que pregaram Jesus a inscrição INRI*g, ou seja, *Iesu Nazarenus Rex Iudaeorum*, Jesus Nazareno Rei dos Judeus. A assembleia de Jerusalém, a *Knesset*, ou Eclésia, ou Igreja, conservava suas características nitidamente judaicas, inclusive impondo obediência às leis dietéticas (v. *Kasher**) e a prática da circuncisão*. As discussões de Paulo (cujo nome hebraico era *Shaul*) no Concílio* de Jerusalém estão descritas em detalhes nos Atos dos Apóstolos* do Novo Testamento*. As resoluções tomadas em consequência de seus argumentos permitiram a pregação de Paulo aos gentios, e mais tarde, seu afastamento completo da lei judaica. No entanto, parece não haver dúvida de que, durante todo o século I a.D , mesmo tendo aceito Jesus como o *mashiach*, ou seja, o Messias, as comunidades judaico-cristãs permaneceram fiéis cumpridoras dos mandamentos judaicos. Nessa época, os grandes autores romanos não distinguiam os judeus dos cristãos. Sêneca, por exemplo, referindo-se a estes últimos, queixa-se com amargura de que um povo derrotado (os judeus) tenha imposto sua religião aos romanos vitoriosos. Somente mais tarde, após a grande pregação paulina, a influência da língua grega e o poder político de Roma permitiram que o cristianismo se fixasse como religião independente, afastando-se de suas fontes judaicas originais. (J.E.P.)

K

KADISH Palavra aramaica análoga ao hebraico *kadosh*, "sagrado". Refere-se à oração de mesmo nome em aramaico, uma das mais sagradas do ritual judaico, cuja origem remonta à época da destruição do primeiro Templo*, no século VI a.C. Em suas versões, da mais completa à mais reduzida, tem caráter de doxologia, um hino de louvor a Deus e a Sua santidade. O *Kadish* evoca a era messiânica de redenção do povo de Israel e da humanidade e o advento da paz (a frase final que menciona a paz é a única em hebraico). Apesar de não fazer qualquer menção às questões da vida e da morte, e talvez por sua visão escatológica (v. Escatologia [no judaísmo]*) e otimista de um futuro de amor e paz, o *Kadish*, na versão chamada *Kadish iatom*, o *Kadish* dos órfãos, passou a ser a oração em memória dos mortos, a ser recitada pelos enlutados mais próximos do falecido no enterro, depois, diariamente, durante 11 meses, e, durante toda a vida, nos cultos*g religiosos, já que faz parte do *Sidur** e do *Machzor**. Nos cultos de *Pessach**, *Shavuot** e *Sucot**, no *Iom Kipur** e nos aniversários de falecimento, recita-se outra oração dedicada aos mortos, o *Izkor* (do verbo hebraico "lembrar"). (P.G.)

KARDECISMO Doutrina religiosa elaborada pelo francês Allan Kardec*b, pseudônimo de Léon Hippolyte Denizard Rivail (1804-1869), o qual, após assistir a sessões de espiritismo*, numa delas recebeu, segundo declarou, uma "missão": a de "fundar uma religião universal, grande e bela". A doutrina kardecista tem como eixo principal a crença na reencarnação, tendo como base o carma* e a comunicação com os mortos, realizada por pessoas especialmente dotadas (médiuns) através de "passes" (espécie de exorcismo*) dados individualmente pelo médium, em transe, no decurso da sessão. Seu objetivo é afastar influências e vibrações negativas, "encostos" e outras "presenças" nefastas. No tocante aos espíritos, quanto mais evoluídos mais luz irradiam. Para os kardecistas, Deus é o ser supremo, inacessível aos seres humanos, d'Ele separados por um abismo intransponível. Um traço essencial do kardecismo é o amor ao próximo e a prática da caridade. É pela caridade, pela ajuda à humanidade, que os espíritos desencarnados alcançam a expiação dos pecados. Sua purificação se obtém pelas orações feitas com o espírito iluminado. O kardecismo chegou ao Brasil no século XIX, instalando-se no Rio de Janeiro e na Bahia, e possui hoje numerosos "centros" muito frequentados.

KASHER O significado literal e genérico desse adjetivo hebraico é "adequado", mas no texto bíblico se refere mais especificamente ao "alimento adequado ao consumo do homem". Ao abordar a questão em seus comentários à Bíblia, o *Talmud** é rigoroso quanto a essa "adequação", e estabelece que só o alimento considerado "adequado" (*kasher*) pode ser consumido, o que implica a proibição do não *kasher*, ou *taref*. O *Talmud* não estaria criando um fato, mas registrando o verdadeiro significado da compreensão judaica do texto bíblico e codificando um comportamento que já vinha sendo adotado há séculos. Uma vez aceito o preceito de que há alimentos permitidos e alimentos (ou combinação de alimentos) proibidos, a questão centralizou-se nos critérios de permissão ou proibição. O texto bíblico é exato no estabelecimento desses critérios. Alguns exemplos: é proibida a ingestão de carne de animais que tenham o casco fendido (o que inclui o porco); é proibida a ingestão de animais aquáticos que não tenham escamas e guelras (o que inclui camarão, lagosta, moluscos etc.); é proibido misturar "o leite da mãe com a carne de sua cria", o que, na impossibilidade de se saber com certeza se determinada porção de leite e determinada porção de carne provêm ou não de mãe e cria, veda a ingestão de carne e leite antes que decorra o tempo da digestão de um deles; é proibida a ingestão de sangue; é proibido comer carne de animais que não tenham sido abatidos por dessangramento pelo *shochet*, o magarefe ritual, de acordo com as regras prescritas, e cuja carcaça não tenha sido examinada, considerada livre de doenças e liberada pela autoridade rabínica (v. Rabino*). Apesar dessa exatidão de critérios, eles naturalmente se restringem aos conhecimentos e às condições da época em que o texto bíblico foi escrito, o que foi complementado pela interpretação do *Talmud*. A interpretação desses critérios a partir de então, e sua aplicação aos novos tempos, ficou a cargo dos rabinos e das autoridades religiosas das comunidades judaicas, que determinam, em casos específicos, qual a conduta a seguir. Muito se tem discutido sobre o significado da *kashrut*, as leis dietéticas judaicas. Há quem lhes atribua valor objetivo e científico, associando-as ao princípio da pureza no judaísmo*, que se expressa em vários procedimentos ritualísticos de caráter higiênico e profilático. Há quem veja nisso uma profissão de fé, uma forma de espiritualização e santificação do próprio ato de comer, tão fundamental para a vida e tão frequente no viver, condicionando-o a um compromisso religioso que identifica os judeus e preserva sua identidade. [As bênçãos, antes de comer alimentos ou beber o vinho, e a oração de graças após a refeição foram depois adotadas pelos primeiros judeo-cristãos (v. Judeo-cristianismo*) e, com Paulo*b, pelo cristianismo*.] E há quem o interprete como resquícios de conceitos e práticas ultrapassados, originários de um tempo em que podem ter-se baseado nos conhecimentos e costumes de então, mas que hoje seriam desprovidos de qualquer lógica ou fundamento. Alguns historiadores veem no cumprimento dos preceitos da *kashrut*, entre os inúmeros fatores comportamentais que identificaram os judeus ao longo de séculos, como um dos que mais contribuíram para seu isolamento e auto-segregação. A *kashrut* impedia os judeus de comer à mesa dos não judeus e, portanto, de se confraternizarem no dia a dia ou nas comemorações. Seu exercício rigoroso implicava o uso de um sistema especial de abastecimento e provisão, separado dos que atendiam à população não judaica. E o cardápio permitido era, aos olhos dos *gourmands* e dos gastrônomos, pouco menos que insatisfatório e exótico. Seja como for, os princípios da *kashrut* foram seguidos pelos judeus durante cerca de 25 séculos. Contemporaneamente, apesar da liberalização dos costumes, da aculturação e da integração dos judeus, nas sociedades em que vivem, e das conquistas tecnológicas no tratamento e higienização dos alimentos, eles ainda são respeitados por muitos judeus. Esse respeito tem um grau variado de rigor, de acordo com o nível de devoção de cada um, que vai desde o cumprimento rigoroso dos critérios prescritos — inclusive o cuidado com a separação das panelas, dos pratos e talheres utilizados para a carne daqueles destinados ao leite e seus derivados, o que praticamente resulta na adoção de duas cozinhas (uma para laticínios, outra para carne) — até uma seleção, a critério de cada um, dos alimentos que se permitem ou não ingerir. (P.G.)

KETUVIM V. Hagiógrafos*.

KIMBANGÜISMO Movimento religioso africano, fundado em 1921 por Simão Kimbangu (1889-1951), convertido pelos batistas*, leitor da Bíblia* e, para os crentes, "profeta do deus dos negros". Consciente de sua missão religiosa, Simão se convence que seu destino era o de pregar a palavra de Deus e de curar por imposição das mãos. Após ter curado uma criança, pouco demorou para que alcançasse renome na região do Congo (antigo Zaire). Acompanhado de auxiliares, ele pregava o retorno do Cristo*b, bem como a ressurreição dos ancestrais e o advento da felicidade para negros e brancos. No entanto, ao contrário de Simão, personalidade de índole moderada, os seus companheiros, exaltados, começaram por se recusar a trabalhar e a pagar impostos. Não demorou para que os colonos belgas e os missionários católicos pressionassem as autoridades coloniais, redundando na prisão de Simão e sua condenação à morte, transformada em prisão perpétua graças à interferência do rei Alberto. Simão Kimbangu morreu em 1951. Enquanto seus adeptos viam no kimbangüismo um movimento revivalista, as autoridades o encaravam como uma reação nacionalista e subversiva. Em fevereiro de 1925, o governo proibiu o kimbangüismo, morte de Simão, o seu filho instalou-se em Leopoldville e, progressivamente, deu ao movimento o tom de uma igreja moderna e bem estruturada, a Igreja de Jesus Cristo sobre a Terra por Simão Kimbangu (EJOSK), inaugurada em 1º de dezembro de 1960. A Igreja kimbangüista em pouco tempo se organizou nos moldes das grandes Igrejas ocidentais. O catecismo foi formulado a partir dos ensinamentos de Simão e centralizado no reconhecimento de Jesus como única salvação e sob a estrita obediência aos mandamentos de Deus, principalmente quanto à sexualidade e à abstenção (v. Abstinência*g) de danças e de drogas. Cerca de cinco milhões de devotos a frequentam.

KLYSTYS Autointitulando-se "homens de Deus", os *klystys* constituíam-se numa seita* fundada em Moscou no século XVIII. Essa denominação, vinda da boca do povo, devia-se ao fato de seus componentes, segundo crença corrente, flagelarem-se em reuniões secretas como forma de penitência, o que, diga-se, jamais foi comprovado. Nessas reuniões, os participantes dançavam freneticamente, só terminando quando caíam em transe. Para alguns, o nome *klystys* nada mais era do que uma corruptela linguística da palavra "Cristo". Apesar de, pelo menos aparentemente, manifestarem fidelidade à Igreja russa, não raro eram acusados de promoverem falsas comunhões e ofensas aos sacramentos*. As mulheres desfrutavam de algum realce na seita, assumindo posições de profetisas ou de sacerdotisas, reclamando para si próprias o título de "mãe de Deus". Vivendo em conventos, abstendo-se de relações sexuais e levando uma vida absolutamente austera (v. Abstinência*g), eles acabaram sendo hostilizados pelas autoridades locais. Suas atividades, porém, estenderam-se até o século XIX quando, ao que tudo indica, desapareceram. O seu êxito, ainda que temporário, costuma ser explicado pela desordem então reinante, acentuada pelos movimentos revolucionários de 1917 na Rússia.

L

LABADISTAS Seita* pietista (v. Pietismo*) fundada no século XVIII pelo jesuíta* Jean de Labadie (1610-1674), místico (v. Misticismo*) e reformador protestante (v. Protestantismo*). Obrigado a deixar a França, sua pátria, por ter aderido à Reforma* luterana, estabeleceu-se na Holanda acompanhado de um pequeno número de seguidores. Após sua morte, seus adeptos rumaram para a América do Norte onde organizaram uma colônia em Maryland, a qual, até a morte do seu líder Peter Sluyter, manteve-se próspera e atuante. O falecimento desse personagem acarretou a extinção da seita, cujos princípios doutrinários incluíam a abstenção sexual (v. Abstinência*ᵍ) e a crença numa "luz interior" capaz de anular as formas externas da vida. Os labadistas não mais existem.

LAICISMO Vocábulo de aplicação recente surgido, ao que parece, num jornal parisiense em 1870, neologismo de difícil definição e, não obstante, rapidamente consagrado. *Grosso modo*, laicismo significa o que não é religioso, o que distingue o clérigo do leigo. Por outro lado, caracteriza uma concepção que visa a evitar a interferência da Igreja nas decisões políticas do país. "Caráter laico", "pessoa leiga" denotam o contrário de "religioso". Não é incomum os leigos, equivocadamente, serem tachados de ateus (v. Ateísmo*), e quando o são, a recíproca não é verdadeira. O laicismo representa uma relação entre o Estado e a religião, não dispõe de conteúdo próprio, podendo evoluir ao longo do tempo. Esclareça-se desde logo que o laicismo não rejeita a religião nem estabelece qualquer discriminação entre o espiritual e o temporal. Conferir ao laicismo características sagradas ou confessionais, fazer dele um substituto da religião, propor uma "moral leiga" é descabido e inadequado. O Estado, de modo geral se define como leigo, não obstante haver exceções, como acontece no Islã*, onde muitas vezes poder e religião se interpenetram. Não sendo adversário da religião, ao pugnar pela sua separação, o laicismo de maneira alguma pretende hostilizá-la ou condenar quaisquer manifestações religiosas. O termo "laicismo", de maneira geral, indica a separação entre a religião e o profano. E, de modo restrito, propõe o afastamento do Estado no tocante a assuntos religiosos, uma vez assegurada completa independência a todos os sistemas religiosos e a todas as Igrejas. Isso não significa que o Estado venha a ignorar o fato religioso, pois a ele compete garantir a tranquilidade pública que possibilite a prática de qualquer religião. A partir da década de 1980, o laicismo ganhou nova dimensão sem, contudo, fugir de sua concepção básica. A separação entre Estado e a Igreja é condição essencial para a presença do laicismo, recentemente definido por um historiador como "o reconhecimento da diferença do que pertence à esfera pública e do que é pertinente à consciência individual".

LAMAÍSMO Termo oriundo do tibetano *lama*, título outorgado aos monges de categoria superior, é religião do Tibete e de algumas regiões da Ásia Central e da Sibéria. Até 1950, o Tibete era um país praticamente ignorado, conservador de suas tradições, muito religioso e hostil aos estrangeiros, o que lhe garantiu, por muito tempo, completo isolamento. A religião primitiva do Tibete (*bon po*) é praticada por uma população de origem mongol, "tingida" de xamanismo* e de influências iranianas, homenageando divindades de aspecto terrível e temendo demônios que personificavam elementos naturais do país. Os cultos*ᵍ tibetanos, em grande parte, sempre estiveram impregnados do budismo*, o qual foi introduzido no Tibete pela primeira vez no século VII por duas princesas: uma nepalesa e outra chinesa. Relíquias, livros, estátuas e pinturas chegaram com elas, bem como missionários budistas, que não demoraram a edificar mosteiros e templos. Em 750 a.D., chegava ao Tibete Padma-Sambhava, missionário budista, considerado o fundador da religião tibetana. A forma de budismo por ele inaugurada no Tibete era o tantrismo (v. Tantra*), o qual, por sua natureza esotérica, adaptou-se facilmente à índole tibetana. Além disso, ergueu mosteiros e fundou a seita* dos "bonés vermelhos", ainda existente. Ao chegar o século X, o budismo foi perseguido e quase extinto; entretanto, no período seguinte foi reintroduzido por outro missionário hindu, Atiça, a quem coube traduzir para o tibetano os livros santos do budismo. Por outro lado, as antigas práticas mágicas (v. Magia*) foram reformuladas pelo monge tibetano Tsong Kapa (1355-1417), famoso por sua erudição e piedade. A hierarquia e a disciplina monásticas (v. Monasticismo*) foram reorganizadas e os adeptos da religião anterior, ansiosos por retomar o poder, contidos. Tsong Kapa é tido como um grande lama; sua maior realização foi a fundação da seita dos *geluppa* (os "venerados"), chamados "bonés amarelos". A ele deve-se a instituição de uma modalidade de governo mantida até 1950, que reconhece por chefe, a um só tempo espiritual e temporal, o dalai-lama, considerado um buda vivo. O quinto lama, Lob San Gan Po, tornou-se o papa do lamaísmo, fazendo construir na cidade de Lhassa, no século XV, o mosteiro de Potala, popularmente chamado "o Vaticano* Tibetano". O 14º dalai-lama, atualmente refugiado por causa da presença chinesa no país, continua o líder espiritual inconteste no Tibete. Um dos traços que caracteriza o lamaísmo é o extraordinário número de religiosos; estima-se que um em cada quatro pertence à ordem; os três grandes mosteiros localizados na cidade de Lhassa abrigam 20 mil monges; outro, tido como o maior do mundo, tem 10 mil monges. Além do mais, os grandes mosteiros são universidades religiosas geradoras de teólogos importantes. Um outro aspecto do lamaísmo configura-se no "moinho de preces", curiosa forma de devoção na qual faz-se girar esses aparelhos com a mão ou com o auxílio do vento, sendo as fórmulas rituais repetidas muitas vezes. O lamaísmo se apóia no tantra*, livros secretos, e nos mantras*, fórmulas sagradas, hindus (v. Hinduísmo*) ou búdicas. O vocábulo "lama" deriva do tibetano *bla-na-med*, que significa "superior", "incomparável". O seu equivalente em sânscrito é "guru"*. No cotidiano, porém, quer dizer "monge"; para os tibetanos, em geral, os lamas são os guias que conduzem o homem à condição de buda, ou seja, de "iluminado".

LATITUDINARISMO Grupo de teólogos ingleses, anglicanos (v. Anglicanismo*), atuantes na segunda metade do século XVIII no continente europeu e que, como o nome sugere, demonstravam ampla liberdade religiosa, inclusive doutrinária, com relação a outros credos. Entre os seus objetivos, era prioritário o de unir toda a cristandade numa só Igreja, visando, assim, a extinguir as principais divergências entre os fiéis. Uma das principais congregações inglesas, a chamada Broad Church, ainda mantém a tônica desse grupo. Os católicos, entretanto, não estão nos planos dos latitudinários.

LAZARISMO Nome pelo qual são designados os clérigos que integram a Congregação dos Padres da Missão, fundada em 1625 por Vicente de Paulo (1576-1660) e que, a partir de 1632, estabeleceu-se em Paris, no Colégio São Lázaro, razão do nome. Ele se consagra então a duas atividades: as missões rurais e a formação dos sacerdotes. Vicente almeja que os lazaristas fiquem imbuídos de um espírito diferente, tendo por objetivo essencial a "salvação do pobre". Para isso, os missionários se instalarão durante 15 dias numa paróquia*g, pregando, catequizando e instruindo os camponeses, além de confessá-los (v. Confissão*g), efetuando visitas em domicílio. Vicente não pretendia criar uma ordem religiosa, e sim uma comunidade rigorosa, subordinada aos bispos e secular, isto é, "não religiosa no sentido monástico" (v. Monasticismo*). Ao mesmo tempo, considera necessário que os padres formulem votos simples e privados, uma prática interna (apenas o superior conhece), e acentua a importância do engajamento pessoal, maior que a do institucional. As regras da congregação lazarista são definitivamente estabelecidas em 1658. As obrigações dos lazaristas limitam-se às orações e à observação da austeridade, pertinente a todo padre: pobreza, castidade e obediência. Quando Vicente faleceu, a congregação lazarista dispunha de 23 estabelecimentos, passando a 78 em 1789. Desde

1648, suas atividades se estenderam para fora da França, desempenhando numerosas missões no Oriente — notadamente na China, no Líbano e na Síria — e no Ocidente — na Polônia e na Itália. Por um tempo, todas as casas lazaristas foram fechadas na França, só vindo a ser definitivamente restauradas no começo do século XIX (1816). No Brasil, presentes desde 1820, quando aqui chegaram dois sacerdotes portugueses, desenvolveram rapidamente suas atividades, fundando o Colégio do Caraça, no Estado de Minas Gerais, renomado pela disciplina e qualidade de ensino.

LIGA DOS ELEITOS Organização revolucionária de caráter religioso e índole milenarista (v. Milenarismo*), fundada pelo alemão Thomas Müntzer (1489-1525) (v. Anabatismo*), visto por historiadores marxistas como "o primeiro revolucionário da época moderna". Integrada predominantemente por camponeses e tecelões, a Liga dos Eleitos veio a constituir-se num dos maiores adversários do luteranismo*, preconizando uma nova modalidade do protestantismo*. Para Müntzer, os eleitos eram os pobres, aqueles que tinham recebido o "Cristo vivo", que penetra na alma do indivíduo para tornar-se um vassalo do Espírito Santo. Libertos da tentação da riqueza, os eleitos acabaram por inaugurar o milênio (v. Milenarismo*), cabendo a ele, Müntzer, liderar o cumprimento dessa missão. Na pequena cidade de Allsdet (Turíngia), criou uma liturgia*ᵍ em alemão (e não em latim, como era usual), angariou discípulos — geralmente analfabetos, como uma resposta à universidade, onde dominava o pensamento luterano — e organizou a Liga. Sua pregação e o seu comportamento pessoal acabaram por conduzir o campesinato à rebelião armada contra a nobreza, que reagiu com violência e determinação. Müntzer foi decapitado em 1525, e, como consequência, o ideal anabatista tomava, a partir de então, uma forma agressiva e intolerante.

LIMBO Do latim *limbu*, "orla", na teologia cristã, lugar onde permanecem as almas que, não tendo cometido pecado mortal, ficam afastadas da presença de Deus por não se terem redimido do pecado original através do batismo*. São as chamadas "almas justas" que viveram antes do cristianismo*. "Limbo" é também a "fronteira do inferno*", lugar onde são confinados aqueles que não foram batizados, mas também todos os idiotas. Segundo os dominicanos*, o limbo era subterrâneo e tenebroso, enquanto os franciscanos* o colocavam na superfície solar. Alguns teólogos afirmavam que muitos dos que estivessem no limbo não sentiriam a presença de Deus, enquanto outros ficariam envolvidos por uma tristeza eterna. Outras especulações sobre o limbo salientam que os justos também ali permaneceriam até que Cristo*ᵇ os libertasse para ascender ao céu.

LINGAIATAS Seita* hindu (v. Hinduísmo*) fundada no século XII, particularmente vinculada ao culto*ᵍ de Xiva (v. Xivaísmo*), popular divindade indiana que tem como símbolo o linga, representação do órgão sexual masculino, análogo ao falo grego (v. Culto fálico*). Rigorosamente vegetarianos e abstêmios, os adeptos dessa seita costumam trazer o linga (que também pode ser representado sob a forma de pequenos cones de pedra) pendurado no pescoço ou guardado em caixinhas prateadas, a fim de identificá-los como membros do grupo. Os lingaiatas são fervorosos seguidores de Xiva ou de qualquer de seus avatares*ᵍ. O nome deriva do sânscrito *lingarantha* ("aqueles que portam o linga"), convindo esclarecer que os lingaiatas podem também ser reconhecidos por um sinal branco pintado na testa. Esses sectários dão grande importância aos mosteiros que possuem: cinco deles são considerados sagrados, tendo sido fundados por ascetas (v. Ascetismo*) de renome. Entre os lingaiatas não existem castas; as mulheres desfrutam de perfeita igualdade com os homens; os sacrifícios e rituais são rejeitados, e a importância dos brâmanes*, minimizada. Ao contrário do que comumente ocorre na Índia, os lingaiatas enterram os seus mortos em vez de cremá-los. Ademais, praticam a frugalidade alimentar, a humildade e a generosidade. Esse importante movimento religioso, ora atuante no sul da Índia, conta com perto de seis milhões de seguidores, sendo caracterizado no país como um "pacífico grupo de puritanos*", provavelmente influenciado pela presença islâmica (v. Islã*) na região.

LITURGIA JUDAICA A oração como veículo da comunhão do homem com Deus sempre teve papel fundamental no judaísmo*. O culto*ᵍ individual e o coletivo, na sinagoga*, com seus rituais de devoção, expressão de fé e busca de equilíbrio espiritual, têm seu eixo na oração e na postura adotada para proferi-la. Para os judeus, a relação com a Divindade ca meçou por Abraão*ᵇ, num diálogo com Deus, centrado na palavra divina dirigida ao homem. A oração é a continuação desse diálogo, a palavra humana confirma essa relação, perpetuando-a. Antiga lenda talmúdica descreve Deus no monte Sinai, revelando-se a Moisés*ᵇ, vestido com o xale de orações, o *talit**, mostrando assim o caminho para a continuidade dessa comunicação espiritual, pós-teofania. Sendo criação do homem, as orações judaicas sofreram as influências das vizinhanças, das épocas e das circunstâncias. Muitas vezes eram revestidas de elementos mágicos (v. Magia*), na ânsia pela ação miraculosa de Deus; outras eram hinos de esperança de salvação, compostos em tempos de angústia e opressão; outras eram súplicas individuais, em busca de lenimento, da misericórdia divina em troca da devoção do súplice. Embora combatidas pelos sábios rabínicos, como Rashi*ᵇ, que consideravam pecador todo aquele que orasse em busca de benefícios, muitas dessas orações subsistiram como expressão de um dos sentimentos básicos que motivam a devoção: a esperança da redenção*ᵍ divina. Por influência dos profetas e, séculos mais tarde, dos sábios rabínicos, a oração judaica assumiu um caráter marcante de espiritualidade, uma afirmação unilateral de compromisso com a fé no Deus único e de crença na justiça de Seus desígnios. As orações enaltecem as qualidades de Deus e expressam confiança absoluta em Seu julgamento e em Seu papel de guia e protetor de seu povo — que se destina a servi-lo —, de toda a humanidade e de toda a Criação. Escritas na "língua sagrada", o hebraico, nem sempre o significado das orações era entendido pelos fiéis, quando a língua vernácula dos judeus passou a ser o aramaico, no século VI a.C. Muitas tentativas foram feitas de traduzir as orações para o aramaico, o que foi duramente combatido pelos rabinos* mais tradicionalistas, que alegavam que os anjos*, os mensageiros de Deus, não entendiam o aramaico. Estabeleceu-se então uma divergência que durou séculos: uns alegavam que não tinha sentido orar automaticamente, sem compreender o sentido da oração; outros, que a língua hebraica era a única a assegurar o caráter sagrado dessa comunhão com Deus. Com a grande dispersão, a partir do século I, esse problema se agravou. Já no Egito helenista se proferiam orações em grego. Outras línguas vernáculas dos judeus, como o ídiche dos *ashkenazim** e o ladino dos *sefaradim**, foram invocadas como mais propícias às orações, para que os fiéis as entendessem. Mais recentemente, muitas comunidades judaicas reformistas (v. Reforma judaica*) optaram pelo vernáculo (inglês, francês etc.). Mas a oração em hebraico persiste na maioria das congregações, embora cada vez mais entremeada de traduções e inserções na língua vernácula, acrescentada ao ritual e ao *Sidur**. A postura durante as orações judaicas também teve uma evolução histórica. No presente, limita-se em geral a se estar sentado, ou de pé, nas passagens mais solenes (com alguns movimentos de corpo, como curvar-se em certas passagens, ou balançar-se ao ritmo da oração), com exceção de determinados momentos no *Iom Kipur** em que, a exemplo dos sacerdotes (v. Cohen*) do Templo* na Antiguidade, se ajoelha e se prosterna. Mas nem sempre foi assim. Muitas das posturas hoje abandonadas (algumas foram adotadas também pelos cristãos), como orar de mãos postas, de mãos erguidas, ajoelhar-se etc., foram seguidas pelos judeus durante muito tempo. A liturgia na sinagoga, em muitos aspectos, além de algumas diferenças de sotaque, entonação e mesmo conteúdo das orações entre o culto *sefaradi* e *ashkenazi*, varia também de acordo com a identificação da congregação com as correntes do judaísmo moderno. Os ortodoxos (v. Ortodoxia [no judaísmo]*) não usam o órgão nem o coro misto (mas sim o coro masculino), comuns nas sinagogas liberais e em algumas conservadoras. Nas congregações liberais, mas não nas ortodoxas, não há separação entre homens e mulheres. Outras diferenças no ritual dessas congregações foram cedendo com o tempo: os reformistas aos poucos voltaram a orar em hebraico e a cobrir a cabeça — exigência ritual para os homens, que, às vezes, as mulheres também costumam respeitar — usando a *kipá* (solidéu), que haviam banido. Os demais objetos do ritual judaico são os mesmos para todos: o *ner tamid*, a lâmpada perenemente acesa diante da arca sagrada onde se guardam os rolos da Torá*, o candelabro do *shabat**, o candelabro de *Chanuká**, a cortina bordada da arca, o *shofar** de *Rosh Hashaná** e *Iom Kipur**, os objetos da *havdalá* (a cerimônia que encerra o *shabat* sagrado e o separa do profano, que se reinicia), e os paramentos individuais para a oração: a *kipá*, o *talit*, os *tefilin** e o *Sidur* ou o *Machzor**. (P.G.)

LIVRO DOS MORTOS Textos de origem antiquíssima os quais, no antigo Egito, eram colocados nos túmulos ao lado de algumas múmias. Surgidos no decurso do Novo Império (1567/1085 a.C.), esses textos foram conservados até o fim da civilização egípcia. O Livro dos Mortos consiste num conjunto de fórmulas destinadas a orientar o morto sobre como proceder no prolongamento de sua nova vida, na qual os egípcios* acreditavam. Os textos abarcam hinos para as divindades, rituais a observar ou a realizar, indicações de caráter moral e outros elementos considerados indispensáveis para ingressar no reino de Osíris*[d], divindade que preside o julgamento dos mortos. O próprio nome dessa coleção dá bem a ideia do que pretende: "Fórmula para sair de dia", parecendo demonstrar que, por mais sedutor e atraente que fosse o "outro lado", nada superaria reencontrar a luz solar, pelo menos por alguns instantes. Embora convencidos de que a morte era somente uma passagem para a continuação da vida, os antigos egípcios sempre acreditaram que "sair ao ar livre" era um meio de escapar à imobilidade sepulcral. Vale salientar que o Livro dos Mortos é uma obra de difícil tradução, principalmente porque a maioria das cópias existentes está mal-conservada (v. Egípcios*).

LIVROS DE SABEDORIA Designação, por analogia de conteúdos, do conjunto de três livros dos Hagiógrafos*, terceira parte do Antigo Testamento*: o livro de Jó*[b], Eclesiastes* e Provérbios*[g]. Escritos em versos de densidade, profundidade e sofisticação marcantes para a época, abordam as dúvidas e as angústias do homem em sua relação com a vida e seus desígnios, seja sob a forma da tragédia do homem bom e justo ante os infortúnios da vida que teimam em se abater sobre ele (Jó), seja em forma de céptica observação da materialidade da vida e da necessidade de vivê-la tal como é antes do amargo fim (Eclesiastes) — em dissonância, portanto, com a vertente dominante no judaísmo*, de espiritualidade e crença na imortalidade da alma —, seja na forma de aforismos, provérbios e epigramas sobre os valores e circunstâncias da vida. Os "livros de sabedoria" eram comuns entre os povos da Antiguidade, alguns provavelmente anteriores aos judaicos, como os babilônios, do século XV a.C. (entre outros, *Diálogo pessimista entre um senhor e um escravo* e *Eclesiastes da Babilônia*, título posteriormente atribuído por analogia ao Eclesiastes bíblico), e os egípcios*, dos séculos X/VII a.C. (*O ensinamento de Amenhotep*). Mas, ao contrário destes e da filosofia grega posterior, os judeus buscavam uma "sabedoria" não voltada para a especulação intelectual ou para a lógica, mas que fosse um guia para a vida real, baseado na fé e no temor a Deus. (P.G.)

LIVROS SIBILINOS Coleção de manifestações proféticas reunidas em livros ao longo do século VI a.C., na Grécia, e trazidas para Roma, onde foram guardadas no templo de Júpiter Capitolino. Esses livros, não obstante lhes ter sido atribuída origem etrusca, na realidade são de origem grega e escritos também em grego. "Sibila*" é nome genérico que os antigos davam a profetisas gregas e romanas. A mais famosa delas foi a de Cume, cidade localizada na Campânia italiana; a caverna habitada pela sibila ainda hoje é atração turística. Na verdade, as sibilas eram estranhas criaturas que se dizia existirem anteriormente à guerra de Tróia. Os Livros Sibilinos, até a época de Augusto, permaneceram no Capitólio. Foi para atender a esses livros, lidos e interpretados pelo colégio dos decênviros, que, após Apolo*[d], Esculápio (Asclépio), o deus grego da saúde, foi introduzido em Roma. Segundo a tradição, a sibila de Cume teria oferecido ao rei de Roma, Tarquínio, o Soberbo (534/509 a.C.), uma coleção de nove volumes de oráculos* contendo profecias. Diante da recusa, a sibila queimou três volumes, mantendo o preço para os restantes. Mais uma vez, recusa do monarca, e a profetisa queimou outros três. Os últimos foram então comprados pelo rei ao preço pedido pelos nove, colocando-os sob a guarda de dois decênviros (magistrados romanos), os quais, com o correr do tempo, chegaram a 15 no século I a.C. A esses funcionários competia consultar os oráculos contidos nos livros quando o Senado solicitasse. Guardados numa arca, depositada nas galerias subterrâneas do Templo, esses livros acabaram sendo destruídos num incêndio no ano 83 a.C. Posteriormente, após meticulosa pesquisa em várias regiões, uma nova coleção foi elaborada e conservada no templo do deus Apolo (Grécia), ali permanecendo até o início do século V, quando o local foi destruído pelos romanos, a mando do imperador Teodósio Magno (346-395). Desse novo conjunto, 12 chegaram ao nosso conhecimento, embora de procedência controvertida (cristã?, helenística?, judaica?). Os Livros Sibilinos ocuparam sempre um lugar destacado na religiosidade romana (v. Romanos*), sem que, no entanto, fossem, obrigatoriamente, objeto de consulta generalizada pela população.

LOLARDOS Heréticos (v. Heresia*) ingleses atuantes nos séculos XIV e XV. O nome "lolardo" deriva de uma antiga palavra holandesa significando "cantor de salmos*", aplicável nesses períodos a pessoas piedosas. Posteriormente, esse vocábulo, segundo bom número de estudiosos, queria dizer "sussurro", passando a designar os ingleses partidários das ideias de John Wycliffe, (1320-1384), reformador religioso inglês, anticlerical (v. Anticlericalismo*) e antipapal, imperador do movimento hussita (v. Hussitismo*). Onze anos depois, os lolardos apresentaram ao Parlamento inglês uma petição, condenando a Igreja e suas riquezas, o culto das imagens (v. Iconoclasmo*), o celibato eclesiástico, a guerra e a pena de morte. De imediato, uma lei foi promulgada, conduzindo numerosos deles à fogueira, inclusive alguns membros da nobreza, e obrigando o movimento a se retrair. Com a reforma luterana (v. Luteranismo*), o lolardismo recrudesceu, sem maiores consequências, porém.

LUPERCAIS Festas religiosas do mundo romano*, celebradas em fevereiro para homenagear Luperco, deus da fertilidade. Administrada pelos lupercos, grupo de sacerdotes encarregados das cerimônias, essas festividades, alegres e irreverentes, duraram até o século VI a.D. Os lupercos corriam desnudos ao redor do monte Palatino após a imolação de um bode, chicoteando-se com pequenas correias feitas de couro do animal imolado. Semelhante procedimento era encarado como um ritual purificador, destinado a assegurar fecundidade às mulheres atingidas. Pouco se sabe a respeito dessa confraria sacerdotal, a qual mereceu do grande tribuno Cícero o qualificativo de "selvagem e grosseira". Admite-se, entretanto, ser composta de dois segmentos, com nomes de duas importantes famílias de Roma, os Quinctilii e os Fabiani, das quais eram recrutados os sacerdotes. Tem-se como provável que a significação desse ritual seja escatológica (v. Escatologia*), e os lupercos, deuses-lobo, seriam os representantes sagrados do outro mundo e os defensores dos vivos contra os mortos. Pouco se sabe sobre a estrutura e organização dos lupercos.

LUTERANISMO Doutrina religiosa fundada pelo monge Martinho Lutero*b (1483-1546), praticada por protestantes (v. Protestantismo*) que seguem os princípios doutrinários do seu fundador. Uma das características do luteranismo manifesta-se no reconhecimento da Bíblia* como única autoridade em matéria de fé. Outra importante doutrina é a da consubstanciação*g, isto é, a doutrina segundo a qual, na eucaristia*g, o corpo e o sangue do Cristo*b estão presentes substancialmente no pão e no vinho. No entanto, o ponto principal do luteranismo é a "justificação pela fé", que afirma que a salvação do homem vem pela fé e não pela realização de obras materiais. O homem não pode ser libertado senão pela fé e pela graça*g. Pecador nato, o homem só pode redimir-se dos pecados, valendo-se do perdão divino, após justificar-se pela fé e submeter-se aos desígnios de Deus. Para os luteranos, não é pela Igreja nem pelos benefícios materiais que o homem obtém a salvação, e sim pelo reconhecimento de sua própria fragilidade, entregando-se a Deus, de quem espera, pelo perdão, a graça divina, muito embora se considere indigno. Nenhuma liturgia*g especial consta do luteranismo; os serviços religiosos, a partir da tradução da Bíblia por Lutero, são realizados em vernáculo. Atualmente, mais de 90 milhões de pessoas são luteranas, dominantes na Escandinávia (Noruega, Dinamarca, Suécia) e largamente difundidas em outros países da Europa e das Américas. A Federação Luterana Mundial é uma associação fraterna das diferentes denominações luteranas espalhadas pelo mundo. No Brasil, os luteranos chegaram com a imigração alemã no início do século XIX, estabelecendo-se majoritariamente no sul do país. Um grupo de missionários ligados ao Sínodo*g de Missouri (Estados Unidos) trouxe o ramo "evangelical" (v. Evangélicos*) luterano para o Brasil. Com isso as duas grandes igrejas luteranas brasileiras são a Igreja Evangélica de Confissão Luterana no Brasil (com raízes no luteranismo alemão, com forte influência da cultura germânica) e a Igreja Evangélica Luterana do Brasil (com raízes no Sínodo de Missouri).

M

MACHZOR A palavra hebraica deriva do verbo "voltar", ou "repetir", com conotação de "ciclo", e refere-se ao livro de orações especialmente dedicadas aos rituais de dias festivos e santificados, diferenciadas em seu conjunto e ordem daquelas que constituem os rituais dos dias comuns e do *shabat*. Até o século XVI todas as orações eram contidas em um único livro, o *Sidur*, mas as várias modificações e acréscimos acabaram por torná-lo tão volumoso que se decidiu separar as orações do dia a dia e do *shabat* daquelas dos dias festivos (principalmente as de *Rosh Hashaná* e *Iom Kipur*) e das ocasiões especiais (casamento, sepultamento, luto) que vieram a constituir o *Machzor*. O primeiro *Machzor* foi compilado para os judeus *ashkenazim* da cidade de Vitry, França, pelo rabino* Simcha ben Samuel, no início do século XII. Assim como no *Sidur*, existem diferentes versões de *Machzor*, de acordo com as compilações feitas em diferentes comunidades em diferentes épocas, mas as estruturas e os conteúdos de todas essas versões são muito semelhantes. (P.G.)

MACUMBA Nos ritos*ᵍ afro-brasileiros, convergência de vários termos de origem banto, com significados diversos. (1) Filha de santo em terreiro de candomblé* de nação cabinda. Como essas "macumbas" eram desprezadas pelos adeptos do candomblé nagô, pelo fato de incorporarem diversas divindades (e não só seu orixá* de cabeça), o termo tornou-se uma forma pejorativa de referir-se à religião por elas seguida, no sentido de feitiçaria, magia* negra ou superstição, e não de rito religioso genuíno. (2) Termo genérico e pejorativo usado por leigos para designar todos os cultos*ᵍ de origem africana e suas práticas, particularmente as oferendas aos deuses, vistas como feitiçaria. (3) Forma pejorativa pela qual os adeptos da umbanda* "branca" designam a quimbanda*. (4) Instrumento musical trazido pelos bantos: tipo de reco-reco. Por extensão, rito religioso no qual ele é usado. O "macumbeiro" é o praticante (tocador de macumba, chefe de terreiro ou simples feiticeiro) ou adepto (assistente dos ritos, iniciado ou não) da macumba. (E.D.G.)

MAGIA *Grosso modo*, a magia constitui uma prática que, mediante ações atípicas e meios apropriados (encantamentos, sortilégios, feitiços), procura alterar ou controlar o curso natural das coisas. Ao contrário da religião, que age pela persuasão ou pela prece, a magia impõe, determina, executa. A magia sente-se fortalecida pela certeza de que o universo está impregnado de forças que intervêm no processo normal da vida e que podem ser controladas, desde que sejam utilizados meios adequados, expressos através de ritos*ᵍ, cerimônias e invocações. A magia (do persa *mag*, "ciência", "sabedoria") é um complexo de diversas crenças, certamente anterior ou concomitante a qualquer religião primitiva. Sua manifestação ocorre por intermédio de alguém, um feiticeiro, um xamã (v. Xamanismo*), em certos lugares ditos "mágicos". Não raro, a magia é acompanhada de aparelhamento especial, com objetos ou animais. A mitologia* greco-romana, de modo geral, registra a existência de inúmeras pessoas praticantes de magia. A Tessália, região situada ao norte da Grécia, era considerada, na Antiguidade, a pátria de feiticeiras, reputadas no mundo helênico como as mais eficientes na área dos sortilégios e na manipulação de drogas venenosas. Gregos* e romanos* de há muito exercitavam a magia, estabelecendo, porém, uma distinção entre a oficial e a popular, a primeira referente aos cultos*ᵍ públicos nos quais os rituais mágicos eram adaptados às divindades. Na Grécia, não raro a magia fazia parte de algumas festividades, convindo acentuar algumas providências tomadas pelos participantes que se correlacionavam com os ritos mágicos, entre as quais não atar os cabelos nem permitir a presença de animais, pois isso incomodaria os espíritos dos antepassados. No Egito, foram encontrados textos (papiros) mágicos nos quais é assinalado o paralelismo entre a medicina e a magia, posto que, ao lado de feitiços e encantamentos, o tratamento era acompanhado de remédios. Imagens que reproduziam pessoas poderiam ser utilizadas visando a atingi-las através da "magia simpática", ou, também, apoderar-se de alguma coisa de sua propriedade. Em uma outra modalidade de magia, a reprodução em cera de um desafeto, se queimada, causaria sua morte. Já a "magia negra" caracteriza a feitiçaria, só executada em casa, às escondidas e sempre reprimida pelas autoridades. A magia branca, ou natural, benéfica (ritos agrários, cerimônias pedindo a chuva, cura de doenças etc.), valia-se de danças e cantos. Durante o Império Romano, a superstição aumentou, graças ao afluxo de divindades estrangeiras, o que deu novo alento à magia. Entre os fatores desse alento estavam os neoplatônicos, seguidores de uma doutrina filosófica dominante que teve em Plotino (205-270), filósofo grego de origem egípcia, o seu maior nome. Embora não deva ser admitida como religião, a magia sempre foi praticada, profissionalmente ou não, por diferentes segmentos da sociedade. Povos e grupos os mais diversos praticam a magia (as religiões assírio-babilônicas são embasadas na magia); na Grécia, a magia acompanhava todos os atos religiosos, e os que a exercitavam eram muito respeitados. A Idade Média passou por frenesi de magia, fruto da superstição e da miséria. Entretanto, estudos sérios têm sido realizados sobre a magia, não apenas por sociólogos, mas também por psicólogos. Defini-la, porém, não é fácil. A magia é egocêntrica, mística (v. Misticismo*), ligada a ciências ocultas, procurando ou "exigindo a submissão da natureza". Talvez Voltaire (1694-1778), o famoso iluminista, tenha acertado quando dizia ser a magia "o segredo de fazer o que a natureza não pode".

MAGOS A mais remota referência aos magos é encontrada em citações de dois profetas hebreus, Jeremias*[b] e Ezequiel*[b], que viveram nos séculos VII/VI a.C. Já então os magos eram apontados como uma casta sacerdotal. Posteriormente, Heródoto, historiador grego (século V a.C.), afirmava serem os magos uma tribo sem maior relevância. No entanto, à época dos aquemênidas, famosa dinastia de soberanos persas, os magos desfrutavam de grande influência, cabendo-lhes, com exclusividade, o exercício dos cultos*[g], da mântica* e da oniromancia (interpretação dos sonhos). A exemplo dos druidas celtas (v. Druidismo*), os magos desempenhavam relevante papel no domínio da cultura, especializando-se em magia* (o que lhes valeu o nome) e também em astrologia. Acrescente-se, ainda, o seu prestígio político, igualmente expressivo, a ponto de um deles não hesitar em usurpar o trono na ausência de seu titular. Por força desse gesto, intensa repressão foi levada a efeito contra os magos, conhecida como a "magofonia" (matança de magos). Na Babilônia e na Pérsia antiga, os magos formavam uma casta de astrólogos e de sábios, os quais influenciaram muitíssimo o masdeísmo. De comportamento peculiar, dispondo de grande conhecimento herbário, não enterravam nem cremavam seus companheiros que morriam, deixando-os expostos aos cães e às aves de rapina. Ao contrário do que afirmavam historiadores gregos, os magos não eram discípulos de Zaratustra (no Ocidente, Zoroastro*[b]), o grande reformador da religião persa (v. Masdeísmo*), muito embora a tradição, por vezes, registre o próprio reformador como um mago. De acordo com o Evangelho* de Mateus, três reis magos vindos do Oriente, nomeados Melquior, Gaspar e Baltasar, chegaram a Belém para homenagear o recém-nascido menino Jesus*[b] oferecendo ouro, mirra e incenso. Ao longo do tempo, os magos passaram a ser considerados adivinhos e taumaturgos. Segundo Beda, o Venerável*[b], monge inglês que viveu no século VII, os corpos dos três reis foram enterrados na Catedral de Colona (Itália).

MAHDI Do árabe *al-mahdi*, "o bem guiado", é a denominação dada, nos países islâmicos, a um personagem que virá restaurar a justiça e a religião antes de o mundo acabar. No universo islâmico, esse personagem corresponde analogicamente ao que seria o Messias* (v. tb. Messianismo*) judeu ou cristão. Entre os xiitas (v. Xiismo*), ele é o 12º imame* que, no século IX se teria escondido para, na ocasião própria, reaparecer, a fim de conduzir os adeptos do Islã* no caminho certo, com vistas a redimir os seus erros e a alcançar a grande vitória. Originariamente, o nome *mahdi* se aplicava a um reformista aguardado para restaurar a justiça, ocasião em que algumas vezes proclamavam que o *mahdi* seria um membro da família do profeta Maomé*ᵇ. Na concepção dos xiitas, ele representa Alá* na Terra; no âmbito do ismaelismo*, o termo *mahdi* costumava ser aplicado, pelos fatímidas, poderosa dinastia africana, ao imame oculto que reapareceria ao findar o século IX na pessoa de Ubayd Allâh al-Mahdi, o fundador da dinastia. O mahdismo, de modo geral, é tido como uma filosofia que procura restabelecer a continuidade espiritual entre Maomé e o mundo atual. Atualmente, no mundo islâmico, existem pregadores religiosos que se apresentam como *mahdis*. O termo, ao longo da história não ficou limitado aos líderes do movimento xiita, sendo empregado também para qualificar, no universo sunita (v. Sunismo*), personagens reformadores e líderes político-religiosos. Ao findar o século XIX, o movimento revolucionário que sacudiu o Sudão inspirou-se no mahdismo.

MAIAS Povo (ou, talvez, povos) localizado na América Central e do Norte (Guatemala, El Salvador, Belize, Honduras e México) formando um complexo cultural singular, altamente desenvolvido e, paradoxalmente, pouco conhecido. Sua história se desenrolou ao longo de 2.500 anos, apresentando uma sociedade dotada de traços incomuns: a escrita, hieroglífica, com mais de 700 caracteres; a escultura, monumental, predominando o fundo religioso; o uso da abóbada na arquitetura; o notável saber astronômico e matemático. Suas origens são obscuras, mas já a partir do século IV começam a surgir grandes centros cerimoniais, um de seus traços dominantes. A religião dos maias foi, acima de tudo, uma arma política utilizada pela casta dirigente para dominar o campesinato que, autossuficiente, não precisava do governo para sobreviver. Para os maias os deuses possuíam um poder ilimitado que os habilitava a dispor da ordem cósmica e, como tal, a serem bons ou maus. As principais fontes disponíveis a respeito da religião maia são constituídas pelos textos deixados pelos espanhóis no século XVI. Os deuses maias, na sua maior parte, apresentavam-se em grupos de quatro, podendo, em cada grupo, ser considerados individualmente ou coletivamente como uma divindade única, como na Santíssima Trindade*. A exemplo da maioria das religiões, esses deuses poderiam ser bons ou maus, benfazejos ou maléficos, mudando de lugar ou alterando sua associação com esta ou aquela divindade. Os mais importantes eram o Sol e a Lua, cercados por um verdadeiro ciclo de lendas. Ambos, segundo crença corrente, foram os primeiros habitantes da Terra antes de subir aos céus. Os principais deuses eram: Itzanná, soberano dos céus, curiosamente pouco cultuado, (seguindo o critério costumeiro, existiam quatro Itzanná, cada um voltado para uma direção do universo); Chac, deus da chuva, Ek Chuah, da guerra; Ixchel, deusa da água; Al Puch, deus da morte. O culto*ᵍ era praticado mediante numerosas atividades: preces, sacrifícios, danças rituais, peregrinações, jejuns, penitências. Sacrifícios humanos eram também realizados, segundo se afirmava, procedentes dos nauas. Uma outra importante divindade maia era o deus-jaguar, deus do interior da Terra, correspondente ao Tepeyollotl mexicano. Os maias acreditavam numa vida futura após a morte, com prêmios e castigos, e também na imortalidade da alma. Conforme assinalou um estudioso, os caracteres dessa religião são, em resumo, os seguintes: a) os deuses maias eram fundidos uns aos outros, numa concepção fantástica, por vezes misturada com traços humanos; b) quadruplicidade de diversos deuses, associados aos pontos cardeais, numa fusão mística dos quatro em um só, comparável ao mistério* cristão da Santíssima Trindade; c) dualidade de aspectos; d) presença composta de várias categorias divinas de modo a possibilitar a um deus pertencer a dois grupos diametralmente opostos. A notar, ainda, que os maias aceitaram o cristianismo* a partir da presença espanhola, mas este jamais substituiu o seu panteão. Quanto aos sacrifícios, aos olhos dos maias, os deuses não eram benfeitores desinteressados, isto é, os seus favores, a sua proteção, não eram gratuitos e só eram concedidos em troca de oferendas. Os sacerdotes, por força da intensa vida religiosa dos maias e do grande número de divindades, eram bem organizados. Genericamente chamados *balams*, alguns deles se dedicavam à adivinhação, sendo muito respeitados e só saindo dos templos numa liteira. Aos *nacones* cabia a realização dos sacrifícios, cada um auxiliado por quatro *chacs*, mas todo o conjunto dos sacerdotes dependia de um grande pontífice*, o *ahkin-mai*, ao qual eram dados presentes vindos de civis, militares e religiosos. A ele competia ordenar (v.

Ordenação*g) os sacerdotes; quando morria, era substituído pelo filho ou parente próximo. Ao lado desses sacerdotes, existiam feiticeiros praticantes da mântica*, da medicina e de outras atividades, geralmente secretas. Os maias eram um povo valente mas pacífico e culto, sem a crueldade dos astecas*. Entre as cerimônias, algumas havia curiosamente semelhantes a alguns sacramentos* cristãos (como uma espécie de batismo*), mas com significado totalmente diferente.

MANDALA Em sânscrito, "círculo", designa o diagrama místico, cósmico e mágico, composto de formas geométricas, utilizado no hinduísmo*, no budismo* e no tantrismo (v. Tantra*) como suporte à meditação. A mandala é uma imagem do mundo, feita de círculos concêntricos num conjunto arquitetural onde, partindo do exterior, são encontrados os quatro pontos cardeais que exprimem as quatro faces do cosmo, guardadas por quatro divindades tutelares. Chama-se mandala a todas as figuras, habitualmente geométricas, compostas de uma divindade central cercada por emanações, símbolos etc. A maior parte das mandalas pertence às seitas* tântricas do hinduísmo. As mandalas podem ser simples, consagradas a uma só divindade, ou compostas; ambos os tipos se destinam, predominantemente, à meditação, e são encontradas na Índia, no Japão e no Tibete. As mandalas indianas são pintadas ou riscadas no solo, de forma quadrada, com círculos povoados de imagens e símbolos; uma mandala clássica comporta vários círculos (amiúde constituídos de lótus), providos de entradas, sendo que, no tantrismo, a divindade central costuma ser substituída por figuras geométricas, triângulos, denominados "iantras". Algumas mandalas destinam-se a servir de "morada" terrestre para a divindade nela representada. Eventualmente, os camponeses indianos as pintam em tecidos, ou papel, ou diretamente nos muros das casas, visando com isso à proteção e à felicidade.

MANDAROM Comunidade de fiéis (*ashram*) reunidos em torno de um sábio. Seu fundador, Gilbert Bourdin, nascido na França em 25 de junho de 1923; após estudos de direito e dois casamentos, estagia no Oriente. Retornando à Europa, funda em Carpentras, cidade francesa, a Associação dos Cavaleiros do Lótus de Ouro (27 de agosto de 1967), depois chamada Mandarom. A seguir, declarando ser o "Messias cosmo-planetário", passa a nomear-se Hamsah Manarah, não hesitando em se apresentar como o Cristo*b revivido no dia 25 de dezembro de 1990. O seu ensino baseia-se no aumismo (do mantra* "Aum", sonorizado "Om"), religião universal. Solicitando aos seus seguidores que não abandonassem sua religião de origem, Bourdin declara ter realizado combates permanentes contra milhares de demônios (v. Demonologia*) — que atacam o Mandarom — para salvar a Terra e instaurar uma nova sociedade. A manutenção do Mandarom é feita mediante subscrições de seus membros, cotizações, venda de trabalhos. O funcionamento do grupo e sua autenticidade e intenções foram postos em dúvida. Em 1995, seu fundador e chefe foi chamado a exame de sanidade. Não obstante, a ordem conta com mais de mil aderentes, mantendo cerca de 60 centros ou associações na França, e seus integrantes são de classe média e de meios cultos.

MANDEÍSMO Comunidade gnóstica (v. Gnosticismo*), outrora importante no Oriente Próximo, atualmente contando com reduzido número de integrantes. Mandeanos, sabeanos, mandeístas, mandeus são alguns dos nomes pelos quais seus adeptos são conhecidos, disseminados pelo sul do Iraque e parte do Irã, muito pouco se sabendo sobre quando surgiram e de onde vieram. Trata-se de uma seita* cujo nome deriva da palavra *mandã* ("ciência", "conhecimento", "saber") correspondente ao grego *gnosis*. Os mandeus costumam distinguir, na sua estrutura, duas correntes: a dos observadores (*nasõraye*) e a dos gnósticos propriamente ditos (*mandãye*). Da composição do mandeísmo fazem parte elementos babilônicos, persas, judaicos e cristãos, tendo como rito principal o batismo*, sem o qual, afirmam os mandeístas, a alma não alcança um mundo melhor. A mais antiga documentação pertinente a essa seita data do século XVI, embora só recentemente tenha sido examinada. Compõe-se de hinos e liturgias*g, lendas e comentários teológicos cujo teor, se por um lado não revela profundeza espiritual ou filosófica, por outro, desperta sensível emoção religiosa. Vários livros sagrados exprimem suas crenças, entre os quais três coletâneas fundamentais: o *Ginza* ("Tesouro"), contendo observações referentes à mitologia*, à cosmologia e à alma; o *Qolasya* ("Quinta-essência") e o *Livro dos reis*, complemento do *Ginza*. A esses textos acrescentam-se outros de menor validade, tal como o que dispõe sobre o ritual do casamento e o comportamento litúrgico de sacerdotes e noviços. Menção especial também para o *Livro de são João, o Batista*, personagem que, para os mandeus, é o verdadeiro messias* (e não Jesus*b). O celibato e o ascetismo* são rejeitados, os judeus, criticados e a circuncisão*, condenada. O mandeísmo tem no culto*g a sua base espiritual; a vida comunal converge para os santuários implantados em pequenas cabanas desprovidas de qualquer luxo, denominadas "casas do saber" (*biy manda*), localizadas sempre às margens de rios, e onde são realizadas as principais cerimônias (batismo, culto aos mortos, consagração sacerdotal). O batismo tem como primeiro objetivo conduzir o catecúmeno (iniciado) ao "mundo da luz". Os santuários só são acessíveis aos sacerdotes. Estes compreendem três graus, preenchidos por homens e mulheres. A noção de "puro" e de "impuro" constitui a maior preocupação dos mandeanos, razão pela qual, em princípio, todas as suas vestimentas devem ser brancas (esta cor, para esses sectários, era um símbolo de luz e de pureza). Dualistas (v. Dualismo*), acreditam no antagonismo entre dois mundos: o da luz e o das trevas. Sem o batismo, a alma não chega ao primeiro, convindo acrescentar que esse sacramento* pode ser executado a qualquer hora. Os mandeanos não se limitam apenas à vida contemplativa. É conhecida sua notoriedade no trabalho artesanal (tapeçaria, ourivesaria, construção de barcos etc.). O mandeísmo, na realidade, aparece como um sincretismo*g de religiões mesopotâmicas e iranianas, de judeus e cristãos, sem perder de vista, porém, sua indiscutível índole gnóstica.

MANES Proveniente do latim *manus*, esse vocábulo, no pensamento dos romanos, identificava os espíritos dos mortos. Entretanto, na expectativa de suavizar hostilidades, os romanos, por eufemismo, os clamavam "os bons". Visando a conciliá-los, a população os cultuava com frequência, edificando sepulturas e promovendo festividades em sua homenagem, sem perda dos cultos domésticos escrupulosamente comemorados. Caso contrário, conforme alegavam, os mortos retornariam sob forma de espectros para atormentar os vivos. Em algumas cidades italianas era costume a abertura de poços chamados *mundus*, destinados a algumas divindades (Prosérpina, Hécate, deusas infernais) e fechados três vezes, quando ocorria a celebração das festas que as homenageavam. Durante o período imperial (27 a.C./192 a.D.), tornou-se proverbial anexar o nome do morto ao espírito divino.

MANIQUEÍSMO Religião dualista (v. Dualismo*), fundada no século III a.D. pelo sacerdote Mani*b (216-277), de origem iraniana, e de quem o nome deriva. A doutrina maniqueísta se propunha a ser universalista, ou seja, destinada a todas as pessoas e a todos os povos como solução para alcançar a redenção. O progresso dessa religião foi muito rápido, graças à atividade missionária de seguidores entusiasmados e dedicados, estendendo-se pelo Oriente e Ocidente. Os fundamentos do maniqueísmo residem na distinção entre luz e trevas, símbolos do bem e do mal. O mundo, anunciava Mani, vive em função desses dois elementos que coabitam em permanente oposição na humanidade. No ser humano, a alma representa a luz, e o corpo, a matéria. Basicamente, desse antagonismo decorre a moral maniqueísta, que procura libertar a parte luminosa da vida, aprisionada pela matéria. São essas duas raízes, o bem e o mal, que compõem o mundo visível. O maniqueísmo distingue duas categorias de indivíduos: os "perfeitos" ou "eleitos" e os "auditores". Os primeiros devem viver com austeridade, submetendo-se a severas regras de virtude e castidade, abstendo-se (v. Abstinência*g) do casamento, de bebidas alcoólicas, da fornicação e de carne animal. Já os "auditores", subordinados às mesmas regras, podem casar-se; no entanto, devem abdicar de suas propriedades ou de bens particulares e não romper a castidade. Sem imagens, sem sacrifícios, praticando o jejum com frequência e orando pelo menos quatro vezes por dia ao Sol e à Lua (considerados manifestações da Lua, ou seja, do bem), os maniqueístas batizavam e comungavam. Aos olhos desses religiosos, o martírio de Jesus*b fora enganador, apenas aparência; grande parte dos Evangelhos* era falsa, muito embora aceitassem as prédicas do Cristo e admirassem o seu discurso. Segundo testemunho de contemporâneos, os maniqueístas eram pessoas pacatas e suaves. No entanto, na Pérsia (atual Irã), amparados pelos dois primeiros monarcas (à época, o país era governado pelos arsácidas, dinastia dos partas), não demoravam a enfrentar a hostilidade e mesmo a ferrenha oposição dos adeptos do masdeísmo*, a religião oficial do país. Caçado e banido da Pérsia, perseguido pelas autoridades bizantinas e romanas, o maniqueísmo subsistiu no Ocidente até o século X, quando desapareceu. No Oriente, alcançou a Índia, o Turquestão e a China, onde perdurou até o século XVII. O estudo e o conhecimento dessa religião, renovados após descobertas arqueológicas feitas ao findar do século XIX e a partir do século XX, permitiram um novo enfoque do maniqueísmo. Ao contrário da maioria dos reformadores religiosos, Mani redigiu, pessoalmente, os textos que fundamentam e estruturam a religião por ele criada. Suas "Escrituras" formam um conjunto de textos canônicos nos quais estão registrados os diferentes aspectos da doutrina, sob forma de revelações a serem assimiladas pelos fiéis. Essas descobertas, ocorridas no Turquestão e no Egito, nas localidades de Turfan e Oxyrhynchos, revelaram não um Mani herege (v. Heresia*), como por muito tempo foi considerado, e sim um líder religioso apaixonado por suas ideias e concepções espirituais, autor de pelo menos nove livros nos quais manifesta a sua intenção de criar uma religião capaz de substituir as demais então existentes, inclusive a cristã, cujos adeptos não hesitaram em difamá-lo. Os novos textos encontrados revelam uma Igreja organizada, com hierarquia própria, mandamentos, confissão dos pecados, jejum, esmolas, orações e liturgia*g, tudo integrado no cotidiano do maniqueísta. Executado por ordem do monarca persa aos 61 anos de idade, Mani deixava, após 40 anos de prédica, um importante legado à religiosidade universal.

MÂNTICA Proveniente do grego, mântica, literalmente, significa "técnica de adivinhação" (*mantiké techné*). A pessoa que adivinha é o *mântis*, o profeta, derivado de *mainomai* ("estar fora de si"). Igual sentido é encontrado no *enthousiadzein* (vindo da raiz *theos*), ser possuído por um deus pelo entusiasmo. Desempenhando um papel importante na religião e nas decisões tomadas pelas cidades e Estados na Antiguidade greco-latina, a mântica, intimamente vinculada ao sentimento popular, constituía parte integrante do cotidiano dos gregos* e romanos*. Do homem comum à classe dirigente, áugures*, arúspices*, livros sibilinos*, oráculos* eram com frequência consultados, e nenhuma decisão importante, pública ou privada, prescindia dessas consultas. Platão, filósofo grego, distinguia a mântica intuitiva ou natural da mântica indutiva ou artificial. Esta se manifestava mediante a observação dos fenômenos pelo *mântis*: presságios, prodígios são sinais manifestos da vontade divina. O voo dos pássaros, suas espécies, seus gritos são favoráveis se partidos do leste ou desfavoráveis e sinistros se procedem do oeste. Quanto à mântica indutiva, manifesta-se pela presença da divindade no profeta (homem ou mulher). Os santuários não eram acessíveis às mulheres. Nos oráculos, a profecia do deus é revelada pela pitonisa escolhida entre as camponesas mais idosas. De uma forma ou de outra, a mântica influenciava decisivamente o comportamento do homem grego e romano, condicionando inúmeras de suas decisões e o seu modo de agir. Os primeiros autores cristãos tinham a adivinhação como obra do demônio; em 391, o imperador Teodósio Magno (347-395) extinguiu formalmente essa prática.

MANTRA Em sânscrito, significa "instrumento para trazer o pensamento". É uma fórmula sagrada, hindu (v. Hinduísmo*) ou búdica (v. Budismo*), um hino do ritual de sacrifício de há muito utilizado. Os mantras se resumem através da sílaba "Aum" (pronuncia-se "Om"), fonema considerado sagrado e objeto de um sem-número de especulações. O mantra possui propriedades mágicas, variando conforme as seitas*. Cada divindade pode ter vários mantras; os de Xiva (grafa-se também Shiva; v. Xivaísmo*), certamente o deus mais prestigiado da Índia, compõem-se de cinco sílabas; os de Vixnu*d, de oito. Um mantra pode constar de uma só frase, mais ou menos longa, sem maiores significados, ou reduzir-se a uma só palavra. A repetição constante de um mesmo mantra implica receber mais impregnação. Os mantras são estimuladores do espírito; ao ser pronunciado, o "Om" é um convite à meditação e às orações, e é emitido no início e no fim de cada uma delas.

MANUSCRITOS DO MAR MORTO Em 1947, um pastor beduíno achou numa gruta em Qumran, 2km a noroeste do mar Morto, um recipiente de barro que continha rolos muito antigos, de couro e papiro, escritos em caracteres hebraicos e aramaicos. Nas duas décadas seguintes, outros documentos foram encontrados na mesma região e incorporados aos primeiros. Ao primeiro exame dos especialistas, a repercussão foi enorme. Muitos associaram os Manuscritos do Mar Morto diretamente a Jesus*b e às origens do cristianismo*, atribuindo-lhes revelações surpreendentes. Aos poucos, o estudo meticuloso de seu texto descartava os aspectos mais sensacionalistas, ao mesmo tempo que confirmava a importância de sua contribuição ao estudo dessa época da história. Depois de submeter os manuscritos ao teste do carbono 14, estima-se que tenham sido escritos entre o século III a.C. e 68 a.D., e provavelmente enterrados em 70 a.D., durante a guerra entre judeus e romanos, para protegê-los e recuperá-los depois. Mas a guerra terminou com a derrota dos judeus, a destruição do Templo* e o início do grande exílio, e os manuscritos lá ficaram. Eles abrangem vários assuntos de natureza vária: hinos religiosos (provavelmente cantados na liturgia sinagogal da comunidade de Qumran); um livro apocalíptico (v. Apocalipse*) sobre a guerra entre os Filhos da Luz e os Filhos da Escuridão; textos bíblicos e comentários, e, em sua parte mais reveladora, a *Regra da comunidade*, ou *Manual de disciplina* e a *Regra da congregação*. Essas "regras" constituem os guias de conduta da irmandade monástica de Qumran, integrada aos essênios*, a seita* radical do judaísmo* à qual muitos acreditam ter pertencido Jesus. No isolamento árido do mar Morto, os essênios de Qumran viviam em comuna sob rígidas regras de ascetismo* e pureza: renunciavam a todo bem material, praticavam a solidariedade e o amor fraternal, abdicavam de todas as formas de hedonismo e prazer carnal. Além dos cerca de 600 rolos de manuscrito, foram descobertos também muitos objetos e um cemitério com mais de mil sepulturas. (P.G.)

MARABUTISMO Uma das mais importantes e singulares manifestações da religiosidade islâmica (v. Islã*). O termo advém da palavra "marabu", do árabe *murābit*, que significa "aquele que vive num *ribat*, ou seja, num convento militar". O marabu leva vida solitária e ascética (v. Ascetismo*), dedicando-se à meditação, à prece e à atividade militar quando necessária. O marabutismo é uma prática a um só tempo religiosa e guerreira, reunindo concepções místicas vindas do sufismo*, messiânicas (v. Messianismo*) e outras de cunho popular, supersticiosas, nas quais percebem-se reminiscências e influências de antigos cultos*[g] islâmicos. O culto dos santos (*awliyā*), traço marcante do marabutismo, varia da espiritualidade, centrada em Alá*, à exibição de práticas grosseiras dominadas por uma histeria nem sempre verdadeira. No entanto, os marabus são vistos como santos; os lugares que habitam são alvos de constantes peregrinações*; os objetos que utilizam (árvores vizinhas, seus animais e, principalmente, seus túmulos) ficam envolvidos por uma auréola de santidade. O caráter militar do marabutismo é antigo; as palavras *ribat* e *murabit*, por longo tempo, mantiveram-se vinculadas à ideia de "guerra santa*". Aduza-se, ainda, a ação dos xiitas (v. Xiismo*), cujo papel na organização da vida mística foi determinante. Guardadas as devidas proporções, o marabu está para algumas áreas do mundo islâmico como o guru está para a Índia. Os próprios sufistas (grafa-se também "sufis") não demoraram em se reunir como cenobitas (v. Cenobitismo*), isto é, como monges, dentro dos *ribat*, formando um verdadeiro sistema de ensino iniciático ao marabutismo e à vida guerreira. Por outro lado, a presença da cultura berbere se faz sentir através de crenças e ritos*[g] ancestrais, tais como sacrifícios de animais (galos e carneiros, em particular). Um outro costume dos berberes, assimilado pelo marabutismo, consiste em amarrar pedaços de pano ao redor das árvores, visando a "ligar" o santo ao pedido feito. Do intercâmbio com os sufistas surgiram as confrarias de marabus, algumas de grande projeção na África do Norte, muito embora o prestígio destes ascetas restrinja-se, predominantemente, aos locais em que vivem. Pela sua complexidade, originalidade e importância não há como negar o valor e o significado do marabutismo, bem como o interesse que desperta na etnologia, na sociologia e na história das religiões.

MARCIONISMO Seita* cristã (v. Cristianismo*), de índole gnóstica (v. Gnosticismo*) e dualista (v. Dualismo*). Foi fundada por Marcião (c. 85-160), um rico armador de Sinope, cidade grega localizada no Ponto (mar Negro). Marcião é, reconhecidamente, um dos mais originais entre os intelectuais influenciados pelo gnosticismo no século II. Tão logo chegou a Roma, formou comunidades contrárias à ortodoxia* católica, gerando, de imediato, forte reação por parte de personalidades como Tertuliano*[b] (c. 160-225), célebre bispo africano, teólogo cristão, autor de numerosos e polêmicos tratados contra heréticos (v. Heresia*) e pagãos. Para Marcião, o mundo submetia-se a um Deus criador que desconhecia o verdadeiro Deus, o do amor, representado por Jesus*b. Na sua obra principal, a *Antithesis*, Marcião confirma o antagonismo entre o Antigo e o Novo Testamento*, condenando os Evangelhos* os quais, segundo ele, apresentavam uma falsa imagem de Jesus. Entre o mundo presente e o celestial existiria um abismo. Para Marcião, Jesus jamais foi encarnado. Ele rejeitou integralmente o Antigo Testamento*, e, do Novo Testamento, todos os livros, exceto o Evangelho de Lucas e dez epístolas* paulinianas. Um ascetismo* rigoroso deveria ser observado pelo fiel, inclusive a abstinência*g sexual.

MARIAVITAS Também identificada como a Igreja Velha Católica Mariavita da Polônia (*Mariae Vitam Imitantes*, Imitantes da Vida de Maria). As origens desse movimento remontam ao fim do século XIX, situando-se na Polônia. Uma religiosa, Maria-Francisca Kozlowska (1862-1921), fundou uma congregação de índole franciscana (v. Franciscanos*), baseada em revelações que ela afirma lhe terem sido espiritualmente transmitidas. Auxiliada pelo padre Jean-Michel Kowalski, ela propaga a adoração e a devoção à Virgem Maria. Por duas vezes, em 1904 e, logo após, em 1906, Roma condena a congregação. Numerosos sacerdotes e cerca de 45 mil adeptos, recusando a determinação papal (v. Papa*), fundam a Igreja Mariavita, aproximando-se dos velhos-católicos* da União de Utrecht (Países Baixos); três anos depois, o padre Kowalski era consagrado. Entretanto, as reformas introduzidas em 1922 (sacerdócio feminino, casamentos "místicos" entre os membros da congregação), consideradas "temerárias", acabam provocando o afastamento dos mariavitas, que deixam a União de Utrecht. Um cisma em 1935 obriga a direção da Igreja Mariavita a afastar o padre Kowalski e seus partidários, que se retiraram para a cidade de Felicianov. Atualmente, na Polônia, esses membros da Igreja continuam a seguir as reformas estabelecidas por Kowalski, enquanto outro grupo se esforça em manter a tradição mariavita original.

MARONITAS Cristãos (v. Cristianismo*) orientais predominantes no Líbano e na Síria. Conforme tradição, suas origens vinculam-se a um eremita (v. Eremitismo*) de nome Maron, falecido no século V. Os maronitas professam o catolicismo* de rito*g sírio, constituindo uma das Igrejas uniatas*. Quando os árabes invadiram e dominaram a Síria, os maronitas, perseguidos, refugiaram-se nas montanhas do Líbano onde fundaram comunidades e mosteiros, formando núcleos sociais de caráter semipatriarcal. Atraídos pelos drusos*, com eles se entrosaram sem jamais perderem sua originalidade, constituindo um patriarcado autônomo. No século XII, após tomar contato com os cruzados (v. Cruzadas*), os maronitas não tardaram a estabelecer contatos com a Igreja Romana, definitivamente consolidados quando o papa* Gregório XIII (1502-1585; 1572/1585) fundou um colégio maronita em Roma. O reconhecimento da autoridade papal jamais impediu, porém, que os maronitas continuassem a manter seus costumes e suas liturgias*g, inclusive lendo a Bíblia* em árabe. Mais tarde, no século XVII, ante a ameaça dos otomanos, os maronitas solicitaram e obtiveram a proteção da monarquia francesa. Entretanto, suas relações com os drusos, por longo tempo pacíficas, foram interrompidas diante de interesses mutuamente contrariados, levando a um conflito sangrento em 1860, quando numerosos maronitas foram massacrados. Pressionado novamente pela França, o governo otomano, em 1864, estabeleceu um acordo através do qual ficou assegurada a coexistência pacífica. A aproximação dos maronitas com a Santa Sé verificou-se no século XVII, possibilitando, a partir de então, que a formação de seus clérigos fosse realizada em Roma, onde existe um colégio maronita. No momento, os maronitas são perto de um milhão, estendendo-se pelo Egito, Chipre e outras regiões, inclusive a América. No Brasil, em São Paulo, existe uma Igreja Maronita, fundada em 1900, com cerca de 300 mil fiéis.

MARRANOS Desde que Constantino Magno aceitou o cristianismo* como religião de Roma, no século IV, os cristãos* redobraram seus esforços para converter os judeus à nova religião. Eles haviam sido os primeiros seguidores dos ensinamentos de Jesus*b (v. Judeo-cristianismo*) sem, contudo, abandonar a fé judaica, e sua conversão era importante para separar definitivamente o cristianismo do judaísmo*, abrindo caminho para a cristianização em massa de pagãos. Muitos judeus efetivamente se converteram, tentados pelas vantagens que teriam se se tornassem membros integrais das sociedades em que viviam na dispersão, ou ameaçados por restrições e massacres caso não o fizessem. No entanto, boa parte desses conversos continuou a praticar secretamente o judaísmo em seus rituais mais básicos, como a circuncisão*, o cumprimento dos preceitos de pureza na higiene e na alimentação (v. *Kasher**), o respeito aos jejuns e dias sagrados etc. Eram os criptojudeus, cuja maioria se localizou na Espanha e em Portugal entre os séculos XV e XVIII. Mais de um milhão de judeus se haviam convertido na península Ibérica a partir do fim do século XIV, mas muitos deles, os cristãos-novos*, apesar de batizados — e em alguns casos membros do clero cristão e da alta sociedade —, eram criptojudeus, o que significava, do ponto de vista cristão, que eram hereges e traidores da fé. Foram por isso chamados de "marranos", que significa "porcos" em espanhol. A obsessão com a heresia* e a ameaça que representava para o poder cristão na Espanha e em Portugal levou, em 1449, à publicação da *Sententia Estatuo*, em Toledo, segundo a qual nenhum converso era digno de confiança como cristão, e não poderia, portanto, ter o mesmo *status* em circunstância alguma. Os judeus, principalmente, pois tinham *mala sangre*, um sangue ruim, o que os distinguia negativamente como raça. O princípio da *limpieza de sangre*, precursor das teorias racistas dos séculos XIX e XX, traduzia pela primeira vez a intolerância religiosa em forma de ideologia social e política, transcendendo a questão da fé. Apesar da oposição do papa* Nicolau V e da cúpula da Igreja, esse princípio se radicalizou ainda mais com a criação dos tribunais do Santo Ofício (a Inquisição*), a exemplo dos tribunais dominicanos* que já existiam em 1237. A partir de 1480, na Espanha, e de 1540, em Portugal, os marranos foram implacavelmente caçados pelo Santo Ofício, e, sob torturas, ameaças ou outros métodos mais sutis, persuadidos a delatar outros possíveis hereges e a confessassem sua própria transgressão. Se delatassem, confessassem e se arrependessem, poderiam se salvar ou ter uma morte mais "suave" por estrangulamento; se não, estariam condenados aos autos de fé, às execuções públicas na fogueira. Muitos marranos se "arrependeram", mas outros preferiram morrer queimados vivos *al Kidush haShem*, pela santidade do Senhor. O grande-inquisidor, Tomás de Torquemada, logo se convenceu de que não conseguiria banir totalmente o criptojudaísmo e obteve da rainha Isabel o edito de expulsão de todos os judeus da Espanha, os que se haviam mantido como judeus e os marranos, como meio definitivo de preservar os verdadeiros cristãos da "maléfica" influência dos hereges. A partir de 31 de março de 1492, os judeus tiveram quatro meses para deixar a Espanha. Em 1496 foram expulsos de Portugal. O criptojudaísmo e a perseguição do Santo Ofício acompanharam os marranos em seu exílio no México, no Peru, em Goa, e no Brasil até o século XVIII. Alguns redutos de marranos permaneceram na península Ibérica até os dias de hoje. Por exemplo, já no século XX, descobriu-se que, em Belmonte, Portugal, descendentes de cristãos-novos praticavam reconditamente ritos*g de que não sabiam explicar a origem, nem por que o faziam, em porões. Era de sua tradição praticar em segredo rituais judaicos herdados de seus antepassados marranos judaizantes, sem que conhecessem seu significado. (P.G.)

MASDEÍSMO Religião da antiga Pérsia (atual Irã), praticada anteriormente à conquista árabe (século VIII). Inexistente hoje naquele país, o masdeísmo sobrevive discretamente na Índia, cultuado pelos pársis*, população instalada em local próximo à cidade de Bombaim. Grupos isolados podem também ser encontrados no Paquistão e, no Ocidente, na Inglaterra e na América do Norte. Atribui-se a Zoroastro*b (em grego, Zaratustra), a reforma dessa religião, cujo estudo se afigura muito difícil, a começar pela própria figura de seu criador, de quem muito pouco se conhece, no tempo e no espaço. A data mais em evidência para o registro de sua presença oscila entre os séculos VII e VI a.C.; o lugar, regiões na Pérsia oriental, Afeganistão, mar de Aral. Embora a religião dos aquemênidas (dinastia dominante da Pérsia ao longo dos séculos VI/IV a.C.) possa ser conhecida — graças a informações contidas em textos rupestres gravados por determinação do mais famoso de seus monarcas, Dario I (522-486 a.C.) —, muito pouco se esclarece quanto ao conteúdo doutrinário. Também a respeito do Avesta*, o livro sagrado dessa religião, as divergências campeiam, mormente quanto à época de sua feitura. No entanto, a maioria dos especialistas indica o século VI a.C. como a mais provável. Por outro lado, é consensual admitir-se a santidade do Avesta — ou o que dele resta —, reconhecendo a sua importância e constatando a dívida que os persas têm para com os seus fundamentos doutrinários. O Avesta está escrito num dialeto chamado *zend*, em português "zende", o que lhe valeu, por vezes, e por erro, ser conhecido como Zendavesta quando, na realidade, o termo "zende" designa os comentários que acompanham a obra e que foram redigidos no idioma pálavi, dez séculos após sua elaboração. Segundo interpretação recente, a palavra *avesta* significa "saber", "lei", "norma". O pálavi é também chamado "persa médio", derivado de *parthava*, nome pelo qual uma das dinastias iranianas — a dos partas — identificava sua aristocracia. Altares, igrejas e estátuas, geralmente presentes na maioria das religiões orientais, são ignorados no masdeísmo. O culto*g era realizado no alto dos morros, com os fiéis de olhos voltados para o céu, esquadrinhando os astros e a natureza. Nesse particular, os magos*, casta sacerdotal, desempenhavam papel de relevo, notadamente na interpretação dos sonhos e com presença obrigatória nos sacrifícios divinatórios, ocasião na qual o *haoma* — licor sagrado, indispensável nas cerimônias — era consumido pelos sacerdotes e administrado aos moribundos. Parece indiscutível a correspondência desses ritos*g com os existentes na liturgia védica (v. Vedas*), onde absorvia-se o soma, bebida inebriante, nas festas oferecidas a Agni*d, deus do fogo. Através do soma, as divindades alcançavam a imortalidade, dizia-se. Curiosamente, Zoroastro, que aprovava sacrifícios sangrentos, condenava o *haoma*, por ele caracterizado como imundície, apesar de essa bebida constituir peça essencial do culto. Componentes dos mais realçados e importantes do masdeísmo eram os *Gathas*, conjunto de 17 hinos, "sermões em verso", a parte mais antiga do Avesta, cuja feitura, por unanimidade, é atribuída a Zoroastro. Irregulares e confusos, distribuídos em cinco grupos, os *Gathas* estão repletos de citações e referências a personagens contemporâneos, sendo entoados no decorrer do *yasna*, ou seja, no sacrifício durante o qual oferecia-se o *haoma* à divindade. Entre os ingredientes da substância estavam o incenso, suco de plantas e leite (a palavra *yasna* é derivada de *yaz*, consagrar). O esplendor do masdeísmo verificou-se sob a dinastia dos sassânidas, fundada no século III e só extinta em 651. No decorrer desse período, a doutrina masdeísta assegurou a unidade espiritual da dinastia ao tornar-se a religião oficial do Estado. Embora o Avesta nunca mencione os magos em qualquer de suas páginas, é indiscutível que a eles é devida, em boa parte, a estruturação desse sistema religioso. O cerne do masdeísmo se manifesta num dualismo* espiritual configurado no conflito entre o bem e o mal, "princípios independentes, hostis e nitidamente antagônicos". O bem, representado por Ahura Masda ou Ormuzd*d (do pársi Armadz), criou o mundo, povoando-o de espíritos benfazejos (*ameshas, spentas, yazatas*). A cada benefício prestado por essas entidades correspondem malefícios causados por Ahura Maniu, ou Arimã*d, e seus agentes (*daevas, drugs*). Quem pratica a bondade e a virtude serve aos desígnios de Ormuzd; os que agem com maldade e perfídia colaboram com o triunfo de Arimã. O conflito se estenderá por séculos e somente a devoção, o caráter, a humildade, a caridade e a generosidade contribuirão para a vitória de Ormuzd, inevitável ao findar dos séculos. A luta entre o bem e o mal assumirá tamanhas proporções que outras divindades, embora prestigiosas, ficarão ofuscadas e colocadas num segundo plano. O masdeísmo, pela sua moral e originalidade, pelo tom abstrato de seus princípios, pela clareza e consciência de suas propostas — através das quais fazia do homem o âmago da luta entre o bem e o mal, com o futuro nitidamente delineado —, tem sido considerado um dos sistemas religiosos mais atraentes da Antiguidade.

MASTABA Derivado da palavra árabe *mastab*, este termo, no Egito antigo, identificava túmulos feitos com um conglomerado de seixos e areia, de forma retangular, com os muros ligeiramente inclinados, destinados a membros da família real ou a altos dignitários do Antigo Império. Nas mastabas mais antigas, colocava-se, no lado voltado para o nascer do sol, uma porta fechada na qual eram inscritos o nome e as honrarias e titulatura do morto. A mastaba possuía uma capela onde se celebrava o culto funerário (v. Culto dos Mortos*) e, ao fundo, em direção ao oeste, uma falsa porta, para permitir ao morto entrar em contato com o mundo dos vivos, aos quais competia zelar pelas oferendas e realizar as orações devidas. Ao lado, uma peça lacrada (*serdab*), visível apenas através de fendas, guardava a estátua funerária. Essa modalidade de sepultura só é encontrada na região de Mênfis, onde as mastabas são colocadas ao redor das pirâmides, formando uma verdadeira rua de necrópoles.

MATRIARCAS JUDIAS V. Sara*b, Rebeca*b, Lia*b, Raquel*b.

MATRONALIA Festividade romana (v. Romanos*), antes um ritual, celebrado no dia 1º de março (*kalendas*), em homenagem a Juno (nome latino de Hera*d), esposa e irmã de Júpiter (nome latino de Zeus*d). A festa homenageia as mulheres; nesse dia, as "matronas" recebiam presentes especiais de seus maridos e as esposas ofereciam uma festa para os escravos. As *Matronalia* eram comemoradas no início das *tempora fecunda*, isto é, no período do ano em que o solo e as condições climáticas prenunciavam uma "fertilidade natural", significando que a natureza "anunciava" boas colheitas.

MATSEVÁ Palavra hebraica para "lápide", a pedra tumular que, segundo a tradição judaica (v. Judaísmo*), deve ser inaugurada no túmulo do falecido até o primeiro aniversário de sua morte. A primeira menção a esse costume no Antigo Testamento* refere-se ao pilar colocado por Jacó*b na sepultura de Raquel*b. A demarcação da sepultura com um marco de pedra pode ter sido, na Antiguidade, mais uma sinalização de um lugar impuro do que um monumento em memória do morto. Com a dispersão, principalmente a partir do século I, os judeus assimilaram a influência dos cultos*g fúnebres de gregos e romanos, em que monumentos e mausoléus tinham o caráter de evocação do falecido. A partir da Idade Média disseminou-se entre os judeus o costume de erigir (os *ashkenazim**) ou dispor horizontalmente (os *sefaradim**) lápides nos túmulos individuais. Formatos e materiais variaram nas diferentes épocas e em diferentes contextos culturais. Das simples pedras gravadas, até as singelas lajes de mármore na vertical ou na horizontal, e os elaborados monumentos de mármore ou granito, quase todas incluem o nome do morto, as datas de nascimento e morte, eventualmente uma inscrição descritiva de seu caráter ou do apreço que lhe presta sua família, e o registro em hebraico *tenatsevá*, formado pelas iniciais da frase que diz: "Que sua alma se insira no feixe da vida [eterna]". (P.G.)

MAURISTAS Congregação de monges filiados à regra beneditina (v. Beneditinos*), fundada entre 1618 e 1621, em Paris, pelo abade (v. Abadia*) Mauro (512-582), tardiamente identificado como um dos primeiros discípulos de são Bento, e que deu origem ao nome da congregação. Os mauristas notabilizaram-se pela publicação das edições de obras patrísticas*g, isto é, dos Pais da Igreja*, sem, em nenhum momento, abrir mão da disciplina monástica (v. Monasticismo*). A congregação dos mauristas foi extinta em 1792 pelos revolucionários franceses, quando foram guilhotinados o último de seus superiores e 40 de seus subordinados.

MECA Cidade santa dos muçulmanos (v. Islã*), lugar onde o profeta Maomé*b nasceu. De há muito, um grande centro de peregrinação* onde se venera a Caaba*, a qual, segundo a tradição, teria sido construída por Abraão*b, patriarca hebreu, e seu filho Ismael. Todo muçulmano devoto deve fazer pelo menos uma peregrinação a Meca em sua vida. A cidade de Meca é severamente proibida aos não muçulmanos; as peregrinações a ela são regulamentadas por ritos*g extremamente precisos, estabelecidos pelo Profeta. O peregrino deve portar roupa especial, que simboliza a purificação e a renúncia às vaidades do mundo; depois de fartas abluções, dá sete voltas ao redor da Caaba no decurso das quais a Pedra Negra ("escurecida pelos pecados dos homens") é venerada. Para assinalar a vontade de expiação dos pecados, a peregrinação se encerra com um acampamento no monte Arafat, seguido da imolação de carneiros e camelos. A peregrinação a Meca envolve uma massa humana que ultrapassa atualmente dois milhões de pessoas.

MELKITAS Nome dado aos cristãos (v. Cristianismo*) da Síria e do Egito, os quais, no século V a.D., recusaram-se a apoiar o monofisismo*, doutrina que atribuía ao Cristo*b uma só natureza, a divina, contrapondo-se às decisões do Concílio* de Calcedônia, o qual, em 451 estabelecera dupla natureza ao Cristo, humana e divina. O termo "melkitas" vem de *malka*, rei, soberano, e tem o sentido pejorativo de "criados do imperador", porque as resoluções tomadas no concílio eram também as do monarca bizantino Marciano (367-457; 450/457). Influenciados por Constantinopla, os melkitas adotaram o rito*g bizantino, utilizando o idioma siríaco. Ao chegar o século XI, eles se separaram de Roma, mas, em 1724, o patriarca* de Antioquia, Cirilo VI, os fez retornar à fé católica, sendo seguido por um terço dos fiéis. A partir de então, formaram-se dois grupos de melkitas: um separado de Roma, outro unido a ela. Atualmente, dá-se o nome de melkitas a todos os cristãos do Oriente Próximo que praticam o rito bizantino. Os melkitas ortodoxos (cerca de 600 mil) dividiram-se entre os patriarcados de Alexandria e de toda a África, de Jerusalém, de Antioquia e de todo o Oriente. Os melkitas católicos (400 mil, aproximadamente) subordinam-se ao patriarcado católico (v. Catolicismo*) de Antioquia. Existem melkitas no Brasil, organizados numa Igreja Católica Apostólica Antioquina, que mantêm relações com a Igreja Católica Romana.

MENDICANTES Denominação dada a ordens religiosas às quais são proibidas não apenas a propriedade individual como também a coletiva, diferentes, assim, das ordens monásticas beneditinas (v. Beneditinos*). O surgimento dos mendicantes, ao iniciar-se o século XIII, significava uma reação contra as riquezas excessivas dos mosteiros, em especial os clunisianos (v. Cluny*) e cistercienses* e, por outro lado, um desejo de retornar à pobreza evangélica pretendida por seitas* heréticas (v. Heresia*), tais como o valdismo* e o albigenses*. Pelo fato de não estarem vinculados pelo voto de estabilidade ao mesmo mosteiro, os mendicantes puderam desenvolver o seu apostolado intelectual e popular, dispondo de grande mobilidade para enfrentar as heresias. Muito embora exercessem com grande desenvoltura suas atividades no panorama intelectual do século XIII, os mendicantes encontraram viva resistência em alguns meios conservadores do clero, principalmente na Universidade de Paris.

MENONITAS Seita* e, posteriormente, movimento religioso surgido no século XVI, procedente de uma corrente moderada dos anabatistas (v. Anabatismo*) holandeses e iniciado na cidade suíça de Zurique, sob inspiração de religiosos que almejavam estabelecer nessa cidade uma nova Igreja. Banidos pelas autoridades locais, refugiaram-se na Holanda (hoje Países Baixos), onde um antigo padre católico convertido, Menno Simons (1496-1561) estruturou e consolidou o movimento, cujos integrantes passaram a ser chamados "menonitas". Sua doutrina está contida num livro intitulado *O espelho dos mártires*, publicado em 1560. Partidários do pacifismo, recusando-se a portar armas e a prestar serviço militar, os menonitas foram hostilizados pelas autoridades oficiais. Em 1683, um grupo deles se expatriou, indo para a Pensilvânia por sugestão de William Penn, e lá prosperaram por gerações, apesar de numerosas dissensões doutrinárias. A designação "menonita" foi instituída para diferenciá-los dos movimentos anabatistas radicais; na Holanda, rapidamente, tornaram-se prósperos e respeitados por sua integridade. Um de seus ramos mais singulares é representado pelos *amish**, inicialmente localizados no estado de Iowa, Estados Unidos da América, e depois em várias outras regiões. As posições doutrinárias dos menonitas estão embasadas no protestantismo* tradicional, e sua organização, no congregacionalismo*. Operosos e eficientes, a maioria agrupa-se em comunidades agrícolas. No mundo inteiro existem aproximadamente 700 mil menonitas, distribuídos em várias ramificações independentes, algumas com apenas centenas de membros. A Conferência Mundial Menonita congrega diferentes expressões desse segmento protestante, que mantém relações fraternas com os demais. No Brasil, aonde chegaram em 1930 com 30 famílias, instalaram-se inicialmente no Rio Grande do Sul, onde fundaram a colônia de Witmarsun, nome da terra natal de Menno Simons. Os primeiros missionários procedentes dos Estados Unidos chegaram ao Brasil em 1954; dez anos depois criaram sua própria Igreja com o nome de Associação Evangélica, estendendo suas atividades sociais e religiosas a diversos locais e estados, entre os quais São Paulo, Paraná e o Distrito Federal.

MERCEDÁRIOS Ordem militar* e religiosa, fundada na Espanha, por são Pedro Nolasco (1180-1256). Conhecida como Ordem das Mercês, obediente à regra de santo Agostinho*b, ela foi confirmada pelo papa* Gregório IX (?-1241; 1227/1241) na bula* *Devotionis vestral precibus*. O caráter militar da ordem durou até 1317, sendo posteriormente declarada "mendicante*"; os leigos foram conservados, sem prejuízo da continuidade na formação de sacerdotes. Configurava-se, assim, a presença de duas categorias de religiosos, uma de leigos (v. Laicismo*), encarregada de angariar esmolas e doações; e outra de clérigos, dedicados ao serviço divino, às prédicas e às confissões. Os superiores das diversas casas da ordem recebiam o título de comendadores. O objetivo principal dos mercedários era alcançar a redenção*g (salvação espiritual) dos prisioneiros, obtida com a conversão ao cristianismo*.

MESQUITA Em árabe, *masdgid* (plural *masãdgid*), associada à raiz *sadgad* — "prosternar-se" —, essa palavra designa o lugar onde o muçulmano (v. Islã*) se prosterna, isto é, curva-se ou deita-se no chão em sinal de respeito e adoração, no decorrer das preces rituais. Quando o profeta Maomé*ᵇ se instalou na cidade de Meca*, em 622, seus companheiros construíram um prédio extremamente simples ao qual deram o nome de "mesquita" (*masdgid*). Tratava-se do primeiro santuário muçulmano. Desde o século VII, estabeleceu-se uma diferença entre a simples mesquita (oratório particular) e a mesquita que reúne a comunidade inteira (*masdgid djāmī*) para o serviço religioso das sextas-feiras, cuja prece se encerra com uma invocação da proteção divina sobre o soberano reinante. A mesquita, pois, é, como a sinagoga* judaica, o lugar de reunião dos fiéis, mas, ao contrário da igreja católica, não é a "Casa do Senhor". A sala das orações de uma mesquita é desprovida de móveis, imagens ou sacerdotes. A mesquita propriamente dita, isto é, a sala das preces é, em geral, ricamente decorada; tapetes não raro suntuosos cobrem o solo. Seu único mobiliário é representado pelo mimbar (cadeira para pregar) de onde o imame* dirige a prece. Ao fundo, localiza-se o *mihrâb*, espécie de nicho vazio que indica a direção de Meca (*qibla*). Uma cortina ou reposteiro separa os homens das mulheres durante as orações. Na sala destinada à reza pode existir um espaço separado para o califa; a obrigação das abluções rituais muitas vezes obriga a instalação de uma fonte de água no lado de fora. A mesquita pode ter várias formas e feitios, todos providos dos elementos específicos que a caracterizam, a salientar o minarete construído nas proximidades, cujo modelo varia conforme a época, as regiões e as áreas onde são edificadas. No alto de suas torres, instalam-se os muezins (em árabe *mu'adhdhin*), aqueles que convocam a comunidade para a celebração das sextas-feiras, e para as cinco preces cotidianas (*salàt*). Atualmente, a poderosa voz do muezim vem sendo amplificada por um alto-falante.

MESSALIANOS Também denominados "euquitas", constituem seita* atuante na Ásia Menor no decorrer dos séculos IV e V, cuja repercussão estendeu-se até o século IX. Originariamente, esse grupo era conhecido como os "espirituais" (do grego *pneumatikoi*) e só posteriormente foram nomeados messalianos (do siríaco *misalleyane*, "aqueles que rezam"). Nômades, seus adeptos eram malvistos e malquistos, vivendo em promiscuidade e rejeitando qualquer forma de trabalho. Suas atividades resumiam-se à mendicidade e às orações em público. Não obstante, no século V, eles fundaram um pequeno mosteiro (v. Monasticismo*) comum a homens e mulheres. Conforme pregavam, o batismo* e os demais sacramentos* haviam-se tornado inúteis e inoperantes após a queda de Adão, facilitando a presença de Satã (v. Lúcifer*ᵈ), o qual só poderia ser eliminado através do ascetismo* e de persistentes orações. Um dos mentores dos messalianos, um padre de nome Lampecius, responsável pelo mosteiro acima citado, levava vida escandalosa, negando obediência aos seus superiores e defendendo práticas que acabaram por identificar os seguidores da seita como borboristas (de *borboros*, "lodaçal") que, para a Igreja Católica, significava" inculto".

MESSIANISMO Movimento social, geralmente embasado na vinda de um emissário divino destinado a estabelecer no mundo condições capazes de garantir a justiça e a paz entre os homens. Esse mensageiro, verdadeiro redentor, eliminará o mal e a iniquidade, redimindo o homem de seus pecados e inaugurando uma nova ordem. O termo "messiano" procede da palavra hebraica *mashiach* ("ungido pelo Senhor"). Apesar de serem indiscutíveis as raízes hebraicas do messianismo, ideias e manifestações messiânicas são encontradas em diferentes culturas, como no Islã*, no cristianismo* e também em antigas civilizações orientais. O Messias* é aguardado com ansiedade e esperança, considerado sobrenatural, redentor da humanidade e, como tal, instaurador de uma nova realidade física e espiritual. É da antiga religião hebraica que o vocábulo provém, dando-lhe acepção e concepção popular, através da pregação do profeta Isaías*ᵇ que viveu no século VIII a.C. Inicialmente teológica, a concepção de messianismo deslocou-se para a história, como muito bem assinalou conceituada historiadora brasileira, "passando a designar uma categoria específica de líderes religiosos" dotados de qualidades incomuns. Os movimentos messiânicos, na maioria das vezes, surgem de comunidades nas quais o descontentamento é profundo, e as condições de vida, penosas. É praticamente impossível existir manifestações messiânicas em coletividades que apresentem nível de vida elevado. A tarefa do Messias consiste em corrigir a imperfeição, combater e extirpar o mal. São qualidades, a um só tempo, mágicas e pragmáticas, envolvidas pelo carisma de sua presença, que fazem dele um ser sobrenatural, magnético, salvador e benfeitor, único. Herói, poderoso, vidente, o Messias em nenhuma hipótese é considerado Deus. O messianismo está sempre vinculado a um período de expectativa, e a vinda do Messias é anunciada de modos os mais diversos sem, entretanto, jamais prescindir da glória. Eleito divino, o Messias representa o instrumento escolhido pelo qual será instaurada uma época de ouro, de completa felicidade. Por outro lado, a "espera messiânica" é cultivada por aqueles que aguardam a implantação do reino messiânico. Esperar o Messias é uma outra forma de se sentir esperançoso, feliz. De outra parte, é comum que, na sua implementação, esse reino assuma conotações milenaristas (v. Milenarismo*), pois a crença no milênio (mil anos de felicidade após o triunfo sobre o Anticristo*) significa a proximidade de uma era repleta de bem-estar e concórdia. Ao longo de sua história, o Brasil conheceu diversos movimentos messiânicos, alguns célebres (Canudos*, Contestado*, *Muckers**) e outros de menor repercussão, como o do Reino Encantado, ocorrido em Pernambuco (1836/1838) na pequena cidade de Flores, encerrado tragicamente com um morticínio brutal e sangrento. Os morticínios messiânicos, não obstante apresentarem características semelhantes (lideranças carismáticas, propostas de reformas sociais, novos tempos etc.), não eximem a presença de traços peculiares a cada um deles, sejam atuantes em sociedades primitivas ou evoluídas. A salientar, ainda, as divergências que não raro se verificam no plano socioeconômico ou nas condições ambientais e geográficas. (V. tb. Messianismo judaico*.)

MESSIANISMO JUDAICO A crença no advento de dias de redenção*g, quando a justiça, a paz e a bem-aventurança se instalariam definitivamente na Terra por obra do Senhor, está presente nos textos das Escrituras hebraicas, especialmente nos Profetas*. Esse ideal de futuro desembocou, por um lado, nas visões apocalípticas (v. Apocalipse*), e por outro, na idealização de um líder, o condutor humano desse processo, em nome de Deus. Esse líder, um descendente da dinastia de Davi*b, seria ungido, como o foram os reis de Israel, ou seja, seria *mashiach*, o Messias*, em grego *Christós*. Desde a Antiguidade, essa crença alimentou a esperança dos judeus em um destino condizente com a Aliança divina e se tornou um dos substratos de sua resistência, de sua autopreservação e de sua fé. Não foi por acaso, pois, que, nos momentos mais difíceis de sua existência, eles tenham recorrido a essa crença, como catarse e como busca de um caminho de redenção, personificando a imagem desse líder salvador (de onde a palavra "messias" ganhou a conotação de "salvador"), a exemplo de Moisés*b, Davi e Judá Macabeu (v. *Chanuká**). Em diferentes épocas e lugares, ao longo de 17 séculos, falsos messias surgiram e desapareceram, alguns tendo mobilizado multidões de crentes entusiasmados até a histeria. Na época da dominação romana da Judeia, o messianismo de Jesus*b foi aceito por muitos judeus, que formariam o núcleo do qual se desenvolveria o cristianismo*. Mas Jesus era um líder espiritual da linha dos essênios*, não um guerreiro. Outros pretendentes a Messias surgiram na mesma época, oriundos dos zelotes*, brandindo a espada da revolta como caminho da redenção. No ano 6 a.D., Iehudá hagalili, Judá o galileu; em 44, Teudas; em 55/60 Biniamin hamitsri, Benjamim o egípcio; em 67, Menachem, neto de Judá o Galileu; e, em 132, Bar Kochba*b foi apontado por rabi Akiva*b como o Messias, mas, três anos depois, com todos os seus guerreiros, acabou derrotado e morto pelos romanos na última batalha pela soberania judaica, na fortaleza de Betar. Ao longo da dispersão, a visão do Messias em seu cavalo branco, anunciado pelo *shofar** do profeta Elias (v. Messias*b), alimentou a imaginação dos judeus perseguidos e a esperança do advento da era messiânica que os levaria de volta à Terra Prometida*. Em 431, na ilha de Creta, o falso messias Moisés prometeu levar seus crédulos adeptos à Terra Prometida, atravessando o Mediterrâneo, cujas águas ele cindiria. Muitos morreram afogados. Em Córdoba, em Fez, no sul da França, alguns autoproclamados messias surgiram e desapareceram no século XII. Em c. 1160 um falso messias mobilizou a atenção de todos os judeus, com a promessa de libertá-los do domínio islâmico (v. Islã*), por encargo de Deus. David Alroy perdeu a batalha da redenção e foi assassinado. Vários falsos messias surgiram no Iêmen e foram denunciados como farsantes por Maimônides*b. A cabala*, com suas ideias e especulações místicas, alimentou ainda mais o fervor messiânico. Abraão Abulafia pretendeu, com seus poderes mágicos, converter o papa* Nicolau II ao judaísmo*, dando início à era messiânica. Preso e solto, voltou a se afirmar o Messias, até ser desmascarado, assim como Nissim ben Abraão, o falso messias de Ávila, em 1295. Famoso foi David Reubeni que não se proclamou o Messias, mas que, em 1528, causou sensação ao conseguir o apoio do papa junto ao rei João III de Portugal e ao imperador Carlos V para uma campanha militar contra os turcos, que dominavam a Terra Santa. Os cristãos-novos* de Portugal, perseguidos pela Inquisição*, ansiavam por uma esperança concreta, e a visita de Reubeni ao rei os impressionou. Não tardou, pois, que surgisse quem o proclamasse o Messias: foi o jovem marrano* português Diego Pires, que adotou o pseudônimo de Salomão Molcho. Ambos acabaram presos, e Diego Pires morreu na fogueira. O mais famoso dos falsos messias, e também o último relevante, foi o judeu turco de Esmirna, Shabetai Tsevi. Em 1648, época dos massacres de Bogdan Chmielnitski e das perseguições aos judeus na Guerra dos Trinta Anos, ele se apresentou como o Messias, com o apoio do cabalista Natan de Gaza, e mobilizou multidões históricas, prontas para o início da grande era messiânica. Comunidades inteiras, insufladas pela pregação de Shabetai Tsevi, confessavam seus pecados, faziam penitência, desfaziam-se de todos os seus bens e se concentravam nos portos, à espera do momento crucial em que fariam sua jornada de redenção à Terra Santa. Shabetai Tsevi determinou 1665 como o ano em que entraria em Adrianópolis e derrotaria o sultão, o que lhe valeu o calabouço turco da cidade no momento em que nela entrou. Entre as duas alternativas que lhe foram apresentadas, converter-se ao islamismo* ou morrer decapitado, optou pela primeira. Assim mesmo, Natan de Gaza insistiu em seu messianismo, com o argumento de que tudo era parte do caminho de sofrimentos e decepções que levariam à remissão definitiva. A decepção superou a fé, e os falsos messias caíram em descrédito, mas não a crença no advento do Messias, ainda presente e ativa em muitos segmentos da religião judaica. (P.G.)

MESSIAS É muito antiga a crença judaica (v. Judaísmo*) num salvador, um homem que, indicado por Deus e em seu nome, redimiria o povo judeu e toda a humanidade de todo sofrimento e injustiça, iniciando uma era de paz, amor e bem-aventurança, um *shabat* eterno. Essa visão, disseminada em algumas alusões não muito explícitas das Escrituras, foi ser definida em termos um pouco mais explícitos pelos profetas, para constituir a base mística sobre a qual se desenvolveu essa ideia e a fé no advento desse líder e da era que ele implantaria na Terra. Na Terra, e não no Céu, segundo a visão judaica, no que diferia, portanto, da vertente messiânica de Jesus*b, que acabou separando-se do judaísmo para ser uma nova religião. O líder salvador dos judeus e da humanidade seria um homem, sem nenhum atributo de divindade, mas a serviço do Deus único, em benefício dos homens. Além de o "Reino de Deus" da era messiânica ser terreno, e não celestial, e diferentemente das concepções de outros povos da época quanto a esse Reino escatológico (v. Escatologia [no judaísmo]*), os parâmetros evocados pelos profetas judeus, que viriam a influenciar os dos primeiros cristãos, eram relativos à paz, à justiça, à espiritualidade e à equidade social. A libertação do homem da opressão já era uma obsessão do povo judeu desde sua gênese, ao se livrar da escravidão no Egito sob Moisés*b, que se tornou, na história judaica, o paradigma do líder libertador, depois emulado por Davi e Judá Macabeu (v. *Chanuká**). O profeta Isaías*b, no século VIII, define com clareza essa visão de uma era de redenção*g, no "fim dos dias", quando "lobo e carneiro, leopardo e cabrito, leão e bezerro conviverão, guiados por uma criança. E a casa do Senhor se estabelecerá no topo das montanhas (Sion) e toda a humanidade a ela acorrerá, pois de Sion sairá a Torá*, e a palavra de Deus de Jerusalém... E as espadas serão transformadas em pás, e as lanças em podadeiras, e nenhum povo levantará a espada contra outro, e não haverá mais guerras". Essa visão escatológica é complementada pela definição do líder que conduzirá Israel e o mundo a ela: um descendente da linhagem de Davi e, como ele, ungido pelo Senhor (os reis de Israel eram ungidos ao assumir a realeza, como símbolo de sua lealdade a Deus e à Aliança). É dessa noção de "ungido", em hebraico *mashiach*, em grego *christós*, que derivam os termos "Messias", e "Cristo". A primeira imagem desse Messias davídico (*mashiach ben David*, Messias filho de Davi) foi associada, pois, a um salvador-profeta, pacífico, um líder de grande força espiritual e intelectual. Aos poucos, diante dos sofrimentos e das perseguições (por babilônios, persas, assírios, e, mais tarde, gregos, selêucidas, romanos), sentiu-se a necessidade de um libertador guerreiro que, antes de implantar o "Reino de Deus na Terra", livrasse Israel de seus inimigos. Os apocalipses* do livro de Daniel (200 a.C.),

Enoque (100 a.C.) e Baruch (70 a.C.) evocam esse quadro e começam a prever os grandes abalos e catástrofes que antecederão a vinda do Messias e da era messiânica. A purgação pelo sofrimento e a destruição do mal seriam, pois, necessárias como prelúdio da redenção. O que leva à concepção de um segundo Messias, o Messias filho de José, antecessor do Messias davídico, que destruiria o poder satânico do mal como preparação do terreno para o advento do bem. No embate escatológico entre os filhos da luz e os filhos da escuridão (imagem presente nos Manuscritos do Mar Morto*), na vitória sobre os reis perversos Gog e Magog, o Messias, filho de José, surgiria no seu cavalo branco, à frente de seus exércitos, para morrer na vitória e abrir caminho ao Messias filho de Davi. Os judeus acreditam também que a vinda do Messias será anunciada pelo profeta Elias, que não teria morrido, e sim ascendido aos céus numa carruagem de fogo. A doce figura de Elias como anunciador do Messias tornou-se popular e folclórica. Atribui-se-lhe uma presença ubíqua no Céu e na Terra, sob mil figuras e disfarces. Na noite do *seder** de *Pessach**, ele comparece em todos os lares judaicos, onde prova de uma taça de vinho que lhe é especialmente reservada. A crença na vinda do Messias, o décimo segundo princípio da fé de Maimônides*b, foi abandonada em seu aspecto literal (mas não no simbólico) pelas correntes mais racionalistas da religião judaica, mas ainda é abraçada por muitos judeus, que acreditam que a fidelidade dos judeus aos preceitos judaicos a viabilizará e apressará. [V. tb. Messianismo judaico*.] (P.G.)

METODISMO Movimento religioso protestante (v. Protestantismo*) que se desenvolveu no século XVIII, decorrente das ideias e dos princípios do teólogo inglês John Wesley (1703-1791) e do pregador George Whitefield. O metodismo originariamente foi um movimento semelhante ao pietismo* alemão; nasceu num pequeno grupo de estudantes formado em Oxford (1729) por Wesley, e chamado "clube dos metodistas", devido a seu caráter disciplinado e ordeiro. Apesar de John Wesley pretender que o metodismo fosse apenas um movimento dentro da Igreja Anglicana (v. Anglicanismo*), o movimento não tardou em institucionalizar-se e transformar-se numa Igreja do ramo protestante em 1784. Já em 1738, Wesley experimentara uma revelação mística que estaria na base de seu futuro rompimento com a Igreja Anglicana e de um processo de renovação religiosa que se estenderia por todo o universo anglo-saxônio. O metodismo se concentrou em três princípios fundamentais: a liberdade do homem confirmada na obra da salvação; a possibilidade de santificação imediata; e a confiança na salvação obtida pela espiritualidade interior. Rapidamente o metodismo caracterizou-se pela dedicação ao cristianismo* e à evangelização; pela indiferença às formas de culto*g e, principalmente, ao sacerdócio universal, ou seja, ao ministério dos leigos. O metodismo foi o grande movimento de renovação religiosa do século XVIII na Inglaterra, provocando, nas populações pobres, um vigoroso despertar da fé e da sensibilidade espiritual. Em 1795, os metodistas separaram-se completamente da Igreja da Inglaterra, e sua expansão no mundo deveu-se a uma forte e permanente atividade missionária. Todas as Igrejas metodistas são evangélicas. A Bíblia* é reconhecida como regra suprema para a fé e para o culto. São numerosas as subdivisões do metodismo; em 1951, constituiu-se um Conselho Metodista Mundial. Cerca de 40 milhões de metodistas espalham-se hoje por todo o mundo, com obras e missões ativas. Sua assembleia suprema é a Conferência Anual.

MEZUZÁ A palavra hebraica (plural: *mezuzot*) designa "ombreira de porta", mas refere-se restritamente a um objeto ritual da religião judaica, um pequeno estojo de material variado (metal, madeira, cerâmica etc.), que pode ter forma simples ou ser artisticamente concebido e executado e que contém um rolo de pergaminho onde estão escritos em hebraico textos bíblicos extraídos de Deuteronômio*g 6:4-9 e 11:13-21. O texto fica na parte de dentro do pergaminho enrolado, e, em algumas *mezuzot*, a palavra *Shadai*, um dos nomes usados como alternativa ao proibido nome de Deus, escrita no verso, fica visível através de uma abertura no estojo. Enquanto se profere uma bênção especial, a *mezuzá* é fixada inclinadamente na parte superior do lado direito da ombreira das portas da casa. É costume beijar a ponta dos dedos e tocar a *mezuzá* ao se entrar e sair da casa. Muitos costumam fixá-la nas ombreiras das portas de todos os cômodos. O preceito que estabelece esse ritual menciona que as palavras divinas devem ser postas "em teu braço e entre teus olhos (os *tefilin**) e nos umbrais de tua casa", instituindo e perpetuando a lembrança de Deus e dos compromissos com Ele assumidos. Independentemente do preceito religioso que lhe dá origem, a *mezuzá* adquiriu também o caráter de talismã protetor do lar. (P.G.)

MIDRASH A palavra hebraica refere-se ao comentário livre sobre passagens das Escrituras judaicas (v. Judaísmo*), principalmente a Torá*, e à reunião desses comentários (*midrashim*), compilados ao longo de séculos, num processo contínuo que se encerrou em c. 1040 a.D. Enquanto a *Mishná** compilava a Lei Oral, e a *Guemará** comentava a *Mishná*, compondo ambos o *Talmud**, os *midrashim* buscavam uma interpretação imaginosa dos textos da Bíblia*, fácil de absorver e entender. Sua origem está nas pregações públicas sobre passagens dos livros bíblicos, feitas nas sinagogas*, nas casas de estudos e nas academias rabínicas (*ieshivot*)*, a partir do século III a.C., para difundir os ensinamentos da Torá, sua mensagem de fé e observância religiosa, de justiça e de ética. Em seus objetivos pedagógicos, que visavam à grande massa, essas pregações, sermões ou prédicas eram na verdade discursos livres sobre o tema abordado, sublinhando-lhes a essência, na interpretação do pregador, com lendas, parábolas, aforismos, fábulas, provérbios e todos os recursos de ilustração que os revestissem de interesse e os tornassem atraentes aos ouvidos e às almas dos ouvintes. Informalmente, os *midrashim* dividem-se em duas linhas principais: os *haláchicos* (v. Halachá*), que versam sobre as leis e os preceitos, e os *agádicos* (v. Agadá*), que os revestem de alegoria*, fantasia e anedota, e são os mais característicos e importantes na composição do *Midrash*. Os primeiros *midrashim* (como a *Mechilta*, a *Sifra* e o *Sifrei*) foram compostos na Judeia em hebraico, mas a maioria deles foram formados na Babilônia em aramaico, que era a língua vernácula dos judeus na época. Entre os grandes compiladores de *midrashim* destacaram-se rabi Akiva*[b] e Ishmael ben Elisha (séculos I e II a.D.). À medida que iam sendo incorporados, os *midrashim* eram muitas vezes organizados de acordo com o livro da Bíblia que comentavam e ilustravam, como o *Midrash Rabá*, os *midrashim* sobre os cinco "rolos", ou *meguilot* (Ester, Ruth, Cântico dos Cânticos, Eclesiastes* e Lamentações), sobre os Salmos*, Jó etc. Muito do espírito e do método pedagógico dos *midrashim* transcendeu das esferas judaicas através da atuação de Fílon*[b], um sábio judeu de influência platônica que viveu em Alexandria no século I. Inspirado embora nas prédicas típicas de *midrash* de seus correligionários da Judeia, o discurso e as obras de Fílon e outros helenistas judeus tinham a marca da filosofia e da literatura helenística, e atraíram a atenção dos Pais da Igreja*, que os fizeram chegar a obras didáticas cristãs. (P.G.)

MIKVE A palavra hebraica significa "reservatório", ou "acúmulo de água", e refere-se, especificamente, a uma piscina destinada a banhos rituais. A preocupação com a higiene é marcante na religião judaica (v. Judaísmo*) como um dos itens relativos à pureza e à impureza, principalmente no que toca às mulheres, e ao tema é dedicado todo um tratado da *Mishná**. Os preceitos judaicos determinam que a mulher é obrigada a "purificar-se" no *mikve*, pelo menos após cada período menstrual e após o parto. Assim, para cumprir a lei rabínica (v. Rabino*), toda comunidade judaica deve ter um *mikve*, bastante profundo para permitir a imersão completa, com água corrente para garantir sua pureza, e com capacidade mínima de 120 galões. O ritual consiste na imersão completa e no pronunciamento da bênção correspondente. Apesar de não haver obrigatoriedade ritual para os homens, algumas comunidades dispunham também de um *mikve* masculino, como forma de purificação de poluções noturnas, e talvez em razão da proibição de que judeus frequentassem banhos públicos e se banhassem em rios e lagos. Na modernidade, as facilidades de higiene no lar esvaziaram o caráter profilático do *mikve*, mantido ainda em muitas comunidades e congregações religiosas como respeito ao mandamento rabínico, embora só as mulheres mais devotas se atenham ao cumprimento regular do preceito. O ritual do *mikve* é mais praticado nas vésperas do casamento e como parte da cerimônia de conversão ao judaísmo. (P.G.)

MILENARISMO Manifestação escatológica (v. Escatologia*) de grupos sociais medievais, vinculada ao mito do Anticristo* e alimentada por previsões do Apocalipse*. O milenarismo designa a crença num futuro próximo, no qual, por um período de mil anos, o Cristo retornará à Terra para proporcionar a todos um reino de paz e prosperidade, após a derrota de Satã (v. Lúcifer*[d]), lançado às trevas. O milenarismo se beneficia também de textos evangélicos (v. Evangelhos*), como o do apóstolo* Mateus que anunciava a chegada de tempos difíceis e aterradores (epidemias, fomes, massacres). À espera da salvação "o Ocidente medieval é, seguramente, o mundo do medo". As ideias milenaristas são remotas e vêm desde o século I, quando cristãos* aguardavam o retorno do Cristo; à medida, porém, que a vinda do Cristo cada vez mais se adiava, essas ideias acabaram perdendo sua atualidade, mas jamais foram abandonadas. Por outro lado, assinale-se que, além da presença do Anticristo, lembrado por grandes personalidades do universo espiritual que previam catástrofes, essas previsões se inseriam no âmbito de fatos não menos aterradores: guerras, crises econômicas, flagelos. Acreditava-se, então, que um personagem temível e diabólico surgiria para comandar as forças do mal contra a humanidade e conduzi-la à danação eterna, vale dizer, ao inferno*. A essa figura opor-se-á um líder, conhecido como o Imperador dos Últimos Dias* que será substituído pelo Cristo, que retornará ao mundo, estabelecendo a felicidade e a justiça. São inúmeras as seitas* e heresias* medievais da Reforma*. Os anabatistas (v. Anabatismo*) foram também envolvidos por movimentos milenaristas nos quais sempre estão presentes o Anticristo e o seu adversário, o rei justo, magnânimo, triunfador. Era inevitável que tais concepções se materializassem nas figuras de alguns monarcas, favorecendo surtos de propagandas nacionais, beneficiando reis alemães e franceses, até mesmo o imperador latino de Constantinopla, Balduíno, "considerado no Ocidente, meio anjo*, meio demônio" (v. Demonologia*). De outra parte, a proximidade do "último dia" acarretaria um sem-número de fenômenos e prodígios: cometas, estrelas cadentes, tremores de terra, marés gigantescas, tudo contribuindo para o pânico coletivo, mas nada impedindo um final feliz e redentor. Ademais, parece comprovado que os movimentos milenaristas irrompiam quando os grupos sociais que os impulsionavam passavam por uma crise (fome, injustiças, explorações, opressões etc.), favorecendo o aparecimento de lideranças messiânicas (v. Messianismo*) capazes de ampliar o mito do milênio, utilizando-o como motivação — e até mesmo como instrumento — de ações revolucionárias, sem que fosse omitida sua religiosidade. Acreditando na necessidade de implementar na Terra uma Jerusalém celeste, transformá-la num paraíso, mas sem abrir mão de suas convicções espirituais, o milenarista, entretanto, não parece aspirar tão somente à paz de espírito mas também a uma vida materialmente diferente, habilitada a conduzi-lo a uma nova realidade social. O milenarismo influenciou fortemente o movimento fundamentalista surgido nos Estados Unidos, no século XIX, o que ainda tem reflexos entre grupos protestantes (v. Protestantismo*) formados em diversas partes do mundo a partir do trabalho missionário de lideranças ligadas a esse movimento. O milenarismo, desenvolvido pelo movimento fundamentalista, estava dividido em duas correntes: a dos pré-milenaristas (os que acreditavam na segunda vinda de Jesus*b Cristo à Terra e no julgamento final do mundo antes que se realizasse o início do terceiro milênio) e os pós-milenaristas (os que acreditavam na segunda vinda de Cristo após o início do terceiro milênio).

MÍNIMOS Ordem mendicante*, fundada em 1460, em Cosenza, por Francisco de Paula*b (1416-1507), canonizado (v. Canonização*) em 1519. Monge aos 13 anos, aos 19 retirou-se para o deserto, praticando ascetismo* dos mais rigorosos, acompanhado de vários companheiros. Sua austeridade e piedade atraíram ao seu redor outros eremitas (v. Eremitismo*). Em 1492, o papa* Alexandre VI (1431-1503; 1492/1503) aprovou o nome da ordem, escolhido pelos seus integrantes, que assim procuravam expressar sua extrema humildade; alcançaram rápida difusão, mormente na França, onde seu fundador veio a falecer. Os mínimos se declaravam uma ordem de penitência, assumindo os seus próprios pecados, mas também os de outros. De sua parte, Francisco de Paula procurava salvaguardar o espírito de eremitismo da ordem, insistindo sempre na humildade, sem deixar de ressaltar a abstinência*g da carne e de seus derivados. Essa prática, uma "quaresma perpétua", segundo alguns, é considerada tão importante que, uma vez inexistente, a ordem desapareceria. O silêncio, raramente interrompido, jejuns e mortificações completavam o cotidiano sem, entretanto, excluir a vida ativa, em especial as prédicas e os estudos. Com o correr do tempo, a Ordem dos Mínimos se manifesta presente em todos os domínios da vida intelectual. Reconhecida como ordem mendicante pelo papa Pio V (1504-1572; 1566/1572) em 1567, os mínimos atingem o apogeu no século XVII, quando a ordem conta com 450 casas e 14 mil religiosos, implantados na Itália, Espanha,

França e Alemanha. A versão definitiva da regra, revista pelo próprio Francisco de Paula, fora aprovada pelo papa Júlio II (1443-1513; 1503/1513) em 1506.

MISHNÁ O termo hebraico significa "repetição", e refere-se especificamente à obra que compila as leis orais do judaísmo* e constitui, juntamente com a *Guemará** (interpretação da *Mishná*) o monumental *Talmud**. As leis orais representam, na tradição judaica, o código comportamental, ou seja, a especificação prática para a vida real, nas circunstâncias de tempo e lugar, dos preceitos escritos registrados na Torá*. Chamadas em hebraico *Torá she-be-al-pé* (Torá oral), elas complementam, detalhando e regulamentando, a inviolável e sagrada *Torá she-bichtav*, a Torá escrita. Como a religião judaica os encara, os preceitos e leis da Torá visam a estabelecer uma forma de vida inspirada na fé e na observância ativa dos princípios éticos em que se fundamentam, e isso exigia sua elucidação detalhada nas questões do dia a dia e nas situações específicas de impasse ou dúvida quanto a sua aplicação correta. Essas elucidações e instruções, transmitidas de geração em geração, criaram um grande *corpus* de tradição oral. Baseado em interpretação e nas condições cambiantes da vida judaica, esse *corpus* não se fixou em normas definitivas, estando sempre aberto a novas interpretações, discussões dialéticas, contestações, reexames, que iam desde a essência fundamental dos preceitos e das leis até o mais ínfimo detalhe relativo a sua implementação. Em sua natureza de interpretação e criação novadora sobre os textos sagrados, a Lei Oral foi elaborada no início da era rabínica (v. Rabino*) pela corrente liberal do judaísmo na época do segundo Templo*, os fariseus*, e contestada pelos tradicionalistas rígidos, os saduceus*. Mas foi com inspiração na própria Torá (Moisés*b) designara um conselho de 70 sábios, escribas e sacerdotes para legislar no deserto com base nos preceitos transmitidos por Deus) que os "Homens da Grande Assembleia", depois o Sinédrio*, assumiram a tarefa de criar normas e regulamentos para a vida prática e para os rituais litúrgicos (v. Liturgia judaica*). Suas determinações eram, no entanto, orais, e não podiam ser escritas. Com o correr do tempo, essa condição de oralidade não era mais condizente com o volume de interpretações, modificações e exegeses que se acumulavam e criavam um debate permanente sobre a essência das leis e preceitos da Torá e sua aplicabilidade nas condições vigentes. O primeiro a tentar uma compilação ordenada foi Hilel*b, no século I, mas seu trabalho perdeu-se. A destruição do Templo, em 70 a.D., e a dispersão tornaram crítica a necessidade de consolidar as leis orais como referência para o povo judeu, apesar da oposição do mais importante dos sábios rabínicos da Judeia, Iochanan ben Zakai*b, que comparou o ato de escrever as leis orais ao de atear fogo na Torá. Mas a tendência mostrou-se irreversível, e logo rabi Akiva*b começou a coligir e organizar as tradições orais, trabalho que não completou antes de ser torturado e executado pelos romanos em 135. Outros *tanaim**, liderados por rabi Meir, continuaram o trabalho, e Iehudá haNassi*b completou-o em 200, dando a *Mishná* por encerrada; o que não significou o encerramento dos debates e das interpretações de seus textos que vieram a constituir a *Guemará*, formando o *Talmud*. A *Mishná* divide-se em seis ordens ou *sedarim*, compostas no total por 63 tratados, ou *massechtot*, cada um subdividido em capítulos (523 no total), e estes em itens chamados *mishnaiot*, espécie de artigos de lei codificada. Embora não seja rígida, essa estrutura atribui a cada ordem uma área de interesse: "Sementes" (*Zeraim*) trata de leis e condutas relacionadas com a agricultura; "Festas" (*Moed*) cobre as observâncias do *shabat**, dos dias festivos e de jejum; "Mulheres" (*Nashim*) regulamenta o noivado, o casamento e o divórcio, o regime de bens entre cônjuges e o levirato; "Danos" (*Nezikim*) trata de assuntos civis, comerciais e criminais; "Assuntos Sagrados" (*Kedoshim*) refere-se aos procedimentos rituais de sacrifício*, oferendas e liturgia; e "Pureza" (*Tohorot*) cobre as questões relativas à higiene, à pureza e às leis dietéticas. A *Mishná* não é um código inequívoco e normativo; é um conjunto de leis compiladas e interpretadas, às vezes diferentemente, por rabinos de épocas, lugares e concepções diferentes. Esses sábios (Hilel, Shamai*b, Gamaliel, Iochanan ben Zakai, Meir, Akiva, Shimon ben Iochai e muitos outros) criaram verdadeiros sistemas de interpretação que, democrática e dinamicamente, abriram caminho para muitos seguidores, mantendo aberta às interpretações adaptadas a novas realidades a essência da visão religiosa do judaísmo e de seus princípios morais. (P.G.)

MISTÉRIOS Mistério significa "o inexplicável", "o incompreensível", "o que não se fala", "o que não se vê", "o que não se diz". No quadro religioso, essa palavra se aplica, especificamente, a cerimônias verificadas nas Antiguidades clássica e oriental, no decorrer das quais homens e mulheres procuravam familiarizar-se com o seu conteúdo, com o significado de sua liturgia*g e, principalmente, com suas consequências. Nas chamadas religiões de mistérios, o termo transmite noção de secreto, de expectativa de revelações incomuns e emocionantes, só acessíveis a determinadas pessoas. Isso se faz através da iniciação (do grego *myein*, "iniciar"; *mystés*, "iniciado"). Essa operação, centrada na purificação, tornava-se indispensável para que os segredos do mistério fossem revelados e o iniciado dele se beneficiasse. Participar dos mistérios implicaria penetrar no universo divino e, com isso, alcançar e obter felicidade. Autores há que distinguem mistérios maiores ou menores; no entanto, em ambos existiam traços comuns: purificações, abstinência*g alimentar, hinos, danças e refeições em comum sem prejuízo das diferenças peculiares a cada um (duração das cerimônias, número de iniciados, repercussão das comemorações etc.). De modo geral, os mistérios sofriam a intervenção de textos, embora estes não constituíssem o elemento primordial para a sua realização. Os mais antigos mistérios, comprovadamente, eram os mistérios de Elêusis*, realizados nessa cidade grega e organizados em torno de duas divindades femininas: Deméter*d (deusa do trigo) e Koré, sua filha, também nomeada Perséfone, quando temporariamente habita o inferno*. Vale aduzir que no vocabulário Koré designa uma figura feminina (masculino, *kouros*, jovem). Um outro mistério importante era o de Dioniso*d, deus do êxtase e do vinho, disseminado por toda parte, alcançando Roma (v. Romanos*), onde, sob o nome de *Bacchanale* (de Baco, deus do vinho), sofreu grande repressão, de curta duração, no ano de 186 a.C. Os mistérios, antes de tudo, representam uma forma de satisfação individual, pois aqueles que se iniciavam e deles participavam o faziam movidos por ambições pessoais, e jamais por causas votivas vinculadas a esta ou aquela divindade. Obter uma graça*g, um favor, em troca de devoção, era "nada mais do que uma estratégia humana", como assinala conceituado historiador brasileiro. À luz dessas considerações, é de se entender os mistérios como uma alternativa, e dificilmente como uma religião. A hipótese de que os druidas (v. Druidismo*), célebres sacerdotes celtas, tenham constituído mediante o seu ensino uma forma de mistério, deve ser abandonada. Como assinalou um importante historiador das religiões, "os mistérios devem ser vistos como uma forma especial de culto*g prestado no contexto mais amplo da prática religiosa". Vale salientar que os mistérios, embora atraentes e desejados, não eram obrigatórios ou inevitáveis. Assim, os mistérios são, prioritariamente, uma modalidade de culto realizada numa conjuntura religiosa e nunca uma criação isolada, independente; são como "uma peregrinação* a Santiago de Compostela dentro do sistema cristão*".

MISTICISMO Atitude espiritual, íntima e intuitiva, que procura alcançar forças e entes sobrenaturais através da meditação, da prece, da contemplação e do êxtase. O fenômeno místico se caracteriza por intensa devoção religiosa, não raro exacerbada, quase universal e encontrada em numerosas religiões sob manifestações as mais diversas, do xamanismo* aos credos monoteístas. É sabido que, de longa data, as religiões têm proporcionado ao misticismo lugar quase permanente; cristãos orientais e ocidentais têm revelado místicos os quais, vários, descreveram suas experiências e a "alegria indescritível experimentada no seu encontro com o Absoluto". Personalidades como mestre Eckhart (1260-1327), dominicano* e filósofo alemão, Catarina de Siena*b ou Juan de la Cruz, mostraram, em suas obras, as dificuldades encontradas pelo místico quando busca "a luz". Assinale-se que, até o século XVII, o termo "místico" era utilizado somente como adjetivo, esclarece renomado historiador das religiões. Empregado como substantivo, a partir de então, torna-se "místico" aquele que se afasta dos "caminhos" comuns. O historiador só pode conhecer as experiências místicas através dos relatos que os místicos fazem de sua "vivência". Místicos foram, por exemplo, cristãos insatisfeitos, judeus perseguidos, ou pessoas provenientes de uma categoria social ignorada ou discriminada, como costumava ocorrer com significativo número de mulheres. A experiência mística, atualmente, não obstante as análises severas de psicólogos e psiquiatras, é frequente em alguns setores da sociedade, sendo praticada em algumas seitas* protestantes (os *quakers**, por exemplo) e também em grupos espiritualistas. Os teólogos veem no misticismo um problema sério e difícil de resolver, principalmente o de como conciliar o intelecto com a fé. São várias as correntes místicas existentes, a salientar logo a dos ascetas (v. Ascetismo*), que visa a "encontrar a união com Deus na ascese". Essa mística pode ser praticada na forma que lhe dão os eremitas (v. Eremitismo*) — vida isolada e austera no deserto — ou sob forma penitencial, conforme aconselhava o monge irlandês Columbano (540-615). Em outra modalidade de misticismo, numa óptica semelhante, Pedro Damiano, cardeal de Óstia (Itália), recomenda a flagelação (v. Flagelantes*) como forma de penitência voluntária. A Idade Média ocidental conheceu vários movimentos místicos armados, em defesa da ordem pública ou por subversão popular. Quanto ao misticismo apostólico, este se desenvolve na época moderna, a salientar o de Inácio de Loyola (1491-1556), para quem a ação apostólica e o misticismo estão estreitamente vinculados.

MITOLOGIA A par de seu sentido genérico, o termo identifica, especificamente, o conjunto de mitos dos antigos gregos* e romanos*, suas origens, sua evolução e seu significado. "Mitologia" ("estudo dos mitos") alude a algo fantástico, fictício. Os mitos são transmitidos pela tradição, oral ou escrita. Segundo a maioria dos autores, os mitos não têm existência real, embora tenham valor social. A mitologia costuma ser também definida como a história dos deuses e heróis da Antiguidade greco-latina, muito embora os povos primitivos tivessem no mito, através da lenda, uma explicação de coisas para eles incompreensíveis. No entender dos homens da Antiguidade, o mito era uma fábula destinada a "descobrir" uma realidade difícil de explicar. Por outro lado, os mitos constituem, não raro, uma resposta a questões importantes, como as origens do homem, o seu destino etc. Na religião, o mito tem presença decisiva e sempre debatida (o da criação do homem, por exemplo). Além do mais, os mitos, em que pese o adiantamento científico da modernidade, encarnam fenômenos importantes da vida, tais como os acidentes geográficos, a morte, o amor, os fenômenos da natureza etc. O mito para cada povo é "um modo de contar sua maneira de ser". São numerosos os tipos de mitos: os que narram o nascimento dos deuses, os que contam a criação do universo, os que explicam para onde vão os seres humanos depois da morte etc. Suas relações com a religião são íntimas e permanentes, mormente quanto aos ritos* religiosos.

MITRACISMO Importante culto*[g] religioso oriental tendo como referência Mithra*[d], divindade vinda da Pérsia (atual Irã), conhecida sobremodo por documentação arqueológica e iconográfica. Muito popular no Império Romano*, a partir do século II, essa divindade fora também cultuada na Índia védica (v. Vedas*). O nome e as origens de Mithra vêm, de há muito, sendo objeto de estudos e debates. No vocábulo védico, significa "aliança", "amizade"; no Avesta* quer dizer "contrato". Outras hipóteses, essencialmente etimológicas, têm sido propostas para explicar as origens do nome, mas até o momento, insatisfatórias. Estranho ao panteão greco-romano, Mithra era bem conhecido de seus remotos ancestrais indo-europeus. De outra parte, paradoxalmente, esse deus, outrora inimigo de Roma, vai transformar-se num ídolo dos soldados romanos. No masdeísmo*, Mithra se apresenta associado ao deus supremo, Ahura Masda, sem maiores destaques; porém as circunstâncias históricas que levaram à sua celebração, na Pérsia, na Índia e em Roma, são difíceis de serem diagnosticadas. Mithra não é fruto da união de duas divindades. Ele nasce numa rocha, é Mithra *petrogenese* ("gerado na pedra"). De um rochedo, Mithra faz jorrar uma fonte e, após firmar aliança com o Sol, entra em luta com um touro, matando-o. No imaginário mitraico, essa luta é fundamental, permanente: é a *tauroctonia*, ou seja, a imolação do animal cujo sangue vivifica o seu. Na Pérsia aquemênida, apesar de realçado, Mithra não é mencionado nos *Gathas* (hinos atribuídos ao profeta Zoroastro*[b] e que integram o Avesta), sendo eclipsado por Ahura Masda, divindade suprema do masdeísmo. Mithra é um deus benfazejo, luminoso e justo, amigo dos humanos, protetor e promotor da vida animal e vegetal. O primeiro testemunho escrito, referente aos ritos*[g] mitraicos deve-se a Plutarco (50-120 a.D.), historiador grego, autor de 23 biografias importantes (*Vidas paralelas*). Segundo ele, essas cerimônias ("mistérios*") se originaram dos piratas da Cilícia (região da Turquia) que as praticavam. Combatidos, aprisionados e conduzidos à Itália, continuaram a celebrar a divindade. Os próprios soldados romanos, uma vez chegados à sua pátria, renderam-se às emanações do culto mitraico, fazendo de Mithra o seu patrono. O mitracismo, culto exclusivamente masculino, não era realizado publicamente. O cerimonial se desenrolava em santuários organizados em cavernas (*mithrae*), compreendendo diversas práticas, entre as quais uma refeição em comum com os membros da seita*. O acesso aos *mithrae* era reservado aos devotos previamente consagrados, sendo indispensável aos candidatos submeterem-se a longa e severa iniciação, através de sete etapas, no decorrer das quais o iniciado (*mysto*) passava por vários graus hierárquicos. Findas as provas, era batizado, desnudo, com o sangue dos animais imolados. Essas cerimônias de iniciação eram sempre precedidas de entrevistas com os candidatos, que passavam por cuidadoso interrogatório. As provas, não raro realizadas com os pretendentes de olhos vendados, envolviam fases diferentes, realçando-se a da resistência ao calor e ao frio. O grau supremo a ser alcançado era o de pai (*pater*). Conhecer a doutrina mitraica, representava tarefa difícil pela inexistência de documento literário normativo dos cânones a serem obedecidos. Os sacrifícios no mitracismo são completamente diferentes dos greco-latinos. O *mithraeum* não é a moradia do deus, e sim um lugar de comunhão. O sacrifício, acima de tudo, representava um instrumento da criação; um "fundador do universo". Por outro lado, trata-se de ato de salvação que procura a solidariedade humana e reforça a vida. Para os fiéis de Mithra, o tauróctono, que imola o animal, é um "mantenedor dos seres vivos", inclusive os humanos. Não sendo público nem oficial, o culto mitraico angariou numerosas categorias sociais, até imperadores como Diocleciano, Cômodo e Juliano. As camadas superiores da sociedade romana sentiram-se atraídas por uma religião que exaltava a justiça, o bem-estar, a harmonia, a concórdia, repugnando o ódio e a mentira. Semelhanças com o cristianismo* não são descabidas Os mitráticos acreditavam numa outra existência na qual os bons viveriam e os maus pereceriam. Antes de ser comemorado como aniversário do Cristo*[b], o dia 25 de dezembro celebrava o nascimento de Mithra, *Solis Invictus*. O mitracismo, definitivamente extinto no século V, procurou proporcionar ao homem uma explicação de si próprio e do universo que o rodeava. O fato de ser vedado às mulheres e de adotar uma liturgia fora do alcance popular, bem como o seu caráter esotérico e sua procedência pérsica, tudo isso parece ter influenciado a derrocada. Assinale-se, ainda, que a prática de sacrifícios sangrentos não só contrariava a legislação vigente como ampliava a convicção de que tais celebrações fortaleciam o poder demoníaco. A partir do ano 400, os *mithrae* estavam destruídos, e o mitracismo, desacreditado.

MITSVOT Em hebraico, "mandamentos", "preceitos", "obrigações", e também, em sentido específico, esses conceitos aplicados a ações meritórias de ajuda ao próximo. A Torá* menciona explicitamente 613 *mitsvot*, cujo cumprimento faz parte do comportamento obrigatório de um judeu devoto (v. Judaísmo*). Dessas, 248 são de caráter afirmativo, ou seja, determinam o que se deve fazer, e 365 são de caráter negativo, ou seja, determinam o que é proibido fazer. Elas abrangem praticamente todas as instâncias da vida, desde os assuntos relativos à fé e às relações entre o homem e a Divindade (crença, santidade, serviço divino e liturgia etc.), entre o homem e a natureza (leis agrícolas, leis de preservação da terra etc.) e entre o homem e o próximo, inclusive ele mesmo (leis relativas à pureza, à família, leis de caráter social etc.). Ao atribuir origem divina às *mitsvot*, os judeus consolidaram e perpetuaram um verdadeiro código de comportamento e o tornaram, na essência, infenso às influências e oscilações da realidade terrena. Todas as interpretações, detalhamentos e acréscimos posteriores a esse código, contribuição dos sábios e dos rabinos durante séculos, preservam seu conteúdo original e sua intenção normatizadora da conduta humana. Embora a obrigatoriedade do cumprimento das *mitsvot*, como literalmente expressas na Torá, não se estendesse no mesmo grau aos preceitos deduzidos ou criados pelos rabinos* com base nelas, estes tornaram-se indispensáveis aos judeus em suas novas realidades, em que o cumprimento literal de muitas das *mitsvot* tornara-se impossível. O caráter moral e ético desse código regulador do comportamento judaico, em sua essência e intenção básicas, prevaleceu, nessas interpretações, sobre o cumprimento literal de muitas das *mitsvot*. Maimônides*[b], talvez o maior dos pensadores judeus medievais, exalta a intenção acima do cumprimento estrito, ao dizer que mais valia uma só *mitsvá* cumprida com amor e devoção do que o cumprimento mecânico de todas as 613. Outro aforismo judaico afirma que uma transgressão feita com boas intenções é mais meritória que uma *mitsvá* cumprida sem elas. (P.G.)

MOLINISMO Doutrina formulada pelo jesuíta e teólogo espanhol Luis de Molina (1535-1600) a respeito da liberdade e da graça*g divina. Apresentadas numa obra, o *Acordo do livre-arbítrio com o dom da graça, da paciência divina, a providência, a predestinação e a reprovação*, suas ideias despertaram a atenção e controvérsias, alcançando grande repercussão. O molinismo afirma que deve haver uma harmonia entre a graça divina e a liberdade humana, proposição que, de imediato, deu origem a intenso debate nos meios clericais, envolvendo jesuítas* e dominicanos*. Estes, juntamente com os jansenitas (v. Jansenismo*) opuseram-se ao molinismo, enquanto outros abraçaram as ideias de Molina. Em 1611, o papa* Paulo V (1552-1621; 1605/1621), proibiu a divulgação e o debate sobre esses temas, salvo com autorização papal.

MONASTICISMO Derivado do grego *monastés* ("monge") e *monos* ("único"), este termo, também grafado "monaquismo", identifica um sistema de vida vigente nos primeiros séculos do cristianismo*, praticado por indivíduos através de severas regras de devoção e ascetismo*. O monasticismo é filho do eremitismo* e do cenobitismo*, este instituído por são Pacômio (286-346) no Egito e concretizado na formação de pequenas comunidades. Enquanto os eremitas buscavam o isolamento e a solidão, os cenobitas procuravam a convivência (a palavra "cenóbio", do grego, significa "vida em comum"). Muito embora o monasticismo tenha-se originado no Oriente, especialmente no Egito, por intermédio de santo Antônio — considerado o patrono do eremitismo — foi no cristianismo ocidental que alcançou maior repercussão e aceitação. A vida monacal impunha uma série de deveres e obrigações, coletivos e individuais, regulamentados em regras implementadas e redigidas a partir do século V. Os seus autores, em nenhum momento, pretendiam legislar, mas tão somente estabelecer normas de convivência destinadas a assegurar o bom funcionamento do mosteiro. Os monges desempenharam um papel notável nas civilizações ocidental e oriental, defendendo aldeias, promovendo feiras e mercados, construindo oficinas e, principalmente, escolas. Além do mais, a eles cabia o cultivo dos campos e vinhedos, sem esquecer a pesquisa literária e o preparo dos Livros Santos. Convém acentuar que o movimento monacal não foi um privilégio do Ocidente, pois em todas as grandes religiões o monaquismo foi exercido. Anterior ao cristianismo*, ele surgiu na Ásia, na Índia, inicialmente sob forma eremítica e, posteriormente, no hinduísmo*. O budismo* sempre foi uma religião monástica; seus princípios e fundamentos foram adotados na China, no Japão e no Tibete. No Ocidente, o símbolo do monaquismo está representado pela figura de Bento de Núrsia (480-547) (v. Beneditinos*), italiano, patrono dos monges ocidentais, implementador da regra *Ora et labora* no Mosteiro de Monte Cassino, por ele fundado no século VI.

MONOFISISMO Movimento cismático, herético (v. Heresia*), difundido do Egito ao Oriente, propagador de uma doutrina, segundo a qual em Cristo*b existia apenas uma natureza: a divina. Essa tese foi defendida especialmente por Eutiques, arquimandrita*g de Constantinopla, opondo-se a Nestório (v. Nestorianismo*), bispo dessa cidade, que exaltava o caráter humano de Cristo. Num concílio* realizado em Éfeso (449) os eutiquistas foram dominados, e o monofisismo triunfou. A reunião de Éfeso foi qualificada de "latrocínio pela Santa Sé": os monofisistas chamavam o papa* de nestoriano, e os católicos (v. Catolicismo*) os tinham como hereges. Condenado no Concílio de Calcedônia, em 451, o monofisismo continua vivo no Oriente (Egito, Palestina, Síria), sobretudo nos meios monásticos.

MONOTELISMO Heresia* cristológica do século VII, baseada numa doutrina, segundo a qual seus seguidores, os monotelistas, afirmavam que no Cristo* existia apenas uma energia (*energeia*) proveniente de uma única vontade (*monotelema*). O imperador bizantino Heráclio (610/641) e os monofisistas (v. Monofisismo*) apoiaram essa doutrina, que foi contestada pelo patriarca* de Jerusalém. Os monotelistas se opunham à ortodoxia* cristã, a qual reconhecia no Cristo duas vontades correspondentes a duas naturezas: a divina e a humana. Com exceção do papa* Honório I (625/638), os demais condenaram essa doutrina, rejeitando os editos imperiais de Heráclio (*Ecthèse*, 638) e o de Constante II (*Tipo*, 648). A crise só foi resolvida, no sentido católico, no Concílio* de Constantinopla, em 681.

MONTANISMO Antiga seita cristã, de índole escatológica (v. Escatologia*), originária da pregação de Montano, nascido na Frígia (região da Turquia atual) no século II. Segundo pensava esse personagem, o cristianismo* tornara-se muito popular, sendo necessário o restabelecimento de sua originalidade. Acompanhado de duas profetisas, Montano, ele próprio dotado de grande vocação profética, foi saudado como o Paráclito*ᴳ (Espírito Santo), o "Consolador" prometido pelo Cristo. Montano pregava um rigoroso ascetismo*, na expectativa do Juízo Final, contestando energicamente o direito reivindicado pela Igreja de dar o perdão aos pecadores. Além disso, declarava ser o enviado para denunciar as segundas núpcias, a frequência aos jogos de anfiteatro e o serviço militar. Por outro lado, recomendava a prática de demorados jejuns, prevendo a segunda vinda de Jesus*ᵇ e o lugar no qual seria estabelecida a Nova Jerusalém. Sua doutrina expandiu-se pela Ásia Menor e África, onde teve o apoio de Tertuliano*ᵇ, que formou, em Cartago, um grupo importante de montanistas. Condenado pelo papa* Zeferino (199/217) e perseguido pelos imperadores Constantino Magno e Honório I (384-423; 395/423), o montanismo, não obstante, sobreviveu até o século VII.

MOONISMO Seita* religiosa, oficialmente denominada Associação para a Unificação do Cristianismo Mundial (AUCM) ou Igreja da Unificação, fundada na cidade de Seul, capital da Coreia, por Sun Young Myung ("Dragão Brilhante"), em 1920. Mais tarde, associou ao seu nome os símbolos do Sol e da Lua, passando a chamar-se Sun Myung Moon. Realizando estudos secundários em Seul, onde frequentou uma igreja pentecostal (v. Pentecostalismo*), na manhã de Páscoa* de 1936, em 18 de abril, teria "ouvido a voz de Deus", determinando sua missão: reunir todas as religiões, restaurar o Reino de Deus na Terra, após conduzir os bons à vitória sobre o mal, encarnado no comunismo ateu (v. Ateísmo*). Depois de estudar engenharia elétrica, retorna à Coreia do Norte onde estimula grupos carismáticos. Moon terá, sucessivamente, quatro esposas; a última transformada na "nova Eva", "mal do universo". Em 1951, funda a Igreja da Unificação. A sua proposta de reunir todas as religiões alcança grande repercussão, explicável pela expectativa de as seitas se multiplicarem após a guerra. É então que Moon redige sua síntese teológica, *A explicação dos princípios divinos* (1957). O impulso missionário da Igreja da Unificação começa no ano seguinte, com metas a alcançar nos Estados Unidos e no Japão, visando a um movimento ecumênico confessional, multiplicando congressos e simpósios, objetivos jamais alcançados ante a recusa permanente do Conselho Ecumênico das Igrejas em acolher a Igreja da Unificação. Essa posição do Conselho se afigura plenamente explicável quando se analisam os princípios da Unificação (um dos nomes dados por Moon à sua Igreja), nada mais do que uma tentativa de interpretar a história da humanidade à luz de passagens bíblicas. "O pecado de Adão e Eva era um pecado sexual"; Jesus*ᵇ teria fracassado na sua missão, até porque, conforme assinalava Moon, "não pode de nenhuma maneira ser Deus ele próprio". A sua morte prematura, prosseguia, não lhe permitiu casar-se. Cabia a ele, Moon, "Senhor do Segundo Advento" (*sic*) terminar essa missão, fundando uma família perfeita, exemplo para todas as outras; sob o comando de "pais autênticos", seus discípulos irão combater Satã (v. Lúcifer*ᵈ); os Estados Unidos serão a nação santa, escolhida para garantir a liberdade no mundo, enfrentando e detendo a ameaça totalitária, o comunismo. Os adeptos da Igreja da Unificação devem praticar o ascetismo*, aconselha o líder, criando um clima afetuoso, embasado em preces e proselitismo intensos. Além disso, devem realizar grande número de atividades científicas, culturais e políticas. Em 1986, Moon foi preso por fraude fiscal nos Estados Unidos, sendo libertado posteriormente.

MÓRMONS Nome pelo qual são identificados os membros da Igreja de Jesus Cristo dos Santos dos Últimos Dias, fundada em 1830 pelo norte-americano Joseph Smith*ᵇ no estado de Nova York. Os Smith não eram letrados, manifestando amiúde interesse pelo ensino, sendo a Bíblia* sua principal leitura. Assinale-se, ainda, a circunstância de que, à época, a formação universitária era coisa rara na população americana, e o ensino médio, facultativo, não era generalizado. O importante era saber ler e escrever, visto que a alfabetização proporcionava a companhia de pessoas que liam jornais, livros e discutiam. Joseph Smith tinha visões, para ele tão autênticas quanto as de santa Bernadete em Lourdes, ou de são Paulo*ᵇ. Nesse ambiente, Joseph, aos 15 anos de idade, lia na Bíblia: "Se a alguém dentre vós falta sabedoria, que ele a peça a Deus, que dá a todos sem censura." A intensa atividade de Smith e seus companheiros não demorou a encontrar adversários. Longe de deter o progresso dessa nova religião, seus oponentes não só a acirraram como entraram em confronto com seus dirigentes. Gradativamente, à medida que o número de mórmons crescia, maior era o antagonismo, obrigando-os a se deslocar de um lugar a outro. Grupos antimórmons começaram a se formar, irritados com os novos dogmas e práticas, entre outros o batismo* dos mortos e a poligamia. Em 1844, Joseph Smith foi detido, encarcerado, e posteriormente assassinado a tiro. O seu sucessor e novo profeta foi Brigham Young*b (1801-1877), a partir do qual o mormonismo ganhou novo impulso. Em 1847, após longa caminhada de 1.500 quilômetros, os mórmons se instalaram na região de Utah, onde fundaram a cidade de Salt Lake City, renunciando à prática da poligamia em 1890. Quatro anos depois, o governo norte-americano reconhecia Utah como território dos Estados Unidos e Brigham Young seu presidente — na realidade um autêntico soberano. Quando a Guerra de Secessão terminou, Utah tornou-se um estado da federação (1895). Os mórmons têm na Bíblia os fundamentos de sua teologia, à qual se junta o *Livro do mórmon*, este, segundo a tradição, de origem sobrenatural. Um anjo* teria aparecido a Joseph Smith para lhe falar sobre a existência de placas de metal enterradas numa colina; tinha caracteres gravados, logo traduzidos em inglês "pelo dom e o poder de Deus": era o *Livro do mórmon*, pelos mórmons considerado, ao lado da Bíblia, como a palavra de Deus, e divulgado na cidade de Palmyra (estado de Nova York), em 1830. Esse livro está para os mórmons assim como o Alcorão* para os muçulmanos. Não há nenhuma referência a povos ou pessoas que possam ser identificados como seus autores. Os mórmons consultam a Bíblia, mas sua doutrina segue o conteúdo do *Livro do mórmon*, que lhes transmite os pontos essenciais da religião. Os mórmons, cristãos de formação protestante (v. Protestantismo*), têm-se mantido à parte das correntes de pensamento, embora acreditem na cura pelo espiritualismo. Não se tem notícia de nenhuma menção de publicações e pensadores do mormonismo cristão nos séculos XIX ou XX. Os mórmons, geralmente, sentem-se agraciados ao elaborarem sua própria teologia, ao discutir seus textos, ao ouvir os conselhos de suas lideranças. Eles se organizam numa comunidade hierárquica, dirigida por um profeta, assessorado por um colégio de apóstolos*, mas sem clérigos (todo adulto pode celebrar o culto*g). Em permanente expansão, graças à forte atividade missionária, os mórmons são hoje cerca de nove milhões no mundo, dois terços nos Estados Unidos, país no qual uma Igreja dissidente, nomeada "Mórmons reorganizados" (1860), conta com 200 mil adeptos. Os mórmons, podendo efetuar o batismo por procuração de seus ancestrais defuntos, colocaram nas grutas de Salt Lake City documentos pertinentes à genealogia de milhares de pessoas.

MOVIMENTO DE OXFORD Movimento de renascimento anglicano (v. Anglicanismo*) do século XIX, irrompido na Universidade de Oxford, reunindo clérigos e intelectuais aspirantes a reformar a Igreja Anglicana, restaurando o seu sentido divino de sucessão apostólica e a sua tradição dogmática e litúrgica (v. Liturgia*g). Seus principais representantes foram J. Keble, cujo sermão de 14 de julho de 1833 pode ser considerado como o começo do movimento, H. Froude, Matthew Arnold e John Newman*b, conhecidos também pelo nome de *tracteriens*, porque apresentavam suas ideias numa campanha rotulada "Tratos para o tempo", consubstanciada em artigos redigidos por essas personalidades. Procurando uma igreja mais fiel à tradição, alguns membros desse movimento vincularam-se ao catolicismo*, quando o episcopado anglicano condenou o Trato 90, redigido por Newman. Não obstante a resistência do governo, certamente o Movimento de Oxford contribuiu significativamente para eliminar a subordinação da Igreja ao Estado, vigente desde o século XVIII. No plano espiritual, esse movimento prolongou-se até o século XX, através da corrente anglo-católica, fortalecida na High Church (ramo da Igreja Anglicana que acentua os traços comuns entre o anglicanismo e o cristianismo*). Uma das conquistas do Movimento de Oxford foi o de revelar as principais tendências da Igreja Anglicana, renovando também o passado católico, e restituindo ao anglicanismo centros de espiritualidade destruídos pela Reforma*.

MUCKERS Termo alemão ("beatos") pelo qual eram identificados integrantes de um movimento de caráter messiânico (v. Messianismo*), nascido no município de São Leopoldo, Rio Grande do Sul, em 1868, na primeira colônia alemã fundada naquele Estado. A palavra *mucker*, além do sentido já indicado, aplicava-se também a "santarrão", "fanfarrão". Na Alemanha, conforme assinala uma importante historiadora brasileira, esse vocábulo é empregado como sinônimo de "resmungador", "criador de casos". No Brasil, porém, na época da deflagração do movimento, a palavra adquirira nítida concepção pejorativa, quando dada pelos adversários. O movimento surgiu liderado por um imigrante alemão, Jorge Maurer, e por sua mulher, a brasileira Jacobina, em reuniões feitas por ambos para a leitura da Bíblia*. Não se sabe exatamente o número de *muckers* envolvidos na rebelião, que eclodiu em 1868. No entanto, tem-se como certo que era um pequeno grupo, cerca de 260 pessoas das quais 30% menores. Praticamente todos só falavam alemão, apesar de a maioria ter nascido no Brasil. Apenas 10% sabiam ler e escrever, a maior parte dedicando-se à agricultura e ao artesanato. Do ponto de vista religioso, eram protestantes (v. Protestantismo*) anabatistas (v. Anabatismo*), com uma minoria católica. A primeira intervenção das autoridades deu-se em 1873, atendendo a solicitações locais, quando o movimento já adquirira conotação milenarista (v. Milenarismo*), anunciando o fim do mundo e o dia do Juízo Final, no qual apenas os *muckers* seriam poupados. A radicalização do movimento levou-os à violência, provocando intervenção policial e a prisão de vários de seus integrantes. Progressivamente, suas prédicas concentravam-se nos níveis socioeconômicos mais baixos da população. Finalmente, em 1874, tropas imperiais invadiram o arraial no qual os *muckers* estavam reunidos. Embora auxiliados por pessoas locais e colonos, os rebeldes foram derrotados e seus líderes mortos, e os remanescentes, presos e submetidos a julgamento. Alguns foram absolvidos, e os últimos adeptos, perseguidos por muito tempo, acabaram por ser eliminados pela população, sem que fosse possível descobrir os autores das mortes.

MURO DAS LAMENTAÇÕES A designação hebraica é *hakotel hamaaravi*, ou seja, "o muro ocidental", referindo-se ao único remanescente material do Templo* de Herodes, destruído pelos romanos em 70 a.D. O termo menos técnico e mais simbólico "muro das lamentações" deriva do fato de ter sido, durante séculos, o lugar mais sagrado da religião judaica (v. Judaísmo*), aonde os judeus iam orar e lamentar a destruição dos dois templos e sua sina de povo no exílio, e, ao mesmo tempo, invocar a ajuda divina para a redenção*^{g}, desde a grande redenção nacional e religiosa até a solução dos pequenos e não tão pequenos problemas individuais de cada um. O simbolismo do Templo como centro da vida religiosa e nacional dos judeus impregnou também o muro, feito de grandes blocos de pedra, onde muitas lágrimas de peregrinos (v. Peregrinações*) judeus de todas as partes do mundo foram efetivamente vertidas durante séculos, e cujas frestas abrigam centenas de milhares de mensagens escritas no rogo de alguma graça*^{g} divina, ou no agradecimento pela graça recebida. Em 1949, com o armistício que encerrou a Guerra de Independência de Israel e com a divisão da cidade de Jerusalém, o muro ficou no lado jordaniano, e o acesso dos judeus foi proibido, até mesmo para prover a sua manutenção e proteção. Em 1967, em consequência da Guerra dos Seis Dias, Jerusalém foi reunificada sob a bandeira israelense, e o acesso ao muro, restaurado. Uma grande praça foi aberta, e uma sinagoga* ao ar livre funciona junto ao muro. Localizado logo abaixo do "monte do Templo", onde se construiu a mesquita* do Domo da Rocha, um dos lugares sagrados do islamismo*, o muro, apesar de seu caráter eminentemente religioso, foi foco de tensões e embates no conflito entre Israel e os palestinos. Ainda é considerado o lugar mais sagrado da religião judaica, centro de peregrinação para os judeus de todo o mundo, e onde muitos deles vão celebrar casamentos e o *bar mitsvá** de seus filhos. (P. G.)

MUTAZILISMO A palavra significa "os que se isolam" ou "os que se apartam", e designa uma das seitas* mais importantes do Islã*. Suas origens são políticas, remontando à época inicial do califado; seus adeptos desempenharam importante papel nos acontecimentos que assinalaram os períodos das dinastias omíada e abássida. O mutazilismo pode ser considerado como a primeira das escolas de teologia especulativa (*ralam*); o pensamento religioso muçulmano se desenvolveu a partir dessa seita e muitas vezes em função de sua atuação. As origens dessa corrente teológica de alcance político, cujas características doutrinárias se estabeleceram nos séculos IX e X, são mal conhecidas por força do desaparecimento dos textos de base. De qualquer modo, foi por sua doutrina que o mutazilismo sobreviveu e que os seus princípios e o seu espírito inspiraram um grande momento dos intelectuais muçulmanos. Parece fora de dúvida que circunstâncias políticas contribuíram para o aparecimento do mutazilismo. Seus presumíveis fundadores, Wāsil ibn Ata e Amr ibn Ubayd, ao que tudo indica, beneficiaram-se de ideias e opiniões que já circulavam, entre as quais a noção do livre-arbítrio buscada no "qadarismo" (árabe, *qadariya*), corrente religiosa e política que, desde o século VIII, defendia aquela posição. Opondo-se aos doutores ortodoxos do Islã, os mutazilitas voltaram-se para o raciocínio como fonte do conhecimento religioso. Eles defendiam a tese de que o homem é livre em seus atos; a justiça divina recompensa os bons e pune os malvados. Os mutazilitas entendiam que existia um bem e um mal absolutos, identificados não por Alá* mas pela razão. Na sua concepção, a unicidade divina não é suscetível de atributos; um Alcorão* eterno não pode ser como Alá, teoria esta adotada, no século IX pelo califa Mámu. Historicamente, o mutazilismo teve o seu momento de glória no início desse século; a sua doutrina nesse momento se articulava ao redor de dois princípios: a crença na unicidade divina (*tawid*) e a crença na justiça divina (*adl*). O mutazilismo ainda atrai os jovens pensadores muçulmanos, sobretudo no que diz respeito a sua doutrina da liberdade e da razão.

NABATEUS Povo de comerciantes e caravaneiros árabes, existente na Arábia pré-islâmica, formando no século V a.C. um grupo de habitantes do deserto composto de diversas tribos. Os nabateus utilizavam o aramaico como idioma; apegados à vida errante, mantinham comércio com caravanas sul-arábicas das quais compravam mirra, incenso e outras especiarias para vendê-las nas regiões próximas e na Mesopotâmia. Sua capital, Petra, hoje pertencente à Jordânia, tornou-se uma das cidades mais importantes da Antiguidade. Politeístas, tinham como divindade principal Dushârâ, isto é, o maciço que domina Petra. A essa divindade e outras ofereciam-se sacrifícios sangrentos e fumigações aromáticas. Os seus quadros religiosos registram diversas modalidades sacerdotais; tíases*, confrarias de fiéis, realizavam amiúde banquetes sagrados em homenagem aos deuses; as paredes das gargantas e penhascos formavam túmulos grandiosos. O seu maior brilho ocorreu no período de I a.C. a I a.D. Em 106 acabaram subjugados pelos romanos, e o seu território foi, a partir de então, uma província romana.

NÃO CONFORMISMO Denominação atribuída aos protestantes ingleses (v. Protestantismo*) que se recusaram a "se conformar" com a organização eclesiástica anglicana (v. Anglicanismo*), sendo conhecidos pela população como "dissidentes" (em inglês, *dissenters*). A expressão "não conformistas", inicialmente, foi aplicada aos eclesiásticos (cerca de 1.750 pessoas) que, em 1662, se recusaram a aceitar o Ato de Uniformidade promulgado pelo governo inglês. Por força disso, os não conformistas foram submetidos a perseguições do governo até o findar do século XVII, sendo-lhes impostas algumas restrições. Convém esclarecer que, desde os primórdios do cristianismo*, movimentos não conformistas tinham irrompido no Ocidente, através de "novas religiões". Na Antiguidade cristã, nos primeiros séculos, o não conformismo manifestou-se através de movimentos protestatórios, entre os quais o montanismo*, o novacionismo (v. Novacianos*), o donatismo*, o priscilianismo* e outros. E, na Idade Média, o catarismo*, o valdismo*, os Irmãos do Espírito-Livre* etc.

NATAL Comemoração do nascimento de Jesus*b Cristo estabelecida no dia 25 de dezembro, desde o início do século IV, pela Igreja do Ocidente, ao passo que as Igrejas orientais a fazem a partir do século V. Trata-se de um símbolo cristão (v. Cristianismo*) inspirado em antigas celebrações de cultos*g solares praticados de diversas maneiras por quase todos os povos da Antiguidade. O Natal nem sempre foi celebrado no dia 25 de dezembro; o dia exato do nascimento de Jesus, durante bastante tempo, foi ignorado, inclusive pelos primeiros cristãos*. Em vários países, a natividade era festejada em datas as mais diversas. Não se sabe com certeza as razões invocadas para que o Natal fosse instituído nessa data, sendo a mais provável que a data tenha sido escolhida por ser a da natividade do "Sol Invicto", implementada pelo imperador romano Aureliano no século III (275) e tornada festa oficial. Em Roma, as Saturnais*, festividades agrárias, e as festas dedicadas a Mitra*d (*Solis Invictus*) eram realizadas em 25 de dezembro. A comemoração cristã é feita com liturgia*g solene. No entanto, para os ortodoxos (v. Ortodoxia*), a grande solenidade pertinente ao nascimento de Jesus continua sendo a epifania*.

NAZARITAS Seita* africana, fundada por Isaiah Shembe em decorrência de sucessivas visões, entremeadas de relâmpagos e temporais, que recebera desde a infância. Nessas visões era-lhe recomendado abrir mão dos afetos maternos, da mulher e dos filhos, e obedecer cegamente às palavras de um deus superior que lhe ensinaria a salvar os homens. Em suas visões afirmava ver numerosos anjos*. Vagando de lugar a lugar, predicando em nome do Espírito Santo, ganhou fama de milagroso. Em 1906, ei-lo batizado e ministro da Igreja Africana Batista, exercendo funções religiosas. Não demorou, porém, a separar-se dessa instituição para fundar a seita dos nazaritas, estendendo suas atividades à construção de uma aldeia, onde fundou um centro religioso. Intitulou-se o "rei dos nazaritas", proclamando ser o "verdadeiro profeta-messias dos negros". Shembe morreu em 1935, considerado santo, e foi substituído pelo filho na liderança dos nazaritas.

NESTORIANISMO Discípulos de Nestório, heresiarca cristão (380-451) (v. Heresia*, Cristianismo*), patriarca* de Constantinopla de 428 a 431 e que, após combater o arianismo*, criou sua própria escola cristológica. Ao longo dos séculos V e VI, o pensamento teológico foi incessantemente confrontado com o problema da unidade do Cristo*b, tema que o Concílio* de Niceia ignorava. Nestório acreditava na separação das duas naturezas do Cristo, divina e humana, afirmando que a Virgem Maria*b deveria ser chamada "mãe de Cristo" ("*Cristotokos*") e não "mãe de Deus" ("*Teotokos*"). Esse vocábulo, desde o século II, vinha sendo considerado impróprio, sob a alegação de que "somente o homem que há no Cristo, e não o Deus, poder-se-ia afirmar que nasceu de Maria*b". A circunstância de ser impossível à Virgem engendrar um deus explica a repulsa de Nestório ao nome *Teotokos*, preferindo *Cristotokos*. Nestório foi condenado e banido por decisão do Concílio de Éfeso (431), mas sua doutrina, o nestorianismo, alcançou a Pérsia (atual Irã), estendendo-se à Ásia Central, à Índia e até à China, com mais de 200 bispados e milhões de adeptos no seu apogeu. Atualmente, subsistem cerca de 90 milhões de cristãos nestorianos no Irã, no Iraque e nos Estados Unidos, assim como alguns milhares na Índia. Nestório morreu no Egito, exilado.

NEVIIM V. Profetas*.

NICOLAÍTAS Seita* gnóstica (v. Gnosticismo*) do cristianismo* primitivo. Seus integrantes declaravam-se apologistas do comércio sexual sem nenhuma restrição, tendo sido condenados no Apocalipse*. O seu fundador, lendário, foi Nicolau de Antioquia, mencionado nos Atos dos Apóstolos* (5º Livro do Novo Testamento*). Esse diácono*g, conforme tradição, teria oferecido sua mulher a seus correligionários, porque o seu amor por ela estava sendo muito exclusivo. O nicolaísmo, a partir do século XI, tornou-se obra de religiosos partidários do celibato eclesiástico, que o utilizavam para estigmar seus adversários, vindo a ser uma das seitas mais combatidas pela Igreja, com frequência caracterizada como um movimento herético (v. Heresia*) envolvido num clima de descontrole moral.

NIRVANA Vocábulo de difícil definição, nas religiões indianas significa "extinção". Estado permanente de beatitude*g e felicidade, o nirvana é alcançado quando tudo (pensamento, vontade, sensação) é abolido, suprimido, extinto. No budismo*, é a extinção definitiva do sofrimento humano, alcançado pela eliminação das "três paixões": o desejo (*Raga*), o ódio (*Dvesha*) e o erro (*Maha*). É a liberação do próprio ser do ciclo infinito do nascimento e do renascimento. O Buda*b não deixou nenhuma descrição do nirvana, mas mostrou o caminho para alcançá-lo, oferecendo ao homem a possibilidade de sua liberação de toda ilusão sobre sua própria natureza. Para chegar ao nirvana é preciso uma longa aprendizagem, um caminho a percorrer em várias etapas. O nirvana é, pois, "um estado que escapa à fatalidade do dever".

NOMES DE DEUS O terceiro dos Dez Mandamentos*, a autoria dos quais a tradição judaica (v. Judaísmo*) atribui diretamente a Deus ("da boca de Deus pela mão de Moisés*b") determina: "Não pronunciarás o nome do Senhor teu Deus em vão; o Senhor não verá como inocente aquele que usar Seu nome em vão". Embora possa ter significado genérico, aludindo a que não se devem justificar ações de motivação terrena como se fossem injunções divinas, os judeus assimilaram esse mandamento em seu sentido literal. As referências a Deus nos textos bíblicos não têm sempre a mesma forma, e a crítica bíblica usou duas formas diferentes de referência a Deus (*YHVH* e *Elohim*) como um dos critérios para classificar em grupos distintos textos do Pentateuco (v. Torá*). As mais frequentes dessas formas (com transcrição das consoantes hebraicas para o alfabeto latino) são o Tetragrama* (YHVH) — que seria o nome próprio de Deus —, YY, *Elohim* e YH. Como o nome de Deus, de acordo com o terceiro mandamento, é impronunciável, ao se ler YHVH, e, por extensão, as outras grafias acima citadas, pronuncia-se alternativamente, sem que haja uma regra explícita para qual pronúncia adotar: *Adonai* ("meu Senhor"), ou *Elohim* ("Deus" no plural), ou *Hamakom* ("o Lugar"), ou *Hashem* ("o Nome"). Em alguns textos aparece também a forma escrita HKBH (acrograma de *HaKadosh Baruch Hu*, "o Santo, abençoado seja Ele"). Fora do contexto da leitura dos textos é comum também o nome *Shadai*. Quanto a pronúncia, exatamente por ser o tetragrama YHVH impronunciável, não está claro quais são as vogais atribuíveis a essas consoantes. Os textos das Escrituras em hebraico usam as mesmas vogais de *Eloah*, "Deus", o que resulta em YeHoVaH, mas outras transcrições registram YaHVeH. (P.G.)

NOVACIANOS Discípulos de Novaciano (século III), padre heresiarca (v. Heresia*), condenado por sua severidade quando, após a perseguição* aos cristãos, levada a efeito por Décio, imperador romano (200-251; 249/251), sugeriu que os cristãos tornados apóstatas (v. Apostasia*), isto é, que tivessem renegado sua religião, fossem definitivamente excluídos da Igreja. Polêmicas ardentes surgiram, tendo a maioria do clero optado pela indulgência*g, elegendo Cornélio, antigo apóstata, bispo de Roma, em 251. Os partidários de Novaciano reagiram, elegendo o seu líder, desenvolvendo uma nova comunidade, a Igreja Novaciana, e fazendo de Novaciano o primeiro antipapa* da história. A seita* novaciana se manteve até o século VI.

NOVA IGREJA Ramo cristão (v. Cristianismo*) cujos membros são chamados "swedenborgianos", do nome de seu líder, o sueco Emanuel Swedenborg, filósofo e visionário. Abandonando funções administrativas, formou-se em engenharia, adquirindo fama e renome na Europa. Autor de várias obras, teve suas ideias organizadas por um impressor inglês e divulgadas por um pastor anglicano (v. Anglicanismo*), e elas atraíram importante número de eclesiásticos, sem que, entretanto, se tornassem membros da Nova Igreja. A primeira congregação reuniu-se em Londres em 1788; alguns anos depois, várias igrejas foram estabelecidas em diversas cidades inglesas. No século XIX, nos Estados Unidos, a Nova Igreja desenvolveu-se significativamente, estendendo-se à França, Alemanha, Suíça, Áustria, Nova Zelândia, África do Sul, num total aproximado de 20 mil fiéis, tendo como centro principal a Swedenborg Society de Londres e Nova York. Nenhuma dessas igrejas promulgou qualquer credo ou doutrina, e seus integrantes colhem suas inspirações nos textos de Swedenborg. A doutrina admite apenas os sacramentos* do batismo* e da eucaristia*g, interpretados num sentido alegórico-místico (v. Alegoria*). A história do mundo passará por quatro grandes "igrejas"; no período final haverá uma crise, quando então muitos irão para o inferno* e poucos para o paraíso. A Nova Igreja surgiu em torno do ano de 1787 e conta com alguns milhares de adeptos na Inglaterra e nos Estados Unidos.

NOVO TESTAMENTO Conjunto de 27 livros que integram a Bíblia* cristã, gradativamente reunidos, classificados numa coleção e considerados Escritura Santa. Não existem documentos originais no Novo Testamento, e sim cópias, cujos manuscritos, os mais completos, remontam ao século IV. São escritos em papiros e pergaminhos, aqueles de origem vegetal, e estes feitos de pele de caprinos. Escrito originariamente em grego, a sua primeira edição surgiu em 1516, por iniciativa do humanista holandês Erasmo de Roterdã (1469-1536). Os cristãos já contavam com uma Escritura Santa, a Bíblia*, herdada do judaísmo* e, mais tarde, chamada de Antigo Testamento*, ao qual juntou-se o Novo Testamento para formar a Bíblia cristã. Um outro grupo de documentos é constituído pelas antigas traduções dos manuscritos gregos. Uma delas, certamente a mais conhecida, foi feita em latim por são Jerônimo*, no século IV, e é denominada Vulgata*. Outras traduções meritórias são as Siríacas — de excepcional interesse não apenas em razão de sua antiguidade, mas também pela circunstância de o siríaco ser uma língua próxima do aramaico, idioma falado por Jesus*b e seus companheiros; a *Peschitta* ("simples"), a mais famosa delas, elaborada no século V; a *Syra Sinaitica*; e a *Syra Cureton*. Acrescente-se ainda um terceiro grupo de documentos: as "Citações" do texto do Novo Testamento, as quais, a exemplo do que acontecera com o Antigo Testamento, começaram pela tradução oral das palavras e gestos de Jesus e pelos relatos de fatos de sua vida. Esses registros vieram a constituir os Evangelhos*, os três primeiros denominados "sinóticos", devido ao seu paralelismo e semelhança. Nos séculos XVII e XVIII, numerosas traduções católicas apareceram; no período seguinte, o Antigo e o Novo Testamento foram traduzidos pelo francês Charles Crampou, com grande sucesso. No meio protestante (v. Protestantismo*), a tradução mais celebrada da Bíblia foi a de Lutero*[b], entre 1522 e 1533, em alemão, a partir dos textos hebraico e grego. No século XX, cite-se a Bíblia da Pleiade. Integram o Novo Testamento: a) os Evangelhos de Mateus, Marcos, Lucas e João; b) os Atos dos Apóstolos*; c) as Epístolas de Paulo; c) a Epístola aos Hebreus; d) as Epístolas de Tiago, Pedro, Judas e João; e) o Apocalipse*. A Bíblia é *best-seller* mundial e recordista de edições, com tradução parcial em mais de mil idiomas.

NUMEN "Uma das noções fundamentais da religião romana", difícil de ser definida e mais ainda de ser explicada. Esse termo (em português, "nume"), de extrema importância na concepção que os romanos* têm do sagrado, designa "a vontade divina que se traduz por vontade eficaz". Os *numina* eram forças poderosas à mercê das quais o homem se subordinava, tão variadas e numerosas quanto as necessidades da pessoa. O universo, para os romanos, era uma rede, um tecido de forças invisíveis. Primitivamente, os deuses romanos eram considerados *numina*; progressivamente, porém, não obstante continuassem divinos, de modo geral passou-se a cultuar não a divindade, mas os seus poderes. Assim, cada deus possuía um *numen* ao qual eram prestadas homenagens. O romano considerava, prioritariamente, que antes de voltar-se para a divindade, era necessário conhecer os seus *numina* para honrá-los e conciliá-los, se necessário. À época de Augusto (século I) a população, com frequência, promovia cultos ao *numen* do imperador, manifestação quase divina quanto ao gênio*[d] que o protegia.

OBLATOS Vocábulo de origem latina, derivado de *oblare* ("dar"), referente a pessoas que se oferecem para viver num convento sem pronunciar os votos. Na Idade Média, o termo se aplicava a crianças oferecidas aos mosteiros pelos pais, em caráter provisório (enquanto os estudos durassem) ou definitivamente. A idade do oblato variava, alguns eram dados aos cinco anos. Os motivos ou razões que levavam os pais a oferecerem seus filhos aos religiosos são de vária ordem: más condições de vida, vocação da criança, insegurança e outros. Por outro lado, na maioria das vezes, os acolhidos provinham da nobreza, mas, na verdade, o objetivo era, prioritariamente, assegurar a salvação do oblato e de sua família. As crianças oblatas vinham a ser uma fonte de renda para os mosteiros, pois os pais costumavam doar quantias ou terras. Uma outra modalidade de oblatura se manifestava na entrega, pelo leigo, de seus bens a uma comunidade monástica (v. Monasticismo*). Posteriormente, o nome "oblato" passou a designar os membros de várias congregações missionárias, ou ainda um fiel filiado a um mosteiro de espírito beneditino*.

OBSERVANTES Designação genérica pertinente a qualquer ordem religiosa, especialmente para identificar uma das ordens franciscanas (v. Franciscanos*) que, rigorosamente, observa as regras. Esse ramo franciscano obteve sua autonomia em 1517, por ocasião da bula* *Ite vos* promulgada pelo papa* Leão X (1475 - 1521; 1513/1521). Esse qualificativo surgiu da vontade não só de respeitar como de fazer sentir na sociedade o ideal de pobreza absoluta exaltado por Francisco de Assis. O movimento, dito "de observância", já se fazia sentir desde o século XIV, associando esse comportamento a uma vida eremítica (v. Eremitismo*), ao estudo e ao apostolado. A autonomia da observância foi definitivamente consagrada e ratificada pelo papa Eugênio IV (1383-1447; 1431/1447) na bula *Ut sacra ordinis*. No entanto, no progresso da observância, o conflito entre seus adeptos e os conventuais* não demorou a se agravar, provocando a interferência da nobreza ou de religiosos de prestígio que sustentavam os observantes, mormente porque estes últimos não aceitavam colocar-se sob o comando dos conventuais. De nada adiantou a bula de Leão X, já mencionada, buscando a concórdia entre os dois grupos. "Os Irmãos da Estrita Observância" subsistiram com este nome até 1897, data marcada pelo papa Leão XIII (1810-1903; 1878/1903), que então decidiu nomear os observantes "Irmão Menores", simplesmente. Os observantes obedecem à regra de são Francisco, dedicando-se principalmente à pregação e às missões no estrangeiro.

OLIVETANOS Ramo da Ordem dos Beneditinos*, fundado por Bernardo Tolomei (1272-1348), natural de Siena, que instalou o seu primeiro mosteiro em Monte-Oliveto (razão do nome) no século XIV. Assim procedeu, juntamente com dois amigos, por ter decidido levar vida eremítica (v. Eremitismo*) no deserto de Accona, em 1312. Em 1344, a Ordem da Virgem do Monte-Oliveto foi aprovada pelo papa* Clemente VI (1291-1352; 1342/1352) que deu autonomia ao conjunto de mosteiros (dez, à época) reunidos sob a autoridade do abade (v. Abadia*) de Monte-Oliveto. Não obstante Bernardo ter morrido em 1348, atingido pela peste, a congregação se desenvolveu, mormente em Siena, Arezzo, Florença e Roma. A vida religiosa de Monte-Oliveto pautava-se pela regra de são Bento, praticando a solidão para separar-se do mundo pecaminoso. A prece litúrgica (v. Liturgia*g) ocupava lugar de destaque, a abstinência*g era perpétua, os jejuns frequentes, o silêncio absoluto e o trabalho ocupava lugar de honra. O abade-geral era eleito anualmente por todos os monges da congregação. Ao se iniciar o século XV, procedeu-se a uma reforma monástica visando a estabelecer critérios definitivos que evitassem atribuir o cargo de abade a pessoas do mundo laico (v. Laicismo*), e somente àquelas da comunidade religiosa. Inúmeros mosteiros foram confiados aos olivetanos para que fosse restaurada a ordem e a disciplina. No século XVI, a ordem vai dedicar-se às prédicas, renunciando à rigorosa solidão até então praticada, e ao estudo da Bíblia* e da patrística*g. A congregação dos olivetanos sobreviveu até os dias atuais.

OPUS DEI Instituição secular, prelazia de caráter pessoal, fundada em 1928 pelo abade (v. Abadia*) espanhol Josemaría Escrivá de Balaguer (1902-1975), tendo como objetivo estimular e desenvolver de modo pragmático os princípios cristãos. A Opus Dei se propõe a congregar homens e mulheres de todas as condições sociais numa concepção religiosa inovadora: a redenção*g pelo trabalho. Esse projeto tem expressão na satisfação do trabalho, através do qual o homem exerce o apostolado (v. Apóstolos*). O abade resume o seu ideário: "santificar o trabalho, santificar-se e santificar os outros pelo trabalho", definindo assim, claramente, a contribuição pessoal na tarefa a ser executada. Nesse mister, qualquer pessoa pode ingressar e participar; a vocação religiosa será então despertada para um novo caminho, pelo exercício de uma espiritualidade laica (v. Laicismo*) em que todos se dedicarão a uma obra de Deus (razão do nome pelo qual ficou conhecida). Essa forma de espiritualidade concentra-se na ação do homem que foi criado para trabalhar (*ut operatur*). Para os integrantes da Opus Dei, o labor cotidiano constitui o instrumento naturalmente adequado para mobilizar a cooperação e a fraternidade social. Um outro aspecto da Opus Dei manifesta-se no amor à liberdade. Cada um deve agir livremente, obedecendo aos ditames de sua consciência, responsabilizando-se pelas consequências de seus atos e de suas palavras. A Opus Dei não é vinculada a qualquer grupo, regime ou partido político. Em seus quadros podem ingressar quaisquer pessoas, embora predominem intelectuais, financistas e tecnocratas. Não obstante a ousadia desses postulados e formulações e das inevitáveis críticas e incompreensões, a prelatura ganhou força e apoio da Igreja Católica (v. Catolicismo*). Após demoradas e laboriosas negociações, por ato do papa* João Paulo II, a Opus Dei foi elevada à categoria de prelazia pessoal (1983), com estatutos próprios e sediada em Roma. Esse tipo de prelazia, reavivada no Concílio Vaticano II* (1962/1965) permite aos leigos exercerem atividades e iniciativas particulares, missionárias ou pastorais, observados os direitos dos bispos e das dioceses*g em geral. Os leigos participantes, de ambos os sexos, celibatários ou casados, de qualquer condição social, situação familiar ou profissional e nacionalidade, subordinam-se ao prelado, seu dirigente maior, eleito vitaliciamente. A atuação da Opus Dei estende-se por dezenas de nações, atuando em 87 países (inclusive o Brasil). A Sociedade Sacerdotal de la Santa Cruz y Opus Dei (nome completo) possui em suas fileiras pessoas de origens e procedências diversas, estendendo-se por centenas de universidades, às quais se aduzem jornais, televisões, cinemas, estações de rádio. A prelazia, em 1997, dispunha de 75 mil leigos, 1.420 sacerdotes e 350 seminaristas. A partir de seu falecimento em 1975, Josemaría Escrivá de Balaguer vem sendo objeto de permanente devoção, na expectativa de sua canonização, confirmada em 2002. Os livros que escreveu abarcam 71 volumes num total de 13 mil páginas.

ORÁCULO Profecia emitida por um especialista (adivinho) independente ou por um profeta vinculado a um santuário. Aos oráculos ligava-se geralmente um deus, um herói ou um morto famoso. Na Grécia antiga, os principais deuses oraculares eram Zeus*d e Apolo*d, ao lado dos quais existiam santuários com oráculos presididos por divindades secundárias. A cidade de Dodona, localizada no Épiro (Bálcãs) possuía um oráculo considerado o mais antigo da Grécia, num santuário de origem egeia. As atividades divinatórias eram realizadas por duas ou três profetisas denominadas "pelíades". O oráculo de Dodona gozava de prestígio internacional, rivalizando com o de Delfos — o mais famoso —, sem, entretanto, a ele equiparar-se. As consultas aos grandes oráculos eram feitas por líderes políticos para solucionar os assuntos mais importantes — declaração de guerra, fundação de cidades —, enquanto as pessoas comuns procuravam os deuses, e, principalmente, os oráculos locais, para casos pessoais (encontrar alguém ou objeto perdido). Pode-se então constatar o quanto os oráculos eram importantes não apenas para as relações internacionais dos gregos, mas também no cotidiano, público e privado. Nas dependências de um santuário oracular, o *adyton* era o lugar principal, pois ali se realizava a profecia. É uma área sagrada onde apenas os fiéis da divindade têm acesso. Local recôndito, seu aspecto é muito variado, alguns localizados no interior do templo, onde ficava a pítia (especificamente, a sacerdotisa de Apolo em Delfos), a quem cabia pronunciar a profecia do deus e cujo papel continua pouco nítido. Casta e discreta, no decorrer das consultas sentava-se num tripé e pronunciava a profecia vinda da divindade, entrando em transe (ou coisa parecida), balbuciando palavras confusas. Alguns autores admitem que o vaticínio de pítia, antes de ser transmitido aos interessados, passava por uma revisão. Todas as consultas eram remuneradas.

ORATORIANOS Membros da Congregação do Oratório de Filipe Néri, instituto católico fundado em Roma por são Filipe Néri (1515-1595), associação de padres seculares que não pronunciam os votos. Desde cedo, esse personagem, tornado sacerdote aos 36 anos (1551) se dedicou aos pobres doentes e aos peregrinos (v. Peregrinações*), acolhendo cristãos e os convidando para ingressar no Oratório, uma comunidade de padres e leigos (v. Laicismo*). A originalidade dessa instituição reside na importância que dá à afetividade e no clima de liberdade reinante. O seu fundador, homem permanentemente bem-humorado, partidário da doçura, da paciência e da humildade, contribuiu poderosamente para o êxito da Congregação. Filipe imagina um meio-termo entre a clausura*g e o mundo, recusando qualquer modalidade de regra. Não obstante, o papa* Gregório XIII (1502-1585; 1572/1585) instituiu o Oratório em congregação secular. Filipe toma a seu cargo a Igreja de Santa Maria Novella com a obrigação de instaurar uma ordem, que só viria a ser aprovada em 1612, sete anos após sua morte. Dois de seus discípulos haviam fundado em Nápoles um dos primeiros oratórios, mas adotando práticas monásticas (v. Monasticismo*), contrariamente à concepção de Néri. Em 1596, a comunidade romana separa-se da napolitana. No Oratório, a vida cotidiana se distribui entre as atividades pessoais e o serviço comunitário, sem abandonar a doçura e a harmonia. No século XVIII, o Oratório passou por uma crise ocasionada pelo jansenismo*, cujos integrantes perturbaram a ordem até o findar do século. Teve de enfrentar também um outro problema: a pretensão de jovens leigos que desejavam organizar um curso de professores mediante simples contrato de trabalho. Como outras, a congregação foi dissolvida em 1792, sendo reconstruída, porém, após a Revolução Francesa.

ORDENS MILITARES Ordens de religiosos integradas por cavaleiros aos quais se associaram padres e leigos (v. Laicismo*). Pronunciando os três votos religiosos, não estão subordinados à autoridade episcopal, ficando diretamente subordinados ao papa*. Trata-se de uma das mais singulares inovações religiosas da Idade Média, visto que tinham por objetivo conciliar santificação com práticas religiosas e uso de armas, "missão religiosa e sangue", o que, naquele período, somente os leigos poderiam fazer. As ordens militares marcaram uma reviravolta na vida religiosa medieval quando romperam com o ideal da ausência do mundo, misturando-se aos leigos para poderem auxiliar e prestar assistência aos peregrinos (v. Peregrinações*) e cuidar dos doentes, ao mesmo tempo que se lançavam a combater os infiéis. Essas ordens, embora se assemelhem, não são iguais; cada uma dispõe de hierarquização própria, liderada por um *grand maître* com poder limitado por um órgão ("capítulo geral") do qual fazem parte representantes de diversas regiões. Estas se dividem em priorados (comunidades religiosas governadas por priores*g ou prioresas). São várias essas ordens: a dos Cônegos do Santo Sepulcro, formada entre 1103 e 1112 e destinada a velar o túmulo do Cristo*b; a Ordem dos Hospitalares* de São João de Jerusalém, que se transforma essencialmente numa ordem militar, abandonando o seu caráter assistencial; a dos Cavaleiros Teutônicos*, fundada em 1191, inicialmente um hospital destinado a hospedar soldados e peregrinos e a cuidar deles. As ordens militares espanholas ficaram vinculadas à Reconquista (luta contra os mouros); a Ordem do Templo, a um só tempo militar, monástica (v. Monasticismo*), diplomática e financeira, foi extinta em 1312 pelo papa Clemente V (?-1314; 1305/1314) na bula* *Vox clementis*. Seus bens foram confiscados e transferidos para os Hospitalares de São João de Jerusalém; o patrimônio existente em Portugal foi absorvido pela monarquia, passando a formar a Ordem de Cristo, sob o comando do infante dom Henrique.

ORFISMO De origem desconhecida, esse nome identifica uma corrente religiosa solidamente estabelecida na Grécia antiga (século VI a.C.). O nome deriva de Orfeu, cantor de voz maravilhosa, poeta lendário, rei da Trácia, filho de uma musa. Aqueles que o escutam ficam seduzidos por sua voz. Orfeu encanta a todos: homens, animais, árvores, pedras. Poeta, inventa a cítara, recebendo de Apolo*d uma lira de sete cordas, à qual acrescenta mais duas, perfazendo nove, o número das musas*d. Quando acompanha os Argonautas na expedição que fazem à procura do velocino de ouro — a pele de carneiro dourada —, sua voz acalma as tempestades e protege os expedicionários contra o canto das sirenas (sereias), que seduzem os navegantes. Orfeu é personagem mítico; a lenda o vincula à religião de mistérios* e a uma literatura sagrada; sua influência sobre os mistérios de Elêusis* não sofre dúvida. Quando morre sua mulher, Eurídice, picada por uma serpente, Orfeu, inconsolável, parte em sua procura, chegando até os infernos*; seu canto emudece o cão Cérbero, guardião do inferno, e encanta as divindades infernais que o autorizam a recuperar Eurídice, desde que não se volte para ela antes de alcançar a luz do dia. Mas Orfeu não resiste, desobedece, e imediatamente a jovem é envolta por uma nuvem enorme e desaparece "como uma fumaça impalpável" para sempre. O orfismo espalhou-se pela Grécia levado pelos iniciados, que pregavam o jejum e as mortificações. Personalidades gregas notáveis deixaram-se impregnar pelo orfismo. Os iniciados órficos eram sepultados com pequenas lâminas douradas nas quais eram gravadas frases rituais e esperançosas dos órficos. Não se sabe como se realizava a iniciação órfica. De sua literatura, da qual muitos títulos são conhecidos, restam apenas fragmentos.

ORGIA(S) Cerimônias realizadas pelos seguidores do deus Dioniso*d, uma das mais importantes divindades da Grécia antiga. As orgias são ritos*g exercidos pelas "bacantes" que entram em êxtase, isto é, ficam fora de si; elas são as "mênades", *entheós* (isto é, "possuídas pelo deus"), e são tomadas pela loucura, pelo delírio, pela "mania". Essas devotas de Dioniso, em determinada época, se reuniam para cultuar o deus, agrupadas em "tíasses*", termo que, mais tarde, tornou-se o nome de uma associação que reunia cidadãos gregos e estrangeiros, homens livres e escravos, de ambos os sexos. Para esses fiéis de Dioniso, ir à montanha ou à floresta dançar ao som de tambores e gritos e comer carne crua de animais imolados significava participar de uma orgia (*orgiasmos*), no decorrer da qual todos eram afetados pelo entusiasmo, todos eram *entheós*. Posteriormente, o termo "orgia" tomou sentido diferente, pejorativo, sinônimo de festa licenciosa.

ORIXÁS Divindades dos cultos*g afro-brasileiros. A palavra "orixá" provém do nagô *orisha*, pronúncia "ôri'dxa", que significa literalmente "imagem". Equivale ao termo jeje*g *vodun* (v. Vodum*g) e ao banto *inkice* (inquice*g). Os orixás eram as divindades cultuadas pelos iorubás*g do sudoeste da Nigéria, do Benim e do Togo, trazidos para o Brasil e nele incorporados pelos negros escravizados. No Brasil, foram sincretizados (v. Sincretismo*g) com os voduns e os inquices, formando um panteão afro-brasileiro único. Essas divindades são mais geralmente chamadas de "orixás" e cultuadas sob os nomes iorubás; mas as casas de nação angola usam o termo "banto" e os nomes originais dos inquices, o mesmo ocorrendo com as casas jeje, que usam o termo "vodum" e os nomes daomeanos. Dizem os etnógrafos que, no século XVI, havia na África ocidental cerca de 600 orixás; os que chegaram ao Brasil não passavam de 50. Muitos deles, nos seu países de origem, foram reis e nobres divinizados; outros representavam forças da natureza, como rios, ventos, raios, chuvas e o arco-íris. A exemplo de Cuba e do Haiti, os orixás, no Brasil, foram sincretizados com santos católicos. Essa identificação é total para a umbanda*. O candomblé* adota as festas e alguns outros aspectos do culto dos santos católicos, embora deixe claro que o sincretismo foi apenas uma estratégia de sobrevivência da religião dos escravos. Não se conhece o número exato de orixás preservados no Brasil, avaliando-se em 18 as divindades mais invocadas, as quais estão caracterizadas neste dicionário. (v. Euá*d, Exu*d, Iansã*d, Ibêji*d, Iemanjá*d, Ifá*d, Iroco*d, Logunedê*d, Nanã*d, Obá*d, Ogum*d, Omolu*d, Ossaim*d, Oxalá*d, Oxóssi*d, Oxumarê*d, Oxum*d, Xangô*d.)

ORTODOXIA Termo atribuído à doutrina da Igreja bizantina separada de Roma pelo cisma de 1054, provocado pelo então patriarca* de

Constantinopla Miguel Cerulário e das Igrejas do mesmo rito*g. Os ortodoxos professam os dogmas fundamentais do cristianismo*, mas só reconhecem os sete concílios* ecumênicos realizados anteriormente ao cisma de Fócio, teólogo bizantino. Os ortodoxos reconhecem, mas recusam como inovação, os dogmas e usos introduzidos no catolicismo*, mormente quanto ao *filioque**g (do latim, "e do Filho") ou seja, "que procede do Pai e do Filho", e também aos conceitos relativos a purgatório, à imaculada concepção da Virgem Maria*b, à supremacia papal (o papa*, para os ortodoxos, é considerado apenas um dos cinco patriarcas do cristianismo*) e, sobretudo, à infalibilidade papal*. Para eles, o Cristo*b é o único chefe da Igreja, cuja autoridade se manifesta pelos sínodos*g (reunião dos bispos). As Igrejas Ortodoxas possuem patriarcas em Constantinopla, Alexandria, Antioquia e Jerusalém; "Igrejas Autocéfalas" (v. Autocefalia*g), em Chipre, na Grécia, Romênia, Rússia, Sérvia, Bulgária, Geórgia, República Tcheca, Polônia, Albânia; "Igrejas autônomas" (Finlândia, China); e várias comunidades dispersas nos Estados Unidos da América do Norte, no Canadá, na Argentina, na Austrália e na França. A Igreja Ortodoxa é também nomeada Igreja Oriental, por ser a fé histórica da parte oriental da cristandade, e Ortodoxa, porque afirma manter a doutrina e o ritual apostólico. Por outro lado, é comum chamá--la de Igreja Grega, porque se originou nos países de língua grega do Império Romano. Atualmente, ela não é apenas dos gregos, mas também dos povos balcânicos em geral, dos russos, egípcios cristãos (coptas*), árabes cristãos da Síria e da Palestina, armênios, etíopes e outros. Por força das revoluções russas, numerosos ortodoxos espalharam-se no ocidente europeu e na América, mantendo numerosas congregações. A doutrina dos ortodoxos orientais baseia-se na Bíblia*, encontrada na Santa Tradição conforme decisões dos sete primeiros concílios gerais da Igreja, nas obras dos Pais da Igreja* (especialmente nas dos "três hierarcas" (Basílio, o Grande, Gregório Nazianzeno*b e são João Crisóstomo*b). O dogma do purgatório é ignorado. Os Credos de Niceia (concílio ecumênico de 325) e de Constantinopla (381), confirmados por estes dois concílios, são as únicas confissões de fé utilizadas pelos cristãos orientais, sendo recitadas no batismo* e na eucaristia*g. Os sete sacramentos* são reconhecidos: o batismo* (na infância, três imersões), a confirmação*g (unção batismal), a confissão*g, a eucaristia, o matrimônio*g, a ordenação*g e a unção dos enfermos*g. Os padres das paróquias podem contrair matrimônio, sem o direito de contratar segundas núpcias. Os monges ortodoxos são celibatários. Os jejuns são numerosos e severos. O canto desempenha um grande papel na Igreja Ortodoxa, não sendo tolerada, porém, qualquer música instrumental. As igrejas são ricamente ornamentadas com quadros sagrados (ícones*g). Não existe papa ou autoridade análoga. As igrejas ortodoxas constituem uma federação autocéfala, com culto*g celebrado em vernáculo, obedecendo aos seus costumes e às suas tradições, sem perda da mútua comunhão. A principal Igreja Ortodoxa é a de Constantinopla, seu principal bispo tem o título de "patriarca ecumênico", e mantém, sob sua jurisdição, os cristãos ortodoxos da Turquia. Os outros três patriarcas são os de Alexandria (Egito), Antioquia (outrora Síria, hoje, Turquia) e Jerusalém. Ao longo dos séculos XVI e XVII, vários grupos de ortodoxos uniram-se a Roma, vindo a constituir os uniatas*, que mantêm liturgia*g e organização próprias. A Igreja Ortodoxa conta atualmente com 200 milhões de fiéis.

ORTODOXIA (NO JUDAÍSMO) Termo aplicado ao segmento do judaísmo* que segue a linha tradicional da religião judaica, que foi durante séculos a única vertente do judaísmo, e que passou a ser usado a partir do advento do judaísmo reformista, na Alemanha, no século XIX. O termo "ortodoxia" se opõe, assim, às designações de diversas correntes ditas "liberais", como os reformistas (v. Reforma judaica*), os conservadores*, os reconstrucionistas (v. Reconstrucionismo*). Os judeus ortodoxos seguem uma observância estrita e literal das regras e dos preceitos do judaísmo, tais como apresentados na Torá*, na *halachá** do *Talmud** e no *Shulchan Aruch**. Segundo sua visão, o conteúdo do judaísmo expresso nessas obras já abrange todas as interpretações necessárias a sua adaptação aos conceitos e às realidades modernas, mantendo assim, segundo creem, o judaísmo tal como foi concebido, originariamente, por injunção divina e depois fixado por seus sábios durante séculos. Essa formulação moderna da ortodoxia no judaísmo comportou algumas variantes. Os que primeiro a enunciaram, como reação ao surgimento da reforma judaica na Alemanha, foram o húngaro Moses Sofer e o alemão Azriel Hildesheimer. Importante setor da neo-ortodoxia alemã foi liderado por Samson Raphael Hirsch, que se desligou totalmente do movimento reformista alemão. Outro segmento, o de Seligman Bamberger, preferiu lutar pela ortodoxia sem cindir a comunidade.

Outro importante grupo ortodoxo tem suas origens no movimento chassídico (v. Chassidismo*), cuja ideias centrais foram adaptadas aos novos tempos. Sua principal organização é o movimento *Chabad** (do hebraico *Chochmá, Biná, Daat*, ou seja "Sabedoria, Compreensão, Conhecimento"). (P.G.)

P

PAIS DA IGREJA "Escritores eclesiásticos considerados intérpretes autorizados da tradição cristã." Para que um autor tenha esse título, a Igreja Católica recomenda três condições: a antiguidade, a santidade, a ortodoxia. Esse termo, "Pai", de início foi dado por algumas comunidades aos seus bispos. Progressivamente, o uso estendeu-se a todos os bispos e, a partir do século IV, aplicado também a homens que, embora não sendo clérigos, eram reputados profundos conhecedores da doutrina. No século V, os Pais eram definidos como "os que, constantemente, vivem na fé e na comunhão católica, os que ensinam, os que são fiéis ao Cristo*b ou os que merecem morrer por ele". A expressão "Pais da Igreja", pois, era pertinente aos escritores e pensadores cristãos reconhecidos como referência doutrinal, constituindo os primeiros elos de uma tradição inspirada na Bíblia*, para revelar aos homens a palavra de Deus. Suas obras e seus pronunciamentos, ao mesmo tempo que faziam refletir sobre os mistérios* da Santíssima Trindade* ou da Encarnação, estabeleciam uma moral condizente com os problemas da época. Os Pais da Igreja foram contemporâneos ativos dos assuntos fundamentais da Igreja Católica. Para as Igrejas que professam o cristianismo*, a formação da inteligência cristã dependeu sempre da tradição. Os mais antigos Pais da Igreja são denominados "Pais apostólicos", porque pertencem à geração seguinte à dos apóstolos* (Clemente, bispo de Roma, Inácio, de Antioquia, Barnabé etc). Seus sucessores foram os "Apologistas gregos" (Justino Mártir, Taciano, Irineu). Na segunda metade do século II surgem tratados refutando erros gnósticos (v. Gnosticismo*) pela pena de Irineu, bispo de Lyon. Já no século III, aparecem os primeiros Pais de formação latina. Na África, Tertuliano*b (160?-220), nascido em Cartago, polemista ardente, moralista austero, orador famoso. O século IV assinala o reconhecimento oficial do cristianismo e a idade de ouro da patrística. Na Igreja do Oriente, figuras como Atanásio, Cirilo de Alexandria, João Crisóstomo*b pontificam, assim como os chamados "Pais capadocianos" (provenientes da Capadócia, região da Turquia atual), os três bispos Basílio, Gregório de Nissa e Gregório Nazianzeno*b amigos íntimos, dotados de ampla cultura literária. No século XIX, o abade (v. Abadia*) J. Paul Migne (1800-1875) publicou uma exaustiva edição das obras dos Pais da Igreja: a *Patrologia latina*, 221 volumes (1844/1845) e a *Patrologia grega*, 85 volumes (1856/1861), num total de 306 volumes. Segundo outras fontes, a série grega é composta de 161 volumes, o que daria um total de 382 volumes.

PAPA "O mais comum e popular dos títulos religiosos utilizados para designar o sucessor de são Pedro*b." O vocábulo exprime afetuoso respeito e carinho, originário do grego *papas*, costumeiro no Oriente ao reverenciar bispos e, eventualmente, padres. Os títulos completos do papa são: Bispo de Roma, Vigário de Cristo, Sumo Pontífice, Príncipe dos Apóstolos*, Patriarca do Ocidente, Primado da Itália, Arcebispo e Metropolita da Província de Roma, Soberano do Estado do Vaticano*. Qualquer católico (v. Catolicismo*) do sexo masculino podia ser eleito papa; a partir de 1378, somente os cardeais. Acrescente-se que, depois do holandês Adriano VI (1459-1523; 1522/1523) e, excetuando-se o polonês João Paulo II, eleito em 1978, todos os papas eram italianos. A escolha do papa é realizada 15 dias depois da morte do antecessor, num conclave* no qual 70 cardeais se reúnem, praticamente incomunicáveis com o exterior até o resultado final.

Este é proclamado quando, após quatro escrutínios diários, um nome alcança a preferência (dois terços mais um dos votos). Esse colégio cardinalício existe desde 1586, criado pelo papa Sisto V (1521-1590; 1585/1590). O papa reina e reside no Estado do Vaticano (Roma), criado em 1929 pelos acordos de Latrão. Sua Santidade dispõe de soberania e poder temporal, exercendo indiscutível influência política. Dos 264 papas que até 2002 ocuparam o trono pontifical, 77 foram canonizados (v. Canonização*) (o último, Pio X, em 1958). Entre os privilégios inerentes aos papas — e dos mais importantes — ressalta o da infalibilidade (v. Infalibilidade Papal*), reconhecida e outorgada pelo Concílio* Ecumênico Vaticano I (1869/1870), convocado pelo papa Pio IX (1792-1878; 1846/1878). Alguns títulos de saudação ao papa são bem antigos como, por exemplo, o de "Muito Santo Pai" que remonta ao século XII. Segundo bom número de autores, o nome "papa" foi implementado na segunda metade do século V; a exclusividade do título para a Igreja Católica, porém, só foi estabelecida no século XI pelo papa Gregório VII (1020-1085; 1073/1085), por ser único no mundo. (*Quod hoc unicum est in mundi.*)

PÁRSIS Masdeístas (v. Masdeísmo*) modernos, habitantes da região indiana de Bombaim, o seu nome provém de uma antiga província da Pérsia. Os pársis descendem de um grupo de seguidores de Zoroastro*b perseguidos pelos muçulmanos. Esses refugiados carregam consigo a chama sagrada, fazendo-a brilhar em suas igrejas, razão pela qual os ocidentais as chamam de "templos do fogo". Esse fogo é mantido incessantemente, venerado como símbolo da luz divina que brilha na alma humana. Instalando-se na Índia desde o século XVII, os pársis trouxeram os principais elementos da religião de Zoroastro, sendo inevitável, porém, que fossem influenciados pelo hinduísmo*. Assim, o sacerdócio tornou-se hereditário (a exemplo dos brâmanes*), a doutrina dos *Gathas* foi negligenciada, o casamento de menores estimulado e a própria doutrina não demorou a transformar-se em simples observâncias rituais. Isso foi mantido até o século XVIII, quando os ocidentais começaram a manifestar interesse pelos antigos textos zoroastrianos. Os pársis são iniciados na religião entre os sete e os 15 anos, praticando cultos*g em torno de Ahura Masda, acreditando na imortalidade da alma, cultuando o fogo sagrado, expondo os mortos aos abutres e rejeitando a encarnação. O sacerdócio é profissional e hereditário, compreendendo três etapas: os grandes, médios e primários, cada grupo com funções específicas. Os templos são extremamente simples, desprovidos de qualquer imagem. Não existe adoração de Ahura Masda. O zoroastrismo, com a maior firmeza, insiste sobre a necessidade de ser evitada a poluição dos elementos da natureza, razão pela qual os mortos não são incinerados nem enterrados, e sim abandonados às aves de rapina. Atualmente, na Índia, os pársis são mais de 100 mil e, provavelmente, fora do Irã, os únicos remanescentes do zoroastrismo.

PÁSCOA Nos domínios da religião, uma das maiores festas da Igreja cristã, que comemora a Ressurreição de Jesus*b Cristo. As primeiras Páscoas coincidiam com a Páscoa judaica (a palavra provém do hebraico *pessach*, por intermédio do latim *pascha*). O vocábulo *Easter* ("páscoa", em inglês), viria de Eostre, uma deusa anglo-saxônia cuja festa da primavera era celebrada no equinócio, momento em que o Sol, no seu movimento anual aparente, corta o equador, proporcionando igual duração entre o dia e a noite. Não é conhecida nenhuma referência da celebração da Páscoa à época apostólica, mas, com a extinção da geração que tivera contato permanente com os discípulos de Jesus, tornava-se imperioso a comemoração anual de um evento considerado o coroamento da história do cristianismo*. A Páscoa cristã tem relação histórica com a judaica (v. *Pessach**). Esta comemora a libertação dos hebreus da escravidão no Egito sob a liderança de Moisés*b, cerca de 1.200 anos antes da era cristã. Segundo a tradição cristã, Jesus foi preso pelos romanos e por eles crucificado na semana de celebração de *Pessach*, numa sexta-feira, ocorrendo a Ressurreição no domingo seguinte. Em 325, o Concílio* Ecumênico de Niceia decidiu que os cristãos deveriam comemorar a Páscoa no mesmo dia de semana do evento comemorado, o domingo. Na liturgia*g católica, as festividades de Páscoa compreendem 50 dias, da Ressurreição ao domingo de Pentecostes*g (festa da Igreja Católica que evoca a descida do Espírito Santo aos apóstolos*); e, no judaísmo* (v. *Shavuot**), festa em memória do dia em que o profeta Moisés recebeu de Deus as tábuas da Lei. Na Igreja Ortodoxa (v. Ortodoxia*), a Páscoa é comemorada uma quinzena depois das festividades cristãs.

PATARINOS Heréticos (v. Heresia*) neomaniqueístas (v. Maniqueísmo*) surgidos nos Bálcãs no decurso do século XII, cujas ideias e convicções os levaram a se associar aos cátaros (v. Catarismo*) e aos bogomilos (v. Bogomilismo*). Segundo alguns, o seu nome provém de Pataria, bairro miserável e malfalado de Milão. Os patarinos eram refratários ao casamento, além de rejeitarem alguns sacramentos* do catolicismo*. Numerosos deles foram queimados vivos por ordem do arcebispado milanês, mas a seita* soube manter-se operante até o século XIV.

PATRIARCAS 1. Título dado aos líderes das três primeiras gerações dos hebreus*, Abraão*b, seu filho Isaac*b e o filho deste, Jacó*b. A partir da migração de Abraão, viveram em Canaã, e, mesmo não sendo nômades, deslocavam-se habitualmente, por causa das transumâncias. 2. Título adotado e consagrado, pertinente aos chefes das Igrejas ortodoxas, cujas sedes foram estabelecidas e organizadas pelo Concílio* de Calcedônia (451), a saber: Alexandria, Antioquia, Constantinopla e Jerusalém. Hierarquicamente, sem que ficasse caracterizada sua supremacia, o patriarca de Constantinopla demonstrou sempre certa ascendência (v. Ortodoxia*). Os patriarcas dispõem de amplo domínio e autoridade sobre as igrejas de sua jurisdição.

PATRIARCAS JUDEUS V. Abraão*b, Isaac*b, Jacó*b.

PAULICIANISMO Heréticos (v. Heresia*) neomaniqueístas (v. Maniqueísmo*), integrantes de uma seita* surgida na Armênia e em parte da Ásia Menor, no decorrer do século VII. A origem desse nome é muito controversa, alguns achando que tenha sido dado para reverenciar os livros de são Paulo*b, outros acreditando provir da palavra armênia *polik*. Essa seita foi fundada em 660, nas proximidades da cidade de Samosata (Síria), por Constantino de Manalis, executado mais tarde por ordem do imperador bizantino Constante II (629-668; 641/668). Os paulicianos eram dualistas (v. Dualismo*), rejeitando o Antigo Testamento* e parte do Novo Testamento* e condenando o culto*g da Virgem Maria*b porque, segundo argumentavam, ela fora tão somente o instrumento pelo qual o Cristo*b veio ao mundo. Preocupadas com a progressiva expansão dos paulicianos, que chegaram, por algum tempo, a constituir um verdadeiro Estado independente na Ásia Menor, as autoridades bizantinas realizaram severa repressão; no século VIII, inúmeros seguidores da seita foram deportados para os Bálcãs, onde conseguiram, segundo a maioria dos autores, influenciar os bogomilos (v. Bogomilismo*). Até o final do século XIII, os paulicianos angariaram um bom número de fiéis e, certamente, contribuíram para a disseminação do bogomilismo. Não há vestígios dessa heresia.

PAZ DE DEUS Movimento patrocinado pela Igreja Católica, nos séculos XI e XII, visando a abrandar a violência da cavalaria medieval e proteger as populações da brutalidade feudal. A sua primeira etapa assumiu característica acentuadamente popular, enquanto a segunda, mais demorada do que a primeira, desenrolou-se até o século XIII, extinguindo-se como natural consequência do triunfo da teocracia* papal. Nessa segunda fase, o campesinato pouco teve a ver, abrindo-se espaço para a ação exclusiva da nobreza e do episcopado. A ideia que consubstanciava a Paz de Deus, completada a seguir por outra medida, a Trégua de Deus (proibição de combates e torneios nos últimos dias da semana), já vinha sendo formulada desde o século VIII pela Igreja carolíngia. No entanto, a deterioração da autoridade pública e a prática de guerras privadas encetadas pela aristocracia militar, predatória e ávida de enriquecimento, possibilitou à Igreja, temerosa da mobilização do campesinato, tomar as primeiras medidas concretas capazes de preservar não só camponeses mas também mercadores, artesãos e clérigos em geral. A Paz de Deus e a Trégua de Deus manifestavam claramente a intenção de submeter os leigos (v. Laicismo*) ao poder clerical, política em grande parte idealizada e executada pela Ordem de Cluny*, fundada no século X. Ao proibir o uso de armas em determinados dias da semana e evitar competições em certas datas do calendário litúrgico (v. Liturgia*g), a Igreja, por intermédio da Paz de Deus e da Trégua de Deus, encontrara um meio de coibir a violência, do mesmo modo que, ao findar o século XI, achará na cruzada* uma forma de afastar das fronteiras europeias a belicosidade de uma população jovem e ávida de glória pessoal. Assim, ordem social e política condicionavam-se ao controle clerical, à espera de amplas modificações no próprio seio da Igreja, que irão assumir sua feição prática nas reformas lideradas pelo papa* Gregório VII nos dez anos do seu pontificado (1073/1083).

PECULIAR PEOPLE Seita* protestante (v. Protestantismo*) fundada no ano de 1828 em Plumstead (subúrbio de Londres). O nome significa "gente bizarra": seus integrantes recorrem à cura espiritual para a maioria das doenças, só apelando para o médico para tratarem de ferimentos graves ou, em caso de absoluta necessidade, se submeterem a operação cirúrgica. Para a grande maioria das enfermidades, o tratamento consiste na aplicação de unções de óleo preparadas pelos "antigos" (anciãos), os quais, além dessas habilidades, são pregadores e professores. Praticam o batismo* depois de adultos.

PEIOTISMO Culto*g religioso, manifestado através de cerimônias cujo ritual se desenvolve num espaço sagrado (geralmente uma tenda), realizado por tribos indígenas da América do Norte. Nas últimas décadas, o peiotismo desenvolveu-se entre vários grupos (cheienes, cheroquis, *kaiowas*, comanches, navajos, *paiutes* e outros). O peiote é um cacto (*Lophophora williamsii*) pequeno, glabro, parecido com a cenoura na forma, que cresce espontaneamente nas fronteiras entre o México e os Estados Unidos. Os povos pré-colombianos conheciam o peiote e utilizavam em seus ritos*g a mescalina, alcaloide existente no peiote. Essa religião é tida pelos índios como uma versão local do cristianismo*, razão pela qual se consideram cristãos. O peiotismo consiste num culto noturno e coletivo no decorrer do qual, pela contemplação, oração e ingestão do peiote, os adeptos recebem uma revelação que julgam proceder de Deus. Esses fiéis acreditam que Deus retirara parte do Espírito Santo e a colocara no peiote, dando-a aos índios. Ao ingerir o peiote, o índio está se apoderando dessa porção do Espírito Santo. Para o indígena, o peiote tem eficácia médica e espiritual. As sessões rituais são realizadas à noite, dentro das tendas (*tipi*), os participantes sentados em círculo ao redor de um pequeno monte de terra em forma de lua crescente. Este satélite natural da Terra e sua revolução em torno do planeta tinham particular importância no peiotismo. A cerimônia é acompanhada de cânticos (na realidade, orações), estimulados por instrumentos (tambor, apito, cabaças), e a ela se segue a fase alucinatória, caracterizada por visões produzidas pela planta e através das quais "abre-se o caminho do peiote", reservado aos índios e à sua autonomia religiosa.

PELAGIANISMO Doutrina, por alguns considerada heresia*, elaborada no século V por Pelágio, monge inglês estabelecido em Roma. Em 410, após o saque dessa cidade, esse clérigo e seus discípulos dirigiram-se a Cartago, cidade fenícia, para finalmente fixarem-se na Palestina. Conforme argumentava, o homem deve escolher livremente sua religião e, não sendo pecador por natureza, tem o direito de optar pelo bem ou pelo mal. Pelágio negava o "pecado original" (sendo por isso acusado de herético), afirmando que essa transgressão só teria afetado Adão e não toda a raça humana: o homem seria o único responsável moral pelos seus atos, não dependendo da graça*g divina para conseguir sua salvação. Suas ideias granjearam de imediato a oposição total de santo Agostinho*b, um dos principais adversários do pelagianismo. Absolvido em Jerusalém, Pelágio foi condenado por um concílio* em Cartago (416) e depois em Éfeso (431).

PENITENTES No período medieval (séculos XIII/XVI), algumas confrarias surgidas na Itália, França e Espanha. Os penitentes usavam roupas escuras, munidas de um capuchо, e se flagelavam (v. Flagelantes*) nas ruas; dedicavam-se a obras de caridade e de penitência (razão do nome), estas cumpridas quando sepultavam criminosos e cadáveres encontrados nas ruas. Além disso, visitavam prisioneiros e doentes. Algumas dessas organizações podem ser encontradas na Espanha, em regiões da América Latina e no sudoeste do Novo México, EUA Episodicamente, substituíam os padres na quaresma ou na semana santa. A palavra penitência (do latim *paenitentia*, "arrependimento") tem vários sentidos. Assim, ela pode significar um sofrimento voluntário imposto pela expiação, desejo de perfeição, ascetismo* etc. A penitência estabelece rituais vinculados à noção de reparação (reparar os pecados fazendo penitência). O calendário litúrgico (v. Liturgia*g) registra tempo de penitência, de purificação (quaresma, jejuns, abstinência*g) e outras formas de ficar "de bem com Deus". A miséria do homem e seu arrependimento são ressaltados nos sete "Salmos de penitência", no canto dos israelitas ou no dos cristãos. A penitência, além do mais, é um dos sete sacramentos* do catolicismo*, destinada a perdoar as faltas dos pecadores arrependidos através da confissão*ᵍ. Outrora, a Igreja criara uma "penitência pública" para os pecadores costumeiros, notórios, os quais eram classificados em quatro categorias: os que choravam, os que ouviam, os que se prosternavam e os que, conforme suas faltas, podiam participar dos ofícios religiosos perto dos fiéis. Todas as religiões, mesmo as primitivas, têm um tempo de penitência. Algumas ordens religiosas têm o nome de "Irmãos (ou Irmãs) da Penitência".

PENTATEUCO V. Torá*.

PENTECOSTALISMO Movimento religioso protestante (v. Protestantismo*), originário dos Estados Unidos da América do Norte ao se iniciar o século XX, onde foi abrangendo vários grupos. O pentecostalismo (também "pentecostismo") se correlaciona com a experiência dos primeiros cristãos* em Jerusalém no dia de Pentecostes*ᵍ. Os dons e o batismo* do Espírito Santo constituem uma bênção especial, não só para o cristão como na vida da Igreja. A emergência do pentecostalismo moderno dá-se em 1900, em Topeka (Kansas), estendendo-se a Los Angeles, com grande aceitação pela população negra; ele migra depois para a Europa, via Escandinávia, Inglaterra e outros países. Sob vários aspectos, não poucas seitas pentecostalistas se assemelham a grupos protestantes fundamentalistas. Com o aparecimento do movimento da Renovação Carismática* a partir de 1950, que rapidamente afetou boa parte das Igrejas clássicas, inclusive a católica, boa quantidade de paróquias*ᵍ anglo-saxônias se iniciaram no pentecostalismo. Os grupos pentecostalistas acreditam na inspiração literal da Bíblia*, embasados numa parte da população mais carente. As Igrejas pentecostais não são homogêneas, diferindo expressivamente na sua organização e autoridade. Algumas dispõem de ministros ordenados (v. Ordenação*ᵍ). Muitas vezes constatam-se rivalidades locais nos grupos pentecostais; nos países do Terceiro Mundo, as assembleias se multiplicam, gerando lideranças e grupos independentes. Essas evoluções são frequentes nos países latino-americanos, onde o pentecostalismo vem alcançando considerável sucesso, em especial no Brasil, Chile, na Guatemala e Nicarágua; e também na Europa (Itália, Portugal, Espanha). No Brasil, as Igrejas pentecostais começaram a surgir nos primórdios do século XX, no Paraná e em São Paulo onde, em 1910, foi fundada a primeira Igreja Pentecostal, a "Congregação Cristã do Brasil". Um ano depois, missionários suecos erigiram, em Belém do Pará, a "Assembleia de Deus", fadada a grande sucesso. As "Assembleias de Deus" constituem o mais importante movimento pentecostalista do mundo, com mais de 13 milhões de membros, afora os Estados Unidos. Paralelamente ao pentecostalismo clássico, surgiu no interior das grandes Igrejas um movimento "carismático", também nomeado "neopentecostalismo" sem qualquer espírito separatista, corrente que se inseriu no protestantismo americano em 1960. Quanto à Renovação Carismática Católica, o seu começo data de 1967, vinda de um grupo de estudantes americanos atraídos pela experiência pentecostalista.

PEQUENA IGREJA Grupo católico cismático, integrado por centenas de adeptos, localizado no oeste da França. A Pequena Igreja surgiu em 1801, quando padres e bispos refratários à Constituição civil do clero, votada pela Constituinte em 1790 (Revolução Francesa), não aceitaram reconhecer a concordata* assinada por Napoleão Bonaparte (1769-1821) e pelo papa* Pio VII (1742-1823; 1800/1823). Essa concordata, entre outras providências, suprimia algumas dioceses*ᵍ (cerca de 30), visando a harmonizar as circunscrições eclesiásticas com as novas divisões administrativas. Os titulares das circunscrições imediatamente protestaram junto à Santa Sé (ou Vaticano*), sem nenhum êxito, apesar da intransigência de alguns prelados que preferiram separar-se de Roma a pactuar com Napoleão. Ao longo do século XIX, alguns clérigos da Pequena Igreja abandonaram o hábito. A Igreja, porém, subsistiu em algumas regiões da França, sem padres, mas tendo os serviços religiosos, com exceção das missas, celebrados por leigos (v. Laicismo*). Dotados de uma virtude rígida e de não menores sentimentos piedosos, esses católicos, apesar de cismáticos, se esforçaram bastante para conservar integralmente as tradições religiosas, entre as quais a crença na inutilidade do casamento civil.

PEQUENOS PASTORES Grupo anárquico surgido na Europa (França e Países Baixos), liderado por um monge renegado, conhecido como "Mestre da Hungria", formado à época das cruzadas* com o intuito de libertar Jerusalém dos muçulmanos. Esse movimento insere-se no clima da religiosidade popular que se propagou quando a Igreja conclamou o mundo católico (v. Catolicismo*) a partir para o Oriente. Era integrado, na sua maioria, por jovens pastores que abandonaram os seus rebanhos e por um número crescente de pessoas provenientes de camadas sociais as mais diversas, muitas das quais vestidas como pastores ou vaqueiros, de onde o nome que lhe foi atribuído. Em breve, milhares de indivíduos vieram a formar um verdadeiro exército, o qual, empunhando estandartes, onde se representava a Anunciação*g à Virgem Maria*b, e toda espécie de objetos (punhais, forquilhas, machados), pregavam contra o clero, atacando as mais diferentes ordens religiosas e procurando polarizar a atenção da população. O seu líder, o Mestre da Hungria, rapidamente adquiriu renome e fama de milagreiro. Diversas cidades francesas, Paris inclusive, foram invadidas pelo povo, que atacava e saqueava. Essa estranha cruzada popular terminou na cidade de Bourges (França) onde foi contida pela municipalidade, e seus líderes foram executados.

PEREGRINAÇÕES Jornadas a lugares santos como forma de devoção, de há muito realizadas, individualmente ou em grandes grupos, a lugares de culto*g, venerados por fiéis. Na Antiguidade, na Grécia e no Oriente helenístico, os principais centros de peregrinações eram os oráculos*; os judeus (v. Judaísmo*), desde cedo, mantinham o hábito de visitar o Templo*, em Jerusalém, três vezes por ano, nas festividades judaicas* de *Pessach*, *Shavuot** e *Sucot**. Os primeiros peregrinos cristãos*, desde o século III, também visitavam Jerusalém, entre eles estiveram o imperador romano Teodósio e a imperatriz Eudóxia. A ocupação dessa cidade pelos árabes no século VII (638) não sustou as peregrinações. As autoridades muçulmanas demonstraram sempre uma grande tolerância nesse sentido, mas a situação mudou quando os turcos seljúcidas tomaram a cidade, em 1070. Diversos sítios europeus, em destaque pelo seu passado e pela existência de relíquias de mártires*g famosos, tornaram-se centros de permanente atração dos peregrinos. Desses lugares, certamente o de maior fascínio era Roma, por força da tradição dos apóstolos* e de numerosos mártires. A importância de Roma, como local de peregrinações cristãs, perdurou durante toda a Idade Média. Um outro local não menos celebrado era Santiago de Compostela, impulsionado por uma tradição conhecida a partir do século IX que afirmava existirem no local relíquias de são Tiago, o Maior. Na Inglaterra, o túmulo de Thomas Becket atraía milhares de pessoas. As peregrinações eram realizadas, quase sempre, para cumprir um voto, curar uma doença, obter o perdão de uma falta. Eventualmente, a Igreja ou tribunais eclesiásticos* recomendavam, ou mesmo impunham, uma peregrinação como punição de heresias*. Essas viagens, não raro, acabavam interrompidas por ataques de bandoleiros que despojavam os peregrinos de seus valores. Os bilhetes que lhes eram entregues, a título de salvo-conduto, pelo bispo de sua paróquia, de pouco adiantavam. Dessas peregrinações participavam indivíduos de ambos os sexos, ricos e pobres. A importância que, no século XIX, tomou a devoção a Maria*b provocou um novo surto de multidões, presentes em Lourdes e em Fátima, santuários que se tornaram célebres, permanentes cenários de multidões devotas. No Islã*, a peregrinação é um rito*g, um dos cinco pilares da fé, isto é, uma das cinco obrigações sobre as quais se apoia a religião islâmica. Essa peregrinação (*hajj*) deve ser realizada pelo muçulmano pelo menos uma vez em sua vida: ir a Meca* e circungirar sete vezes a Caaba*, templo sagrado muçulmano. Dementes, escravos e as mulheres que não têm companheiros são dispensados, inclusive aqueles que não dispõem de recursos para a viagem, ou que estejam doentes. Outras peregrinações menos relevantes são realizadas a túmulos de "santos" ou de marabus (v. Marabutismo*). No hinduísmo*, as peregrinações têm um lugar preponderante. Sete cidades ou aldeias são tidas como santas, entre as quais Benares, Mathura, Dawraka e outras. Os peregrinos, maciçamente, banham-se nos sete rios sagrados da Índia: o Ganges, o Jumna, o Godvari, o Narmada, o Indo, o Cauvery e o Saravasti, este último atualmente quase sem água. Também no budismo* há o hábito de visitar locais ilustrados pela vida e pelas prédicas de Çakyamuni, o Buda*b, especialmente o lugar de seu nascimento, ou Bodhh Gay, onde ele se tornou "o Iluminado", ou ainda a cidade de Kusinara, onde alcançou o nirvana*.

PERSEGUIÇÕES Com o lema *Christianos esse non licet* ("não é permitido ser cristão*") o Império Romano, que sempre demonstrara tolerância com os diferentes cultos*g e religiões de origem estrangeira, a partir de um certo momento perseguiu o cristianismo*. As razões dessa mudança basearam-se no fato de os cristãos se recusarem a participar do culto ao imperador (v. Culto imperial*), o que os tornava inimigos do Estado. De outro lado, sua intransigência e o segredo com que realizavam suas reuniões, certamente teriam contribuído para separá-los da população não cristã. No entanto, o imperador Trajano (53-117; 98/117), respondendo a uma consulta do governador da Bitínia, declarou não ser preciso procurar (entenda-se "caçar") os cristãos, mas puni-los, desde que fossem denunciados por pessoa responsável e não contestassem a denúncia. Essa atitude, sem dúvida moderada, não tardou a ser estigmatizada por Tertuliano*[b] (155-220), jurista e teólogo cartaginês: "O cristão é punível não porque é culpado mas porque é descoberto, se bem que não seja devido procurá-lo!". Esse texto do imperador, durante todo o século II, constituiu o embasamento jurídico das perseguições. Mas, a partir do período seguinte, com o aumento do número de cristãos e com o reforço da unidade imperial ante o perigo da anarquia militar, as perseguições passaram a ser promovidas através de editos, prolongados até o Edito de Milão* (313). As perseguições foram sempre intermitentes, o governo evitando repressão sangrenta, bastando ao cristão apostatar para ser absolvido. Habitualmente, são registradas dez grandes perseguições entre as quais: a de Nero (64), desencadeada após o incêndio de Roma; a de Domiciano (95), no decorrer da qual vários nobres romanos foram executados ou exilados, e, principalmente, a de Décio, a mais severa de todas. Uma das consequências das perseguições foi o nascimento do culto dos mártires*[g] (*mártyr*, em grego) que eram tidos como imitadores de Cristo*[b], pelo qual davam o sangue, do mesmo modo que o Cristo fizera para salvar a humanidade. Nesse contexto, surgiu, então, o culto das relíquias* sobre o túmulo desses mártires. (V. tb. Antissemitismo*.)

PESSACH Importante festa do calendário judaico*. A palavra hebraica tem sua raiz no verbo que significa "pular, passando adiante", e refere-se ao episódio da libertação dos judeus da escravidão no Egito, em c. 1200 a.C., quando o Anjo* da Morte, enviado por Deus, na última e decisiva das dez pragas, para matar todos os primogênitos egípcios, "passa" pela casa dos judeus, marcadas com sangue de cordeiro nos umbrais das portas, poupando seus primogênitos (Êxodo*[g], 12:22-23). *Pessach* comemora um evento fundamental na história do povo judeu: a conquista da liberdade e o início de uma jornada que resultou em sua constituição como povo, ao adotar uma identidade, uma religião e uma percepção de futuro comum. Por isso, a principal denominação secundária da festa é *zman cherutenu*, "o tempo de nossa liberdade". Essa conotação, associada à formação da identidade histórica, religiosa e nacional, acabou por prevalecer sobre outros significados de *Pessach*, principalmente a partir das reformas religiosas do rei Ezequias, no século VII a.C. Um desses significados é o de festival de comemoração da primavera e do início da colheita de grãos, cujo primeiro feixe (*omer*) era levado em oferenda a Deus. Esse cunho agrícola e de culto*[g] à natureza, comum nos povos e nas religiões da época, tem expressão em outras denominações de *Pessach*, a de "festa da primavera" (*chag haaviv*) e a de "festa da sega dos grãos" (*chag hakatsir*). Era uma das três festas de peregrinação* ao Templo*, quando um cordeiro pascal era sacrificado no altar. Confundia-se também com o Festival do Pão Ázimo (v. Matsá*[g]), sete dias em que não se comia pão fermentado, costume que foi associado ao aspecto histórico de *Pessach* — os escravos libertados, em sua pressa de sair do Egito, não teriam tido tempo de fermentar a massa do pão — e incorporado à sua comemoração. Com a dispersão dos judeus após a destruição do segundo Templo em 70 a.D., a conotação histórica e religiosa, com sua grande soma de elementos simbólicos, fez de *Pessach* um dos momentos mais significativos da tradição judaica. Sua comemoração passou a ser feita principalmente nos lares judaicos, durante oito dias, começando com uma reunião de toda a família na primeira noite, para a cerimônia e o jantar do *seder**. Escravidão e libertação, através da rica simbologia de *Pessach*, ganharam expressão alegórica (v. Alegoria*) permanente na história judaica, sendo o exílio e o afastamento da identidade judaica comparado à escravidão, e o retorno à Terra Prometida* e aos valores tradicionais da ética, à libertação. O texto da *Hagadá**, lido durante o *seder*, além de contar toda a história da libertação do Egito, afirma que todo judeu deve considerar-se um dos escravos libertados da escravidão no Egito pela mão de Deus, pessoalmente (e não por delegação a anjo ou mensageiro), e um candidato à futura libertação da "escravidão" de hoje. *Pessach*, e a cerimônia do *seder*, representam nessa alegoria, pela evocação da memória do passado, uma permanente reopção das gerações judaicas pela Aliança e pelos compromissos que ela implica, que levarão à renovada redenção e à liberdade reconquistada. A comemoração do *seder* de *Pessach* juntamente com o jantar de *Rosh Hashaná**, talvez por seu caráter festivo e emocional, são até hoje ocasiões em que muitas famílias judaicas, mesmo as não muito cumpridoras dos preceitos religiosos, preservam as tradições de seu povo. (P.G.)

PIETISMO Movimento religioso nascido na Igreja Luterana (v. Luteranismo*) alemã, ao findar do século XVII, fundamentado numa obra de Jakob Spener (1635-1705) intitulada *Pia desideria*, publicada em 1675. Esse movimento exerceu considerável influência no Ocidente europeu durante mais de um século, estando ainda vivo em determinados setores do protestantismo*. O pietismo considerava que a fé deveria ser vivida intensamente para engendrar uma forma de piedade que se manifeste vivamente. À luz desse raciocínio, os pietistas se preocupavam mais com a santificação do que com a justificação pela fé, o princípio básico da doutrina luterana. O pietismo luterano foi preparado não apenas pelo livro de Spener, mas deve muito às correntes místicas (v. Misticismo*) do século XVI e mesmo ao puritanismo* inglês do século XVII. Em 1670, inspirado numa ideia de Martin Bucer (1491-1551), dominicano* alemão, amigo de Lutero*b, Spener criou os "colégios piedosos" (*collegia pietatis*) os quais, rapidamente, alcançaram considerável expansão. A Universidade de Halte tornou-se o centro do pietismo e que se propagou por toda a Alemanha, assim como pela Suíça e pela Escandinávia. A piedade pessoal era colocada em primeiro plano pelos pietistas, o entusiasmo religioso predominava sobre o saber doutrinal. Os *Pia desideria*, um opúsculo de 90 páginas, não se contentavam em denunciar os males do luteranismo, propunham também o *remeder*, através de seis "piedosos desejos": difundir amplamente as Escrituras; restaurar o sacerdócio, colocando leigos ao lado dos pastores; anexar ao conhecimento doutrinal a prática das virtudes cristãs; renunciar às polêmicas de má-fé; desenvolver os estudos de teologia; incrementar as prédicas a respeito do homem. O pietismo representa um protesto contra o formalismo religioso das Igrejas, exaltando e valorizando o desempenho dos diversos deveres sociais. As mistificações por ele fundadas foram o berço de importante obra social e pedagógica.

PONTÍFICES Órgão fundamental da estrutura religiosa dos romanos*, criado por Numa Pompilius, segundo rei de Roma, o colégio dos pontífices (do latim *pontifex*, "aquele que abre os caminhos para os deuses") compunha-se originariamente de três ou cinco membros, chegando a 16 durante o governo de Júlio César. O colégio era o guardião da tradição romana, responsável pelos cultos público e privado e também pela guarda dos arquivos do Estado e dos anais oficiais. Além desses encargos, certamente os mais importantes, cabia aos pontífices outras atribuições: consagração dos edifícios públicos, estabelecer os dias fastos e nefastos (úteis e feriados), regulamentação dos jogos, guarda dos livros pontificais. Os pontífices ocupavam os seus cargos vitaliciamente, nomeados por cooptação, cabendo-lhes escolher os 15 flâmines* (sacerdotes encarregados de realizar sacrifícios públicos em homenagem às divindades mais importantes). Insígnias os identificam: o machado (*dolabra*), o cutelo (*secespita*), o aspersório (*aspergillum*) e o vaso para libações (*simpulum*). Com o império, todos os imperadores ganharam o título de *Pontifex Maximus*.

POSITIVISMO Conjunto de ideias e princípios filosóficos (e, para alguns, uma religião) elaborado pelo francês Augusto Comte (1798-1857) e configurado em várias obras. No campo filosófico, o vocábulo "positivo" designa realidades antagônicas, ou seja, o útil se antepõe ao inútil, o real ao irreal, o relativo ao absoluto. Para Augusto Comte, a humanidade, por ele denominada "Grande Ser", se desenvolve sob a "lei dos três estados": o teológico, o metafísico e o positivo (ou científico). O estado positivo representa o término de uma evolução na qual o indivíduo alcança o saber definitivo, ou seja, a ciência. Esse estado só poderá ser alcançado pela observação e experimentação, o que levou Comte a estabelecer uma diferença entre ciências concretas e abstratas. Para estas, propôs uma classificação em ordem lógica e cronológica: matemática, astronomia, física, química, biologia e sociologia, ciências às quais, mais tarde, acrescentou a moral. Augusto Comte não acreditava no infinito nem no absoluto. "Tudo é relativo, e isso é a única coisa absoluta", proclamava num axioma que se tornou a máxima fundamental do positivismo. A natureza humana, afirmava, evolui obedecendo a leis históricas; o estudo da sociedade compreende dois aspectos: um estático, outro dinâmico. O primeiro estabelece a ordem, e o segundo, o progresso. Assim, a um só tempo doutrina e método, o positivismo fornece os instrumentos para o funcionamento de qualquer sistema político, isto é, a ordem e o progresso. A moral constitui a sua preocupação essencial, fator básico para qualquer decisão e que, no pensamento de Comte, fundamenta-se no altruísmo, termo aliás inventado por ele. A existência da sociedade é mantida pelo altruísmo, que é incapaz de modificá-la, sendo necessário uma fundamentação religiosa, um "Grande Ser", noção abstrata, associada a várias concepções e caracterizada na "Religião da humanidade", lançada no ano de 1848. Comte acreditava piamente que ela se tornaria a religião do mundo contemporâneo. Refazendo sacramentos*, redigindo orações, implementando sacerdotes "filósofos", a serem remunerados pelo Estado, canonizando a mulher, falecida, que amara, Augusto Comte, segundo um de seus críticos, criou uma religião que era o catolicismo* sem o cristianismo*. O positivismo exerceu uma grande influência no Brasil, atuando de modo decisivo no ideário republicano de 1889, e não poucos foram os que abraçaram essa doutrina. O lema da bandeira nacional do Brasil, uma vez instalada a República, inspirou-se no positivismo. Figuras como Miguel Lemos, Teixeira Mendes, Júlio de Castilhos, Pinheiro Machado, Borges de Medeiros e outros a ele aderiram. No Rio de Janeiro, uma organização de catequese e pregação foi fundada, o Apostolado Positivista, participando ativamente das questões políticas. Escritores e poetas (Euclides da Cunha, Lima Barreto, Vicente de Carvalho, Sílvio Romero etc.) também o abraçaram.

PRAYER BOOK Missal, breviário*g e livro litúrgico (v. Liturgia*g) da Igreja Anglicana (v. Anglicanismo*), publicado em 1549, durante o reinado de Eduardo VI (1537-1553; 1547/1553). Escrito em inglês, esse importante documento da legislação política e religiosa da Inglaterra, substituiu toda a literatura utilizada pelos fiéis. O *Livro comum da prece*, seu nome oficial, desde logo se impôs; outros dois *Prayer Books* foram editados (1552, 1559), o último por decisão da rainha Elisabete I (1533-1603; 1558/1603), um verdadeiro retrocesso com relação ao de 1549 no que estabelecia quanto a ornamentos e formas litúrgicas. O *Prayer Book* elisabetano provocou fortes reações dos puritanos (v. Puritanismo*), acabando por ser suprimido a partir de 1645 sob a influência do presbiterianismo*. No entanto, 15 anos depois, revisto mais uma vez, estava de volta, apesar da discórdia de milhares de puritanos. Após 1663, poucas alterações sofreu o *Prayer Book*, que continua a comandar a Igreja Anglicana na Irlanda, na Escócia, nos Estados Unidos e na própria Inglaterra.

PREMONSTRATENSES Também conhecidos como "norbertinos", designação derivada de são Norberto, fundador, em 1121, de uma abadia* no local dito *Praemonstratus*. Os premonstratenses gozam da reputação de ser da família de cônegos regulares, a mais importante e a mais coerente. Essa ordem destinava-se à vida ativa, sem prejuízo, porém, das tarefas a executar no ministério paroquial. A ordem foi confirmada pelo papa* Honório II (1124/1130) e visava a proporcionar ao grupo uma vida rigorosamente comunal. Norberto escolheu a regra de santo Agostinho, a qual compreendia prescrições rigorosas sobre a pobreza, o trabalho (manual e intelectual), o jejum, a abstinência e a clausura. O cotidiano dos premonstratenses se desenrolava com extrema simplicidade, baseado na pobreza, isto é, na desapropriação voluntária dos próprios bens, manifestada inclusive na sua vestimenta, uma túnica branca de lã, simbolizando a ordem e a pobreza. No decorrer dos três primeiros séculos de sua existência, a ordem dos premonstratenses alcançou grande prosperidade, espalhando-se por quase todo o ocidente europeu, especialmente na Alemanha, centro da maioria de suas casas, assim como na Bélgica, nos Países Baixos, na Itália, na Inglaterra, na Espanha e no leste europeu. No século XV, a ordem passou por um lento declínio, devido em parte ao luteranismo*. Reformas foram tentadas sem, entretanto, obterem êxito. Seu renome de séculos não impediu, porém, que a ordem quase fosse extinta pela Revolução Francesa, quando a abadia foi vendida. Atualmente, na Áustria, a ordem possui um braço feminino.

PRESBITERIANISMO Sistema eclesiástico, cujo nome deriva do vocábulo grego *pres-*

byteros ("mais velho", "antigo"), e que designava, por eleição, um religioso para pregar a doutrina, batizar os convertidos, celebrar a eucaristia*ᵍ e dirigir as orações na Igreja nos primórdios do cristianismo*. Nesse sistema, o governo da Igreja compete a uma série de conselhos (consistório, sínodos*ᵍ, assembleias). A partir da Reforma*, o vocábulo "presbiteriano" passou a identificar protestantes (v. Protestantismo*) pertencentes a Igrejas administradas por presbíteros (pessoas idosas, experientes, dignas de respeito), num plano igualitário, em oposição à hierarquia episcopal. O modelo presbiteriano foi estabelecido pelo calvinismo*, no século XVI, quando o seu idealizador, Calvino*ᵇ, organizou, na cidade de Genebra (Suíça), um sistema religioso no qual os presbíteros foram investidos de grande autoridade. No entanto, saliente-se, o termo "presbiterianismo" designa mais acentuadamente o calvinismo anglo-saxônio. Esse sistema, adotado por muitos na França e na Suíça, foi introduzido na Escócia onde perdura até os dias atuais. Na Inglaterra, o presbiterianismo veio com a reforma anglicana (v. Anglicanismo*) durante o reinado de Elisabete I (1533-1603; 1558/1603). Muitos presbiterianos clamavam por uma modalidade de culto*ᵍ e uma estrutura eclesiástica "mais evangélica, mais pura", o que lhes valeu serem nomeados "puritanos" (v. Puritanismo*). De outra parte, o presbiterianismo desempenhou um papel muito importante, mormente na revolta que derrubou, em 1648, o rei Carlos I (1600-1649; 1625/1649). Quando o governo inglês foi restaurado constitucionalmente, os presbiterianos formaram a maioria do ministério. Sua influência foi enorme e constante, só cessando de ser uma força política ao findar do século XVIII. A Igreja Presbiteriana Inglesa conta hoje com 70 mil fiéis, aproximadamente. Os fundamentos doutrinários do presbiterianismo constam da Confissão de Fé de Westminster, promulgada em 1646, documento no qual a tendência calvinista é manifesta. Na América, o presbiterianismo foi introduzido desde o século XVII pelos puritanos da Nova Inglaterra. Os dois primeiros centros em que se instalou foram as universidades de Yale e de Princeton. O presbiterianismo admite pastores leigos; o seu órgão supremo é uma Assembleia Geral cujo presidente, intitulado "moderador", é mantido na função por um ano. As Igrejas presbiterianas são unidas por um denominador comum; a Aliança Presbiteriana Internacional, órgão consultivo, fundado em 1875, iniciativa dos Estados Unidos e da Inglaterra, visando à coordenação mundial das atividades missionárias da religião. Os Estados Unidos contam atualmente com uma dezena de denominações presbiterianas, duas delas as mais importantes: a Igreja Presbiteriana Unida (três milhões de adeptos) e a Igreja Presbiteriana do Sul (um milhão). Mundialmente, conta com mais de 50 milhões de fiéis. No Brasil, data da segunda metade do século XIX.

PRISCILIANISMO Seita* espanhola, decorrente das prédicas de Prisciliano, padre natural da Galícia, procedente de família nobre e rica, erudito e ousado, qualidades associadas a uma grande vaidade e não menor eloquência. Era dado à prática da magia* desde os primeiros anos de vida. Empenhado em propagar o gnosticismo* e o maniqueísmo*, Prisciliano conseguia atrair bom número de nobres e plebeus às suas prédicas, principalmente mulheres, "ansiosas sempre por coisas novas", inclusive pela cortesia com que expunha suas ideias, ao que se aduzia o fato de Prisciliano ser um asceta rigoroso (v. Ascetismo*), refratário ao casamento, humilde e modesto, até mesmo no vestir. A severa repressão movida pelas autoridades eclesiásticas culminou com a sua condenação no Concílio* de Saragoça, em 380, obrigando sua transferência para a Itália, onde foi condenado à morte pelo imperador Máximo. Não obstante, a seita sobreviveu, sendo definitivamente rejeitada no Concílio de Braga, em 563, desaparecendo logo após.

PROFETAS Em hebraico, *Neviim*, o segundo dos três grandes acervos que compõem o Antigo Testamento*, ou *Tanach*, a Bíblia* judaica. É a reunião dos escritos proféticos de toda uma plêiade de pregadores idealistas judeus que, durante séculos, inspirados numa visão de justiça, de ética e de fé que atribuíam à mensagem divina, denunciaram os desvios de conduta religiosa, política e moral das classes dominantes e de seus governantes e sacerdotes. Como todos os povos da Antiguidade, os judeus, a partir do estabelecimento das tribos em Canaã, e na época dos Juízes*ᵍ e da primeira monarquia (c. 1030 a.C.), tinham seus videntes, astrólogos e adivinhos profissionais espalhados pelos territórios das tribos, sempre prontos a "profetizar" mediante pagamento, ou usar de magias* e sortilégios para conseguir resultados. Não eram em nada diferentes de seus colegas de outros povos e outras crenças, e sua atividade evidenciava um sincretismo*g que nada tinha a ver com o legado religioso guardado pelos herdeiros da Aliança dos patriarcas* e de Moisés*b. Enquanto isso, ocorria uma radical transformação no estilo de vida e na realidade econômica, social, política e cultural dos judeus, que passavam do pastoreio nômade para a agricultura e o comércio. Com isso, os preceitos bíblicos que atribuíam a propriedade da terra ao Senhor, com reintegração de Sua posse no ano do Jubileu*g, começaram a ceder lugar ao latifúndio, à pequena propriedade, e à consequente existência de uma classe de trabalhadores rurais despossuída e cada vez mais explorada por proprietários, comerciantes e agiotas. Essa situação trouxe o enriquecimento de alguns, e o seu simétrico, a pobreza de muitos. Muitos governantes e sacerdotes tornaram-se os representantes dessas classes dominantes, e a injustiça social e a corrupção substituíram o conteúdo ético dos mandamentos de Deus. As práticas de inspiração idólatra e os desvios de motivação e de comportamentos completavam o quadro de afastamento das origens morais e dos fundamentos religiosos do judaísmo*. Foi quando surgiu um novo tipo de pregador e vaticinador, não um mágico ou vidente, mas um moralista e acusador, um denunciador dos pecados do presente, um profeta das tragédias que deles adviriam e um visionário dos novos tempos que viriam com a volta de Israel a sua verdadeira essência. Os profetas foram os primeiros intérpretes explícitos do conteúdo social e ético em que se fundamenta a fé judaica, e a comparar seu abandono ao abandono de Deus e de Seus desígnios. Os primeiros desses profetas, no século VIII a.C., foram Amós e Isaías*b (este, o visionário da paz universal do fim dos dias, ele mesmo um descendente de casa real), que também figuram entre os mais importantes, juntamente com Micah, Oseias, Jeremias*b, Ezequiel*b e Elias (v. Messias*). A importância desses escritos e de sua mensagem religiosa e social é enorme, até hoje, na formação da estrutura ética do judaísmo*, e influenciou decisivamente os conceitos morais formulados por outras religiões, principalmente o cristianismo*. Um trecho de uma seleção de escritos dos Profetas (*haftará*) é lido na sinagoga*, após a leitura dos trechos semanais da Torá*, nas manhãs de sábado e de dias festivos. (P.G.)

PROTESTANTISMO Um dos três ramos do cristianismo*, surgido na Europa (século XVI), com uma história intimamente vinculada à Reforma*. É formado por várias Igrejas, disseminadas de modo diverso por todos os continentes, implementando obras e movimentos. Contando atualmente com quase 450 milhões de adeptos no mundo inteiro esse ramo do cristianismo nasceu quando a bula* *Exurge Domine*, promulgada em 1520 pelo papa* Leão X (1475-1521; 1513/1521), intimou o frade agostiniano (v. Agostinismo*) Martinho Lutero*b (1483-1546) a retratar-se das críticas que fizera contra a "virtude das indulgências*g" (remissão das penas do purgatório para as pessoas que contribuíssem financeiramente numa obra pia). Condenado por recusar, após ter queimado a bula em praça pública, foi excomungado (v. Excomunhão*g) e banido do império. O nome "protestante" foi pela primeira vez pronunciado em 1529, na Dieta (assembleia) de Spira, quando os luteranos protestaram (origem do nome) contra uma deliberação dessa assembleia que autorizava os príncipes alemães a escolher a religião oficial dos Estados que governavam ("*cujus regio ejus religio*g"). Inspirados nos postulados de Lutero, novos reformadores surgiram, estendendo o protestantismo a outros países. Na Suíça, em Zurique, um pregador e prior*g, Huldrych Zwingli*b (1484-1531), propôs uma série de modificações, entre as quais a substituição da missa por um culto*g dominical (1524), concentrado na prédica e numa liturgia*g mais simples. O pensamento zwingliano foi exposto em 67 teses. Ao contrário do monge alemão, místico (v. Misticismo*) e permanentemente preocupado com a redenção*g, o predicante suíço agia como homem de paróquia*g, sempre em contato com o seu rebanho, politizado e pragmático. O radicalismo de sua doutrina levou-o à guerra civil, sendo morto numa emboscada. Na França, um advogado, Jean Calvin (1509-1564), latinizado Calvinus, donde Calvino*b (v. Calvinismo*), ao formular sua doutrina, apesar de ser protestante, opôs-se a Lutero por intermédio da chamada "teoria da predestinação". Os seus princípios, expostos em sua obra *Instituição da religião cristã*, baseavam-se, essencialmente, no reconhecimento da Bíblia* como única fonte da fé. Perseguido, estabeleceu-se em Basileia e, posteriormente, em Genebra. Nesta última, apesar da importância de sua obra, a reforma protestante que realizou ficou manchada pela incompreensível execução do médico e teólogo espanhol Miguel Servet (1511-1553). Os dados sumários aqui apresentados bastam para confirmar a pluralidade das origens do protestantismo, manifestada na multiplicidade de suas lideranças e nas propostas que asseguraram o seu êxito e sua originalidade. É fácil constatar que, embora "pai fundador" e desfrutando de enorme influência, Martinho Lutero não foi o chefe único do protestantismo. Um outro aspecto dessa expressão cristã a ser considerado — fator indiscutível do seu êxito — diz respeito à sua expansão. Em 1620, puritanos ingleses (v. Puritanismo*) atravessaram o Atlântico e chegaram à América, onde fundaram a cidade de New Plymouth, trazendo uma nova modalidade de protestantismo, envolvida num clima utópico, centrado espiritualmente na sua congregação e no seu pastor, líder indiscutível da comunidade. Um puritano, Roger Williams, lança os alicerces de Rhode Island, berço dos primeiros batistas* americanos; William Penn ergue um povoado, a Pensilvânia. A expansão protestante decorreu, principalmente, da ação missionária, favorecida pela Revolução Industrial dos séculos XVIII e XIX, época no decurso da qual numerosos órgãos coletivos (conselhos, associações) foram criados. Em 1900, mais de 300 desses organismos atestavam a amplitude e a operosidade protestante. As principais características do protestantismo podem ser resumidas através de três palavras provenientes da Reforma: "apenas a fé, apenas a Escritura, apenas a graça*g" (sola fides, sola Scriptura, sola gratia). A primeira tentativa de implantação do protestantismo no Brasil remonta ao século XVI, com a ocupação francesa do Rio de Janeiro. A expedição, comandada por Villegagnon (1555), tinha o objetivo de fundar a França Antártica e construir um refúgio onde os protestantes franceses pudessem praticar livremente o seu culto. Esses protestantes procuravam escapar da perseguição religiosa e implantar no Novo Mundo uma nação cristã reformada (v. Calvinismo*). Os portugueses, no entanto, enfrentaram a tentativa francesa e eliminaram as possibilidades de sucesso. Por outro lado, as lutas da Reforma, no próprio interior da colônia francesa, impediram-na de dar prosseguimento a seus intentos religiosos de unidade e tranquilidade. Os franceses fracassaram, e a colônia foi destruída em 1560, pondo fim à primeira tentativa de inserção do protestantismo na América do Sul. Do período, os franceses só guardariam o êxito simbólico da realização do primeiro culto protestante em terras não europeias (10 de março de 1557). A segunda tentativa de implantação do protestantismo no Brasil — mais elaborada e duradoura — deu-se um século depois, no nordeste do país, durante a ocupação holandesa. A intenção era, então, bem diversa da dos franceses. Os holandeses vieram ao Brasil como resultado da expansão colonialista e capitalista da Companhia das Índias, visando ao comércio do açúcar. A fé reformada acompanhou os holandeses e, também, a fundação de um número significativo de igrejas protestantes. Os holandeses fundaram uma colônia com sede em Pernambuco, que se manteve, durante 15 anos (1630-1645), como uma espécie de Estado teocrático (v. Teocracia*), assegurando a tolerância religiosa e rejeitando a escravidão. Os portugueses, porém, puseram fim à ação holandesa, e suas comunidades foram dissolvidas. Após a abertura para o estabelecimento de outras confissões religiosas no Brasil, expressa na Constituição de 1824, muitos grupos protestantes passaram a visitar o País, em especial os distribuidores de Bíblias (colportores). Mas foram os missionários vindos do Estados Unidos que foram os maiores responsáveis pela expansão protestante no Brasil. A primeira missão protestante estabeleceu-se no Rio de Janeiro, em 1855, organizada pelo missionário escocês autônomo, radicado nos Estados Unidos, Robert Reid Kalley, que fundou a Igreja Congregacional do Brasil (v. Congregacionalismo*). Anos mais tarde, em 1859, chega ao Rio de Janeiro o missionário presbiteriano norte-americano Ashbel Green Simonton que, em 1862, fundou a Igreja Presbiteriana (v. Presbiterianismo*). A denominação presbiteriana foi a que mais se desenvolveu no século XIX, seguindo a trilha de expansão do café e encarnando o espírito do expansionismo evangelista norte-americano. Simonton procurou começar a pregar em português e envolver-se mais ativamente com os brasileiros. Como resultado, entre a chegada de Simonton e o fim do Império, os presbiterianos haviam construído mais de 50 igrejas, um seminário, dois colégios e diversos periódicos. Os metodistas (v. Metodismo*) foram, cronologicamente, o terceiro grupo a se estabelecer. Seriam os primeiros, se contada uma tentativa frustrada, iniciada em 1835 pelo Rev. Fountain E. Pitts. Um novo grupo de metodistas se estabeleceu em 1876, com os missionários John J.

Ransom, J. W. Kojer e James L. Kennedy. A opção desse grupo foi dar prioridade à educação, abrindo colégios em toda parte. Secundariamente, iniciavam novas congregações. A Igreja Batista implantou-se oficialmente no Brasil com a chegada dos missionários William Bagby e Zacarias Taylor, em 1881. A primeira igreja foi fundada em 1882, na Bahia. Os batistas* já haviam fundado uma igreja, em 1871, em Santa Bárbara d'Oeste (SP) entre os confederados imigrantes, que não havia sido reconhecida de forma oficial. Esse grupo também dedicou-se à educação, mas a prioridade foi dada às congregações, sendo a igreja protestante da tradição da Reforma que mais cresceu numericamente no país. A mais tardia das igrejas protestantes de origem missionária foi a Igreja Episcopal do Brasil. Ela foi fundada, em 1890, no Rio Grande do Sul, trazida pelos missionários Lucien L. Kinsolving e James W. Morris, que chegaram ao Brasil em 1889. A presença maior dessa igreja se deu no sul do país, mas não experimentou um crescimento significativo. Estudos demonstram que foi considerável o número de missionários protestantes nos últimos 30 anos do século XIX. Essa presença mais maciça foi favorecida pela conjuntura político-religiosa que abriu as portas para o proselitismo protestante: forte tendência liberal, reformulações constitucionais, enfraquecimento da relação Igreja-Estado, crise interna no catolicismo* com a romanização. O protestantismo no Brasil está também intimamente vinculado à chegada de imigrantes estrangeiros. Os primeiros, alemães, entre 1824 e 1864, eram assistidos espiritualmente por leigos e, posteriormente, por pastores enviados pelas Igrejas alemãs. De imediato, foi fundada a Igreja Evangélica Alemã do Brasil, reunindo algumas comunidades no Rio Grande do Sul. Anos depois, em 1904, norte-americanos luteranos criaram a Igreja Evangélica Luterana do Brasil, associada ao Sínodo*g Luterano de Missouri, nos Estados Unidos. Um grande número de norte-americanos veio para o Brasil a partir da derrota dos Confederados na Guerra de Secessão nos Estados Unidos (1861-1865). Entre as centenas de famílias que se estabeleceram no interior de São Paulo (Santa Bárbara d'Oeste/Americana), havia muitos pastores, que fundaram congregações. As igrejas norte-americanas passaram a mandar missionários para atender a essas famílias e também para ampliar a atuação entre os brasileiros. O pentecostalismo* surgiu no Brasil no decorrer das primeiras décadas do século XX. A partir de 1950, essa vertente protestante desenvolveu-se sobremodo, acabando por se tornar majoritária. Estudos demonstram que "um décimo dos brasileiros adultos era pentecostal". Entre as Igrejas pentecostais brasileiras destacam-se a Assembleia de Deus (com início em 1911) e a Igreja Universal do Reino de Deus (fundada em 1977).

PROTOCOLOS DOS SÁBIOS DE SION Obra apócrifa, falsamente atribuída, como o nome indica, aos "Sábios de Sion", um grupo secreto de judeus que, num conluio com outros grupos (os maçons), teriam planejado a destruição da sociedade cristã e um governo internacional judaico. A obra apareceu na Rússia no fim do século XIX, provavelmente uma distorção de um texto autêntico, mas com temas e autores totalmente diferentes, como se comprovou mais tarde: era plágio de uma matéria em francês publicada em Bruxelas em 1865 (seu autor, M. Joly, não era judeu) com o título "Diálogo nos infernos entre Maquiavel e Montesquieu". Mas foi como os Protocolos que essa matéria foi publicada em russo, em c.1902, logo se transformando na principal peça de campanhas antissemitas (v. Antissemitismo*), e num dos "argumentos" antijudaicos do nazismo. Apesar de ser reconhecidamente uma invenção mal-intencionada, e de seu caráter calunioso, a obra foi traduzida para muitas línguas e vendida livremente. Suas falsas alegações e informações continuam a fomentar e influenciar preconceitos e atitudes antijudaicos. (P.G.)

PURANA Textos em sânscrito (*purana* significa "anciãos"), tradicionais, sendo 18 grandes (do norte da Índia) e vários outros menores. Os primeiros tratam da criação do mundo, da genealogia de reis místicos (v. Misticismo*), as mitologias*, lendas, castas, escritos para pessoas de castas inferiores. Esses textos, de procedência e datas diversas, na sua maior parte foram redigidos entre os séculos IV e XIV, provavelmente começando por um *purana* primitivo (ao que tudo indica, perdido), com uma extensão hipotética em torno de 400 mil *shloka* (pequenos textos de quatro semilinhas de oito sílabas ou duas linhas de 16 sílabas). Na realidade, os *purana* são uma imensa mistura de tradições e conhecimentos que os hindus possuíam à época em que foram compostos, neles dominando lendas pertinentes a personagens, divindades ou lugares sagrados (*mahatmya*). Muito cedo as diferentes seitas* do hinduísmo* deles se apoderaram, realçando seus próprios deuses e respectivos cultos*ᵍ, não hesitando em, por vezes, substituir alguns dos 18 *purana* por alguns particulares. Os *purana* menores eram chamados *Upapurana*. Nos Bramanas* (tratados em prosa extraídos dos Vedas*) os *purana* são apenas narrativas que tratam das origens de alguma instituição e também da cosmogonia bramânica (v. Brâmanes*, Bramanismo*).

PURIM Festa do calendário judaico* (no 13º dia do mês de Adar) que comemora a salvação do extermínio dos judeus da Pérsia, como relatada no livro bíblico de Ester (*Meguilat Ester*, o "Rolo de Ester"). A autenticidade histórica do episódio e de seus personagens tem sido contestada, embora Flávio Josefo, historiador judeu do século I, afirme peremptoriamente sua veracidade. O rei Assuero (Achashverosh), mencionado no livro, poderia ser Xerxes I (486-465 a.C.) ou Artaxerxes II (403-359 a.C.), mas a rainha Vashti, o cruel ministro Haman, a rainha judia Ester e seu primo Mordechai não se encaixam nas crônicas históricas conhecidas nem podem ser identificados em indícios documentais ou arqueológicos disponíveis. Os analistas mais céticos atribuem a narrativa a uma intenção de suprir um contexto histórico e um fundamento de tradição judaica defensável a uma festa pagã, uma espécie de carnaval, que os judeus comemoravam. Na impossibilidade de se banir a festa, ter-se-ia lhe dado uma origem nobre. Para os judeus, o registro histórico sempre foi o fundamento de seu autorreconhecimento, e é, portanto, pouco provável que se tenham inspirado numa falsidade histórica para uma comemoração tão ruidosa, ou inventado totalmente uma história para justificar a comemoração. Na verdade, a importância de *Purim* não é função das provas de sua autenticidade histórica. Fato ou alegoria*, tem grande força simbólica, ao representar a primeira das muitas perseguições que o povo judeu iria sofrer na dispersão, esta abortada em sua origem palaciana graças à atuação de bons "judeus de corte", Ester e Mordechai. É uma narrativa viva, cheia de alternâncias e intrigas, romance e ódio, bem a gosto de mais recentes folhetins de aventuras, e que polariza o bem e o mal, estigmatizando este em Haman, o protótipo do cruel algoz de judeus, figura que se multiplicou através da história.

Haman trama contra os judeus do Império Persa, denunciando-os a Assuero como sendo "diferentes", portanto uma ameaça à autoridade do rei, e merecedores do extermínio. Ele promete doar dez mil moedas de prata ao tesouro real em troca da aprovação real a esse extermínio, e a obtém. Foi tirada a sorte (*purim* = "sortes") para se marcar o dia da matança em todas as 127 províncias do império, programado afinal para 13 de Adar. Mas Mordechai, o judeu palaciano, descobriu a trama e mobilizou a prima, a rainha Ester, em defesa de seus correligionários. Ela obteve do marido a permissão para que os judeus se defendessem, e, alertados, estes tomaram a iniciativa e evitaram o massacre. Num truque verbal, Haman acaba pronunciando sua própria sentença e é punido. As comemorações de *Purim* combinam vários aspectos de celebração: por um lado, tinham analogia com o carnaval, com suas brincadeiras, festas e desfiles a fantasia, pândegas e palhaçadas, hoje em dia mais raros; na sinagoga*, em comemoração mais comportada, lê-se o Rolo de Ester, e as crianças agitam furiosamente seus reco-recos a cada menção do nome de Haman; os judeus se presenteiam com um pastel de forno triangular, típico de *Purim*, chamado em hebraico *oznei Haman* ("orelhas de Haman") e em ídiche *umentache* ("chapéu de Haman"); os mais devotos jejuam no dia anterior, o chamado "jejum de Ester" (*taanit Ester*), evocação dos preparativos para a luta em defesa própria; e, no banquete que se seguia, era permitido (e recomendado) beber até se embriagar. (P.G.)

PURITANISMO Esse movimento surgiu na Inglaterra ao iniciar-se o reino de Elisabete I (1533-1603; 1558/1603) quando se designou por este termo aqueles que recusavam a hierarquia episcopal, condenando o formalismo religioso do *Prayer Book**. Os puritanos desejavam uma reforma religiosa ousada, buscando um culto*ᵍ mais despojado, realçando a importância do sermão em prejuízo da liturgia*ᵍ e dos sacramentos*. De outra parte reivindicavam maior severidade religiosa e moral, como ainda estrito respeito aos domingos. Desde 1559, a legislação vigente, expressa nos Atos de Supremacia e de Uniformidade, havia submetido a Igreja Anglicana (v. Anglicanismo*) à autoridade real e renovado o episcopado, submetendo-o às pretensões e decisões da rainha. Ao lado de uma liturgia mais simples e mais pura, os puritanos pediam a abolição do que chamavam de "as sobrevivências papistas" (decoração das igrejas, vestes litúrgicas, órgãos), desejando apenas ouvir o sermão e as Escrituras. Essas ideias, aos olhos da rainha, se afiguravam perigosas. Em 1572, os puritanos lançaram uma admoestação ao Parlamento; 11 anos depois, medidas de repressão contra os sínodos*g (que os puritanos organizavam em alguns condados) foram tomadas. Tudo isso contribuiu para que os puritanos acolhessem esperançosamente o advento de Jaime I (1566-1625; 1603-1625), da família dos Stuarts, de origem escocesa e que, na Escócia, de há muito tinha acolhido o presbiterianismo*. Entretanto, uma vez no poder, o rei repeliu energicamente o presbiterianismo, pronunciando palavras que ficaram famosas: "*No bishop, no king*" ("Não havendo bispo, não há rei"). Ao longo do século XVII, numerosos puritanos, ante a intolerância dos Stuarts, emigraram para as colônias da América, onde o puritanismo desempenhou papel fundamental na formação moral dos Estados Unidos. Em 1620, 102 ingleses, nomeados Pais Peregrinos (*Pilgrim Fathers*), desembarcaram do navio Mayflower na costa americana e ali fundaram a colônia de Plymouth, e o Massachusetts tornou-se um estado puritano e teocrático (v. Teocracia*). Uma minoria de "santos" que formavam a Igreja, colocava-se rigorosamente afastada da população, cabendo a ela o controle e o exercício dos direitos políticos. As colônias puritanas ignoravam qualquer ideia de tolerância, sendo-lhes imposto um clima de austeridade que punia os divertimentos mais inocentes, uma "caça aos feiticeiros". No entanto, o puritano, na sua solidão interior, soube encontrar, na eficácia do seu trabalho, uma nova atitude, consubstanciada na procura do ganho honrado e no êxito de seus empreendimentos profissionais. Combate austero, mas que nenhum desapontamento poderia desencorajar, uma vez que se sentia predestinado. E como a formação do puritano o proíbe de gastos desenfreados, ele é levado a acumular, investindo para produzir ainda mais. Nessas condições, "o puritanismo surgia como um fator essencial na formação da mentalidade capitalista anglo-saxônia".

Q

QUAKERS Comunidade religiosa protestante (v. Protestantismo*) livre (v. Igrejas Livres*), surgida na Inglaterra em meados do século XVII e fundada por George Fox*b (1624-1691), eterno pesquisador espiritual à procura de uma resposta satisfatória que lhe possibilitasse criar uma modalidade simples de cristianismo*. O nome *quakers* teria sido atribuído porque o seu fundador teria dito a um juiz para "tremer" (*to quake*) em nome do Senhor. O verdadeiro nome do movimento é "Sociedade dos Amigos". Num momento decisivo de sua vida, Fox teria ouvido uma voz a lhe dizer: "Há um Jesus*b Cristo que pode responder às tuas necessidades". No mesmo ano, pela primeira vez, George Fox prega para um grupo batista*, transformando-se num evangelista itinerante. Os que são tocados por sua mensagem, homens e mulheres, reúnem-se em pequenas assembleias. Para Fox e também para seus seguidores, o princípio fundamental é o da luz interior, aquela que "esclarece todo homem que vem ao mundo". A simplicidade e sobriedade dos *quakers* se manifesta nas suas reuniões de culto*g, silenciosas, sem canto nem música, em salas discretas, sem enfeites, sem decoração. Os *quakers* sustentam firmemente que o Espírito Santo está presente sempre que duas ou várias pessoas se reúnem em nome do Cristo. Não há sacerdotes presentes: "O Cristo fala diretamente com a alma humana". O edifício *quaker* foi construído, desde seus primórdios, pelo silêncio. É nele que, segundo sentenciam, a centelha se manifesta; toda prece coletiva se ampara no silêncio. Qualquer debate ou conferência se inicia com um momento de silêncio e não raro termina do mesmo modo. Para os *quakers* o silêncio "não é então um fim, mas um meio de se abrir com Deus". Qualquer ritual ou formalismo religioso é severamente combatido; não existe sacramento* nem credo específico; o culto é totalmente pessoal; o casamento, uma simples cerimônia. A Bíblia*, reverenciada e valorizada, se subordina à voz de Deus que fala diretamente ao adepto. A Sociedade dos Amigos se considera uma "democracia espiritual", na qual homens e mulheres convivem sem qualquer discriminação religiosa. Os *quakers* não possuem nenhum livro sagrado que lhes sirva de guia. No entanto, George Fox deixou um Diário, logo transformado num clássico doutrinário. Durante os reinados de Carlos II e Jaime II, monarcas da Inglaterra, milhares de *quakers* foram perseguidos e aprisionados. Normalizada a situação, eles passaram a ser muito respeitados, disseminando-se pela Escócia, Irlanda e pelos Estados Unidos da América do Norte onde, em 1656, chegaram à cidade de Boston. Pacifistas irredutíveis, tiveram no entanto alguns de seus adeptos servindo no exército e na marinha. Mesmo estes, quando sem uniforme, não abriam mão de conservar o chapéu perante seus superiores. A preocupação dominante dos *quakers* foi sempre a paz mundial, além de se manifestarem amiúde como antiescravistas. Atualmente, existem cerca de 200 mil *quakers* no mundo. Em 1947, o prêmio Nobel da Paz foi outorgado a duas organizações humanitárias *quakers*.

QUIETISMO Movimento místico (v. Misticismo*) nascido entre as fileiras do catolicismo* no século XVII na Espanha, na França e na Itália. Suas ideias preconizavam a passividade total nos exercícios de devoção. Assim como os *quakers* mas de maneira diferente, os quietistas acreditavam na existência de uma "iluminação interior", insistindo que Deus é mais propenso a conversar com a alma individual que está em total passividade, indiferente até a sua própria salvação. Essa doutrina, chamada por alguns a "doutrina do puro amor", encontrou um apologista valoroso, o padre espanhol Miguel de Molinos, considerado o primeiro quietista moderno, autor, entre outros trabalhos, do *Guia espiritual*, publicado em 1675 em Roma. Essa doutrina incentivava a atitude de completa quietude diante de Deus, de ausência de todo temor do mal e de indiferença na prática dos sacramentos*. Ela foi condenada em 1687 pelo papa* Inocêncio XI (1611-1689; 1676/1689) na bula* *Coelestis pastor*. Apesar de penalizada, a doutrina inspirou os textos de Mme. Guyon (Jeanne Marie Bouvier de la Motte), mística francesa (1648-1717), viúva aos 24 anos de idade, que percorreu o sudeste da França e da Itália expondo seu pensamento teológico e sua interpretação quietista do Evangelho*. O quietismo, historicamente, parece ser um movimento circunscrito à passividade, característica de numerosos místicos, cristãos ou não. Algumas de suas manifestações podem ser encontradas em seitas* protestantes (v. Protestantismo*) ou em certas religiões orientais, numa atitude tranquila, na expectativa do conhecimento de Deus.

QUIMBANDA Termo usado para designar a linha de umbanda* que trabalha com o Povo da Rua*d e com o Povo do Cemitério*d, considerados espíritos desencarnados inferiores, mesmo que estejam em evolução. Essa linha originou-se da religião dos povos bantos, mais familiarizados com esses espíritos que os sudaneses. Todos os terreiros de umbanda têm a casa de Exu*d, junto ao portão, e a das Almas, junto a ela ou nos fundos do terreno; mas somente alguns trabalham com essas entidades na "Gira de Exu e das Almas". O termo quimbundo *kimbanda* designa originariamente o sacerdote curandeiro, e não o feiticeiro que pratica malefícios. Entretanto, os adeptos da umbanda "branca", que não trabalha com essas entidades, usa o termo no sentido de magia* negra, maléfica. Essa acepção foi adotada pelos leigos. O terreiro de quimbanda é semelhante ao de umbanda "branca", com as imagens de santos católicos sincretizados (v. Sincretismo*g) com os orixás*, caboclos*d e pretos-velhos*d no gongá (altar, santuário). Nos terreiros que trabalham com as duas linhas, o ritual de quimbanda é realizado no mesmo espaço sagrado onde ocorrem os ritos*g de umbanda, mas em um horário específico, às sextas-feiras, após a meia-noite, depois que saem do terreiro as crianças e os adultos que não quiserem participar da Gira de Exu. Esse é o momento da "virada da banda", depois da gira de umbanda normal. Os cânticos chamam o exu-chefe do terreiro, que comanda os exus e pombagiras*g incorporados nos membros da casa. As vestimentas usadas acentuam o vermelho e o preto, cores de Exu e Omolu*d. As pombagiras são sensuais e provocantes; os exus são desbocados e agressivos. As entidades dançam, fumam charutos ou cigarros, bebem cachaça ou champanha e dão consultas aos assistentes, geralmente envolvendo a realização de feitiços para finalidades diversas, em troca de ofertas e presentes. Os "trabalhos" mais usados utilizam pólvora, pós, ervas mágicas, unhas, dentes (animais e humanos), galos e galinhas pretos. Como essas entidades são consideradas perigosas, é comum que, após a "subida" de todas elas, os caboclos voltem a "baixar" para limpar o ambiente. Existem divergências sobre as linhas de quimbanda. Uma das estruturas conhecidas diz que ela tem duas linhas: a de Atotô (Omolu), dividida em sete falanges de exus dos cemitérios; e a de Exu, dividida em sete legiões de exus das encruzilhadas, cada uma a serviço de um dos orixás-chefes das legiões da umbanda (v. Povo da Rua*d). Segundo outra versão, a quimbanda tem sete linhas: das Almas (chefiada por Omolu), dos Caveiras (dos cemitérios, chefiada por Ogum Megê), de Nagô (povo de Ganga, chefiado por Gererê), de Malei (povo de Exu, chefiado por Exu-Rei), de Mussurumi (zulus e cafres, chefiados por Caminoá), de Caboclos Quimbandeiros (chefiados pelo Caboclo Pantera Negra) e Mista (chefiada por Exu das Campinas). (E.D.G.)

QUINTA MONARQUIA (HOMENS DA) Denominação dada, no século XVII, a grupos de fanáticos religiosos da Inglaterra, no decorrer da guerra civil liderada por Oliver Cromwell (1599-1658), político inglês, gentil-homem puritano (v. Puritanismo*). Esses personagens aguardavam a vinda do Cristo*b, o qual, valendo-se da contribuição armada, instituiria uma nova monarquia universal, a quinta, visto que já existiam outras quatro: a babilônica, a persa, a grega e a romana, já mencionadas pelo profeta Daniel*b no Antigo Testamento*. Numerosos, integrantes do exército de Cromwell, em 1657, eles fomentaram uma rebelião em Londres, convocando os "santos" a instaurar pela força o reino do Cristo, eliminando os governos temporais. A reação do chefe inglês foi imediata, controlando o complô e aprisionando vários rebeldes. O comandante desses grupos tentou três ou quatro anos depois realizar nova sublevação. Uma outra tentativa, feita em 1661, foi violentamente combatida com a execução de seus líderes e o encerramento definitivo do movimento.

RABINO O termo provém do hebraico *rav* (mestre) ou *rabi* (meu mestre), que designavam originariamente (durante os três últimos séculos da soberania judaica na Terra Santa) os sábios judeus conhecedores e professores da Torá* e das Escrituras. Durante séculos da dispersão, foram também os intérpretes da Lei Oral, dos preceitos da Torá e do fundamento legal e ético que norteia o cumprimento dos mandamentos religiosos judaicos. Designa também os autores dos registros escritos dessas interpretações, a *Mishná**, dos comentários a esta, a *Guemará** — que juntas formam o *Talmud** — e dos comentários posteriores. Mais recentemente, rabinos profissionais exercem o papel de guias espirituais das congregações judaicas modernas. A ideia e a prática de difundir e explicar o conteúdo do Antigo Testamento* e da Lei Oral para todo o povo foi instituída na reforma religiosa de Esdras*[b] e Neemias, no século VI a.C., com o retorno do Exílio da Babilônia. Aos poucos, a figura e a instância do pregador público, cuja atividade e temário eram mais ou menos aleatórios, foram sendo substituídas por uma instituição mais estruturada, a casa de estudo (*beit hamidrash*), que proliferou na Judeia e na Babilônia, e cujo mestre e mentor recebeu o título honorífico de *rav*, ou *rabi*. Esse título foi pela primeira vez introduzido no século I a.D. por Iochanan ben Zakai*[b], que tinha autoridade para ordenar *rabi* todo erudito de reconhecidos méritos intelectuais e pedagógicos. O *rabi* exercia sua atividade de mestre da Torá por idealismo, em geral sem receber qualquer remuneração fixa. Entre os maiores rabinos do primeiro período havia cortadores de lenha, sapateiros, aguadeiros, ferreiros que trabalhavam pelo sustento e se dedicavam ao ensino da Torá pelo ensino e pela própria Torá (*Torá lishmá*). Não obstante o prestígio e o respeito que lhes granjeava sua atividade, não eram considerados nem exerciam a função de intermediários entre Deus e os fiéis. Fora do âmbito educacional e espiritual, não diferiam de qualquer outro, a não ser pelo exemplo pessoal de conduta ética e proba e pelo exercício da caridade e apoio ao próximo, considerados, no judaísmo*, o verdadeiro objetivo do conhecimento da Torá e das leis de Deus. Com a destruição do segundo Templo* e com a dispersão dos judeus, além do ensino e da difusão da Torá e da Lei Oral, o tema central da atividade rabínica passou a ser a sua interpretação e o registro das várias ideias e divergências em torno do que seria o verdadeiro sentido de cada versículo e cada preceito, e sua adaptação a novos tempos e novas circunstâncias. As casas de estudos ampliaram seu âmbito e elevaram seu nível de estudo, e surgiram as academias rabínicas* (*ieshivot*), formadoras de novos rabinos e de círculos intelectuais de estudo e interpretação. Os rabinos, com suas exegeses, discussões e análises dos textos e da tradição oral foram montando, ao longo de séculos, o seu registro escrito (a *Mishná*, encerrada no século II) e criando verdadeiros tratados de interpretação e fixação da essência moral dessa tradição religiosa (a *Guemará*), e os comentários complementares a estes. Nas congregações judaicas modernas, o rabino, em geral formado em um seminário rabínico de nível universitário (a *ieshivá* de hoje), exerce funções múltiplas, e nem sempre a de educador direto, como seus colegas de tempos mais antigos. Ele é pastor, centralizador do culto*[g], guia espiritual, juiz congregacional de pequenas causas de mérito moral ou religioso, pregador, orientador educacional, consultor, e, frequentemente, o praticante das cerimônias fundamentais da vida religiosa: a oração, a circuncisão*, o *bar mitsvá** e o *bat mitsvá**, o casamento (v. *Chupá**) e o sepultamento (v. *Chevra Kadisha**). (P.G.)

RANTERS Seita* cristã (v. Cristianismo*) inglesa do século XVII, nascida no decurso da guerra civil que, à época, assolou a Inglaterra. Os *ranters* se incluem entre os grupos radicais existentes nesse país, considerando-se possuídos pelo Espírito Santo e, nessa condição, permanentemente envolvidos num estado de pureza — como então se afirmava — semelhante ao de Adão no paraíso. Por volta de 1650, eles eram bem numerosos, mormente em Londres, onde se contavam aos milhares. Os *quakers** mantinham com eles permanente contato sendo, não raro, confundidos com esse grupo. Os *ranters*, na sua totalidade, provinham do meio humilde, quando não vulgar e baderneiro. Era comum vê-los nas tavernas e hospedarias, muito embora dezenas deles pudessem ser também encontrados no exército. Suas reuniões geralmente eram espalhafatosas e desprovidas de qualquer organização, predominando a bebida e gesticulação desordenada e extravagante. Recusando a comunhão*g e o estudo da Bíblia*, achando que o mundo deveria ser suportado na expectativa de uma recompensa futura, os *ranters* negavam a existência do pecado, sem nenhuma tendência ao martírio ou à renúncia.

RASCOLNIKS Adeptos separatistas da Igreja Ortodoxa (v. Ortodoxia*) russa (o termo em russo significa "fissura", isto é, cisma, dissidência) em 1666, assim procedendo porque recusaram admitir algumas mudanças na liturgia*g, introduzidas por um de seus patriarcas*. Os *rascolniks* se autodenominavam "Velhos Crentes" (*staroverlsi*), opondo-se a um outro grupo, os Novos Cristãos (nikorianos), nome adotado por serem seguidores do patriarca Nikon. Os *staroverlsi*, nas preces, valiam-se de cruzes de oito pontas, efetuavam o serviço divino da esquerda para a direita (sentido no qual o sol de desloca), jamais raspavam a barba (segundo voz corrente, pelo receio de alterar a imagem de Deus) e nunca fumavam. Atualmente, são poucos os membros dessa seita*, praticamente ignorada.

REARMAMENTO MORAL Movimento cristão (v. Cristianismo*), fundado em 1921 pelo pastor luterano americano Frank Buchman, difundido principalmente no meio jovem da classe média inglesa e dos Estados Unidos, com ramificações em outros países. Esse movimento quase não dispõe de cultos*g ou cerimônias; seu traço peculiar é representado pela confissão pública, pessoal, dos pecados de cada um, em cerimonial que congrega os fiéis, homens e mulheres. Na ocasião, os adeptos esperam o auxílio divino, entregando a Deus o abandono total de suas aspirações, manifestadas na honestidade, na pureza e no altruísmo. Na iminência da Segunda Guerra Mundial, Buchman lançou uma campanha à qual deu o nome de Rearmamento Moral, patrocinada pela rainha da Holanda e com o apoio de várias personalidades. O seu programa buscava a "reforma do mundo" pela reforma da personalidade. Findas as hostilidades, o movimento acabou desaparecendo ou, pelo menos, sendo ignorado.

RECONSTRUCIONISMO Corrente religiosa criada nos Estados Unidos em 1934 por Mordechai Kaplan*b, no âmbito de pensamento e conceitos do movimento conservador [v. Conservadores (no judaísmo)*]. Seu principal elemento ideológico é a ideia de que o judaísmo não se restringe a uma religião e/ou uma nacionalidade, mas que constitui na verdade uma civilização. Como corolário dessa ideia central, o reconstrucionismo postula o caráter central da Terra de Israel (hoje o Estado de Israel) no judaísmo e seu fortalecimento como berço e centro da civilização judaica; o fortalecimento da religião judaica pelo seu estudo e entendimento como entidade em si, separada de qualquer entidade política ou institucional do judaísmo; a aceitação do pluralismo de ideias e condutas dentro da religião judaica, inclusive as mais tradicionais, como expressões da civilização judaica; uma visão ampla do conteúdo e do significado da Torá* em todos os aspectos, inclusive os éticos e os estéticos, que envolvem o ritual e a liturgia. (P.G.)

REFORMA A definição mais simples deste termo é caracterizá-lo como um "movimento que cindiu em duas partes o Ocidente cristão". Esse movimento, verdadeiro cisma, separou dos católicos os cristãos que protestavam contra certos abusos que, alegavam, vinham ocorrendo na Igreja Católica, por isso sendo chamados "protestantes" (v. Protestantismo*). A Reforma é contemporânea de um outro movimento, o Renascimento, cujas raízes procedem de alguns pensadores do século XIII. Estabeleceu-se, assim, de um lado, uma Igreja não reformada e, de outro, um conjunto de Igrejas ditas protestantes, muito diferentes em relação ao dogma, à liturgia*g e à estrutura do catolicismo*, prevalecendo como ponto comum entre elas a não aceitação da supremacia papal. Os dissidentes passaram a criticar os setores mais elevados do clero, a insurgir-se contra os impostos eclesiásticos e, gradativamente, a rejeitar o dogma católico. Certamente, as condições sociais, políticas e mesmo econômicas terão contribuído para o irromper do movimento, até porque o sentimento reformista visando à estrutura da Igreja e ao costumes do clero vinha de longe, aguçado pelas crises religiosas ocorridas nos séculos XIV e XV. Procurava-se uma regeneração religiosa, a mais ampla possível, impulsionada pelo humanismo e reivindicando uma "liberação dos espíritos" e a redescoberta das Escrituras no seu sentido original. Não obstante, ainda que impulsionada por fatores significativos, a Reforma não apresentou unidade na sua efetivação, havendo um período denominado pré-reforma, bem como várias reformas dentro da Reforma: a luterana (v. Luteranismo*), a calvinista, (v. Calvinismo*), a anglicana (v. Anglicanismo*). E, ainda, uma reforma da Reforma, impropriamente chamada de Contrarreforma*. Além desses motivos de ordem espiritual, outras causas de ordem material podem explicar o desencadear do movimento, entre elas a situação política, principalmente na Alemanha — berço da Reforma — onde príncipes, condes, duques e demais aristocratas agiam de per si, cada um fazendo o que bem lhes aprouvesse. Sempre em litígio com a Igreja, cuja avidez fiscal consideravam inesgotável, esses dirigentes clamavam por modificações às quais se associavam os burgueses das cidades, sempre hostis aos clérigos, para eles numerosos e ociosos. O apoio da nobreza alemã à Reforma pode sem dúvida ser compreendido, já que ela via no movimento reformista o meio de apoderar-se dos valiosos bens eclesiásticos. E, de sua parte, o proletariado, atingido pelas dificuldades econômicas ao findar da Idade Média, enxergava na Reforma uma saída para a solução de suas dificuldades. A essas causas de ordem geral, há que acrescentar uma outra, de caráter particular: a personalidade do seu líder, o monge alemão Martinho Lutero*b (1463-1546). Rebelando-se contra a venda de indulgências*g (diminuição das penas no purgatório daqueles que contribuíssem financeiramente para a realização de uma obra pia), Lutero queimou em praça pública a bula* Exurge Domine que o ameaçava de excomunhão*g (1520) e, no ano seguinte, confirmou, na Dieta de Worms, todas as acusações ao papado. Nesse mesmo ano, uma nova bula, a Decet romanum pontificem o excomungou, banindo-o do império. Em 1529, a Dieta de Spira autorizara os príncipes a escolher e impor aos seus súditos a religião que escolhessem. Uma segunda dieta, porém, anulou essa prerrogativa, provocando protestos, dando assim origem ao nome da nova religião. Em 1530, Melanchthon (1497-1560), professor de grego na Universidade de Wittenberg, discípulo de Lutero, redigiu as Confissões de Augsburgo, por muitos consideradas o credo do luteranismo e do protestantismo em geral. O desentendimento entre católicos e protestantes acarretou uma dura guerra, só encerrada em 1555 pela Paz de Augsburgo. Já então Lutero havia morrido, não sem antes traduzir a Bíblia* para o alemão, fator essencial na difusão do protestantismo.

REFORMA JUDAICA Uma das consequências da emancipação judaica na Europa, a partir do século XVIII, foi o surgimento, no povo judeu, de movimentos que pretendiam incrementar, na ideologia e na prática, a inserção dos judeus como iguais nas sociedades em que se haviam radicado. Isso significava, a par da abertura para a participação dos judeus em todos os setores dessas sociedades, também uma reforma da visão comunitária paroquial e fechada que se formara nos tempos de segregação e alienação dos judeus. Com isso, surgiram, na Alemanha e na Lituânia, movimentos como a Haskalá* (o Iluminismo judaico), no século XVIII, e a reforma religiosa, no século XIX, na Alemanha e na Hungria. Os ideólogos da reforma pretendiam "atualizar" os conceitos e as práticas da observância do judaísmo* e de suas formas de culto*g, adequando-os aos novos tempos, aos padrões culturais da modernidade e aos novos contextos sociais dos judeus. Partiam da ideia de que a manutenção da essência, ou conteúdo, do judaísmo, exigia mudanças na sua forma, sem o quê se tornaria impraticável para as novas mentalidades e circunstâncias. No âmbito do ritual, um leigo, Israel Jacobson, reduziu o serviço religioso na sinagoga*, instituiu as orações em vernáculo (no caso, o alemão), incluiu o órgão no acompanhamento das orações e criou uma cerimônia coletiva de confirmação no lugar do bar mitsvá*. Com isso, aproximou a liturgia judaica* da liturgia cristã, na convicção de que assim estaria preservando aquela na concorrência com esta. No âmbito da doutrina, Abraham Geiger*ᵇ e Samuel Holdheim defenderam uma revisão drástica da *halachá**, no sentido de reconsiderar, à luz de situações totalmente diferentes daquelas em que foram criadas, a validade das interpretações rabínicas (v. Rabino*) e das obrigatoriedades e proibições que constituíam, há séculos, o código judaico de comportamento religioso. A ideia básica inicial da reforma foi inserir no judaísmo formas e conceitos religiosos mais atuais, como parte da inserção do povo judeu na modernidade e nas sociedades modernas. Foi contrária ao sionismo (v. Sion*) nos primeiros tempos, reconsiderando ulteriormente essa postura, até vir a apoiá-lo. Algumas mudanças no ritual adotadas inicialmente, como abolir a cobertura da cabeça na sinagoga e a tradução para o vernáculo das orações do *Sidur**, foram abandonadas depois por muitas congregações reformistas. Outras mudanças foram acrescentadas, como a prática por mulheres de *mitsvot**, antes só atribuídas aos homens, a contagem de mulheres no *minian*, o uso de solidéu e *talit** por mulheres, seu acesso à Torá* para conduzi-la, cuidar dela e participar de sua leitura, e até mesmo a ordenação de mulheres como rabinas. Muitas nuanças diferenciam a prática do judaísmo reformista em suas centenas de congregações. O termo "reformista" passou a ser usado para designar aquelas que se mantiveram próximas às mudanças mais radicais da Reforma original, enquanto as demais são chamadas, informal e genericamente, "liberais". Todas são igualmente combatidas pelo judaísmo ortodoxo como sendo desvirtuadoras do verdadeiro judaísmo (v. Ortodoxia [no judaísmo]*). (P.G.)

RENOVAÇÃO CARISMÁTICA Movimento de renovação espiritual católico nascido no catolicismo* norte-americano ao longo dos anos 1950, inspirando-se no modelo pentecostalista (v. Pentecostalismo*) e no de *reveil* ("despertar") protestante (v. Protestantismo*). A Renovação Carismática (do grego *chárisma*, "dom") foi pela primeira vez praticada na Universidade Católica de Pittsburgh, em 1967, alcançando rapidamente um êxito extraordinário na Europa e depois em outras partes do mundo, através de grupos de preces e em comunidades, reunidas sob o comando de líderes investidos do papel de pastores. Em 1975, o movimento recebeu o encorajamento do papa* Paulo VI (1897-1978; 1963/1978) e, anos mais tarde, o apoio da Confederação de Bispos Americanos. Realçava a importância da conversão espontânea por intermédio da efusão do Espírito Santo sobre o dom da glossolalia (capacidade de falar idiomas desconhecidos quando em transe religioso), das curas e do despertar individual mediante técnicas terápicas. Seus adeptos acreditam tratar-se de uma forma nova de vida comunitária cristã ou monástica (v. Monasticismo*). Os grupos se reúnem, geralmente, todas as semanas, espontaneamente, concentrados e imbuídos de um grande fervor. Meio milhão de católicos, abrangendo quase uma centena de países, participam da Renovação Carismática.

RESPONSA Palavra latina, correspondente ao termo hebraico *sheelot utshuvot*, "perguntas e respostas", que designa o sistema de consultas sobre questões legais e rituais judaicas feitas por rabinos* das comunidades judaicas a autoridades rabínicas capacitadas a esclarecê-las. Sendo a *halachá**— a parte do *Talmud** referente às questões legais e às normas de conduta — fruto de trabalho interpretativo da Torá* e da *Mishná**, muitas vezes, nas condições cambiantes de tempo, lugar e contexto, surgiam dúvidas sobre essas interpretações e sobre a aplicação correta dos preceitos em situações específicas, e daí a necessidade de consultar uma autoridade rabínica. Esse processo, iniciado após o fechamento do *Talmud*, continua até hoje, e dele se preservaram centenas de milhares de *responsa*. Eram escritas em aramaico, depois também em hebraico ou árabe, inclusive na Idade Média, quando o aramaico deixou de ser usado. A partir de então, encontram-se *responsa* somente em hebraico. (P.G.)

ROMANOS "A religião romana é uma religião de Estado." Os romanos consideravam fundamental estabelecer uma distinção entre cultos*ᵍ públicos (*sacra publica*), celebrados por magistrados e sacerdotes custeados pelo poder público, e cultos privados (*sacra privata*), realizados às custas de particulares, embora controlados pelo governo. Quatro grandes colégios sacerdotais administravam e organizavam a vida religiosa dos romanos: pontífices*, áugures*, decênviros (comissão de dez magistrados com atribuições específicas) e epulões (dez sacerdotes plebeus, auxiliares dos pontífices na organização das épulas (banquetes sagrados). Política e religião se misturavam em Roma; o sacerdote, do qual é exigida rigorosa pureza, de modo algum é um ser que viva isolado, separado da coisa pública, e deve participar ativamente da dinâmica social e política de Roma. Os cultos domésticos eram praticados exclusivamente pelos patrícios (aristocratas que pretendem descender de um ancestral divinizado) privilegiados, os primeiros a se instalarem em Roma. O relacionamento dos romanos com os deuses tem por objetivo menos honrá-los do que conciliá-los, afirma um historiador moderno. Os cultos domésticos não obedecem a rituais comuns, sendo competência do Grande Pontífice assegurar a boa observação dos ritos*g familiares; o pai de família ministra o culto, cabendo a ele ensinar ao filho as preces, os hinos e as demais práticas de sua religião caseira. Não tendo filhos que o substituam, ele adotará um rapaz, a fim de perpetuar o culto doméstico. Um escravo serve de sacristão, o que lhe proporcionará um certo destaque sobre seus companheiros. Os cultos públicos procuram observar rigorosamente os ritos, sendo interrompidos de imediato ante qualquer omissão dos fiéis. O seu desenrolar ocorre no *templum*, "espaço religioso delimitado" pelo áugure e que, ao longo do tempo, passou a significar "moradia do deus". Os romanos dispunham ainda de muitos outros termos para designar locais de culto: *oedicula*, *delubrum*, *sacellum*; entre os lugares de cultos mais respeitados se encontravam os bosques sagrados (*luci*). O culto vale-se de um só altar, no qual é celebrado o sacrifício, bastando apenas um espaço ao homem piedoso para manifestar a sua religiosidade. O sacrifício, ato fundamental da religião romana, obedece a regras muito precisas, segundo as quais o oficiante deve lavar as mãos antes e depois da imolação do animal. A prece romana baseava-se na *carmen*, prosa ritmada, dotada de um estilo especial, começando com invocação nominal do deus homenageado. O relacionamento da cidade com suas divindades era encaminhado por sacerdotes diferenciados, distribuídos hierarquicamente, formando uma *ordo sacerdotum*, da qual faziam parte os flâmines*. Estes (que não constituem um colégio), em número de 15, eram vinculados, cada um, ao culto de um só deus ou deusa. O flaminato remonta à época da chegada dos indo-europeus, podendo os flâmines serem equiparados aos brâmanes* indianos. Dos 15 flâmines, três, nomeados "maiores", são de origem patrícia, e servem a Júpiter, Marte e Quirino, e 12 são de origem plebeia, para outras divindades. O flâmine supremo, o de Júpiter (*flamine Dialis*), veste sempre um manto (*laena*), tecido por sua mulher. Todos os flâmines usavam um boné de couro branco, cônico (*galerus*); eleitos vitaliciamente, na realidade dependiam de uma decisão final do Grande Pontífice ou do imperador. Na hipótese de serem casados, uma vez viúvos deveriam afastar-se de suas funções. Da religião faziam parte também os jogos (*ludi*) públicos. De longa data os romanos haviam associado espetáculo e religião; os jogos ofertados às divindades remontam à mais alta Antiguidade romana, inscritos no calendário como parte das festividades religiosas, nunca celebrados por iniciativa própria. O seu caráter sagrado impunha a execução de rigoroso ritual, escrupulosamente observado, com sacrifícios, procissões e cerimônias. Os jogos eram de duas categorias, os privados (*ludi privati* ou *votivi*), oferecidos por particulares (geralmente combates de gladiadores) e os públicos (*ludi publici* ou *solemnes*), organizados pelo Estado. Ambos eram gratuitos, pois para os cidadãos representavam um direito e não um luxo. Esses espetáculos integravam um calendário oficial que estabelecia as datas dos jogos, realizados em honra aos deuses. A partir de uma certa época, surgiram espetáculos extraordinários, frutos do evergetismo, prática habitual de ricaços destinada a popularizá-los. Esses espetáculos se configuravam através de corridas de carro (*ludi circenses*), combates de gladiadores (*munera*), caça de animais ferozes (*venatio*), as naumaquias (combates navais), representações teatrais e dramas mitológicos (v. Mitologia*). Ao findar o período republicano (509/27 a.C.), os jogos ocupavam 77 dias do calendário. O século I a.C. foi para os romanos uma época de crise, com suas estruturas desabando, inclusive a religião, até porque a apreensão de uma crise espiritual, bem como os motivos de seu deterioramento, não eram fáceis de ser detectados e compreendidos. Uma primeira sacudidela surgiu no ano de 186 com o caso das Bacanais, tornado escandaloso e sacrílego, quando o culto místico (v. Misticismo*) do deus Dioniso*d, celebrado em cerimônias secretas, foi profanado com a presença e iniciação indevidas de pessoas estranhas ao culto. Como foi salientado, o problema das Bacanais era um assunto complexo e difícil de ser resolvido. Tido como subversivo e licencioso, o culto a Baco foi condenado pelo Senado, que ordenou a sua repressão e proibição em todo o território romano. Fato singular e incomum, pois era tradição os romanos acolherem deuses estrangeiros, principalmente os gregos, nos quais viam traços e pontos de vista comuns com a maior parte de suas divindades. As analogias que permitiram essa assimilação não eram arbitrárias, mormente quando são lembradas as suas origens indo-europeias. Os romanos chegaram a erigir estátuas aos seus deuses helenizados. Assim, entre os séculos VI e III a.C. foi criado um "panteão" greco-romano com 12 deuses principais: Júpiter (Zeus*^{d}), Juno (Hera*^{d}), Minerva (Atena*^{d}), Apolo*^{d} (Apolo), Diana (Artêmis*^{d}), Mercúrio (Hermes*^{d}), Vulcão (Hefesto*^{d}), Vesta (Héstia*^{d}), Marte (Ares*^{d}), Vênus (Afrodite*^{d}), Ceres (Deméter*^{d}) e Netuno (Posêidon*^{d}). Apolo, divindade procedente do sul da Itália, foi o único a conservar sua personalidade helênica (grega) porque os romanos não possuíam nenhuma semelhança com ele (Apolo simboliza o Sol e as artes). Ao findar da República, os cultos tradicionais entraram em declínio em razão da presença e da aceitação de cultos orientais, entre os quais os de Mithra*^{d}, Ísis*^{d}, Sérapis, Cibele e outros. Coube a Otávio Augusto, que ascende ao império no ano 31, renovar as estruturas religiosas. Nascido em 63 a.C. e morto em 14 a.D., Augusto faz sua carreira política sob o signo do sagrado, o que se expressa até mesmo no sobrenome Augusto, que envolve algo de grandioso numa esfera religiosa. Quando morreu, um decreto senatorial o incluiu no quadro dos divinos (*divus Augustus*), acima dos homens e próximo dos deuses. O termo exprime a santidade do poder imperial, conferindo ao portador uma *auctoritas* inigualável. A partir de então, todos os monarcas serão assim titulados. Outra tarefa importante consistiu na reconstrução ou restauração de edifícios sagrados; desde o ano 29, o imperador restaurou 82 deles. O acesso aos colégios (associações) e aos sodalícios (sociedades, irmandades) passou a ser reservado à ordem senatorial ou à equestre, as duas classes sociais mais altas do império. Aos santuários fundadores da religião nacional foi dada atenção especial; o flaminato de Júpiter, desaparecido havia 95 anos, foi restabelecido (v. Flâmines*) com um novo titular. O número de realizações, configuradas em fatos novos ou na recomposição de coisas antigas, satisfazia os contemporâneos, proporcionando-lhes a sensação de um renascimento da velha Roma, quase morta pelas guerras civis. *Princeps*, entronizado pelos deuses, Augusto, perspicaz e ativo, concentrava então "todas as formas vivas do sagrado". No ano 17, com a celebração dos Jogos Seculares, Augusto atingiu o apogeu. Aos que o censuravam pelos gastos de seu reinado, respondia: "Vocês me entregaram uma cidade de tijolos; eu lhes estou devolvendo uma cidade de mármore" (v. Arúspices*, Augures*, Auspícios*, Catacumbas*, Compitais*, Cristianismo*, Culto Imperial*, Dionisíacas*, Doações de Constantino*, Edito de Milão*, Ferais*, Irmãos Arvales*, Lares*^{d}, Livros Sibilinos*, Lupercais*, Mântica*, *Matronalia**, Mitracismo*, *Numen**, Saturnais*, Tíases*, Vestais*).

ROSA-CRUZ Associação, fraternidade, seita*, "sociedade secreta de iluminados" e movimento são alguns dos termos sugeridos para designar a Ordem dos Irmãos Iluminados da Rosa-Cruz. Fundada pelo monge alemão Christian Rosenkreuz (1378-1484), após viagem à Espanha e ao Oriente Próximo, essa (por assim dizer) fraternidade parece ter sido constituída ao fim do século XV ou começo do XVI. As primeiras referências apareceram num pequeno livro contendo três textos: a "Reforma do Universo", a "Fama da Fraternidade" e a "Breve resposta à estimável Fraternidade da Rosa-Cruz". O sucesso foi imediato, com várias edições não apenas no vernáculo, mas também em holandês e inglês, apesar do anonimato dos autores. Não demorou, porém, que a obra fosse atribuída a um jovem pastor luterano, Johan Valentin Andreae (1586-1654) cuja biografia, só publicada no século XVIII, confirma a paternidade da obra. O texto narrava as andanças extraordinárias de um personagem — para muitos, fictício — o cavaleiro Christian Rosenkreuz, iniciado por sábios orientais e futuro fundador da fraternidade. Seja como for, os Rosa-Cruz se disseminaram por toda a Europa, exercendo forte influência sobre a maçonaria à qual se associaram. Vista por alguns como uma heresia*, por outros como uma simples seita, a Rosa-Cruz não é considerada religião, muito embora especialistas invoquem ancestrais míticos provenientes de diferentes culturas (egípcia, grega, hindu) e precursores (Dante, Agripa, Giordano Bruno). Afinidades com o pensamento gnóstico (v. Gnosticismo)* têm sido apontadas, e o caráter esotérico da doutrina rosa-cruciana vem sendo comparado a um *iceberg*, isso significando que "o essencial continua um mistério". Aliás, três mistérios:

o das origens (Goethe, o grande escritor e sábio alemão indagaria: "quem casou as Rosas à Cruz?"), o dos objetivos visados e o da sua própria existência. A fraternidade desapareceu no fim do século XVIII, mas teria sido reconstituída um século depois. De qualquer modo, personalidades importantes se pronunciaram a respeito (Bacon, Goethe, Descartes, Anatole France, Comenius e o notável poeta lusitano Fernando Pessoa, que dedicou três sonetos à fraternidade).

ROSH HASHANÁ Embora o termo hebraico signifique "cabeça do ano", ou seja, o início do ano, *Rosh Hashaná* recai nos primeiro e segundo dias de *Tishrei*, o sétimo mês do calendário civil judaico, como explicitado no preceito que determina sua celebração. Seu significado religioso e simbólico é tão forte, no entanto, que é essa data que marca o início de um novo ano na contagem de anos do calendário lunissolar dos judeus (v. Calendário judaico*). Embora já fosse comemorado pelos judeus desde tempos muito antigos, o termo só aparece por ocasião da compilação da *Mishná**, no século II a.D. Antes disso, numa terminologia que ainda hoje é mencionada em algumas instâncias do culto*ᵍ e da simbologia, era chamado *Iom Hazikaron* ("Dia da Lembrança"), *Iom Hadin* ("Dia do Juízo"), *Iom Truá* ("Dia do Toque do *Shofar**"). Essas denominações tornam clara a analogia entre o caráter antigo da comemoração e o de certas celebrações dos povos vizinhos, principalmente a dos babilônios em seu "dia do juízo final", quando se reuniam ante seu deus supremo, Marduk*ᵈ, para "lembrar" e avaliar as ações dos homens e, em função delas, determinar seu destino. Esse sentido escatológico (v. Escatologia [no judaísmo]*) foi transformado pelos sábios judeus que conceberam e implementaram os rituais e as orações de *Rosh Hashaná* num sentido de natureza profundamente espiritual, mais condizente com a visão judaica de Deus e da Aliança com Ele, estabelecida desde os primórdios do povo judeu. A "recordação" em *Rosh Hashaná* ainda é, como nas comemorações primitivas, a lembrança das ações do homem para o julgamento divino, mas agora a partir do próprio homem, através da introspecção, da prece, do arrependimento, da renovada busca dos valores religiosos e éticos, estabelecidos pela Aliança e pelos preceitos que regem os compromissos firmados por ela. O "dia do juízo" é também o dia em que, em função do julgamento de suas ações, será determinado e selado o destino do homem no ano que se inicia, mas, nos dez dias entre *Rosh Hashaná* e *Iom Kipur**, uma sentença adversa poderá ser revertida pela contrição, pelo arrependimento sincero e, principalmente, pela prática de boas ações e da filantropia. E o solene toque do *shofar* em *Rosh Hashaná* e no encerramento do *Iom Kipur*, que o *Talmud** menciona como uma forma de confundir as forças do mal que tentam desviar o homem do arrependimento e da redenção*ᵍ, ganhou também um sentido simbólico e espiritual. No ritual específico que rege os 100 toques do *shofar* em *Rosh Hashaná*, eles são recebidos pelos judeus como um alerta e um incentivo à sua introspecção, à devoção nas preces e a seu arrependimento sincero, e abrem caminho para a elevação de toda essa emoção aos céus e a Deus. *Rosh Hashaná* tem, com tudo isso, a conotação de renovação da Aliança com Deus e do engajamento individual e coletivo dos judeus nessa Aliança. A celebração de *Rosh Hashaná* começa ao anoitecer da véspera do primeiro dia com um culto especial na sinagoga* e, geralmente, com uma festiva refeição familiar, marcada pelas bênçãos específicas da data, e continua nos dois dias seguintes com o culto solene na sinagoga. (P.G.)

S

SACERDOTE (NO JUDAÍSMO) V. *Cohen**.

SACRAMENTOS (Do latim *sacramentu*.) Ato sagrado, sinal exterior de uma graça*g interior e espiritual, definição estabelecida por santo Agostinho*b como o "sinal visível da graça invisível". Os católicos (v. Catolicismo*) distinguem sete sacramentos: o batismo*, a comunhão*g, a confissão*g, a ordenação*g, a unção dos enfermos*g, o matrimônio*g e a confirmação*g (crisma). (Não confundir com "sacramentais", que são os meios adotados pela Igreja ao implorar pelas bênçãos de Deus. Os sacramentais não foram criados por Jesus*b mas pela Igreja, podendo ser símbolos ou objetos: rosários*g, crucifixos ou medalhas.) Na Igreja Ortodoxa (v. Ortodoxia*) o sistema de sacramentos é praticamente o mesmo, enquanto grande parte do protestantismo* sustenta que a comunhão e o batismo são os sacramentos essenciais. Curiosamente, o sacramento só foi elaborado no século XI quando teólogos cristãos orientais e ocidentais conseguiram reunir os sete ritos*g que o compõem, sob o mesmo conceito: "sinal eficaz da graça". Não obstante, até agora, a noção de sacramento mantém-se litigiosa nos debates religiosos.

SACRIFÍCIO (NO JUDAÍSMO) Na Antiguidade, o sacrifício era uma prática ritual comum no culto*g religioso. Em geral de animais (em algumas sociedades tribais havia também sacrifícios humanos), visavam a expressar gratidão, invocar favores, apaziguar a ira ou demonstrar respeito e temor às divindades. Para os judeus, era uma forma de manifestar devoção e fidelidade a Deus (v. *Akedá**), mas também de associar o cumprimento dos preceitos religiosos bíblicos à centralização e integração nacionais. Realizado no Templo*, e só no Templo, conferia a este o papel — inclusive físico — de instituição central e centralizadora, núcleo da percepção de unicidade e comunidade. A cerimônia do sacrifício em si mesma pressupunha a comunhão entre o fiel que a promovera e a Divindade — representada pelo sacerdote que a realizava —, ao comerem juntos a carne do animal sacrificado. O sacrifício de animais era o rito*g central do culto no Templo. O livro bíblico de Reis I, 8:63 menciona um gigantesco rito sacrifical de 22 mil bois e 120 mil ovelhas, e um subsequente banquete partilhado pelo rei, pelos sacerdotes e pelo povo. As regras para a execução dos sacrifícios são detalhadas na Torá*, mas esses preceitos não são mais exequíveis, desde a destruição do Segundo Templo e a consequente transferência dos centros de ritual religioso para as sinagogas*. Novos tempos, novos hábitos e novas visões éticas fizeram migrar o símbolo de comunhão com Deus do sacrifício para posturas mais espirituais de devoção à Torá, oração e caridade. (P.G.)

SADUCEUS O termo hebraico, *tsadokim*, designa a dinastia sacerdotal descendente do sumo sacerdote (v. *Cohen**) Tsadok, que ganhou a função por ter apoiado Davi*b em seus esforços, afinal bem-sucedidos, por se tornar o rei dos dois reinos judaicos unidos, Judá e Israel (c. 1000 a.C.). Com o correr do tempo, a par de sua importância na condução dos assuntos religiosos e na sua centralização nos rituais do Templo*, os saduceus foram estendendo essa influência à área política, acabando por se transformar num estamento de grande poder, e voltado para a preservação e ampliação desse poder. Isso incluía sua participação na administração civil, no exército, e nos círculos ligados aos dominadores estrangeiros da Judeia, como os gregos, os selêucidas e, afinal, os romanos. Como parte da classe dominante, na defesa de seus interesses como tal e do elitismo intelectual e material que se atribuíam, acabaram distanciando-se do povo, o que suscitou reações de hostilidade e afastamento. Grande parte da visão acima descrita vem de textos do *Talmud** e de relatos do historiador judeu Flávio Josefo. Em ambos os casos, as fontes identificam-se com os opositores dos saduceus, o que pode comprometer a objetividade dessa descrição, embora os fatos históricos pareçam comprová-la. Esses opositores eram os fariseus*, que combateram tenazmente o papel dos saduceus como intermediários necessários e exclusivos entre os judeus e o culto*^{g} a Deus, e sua visão rígida dos preceitos da Torá* como guia comportamental. Os fariseus queriam democratizar o culto e a prática religiosa, a que os saduceus naturalmente se opunham, em sua acirrada defesa de seu papel e dos benefícios que dele auferiam. Os saduceus opunham-se também às interpretações das Escrituras e sua adaptação às condições e circunstâncias vigentes praticadas pelos fariseus, defendendo seu sentido literal e imutável. A dissidência entre saduceus e fariseus marcou a vida judaica — religiosa e nacional — no período final de sua soberania política e de sua submissão a Roma, do século II a.C. ao século II a.D. A predominância da influência farisaica foi definitiva: o judaísmo* rabínico (v. Rabino*) que floresceu nessa época na Judeia e na Babilônia e estendeu-se, a partir da dispersão, a todo o mundo judaico, os compiladores da *Mishná** e do *Talmud*, os sistemas de interpretação das Escrituras e de culto religioso são todos continuadores dos fariseus e de suas ideias. O papel político dos saduceus ruiu juntamente com as muralhas do segundo Templo, em 70 a.D., e com o fim de Betar, último bastião de luta pela soberania judaica, em 135. (P.G.)

SALAFISMO Movimento islâmico surgido no Egito em fins do século XIX, com o objetivo inicial de promover reformas religiosas que adaptassem o Islã às correntes culturais mais modernas, como forma de proteger e preservar os fundamentos mais tradicionais (dos *salaf*, os ancestrais devotos do início do islamismo, inclusive o próprio Maomé), ao contrário de certas tendências ocidentalizantes. Originário no *wahabismo*, o salafismo busca uma volta aos princípio e condutas do início do islamismo, com prevalência da interpretação literal do Corão, a *sharia*, com base nas sunas (é um movimento sunista) rejeitando toda corrente posterior de interpretação ideológica ou política.

SALESIANOS Membros (padres) da Sociedade de São Francisco de Sales fundada por João Bosco*^{b} (1815-1888). Essa instituição foi assim nomeada em homenagem a Francisco de Sales*^{b}, por quem dom Bosco tinha grande admiração, a ponto de chamar seus auxiliares de "salesianos". A congregação rapidamente espalhou-se pelo mundo, criando escolas para todos os níveis, inclusive as agrícolas, comerciais e "até hospitais para missões estrangeiras". Dom Bosco possuía uma natural vocação para "trabalhar" com meninos, utilizando metodologia própria e rejeitando quaisquer métodos repressivos. Pregador calmo e eficiente, deixou pouca literatura. Dom João Bosco foi canonizado (v. Canonização*) em 1934.

SALMOS (*Tehilim*) Primeiro livro dos Hagiógrafos*, composto por 150 hinos, que a tradição judaica atribui ao rei Davi*^{b}, embora só em 73 deles seja mencionado explicitamente seu nome como autor. A crítica bíblica moderna prefere caracterizar o conjunto mais como uma antologia, com textos presumivelmente de Moisés*^{b}, Salomão*^{b} e muitos outros, escritos em diferentes épocas e reunidos posteriormente. O conteúdo dos Salmos exprime muitos aspectos de emoção e de sentimento, às vezes dicotômicos, como amor e ódio, alegria e tristeza, esperança e desencanto, relacionados com a atitude do homem ante Deus, a religião e a vida. Eles estão divididos em cinco antologias distintas, onde se revela a influência de outras culturas e crenças, contemporâneas das épocas em que foram escritos. Podem-se encontrar analogias com hinos e elegias de origem fenícia, egípcia, ugarítica, suméria etc. Alguns salmos eram entoados no serviço do Templo*. Outros só vieram a ser incorporados ao serviço litúrgico na sinagoga*. Muitos expõem ensinamentos morais, outros, reflexões introspectivas sobre o comportamento ético e espiritual do indivíduo. (P.G.)

SAMARITANOS Shomron, região da antiga Judeia, é chamada até hoje Samaria. Seus habitantes na Antiguidade eram chamados *shomronim*, ou samaritanos. Eram originalmente judeus, como todos os judeus do reino de Israel (v. Jacó*^{b}). Israel era o reino do norte, um dos dois reinos — juntamente com o reino de Judá, ao sul — em que se havia dividido o reino de Saul*ᵇ, Davi*ᵇ e Salomão*ᵇ, após a morte deste último, no século X a.C. Mas em 720 a.C. o reino de Israel foi invadido e conquistado pelos assírios do rei Sargão II, que exilou e dispersou grande parte da população judaica que sobrevivera à guerra, e, para enfraquecer ainda mais sua capacidade de resistir, substituiu-a nos territórios conquistados por contingentes de outros povos também por ele dominados. A inevitável miscigenação étnica, cultural e religiosa levou à descaracterização da herança judaica, que recebeu o influxo de elementos idólatras e de visões diferentes de crença e de culto*ᵍ. Os habitantes da Samaria preservaram sua fidelidade ao judaísmo*, carregado embora de elementos estranhos, frutos de sua mistura com esses alienígenas. Quando o reino meridional de Judá foi atacado pelos babilônios e o Templo* destruído, em 586 a.C., os samaritanos se apresentaram para, junto com quem acreditavam serem irmãos de fé, ajudar a reconstruir o Templo. Foram repelidos, e não somente nesse momento. Os legisladores Esdras*ᵇ e Neemias, que conduziam a reconstrução da soberania judaica juntamente com a do Templo, proibiram qualquer contato de judeus com eles e declararam nulos todos os casamentos entre judeus e samaritanos. A legislação religiosa os discriminava e não lhes reconhecia os mesmos direitos dos judeus "tradicionais". A partir de então toda a atitude judaica oficial, estendendo-se aos textos rabínicos (v. Rabino*) e ao *Talmud**, foi hostil aos samaritanos. Os samaritanos estavam convencidos da autenticidade de seu judaísmo, centrado no Pentateuco (v. Torá*) e no livro de Josué*ᵇ, e cuja prática era, em muitos aspectos, idêntica à dos judeus, com algumas inserções de procedência pagã. Rejeitados, eles construíram para si mesmo um santuário alternativo ao Templo em Betel, no monte Gerizim. O santuário foi atacado por Pilatos no século I, e muitos samaritanos foram mortos. Na guerra dos judeus contra os romanos, os samaritanos juntaram-se aos primeiros contra o inimigo comum. Eles praticaram seu próprio judaísmo durante séculos, e alguns remanescentes, entre 200 e 300, ainda compõem essa seita* e realizam seus cultos, comemoram as festividades judaicas* e fazem suas peregrinações* ao monte Gerizim. (P.G.)

SANTIDADES INDÍGENAS *Caraimonhaga, acaraimonhang*, em tupi, "santidade dos índios"

"fazer santidade" (Capistrano de Abreu), foi a denominação dada pelos jesuítas*, no século XVI, a uma cerimônia dos tupis no decorrer da qual os indígenas entravam em transe e eram sugestionados reiteradamente a guerrear os inimigos (predominantemente o homem branco) e a procurar novas terras. Essa cerimônia vinculava-se à figura de um grande líder, o caraíba* ("pajé-açu"), possuidor de dons especiais que o habilitavam a se comunicar com os espíritos. Buscar essas terras era ir ao encontro da "terra sem mal", um "paraíso celestial", morada do "pai grande". O primeiro a nomear e a descrever essa cerimônia foi o jesuíta português Manuel da Nóbrega, chegado ao Brasil em 1549. A presença do pajé nas aldeias se verificava uma vez por ano; bailes e cantos, precedendo a cerimônia, duravam vários dias, regados com o cauim, bebida obtida pela fermentação do sumo de mandioca. Os bailes, ruidosos, levavam todos a dançar em volta dos caraíbas, impulsionados pelos maracás, cabaça mágica, ricamente enfeitada. O tabaco, "puxado" e baforado pelo pajé estimulava o transe coletivo. Ao findar da cerimônia, dos bailes e cantos, os maracás eram fincados no chão, assumindo finalidade de ídolos, enfeitados e presenteados com alimentos para, em duas ou três semanas, adquirirem "santidade". Essas "santidades" do século XVI foram também registradas na Bahia, Pernambuco, Rio de Janeiro, Ilhéus, Piratininga. Em todas elas não era difícil observar a "crescente hostilidade que os "profetas" devotavam à colonização portuguesa. A mais importante dessas santidades verificou-se em 1580 no Recôncavo Baiano, na qual crenças e ritos*ᵍ indígenas e cristãos se misturavam, durando até 1585, quando foi destruída a mando do governador Manuel Teles Barbosa.

SANTÍSSIMA TRINDADE Dogma cristão segundo o qual em Deus existem três Pessoas iguais no poder e na glória: o Pai, o Filho e o Espírito Santo, formando um só Deus, eterno, de substância indivisível. Na Escritura (conjunto dos livros da Bíblia*), sem prejuízo da presença de um Deus plural, como ocorre no Novo Testamento*, textos mostram relações entre o Pai, o Filho e o Espírito Santo (Paráclito*ᵍ). Estas relações, tão logo foram definidas, provocaram controvérsias, dando origem a debates e contestações culminados com a crise ariana (v. Arianismo*), surgida no século IV por iniciativa de Ário, padre de Alexandria, respeitado e austero. Em suas prédicas, esse sacerdote proclamava: "se o Pai gerou o Filho, então aquele que foi gerado teve um princípio na existência, de onde se conclui que houve um tempo em que o Filho não era". Ou seja, Ário, assim falando, declarava que Deus criou Cristo*b do nada. Em suas prédicas, alegava ser o Filho (Verbo) a segunda Pessoa da Trindade, divino mas não totalmente, afirmando que somente o Pai era eterno e o único a merecer o nome de Deus. Segundo Ário, o Pai é o único não gerado, sem princípio, de origem anterior ao Filho. Tendo em vista a crescente agitação, o imperador Constantino Magno (280-337; 306/337), em 325, convocou um concílio* na cidade de Niceia (atual Isnik, Turquia), o primeiro ecumênico na história do cristianismo*. Dos 1.800 prelados convidados, apenas cerca de 250 compareceram, grande parte procedente do Oriente. A maioria dos bispos presentes considerou inviável a doutrina ariana, propondo uma profissão de fé (declaração pública de alguém de suas crenças religiosas) com vistas a explicar a relação entre Deus e o Cristo. O credo foi aceito e assinado pelos bispos (com exceção de dois), estabelecendo a geração eterna do Filho pelo Pai, dele derivado e da mesma natureza. À profissão de fé foi anexado o título de *Consubstancialis Patri* (consubstancial ao Pai), em grego, *homoousis* (da mesma substância). A crise estendeu-se até o ano 381, tendo em Atanásio (295-373), bispo de Alexandria, o seu mais famoso adversário.

SANTO DOS SANTOS V. Templo*

SATURNAIS Festividades romanas (v. Romanos*) realizadas no solstício de inverno (dia do ano em que o Sol, ao meio-dia, atinge seu ponto mais baixo no céu, e o período diurno é o mais curto do ano e a noite a mais longa). Elas começavam em dezembro, e duravam, inicialmente, apenas um dia. Posteriormente, prolongou-se para três, após a reforma do calendário feita por Júlio César e, mais tarde, para quatro (sob Augusto), depois cinco, durante o reinado de Calígula, e sete, sob o de Diocleciano. Durante as Saturnais, a liberalidade campeava, as atividades do império eram suspensas, grassavam convites para reuniões e comemorações, pessoas eram generosamente presenteadas. Os escravos eram tratados em pé de igualdade com os seus donos, que não hesitavam em servi-los à mesa, numa surpreendente inversão de funções. Um grande sacrifício público era realizado diante do templo de Saturno. Jogos de gladiadores, caçadas, aconteciam diante de um público imenso e fascinado. Em um só dia, instaurava-se um completo estado de igualdade, e nas guarnições se fazia a eleição de um rei fantoche, o rei das Saturnais. No século IV, essas festas foram extintas.

SEDER Significa, em hebraico, "ordem", e designa também (no sentido de "ordenação do serviço") o serviço religioso familiar da noite na qual tem início o primeiro dos oito dias de *Pessach**. O *seder* constitui um momento de grande importância na liturgia judaica*, tanto pelo conteúdo que ele celebra como pela instância de reunir toda a família para celebrar, com uma refeição festiva, com a leitura da *Hagadá** e com uma série de posturas e rituais simbólicos, o momento crucial da origem do povo judeu: sua libertação da escravidão no Egito, sua aceitação da Torá* como guia de sua Aliança com Deus, e sua gênese como povo com um destino comum. Não só todo judeu deve celebrar esse momento no *seder*, mas, segundo o texto da *Hagadá*, deve "sentir-se ele mesmo como tendo sido libertado por Deus da escravidão"; assim, o *seder* é, simbolicamente, a comemoração da libertação de cada judeu. Isso se reflete em todos os componentes dessa cerimônia: na mesa posta com a louça e os talheres especiais de *Pessach* (nunca sequer tocados pelos alimentos proibidos em *Pessach*, à base de massa fermentada); nos símbolos rituais numa bandeja especial — *matsá*g, *beitsá* (ovo cozido), *maror* (ervas amargas), *zroa* (osso de perna de carneiro ou asa de galinha), *charosset* (pasta de maçãs, passas, amêndoas etc., moídas e misturadas), *chazeret* (rábano); na taça destinada ao profeta Elias (v. Messias*), que virá beber dela no *seder* de todo lar judaico e nos costumes dessa noite, "que difere de todas as noites", de sentar-se à mesa em atitude relaxada, reclinado na cadeira, de comer a *matsá*, da libação de 4 cálices de vinho, da leitura da *Hagadá*, e do entoar das canções. O *seder* é celebrado desde os tempos bíblicos, mas parte de suas conotações de então (sacrifício* de um cordeiro pascal, rituais de primavera) deram lugar a esse sentido alegórico (v. Alegoria*) de "reunião de família" associada à comemoração religiosa e histórica. (P.G.)

SEEKERS Indivíduos piedosos que, na Inglaterra do século XVII, iam de seita* em seita, sem associar-se a nenhuma, buscando — afirmavam — o caminho da verdade e da salvação (o termo inglês significa "pesquisadores"). Esses sectários formavam grupos desligados de qualquer vinculação a esta ou aquela denominação; não poucos se tornaram *quakers**, desaparecendo ao findar do século, sem qualquer explicação.

SEFARADIM A primeira menção à palavra *Sefarad* encontra-se no Antigo Testamento*, no versículo 20 de Obadias, referindo-se à terra que hoje é a Espanha, nome latino dado à península Ibérica. Em hebraico, o gentílico relativo a *Sefarad* é, no singular, *sefaradi*, e, no plural, *sefaradim*. Muitas vezes empregado erroneamente para designar todos os judeus que não sejam *ashkenazim**, o termo, em seu significado academicamente correto e semanticamente preciso, refere-se aos descendentes de judeus que viveram na Espanha e em Portugal, antes de sua expulsão, nos séculos XV e XVI. Modernamente essa definição ganhou abrangência, e hoje denomina também todos os judeus provenientes de países árabes. Nesse sentido, é a oficialmente adotada pelo Estado de Israel. Historicamente, é mais provável que a expressão tenha sido usada por Obadias como referência a Sardis, capital do antigo reino da Lídia, cerca de 90 km a oeste da Turquia, que abrigou uma grande coletividade judaica. Trabalhos recentes e novas pesquisas da historiadora búlgara Dinitrina Dzhonova identificam os judeus sardos, da diáspora* israelita do Mediterrâneo oriental, como proto-*sefaradim*. Refere-se a autora à pedra monumental que representa um guerreiro ibérico, encontrada em El Vijo (Córdoba), provavelmente dos séculos IX a VII a.C. Nessa pedra, encontram-se gravados termos como *sofar*, *sefaraos*, *sard-enios*, *sar-dos* e *ser-dos*. Seus atributos eram chifres de búfalo, símbolo de um deus inominável, designado como *Il*, mais tarde *Elohim* e *Yahveh*. Teorias à parte, a presença dos judeus na península Ibérica é muito antiga. A história tradicional atribui-lhes pelo menos 16 séculos de permanência na península, e consideram que sua penetração se deu quando da entrada dos romanos. Foram os protagonistas da "Idade de Ouro" do judaísmo*, dominando o *halachá** e a cabala* durante séculos, desde Maimônides*[b], no séc XII, até os grandes sábios do século XIX, na África do Norte. Ao serem expulsos da Ibéria, os judeus conservaram costumes próprios, levaram consigo não só a língua como os modismos, os cancioneiros e a cultura culinária. Conservaram o judaísmo ao se espalhar pelo mundo, concentrando-se, sobretudo, na região balcânica, Turquia, Grécia, Bulgária, Sérvia, Romênia, passando pela Itália, França, Palestina (hoje Israel), e Império Austro-Húngaro (Viena e Budapeste). Mais tarde, aparecem nas Américas do Norte e do Sul. Conservaram a língua hispano-portuguesa como idioma caseiro, que tem sido denominado "ladino" ou "*judesmo*". De um modo geral, mantiveram a linha ortodoxa (v. Ortodoxia [no judaísmo]*) do culto*[g] religioso, que foi a adotada pelo rabino* *sefaradi* José Caro*[b] em sua obra *Shulchan Aruch**, aceita pela ortodoxia judaica como o guia definitivo das leis religiosas. Além dos elementos culturais e folclóricos, na área do culto religioso, os *sefaradim* diferem dos *ashkenazim* na entonação das suas orações, na composição e ordenação do *Sidur** — o livro de orações judaico —, nos costumes sinagogais (v. Sinagoga*) e na inclusão de hinos e *piutim* (poética) em ladino nos serviços religiosos. Diferenciam-se, ainda, dos *ashkenazim* na pronúncia do hebraico litúrgico, estando a versão *sefaradi* mais próxima à pronúncia do hebraico contemporâneo. Os *sefaradim* originais, descendentes dos judeus ibéricos, constituem hoje uma pequena parte do povo judeu, tendo tido condições que favoreceram sua assimilação às culturas locais dos países em que se radicaram. A continuidade dos *sefaradim*, a par dos ricos elementos culturais deixados por esse grupo minoritário, centraliza-se, portanto, nos judeus originários dos países árabes, quer em Israel quer no resto do mundo, onde têm contribuído positivamente para o ressurgimento da contribuição sefaradita às tradições judaicas e para o desenvolvimento cultural que foi apanágio dos judeus ibéricos originais. (J.E.P.)

SEITA Grupos minoritários, contestadores das estruturas da Igreja e/ou das religiões estabelecidas. Como foi recentemente salientado, "a seita é o outro"; considera-se diferente, quase estranha à sociedade onde surge, fruto de tensões que conduzem à ruptura, ao afastamento. A raiz do termo "seita" não é clara; etimologicamente vem do verbo latino *sequi*, "seguir" (um chefe, uma doutrina). Para alguns, provém do verbo *secare* ("separar", "romper"), para outros — equivocadamente segundo vários especialistas — advém do vocábulo *sequi* (já assinalado acima). Na primeira hipótese, a seita é um rompimento; na segunda, mostra novo caminho a trilhar. De qualquer modo, em ambos os casos, caracteriza dissidência. O número de seitas é incalculável, provavelmente são milhares. Umas, centradas sobre a realidade do pecado, pugnam pelo retorno à pureza evangélica, outras acentuam a retidão moral; as gnósticas (v. Gnosticismo*) realçam a importância do conhecimento obtido pela "revelação" que conduzirá o homem à salvação. Incréu, o gnóstico considera a fé abaixo do saber e que este só pode ser obtido pela iniciação. O idioma inglês distingue as palavras seita (sect) e culto*g (cult). A primeira designa um grupo cismático, fundado por adeptos que abandonaram sua Igreja de origem para criar um novo movimento no qual procurarão ver uma mensagem autêntica. Quanto a cult, em inglês, além de "culto" é também sinônimo de "seita". Sociólogos existem que usam cult para designar uma nova religião, ou mesmo uma seita recente, de pouca expressão, mas liderada por um chefe carismático. O traço dominante de uma seita é seguir um caminho não conformista com relação às instituições religiosas estabelecidas e consagradas. Um dos traços marcantes do comportamento sectário reside na forte implicação religiosa que incide sobre o comportamento de seus integrantes, manifestado de várias maneiras (afetiva, frenética, caritativa etc.). Alguns desenvolvem atividades de cunho social, voltadas para a assistência moral e material a grupos marginalizados, às vezes articulando-se com problemas governamentais. Um outro aspecto predominante no comportamento sectário materializa-se na repulsa pelo "externo", fechando-se a seita sobre si mesma, sempre discreta ou reticente quanto aos que vêm de fora, característica à qual se deve aduzir sua aversão ao intelectualismo. A ausência de trocas e de autocrítica, bem como a permanente desconfiança em relação ao "outro" podem explicar que o sectário veja, nas Escrituras e nos pronunciamentos de seus líderes, as únicas fontes de suas crenças e, consequentemente, do seu comportamento. O exclusivismo, outra das características do sectário, é representado, essencialmente, pela convicção de que, fora de seus dogmas e da fé em seus princípios, não há salvação. O exclusivismo regula, substancialmente, a vida do sectário; é a válvula que alimenta o seu projeto de vida, seu modo de viver. Para o adepto, a seita é o seu mundo; espaço e tempo gravitam em torno de sua existência e do seu universo. Como foi recentemente assinalado, a seita é "uma espécie de sociedade-microcosmo", algo à parte, comunidade única e absoluta. A vida de seus membros se define em função da seita, similar — acentuam alguns antropólogos — "às tribos modernas". Fenômeno antigo, de tradição cristã, as seitas proliferam na modernidade, em número incalculável. As seitas que almejam manter suas tradições descambam para o isolamento. Isso explica, em parte, o aparecimento de cultos esotéricos nos quais são encontrados elementos colhidos na tradição cristã e oriental, bem como outros provenientes do hermetismo*. Inúmeras são as hipóteses formuladas para explicar por que uma pessoa adere a uma seita. Os motivos, analisados do ponto de vista psicossociológico e religioso, poderiam ser precariedade econômica, exacerbação religiosa, misticismo*, pressão social ou familiar, liberdade espiritual para encontrar Deus, esperança num mundo melhor. Geralmente, todas essas "explicações" são insatisfatórias. Recentemente, especialistas no assunto vêm acolhendo, com algum otimismo, a chamada "tese da carência". A seita viria então preencher um vazio, seria um instrumento apto a eliminar tensões e a atender às aspirações mais íntimas do indivíduo. Comportamentos sectários, frequentes na sociedade contemporânea, participam da dinâmica das religiões. Muitas seitas procedem de correntes culturais, misturando misticismo, hermetismo e credos orientais; algumas entregando-se a mortes coletivas. Nessa nebulosa "místico-esotérica", assim denominada por seu caráter difuso e eclético, encontram-se elementos de ordem ecológica e psicológica os quais, ao privilegiar o individualismo, pressagiam modificações espirituais. A recrudescência das seitas, constatada a partir da Primeira Guerra Mundial passou a "integrar a paisagem religiosa do Ocidente." Procura-se o reformista, o carismático, o contestador, os "não conformistas" (v. Não conformismo*). Esta expressão não é recente, surgindo no século XVII, na Inglaterra, quando protestantes (v. Protestantismo*) recusaram "conformar-se" com a reestruturação do anglicanismo* imposta pelo governo. Razões de ordem particular são insuficientes para explicar a explosão das seitas. Melhor será situá-las num amplo contexto da sociedade industrial, cujas estruturas despersonalizantes provocam significativo número de desajustes, individuais ou coletivos. Necessidade, aspirações, inconformismo, renúncia, elitismo são fatores capazes de explicar a adesão de alguém ou de alguns a uma seita. Nada até agora, porém, esclarece, comprovada e convincentemente, as motivações concretas para a conversão. O proselitismo sectário encontra nas aspirações pessoais uma permanente fonte de recrutamento, especialmente nas camadas sociais desfavorecidas. A perspectiva de uma catástrofe pode constituir-se num fator estimulante para a participação sectária. Estabelece-se uma "surda agonia", trazida pelo medo e por especulações em torno do tema favorito: o fim do mundo e o advento de uma nova era. Vale salientar, por outro lado, que as seitas são comuns a qualquer classe social, sendo erro supor que somente os grupos menores (socialmente falando) são sectários. Grupos dissidentes, as seitas, outrora, viviam em conflito permanente com as autoridades eclesiásticas e seculares. A reformulação religiosa que ora se desenrola no mundo ocidental tem contribuído para atenuar a incompreensão e a intolerância.

SEPTUAGINTA Nome atribuído primeiramente à tradução da Torá* — o Pentateuco — do hebraico para o grego, feita em Alexandria no século III a.C., por encomenda de Ptolomeu II, e, por extensão, nome atribuído a uma das traduções gregas de toda a Bíblia*. O termo grego significa "setenta" e tem origem na lenda que cerca o episódio da tradução do Pentateuco: Ptolomeu II teria trazido 72 sábios judeus e encomendado a cada um deles a tradução completa da Torá para o grego, em separado, sem que se comunicassem entre si. As 72 traduções teriam sido absolutamente idênticas, palavra por palavra. O que historicamente parece mais provável é que a *Septuaginta* tenha sido criada por etapas, a partir da leitura em grego de passagens da Torá nas sinagogas* de Alexandria, cujos registros não são tão idênticos como sugere a lenda, havendo diferenças de texto entre diferentes versões. Alguns códices da *Septuaginta* foram recuperados, como o Alexandrino, o Sinaítico e o Vaticano, além de centenas de códices menores e fragmentos diversos. No século III a.D., Orígenes empreendeu uma revisão sistemática da *Septuaginta*, comparando-a com outras traduções gregas e com o original hebraico, o que resultou em muitos acréscimos e correções. Documentos encontrados com os Manuscritos do Mar Morto*, em 1952, indicam que houve também uma revisão da *Septuaginta* feita por judeus na Judeia. A partir da *Septuaginta* foram feitas traduções da Bíblia para várias línguas, como o latim antigo, o árabe, o armênio, o etíope e idiomas eslavos, além do aramaico, língua falada pelos primeiros cristãos na Palestina histórica. (P.G.)

SHABAT A palavra hebraica tem a conotação de "descanso" como preceito divino e sagrado, uma das obrigações mencionadas nos Dez Mandamentos* que resumem o código de comportamento dos judeus em sua relação com Deus e com o mundo. Esse descanso semanal obrigatório consagrado pelo judaísmo* representa, pois, um símbolo de sua relação com o Divino, e uma instância espiritual não menos significativa que seu profundo sentido ético e social. Em textos que comentam as razões divinas para a instituição do *shabat* (Êxodo*g 31:13-17 e Deuteronômio*g 5:12-15), ele é associado ao descanso de Deus no sétimo dia, após os seis dias da Criação, e à libertação dos judeus do Egito pela mão de Deus. O dia de descanso também é encontrado em outras culturas religiosas da Antiguidade, como a dos babilônios, mas com o sentido supersticioso de um tabu*. Esse direito de todo homem ao descanso, com seu caráter democrático de equalização social — o *shabat* é obrigatório também para o empregado, o escravo, os não judeus e os animais — é assim, associado a Deus (e, portanto, sacralizado e perenizado), como tantas outras diretrizes comportamentais que compõem o acervo de preceitos e mandamentos do judaísmo. Entre estes, a celebração do *shabat* manteve-se como um dos mais significativos momentos da vida religiosa judaica. Após a destruição do primeiro Templo*, no exílio da Babilônia (século VI a.C.), os judeus criaram o culto* sinagogal do *shabat*, marcando-o definitivamente como uma celebração institucional, estruturada e regulamentada na vida judaica. Não por acaso, foi o *shabat* ignorado e, muitas, vezes, ironizado pelas sociedades não judaicas da Antiguidade. Baseadas em sistemas escravistas, o descanso semanal obrigatório seria para elas inimaginável. Enquanto isso, os judeus, cada vez mais, transformavam o *shabat* numa forma de vivência que associava ao preceito obrigatório um caráter espiritual e místico (v. Misticismo*), cheio de alegria interior, inspirador de poemas e canções. Foi comparado a uma noiva que visitava Israel, seu noivo, uma vez por semana. Os cabalistas (v. Cabala*) viam o *shabat* como um espírito divino que descia do sétimo céu toda sexta-feira ao anoitecer. Até hoje, no ritual de "recebimento do *shabat*", no anoitecer das sextas-feiras, na sinagoga* (*kabalat shabat*), os fiéis recebem sua "noiva" com uma canção de amor. Alguns prazeres terrenos também são espiritualizados pela presença da "noiva", como o hábito de fazer três refeições (*shalosh seudot*) no *shabat*. E o homem adquire durante o *shabat* uma alma suplementar (*neshamá ieterá*), alheia às tristezas, preocupações e angústias do dia a dia, e cheia de sabedoria e alegria. Um dos aspectos polêmicos do *shabat* no judaísmo é o da medida de rigor atribuível ao regulamento e às proibições estabelecidas no código comportamental, a *halachá**. Os sábios rabínicos (v. Rabino*) enfatizaram a prevalência do espirito simbólico do *shabat* sobre a literalidade de suas injunções, mas o âmbito dessa relatividade está sujeito a interpretações. Sem dúvida, isso inclui toda atividade destinada a salvar vidas, ou a preservar a saúde. A *Mishná** define 39 atividades proibidas nesse dia, elenco que foi aumentando à medida que o tempo, a dispersão e a evolução de meios e de hábitos trouxeram novas circunstâncias aos ambientes judaicos. O rigor desse regulamento é hoje fonte de discussões e interpretações entre correntes religiosas judaicas, quando os ortodoxos (v. Ortodoxia [no Judaísmo]*) mantêm praticamente intactas as proibições antigas. Por exemplo, pela *halachá* é proibido carregar peso fora de casa, mas isso inclui até mesmo um lenço. É proibido fazer e desfazer um nó. É proibido acender a luz, pois isso implica modificar um estado natural, mesmo que seja tão simples quanto apertar um botão. É proibido viajar em qualquer condução, mesmo um elevador (por não se poder acioná-lo nem detê-lo, o que configura um trabalho), a não ser em elevadores automáticos que param e se movimentam sem a intervenção do passageiro. Todos esses detalhes são, em maior ou menor grau, interpretados de maneira mais liberal pelas correntes conservadoras e reformistas (v. Reforma Judaica*). No entanto, para todas as correntes, é indiscutível o caráter sagrado e espiritual do *shabat* como um dos elos mais significativos entre o homem e a Divindade. Na época do Templo, o *shabat* era anunciado ao pôr do sol da sexta-feira com seis toques de trombeta, avisando os homens de sua proximidade, conclamando-os a interromper o trabalho e a se preparar para recebê-lo, avisando a mulher do momento de acender as velas, e, finalmente, nos três toques finais, marcando o início do dia santificado. Hoje em dia, a mulher acende as velas antes da hora em que oficialmente tem início o *shabat* — que varia com a hora do pôr do sol —, e, após o serviço na sinagoga, a família se reúne para o jantar, precedido das bênçãos sobre o vinho (*kidush*) e sobre o "pão tirado da terra", no caso a *chalá*, o pão trançado típico do *shabat*. Entre os textos e canções desse culto familiar ao *shabat* destaca-se o *Eshet Chail* recitado pelo dono da casa em louvor a sua esposa, a mulher valorosa que sustenta as tradições judaicas no lar. A manhã do *shabat* é ocasião do culto na sinagoga, quando é lida a porção semanal da Torá* e um trecho dos livro dos Profetas* (*haftará*). Ao final do *shabat*, ao anoitecer, é realizada uma cerimônia especial de "separação" — *havdalá* — entre o sagrado e o profano, ou seja, entre o *shabat* e a semana útil que se inicia. (P.G.)

SHAKERS Seita* cristã (v. Cristianismo*) existente nos Estados Unidos, oficialmente denominada United Society of Believers in Christ's Second Coming. Os *shakers* (significa "trêmulos"; não confundir com uma tribo norte-americana de igual nome) surgiram na Inglaterra no século XVIII, tendo como primeiros chefes um alfaiate, John Wardley, e sua esposa, ambos ex-*quakers**. A senhora Wardley profetizava a vinda próxima do Cristo*[b] sob a forma de uma mulher, no que foi acompanhada por uma *quaker* de nome Ana Lee, filha de um ferreiro. As prédicas do casal e de Ana, acompanhadas de manifestações extáticas, eram tão exaltadas que os três personagens acabaram sendo presos. Dias depois, Ana declarava ter recebido uma visão de Jesus convencendo-a, aos Wardleys e a outros discípulos de que ela era o Cristo feminino (*sic*). Desde então, Ana passou a ser a "Mãe da comunidade" (*Mother Ann*). Hostilizada, ela, acompanhada pelo marido, por parentes e adeptos, emigrou para a América e, em 1776, a primeira colônia *shaker* foi fundada no Estado de Nova York, com comunidade de bens e celibato obrigatórios. Outras colônias surgiram, fruto de uma vasta turnê realizada por *Mother Ann* pelos Estados norte-americanos. Os *shakers* prosperaram rapidamente, fazendo novos convertidos; homens e mulheres, negros e brancos eram considerados iguais. Castos, escrupulosos, honestos e trabalhadores, os *shakers* se dividiam em famílias de "irmãos" e "irmãs", desfrutando da mesma casa. As refeições eram realizadas em conjunto, homens e mulheres separados em cada lado da mesa. Os serviços religiosos eram longos e numerosos. Os *shakers* cantavam, tocavam e dançavam; não tinham padres e cada comunidade era governada por anciãos e diáconos*g. Adversários declarados da guerra e do serviço militar, a teologia *shaker* se baseava na dualidade de Deus. Na metade do século XIX, eles contavam com 6 mil adeptos; atualmente não se sabe se ainda existem.

SHAVUOT Significa, em hebraico, "semanas", referindo-se às sete semanas que transcorrem desde *Pessach** até essa festa do calendário judaico*, que recai, portanto, em 6 de *Sivan*. Ela é comemorada em dois dias (em Israel, um só) e reúne duas celebrações distintas: uma histórico-religiosa, a da entrega da Torá* ao povo judeu (v. Judaísmo*) no monte Sinai, "da boca de Deus pela mão de Moisés*b, daí ser também chamada pelos judeus *Zeman matan Toratenu*, "o tempo em que foi dada a nossa Torá"; a outra tem caráter agrícola, *chag habikurim*, "a festa das primícias", na qual os primeiros frutos eram levados em oferenda ao Templo*. O nome grego dessa festa, Pentecostes*g, refere-se ao quinquagésimo dia contado a partir da oferenda do primeiro feixe de trigo (*omer*), no segundo dia de *Pessach*. Como é comum em muitas festividades judaicas*, não é por acaso que ao sentido primitivo de festa agrícola foi associado, em tempos de dispersão e de perda da base territorial que permitia a atividade agrícola e as festas a ela relacionadas, um sentido histórico e religioso que as perpetuaram e consolidaram. *Shavuot* era, juntamente com *Pessach* e *Sucot**, uma festa de peregrinação*, quando os judeus, ao cumprir os preceitos da religião, reafirmavam sua estrutura nacional centrada no Templo e na liderança religiosa. Ao som da música das flautas e tambores, colunas de peregrinos convergiam para o Templo, onde eram festivamente recebidas pelos sacerdotes (v. Cohen*), que acolhiam suas oferendas, simbolizadas em sete espécies: trigo, cevada, figo, tâmara, romã, uva e oliva. Mesmo depois da destruição do segundo Templo e da dispersão, no século I a.D., um pouco desse ambiente marca o culto*g de *Shavuot* nas sinagogas*, enfeitadas de verde e ornadas com os frutos simbólicos. Mas o cerne da comemoração passou a ser a evocação histórica da entrega da Torá e a devoção dos israelitas a ela, expressa na leitura do livro de Ruth. Ruth, a moabita, não era judia, mas, viúva do israelita Boaz, e manteve-se leal a sua sogra Noomi, por todos os caminhos e percalços. Essa atitude de uma gentia tornou-se símbolo e êmulo da devoção e da dedicação judaicas, a ponto de, sendo ela uma antepassada do rei Davi*b, ser uma precursora da dinastia da qual nascerá o salvador de Israel, o Messias*. Mais recentemente, o restabelecimento da atividade agrícola judaica no moderno Estado de Israel fez renascer o antigo sentido de *Shavuot*, comemorado nas comunidades agrícolas dos *kibutzim* e *moshavim* como uma festa simbólica de primícias. Nas congregações judaicas praticantes, continuando um costume iniciado ainda na Idade Média, *Shavuot* é dedicado ao estudo da Torá e de temas judaicos, principalmente entre as crianças, comparadas aos "primeiros frutos" do povo judeu. É costume também, durante essa festa, fazer uma refeição de derivados do leite (e não carne) e de alimentos permitidos para acompanhá-los, segundo as leis dietéticas judaicas. (P.G.)

SHEMÁ Palavra inicial da declaração de fé em hebraico (Deuteronômio*g 6:4-9) que sintetiza o credo judaico (v. Judaísmo*), e que designa a própria declaração. A primeira frase da oração é: *Shemá Israel, Adonai Eloheinu, Adonai Echad* (Ouça, ó Israel, o Senhor é nosso Deus, o Senhor é Um), em que o termo *Adonai* é uma metáfora para o Tetragrama*, o nome inefável de Deus grafado na oração escrita. Esta frase tem sido a mais pungente e a mais usada expressão do apego dos judeus à sua identidade e à sua religião, proferida nos momentos cruciais de aflição, na hora da morte (o *Echad* coincidindo com o último suspiro), e nos rogos pela proteção divina. Foi pronunciando-a que muitos judeus preferiram morrer a se converter, e muitos outros sucumbiram às perseguições e aos massacres. No entanto, sua intenção parece ter sido mais a de evocar a alegria pela devoção a Deus, expressa no *Ashreinu*, oração que começa proclamando: "Feliz o povo que tem esse privilégio (...), que, ao alvorecer e ao entardecer, duas vezes por dia profere o *Shemá*". O *Ashreinu* termina com a recitação do próprio *Shemá*. (P.G.)

SHOFAR Nome hebraico do instrumento de sopro constituído unicamente de um chifre curvo de carneiro, usado em rituais religiosos.

O chifre de carneiro lembra o episódio bíblico da *Akedá**, ou Sacrifício de Isaac**b*, em que o aparecimento providencial de um carneiro preso pelos chifres nos arbustos provê o sacrifício a Deus sem vitimizar Isaac. Essa prova de devoção do homem e de misericórdia e humanidade divina torna o toque do *shofar* um símbolo da aliança entre Deus e o homem, como acreditam os descendentes de Isaac, isto é, o povo judeu (v. Judaísmo*). Por isso o *shofar* é necessariamente um chifre de carneiro, e nunca de bovino. O toque do *shofar* anunciava os momentos marcantes do ritual e da vida dos israelitas, como a conclamação à batalha, a chegada da lua nova que marca o *Rosh Chodesh* (o início do mês) e os dias festivos e de jejum, a presença da Arca da Aliança*, o início do ano sabático (*shemitá*) e do Jubileu**g* (*Iovel*), e as grandes cerimônias das cortes reais. O *shofar* é tocado até hoje nos rituais judaicos da sinagoga* em dois momentos especiais: em *Rosh Hashaná** e no *Iom Kipur**, como lembrança do toque do *shofar* sobre o monte Sinai no momento em que Moisés**b* recebia as tábuas com os Dez Mandamentos*. Em *Rosh Hashaná* o toque é dividido em três séries de 30 toques cada uma, com três sons distintos: *tekiá*, um toque longo, *truá*, uma série de três toque mais curtos e ascendentes, e *shevarim*, uma série de toques rápidos e curtos. Para completar 100 toques, adicionam-se dez *tekiot* ao final do serviço. No *Iom Kipur* o *shofar* é tocado somente uma vez, num toque tão longo quanto possa ser (*tekiá gdolá*), encerrando o dia de jejum e, segundo a tradição, abrindo o céu para as preces e o arrependimento. (P.G.)

SHULCHAN ARUCH Em hebraico, "mesa posta", código que reúne, sistematiza e resume, para referência e uso, as leis religiosas e rituais do judaísmo*, como interpretadas e consolidadas pelos sábios rabínicos (v. Rabino*). O *Shulchan Aruch* foi compilado durante a segunda metade do século XVI na cidade de Safed, Palestina, pelo cabalista (v. Cabala*) José Caro**b*. Pretendeu ser — como efetivamente foi, e ainda é — um guia para o comportamento religioso dos judeus, uma síntese, ou acomodação, das diversas e às vezes divergentes interpretações dos códigos de comportamento e ritual, acumuladas nos vários séculos de construção da *Mishná** e do *Talmud**. De maneira geral, em seu trabalho de síntese e conciliação, Caro comparou três grandes acervos de interpretações da lei judaica, de autoria de três grandes autoridades rabínicas dos séculos XII e XIII: Isaac Alfasi, Maimônides**b* e Asher ben Iechiel. Uma interpretação unânime dos três, ou de dois deles, era imediatamente adotada. Onde existisse divergência entre os três, Caro buscava corroboração de pelo menos um deles por parte de outras autoridades rabínicas. Mesmo sendo, assim, fruto mais de uma consolidação estatística do que de argumentos, interpretação ou exegese, o *Shulchan Aruch* foi, por sua vez, motivo de controvérsia e contestação, principalmente entre os rabinos* *ashkenazim** da Europa central (Polônia e Alemanha), pouco predispostos a aceitar uma versão de um *sefaradi* (sing. de *sefaradim**) de Safed. O rabino Moisés Isserles acrescentou glosas ao texto de Caro, e os *ashkenazim* passaram a seguir o *Shulchan Aruch* respeitando as observações de Isserles, enquanto os *sefaradim* seguem o texto original. Assim, o *Shulchan Aruch* acabou por tornar-se a principal referência em matéria de leis judaicas para os judeus ortodoxos (v. Ortodoxia [no judaísmo]*). Isso não impediu que, mesmo seguindo-o, muitos rabinos e líderes religiosos, como o Gaon de Vilna**b*, lhe fizessem críticas, principalmente quanto ao método de sua compilação. Por motivos muito diferentes não é em geral seguido pelas correntes mais recentes do judaísmo*, ditas liberais (conservadores, reformistas), que, mesmo tendo-o como válido para períodos mais antigos, não o consideram adequado à modernidade. (P.G.)

SIBILAS Na Antiguidade greco-romana, nome dado às profetisas ou videntes que, nos oráculos*, interpretavam as manifestações das divindades, dizendo-se inspiradas por elas. A mais famosa dessas personagens foi a sibila de Cume, cujo local de trabalho, nessa cidade italiana, teria sido descoberto em 1932. Segundo tradição corrente, a sibila vendera ao rei de Roma três livros de profecias por um preço que, anteriormente, corresponderia a nove livros. Ante a recusa do monarca em efetuar a compra, a profetisa teria queimado seis. Na Antiguidade clássica outras sibilas são mencionadas, bem como na Ásia Menor e em diversas regiões da Grécia. Nenhuma, porém, suplantou a de Cume em popularidade e prestígio. Em Roma, sua fama crescera por ter escrito os Livros Sibilinos*.

SIDUR A palavra hebraica significa "organização, ato de pôr em ordem, de organizar", sentido, no caso, restrito à organização das orações em um livro, que recebeu este nome. O *Sidur* é, na verdade, uma compilação, não muito uniforme nem idêntica em suas várias versões, de todas as orações e bênçãos, individuais e coletivas, para o lar, para a sinagoga* e para todas as circunstâncias da vida religiosa judaica nos dias comuns e no *Shabat**. Essa antologia tem autoria múltipla e diacrônica, e reflete diversos momentos, estados de espírito e maneiras de ver o judaísmo* e o ritual judaico. Muitos de seus textos são extraídos ou se baseiam em passagens da Torá*, do livro dos Profetas*, dos Salmos*, do *Talmud**; outros são criações poéticas de rabinos* inspirados, como Salomão Ibn Gabirol, Iehudá Halevi, Moisés Ibn Ezra; e outros, ainda, têm origem desconhecida. Essa variedade de elementos e o fato de se terem reunido ao longo do tempo e da dispersão judaica explicam a diversidade entre as inúmeras versões do *Sidur*. Com base no primeiro *Sidur*, organizado pela academia rabínica* de Sura, na Babilônia, com acréscimo e supressão de textos várias versões foram surgindo neste mesmo centro, ao longo do século IX, até a versão consolidada de Amram Gaon, em 856. O declínio da influência dos centros rabínicos da Babilônia, a partir do século XII, fez diminuir o caráter paradigmático do *Sidur* babilônio, e, em toda a extensão da dispersão judaica, cada congregação sentiu-se livre para modificar, segundo sua inclinação e suas necessidades, a estrutura de seu livro de orações. O *Sidur* moldava-se às modalidades do ritual (*min'hag*, plural *min'haguim*), que as variedades geográficas e de origem tornaram diversos e específicos. Assim, passou a haver um *Sidur* para cada variação do *min'hag sefaradi* (o rito*ᵍ sefaradita), e para cada variação do *min'hag ashkenazi* (o rito asquenazita), e muitas vezes para cada congregação específica. No início, o *Sidur* incluía todas as orações, mas, ao crescer muito em volume, tornou-se pouco prático, e as orações dos dias festivos foram separadas no *Machzor**, ficando o *Sidur* com as orações e bênçãos dos dias comuns e do *Shabat*. O texto do *Sidur* é quase todo em hebraico, com algumas poucas inserções em aramaico. Congregações reformistas introduziram o *Sidur* em vernáculo, mas a tendência é manter o texto hebraico, acrescentando ao lado a correspondente tradução para o vernáculo. (P.G.)

SIKHS Literalmente, "aquele que aprende", e, por extensão, "discípulo", os *sikhs* (em português, siques) formam a quarta comunidade religiosa indiana, depois do hinduísmo*, do Islã* e do cristianismo*. Na Índia, eles são cerca de 18 milhões pessoas, perfazendo quase 2% da população total. Sua importância política e econômica repercute significativamente em todo o continente. O siquismo foi fundado ao findar o século XV pelo guru* Nanak*ᵇ (1469-1539), um hindu pertencente à casta dos *Khatu*. Os *sikhs*, ou siques, rejeitam o sistema de castas, as peregrinações* e o ascetismo*. Uma linhagem de nove gurus* sucedeu a Nanak, de 1539 a 1708, sem quaisquer modificações nas normas estabelecidas por ele, mas procurando definir os contornos da comunidade bem como organizá-la. O quarto da linhagem fundou a cidade santa de Arimtsar ("cidade do néctar sagrado"). O seu sucessor erigiu o "templo de Ouro", transformando Arimtsar em "capital religiosa do siquismo". Os *sikhs*, originariamente uma seita* religiosa pacífica, se transformaram pouco a pouco numa comunidade militante, prestes a se defender contra aqueles que atentassem contra sua fé. Foi então que o décimo e último guru, Gobind Snigh ("Govind, o leão"), fundou a *Khalsa*, a "comunidade dos puros", que conseguiu reagrupar todos os *sikhs*, difundindo entre eles uma ética marcial a fim de resistir às ameaças externas. Por determinação de Gobind, os seus discípulos passaram a trazer cinco emblemas: *kesh*, os cabelos compridos, *kanghã*, um pente no cabelo, *kara*, bracelete de aço, *kaccha*, culotes curtos, *kirpãn*, um punhal, caracterizando-se como uma verdadeira fraternidade armada; os homens acrescem a palavra *singh* (leão) ao seu nome, e as mulheres, *kaur* (princesa). O verdadeiro guru dos *sikhs* é o *Granth Sahib*, o *Livro santo*, que contém 3.384 hinos de Nanak, de seus sucessores e dos santos hindus, num total de 1.430 páginas. Os *sikhs* não têm sacerdotes. Seus ritos*ᵍ surgiram gradativamente ao longo de sua história; seus adeptos podem hoje ser calculados em torno de 18 a 20 milhões, 80% concentrados no Pendjab. Sua difusão pela Índia e no estrangeiro é significativa.

SILVESTRINOS Ordem beneditina (v. Beneditinos*), de tendência eremítica (v. Eremitismo*, fundada no século XIII (1231) pelo cônego Silvestre Guzzolini (1177-1267). Conhece-se pouco a personalidade desse clérigo; nos textos que produziu o seu biógrafo, o monge André Giacomo a ele se refere como sendo um místico (v. Misticismo*). Após ter criado uma ermida, Silvestre fundou um mosteiro dedicado a são Bento, no monte Fano. A observância da ordem beneditina é plena de silêncio, de austeridade e de pobreza, acentuando-se a penitência. A Congregação de São Bento do Monte Fano foi referendada pelo papa* Inocêncio IV (1195-1254; 1243/1254) em 1247, envolvendo, à época, 12 mosteiros. Afastando-se do eremitismo, a comunidade clerical de Monte Fano inseriu-se no meio urbano, desenvolvendo o apostolado e a pregação popular. Ao chegar o século XIV, a ordem entrou em crise, sacudida por perturbações políticas e religiosas. No século XVII, a comunidade declinou seriamente. Em 1810, Napoleão Bonaparte, no poder, suprimiu todos os mosteiros. Surpreendentemente, a ordem sobreviveu até os dias atuais, a despeito de grandes dificuldades.

SIMCHAT TORÁ Em hebraico, "alegria da Torá*", designa a festa judaica que celebra o término e o recomeço do interminável ciclo de leitura da Torá. Sendo este ciclo anual (era trienal no passado), *Simchat Torá* é comemorada todos os anos, no primeiro dia subsequente a *Shemini Atseret*, que é acrescentado como um oitavo dia à festa de *Sucot*. A repetida leitura de todo o conteúdo da Torá é um dos sustentáculos da fé judaica (v. Judaísmo*), na medida em que preserva e renova o vínculo dos judeus, como indivíduos e como povo, com a essência de sua identidade histórica e religiosa, como expressa na Torá. Versículo a versículo, a leitura é feita em voz alta — simbolicamente por membros da congregação que são honrados com essa escolha, mas na prática pelo *chazan** ou outro leitor com prática de leitura e entonação — nos ritos*ᵍ matinais da sinagoga* no *shabat**, nas festas e dias de jejum e no *Rosh Chodesh*, o primeiro dia de cada mês do calendário judaico*. Em muitas congregações há leitura da Torá também às segundas-feiras e quintas-feiras. Essa devoção à Torá se expressa na alegria de ver-se completado o ciclo e imediatamente reiniciado, em *Simchat Torá*. Ao fim do serviço religioso vespertino da véspera da festa e no serviço religioso da manhã seguinte, todos os rolos da Torá da sinagoga, em suas melhores roupagens e enfeites, são retirados da arca sagrada e entregues ao *chazan*, ao rabino* e aos líderes da comunidade para a primeira das *hakafot*, as procissões festivas que circundam a sinagoga, dançando ao som das canções especiais da ocasião. Nos ritos ortodoxos (v. Ortodoxia [no judaísmo]*), somente os homens têm o direito de carregar a Torá, inclusive as crianças do sexo masculino. Algumas congregações das correntes liberais incluem também as mulheres. À medida que se sucedem as *hakafot*, os rolos são passados aos outros circunstantes, para que todos tenham o privilégio e a alegria de dançar com a Torá. São tantas *hakafot* quantas sejam necessárias para que todos participem, embora originalmente fossem sete (em evidente analogia com as sete voltas que, nos rituais de casamento, a noiva faz em torno do noivo [v. *Chupá**]: a Torá é a eterna "noiva" do povo judeu). No serviço matutino é chamado, como grande honraria, o membro da congregação escolhido para ser o leitor simbólico da última passagem da Torá (chamado *chatan Torá*, "o noivo da Torá"), encerrando o ciclo da leitura. Depois dele é chamado o leitor da primeira passagem do livro do Gênese*ᵍ, inaugurando o novo ciclo (é chamado *chatan Bereshit*, "o noivo do Gênese"). (P.G.)

SINAGOGA A palavra deriva do grego *synagogé*, que significa "reunião", "assembleia", "congregação", termo análogo ao hebraico *beit-knesset*, "casa de reunião (assembleia)", que designa o recinto para o culto coletivo* da religião judaica (v. Judaísmo*). O termo hebraico não é referido em hebraico no Antigo Testamento*, mas *synagogé* aparece na versão original do Novo Testamento*, escrita em grego. O fato de *beit-knesset* ter prevalecido sobre o possível termo *beit-tefilá* ("casa de oração"), e *synagogé* sobre *proseuche* ("casa de oração" em grego, mencionado nos Apócrifos*), não é casual. A prática religiosa judaica é, em grande medida, coletiva, e pressupõe seu exercício em congregação. Para o culto na sinagoga e em várias outras cerimônias religiosas, é exigida a presença de no mínimo dez devotos adultos (para os ortodoxos (v. Ortodoxia [no judaísmo]*), maiores de 13 anos do sexo masculino). A ideia da sinagoga como centro congregacional associou a seu caráter outros aspectos além do ritualístico, principalmente o educacional. De seu papel como lugar de estudo do judaísmo deriva inclusive o termo ídiche que a designa: *schul*, ou "escola". A instituição da sinagoga data do primeiro exílio judaico, na Babilônia, no século VI a.C. Destruído o Templo*, centro nacional e de todos os rituais judaicos, o culto descentralizou-se e tornou-se mais espiritual, a oração substituindo o sacrifício*. Dois séculos antes, já o profeta Isaías ben Amós pregava a ética comportamental, a justiça e o humanismo como a essência do judaísmo e do amor a Deus, em lugar dos rituais formais e vazios de espiritualidade. Os exilados encontraram na oração uma expressão nova para essa visão, e o culto na sinagoga tornou-se central na vida religiosa e na vida comunitária judaicas, já na Judeia durante a existência do segundo Templo. Com a destruição do segundo Templo em 70 a.D. e com a dispersão dos judeus, a sinagoga ganhou importância ainda maior como centro e referência da vida judaica. Casa de oração, centro comunitário, casa de beneficência, centro educacional e de estudo, seus múltiplos papéis e funções voltavam-se para a preservação dos valores do judaísmo e de sua existência mesma. Depois das primeiras sinagogas da Babilônia e da Judeia (Bet Alfa, Kfar Biram, Cafarnaum) outras foram construídas em todos os tempos e em todas as comunidades judaicas da dispersão, nos mais variados tamanhos e estilos de arquitetura, desde as mais simples até os luxuosos projetos de arquitetos famosos. O modelo básico é em geral o mesmo, calcado no do Templo, mas não idêntico, para não sugerir que o Templo sagrado estivesse sendo substituído pela sinagoga. Um vestíbulo, um salão para o culto (com separação entre homens e mulheres nas sinagogas ortodoxas, com variações de rigor, desde o medieval isolamento total, por meio de paredes ou biombos, até as modernas galerias ou separação por setores de assentos), o *aron-hakodesh* — a arca sagrada, onde são guardados os rolos da Torá* — e a *bimá*, o tablado ou palco onde se posta o rabino* e o *chazan** e onde se faz a leitura da Torá. Entre os objetos rituais mais importantes, uma lâmpada de óleo perpetuamente acesa diante da arca (*ner tamid*), a cortina da arca (*parochet*) e um candelabro (*menorá*). O candelabro tem cinco, seis ou oito braços, para não se identificar com o candelabro do Templo, que tinha sete braços, como reproduzido no Arco de Tito em Roma, tendo sido para lá levado como butim, após a destruição do Templo pelos romanos (este candelabro serviu de modelo para o brasão do Estado de Israel). Entre muitas sinagogas famosas, citem-se as de Alexandria, do século II a.C., o *Altneuschul* de Praga, do século XIII, as sinagogas de Toledo, que foram transformadas nas igrejas de Santa Maria la Blanca e *El Trânsito*, a sinagoga portuguesa de Amsterdã e a sinagoga de Kai Feng, na China, com o formato arquitetônico de um tempo taoísta. (P.G.)

SINÉDRIO A palavra grega *Synedrion*, assim como a hebraica *sanhedrin*, significa "assembleia". Na história judaica antiga, designa o corpo de 71 anciãos, inclusive um patriarca — o *nassi*, ou presidente — encarregado de elaborar e regulamentar, em termos de prática cotidiana, o cumprimento dos preceitos e das leis judaicas. A tradição e a composição do sinédrio têm referência antiga no texto da Torá* (Números*[g] 11:16) em que Moisés*[b] convoca 70 anciãos para o assessorarem nas questões religiosas. O sinédrio foi o sucessor dos Homens da Grande Assembleia (*Anshei haKnesset haGdolá*) e dos organismos criados por Esdras*[b] e pelos escribas (*soferim*) na grande reforma religiosa do século VI a.C., após o exílio da Babilônia. O detalhamento de suas funções e atividades, mencionados na literatura rabínica (v. Rabino*) posterior e no *Talmud**, dá uma ideia de sua constituição e atribuições. O início de seu funcionamento parece remontar ao século III. Outra indicação aventa a possibilidade de ter havido dois organismos com funções distintas: um cuidaria das questões legais, jurídicas e civis, e o outro, das questões rituais e puramente religiosas. O sinédrio era provavelmente um organismo da elite, com uma maioria de sacerdotes (v. *Cohen**), nobres e saduceus*, todos ligados ao *establishment* religioso e aos romanos; a minoria de fariseus* que o compunham, representando o judaísmo* tradicional, não tinha força para mudar o caráter de suas decisões e disposições. Assim mesmo, em 57 a.C. os romanos retiraram do sinédrio todas as suas atribuições não concernentes a questões religiosas, e dividiram a Judeia em cinco regiões administrativas. Em 1807, Napoleão III instituiu na França um organismo judaico supostamente calcado no sinédrio. O *Consistoire*, com seus 70 sábios da comunidade judaica, pretendeu na verdade garantir a fidelidade do judeu francês ao país — em troca da concessão de plenos direitos de cidadão —, ao mesmo tempo que vedava sua fidelidade ao judaísmo e ao povo judeu. (P.G.)

SION O monte Sion, em Jerusalém, ou simplesmente Sion (em hebraico, *Tsion*), é citado nas Escrituras sagradas do judaísmo* como o símbolo do destino judaico sua Aliança (berit) com Deus, que envolve a disseminação da Torá*, ou seja, da palavra de Deus, a partir da presença judaica em Sion e em Jerusalém, conforme os textos do Antigo Testamento*: "E de Sion sairá a Torá, e a palavra de Deus de Jerusalém"; "(...) e para Jerusalém, Tua cidade, volta em misericórdia, (...) e que a reconstruas logo, em nossos dias". A primeira manifestação dessa ideia e dessa simbologia acontece logo no primeiro exílio, o da Babilônia, no século VI a.C., após a destruição do primeiro Templo* por Nabucodonosor. Os exilados, que desfrutam de boa situação na Babilônia, cantam uma das primeiras canções de exílio conhecidas: "Sobre os rios da Babilônia nos estabelecemos, e também choramos, ao nos lembrarmos de Sion (...)". "Se eu te esquecer, Jerusalém, que minha destra perca sua destreza, e que minha língua silencie se eu não me lembrar de ti, Jerusalém, e não te colocar acima de minha maior alegria (...)" A partir de então, Sion confunde-se com Jerusalém, e ambos com a Terra Prometida*, na visão judaica de "retorno", que é, na religião judaica, elemento básico de cumprimento do destino histórico e religioso do povo judeu e insumo fundamental da preservação da identidade judaica ao longo de cerca de 20 séculos de dispersão. Essa "tensão de retorno" voltada para Sion e Jerusalém tem expressão em inúmeras citações nas Escrituras e nas orações do dia a dia, que evocam e preveem a "reunião das diásporas*". Não foi por outro motivo que o moderno e laico movimento nacional judaico do século XIX, ao transcrever para a linguagem ideológica e política dos novos tempos a visão judaica do Retorno, associou-a a Sion, e se chamou "sionismo". (P.G.)

SOMASCOS Congregação de clérigos regulares (padres que seguem uma regra de vida religiosa), fundada em Somasca (Itália) por Jerônimo Emiliano (1481-1537) e aprovada em 1540 pelo papa* Paulo III (1468-1549; 1534/1549). Essa congregação se insere no movimento de renovação clerical iniciado antes do Concílio* de Trento (1545/1563) e na reforma dele decorrente. Sua concepção se assemelha à dos teatinos*, os primeiros clérigos regulares. Posteriormente, o papa Pio V (1504-1572; 1566/1572) faz dessa congregação uma ordem subordinada à Regra de Santo Agostinho*b. Diferentemente dos teatinos que se dedicam à atividade sacerdotal e à renovação do clero secular, os somascos se dedicavam às obras de caridade, intitulando-se, espontaneamente, "campanha dos servidores dos pobres". O fundador Jerônimo, após arrolado nas tropas que combateram os exércitos imperiais, ferido, ordenou-se padre, desempenhando funções caritativas, dedicando-se aos órfãos, fundando em Veneza o primeiro orfanato até então conhecido. Não se conhece a situação atual dos somascos que, no século XVIII, enfrentaram uma grave crise de cujo resultado não se têm notícias.

SUCOT Em hebraico, "cabanas", ou "tabernáculos". O termo designa especificamente a "festa das cabanas", um dos três festivais judaicos (os outros são *Pessach** e *Shavuot**) que associam elementos históricos, religiosos e agrícolas, e eram ocasiões de peregrinação* obrigatória ao Templo* de Jerusalém. A celebração da "festa da colheita" é determinada em Êxodo*g 34:22: "E observarás a festa da colheita no fim do ano (...)" O ano era o ano agrícola, e a ocasião prevista, o meio do outono, quando o fruto da colheita já fora recolhido aos celeiros antes da primeiras chuvas. Mais precisamente, os sete dias mais um de *Sucot* começam no dia 15 do mês de *Tishrei*, e sua comemoração tem início na véspera, quatro dias após o *Iom Kipur**, ou seja, ao anoitecer do décimo quarto dia do mês de *Tishrei*. A esse festival puramente agrícola, comum em muitas outras culturas de muitos outros povos, a tradição judaica (v. Judaísmo*) associou, como sempre fez, um caráter religioso e histórico, tornando-o mais um marco de devoção e de identidade. O costume de habitar em cabanas durante os sete dias do festival, tão arraigado a seu caráter campestre, foi também atribuído à lembrança e celebração das condições em que viveram os escravos judeus libertados do Egito durante os 40 anos de sua peregrinação pelo deserto, e, portanto, também da presença divina na história judaica e da percepção dos compromissos assumidos com Deus. Alguns sábios judeus, como Fílon*b, de Alexandria, no século I, atribuíram também um significado social a essa nivelação simbólica das condições de vida de todos os judeus. A comemoração de *Sucot* tem registro histórico a partir das crônicas de Neemias, após a volta do exílio da Babilônia, no século V a.C., que menciona a restauração da celebração, interrompida desde a época de Josué*b. Isso significa que ela remonta aos primeiros momentos do estabelecimento dos judeus em Canaã. Toda família judaica devia construir uma *sucá*, uma cabana, através de cujo teto de folhas verdes fosse possível ver as estrelas, simbolizando a presença divina em e sobre Israel. Enfeitada com frutos e flores, a *sucá* é a moradia da família nos sete dias do festival, o que significa, na verdade, que nela se farão todas as refeições e se recitarão as preces e bênçãos dos dias de festa. Não devem faltar na *sucá* as quatro espécies vegetais prescritas como elementos simbólicos, presentes no rito sinagogal dos sete dias: o *etrog*, espécie de fruta cítrica perfumada e doce; o *lulav*, fibra central do ramo de palmeira; o *hadas*, galho de murta; e a *aravá*, ramo de salgueiro. O sentido simbólico dessas espécies comporta inúmeras interpretações de caráter vário. Em tempos atuais, só os judeus mais devotos constroem uma *sucá* familiar, mas, em geral, cada congregação tem uma grande *sucá* comunitária em sua sinagoga*. Os ritos de *Sucot*, na liturgia judaica* da sinagoga, incluem uma procissão especial no sétimo dia, chamado *Hoshaná Rabá* (Grande Hosana), quando os devotos circundam o recinto sete vezes brandindo as quatro espécies, a mão direita empunhando um feixe formado pelos três ramos, a mão esquerda empunhando o *etrog*. Aos sete dias acrescenta-se um oitavo, *Shemini Atseret* ("sétima convocação"), quando se fazem preces invocando a primeira chuva da temporada, em mais uma interpenetração dos significados histórico, religioso e agrícola das principais festas judaicas. (P.G.)

SUFISMO Nome pelo qual ficou conhecida, a partir do século VIII, a mística (v. Misticismo*) muçulmana. Essa denominação, provavelmente, surgiu pelo fato de seus adeptos usarem roupas de lã (*suf*, em árabe). Os primeiros a vestir esses hábitos de lã foram os monges cristãos*, muito conhecidos na Arábia, e aos quais o Alcorão* alude em várias ocasiões. Buscar Deus era "vestir a lã", real ou espiritualmente, imitando os monges cristãos. Os sufistas (ou sufis) eram também chamados de *fugara* ("pobres de espírito"), organizados nas cidades de Kufa, Bassora e Bagdá, cidade esta que se tornou o centro do movimento a partir do século IX. Esse movimento, embasado na reclusão, na meditação e em várias passagens do Alcorão, principalmente nos versículos escatológicos (v. Escatologia*), tinha por objetivo essencial estabelecer uma vida simples, acompanhada pelo jejum e pelas preces. Os sufistas acreditavam num Deus afetuoso e não belicoso, amante da guerra e da conquista. O sufismo não é uma seita* nem um sistema, sendo apenas uma forma de viver que procura se aproximar de Deus. No entanto, conforme acentuam especialistas na matéria, nenhum pensador islâmico (v. Islã*) foi tão hostilizado quanto os sufis, a destacar o famoso caso da condenação e morte de al-Hallâj (857-922), torturado e queimado e suas cinzas lançadas ao vento. Um outro traço dominante no movimento sufista se manifesta na presença das confrarias (*tariga*, plural *turuq*). Atualmente, existem cerca de 50 delas, espalhadas pelos países islâmicos. O seu patrimônio provém de fundações piedosas, legados e doações. O sufismo não é apenas uma prática ou um pensamento religioso; exerce também uma atividade cultural significativa no campo literário, mormente na poesia árabe e ainda nas artes: danças, música e miniaturas.

SULPICIANOS Membros da congregação de São Sulpício, fundada em 1645 pelo abade (v. Abadia*) Jean-Jacques Olier (1608-1657), destinada à preparação de sacerdotes e à direção de seminários. O maior destes foi instalado nas proximidades da igreja de São Sulpício, em Paris, o que possibilitou aos sulpicianos exercerem o cargo de cura nessa paróquia*[g]. Os futuros padres puderam então dotar-se de uma sólida formação eclesiástica. Essa congregação, ao começar, simbolicamente integrada por apenas 12 pessoas, levava uma vida frugal e modesta, acompanhada de orações e práticas de devoção em comum. Progredindo com rapidez, os sulpicianos abriram, no século XVIII, cerca de 18 dioceses*[g] no Canadá sem muito sucesso, porém, devido às restrições impostas pelo regime inglês. Outros seminários, entretanto foram criados; na França, o seminário de São Sulpício foi o único a subsistir depois da Revolução, embora seus padres recusassem prestar juramento à Constituição civil do clero. Ainda hoje, essa congregação desempenha notável papel na formação dos sacerdotes.

SUNISMO Nome dado pelos muçulmanos àqueles que "seguem a suna", ou seja, o modo de vida do profeta Maomé*[b], seus gestos e pronunciamentos. Os muçulmanos ortodoxos admitem que a suna tem um valor igual ao do Alcorão*. A suna, no Islã*, é a tradição que vem de Maomé; ela é a fonte de uma verdadeira imitação do Profeta, não devendo ser confundida com os *hadiths** que são os detalhes, confusão que leva ao emprego equivocado dos dois termos. Os sunitas negam aos descendentes de Ali, o quarto califa, o direito ao poder, opondo-se, nesse particular, aos xiitas (v. Xiismo*). No mundo, 90% dos muçulmanos são sunitas, sendo costume distinguir-se uma suna "confirmada" enquanto Maomé vivia e uma outra, "suplementar", pertinente a aspectos menos importantes. Os sunitas costumam fazer parte de quatro escolas jurídicas (ritos*g), notadamente às hanbalitas (do nome de seu fundador Ahmad Ibn Hanbal, século XI, v. Hanbalismo*). A presença sunita é particularmente sentida entre os muçulmanos da Arábia, África e Turquia.

T

TABU Vocábulo de origem polinésia, pela primeira vez ouvido e divulgado pelo navegante britânico James Cook (1728-1779) no decorrer de expedições feitas no oceano Pacífico, onde foi morto pelos indígenas nas ilhas Sandwich (Havaí). A palavra "tabu" significa o "que é subtraído ao uso corrente", "pôr de lado", "afastar"; um animal ou pessoa ou qualquer objeto que não se deve ou não se pode abater ou tocar é tabu. Essa proibição não se baseia em justificações explicáveis; a violação do interdito não está inscrita em nenhum código ou lei mas apresenta características de uma calamidade. Nas religiões primitivas, o tabu exprime uma noção de pecado ou de medo; infringir o tabu significa perturbar a ordem e se expor às piores punições. Em muitas civilizações, as mulheres, os estrangeiros, os cadáveres são tabu. Alguns antropólogos veem no tabu a origem da moral.

TALIT Palavra hebraica que designa o xale de orações usado pelos judeus nas orações matutinas na sinagoga* e em casa, em certas ocasiões especiais. O preceito que estabelece a obrigação ritual de vestir o *talit* menciona na verdade as franjas trançadas em seus quatro cantos, as *tsitsiot* (plural de *tsitsit*), símbolo e lembrança da obrigação de cumprir os 613 mandamentos (*mitsvot**) prescritos na Torá*. O *talit* pode ser feito de vários tecidos, como o linho, a seda ou a lã. O padrão da fazenda, o tamanho, os arremates, têm variado ao longo do tempo e lugar, e ao sabor de preferências individuais (sendo a *tsitsit*, é claro, obrigatória). Em geral, apresentam listas de cor preta ou azul e uma passamanaria bordada (em geral, com o texto da oração proferida ao se envolver no *talit*) na orla que fica em contato com o pescoço e o peito. Pode ser um manto a envolver quase todo o corpo — usado em tempos mais antigos, e, hoje em dia, por alguns judeus mais devotos — ou, hoje mais comum, um xale que só cobre os ombros. Segundo a interpretação rabínica (v. Rabino*), o uso do *talit* só era obrigatório para os homens casados, mas, em algumas comunidades, os meninos passam a vesti-lo a partir do *bar mitsvá**. Em certas congregações das correntes do judaísmo* chamadas "liberais", as mulheres também usam o *talit*, costume contestado pelas correntes ortodoxas (v. Ortodoxia [no judaísmo]*). (P.G.)

TALMUD A palavra deriva da raiz LMD, dos verbos hebraicos que significam "estudar" e "ensinar", e designa uma vasta coleção de obras de interpretação das leis, dos rituais, dos costumes, das tradições judaicas, a partir do texto da Torá*, da compilação das Leis Orais — a *Mishná** —, dos comentários à *Mishná* (*Guemará**) e de todos os comentários, acréscimos, aforismos, máximas, parábolas, lendas, em torno de seu sentido literal e de seus significados mais profundos. O *Talmud* é, assim, uma compilação de milhares de contribuições de sábios rabínicos (v. Rabino*), ao longo de sete séculos, visando à compreensão da essência do judaísmo*, e tendo como fundo as cambiantes condições de tempos, lugares e circunstâncias da vida judaica. O *Talmud* representa e expressa a preocupação dos sábios, em cada época e lugar, de dar à lei, às tradições e aos rituais judaicos a vitalidade de uma compreensão contemporânea que os tornasse a base da ação, do comportamento e da forma de vida, o que é o fundamento do judaísmo. A intensa atividade de compilação e interpretação tem início no século II a.C., e vai até c. 500 a.D. No entanto, devido a seu caráter aberto e cumulativo, isso não significou que o *Talmud* estivesse encerrado, e as interpretações, exegeses, comentários e acréscimos continuaram a enriquecer seu *corpus* ao longo do tempo. Tão vasto é o alcance dessa obra, e tão agitada e dialética ela é no embate entre interpretações divergentes e mesmo conflitantes, e tão aberta a interpretações de interpretações em sucessão inesgotável, que recebeu a alcunha de *Iam haTalmud*, "o mar do *Talmud*". Estruturalmente, o *Talmud* pode ser dividido em três corpos principais: 1) a *Mishná*, que reúne os textos interpretativos da Torá escrita, comentários, inferências, esclarecimentos, decisões e ensinamentos em torno de seu texto. Todo esse acervo foi sendo criado e transmitido oralmente, no que se chamou *Torá shebeal pé*, a Lei Oral, até ser compilado e organizado pelos *tanaim**, os sábios que redigiram a *Mishná*. Esse processo se encerrou em 220 a.D., com Iehudá haNassi*b; 2) a *Guemará**, acervo de comentários e discussões interpretativas sobre a *Mishná*, constitui o eixo do *Talmud*. Foi sendo montada e compilada com a contribuição dos sábios rabínicos chamados *amoraim**, que tentavam, nos mínimos detalhes, esgotar todas as interpretações possíveis de cada texto da Lei Oral, por meio de complicada exegese (*pilpul*), intermináveis discussões e intrincada referência cruzada a centenas de outras interpretações e exegeses. A *Guemará* teve duas versões: a de Jerusalém, completada no século IV a.D., e a da Babilônia, completada em c. 500 a.D.; 3) em *corpus* separado das edições do *Talmud*, o *Midrash** é um conjunto de textos livres, como parábolas, lendas, provérbios etc., em torno da essência das leis, dos rituais, dos costumes e do comportamento judaicos, como expressos em seus textos escritos e na tradição oral. Os primeiros *midrashim* remontam aos sermões, homilias e prédicas públicas nas sinagogas* e nas casas de estudo. Eles visam, principalmente, a comunicar, pela emoção e pela compreensão de formas simples, e não pela intelectualização complexa dos sábios, a essência ética do judaísmo. Aos dois corpos principais do *Talmud* foram acrescentados comentários à *Mishná* formando um acervo editado juntamente com o *Talmud*: a *Tossefta*g* ("acréscimo"), estruturada em seis divisões análogas às da *Mishná*. Todo texto do *Talmud*, independentemente do corpo em que se encontre, pode ser classificado em dois tipos: *halachá** ("encaminhamento", "orientação"), referente às leis e regulamentos, e suas interpretações e ilações; e *Agadá** ("narrativa", "lenda"), que engloba os textos ilustrativos, como parábolas, lendas, aforismos etc., que contextualizam os significados e implicações éticos e comportamentais das leis e dos preceitos do judaísmo. (P.G.)

TAMBOR DE MINA Religião estabelecida principalmente no Maranhão, Brasil, resultante da mistura das crenças dos escravos "minas" (prisioneiros de guerra fanti e axanti vendidos na Costa das Minas, ou Costa do Ouro) com as dos jeje*g (do Benim, antigo Daomé). A primeira e principal casa dessa religião, a Casa das Minas de São Luís, foi fundada no início do século XVIII. A religião caracteriza-se pelo predomínio das mulheres e pelo culto*g aos voduns*g, que se dividem em três famílias: os espíritos ancestrais da casa real do Daomé (família Davice, liderada por Zomadono), os deuses do céu (família Keviossô, chefiada pelo vodum deste nome) e os da terra (família Dambirá, chefiada por Dã, a serpente sagrada). Alguns voduns correspondem aos orixás* nagôs. O terreiro chama-se "querebetã". No "gume" (pátio interno) fica a cajazeira, junto à qual são postas as oferendas, e outras plantas sagradas. O "peji" ou santuário ("pandomé") não tem imagens nem objetos simbólicos, mas apenas os assentamentos enterrados, sobre os quais são feitos os sacrifícios. A mãe de santo é a "nochê" ou "doné"; o pai de santo é o "dokté". A filha de santo chama-se "vodúnsi"; o filho, "vichê". Ela não usa as cores de seu vodum, pois no tambor de mina todas as "dançantes" usam roupas iguais: blusa branca e saia rodada estampada. O ritual do tambor de mina é semelhante ao do candomblé*, com cantos e danças ao som de tambores, que chamam os voduns e "tobossis" (espíritos infantis). É predominante a participação das mulheres. Existem variantes sincréticas do rito*g mina-jeje, como o "terecô" (cruzado com rito banto) e "tambor de taboca" (cruzado com rito ameríndio). O "tambor de fulupa" é um ritual de força realizado anualmente em alguns terreiros mina, principalmente nos que têm caboclo*d assentado. Além de homenagear entidades da floresta de origem tupi, como sacis*d e curupiras*d, também tem a finalidade de limpar e proteger o terreiro, sendo associado com são Cipriano, considerado um grande mestre-feiticeiro nas religiões sincréticas brasileiras. (E.D.G.)

TAMBOR DE NIKLASHAUSEN Movimento messiânico (v. Messianismo*) do século XV, ocorrido na pequena cidade alemã de Niklashausen, assim denominado porque o seu líder, um jovem pastor, em seus momentos de folga, tocava tambor nas feiras e hospedarias da região. Esse personagem, nomeado Hans Bohm, apesar de simples e modesto, era dotado de apreciável eloquência que não demorou a ser posta em prática, quando começou a divulgar os poderes miraculosos que atribuía a uma imagem da Virgem Maria*b existente na igreja local. Sua palavra, fácil e vibrante, fez com que, gradativamente, angariasse auditório cada vez maior e, não obstante suas prédicas tivessem autorização episcopal, não demorou a hostilizar o clero. Para os que o escutavam, Bohm rapidamente passou a ser um messias*, pois, ao conclamar que seus ouvintes se recusassem a pagar qualquer tributo, acentuava que os padres deveriam ceder à população todos os seus rendimentos. Além do mais, prenunciava a abolição das classes sociais e da autoridade. Rapidamente suas ideias espalharam-se por grande parte da Alemanha, levadas de aldeia em aldeia; de todos os lados multidões acorriam a Niklashausen para ouvir o novo profeta. Em 1474, porém, as autoridades, alarmadas com o evoluir dos acontecimentos, efetuaram sua prisão, eliminando com severidade qualquer resistência por parte de seus seguidores. Julgado e condenado, Hans Bohm morreu na fogueira. No entanto, por algum tempo ainda, a pequena igreja onde pregava continuou sendo um santuário, centro de contínuas peregrinações*.

TANAIM Plural da palavra hebraica *tana*, que designa os sábios rabínicos (v. Rabino*) que se dedicaram à compilação, à organização e ao registro escrito das Leis Orais do judaísmo* que resultaram na obra chamada *Mishná**. Durante muito tempo eles enfrentaram a oposição de muitos sábios, que, ao longo de todo o processo, continuavam a alegar que a Lei Oral não devia ser escrita. Ela remontava, em seu início, a Moisés*b no monte Sinai, como consta na abertura de seu primeiro capítulo, *Pirkei Avot* ("Ética dos Pais"), onde se afirma que Moisés recebera a Lei Oral no Sinai, a passara a Josué*b, este aos anciãos, os anciãos aos profetas, e estes aos Homens da Grande Assembleia (v. Sinédrio*). Segundo o grande talmudista Rashi*b, a transmissão se dera oralmente, sem registro por escrito, até o século VI. Mas a verdade é que, já no século I, o sábio Hilel*b começara a compilar as leis orais, dividindo-as em seis partes por assunto, e, a partir de então, o trabalho continuou com Akiva ben Iossef, Meir, e muitos outros, até ser encerrado em c. 200 por Iehudá haNassi*b. Uma das grandes contribuições dos *tanaim*, desde Hilel, foi o estabelecimento do método de análise e de inferência que permitiu o estabelecimento de analogias, causalidades e coerências entre as centenas de leis e disposições da tradição oral em cada um dos setores que abrangiam. Era uma coleção de sete regras, ou *midot*, que, um século depois de Hilel, o *tana* Ismael modificou e ampliou para 13 regras, e o *tana* Eliezer, para 33 regras. Essa complexa rede de argumentação lógica e cruzamento de referências alimentou o trabalho dos *tanaim* e dos comentaristas e intérpretes da *Mishná* que compilaram a *Guemará**. Entre outros *tanaim* importantes, citam-se aqui Shamai, contemporâneo e dissidente de Hilel, Gamaliel I, Simão ben Gamaliel, Eleazar ben Azariá, Ioshua ben Chananiá, Iochanan ben Zakai*b e Shimon ben Iochai. (P.G.)

TANTRA Conjunto de livros doutrinários e sagrados da Índia, escritos em sânscrito, provavelmente elaborados desde o século VII mas redigidos bem mais tarde, entre os séculos IX e XIII, na sua maior parte. Esses textos abordam matérias as mais diversas: magia*, filosofia, técnicas de ioga* e de meditação, introduzindo elementos dos credos populares nos cultos hindus e búdicos (v. Hinduísmo*, Budismo*). Tradicionalmente reconhecem-se 64 textos como integrando o tantra; conforme as fontes consultadas, o número deles atinge 192 e, até mesmo, 500. Esses textos tântricos compreendem quatro categorias principais: a) os que descrevem as cerimônias religiosas (*kriyâtantra*); b) coleção de preceitos para uma vida religiosa (*Châryâtantra*); c) coletâneas de prescrições de caráter mágico e místico (*Yogatantra*); d) e os que expõem as doutrinas secretas de cultos*g da "*Shakti*" ("energia"). Quanto ao tantrismo, este pode ser definido como um conjunto de crenças e práticas inspirado no tantra e, por vezes, considerado uma religião particular. Além do mais, o tantrismo contém doutrinas esotéricas nas quais "os aspectos do mundo se confundem numa só entidade macrocósmica e microcósmica". Por outro lado, despreza as prescrições rituais do bramanismo*. O tantrismo se desenvolveu muito no oeste da Índia, como uma reação contra o bramanismo.

TAOÍSMO Doutrina filosófica e religiosa chinesa, baseada num pequeno livro de 25 páginas, o *Tao Te Ching*, "o livro do Tao e do Te", dividido em 81 capítulos, e atribuído ao filósofo Lao-Tseu*b (ou Lao-Tsé) (570-490 a.C.), cujos dados biográficos são incertos, embora possa admitir-se ser contemporâneo de Confúcio, célebre filósofo chinês. Para Lao-Tseu, o *tao* (ordem do mundo) é a verdadeira base da qual as coisas são criadas, não obstante esse vocábulo ser sujeito a controvérsia, sendo praticamente impossível racionalizar o conceito de *tao*. Como religião popular, o taoísmo só se constituiu historicamente no século II; mediante uma síntese de correntes religiosas mais antigas. Os taoístas veem a atividade do homem com restrições, pois consideram que a energia despendida impede a concentração na busca do *tao*. O objetivo essencial do ser humano é a procura da humildade e da renúncia. O controle da sociedade é inútil; sua ação mais importante é o *laissez-faire*, o "não agir"; o mundo ideal é aquele no qual o homem não intervém, a exemplo das comunidades primitivas. O taoísmo preconiza a volta à natureza, ao estado primitivo do homem que a ela deve consagrar-se exclusivamente. Seus princípios essenciais são a crença nos espíritos e na imortalidade (esta obtida através de práticas dietéticas). Nenhuma ideologia advém do taoísmo, que proporcionou ao povo chinês uma espiritualidade na qual se inspiraram inúmeras de suas concepções e atitudes. É sabido que alguns discípulos de Lao-Tseu implementaram aspectos mágicos (v. Magia*) no misticismo*, nele incorporando crenças e feitiçarias antigas, procurando com isso alcançar maior longevidade. De qualquer modo, a influência do taoísmo estendeu-se ao campo do conhecimento científico e das artes, como se constata na pintura paisagística, uma das mais típicas expressões da mensagem taoísta.

TEATINOS Clérigos regulares, ou seja, religiosos que vivem subordinados a uma certa regra, sem entretanto submeterem-se às condições monásticas (clausura*g, ofício divino coletivo etc.). Os teatinos podem ser considerados como os representantes de uma renovação da Igreja, antes da reforma católica e da protestante (v. Contrarreforma*, Reforma*). A congregação dos teatinos foi fundada, em 1524, pelo padre italiano Gaetano de Thiena (1480-1547) e por Gian Pietro Carafa (1476-1559), bispo da cidade de Chieti (em latim, *Theatinus*), de onde a congregação tirou o nome. As normas de vida da congregação primam pela severidade, mormente no tocante à pobreza; seus objetivos maiores são a renovação da vida apostólica bem como a celebração comunitária da liturgia*g, eucarística (v. Eucaristia*g) e coral. A Ordem dos Teatinos rapidamente ganha prestígio e a confiança de Santa Sé (v. Vaticano*) que lhe confia o processo de um franciscano* simpático ao luteranismo*. Em breve, o instituto teatino torna-se um viveiro de bispos; um dos fundadores, Gian Carafa é eleito papa* com o nome de Paulo IV (1555/1559). Sua severidade, paradoxalmente, provoca o declínio: duas casas em Veneza e Nápoles, que contam com 40 religiosos, apenas. Não obstante, difunde-se na Itália, no sul da Alemanha e na Espanha. Em um século, de 11 prelados iniciais a ordem chega a mais de mil religiosos. Ao findar o século XVIII, porém, o declínio foi incontestável.

TEFILIN Palavra hebraica para "filactérios", oriunda de *tefilá*, que significa "oração". Os *tefilin*, assim como a *tsitsit** (e daí o *talit**) e a *mezuzá**, são paramentos obrigatórios do ritual judaico, prescritos textualmente, na referência às palavras de Deus: "(...) e você as amarrará como um sinal em seu braço e entre seus olhos (...)". A sua importância para o ritual judaico é tão grande que, segundo um antigo provérbio, Deus também usa *tefilin*. O processo de fabricação dos *tefilin* obedece a mais de 160 regras rígidas. Segundo a tradição judaica, eles devem ser usados somente pelos homens adultos (após o *bar mitsvá**), nas preces matinais dos dias úteis (não no *Shabat** e alguns dias festivos). Consistem em um par de pequenas caixas cúbicas de couro duro, apoiadas em pequenas bases a que são atadas tiras de couro. O modelo dessas tiras diferem, segundo sejam destinadas ao paramento do braço ou da cabeça. Os cubos contêm rolos de pergaminho com textos de quatro versículos da Torá*: Êxodo*g 11:16 e 13:1-10, e Deuteronômio*g 6:4-7 e 11:13-21. Primeiro se aplica o do braço esquerdo, com o cubo na altura do coração, e a comprida tira de couro é enrolada 7 vezes no antebraço, e depois na mão; o da cabeça é posto acima da testa, onde começa o couro cabeludo, equidistante dos dois olhos, e sua laçada o fixa na nuca, dela pendendo duas tiras sobre o peito, uma à direita, outra à esquerda do pescoço. Termina-se enfim o ritual reenrolando a ponta da tira do braço na mão e nos dedos, num padrão determinado que desenha a letra hebraica *shin*, inicial de *Shadai*, um dos nomes usados como alternativa para o nome de Deus (v. Nomes de Deus*). Não se tem conhecimento exato de quando se começou a usar *tefilin*, mas como já é referido por Flávio Josefo, foi em época anterior ao século I a.D. De acordo com a cultura da época, pode ter assumido o caráter de um amuleto protetor, o que justificaria o termo grego que o designa e do qual deriva "filactérios": *phylacterium*, "proteção". (P.G.)

TEMPLÁRIOS Ordem militar* e monástica (v. Monasticismo*), a mais poderosa e internacional, durante 200 anos, enquanto perduraram os Estados latinos da Terra Santa. Soldados e religiosos, os templários foram também administradores, diplomados e financistas. Fundada em 1119, nas proximidades do antigo Templo de Salomão (o que deu origem ao nome), por dois cavaleiros franceses, a ordem destinava-se a proteger os peregrinos, sendo confirmada pelo papa* Inocêncio II (1130/1143) em 1139, pela bula* *Omne datum optimum*, que subordinava os templários diretamente à Santa Sé (v. Vaticano*). Suas obrigações religiosas se limitavam a assistir aos ofícios e ao *Pater Noster*. A disciplina era severa; seu equipamento militar compunha-se do elmo (*heaume*), camisa de malha (*haubert*), espada, lança, maça e cutelo. A ordem, dirigida por um grão-mestre, eleito, era organizada em províncias e dividida em regiões. Os cavaleiros, recrutados na nobreza, constituem minoria, não mais de 400, usavam manto branco; os sargentos e capelães, manto marrom e negro. Todos ostentavam a cruz vermelha no manto. A ordem se desenvolveu prodigiosamente, instalando-se na França, Inglaterra, Espanha, Portugal, Sicília, Hungria e na Terra Santa (Jerusalém, Antioquia, Trípoli), abarcando cerca de 3.500 castelos e fortalezas e casas, acumulando riquezas colossais, tornando-se um banqueiro internacional de reis e papas, monopolizando praticamente as operações financeiras com o Oriente. Ao iniciar o século XIV, os templários somavam 15 mil homens, dos quais 2 mil na França, quando o rei Filipe, o Belo (1268-1314; 1285/1314), desejando estancar a crise financeira pela qual passava esse reino, atacou a ordem, ambicionando as suas riquezas. Em 13 de outubro de 1307, o grão-mestre Jacques de Molay e 60 companheiros foram detidos sob acusação de heresia* e crimes monstruosos (profanação, sodomia, idolatria etc.). Em 1312, sob pressão monárquica, o papa Clemente V (1264-1314; 1305/1314), pela bula *Vox in excelsis* (3 de abril de 1312) promulgou a dissolução da Ordem dos Templários, após vários de seus integrantes terem sido queimados, inclusive o seu último grão-mestre. Os bens da ordem foram transferidos para a Ordem dos Hospitalares* e, parte deles, para o rei francês. Processos semelhantes ocorreram em países onde existiam casas templares.

TEMPLO (DE JERUSALÉM) Durante mais de mil anos, o Templo de Jerusalém foi o centro da vida religiosa e nacional dos judeus (v. Judaísmo*), desde 955-9 a.C., quando o primeiro Templo foi inaugurado por Salomão*b no monte Moriá, até 70 a.D., quando o segundo Templo foi destruído por Tito. Durante esse período, o Templo já fora arrasado, em 586 a.C., por Naubocodonosor, reconstruído em 516 a.C., remodelado e ampliado por Herodes em 19-20 a.C. Em seu período inicial, foi o único lugar em que se realizavam as cerimônias rituais judaicas, como o sacrifício*, a oferenda de primícias, a comunhão com Deus, prescritas pela Lei de Moisés*b e pelas tradições orais, como forma de identificação individual e coletiva com o Deus único e com a aliança que Ele estabelecera com o povo judeu. Três vezes por ano, nos festivais de *Pessach**, *Shavuot** e *Sucot** era obrigatória a peregrinação* ao Templo, o que consubstanciava a percepção e a realização prática da convergência, da unidade nacional e do caráter coletivo da devoção religiosa judaica. Mesmo com a destruição do primeiro Templo e o exílio da Babilônia, com o aparecimento da sinagoga* e de seus ritos*g mais espirituais e simbólicos, o Templo não perdeu sua importância de instância centralizadora e institucional da religião judaica. Ele foi reconstruído com a autorização de Ciro, da Pérsia, e os judeus que retornaram do exílio trouxeram de volta os objetos rituais que haviam sido pilhados pelos babilônios. Ampliado e remodelado por Herodes, foi totalmente destruído pelos romanos, dele só restando uma das paredes externas, o "Muro Ocidental", chamado Muro das Lamentações*. Os rituais no Templo eram conduzidos pelos levitas, descendentes da tribo de Levi, e pelos *cohanim*, ou sacerdotes (v. *Cohen**), descendentes de Aarão*b, irmão de Moisés. Os primeiros constituíam a infraestrutura de mantenedores, funcionários, auxiliares do culto*g etc. Os últimos eram os condutores dos rituais, liderados pelo sumo sacerdote. Os rituais eram pomposos, cheios de simbolismo e colorido, permeados com a música de instrumentos e de coros. O texto bíblico (Reis I 8:63) descreve uma grande cerimônia de inauguração do Templo de Salomão, com a comunhão de todo Israel com Deus. Isso teria tido expressão no sacrifício (e nos banquetes que a ele se seguiram) de 22 mil bois e 120 mil ovelhas. O mais solene de todos os rituais era também o mais restrito: a entrada do sumo sacerdote no Santo dos Santos, o recinto onde se encontrava a Arca da Aliança* e, dentro dela, as Tábuas da Lei. Só ele podia lá entrar, e somente no dia do *Iom Kipur**. Quem transgredisse essa regra morreria fulminado no ato. A Arca e seu conteúdo desapareceram após a destruição do primeiro Templo. A arquitetura do Templo, seus elementos decorativos e os objetos rituais em seu interior foram descritos como de grande beleza e esplendor. Salomão contratou arquitetos de Tiro, chefiados por Hiram, que usaram materiais nobres como o granito e o mármore, madeira de cedro e abeto, revestimentos de ouro. Por suas dimensões, como interpretadas pelos arqueólogos, deve ter sido relativamente pequeno (c. 36,5 m de comprimento, 12 m de largura, 18 m de altura). Herodes ampliou essas medidas e enriqueceu o interior, o que parece ter impressionado o comentarista do *Talmud** que registrou: "Quem não viu o Templo de Herodes não sabe o que é beleza no mundo". Alguns elementos da arquitetura do Templo são famosos: as duas colunas na entrada, que, por motivo desconhecido, receberam nomes próprios, Jachin e Boaz; a *menorá*, o candelabro de sete braços que foi pilhado pelos romanos e levado para Roma, e que serviu de modelo para o brasão do Estado de Israel; os dois querubins em cedro e ouro que encimavam o Santo dos Santos. Durante os quase 20 séculos que decorreram desde o fim do reino judaico, o Muro das Lamentações, único remanescente do Templo, tornou-se o sítio mais sagrado da religião judaica, lugar de peregrinação e culto. No monte do Templo foi construída uma mesquita*, o Domo da Rocha, e, nos 19 anos em que a parte antiga de Jerusalém esteve sob controle jordaniano, os judeus não tiveram acesso ao Muro, restabelecido após a Guerra dos Seis Dias, em 1967. A destruição dos dois templos tem como marco a mesma data, celebrada pelos judeus num dia de jejum e oração, como expressão de luto e tristeza: é o nono dia do mês de *Av*, *Tishá beAv**. (P.G.)

TENRI-KYO Importante seita* japonesa do xintoísmo*, fundada pela senhora Nakayama (1798-1887), procedente de uma família de abastados fazendeiros budistas (v. Budismo*). O nome significa "Doutrina da Razão Divina". Em 1838, Nakayama sentiu-se possuída pelo deus Tenri, o que a levou a criar a seita *Tenri*. As semelhanças com a Ciência Cristã*, religião fundada por Mary Eddy Baker em 1866, foram tão marcantes que a seita japonesa passou a ser chamada de a "Ciência Cristã do Japão". Na sua doutrina, o Deus-Pai (*tsukihi*) é o Criador do gênero humano que ele protege e alimenta. O homem foi criado para levar uma vida alegre, só cabível a um coração alegre, santo e puro. As doenças e as infelicidades não constituem punição, e sim o fruto de nossos pensamentos e ações equivocadas. A "raiz" do sofrimento e da doença reside no espírito; aqueles que conseguem libertar-se das "oito poeiras" (cólera, inveja, egoísmo, traição etc.) poderão desfrutar uma longa vida. A fraternidade universal só poderá existir quando mudarmos nossas disposições mentais. A difusão dessa seita compete a três milhões de fiéis, dos quais 2 mil no Japão. A Igreja-mãe está situada em Tenri, centro do Japão, dispondo de uma universidade, um grande complexo educativo e um museu.

TEOCRACIA Forma de governo cujos dirigentes consideram-se designados por Deus e, como tal, seus representantes no mundo. O vocábulo é composto pelas palavras gregas *théos* ("deus") e *krateia* ("governo", "poder"). A monarquia faraônica do Egito antigo e o Império Romano, onde os governantes, divinizados, eram objeto de cultos*g próprios, constituem exemplos extremados de teocracia. Durante a Idade Média, a doutrina que fundamentava o regime teocrático baseava-se na concepção segundo a qual reis e príncipes eram vassalos da Igreja e esta, responsável pela fé e pelo equilíbrio entre os homens, detinha os dois poderes, o secular e o espiritual. Por força disso, elaborou-se a chamada "teoria dos dois gládios", cada um representando um poder. Um dos gládios, que a Igreja confiava ao monarca — a espada — simbolizava a força enquanto o outro, detido pela própria Igreja, simbolizava a persuasão, poder maior representado pela palavra, que transmitia a fé e a verdade. Mas, conforme argumentação papal, a Igreja pode retomar do rei o gládio cedido caso não seja utilizado adequadamente. O apogeu teocrático ocorreu no século XIII, projetado na figura do papa* Inocêncio III (1160-1216; 1198/1216); ao longo desse século, a Igreja controlou a vida política europeia.

TERAPEUTAS Ordem monástica judaica anterior à era cristã, estabelecida ao sul de Alexandria, no Egito. Fílon*b, que a visitou, atesta que já existia em cerca de 20 a.C., e é o único a deixar registros sobre sua forma de vida. A ordem foi criada como uma reação de alguns judeus de Alexandria à decadência e corrupção crescentes na Alexandria helenística. Eles decidiram tornar-se os "médicos de sua alma", de onde o nome da ordem. Baseados num enraizado pessimismo quanto aos valores do mundo em que viviam, preferiram renunciar a ele do que tentar modificá-lo, criando um mundo próprio, isolado, fundamentado no êxtase e na utopia, no que se assemelharam aos essênios* de Qumran. Inspiravam-se nos sagrados mandamentos trazidos a seus antepassados por Moisés*b, para interpretar e conceber a natureza. Sua atitude pessoal para exprimir sua ideologia era a meditação, o jejum e a mortificação. Frugais na alimentação, dedicados ao trabalho, mantinham com disciplina uma austeridade que beirava a pureza e a castidade. Respeitavam o *shabat*, estudavam a Torá* (a partir de sua tradução para o grego, a *Septuaginta**, pois não liam o hebraico) e guardavam as festividades judaicas*. Tinham coros de homens e de mulheres que proviam o fundo musical de seus ritos*g de canto e dança. Os terapeutas reuniram em seu credo judaico muitas das ideias e tendências monásticas da época, comuns em outros lugares, filosofias e religiões, como os mistérios* persas, os anacoretas gnósticos e os platonistas gregos. Podem ter inspirado elementos que vieram a predominar no monasticismo* católico. (P.G.)

TERCIÁRIOS Nomeação dada, no catolicismo*, aos integrantes da terceira ordem de uma congregação religiosa, a primeira sendo constituída pelos monges e a segunda, pelas monjas. A maior parte dos terciários é integrada por seculares, isto é, por leigos (v. Laicismo*), homens e mulheres que não pronunciam votos, mas ganham a vida no século, ou seja, no mundo. Os terciários têm um costume próprio, só revelado em ocasiões excepcionais, quando sobre o traje monástico usam um escapulário*g como devoção. Os terciários devem cumprir certas obrigações religiosas, observar dias de jejum, mostrar-se discretos no que concerne a festas e, de modo geral, aos prazeres mundanos. A mais importante das ordens terceiras*g é a de São Francisco.

TERRA PROMETIDA Termo que se refere à promessa de Deus a Abraão*b, patriarca* bíblico dos hebreus e do povo judeu, de que sua descendência se instalaria e viveria na terra então chamada Canaã, assim especificamente definida como a terra prometida. A Bíblia* descreve essa promessa como parte da Aliança estabelecida entre os israelitas e o Deus único que haviam passado a reconhecer e cultuar, e ela foi reiterada várias vezes em diferentes contextos. Os descendentes do clã originário de Abraão, através de Isaac*b, de Jacó*b e dos filhos deste, tornaram-se um povo escravizado no Egito, e, quando se libertaram sob a liderança de Moisés*b, a Aliança foi invocada para que o povo recém-libertado assumisse os seus compromissos e se estabelecesse na "terra prometida", o que efetivamente aconteceu. Como base territorial do povo judeu e de estados judaicos durante cerca de mil anos, interrompidos pela conquista romana e pelo início do exílio, e, depois, como objeto do ideal de Retorno, com forte presença no culto e na tradição do judaísmo*, a Terra Prometida constituiu-se num elemento formador da religião judaica e da identidade histórica dos judeus. (V. tb. Sion*.) (P.G.)

TESTEMUNHAS DE JEOVÁ Movimento religioso cristão, de índole milenarista (v. Milenarismo*) e de formação protestante (v. Protestantismo*), fundado nos Estados Unidos da América do Norte, em 1874, por Charles Russel (1852-1916). Chefe do movimento até a sua morte em 1919, Russel foi substituído, sucessivamente, por J.J. Rutherford (1869-1942), N.H. Knorr (1905-1977), F.W. Franz (morto em 1992) e Milton Henshel. O objetivo predominante das Testemunhas de Jeová é propagar a doutrina pela imprensa e pelas visitas em domicílio. O que caracteriza esse movimento — por muitos considerado uma seita* — são os compromissos hebdomadários obrigatórios, ocasião em que se estuda um texto do movimento e uma série de questões. Para ser aceito como membro (companheiro) das Testemunhas de Jeová é necessário "aderir às verdades bíblicas (...)". As testemunhas de jeová afirmam que a Bíblia* é a palavra de Deus, de Jeová (v. *Adonai**, Nomes de Deus*, Tetragrama*), criador e soberano do céu e da Terra. Os integrantes do movimento são os representantes de uma longa série de "testemunhas" dos acontecimentos. A grande questão que se coloca é a do domínio de Jeová; a época atual seria um período de transição que se encerrará com o Armagedon*, poupando as testemunhas, que reinarão com os simpatizantes do movimento. A Bíblia é a palavra de Deus, cuja primeira criação foi Jesus*[b]. O reino de Deus é invisível e celeste. As testemunhas de jeová recusam prestar serviço militar, não bebem nem fumam e praticam o batismo* por imersão. O movimento não tem sacerdotes; entretanto, possui grande número de missionários que desenvolvem pertinaz trabalho de divulgação. Três vezes por ano, as testemunhas de jeová participam de reuniões na expectativa de reforçar "suas convicções doutrinárias" e ouvir de seus superiores um balanço das realizações. Por outro lado, estão absolutamente convencidos de que formam um conjunto de cristãos devotos num mundo corrompido. As testemunhas de jeová não mantém qualquer tipo de culto*[g]. Atualmente, contam com cerca de quatro milhões de fiéis, espalhados por mais de 200 países, inclusive o Brasil, onde o movimento surgiu em 1923 e continua plenamente atuante, reunindo mais de 800 congregações com cerca de 40 mil ministros.

TETRAGRAMA Referência às quatro letras hebraicas que, nas Escrituras sagradas do judaísmo*, formam o nome explícito (em hebraico, *haShem hameforash*) e impronunciável de Deus. O misticismo* que envolve o nome de Deus está associado, em parte, aos mistérios que tão comumente envolvem práticas e conceitos religiosos, e, em parte, pode ser decorrente da ideia básica judaica da incorporalidade de Deus. Um Deus incorpóreo, que não pode ser representado em imagem, não poderia ser representado por um nome fisicamente pronunciável. O conhecimento da pronúncia do nome de Deus estaria reservado a uns poucos iniciados nos mais profundos níveis dos significados religiosos do judaísmo, e sua enunciação era restrita ao sumo sacerdote (v. *Cohen**) do Templo, e, somente na oração do *Vidui*, proferida por ele no recinto do Santo dos Santos (v. Templo*), onde só ele podia entrar, para esse fim, num único dia do ano, o do *Iom Kipur**. A sua pronúncia em qualquer outra circunstância era considerada gravíssimo sacrilégio. Fora do contexto judaico, há discordâncias sobre a pronúncia do nome hebraico grafado. As quatro letras hebraicas (que representam consoantes) são o *iod* (seria o Y, como consoante, não como vogal), o *hei* (H aspirado), o *vav* (V) e de novo o *hei*, formando portanto YHVH. Nos textos das Escrituras, os sinais diacríticos apostos a essas consoantes, e que representam as vogais, são o *shevá* (um *e* breve, que só acentua o som consonantal) sob o *iod*, o *cholam* (o) à esquerda do primeiro *hei*, o *kamats* (a) sob o *vav* e nenhum sinal no segundo *hei*. Assim, tem-se, na transcrição, *YeHoVaH*. São as mesmas vogais, e na mesma ordem, que compõem a palavra hebraica *Eloah*, "deus". Mas outra interpretação transcreve o Tetragrama como *YaHVeH*. Para os judeus religiosos, no entanto, que nunca pronunciarão esse nome, isso não faz a menor diferença, e o mistério continua (v. também *Adonai**, Nomes de Deus*). (P.G.)

TEUTÔNICOS, CAVALEIROS Ordem militar* fundada no desenrolar da terceira cruzada*, no ano de 1191, em São João d'Acre e reconhecida pelo papa* Celestino III (1106-1198; 1191/1198). A iniciativa coube a um grupo de cavaleiros, clérigos e de irmãos leigos alemães, destinado a ajudar pobres e doentes e a combater os inimigos da Cruz. A regra exigia a origem aristocrata do cavaleiro; a grande maioria de seus integrantes era de alemães (teutônicos), aceitando, porém, quaisquer estrangeiros, especialmente poloneses. A exemplo dos templários*, o capítulo geral (conjunto de cônegos) constituía a suprema instância da ordem, dispondo de poderes para nomear ou depor o grão-mestre, o qual, na metade do século XIV, veio a ser um dos reis mais ricos da Europa. Cheio de regalias, cercado por uma corte faustosa, as prescrições impostas aos cavaleiros não lhe eram aplicadas. A ordem compreendia várias categorias de "irmãos"; somente os cavaleiros e padres eram considerados membros com plenos direitos. Em cerca de 1225, ante a reconquista da região pelos muçulmanos, a ordem foi transferida para território a leste da Alemanha. Os cavaleiros pronunciavam votos de pobreza, obediência e castidade, vestindo longo manto branco com uma cruz negra no ombro esquerdo (essa cruz seria reproduzida na "Cruz de ferro", condecoração do exército alemão). Devendo provar sua procedência nobre, os futuros cavaleiros ingressavam na ordem aos 14 anos. Os irmãos padres ficavam encarregados do serviço religioso, do ensino e da assistência aos doentes enquanto os servos (também considerados irmãos) formavam uma cavalaria ligeira. O apogeu da Ordem dos Cavaleiros Teutônicos verificou-se no século XIV, muito embora o seu poder e prestígio estivessem já fragilizados. Num encontro com Lutero*[b], o grão-mestre Alberto de Brandemburgo é por ele aconselhado a extinguir a ordem e secularizar o seu Estado principesco. Em 1809, Napoleão Bonaparte, imperador desde 1804, declara extintos os Cavaleiros Teutônicos. A ordem, entretanto, continuou viva na Áustria.

TEXTOS DAS PIRÂMIDES Inscrições descobertas em câmaras das pirâmides egípcias do Antigo Império (2686-2181 a.C.) pelo sábio francês Gaston Maspero (1846-1916), de difícil entendimento devido à circunstância de não serem acompanhadas de nenhuma pintura ou figuração. Os especialistas inclinam-se a ver nelas uma utilidade litúrgica (v. Liturgia*[g]), levantando a hipótese de que o local em que estavam destinava-se a cerimônias pertinentes aos textos. Mas não determinavam o objetivo das cerimônias, as divindades que objetivavam honrar e nem o lugar que os textos ocupavam na literatura egípcia. Por consenso, os historiadores estabeleceram apenas que os textos integravam parte de um ritual funerário, um repertório de fórmulas de encantamento, apenas.

TÍASES Na Antiguidade grega, originariamente, grupo de pessoas reunidas para celebrar culto*[g] em homenagem a Dioniso*[d], deus da vinha e do vinho (v. Dionisíacas*). Com o evoluir do tempo, as tíases transformaram-se em verdadeiras associações religiosas que se dedicavam à comemoração de uma divindade. Frequentemente, essas associações eram constituídas por estrangeiros reunidos para homenagear seus deuses. As tíases proliferaram principalmente no período helenístico (séculos IV/I), podendo ser encontradas por todo o mundo grego. Ao mesmo tempo, eram confrarias profissionais, seus cultos variando de acordo com as divindades que honravam, olímpicas ou não, além das orientais (Osíris*[d], Ísis*[d], Adônis*[d]). As tíases podiam ser organizadas a qualquer momento, por uma só pessoa ou pela vontade de um grupo, integradas por profissionais os mais diversos ou unicamente por uma só família. Não havia distinção de idade, sexo ou condição social. Os escravos eram aceitos sem maiores dificuldades. As tíases possuíam oficiantes e sua administração, de modo geral, era regida por um estatuto ou regimento, com presidente, secretários e tesoureiro.

TISHÁ BEAV Em hebraico, "nono dia do mês de Av", dia de luto e de jejum do calendário judaico*,pela destruição dos dois Templos* de Jerusalém, o primeiro pelos babilônios, sob Nabucodonosor, em 586 a.C., o segundo pelos romanos, sob Tito, em 70 a.D. Por extensão, é um dia de lamentação pela perda da soberania e da pátria e pelo início da dispersão, que durou 20 séculos. Ao longo dessa dispersão, as contínuas perseguições* aos judeus (v. Judaísmo*) contribuíram com eventos marcantes para o caráter dessa data, como a morte dos dez mártires judeus que recusaram a conversão imposta por Adriano; as expulsões dos judeus da Inglaterra (1290) e da Espanha (1492); os massacres liderados pelo alemão Rindfleish durante as cruzadas* (1298). A tradição religiosa judaica prescreve para *Tishá beAv* o luto total: pratica-se o jejum absoluto, inclusive de líquidos, não se banha, não se diverte. No culto*[g] sinagogal (v. Sinagoga*), em ambiente solene e melancólico, inclui-se a leitura do Livro das Lamentações, inspirado no testemunho vivo da destruição do primeiro templo. (P.G.)

TORÁ Não é raro deparar-se com certa confusão quanto ao sentido exato a que se refere essa palavra hebraica. A raiz etimológica está no verbo *lehorot*, que significa "ensinar", "orientar","instruir", mas a tradução grega do Antigo Testamento*, a *Septuaginta**, traduz "Torá" como "Lei". Daí ter-se difundido a expressão "Lei de Deus", ou "Lei de Moisés" atribuída à Torá. Conquanto a lei e os preceitos divinos sejam parte fundamental do texto da Torá, seu sentido global é muito mais amplo. A Torá cobre o relato histórico da criação do mundo e da formação do povo judeu e de sua visão monoteísta, desde os patriarcas* até as vésperas de seu estabelecimento na Terra Prometida*; estabelece, nos diálogos de Deus com o homem, novos princípios éticos, morais e comportamentais como base da fé em Deus e de uma aliança com Ele; é uma crônica de formas de vida na Antiguidade e de sua evolução a partir de uma nova visão do mundo e do papel do homem e do Deus único; estabelece uma doutrina e ensina um caminho e, finalmente, o codifica em leis e preceitos. Às vezes confundida com todo o Antigo Testamento, a Torá é na verdade sua primeira parte e seu eixo principal. É composta de cinco livros, daí o termo hebraico que também a designa, *Chumash,* ou Pentateuco. A tradição religiosa judaica (v. Judaísmo*) atribui origem divina à Torá, que teria sido ditada por Deus a Moisés*b, no monte Sinai, sendo as Tábuas da Lei com os Dez Mandamentos* o resumo dos 613 preceitos e leis que ela contém. Daí sua santidade, que se expressa de várias maneiras na religião judaica: na preservação detalhada de todo o seu texto, considerado imutável até o mínimo detalhe; nas suas continuadas e cíclicas releituras públicas, ano após ano, durante os ritos*g na sinagoga*; no respeito e veneração que inspira a todo judeu devoto; no culto*g ao rolo da Torá, que deve ser copiado à mão em pergaminho sem um erro sequer, envolto em panos bordados e encimado por coroa ou outro ornamento de prata, e guardado cuidadosamente na Arca Sagrada, sucedâneo da Arca da Aliança* que continha as Tábuas de Lei. Os cinco livros da Torá são: Gênese*g, Êxodo*g, Levítico*g, Números*g e Deuteronômio*g. A moderna crítica bíblica entende que o texto da Torá seja uma compilação de distintas fontes e de distintas épocas, entre o século X e o século II a.C, que começaram a formar um só corpo depois do retorno do exílio da Babilônia, no século VI a.C. Teria sido Esdras*b, o escriba, o primeiro a apresentar esse corpo unificado, em 444 a.C. A análise dos textos, de seus estilos e referências e das nomenclaturas usadas permitiu à crítica bíblica uma divisão das fontes da Torá em 4 principais grupos, ou códigos: J (javista), em que o termo usado para designar Deus é o tetragrama YHVH, E (elohista), em que o termo usado é *Elohim;* D (deuteronômico) e P (do inglês *priestly),* ou sacerdotal. Apesar dessa visão histórica e analítica, para os judeus devotos a Torá continua a representar, como um todo, a própria palavra de Deus, a história de Seu compromisso com o papel do homem na Terra, a doutrina teológica do judaísmo e a síntese da missão humana, especificamente a do povo judeu, de acordo com os desígnios divinos que constituem o eixo de sua crença e de seus atos. (P.G.)

TOTEMISMO O totemismo caracteriza-se pela "crença na existência de parentesco ou afinidade mística (v. Misticismo*) entre uma pessoa ou grupo humano e um totem". Este, animal, planta ou objeto, por vezes um fenômeno natural, torna-se símbolo sagrado de um grupo social. No sistema totêmico, a tribo é dividida num certo número de clãs (agrupamento familiar), cada um dotado de um totem particular, geralmente um animal ou planta, simbolizando o ancestral comum. O sistema totêmico costuma também ser elevado à posição de religião, visto que nele se encontram o sagrado, a crença, a piedade, a virtude, os ritos, os sacrifícios. O ancestral totêmico, mítico, não raro divinizado, é ponto de partida de numerosas restrições: proibição da exogamia (casamento interclânico), tabus* alimentares, precaução com alguns contatos. São comuns como totem o lobo, a lebre, a tartaruga, o porco-espinho etc. Os antropólogos atuais não encaram com bons olhos o aspecto religioso do totemismo; alguns veem no totemismo uma forma de solidariedade entre o homem e elementos da natureza.

TRAPISTAS Monges da Ordem de Cister (v. Cistercienses*), assim denominados por seguirem a regra estabelecida no Mosteiro de La Trappe, localizado na Normandia (França) no século XVII. A Abadia* beneditina (v. Beneditinos*) de Notre-Dame de la Trappe foi fundada em 1140, anexada à Ordem de Cister (1147) após relaxamento só controlado por uma reforma feita pelo abade de Rancé (Armand-Jean Le Bouthillier de Rancé) em 1664, que a submeteu a um regime extremamente severo, impondo o silêncio perpétuo (salvo em caso de absoluta necessidade), limitando as atividades às orações, à liturgia*g e ao trabalho manual. Em 1892, os trapistas foram unidos aos cistercienses da Estrita Observância, conservando porém sua regra própria. Os trapistas usam vestes brancas e negras, sendo enterrados sem ataúde. Espalhados na Europa, África, América do Norte, China e no Japão, existem 58 mosteiros de monges trapistas e 22 conventos de religiosas ("trapistinas").

TRIBUNAIS ECLESIÁSTICOS A existência desses tribunais, atualmente chamados Tribunais Apostólicos, data dos primeiros séculos da era cristã, quando os cristãos submetiam a esses organismos as questões em que havia desacordo entre seus correligionários.

Quando o cristianismo* se consolidou, esses tribunais continuaram a exercer jurisdição sobre vários temas, tais como a moral, o casamento, o divórcio etc. Os testamentos eram elaborados diante desses órgãos, na presença de um padre ao qual se atribuía perfeito conhecimento das últimas vontades do morto. No decorrer da Idade Média, eram frequentes os desentendimentos entre os tribunais reais e os da Igreja, estes dependentes da Santa Sé (v. Vaticano*). Nos países reformistas (aqueles que tinham adotado a Reforma*), as relações com Roma foram suspensas. À medida que a secularização progrediu, as jurisdições eclesiásticas foram desaparecendo, pouco a pouco; as que subsistem não se ocupam senão de questões de disciplina eclesiástica, penitências, excomunhão*ᵍ etc. Os tribunais eclesiásticos são ainda conservados na Inglaterra com a função de zelar pela disciplina. No presbiterianismo*, esse tribunal congrega todos os pastores de uma região. Os tribunais da Cúria*ᵍ romana são três: o penitenciário apostólico, o tribunal da Rota (termo sujeito a controvérsia, admitindo-se, porém, que remonta ao período do Papado de Avinhão* e o tribunal supremo da Assinatura apostólica. A título pessoal, entretanto, o papa*, é canonicamente, o único juiz dos chefes de Estado, dos cardeais, dos legados pontificais (v. Pontífices*) e dos bispos, e se reserva o direito de rever qualquer julgamento. O Código de Direito Canônico de 1983, promulgado pelo papa João Paulo II (constituição apostólica *Sacrae disciplinae leges*), estipula que "o pontífice romano é o juiz supremo para todo o mundo católico".

TSEDAKÁ A palavra hebraica significa genericamente "virtude", e especificamente "caridade", mas deriva de *tsedek*, que significa "justiça", atribuindo à caridade o caráter de um valor mais relacionado com a justiça do que com a magnanimidade. Com base nos princípios éticos estabelecidos inicialmente pelas *mitsvot** — os preceitos registrados na Torá* —, que compõem o código de comportamento dos judeus, a caridade adquiriu o caráter de um dos três pilares que os sábios rabínicos (v. Rabino*) apontaram como a base da prática do judaísmo*: a Torá; a oração, ou culto*ᵍ religioso (*tefilá*, ou *avodá*) e a *tsedaká*. Inúmeros são os exemplos em que os textos e os costumes judaicos convergem na prática da caridade, da filantropia e da solidariedade como norma básica de conduta, inclusive como fator de redenção*ᵍ do homem e de elevação da alma. Um dos mais significativos é a atribuição à *tsedaká* do poder de redimir o destino dos homens no momento solene do *Iom Kipur**, quando é sinalizado, no texto da oração, que a contrição e o arrependimento sincero pelos pecados, se complementados com a prática da *tsedaká*, podem reverter eventual sentença condenatória do pecador. As comunidades judaicas, em toda a extensão temporal e geográfica de sua existência, sempre trataram as questões sociais e beneficentes como prioritárias, não menos que o culto religioso e a educação. Essa preocupação continua nos tempos atuais, e em praticamente todas as comunidades judaicas do mundo são muitas as instituições dedicadas exclusivamente a questões beneficentes e de assistência social. Segundo a tradição judaica, o mais alto grau de *tsedaká* é aquele em que o beneficiado não sabe quem foi o benfeitor, e vice-versa, pois então a *tsedaká* adquire seu mais puro sentido de prática da justiça como conceito de comportamento e de respeito aos valores judaicos. (P.G.)

TSITSIT Palavra hebraica que designa a franja trançada incorporada a cada um dos cantos do *talit** — o xale de oração prescrito como paramento obrigatório do ritual judaico — e do *talit katan*, o "pequeno *talit*", de uso permanente sob as vestes, atualmente só usado pelos judeus mais devotos (v. Judaísmo*). A *tsitsit* é explicada pelo *Talmud** como um símbolo e um lembrete da obrigatoriedade do cumprimento das 613 *mitsvot**, ou mandamentos, mencionadas na Torá*. As regras para o trançamento dos quatro fios de lã de cada *tsitsit* são rigorosas e explícitas, e incluíam a inserção, em cada *tsitsit*, de um fio azul, a lembrar "a cor do mar e do céu, e [portanto] a radiância do trono da glória de Deus", segundo rabi Meir (século II). A tintura azul para esse fio só poderia ser obtida de um determinado molusco, o *chalzun*, mas, com sua extinção, as dificuldades logísticas de cumprir essa regra acabaram por obrigar os rabinos* a abandoná-la. Os quatro fios em feixe, enfiados num orifício do *talit*, formam oito meios-fios, e um deles, mais comprido, vai sendo enrolado em voltas em torno dos demais e atado com nós duplos, formando ao fim quatro segmentos, limitados pelos nós duplos. O total de voltas é 39, e logo os cabalistas (v. Cabala*), em sua guematria (atribuição de valores numéricos às letras, o que permite associar uma palavra a outra, cujos valores numéricos das letras somam aquele número), associaram este número à soma (39) dos valores numéricos das duas últimas palavras do *Shemá**, a curta oração que sintetiza a profissão de fé judaica: "(...) *Adonai** (no texto está grafado o Tetragrama*) *Echad* — "(...) o Senhor é Um". (P.G.)

TUGUES Seita* indiana formada por assassinos fanáticos que assolaram a Índia, na sua maioria adeptos e adoradores da deusa Cáli*d, divindade da morte e da fecundidade. Os tugues consideravam os crimes uma obrigação religiosa, bem como a pilhagem, parte da qual era ofertada à deusa e aos seus templos. Atacando em grupos que variavam de dez a 200 componentes, tinham como método preferido de eliminação o estrangulamento de seus inimigos, após o quê, em cerimônia religiosa, enterravam os corpos. Cáli, além da morte e da destruição, patrocinava a criação e a fecundidade, sendo costumeira a sua representação sob aspecto aterrorizante, em que sobressaía uma guirlanda de cérebros a título de colar.

U

ULEMÁS No Islã* clássico e nos dias atuais, tradicionalmente são os sábios em ciências religiosas, concentradas na jurisprudência (*fiqh*), ou seja, no direito muçulmano. No universo sunita (v. Sunismo*) atual, esse termo designa pessoas de reconhecido saber em religião. Já no passado, os califas e monarcas muçulmanos tinham o seu acesso ao poder legitimado pelos ulemás cuja presença representava garantias morais na aplicação da lei (xariá). O termo, na verdade, é uma transposição do árabe *ulamã*, plural de *ãlim* (sábio). É entre os ulemás que são escolhidos os juízes, tais como os *muftis* (funcionários de reconhecida competência jurista), os imames* das grandes mesquitas*, os professores universitários e até mesmo os cádis, juízes importantes na solução de litígios concernentes ao direito público e penal. É sabido que, ao longo do tempo, particularmente no século XIX, os ulemás sofreram alguns fracassos, especialmente no que tange à política egípcia. Atualmente, de modo geral, os ulemás são funcionários dos ministérios de assuntos religiosos. É notória a sua influência em vários países muçulmanos, particularmente no Magreb (norte da África), tal como na Tunísia e na Argélia, na qual, entre 1925/1940, os ulemás trabalharam na "eclosão de um nacionalismo tornado dominante" após a Segunda Guerra Mundial.

ULTRAMONTANISMO Originário do latim *ultramontanus*, este vocábulo designa, no universo católico (v. Catolicismo*), os fiéis que atribuem ao papa* um excepcional papel na direção da fé e no comportamento humano. O ultramontanismo antepõe-se ao galicanismo*; o nome "ultramontano" advém da circunstância de Sua Santidade residir além das montanhas (em relação à França, onde foi formulado o conceito). As suas origens prendem-se ao conflito surgido entre a França e a Igreja Católica no século XIV, no decurso do reinado de Filipe IV, o Belo (1268-1314; 1285/1314), ocasião em que os legisladores, a serviço do monarca, formularam os postulados do galicanismo, que defendia a autonomia da Igreja francesa. O ultramontanismo prega a subordinação do rei ao papa e a negação da independência da Igreja de França. No decorrer do século XVIII, essa tese desfrutou de certa aceitação entre a nobreza e o clero francês, defendida pela monarquia que, aceitando o apoio romano, admitiu a presença de ultramontanos na administração. As tendências separatistas do galicanismo acentuaram-se com a Revolução Francesa, beneficiando-se da promulgação da Constituição civil do clero (1790). O ultramontanismo viu-se definitivamente consolidado com a separação entre o Estado francês e a Igreja, a partir do século XX, e ainda mais fortalecido em 1970, quando o Concílio* Vaticano I proclamou a infalibilidade papal*.

UMBANDA O vocábulo "umbanda" tem duas origens alternativas: o termo quimbundo *kimbanda* ou o umbundo *mbanda*, ambos significando "curandeiro", "médico-sacerdote". A umbanda nasceu, em 1908, na cidade de Niterói, no Rio de Janeiro, Brasil, onde o médium espírita Zélio de Moraes, depois de incorporar o Caboclo das Sete Encruzilhadas, fundou o primeiro terreiro da nova religião que, desde então, propagou-se rapidamente pelas cidades da região Sudeste e, mais tarde, por quase todo o país. É uma religião sincrética, formada pela combinação do candomblé* de origem banto com elementos do catolicismo* popular e do esoterismo europeu (kardecismo*, cabala*, magia* cerimonial). A grande mistura de crenças e a grande simplificação ritual em relação ao candomblé torna a religião capaz de atrair grande clientela integrada por grupos sociais os mais diversos. A umbanda tem duas vertentes. A popular preserva fortes traços das raízes africanas e tem a presença da quimbanda*, podendo ser "cruzada" (misturada) com o candomblé angola; predomina entre seus fiéis a classe média baixa. A outra, "branca" ou esotérica, tende a afastar-se da tradição africana, evitando quaisquer cerimônias que envolvam sacrifícios de animais, adotando ritos*g mágicos europeus e divulgando um mito (v. Mitologia*) de origem ligado à Atlântida e ao antigo Egito. Isso a torna mais aberta a grupos alheios à origem africana, com aguda presença de brancos e de membros das classes mais altas, inclusive entre os pais de santo. A pedra angular da umbanda é a comunicação entre o sobrenatural e o mundo humano através da incorporação de entidades que "descem" para o planeta Terra e manifestam-se por meio dos seus "cavalos" (os médiuns). Intentando ser uma religião universal, a umbanda inclui em seu panteão muitos tipos de entidades: parte dos orixás* do candomblé, ancestrais africanos (os pretos-velhos*d), indígenas idealizados (os caboclos*d), modernos habitantes das cidades (o Povo da Rua*d), mortos comuns (Povo do Cemitério*d), crianças (a Beijada*d) e todos os povos da Terra (Povo do Oriente*d). Essas entidades são agrupadas em sete "linhas" (cada uma dividida em sete "legiões" subdivididas em "falanges"), que reúnem os espíritos conforme afinidades intelectuais, morais e de evolução espiritual, sem omitir sua origem étnica. A divisão mais comum é a seguinte: Oxalá*d, Iemanjá*d, Xangô*d, Ogum*d, Oxóssi*d, África e Oriente. Nos rituais da umbanda, os espíritos "baixam" (incorporam) na qualidade de guias (caboclos e pretos-velhos), protetores (crianças) ou auxiliares (exus*d e pombagiras*g). Todo indivíduo tem uma de cada dessas entidades, além do orixá ou "santo" dono da sua cabeça, que não incorpora. Os guias e protetores são reverenciados como "espíritos de luz"; os auxiliares estão em evolução. Os "quiumbas", espíritos das trevas ou sem luz, são obsessores que devem ser afastados. Na umbanda branca é muito grande a influência do espiritismo*, com o uso de passes para cura, copos de água para clarividência, leitura de orações ou de trechos do *Evangelho segundo o espiritismo*, de Allan Kardec*b, no decorrer das sessões, e doutrinação dos exus e pombagiras. As festas dos orixás são realizadas nas datas votivas dos santos católicos com quem eles são sincretizados (v. Sincretismo*g). Os umbandistas também promovem outras manifestações religiosas, sendo famosa a noite que marca a entrada do ano-novo, comemorada nas praias brasileiras com oferendas a Iemanjá, orixá dos mares.

UNIATAS Igrejas orientais que, em total comunhão com a Santa Sé, aceitam todos os dogmas do catolicismo* sem abrir mão, porém, de uma liturgia*g própria e de uma estrutura especial. As principais são a Igreja de rito*g bizantino (Romênia, Turquia, Grécia, Rússia etc.); os católicos de rito armênio (Iraque, Síria); os católicos de rito copta* (Egito); os católicos de rito caldeu (Iraque).

UNITARISMO Grupo religioso de tradição protestante (v. Protestantismo*), cujo nome provém da crença dos seus integrantes na unidade pessoal de Deus, em oposição à doutrina da Santíssima Trindade* que afirma a existência de três pessoas num só Deus ("Pai, Filho, Espírito Santo"). A maior parte dos unitários atuais não põe em evidência a doutrina unitarista mas a consideram como um estado de espírito fundado sobre três princípios: a liberdade, a razão e a tolerância religiosa. Sabe-se que entre os cristãos existem — desde o arianismo* — tendências antitrinitárias; o unitarismo, porém, remonta à Reforma* protestante (século XVI), particularmente na Polônia, através do movimento dos Irmãos Poloneses, liderado pelo italiano Fausto Socino (1539-1604), em função do qual os antitrinitaristas eram também chamados de "socinianos". Alcançando grande sucesso, o socinianismo, tão logo o seu patrono faleceu, começou a declinar devido principalmente à reação católica. No século XVIII, a adesão ao antitrinitarismo chegou a ser passível de pena de morte, fazendo com que muitos fiéis emigrassem para a Holanda e Alemanha. Entrementes, o pensamento sociniano progredia em muitos países através da leitura do célebre "Catecismo de Cracóvia", lido e adotado na Transilvânia sob o reinado de João Sigismundo. Na Inglaterra, o "pai" do unitarismo foi John Biddle (1615/1662) que traduziu as obras de Socino e pregou a sua doutrina. Foi somente ao findar do século XVIII que o unitarismo conseguiu formar uma religião de fato, marcante, graças, em parte, aos teólogos da Igreja Anglicana (v. Anglicanismo*), entre os quais Isaac Newton (1642-1727), famoso matemático, físico e astrônomo inglês. A primeira Igreja Unitária foi fundada pelo reverendo Teófilo Lindsey, um ex-anglicano ao qual se associou Joseph Priestley, o principal chefe do movimento nesse período. As Igrejas unitaristas são organizadas sob modelo congregacional (v. Congregacionalismo*), cada uma escolhe o seu pastor. Nelas não existe qualquer profissão de fé (declaração pública de crença religiosa) nem imposição doutrinal, apenas um pequeno catecismo onde a religião se resume a dois grandes mandamentos: amar Deus e os homens. As doutrinas essenciais se consubstanciam na paternidade divina, na fraternidade, na vitória do bem e na vida eterna. Não existe para os unitaristas um Credo invocativo da verdade religiosa, até porque os unitários consideram o dogmatismo espiritual prejudicial ao progresso religioso.

UNIVERSALISTAS Seita* cristã (v. Cristianismo*) dos Estados Unidos e do Canadá, praticante do universalismo, isto é, a crença de que, em face do amor desmedido de Deus, toda a humanidade será salva, não havendo lugar para o sofrimento nem o inferno*. A Igreja Universalista foi fundada em 1770 pelo reverendo John Murray (1741-1815) e dirigida durante 50 anos por Hosea Balu (1771-1852), ex-pastor convertido ao unitarismo*. A maioria dos universalistas atuais são adeptos do unitarismo.

UPANIXADES Termo originário do sânscrito que designa a mais espiritual das Escrituras sagradas da Índia, tratados secretos, desfecho da literatura védica (v. Vedas*) e base do hinduísmo*. Etimologicamente, significa "ensino confidencial". Trata-se de um conjunto de especulações e de comentários. Redigidos por longo tempo, do século VII a.C. até a época medieval, de maneira variável (prosa, verso, diálogos), esses textos sagrados são muito numerosos, de difícil precisão (de 110 a 1.180), muitas vezes retocados e comentados. Neles a metafísica, a psicologia e a ética são abordadas; os mais importantes e antigos são o *Aranyaka*, a *Chandogya* e a *Madukyopanishad*, nos quais estão registrados os primeiros fundamentos da filosofia hindu, estabelecendo definitivamente a noção de carma* e suas consequências.

URSULINAS Religiosas da Ordem de Santa Úrsula, fundada por Ângela Merici (1470-1540), na cidade de Brescia (Itália). As ursulinas distinguem-se pela assistência que dedicam aos doentes e pobres, destacando-se também como eficientes educadoras. A mais importante das instituições a que pertencem é a situada em Roma, que deu origem ao nome: União Romana da Ordem de Santa Úrsula. No Brasil, essa congregação instalou-se no Rio de Janeiro em 1736, estendendo-se para outros estados. A Ordem de Santa Úrsula tem contribuído para divulgar o culto*ᴳ dessa santa, cuja lenda inspirou notáveis pintores, entre os quais Carpaccio e Veronese.

V

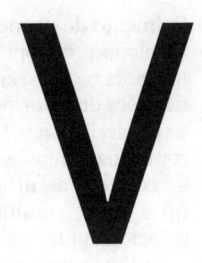

VALDISMO Doutrina criada no século XII a partir de uma seita* dissidente da Igreja Católica, fundada no século XII liderada por Pedro Valdo, rico burguês da cidade de Lyon (França), o qual, obedecendo ao preceito evangélico, distribuiu o seu patrimônio aos pobres. Reunindo alguns discípulos, logo nomeados "os pobres de Lyon", esse reformista começou a pregar o retorno à vida apostólica e à ética do Novo Testamento*. Suas ideias, inicialmente aprovadas pela Santa Sé (v. Vaticano*), começaram a ser questionadas quando o papa* Alexandre III se inquietou ao ver os valdenses escaparem ao controle da Igreja. Excomungados (v. Excomunhão*) duas vezes em dois concílios* (Latrão, 1179; Verona, 1184), os valdenses se separaram da Igreja e, por isso, foram considerados heréticos (v. Heresia*). Os seus princípios eram que todos os cristãos deveriam conhecer as Santas Escrituras, que os leigos tinham os mesmos direitos dos padres e, sobretudo, o direito de instruir e de evangelizar. Os valdenses rejeitavam o culto*[g] dos santos e a missa, ressaltando que a dignidade pessoal já basta para conferir o direito de dar o sacramento*. Em 1209, os valdenses enfrentaram uma cruzada* contra eles lançada pelo papa Inocêncio III; em 1211, 80 deles foram queimados em Estrasburgo; alguns valdenses se refugiaram na Boêmia onde se juntaram aos hussitas (v. Hussitismo*). Dois séculos depois, uma nova cruzada lhes foi movida, agora pelo papa Inocêncio VIII, inutilmente. Em 1655, uma nova perseguição, conduzida pelo duque de Savoia foi empreendida, em vão. Na França, valdenses tinham sido dizimados pelas Guerras de Religião*, obrigando os sobreviventes a se refugiarem em Genebra após o Edito de Nantes (1685) e também na Itália. Ao findar o século XX, cerca de 20 mil deles restavam na Itália. Há grupos valdenses espalhados por várias partes do mundo, em especial em colônias italianas.

VATICANO Cidade-Estado independente, criada pelos tratados de Latrão em 1929, tendo como soberano o papa*. A cidade do Vaticano, situada no centro de Roma, tem uma área de 0,44 km^2, e compreende o palácio, a Basílica* de São Pedro e edifícios adjacentes. A cidade do Vaticano, certamente o menor Estado do mundo, é regida por lei promulgada pelo papa Paulo VI (1897-1978; 1963/1978) em 1969. No Vaticano, o Sumo Pontífice exerce o poder legislativo e o executivo, administrando por intermédio de uma comissão de cardeais presidida por um cardeal-secretário. O Vaticano dispõe de bandeira, forças armadas (guarda suíça), moeda própria (lira vaticana), correio, rádio, serviço de abastecimento, imprensa, um jornal (*L'Osservatore Romano*) e hebdomadários em diversas línguas. A rádio Vaticano utiliza cerca de 40 idiomas em suas transmissões. O Museu do Vaticano é famoso por seus tesouros artísticos. A residência oficial do papa situa-se em Castel Gandolfo (grafado também Castelgandolfo).

VATICANO II, CONCÍLIO (1962/1965) Anunciado pelo papa* João XXIII*[b] (1881-1963; 1958/1963) no dia 25 de janeiro de 1959, após longo preparo para a consulta de bispos, superiores religiosos e das universidades católicas, o concílio deu início às suas atividades em 11 de outubro de 1962, encerrando-as a 8 de dezembro de 1965. O concílio se desenrolou com a colaboração de 453 especialistas e na presença de 58 auditores e auditoras e de 101 observadores não católicos, no decurso de 168 congregações gerais sob a presidência de João XXIII (Iª sessão) e do papa Paulo VI (1897-1978; 1963/1978) nas demais, após o falecimento do primeiro. Nos três anos em que funcionou o concílio, foram promulgados 100 documentos, entre os quais quatro constituições de valor permanente, nove decretos e três declarações. O concílio, que se iniciara com uma "Mensagem ao Mundo", encerrou-se com outras, dirigidas a governantes, cientistas, artistas, mulheres, trabalhadores, jovens e anciãos, pobres e doentes. O Concílio Vaticano II não pretendeu ser — e não foi — um acontecimento pertinente apenas à Igreja Católica. A presença de observadores, provenientes dos mais diferentes credos cristãos, simbolizava o interesse não só dos católicos, mas de toda a cristandade. Além das reformas introduzidas na liturgia*g, na exegese, na teologia e, de um modo geral, na vida e estrutura da Igreja, o Concílio Vaticano II confirmou e apressou uma nova orientação na organização da Igreja. Em sua encíclica* *Ecclesiam suam*, de 6 de agosto de 1964, o papa Paulo VI convida a Igreja Católica a dialogar com todos os homens, crentes ou incréus, cristãos ou não. Em dezembro de 1965, o patriarca* ortodoxo Athenágnas e Paulo VI anulam as excomunhões*g recíprocas que, no ano de 1964, haviam marcado a ruptura entre a Igreja Católica e a Ortodoxa. Ao fazer o balanço dos 15 anos de seu pontificado (29 de junho de 1978), Paulo VI realçou os fundamentos básicos de suas intervenções: a manutenção da fé e a defesa da vida humana.

VEDAS Enorme conjunto de textos religiosos, redigidos em sânscrito entre os séculos XII e V a.C., nos quais se encontram os mais antigos testemunhos do passado da Índia. Proveniente da raiz *vid* que significa "saber", o termo "veda" identifica o Saber por excelência, o conhecimento sagrado. Trazidos para a Índia pelos árias, povo de origem indo-europeia, os Vedas são hinos escritos, de há muito elaborados e guardados pelos brâmanes*. Os Vedas formam cinco coleções (*samhita*) que teriam sido mostradas aos sábios (*rishi*) por Brahma*d, divindade suprema. Os Vedas compreendem o *Rig-Veda* (hinos à divindade), o *Yajur-Veda* (fórmulas sacrificiais), o *Sama-Veda* (cantos) e o *Atharveda* (fragmentos místicos). O mais importante dos Vedas — e o mais antigo — é o *Rig-Veda*. O vedismo é uma religião extremamente complexa, envolvendo uma cosmogonia rica em detalhes, culto*g e ritos*g solenes. O vedismo dá considerável importância aos sacrifícios, oferendas geralmente dedicadas a uma divindade, prática muito comum nas religiões antigas e não raro em outras modernas. Cada um dos quatro vedas é acompanhado de um ou vários comentários, os Bramanas* (não confundir com os brâmanes, casta sacerdotal), que são explicações fornecidas por doutores em teologia. Os Bramanas, em que pese a lenga-lenga litúrgica de suas explicações, constituem documentos inestimáveis para o estudo e a compreensão do sacrifício. O *Rig-Veda* e o *Atarvaveda* mencionam 33 deuses divididos em três grupos relativos ao espaço no qual sua função é exercida: o céu, a terra e as águas. Entre os principais, destacam-se Mitra*d e Varuna, este último, o "monarca universal" que reina sobre a natureza, os homens e os outros deuses. Juntamente com Mitra (não confundir com o deus iraniano Mithra*d) "formam os dois polos de uma mesma ordem". Numerosos pensadores têm, incessantemente, comentado e explicado os Vedas; o vedismo "puramente indiano constitui uma das mais antigas e atraentes manifestações religiosas conhecidas".

VELHOS-CATÓLICOS Denominação adotada pelos católicos que, em 1870, recusaram reconhecer o dogma da infalibilidade papal* promulgada pelo Concílio* do Vaticano realizado naquela data. Dirigidos pelo cônego Döllinger, famoso professor de teologia, os velhos-católicos da Alemanha se articularam com religiosos da França, Áustria, Suíça e Holanda, dissidentes pelo mesmo motivo. Um congresso se reuniu então na cidade alemã de Colônia, tendo como consequência um expressivo número de rupturas com os costumes católicos. Assim, os clérigos foram autorizados a se casar, a confissão*g auricular tornou-se facultativa e os ofícios religiosos passaram a ser celebrados em vernáculo. O primeiro bispo desse grupo foi consagrado, em 1873, por um clérigo jansenista (v. Jansenismo*). A Igreja Velho-Católica ainda perdura em algumas regiões da Alemanha.

VESTAIS Na Antiguidade romana (v. Romanos*), grupo de sacerdotisas consagradas ao culto*g da deusa Vesta (v. Héstia*d). O colégio das Vestais remonta a uma época bastante antiga, certamente ao período da realeza (século VIII a.C.). O número de suas integrantes variou muito, de quatro a seis e, finalmente, sete, sob a direção de uma Grande Vestal sob supervisão imediata do Grande Pontífice (v. Pontífices*) a quem cabia selecioná-las quando eram ainda crianças. Uma vez escolhidas e ordenadas, as vestais, no decorrer de 30 anos (dez de formação, dez de exercício e dez de ensino), tornavam-se verdadeiras servidoras do Estado por intermédio do culto à divindade que lhes dava o nome. O seu voto fundamental era o da castidade o qual, se quebrado, implicaria enterrar viva a transgressora. A função essencial das vestais era a de manter o fogo sagrado que ardia num larário no templo de Vesta localizado no fórum, símbolo da vida romana. Primitivamente, só poderiam ingressar no colégio das Vestais moças de origem nobre (patrícias); no entanto, a partir da república (509 a.C.), filhas da plebe e mesmo de libertos (escravos alforriados) passaram a ter acesso. O templo de Vesta era um edifício solene e amplo, construído em plano circular — 53 metros de circunferência — com um corredor medindo 70 metros de comprimento por 25 de largura. As dependências pessoais das vestais, amplas e confortáveis, ocupavam o primeiro andar. Ao contrário do que se poderia pensar, essas sacerdotisas, submetidas a rígidas disciplinas, mantinham contato permanente com o mundo, por força de suas obrigações. Oferecendo ou assistindo a sacrifícios votivos, participando de reuniões sociais ou assistindo a representações teatrais, as vestais dispunham de lugares reservados nos espetáculos públicos, exceto nas lutas atléticas. Encerrado o prazo de suas atividades, poderiam continuar vestais ou ingressar na vida civil. As vestais gozavam de imenso prestígio social e político, a ponto de serem, frequentemente, solicitadas para negociar a paz entre beligerantes. As famílias tinham por altamente honroso o fato de suas filhas exercerem essas funções, até porque o seu desempenho as tornavam ricas e admiradas. A Ordem das Vestais durou até o fim do século IV a.D. quando foi extinta por determinação do imperador Teodósio Magno (346-395; 379/395), tendo em vista a oficialização do cristianismo* como religião do Estado.

VISITANDINAS O termo designa as religiosas da Visitação de Maria, ordem religiosa feminina fundada por Francisco de Sales*b, bispo de Genebra (1567-1622) e Joana de Chantal, sua amiga e pupila. Originariamente, o bispo pretendia fundar uma ordem simples, sem clausura*g, acessível às mulheres, uma regra suave a serviço dos pobres. Entretanto, quando receberam as constituições definitivas (estatutos), as visitandinas passaram a ser uma ordem de votos solenes e clausura, renunciando à assistência aos doentes. Apesar de tudo, a ordem desenvolveu-se com sucesso em toda a França. Quando Joana de Chantal morreu em 1641 (Francisco de Sales havia falecido 19 anos antes), a ordem possuía 87 casas. O desaparecimento dos dois fundadores se fez sentir profundamente. Não obstante, o recrutamento das religiosas continuou, efetuando-se essencialmente na nobreza e na burguesia. A sede da ordem passou então a exercer um papel social, tendo em vista a atitude das famílias, que colocavam no mosteiro as jovens que não desejassem contrair matrimônio*g. Pelo recrutamento e pelo ensino ministrado, a Ordem da Visitação continua a desfrutar de amplo conceito no universo católico.

VODU Religião de origem africana, praticada especialmente pelos negros do Haiti e, em menor grau, também presente em outras culturas africanas (Benim, Congo, Nigéria) e nas Antilhas de modo geral. A história do vodu começa com a chegada dos primeiros grupos de escravos a São Domingos na segunda metade do século XVII, sendo que a maioria procedia da região do golfo de Benim, até bem pouco tempo denominada "a costa dos escravos". O termo "vodu", cujo significado maior é "ser todo-poderoso e sobrenatural" designa um "sistema que manipula divindades e espíritos úteis ao equilíbrio dos homens divididos entre diferentes culturas e religiões". Alguns, pretendendo "embranquecer" os cultos*g vodu não hesitaram em fazer desse vocábulo uma corruptela de "valdense" (v. Valdismo*, nome de uma seita* fundada, no século XII, por Pedro Valdo, rico comerciante de Lyon). Os rituais vodu não são idênticos na África, na América e nas Antilhas, muito embora tenham "momentos" similares no decorrer do culto, numa estranha combinação de feitiçaria ancestral e elementos buscados nos rituais cristãos. O panteão vodu comporta uma lista exaustiva de deuses (*loa*). Um dos mais importantes é Legba, "deus que abre as barreiras", intérprete dos deuses em Benim; nenhum *loa* se manifesta sem sua autorização. Entre outras divindades figuram Baron Samedi, deus dos cemitérios e dos mortos, e Erzúlia, deusa do amor. No Haiti, além de Legba, um outro deus se destaca: Agué ou Agué-taroyo que controla e administra a fauna, a flora e os que vivem de seus recursos. A cerimônia do culto vodu se encerra no transe, "forma corporal de um êxtase para identificar o poder".

VULGATA Nome pelo qual ficou conhecida a tradução latina da Bíblia*, globalmente atribuída a são Jerônimo*b (c. 345-420). A tradução foi feita a partir do velho latim, do hebraico e do aramaico, no século IV a.D. Para os Evangelhos*, Jerônimo limitou-se a rever a tradução latina utilizada em Roma. Para os textos elaborados em grego — os deuterocanônicos do Antigo Testamento* —, ele se valeu das traduções já existentes. Desde a época carolíngia (séculos VIII / IX) a Vulgata se impôs, graças em grande parte às recensões efetuadas por Alcuíno (?-804), erudito inglês, conselheiro do imperador Carlos Magno (742-814; 800/814). O Concílio* de Trento (1546), tendo em vista os vários textos em circulação, determinou que a Vulgata fosse o único em circulação, permitindo, porém, uma edição crítica da obra. Foi assim que surgiu a Bíblia clementina (1592), "base oficial do ensino da Igreja Romana até a época moderna".

WAHHABISMO Movimento integrista (v. Integrismo*), surgido no âmago do sunismo* na península Arábica, fundado por Mohamad ibn Abd-al-Wahhâb (1703-1792) no século XVIII. O fundador pertencia a uma família de juristas da escola hanbalita (uma das quatro do sunismo, v. Hanbalismo*). Após diversas viagens ao Iraque e ao Irã, de volta à Arábia, ele começou a pregar sua doutrina. Os seus objetivos eram a construção de um Estado sunita baseado num Islã* renovado com um retorno radical à pureza original. Sua doutrina opunha-se à das seitas* mutazilitas (v. Mutazilismo*), carijitas* e xiitas (v. Xiismo*) e, principalmente, combatia o sufismo* e as inovações introduzidas. O reformador condenava o culto*g e a invocação dos santos e as peregrinações* aos seus túmulos, o uso do rosário*g; proibia o tabaco, a música, a proximidade pública entre homens e mulheres, além de impor a barba "islâmica" aos homens. Por outro lado, a guerra santa* (v. tb. *Jihad**) estava proclamada contra sunitas. Uma simples suspeita de que alguém se dedicasse à bebida, ao consumo de drogas ou à prostituição implicaria o extermínio imediato. Atualmente, na Arábia Saudita, tem recrudescido a propaganda do wahhabismo.

XAMANISMO Este termo é de emprego recente, principalmente na América onde, exceto os especialistas, quase ninguém o conhecia. Os colonizadores dos Estados Unidos (séculos XVIII/XIX) falavam dos *medicine men*. Na Europa, porém, o termo "xamã" apareceu em dicionários históricos e, a partir de então, nos meios acadêmicos e científicos passou a desfrutar da preferência para designar aqueles que, popularmente, eram chamados de curandeiros, adivinhos, magos etc. As indagações conceituais, no entanto, permanecem, expressando dúvidas quanto ao caráter do xamanismo: se constitui manifestação religiosa, ou forma de mediunidade, ou práticas espirituais pertinentes a crenças mágicas (v. Magia*) mantidas e transmitidas pela tradição oral, ou demonstração de que o homem, sob determinadas condições pode, em certas áreas culturais, comunicar-se com o outro mundo e com os que nele atuam. Do ponto de vista religioso, o xamanismo tem sido objeto de numerosos e valiosos estudos (americanos, franceses, ingleses, noruegueses, húngaros, russos etc.), admitindo-se, entre outras alternativas, que possa ser uma modalidade de religião sem que, porém, as cerimônias e rituais que o acompanham devam ser considerados uma liturgia*ᵋ. Por outro lado, uma interpretação moderna do xamanismo propõe defini-lo como um fato social que abrange não apenas a religião mas também a política, a economia e a arte, constituindo matéria de permanente interesse para antropólogos, etnólogos, historiadores, sociólogos e psicólogos. *Grosso modo*, o xamanismo pode ser caracterizado como um conjunto de práticas executadas por certas pessoas, mulheres ou homens, capazes de estabelecer comunicação com o "outro mundo" por intermédio de entidades rotuladas pelos etnólogos como "espíritos auxiliares".

Essas pessoas são os xamãs. O nome provém do termo *çamã*, da língua dos tungues, povo de origem altaica (Ásia Central), espalhado pela Sibéria, nos limites da China. Entre os antigos magiares, etnia da qual descendem os húngaros, o xamã tem o nome de *taltós*, algo como "mestre dos feiticeiros". O fato de ser intermediário entre os homens e os espíritos lhe assegura um grande prestígio. As primeiras interpretações sobre o xamanismo procedem de aristocratas e clérigos russos que afirmavam tratar-se de práticas diabólicas, pura impostura, quando não patológicas. Falava-se, então, de uma "histeria ártica", manifestada pelo medo da luz, por gritos e convulsões. Historiadores marxistas não demoraram a identificar os xamãs como charlatães exploradores da credulidade popular. Recentemente, a partir da metade do século XX, os estudos sobre o xamanismo tornaram-se frequentes, de modo geral conceituando-o como uma "técnica arcaica de êxtase", concepção hoje em dia contestada por não poucos estudiosos do gênero. Seja como for, o xamã, observadas as peculiaridades de cada comunidade onde atua, desempenha o papel de adivinho, mágico, terapeuta e, principalmente, o de intérprete do sobrenatural. Uma pessoa vem a ser um xamã por vocação, por iniciativa própria (o candidato deverá submeter-se a provas rigorosas) ou por herança, tal como ocorre, por exemplo, em populações siberianas. Em qualquer dessas alternativas, o sonho é elemento essencial. Concebido como uma forma de linguagem, o sonho, nas comunidades xamânicas, é uma "voz" privilegiada, uma mensagem do além. É através do sonho que o xamã "vê" e "prevê" o que vai acontecer. Decifrá-lo é revelar a natureza dos espíritos, o que os ancestrais desejam e o que irá ocorrer. Vale salientar que a configuração desses espíritos varia de uma sociedade para outra, não sendo incomum o xamã afirmar a existência de espíritos que só a ele atendem, como se fossem parceiros exclusivos. Alguns antropólogos e etnólogos, ao estudarem tribos americanas, detectaram a crença num "poder sagrado", monopólio deste ou daquele grupo (*manitu*[d], dos algonquinos; *orenda*, dos iroqueses). Raramente o exercício do xamanismo é realizado sem que tenha sido solicitado. O xamã só atua a pedido. No desempenho de suas funções, a fala e os movimentos atípicos (verdadeira coreografia) em nada parece caracterizar êxtase ou transe, segundo vários autores. Os "espíritos auxiliares", por vezes, vêm do mundo animal ou vegetal, sob variada apresentação. Os sentidos do xamã geralmente são mobilizados por intermédio de alguns instrumentos: o canto, o fumo e o tambor. O canto, estereotipado ou improvisado, possibilita o relacionamento com os espíritos; o tabaco (fumo) "abre o caminho"; e o tambor é o veículo que "leva" o xamã. Em algumas comunidades, o xamã utiliza também alucinógenos. Sob o efeito da droga (o peiote dos índios norte-americanos ou a *ayahuasca* dos *yagua* peruanos, entre outros), o xamã "viaja" para apreender e revelar. Das funções por ele exercidas, uma das mais importantes é a terapêutica, aplicável no diagnóstico e na cura de doença, obtidos predominantemente pelo exorcismo*, e julgados com grande reserva pela ciência médica. Quaisquer que sejam os resultados do seu trabalho, a intervenção do xamã tem o seu preço, preferentemente pago com adornos ou animais. Em se tratando de rituais coletivos, nada é cobrado. Quando trabalha, o xamã desenvolve um conjunto de atividades culturais, no plano cênico e verbal. Dançando e desenhando na areia, improvisando, indo e vindo ao sabor das circunstâncias, não é sem razão que esse personagem possa ser encarado como um verdadeiro artista, teatralizando as sessões (quase sempre ao cair da noite) e imprimindo conveniente dramaticidade. São inúmeras as suas atribuições e responsabilidades: garantir a fecundidade da terra, escolher dias favoráveis para eventos importantes, encontrar animais perdidos ou furtados, evitar e curar doenças, prever sucessos ou vitórias guerreiras, enfim tudo — ou quase tudo — que possa alterar o cotidiano da comunidade da qual faz parte. "O xamã é um receptor", foi recentemente assinalado; ele antecipa o êxito ou a desgraça, a fome ou a fartura, o temporal ou a bonança. Sua capacidade física, extraordinária, domina o frio e o calor. Combatido ou aceito, autêntico ou fantasista, o xamanismo representa uma das mais singulares tentativas de se ter acesso ao desconhecido. Atraente, polêmico, o universo do xamanismo é uma porta aberta à indagação e à investigação antropológica, etnológica e religiosa (v. Áugures*, Auspícios*, Dança dos Espíritos*, Mântica*, Peiotismo*).

XIISMO Um dos principais ramos ideológicos do Islã*. O termo "xiita" deriva-se da palavra *shia'a* (partidário, correligionário), identificando os adeptos e seguidores de Ali, quarto califa muçulmano, primo e genro do profeta Maomé*[b] e personagem central do xiismo. Após sua morte em 661, seus partidários passaram a questionar a legitimidade dos califas anteriores, constituindo um grupo à parte e por isso denominado "xiitas". Para eles, a sucessão política e religiosa de Maomé, fundador do Islã, deveria restringir-se aos membros da família do Profeta. Expandindo-se rapidamente, o xiismo transformou-se numa verdadeira seita*, contrapondo-se aos sunitas (v. Sunismo*) e dividindo o mundo islâmico em duas grandes áreas ideológicas, com inevitáveis repercussões políticas (assinale-se que os sunitas representam 80% da população muçulmana). A atitude xiita se baseia no princípio de que o califa não poderia ser escolhido por terceiros, uma vez que, por vontade expressa do Profeta, o poder estava reservado "às pessoas da família" (*ahl-al-bait*), o que eliminaria os três primeiros governantes por serem ilegítimos. Para os xiitas, o califado teria de pertencer sempre a um descendente de Ali, cabendo ao novo governante, identificado como imame* designar o sucessor. Com o agravamento da crise, todo o reino de Ali ficou perturbado pela guerra civil, culminando com o assassinato do califa em 661 e a perseguição de seus filhos, um deles também assassinado, na Mesopotâmia, onde seu túmulo é considerado lugar santo. Os xiitas admitem a legitimidade dos descendentes do Profeta até o 12º, que desapareceu em 873. Os duodecimanos acreditam no seu reaparecimento como um Messias*. Essa teoria do imame escondido é também aceita pelos ismaelitas (v. Ismaelismo*) mas os imames se intitulam "septimanos" porque seria o sétimo imame desaparecido. Ao contrário do wahhabismo*, que despreza o culto dos mortos*, os xiitas honram os que morreram, erigindo monumentos para os seus santos, organizando peregrinações* aos túmulos dos imames e seus descendentes. Os muçulmanos são hoje mais de um bilhão de crentes, dos quais mais de 100 milhões (cerca de 10%) são xiitas.

XINTOÍSMO Antiga religião do Japão, autóctone e politeísta, ainda professada nos dias atuais. O xintoísmo se manifesta através de um conjunto de cultos*g e concepções enriquecidos com numerosas crenças procedentes do budismo* e, até o final da Segunda Guerra Mundial, constituía a religião oficial do Japão. O xintoísmo é uma religião sem fundador; ao contrário da maioria das religiões, não se baseia em textos canônicos, muito embora disponha de escrituras sagradas (*shinten*), textos centrados nos *kami*. Estes são divindades representadas sob as mais variadas formas: fenômenos meteorológicos, montanhas, ervas, rios, mares, rochedos, bem como os relacionados com o cotidiano (vestuários, alimentos, água, fogo, transporte etc.). O vocábulo "xintó" é uma transcrição sino-japonesa de "*kami no michi*", literalmente traduzido por "caminho dos *kami*". Nessa religião não existe nenhum deus supremo. O panteão xintoísta inclui imperadores, heróis nacionais, deuses das montanhas, das aldeias, das águas. Eruditos japoneses tentaram estabelecer uma base teórica no xintoísmo, partindo de ritos*g e textos, o chamado "xintó teórico". No xintoísmo não existe atividade missionária; o culto público é de relevância relativa, assim como a importância sacerdotal, sem perda da veneração dos deuses, realizada nos santuários. A divindade mais homenageada no xintoísmo é certamente a deusa-sol Amaterasu O-mikami, amplamente venerada pela população. No século IX, no decurso do chamado "governo iluminado" ("Era Meiji"), os templos budistas foram derrubados, retratos do imperador realçados e o xintoísmo passou a ser uma religião estatal. Nos templos, morada dos *kami*, símbolos sacralizam o lugar: um espelho, uma joia e uma espada, objetos vinculados à mitologia* de Amaterasu*d. Com o correr do tempo, a adoração dos *kami* foi substituída pela adoração do imperador, explicada e devida, em parte, pelo domínio político e militar dos xoguns, então detentores do poder. O credo xintoísta é essencialmente emotivo, de difícil conceituação. No dizer de um renomado orientalista, o xintó é "antes de tudo uma atitude diante da vida, expressão magnífica e sistemática do respeito à natureza, à sua força e à sua beleza".

XIVAÍSMO No hinduísmo*, conjunto de seitas* e doutrinas religiosas tendo como centro o deus Xiva, uma das divindades maiores do panteão indiano. Também grafado Civa ou Shiva (gentil, bom); sua personalidade divina provém do temível Rudra, divindade védica (v. Vedas*) maligna e vingativa. Xiva detém o poder da destruição e renovação dos seres do universo. Junto com Brahma*d e Vixnu*d formam a *Trimurti*, trindade que reúne as principais divindades hinduístas. A existência de Xiva data de época remota, provavelmente de origem dravidiana (os drávidas formavam um grupo étnico pertencente a uma grande família linguística não indo-europeia localizada no sul da Índia). O caráter dessa divindade é geralmente apresentado como ambivalente, frequentando lugares aterrorizantes, fogueiras crematórias e locais considerados como malditos. Em alguns momentos, Xiva representa a morte e o tempo (*Mahakala*), no entanto, é também patrono dos ascetas (v. Ascetismo*). Seus aspectos são extremamente variáveis: ora é o fogo interior que queima os ascetas, ora é o tempo que destrói ou regenera, ou é ainda simbolizado pelo linga (v. Lingaiatas*). A Xiva são dados mais de mil nomes e atributos, correspondentes a cada um de seus aspectos; entre os sinais que o distinguem encontra-se o tridente (*trishula*), a flama (o fogo), um crânio (*Kapala*), uma pele de tigre ou de um elefante. Numa de suas representações, o número de braços indica seus poderes (dez braços, as dez direções no espaço, quatro braços, o domínio universal). Algumas seitas xivaístas admitem que o deus possui uma série de avatares*g. Numerosas divindades, associadas ao culto*g de Xiva, não raro, recebem homenagem dos fiéis, não só individualmente como em grupo, como o próprio deus. Algumas divindades são consideradas filhas de Xiva.

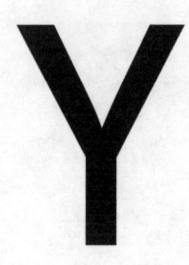

YAZIDIS Heréticos (v. Heresia*) de formação muçulmana (grafa-se também *yezidis*) apelidados "Adoradores de Satã" (v. Lúcifer*[d]), porque eles veem no diabo — que chamam de "Anjo Paon"— o criador do Deus supremo. Os *yazidis* eram encontrados no Curdistão, na Armênia e no Cáucaso; hoje praticamente inexistentes, só são encontrados esporadicamente nas regiões montanhosas. A sua religião e os seus ritos misturam princípios e doutrinas cristãs, judaicas e muçulmanas, interpretadas de maneira gnóstica (v. Gnosticismo*), distinguindo um deus supremo, inativo e incognoscível e um demiurgo*, na realidade, Satã, no qual eles veem uma força poderosa e boa. Os *yazidis* praticam a circuncisão* e veneram a Bíblia* e o Alcorão*.

Z

ZELOTES Seita* de judeus da Judeia na época do Segundo Templo*. Da linha farisaica, eram contrários à acomodação com a dominação romana e com a influência da cultura greco-romana sobre o judaísmo*, contra as quais adotavam medidas radicais de combate armado, em permanente revolta, muitas vezes contra os próprios estamentos judaicos dominantes. "Zelotes" deriva de "zelo", mas o termo hebraico é *kanaim*, "fanáticos". As diversas seitas farisaicas tinham como linha comum a fidelidade às tradições religiosas do judaísmo, mas diferiam na ênfase e na linha de conduta em sua defesa. Marcantes e paradigmáticas foram as diferenças entre duas escolas de interpretação, lideradas por Shamai e por Hilel*[b], no século I a.C. A escola de Shamai interpretava com rigor literal os preceitos e orientações da religião judaica, em todos os seus detalhes, não admitindo qualquer conciliação com influências estranhas. A escola de Hilel dava prioridade à essência humanista do judaísmo, sendo mais maleável na forma. Por extensão, a primeira era mais combativa e intransigente, a segunda mais pacifista e conciliatória. Herdeiros da primeira foram os essênios* e, mais tarde, Jesus*[b] e seus discípulos. Continuadores da segunda, entre outros, foram os zelotes. O mesmo rigor e a mesma intransigência que adotaram nas questões religiosas levou os zelotes a lutar também contra o domínio político de Roma. Acreditavam poder vencer os romanos, contra os quais lutariam sob o comando de Messias ben José, precursor do Messias* davídico, o Messias ben Davi. Assim venceriam a batalha final contra as forças do mal, Gog e Magog, e com isso teria início a era messiânica (v. Messianismo*). Inspirados nessa visão apocalíptica (v. Apocalipse*), os zelotes foram ousados ao extremo na luta contra os romanos e contra os judeus que com eles colaboravam, enfrentando batalhas em condições de grande inferioridade e pagando o preço de milhares de mortos. Só na batalha contra as tropas de Legado Varo, perdida por Judá, o Galileu, o castigo romano foi a crucificação de dois mil zelotes. Os zelotes atacavam o inimigo armados com o punhal romano, a *sica*, e por isso eram chamados de "sicários". Apesar da oposição dos fariseus* e de seu líder Iochanan ben Zakai*[b], que consideravam inútil a perda de tantas vidas numa luta sem perspectivas, os zelotes lutaram até o fim contra os romanos. Cerca de 600 deles refugiaram-se na fortaleza de Massada, no deserto, junto ao mar Morto, onde, cercados durante anos pelos romanos, mataram-se uns aos outros, os últimos suicidando-se, preferindo morrer a se entregar. Quase 70 anos depois, em 132-135 a.D., liderados por Bar Kochba*[b], os zelotes lutaram e perderam a última batalha contra Roma, em Betar, extinguindo-se então o último foco de resistência judaica. (P.G.)

ZEN Escola do budismo*, surgida na China no século VI a.D., levada para o Japão no século XI, onde alcançou grande sucesso, que perdura nos dias atuais. O nome decorre da abreviação da palavra *zena*, derivada do sânscrito *dhyana* ("meditação"). O zen é uma variante do budismo, introduzida no arquipélago japonês a partir do fim do século XII pelo bonzo (sacerdote) Eisai (1141-1215). Inspirando-se na tradição hindu (v. Hinduísmo*) e chinesa, o zen impõe aos seus seguidores severa meditação espiritual e não menos rigoroso comportamento. O zen é um caminho pelo qual a iluminação interior (*satori*) é obtida através de práticas de meditação; nos mosteiros, grupos procuram a sabedoria e o domínio de si próprio pela meditação — uma disciplina severa — e pelo exercício de todas as modalidades de trabalho, até os mais comuns, com o objetivo de alcançar o *satori*. O zen não raro apoia-se em técnicas corporais próximas da ioga*, procurando liberar o espírito de contingências materiais e, de outra parte, mediante técnicas mentais, o discípulo é induzido a refletir sobre temas apresentados sob a forma de enigmas ou paradoxos. O zen "prefere o concreto aos conceitos", visando ao desenvolvimento da personalidade pelo conhecimento. A paciência e a aplicação, o grande desejo de pureza, o despojamento e a simplicidade e o domínio de si mesmo — grandes trunfos do zen — encontram sua aplicação na multiplicidade da vida.

ZOROASTRISMO V. Masdeísmo*.

Biografias
Deuses, divindades e demônios
Glossário
Referências bibliográficas

BIOGRAFIAS

A

AARÃO Irmão de Moisés*ᵇ e de Miriam, porta-voz daquele nas negociações com o faraó do Egito visando a libertação dos hebreus, ajudante de Moisés na liderança do Êxodo e da jornada no deserto, e primeiro sumo sacerdote nos rituais religiosos do Tabernáculo*ᵍ, abrindo uma linhagem de "sacerdotes" (v. *Cohen**) existente até hoje entre os judeus. Aarão só aparece no relato bíblico quando seu irmão Moisés retorna do exílio em Midian para, por ordem divina, comandar a libertação dos hebreus da escravidão. Bom orador, ele fala pelo irmão ao faraó, realiza prodígios mágicos (v. Magia*) com seu cajado milagroso, ajuda a desencadear as dez pragas que assolaram o Egito. Ele desaparece no relato bíblico da saída do Egito, no cruzamento do mar Vermelho e nos primeiros momentos da passagem pelo deserto. Reaparece sustentando os braços estendidos de Moisés, durante a batalha contra Amalek, gesto que garantiu a vitória dos hebreus. Aarão tem um papel fundamental no episódio do bezerro de ouro, quando os israelitas, cansados de esperar por Moisés, que subira ao monte Sinai para se encontrar com Deus, resolvem construir, na forma de um bezerro de ouro, uma divindade mais visível e acessível. Pressionado e ameaçado, Aarão cede e comanda o processo de derretimento do ouro e modelagem do bezerro. Como Aarão só consentira em construir o ídolo para evitar um mal maior, e não por idolatria, a ira de Deus e de Moisés aos perpetradores de tal sacrilégio não se estendeu a ele: não só não foi punido como foi nomeado por Moisés o sumo sacerdote do culto*ᵍ no Tabernáculo, onde se abrigara a Arca da Aliança* e seu precioso conteúdo: as Tábuas da Lei, que Moisés gravara no monte Sinai em sua segunda ascensão. A partir de então, a linhagem de Aarão passou a constituir a classe dos sacerdotes de Israel (*cohanim*), e a tribo de Levi, a que pertenciam Moisés, Aarão e Miriam, a dos levitas, funcionários e mantenedores dos santuários israelitas, até a destruição do segundo Templo*. Aarão é tido pela tradição rabínica (v. Rabino*) como um paradigma de piedade e paz, preferindo a persuasão ao castigo e ao conflito, e essa imagem se transmite às tradições cristãs e islâmicas (v. Cristianismo*, Islã*). Por isso, ele é um dos "sete pastores fiéis" (além de Abraão*ᵇ, Isaac*ᵇ, Jacó*ᵇ, José, Moisés e Davi*ᵇ) do povo judeu, convidados a comparecer na *sucá*, o tabernáculo familiar do festival de *Sucot**. (P.G.)

ABRAÃO Primeiro patriarca* dos judeus e de vários segmentos dos povos árabes, a história de Abraão é relatada na Bíblia*, no livro do Gênese*ᵍ. Primeiro sob o nome Abrão (Avram), depois definitivamente Abraão (Avraham), é o iniciador do monoteísmo em duas vertentes: no clã familiar que, através de seu filho com a esposa Sara*ᵇ, Isaac*ᵇ, do filho deste, Jacó*ᵇ (Israel), e dos filhos deste, deu origem ao povo judeu; e nos nômades descendentes de Ismael, seu filho com a escrava Hagar, que deram origem a muitos povos árabes. A trajetória de Abraão começa com a revelação divina em Ur, na Caldeia, sua cidade natal. Ele destrói os ídolos de barro da loja de seu pai, Terach, deixando apenas um intacto. Ante a incredulidade do pai quanto à possibilidade de que aquele ídolo tivesse destruído os demais, Abraão questiona a idolatria, já que o próprio idólatra não acredita que seus ídolos tenham poder. Por ordem do Deus único em que passa a acreditar, ele imigra, com sua mulher Sara e seu sobrinho Lot, da Caldeia para Canaã, onde se tornará um pastor nômade. No caminho, em Haran, Deus estabelece com ele uma Aliança, em que a fidelidade a Ele e o cumprimento de Seus preceitos de justiça, bondade e equidade serão recompensados com uma numerosa descendência, que se constituirá em grande nação. Essa promessa é reiterada em Shchem (Nablus), com a garantia do território de Canaã como o futuro lar dessa nação de fiéis. Após ir e voltar do Egito, Abraão de novo vagueia por Canaã, constrói altar a Deus em Hebron e chefia expedição militar que liberta seu sobrinho Lot das mãos dos reis do leste que o haviam aprisionado. Uma vez mais é reiterada a promessa divina, agora numa cerimônia que sela a Aliança, em que Deus reafirma que a descendência de Abraão seria numerosa como o pó da terra, e viveria naquela Terra Prometida*, do norte ao sul, do mar ao leste. Não tendo filhos com Sara, esta convence Abraão a tomar a escrava Hagar como esposa. Ismael nasce dessa união quando Abraão tem 86 anos. A Aliança é mais uma vez reiterada, e o rito da circuncisão* de todos os descendentes homens de Abraão é pactuado como seu símbolo e marca indelével. Abraão circuncida então Ismael, a si mesmo e a todos os homens de seu clã. Três emissários de Deus, recebidos por Abraão com sua proverbial hospitalidade, anunciam o próximo nascimento de Isaac, filho de Sara, e a decisão divina de destruir Sodoma e Gomorra, pelos pecados de seus habitantes. Abraão tenta salvar as cidades, mas não encontra nelas nenhum homem justo que justifique a misericórdia de Deus, a não ser seu sobrinho Lot, que é resgatado. Isaac nasceu quando Sara tinha 90 anos de idade, e Abraão, 100. Foi circuncidado aos oito dias, de acordo com o pacto, e Sara impôs a Abraão a expulsão de Hagar e Ismael para o deserto, onde foram salvos por Deus. A fé de Abraão e sua fidelidade a Deus é testada no episódio da *Akedá*, o quase sacrifício* de Isaac. Pela última vez a Aliança é reafirmada com a promessa de que os descendentes de Abraão serão numerosos como as estrelas do céu e as areias das praias. Sara morreu em Kiriat Arba, e foi enterrada em Hebron, na gruta de Machpelá. Abraão morreu com 175 anos, e também foi sepultado na gruta de Machpelá por seus filhos Isaac e Ismael. A figura de Abraão como o primeiro patriarca, homem de fé (o primeiro interlocutor de Deus), bondoso e hospitaleiro, marca a história judaica, cristã e islâmica (v. Judaísmo*, Cristianismo*, Islã*). Ele é citado 72 vezes no Novo Testamento*, e é visto por Maomé*b como precursor do monoteísmo e um dos fundadores do Islã*, por ter sido supostamente o construtor da Caaba*, juntamente com seu filho Ismael. (P.G.)

AÇOKA Monarca indiano, terceiro imperador da dinastia Mauria, neto de Xandragupta, construtor do primeiro grande império da Índia. Ao contrário do avô, cuja tradição o caracteriza como um tirano, Açoka se impôs como um governante lúcido e produtivo, submetendo-se aos princípios morais do budismo* com um entusiasmo incomum na Antiguidade. Grande administrador, utilizou artistas e arquitetos iranianos para embelezar sua capital Pataliputra, na qual fez construir um grande palácio. Adepto fervoroso, favoreceu o budismo, provocando um grande surto missionário. Os únicos monumentos que nos restam da época de Açoka são, principalmente, bases de *stupa* (monumentos comemorativos da morte do Buda*b), editos gravados em rochedos e colunas. O budismo, porém, não se tornou a religião oficial de seu reino. E as subvenções doadas aos mosteiros búdicos não puderam ser sustentadas.

AGOSTINHO (SANTO) (354-430) Um dos mais importantes Pais da Igreja*, nascido na cidade africana de Tagasta (Argélia), filho de um pagão e de uma mãe católica (santa Mônica). Bom estudante em Cartago, Agostinho teve vida alegre e fútil, para, mais tarde, converter-se ao maniqueísmo*. Uma viagem a Milão fê-lo conhecer santo Ambrósio*b (339-397), bispo local com o qual, por longo tempo, discutiu filosofia e religião, acabando por se converter ao cristianismo*. Voltando à sua pátria, tornou-se padre e depois bispo da cidade de Hipona, onde passou o resto de sua vida, morrendo em 28 de agosto de 430 quando os vândalos atacavam a cidade. O cristianismo* de Agostinho concentrava sua preocupação maior na exegese bíblica e no combate ao maniqueísmo, ao donatismo* e ao pelagianismo*, cujas lutas lhe proporcionaram a formulação de sua própria teologia, consagrada numa única expressão: "Deus e a alma, nada mais". O seu ensino sobre a queda de Adão e o pecado original exerceu grande influência sobre os teólogos ocidentais, mormente Calvino*b que, a exemplo de Agostinho, acreditava na predestinação, pedra angular da sua doutrina. As primeiras obras de Agostinho foram críticas a antigas filosofias; posteriormente seus textos tornaram-se polêmicos, entre os quais: *Sobre o ensino cristão* (*De douctrina christiana*) onde aborda a educação; um outro, *Sobre a Trindade* (*De Trinitate*) constitui uma análise resumida da Santíssima Trindade*. De 413 a 427, ele compôs a *Cidade de Deus* (*Civitate Dei*), texto de excepcional importância, inspirado na tomada de Roma pelo rei visigodo Alarico em 410. A obra é uma síntese do pensamento cristão, opondo-se ao pensamento pagão às vésperas da derrocada pagã. Agostinho escreveu cerca de 120 livros, obras que modelaram o pensamento teológico ocidental até o século XIII, quando filósofos cristãos, baseados em Aristóteles, iniciaram uma reação contra o agostinismo*. As regras monásticas de santo Agostinho foram adotadas em várias ordens religiosas, masculinas e femininas.

AKIVA (RABI) Sábio rabínico (v. Rabino*) (c. 50-135 a.D.), considerado um dos mais importantes, senão o mais importante da era talmúdica. Sua vida tem aspectos romanescos muitas vezes atribuídos mais à lenda que à realidade: era pastor pobre e inculto até os 40 anos de idade, quando casou-se com Raquel, a filha de seu empregador Kalba Sabua, contra a vontade deste, e mediante promessa a Raquel de que se dedicaria ao estudo da Torá*. Raquel teve de vender os próprios cabelos para comprar alimento, enquanto Akiva foi estudar em Lida para se tornar um grande mestre, com cerca de 12 mil alunos. Teria voltado 12 anos depois, e ouvido da esposa, que não percebera sua chegada, que estaria disposta a esperar por ele mais 12 anos se com isso ele se tornasse duplamente sábio. Akiva saiu silenciosamente e voltou aos estudos por mais 12 anos. A influência de Akiva foi enorme na interpretação das leis da Torá e na organização e compilação das leis orais que a tradição judaica (v. Judaísmo*) transmitia de geração em geração. Ele atribuía a cada letra e sinal do texto um significado específico e uma intenção clara, e baseava sua interpretação na coerência desses significados. Foi em sua compilação e organização dessas interpretações e das leis orais por assuntos e temas que se basearam Iehudá haNassi[b] e os criadores da *Mishná**. Akiva também teve participação importante nos movimentos intelectuais, sociais e políticos de seu tempo. Diz a lenda que foi o único sobrevivente dos quatro rabinos que se dedicaram a atividades esotéricas, numa jornada ao paraíso. Participou também de uma jornada mais terrena ao imperador de Roma, numa delegação que reivindicou a revogação do decreto romano que proibia o estudo da Torá nas academias rabínicas*. Ele apoiou a revolta de Bar Kochba[b] contra os romanos, chegando a considerá-lo o Messias*. Com a derrota, foi preso, torturado e morto, sem abandonar sua fé em Deus ou sua convicção de que tudo que Ele faz, faz para o bem. É atribuída a rabi Akiva a menção de um versículo do Antigo Testamento* como sendo o resumo de todos os ensinamentos da Torá e de suas leis: "Ama o próximo como a ti mesmo". (P.G.)

ALBERTO MAGNO (SANTO) Cognominado o Doutor universal, filósofo e sábio (1206-1280). Dominicano*, foi mestre de teologia na Universidade de Paris em 1245, na qual teve como aluno santo Tomás de Aquino*[b], e professor na Universidade de Colônia (Alemanha). Apaixonado pelas ciências da natureza, fez importantes experiências em química, na realidade alquimia*, o que lhe proporcionou reputação de mágico e feiticeiro. Sua influência sobre os discípulos deve-se sobremodo aos comentários a respeito de filosofia aristotélica e escolástica. O seu trabalho mais importante concentrou-se na grandiosa tentativa de unir a filosofia aristotélica à cristã. Suas obras principais são a *Summa de creaturis*, o *Comentário das sentenças*, a *Suma teológica* (inacabada) e *De unitate intellectus*, um libelo contra "o erro dos árabes" averroístas, escrito a pedido do papa* Alexandre IV (1254/1261). Foi canonizado (v. Canonização*) em 1931.

AL-GHAZALI Um dos maiores teólogos do Islã*, místico e filósofo (1058-1111), professor da Universidade de Bagdá. Pondo em dúvida algumas afirmações do Alcorão*, ele procurou reanimar a fé e a ética muçulmana. Dotado de grande saber, escreveu um tratado, *Revivificação das ciências religiosas*, de grande valor e repercussão, comparado à *Suma teológica* de Tomás de Aquino*[b]. No ápice de sua carreira, Al-Ghazali abandonou sua cátedra universitária, passando à vida ascética (v. Ascetismo*) e ao sufismo*, tornando-se um dervixe errante. Essa atitude, porém, não o impediu de procurar no misticismo* fundamentos sólidos para a fé em Alá*, no profeta (Maomé*[b]) e no Juízo Final, crenças quanto às quais seus estudos o haviam feito entrar em dúvida. Os doutores e filósofos muçulmanos não acolheram bem esse seu exame crítico; não obstante, sua obra não demorou a ser considerada fundamental para a sustentação da religião islâmica.

AMBRÓSIO (SANTO) (339-397) Pai da Igreja*, proveniente de família ilustre, senatorial e cristã, filho de um prefeito gaulês, funcionário romano. Foi eleito bispo de Milão por aclamação popular ainda catecúmeno (v. Catecumenato*) em 374. Padrinho, por batismo*, de santo Agostinho*b (386), obrigou o imperador Teodósio a uma expiação pública para que esta autoridade se redimisse de um massacre popular ocorrido na cidade de Tessalonica. Esse gesto de Ambrósio contribui significativamente para afirmar a independência e supremacia da Igreja ante o poder temporal. Pragmático, sua obra se reveste deste seu pragmatismo, visando à eficácia mais que à literatura, como bem demonstram seus sermões e orações fúnebres, aos quais devem ser aduzidos tratados de ordem moral (*Sobre os deveres dos clérigos*) e os "hinos ambrosianos". Destes, apenas quatro são considerados autênticos. Em Milão, onde Ambrósio faleceu, foi fundada uma biblioteca em sua memória, nomeada Ambrosiana, no ano de 1602.

ANSELMO (SANTO) (1033-1109) Doutor da Igreja*, monge da Abadia* de Bec (Normandia) da qual se tornou abade em 1078. Bispo e teólogo, Anselmo foi uma das principais figuras da Igreja na Inglaterra. Autor prolixo, escreveu várias obras filosóficas e teológicas de grande influência, fazendo dele o "pai da escolástica". A partir de 1078, sua vida foi ocupada pelas desavenças e embates com os monarcas Guilherme I e Henrique I a respeito de suas relações entre a Igreja e o Estado. Em 1097, Anselmo foi morar em Roma durante três anos, ocasião em que escreveu *Cur Deus Homo?*, sobre a redenção*g, único livro de Anselmo publicado em inglês. Novos desencontros com Henrique I fizeram-no sair novamente da Inglaterra para um exílio de quatro anos (1103/1107). Simpático e respeitado, veio a ser personagem de Dante no seu "Paraíso" onde é citado como um dos espíritos de poder e luz. Canonizado em 1163 (v. Canonização*).

B

BAAL SHEM TOV Cognome de Israel ben Eliezer (1700-1760), místico (v. Misticismo*) criador do movimento judaico chamado chassidismo*. *Baal shem* significa "senhor (ou "mestre") do nome [divino]", espécie de título atribuído a milagreiros e curandeiros judeus nas aldeias judaicas da Europa central e oriental, que usavam fórmulas com o nome de Deus para operar seus milagres e curas. Os nomes Baal Shem Tov, o "mestre do bom nome", e seu acrônimo, Besht, foram atribuídos especificamente a Israel ben Eliezer. O Besht nasceu na Podólia. Órfão desde cedo, pouco estudou. Foi professor, pedreiro e *shochet* (magarefe ritual), mas logo se interessou pela cabala*, que estudou, praticou e ensinou aos que iam procurá-lo em Medziboz, cidade em que viveu, a partir de 1740, até o dia de sua morte. Chegou a ter cerca de 10 mil adeptos de sua doutrina chassídica, que só foi publicada 20 anos após sua morte por um de seus discípulos, Jacó José. A essência da doutrina chassídica baseia-se na contradição entre a tradição rabínica (v. Rabino*) do judaísmo* — que privilegia o estudo da Torá*, o culto*g religioso formal e o cumprimento estrito dos preceitos judaicos, as *mitsvot** — e as condições reais da maioria da população judaica da Europa central no século XVIII, que eram de pobreza, até mesmo de penúria, o que obrigava os judeus a trabalhar arduamente para seu sustento, sem tempo para o estudo e para as formalidades do culto. O Besht invocou, em lugar destes, um judaísmo baseado na comunhão íntima com a natureza, obra de criação divina, no fervor e na intenção da alma, em alegria e êxtase na oração. A autenticidade da dedicação ao culto e do amor a Deus, e não a formulação intelectual e o cumprimento automático e formal dos preceitos, é que elevariam a alma do judeu devoto. Em todo esse processo, o mediador entre o devoto e Deus era o *tsadik*, o rabino cuja santidade lhe outorgava e legitimava esse papel. Apesar da firme oposição dos tradicionalistas judeus, os *mitnagdim**g, o chassidismo criou raízes próprias no judaísmo e subsiste até hoje, com as modificações que o tempo e as novas circunstâncias impuseram (v. *Chabad**). (P.G.)

BAR KOCHBA Nome atribuído ao líder da última revolta dos judeus (v. Judaísmo*) contra os romanos, em 132-135 a.D., cujo desfecho, com a derrota em Betar, marcou o fim da soberania judaica na Judeia e o início de um exílio de dois mil anos. Bar Kochba significa "filho da estrela", referência ao trecho de um versículo bíblico (Números*g 24:17): "(...) e uma estrela emergirá de Jacó (...)". Primeiramente associada ao caráter messiânico da revolta, que traria a redenção*ᵍ de Israel, essa designação ganhou com a derrota também algum cunho irônico (com a variante Bar Kosiva, ou "filho da mentira"). Não se conhece a biografia completa de Bar Kochba. Seu nome era Simão (Shimon), e ganhou o título de *nassi* Israel (o líder de Israel — a palavra em hebraico moderno significa "presidente") por sua oposição aos romanos. Segundo o *Talmud**, rabi Akiva*ᵇ o teria chamado de "rei Messias*", no que não foi contestado pelo próprio Bar Kochba, que se acreditava o salvador de Israel. A revolta de Bar Kochba começou em 132 a.D., após o imperador Adriano ter extinguido o caráter judaico de Jerusalém, mudado seu nome para Aelia Capitolina e nela ter construído um templo a Júpiter (v. Zeus*ᵈ). No início da revolta, que durou três anos e meio, as forças de Bar Kochba chegaram a conquistar Jerusalém. Com a recaptura de Jerusalém pelos romanos, os rebeldes se refugiaram em Betar, nas montanhas da Judeia, onde foram cercados e resistiram até o fim. O fim de Betar e a morte de todos os seus defensores está associada à mesma data da destruição dos dois templos de Jerusalém: o dia 9 do mês de *Av* (v. *Tishá beAv**). (P.G.)

BEDA, O VENERÁVEL Monge inglês (673-735). Ordenado padre (v. Ordenação*), viveu até a morte em Jarrow, dedicando-se intensamente ao estudo das Escrituras, à disciplina monástica (v. Monasticismo*) e aos ofícios religiosos. Erudito e historiador, permanentemente curioso, Beda consagrou sua vida ao ensino. Autor de várias obras, escreveu tratados, uma história natural, uma cronologia universal baseada na era cristã e, principalmente, em 731, uma *História eclesiástica dos ingleses* (*História ecclesiastica gentis anglorum*), da conquista de Júlio César a 597. A essa obra, acrescentam-se as biografias dos primeiros abades (v. Abadia*) de Jarrow, hinos, cartas, homilias, todos escritos em latim, inclusive a *História eclesiástica*. As obras em inglês e as traduções desapareceram. O título de "Venerável", outorgado por seus conterrâneos, só foi reconhecido em 1899, pelo papa* Leão XIII. Personalidades como são Bonifácio ou Alcuíno a ele se referiam como "luz da Igreja" ou "abençoado mestre".

BOAVENTURA (SÃO) (1217-1274) Franciscano* e ministro da Ordem de São Francisco, filho de família bem-dotada, moral e financeiramente. Aluno qualificado da Faculdade das Artes de Paris de onde sai mestre em 1243. Aos 26 anos de idade, toma o hábito franciscano*, fazendo o curso completo de teologia. Foi eleito ministro general (superior geral) da Ordem Franciscana em 1257, cargo que administrou durante 17 anos, codificando e completando a legislação da ordem. As primeiras constituições são então elaboradas, marcadas por um espírito nitidamente centralizador: um grande número de atos e de decisões só poderiam ser consumados quando autorizados pelo superior. Gradativamente o seu prestígio e sua autoridade cresceram; em 1273, o papa* Gregório X (1210-1276; 1271/1276) o nomeia cardeal; nesse mesmo ano, Boaventura prepara o Concílio* de Lyon, do qual participa, falecendo nos últimos dias de trabalho. Canonizado em 1482 (v. Canonização*); doutor da Igreja* em 1587. A produção de Boaventura, que era teólogo e místico (v. Misticismo*), foi considerável: tratados, sermões, comentários, conferências. Boaventura foi, reconhecidamente, um místico; cognominado "Doutor Seráfico", devido ao fervor religioso de suas exortações à Virgem Maria*ᵇ, ao celibato e à vida ascética (v. Ascetismo*), e também pela alusão que, com frequência, fazia à visão que tinha tido de são Francisco de Assis. Boaventura teve no seu *Breviloquium* a grande síntese de suas considerações teológicas. Sua influência foi considerável; Roger Bacon (1214-1294), teólogo e filósofo inglês, foi um de seus discípulos.

BUBER, MARTIN Pensador e filósofo religioso e sionista (v. Sion*) judeu (1878-1965), nasceu em Viena, Áustria, e morreu em Israel, onde se estabelecera em 1938. Estudou em Viena, Leipzig, Zurique e Berlim. Como ativista do movimento sionista, deu mais importância às questões educativas do que às questões políticas. Aos 26 anos de idade centrou seus estudos e suas muitas obras no movimento judaico do chassidismo*, primeiro em seus aspectos estéticos, depois, principalmente, em seu caráter religioso e conceitual. Fundou em 1916 o jornal mensal *Der Jude* ("O judeu"), e aderiu à ala socialista do sionismo, numa visão utópica que priorizava as relações humanas às políticas de estado. Para Buber, o sionismo era um "caminho sagrado" (*heilige Weg*), que daria aos judeus a possibilidade de uma vida própria na Terra de Israel, em harmonia e paz com os árabes locais. Em 1923

Buber publicou sua principal obra filosófica sobre a religião judaica (v. Judaísmo*), *Ich und Du* ("Eu e Tu"), e, em 1925, juntamente com Franz Rosenzweig, os primeiros volumes de uma tradução alemã da Bíblia*, que Buber completou sozinho em 1961, após a morte de Rosenzweig. Em 1930, foi nomeado professor de religião na Universidade de Frankfurt, mas foi afastado em 1933, quando o partido nazista assumiu o poder na Alemanha. Em 1938, emigrou para a Palestina, onde foi professor na Universidade Hebraica de Jerusalém até se aposentar, em 1951. As ideias e as obras de Buber tiveram grande influência na filosofia religiosa judaica e cristã, principalmente a do diálogo entre o homem (o Eu) e Deus (o eterno Tu). Nessa relação, a presença do Tu divino é a essência de todo Tu concreto e finito do mundo com que o homem se relaciona, e sua Revelação não é só histórica ou teológica, mas faz parte da revelação diária na vida de cada homem. (P.G.)

BUDA Cognome (em sânscrito, "iluminado") dado ao indiano Sidarta Gautama (c. 563-483 a.C.), também chamado Çakyamuni, nome patronímico, "da família dos Çakias"; Bhagavat, "aquele que possui a felicidade"; Tathagata, "o Perfeito"; Jina, "o Vitorioso" e, principalmente, Buda, "o Iluminado". Sidarta nasceu em Kapilavastu, a oeste do Nepal, dando provas imediatas de inteligência e força incomuns. Aos 29 anos de idade, após quatro saídas do palácio às escondidas, sentiu-se chocado ante a miséria de várias pessoas que encontrou no caminho. De imediato, Sidarta conscientizou-se do sofrimento humano, tomando a decisão de deixar o palácio real em busca da verdade, após abandonar suas roupas de seda, cobrindo-se com uma vestimenta grosseira. Durante sete anos, Sidarta escutou os ensinamentos dos ascetas (v. Ascetismo*), jejuando e se mortificando, chegando à conclusão de que a autotortura é inútil. Um dia, repousando ao pé de uma figueira, nas proximidades da aldeia de Uruvelã, ele recebe a "Iluminação". A partir daí, prega que a vida é dolorosa, tenaz e que, para se liberar dessa dor é necessário seguir um caminho traçado em oito pontos ("o nobre óctuplo caminho"). O Buda morreu aos 80 anos de idade e, segundo tradição, suas relíquias foram disputadas por oito monarcas. Sua doutrina de compaixão e renúncia transformou a vida de milhões de pessoas.

C

CABRINI, FRANCISCA (SANTA) (1850-1917) Missionária italiana natural da Lombardia, foi enviada aos Estados Unidos com seis outras religiosas para trabalhar junto aos imigrantes italianos. Irmã de 12 irmãos e irmãs, Francisca teve despertada sua vocação missionária ante a situação de seus compatriotas que migravam para a América, especialmente os Estados Unidos. Nesse país, ela fundou em 1880 a congregação das Irmãs Missionárias do Sagrado Coração, aprovada pela Igreja e que alcançou uma grande extensão não só nos Estados Unidos como na França, Inglaterra e Espanha. Em reconhecimento à sua obra e à sua dedicação, Francisca obteve a nacionalidade americana. Infatigável, ela multiplicava as vocações (as irmãs, oito em 1880, eram mais de mil em 1907), viajando sempre aos oito países onde a congregação existia. Numa dessas viagens, faleceu. Canonizada em 1946 pelo papa* Pio XII (v. Canonização*).

CALVINO (Jean Calvin) Teólogo da Reforma* Protestante (1509-1564). Fez estudos de filosofia e letras em Paris, direito em Orleans, hebraico, grego e teologia no Colégio Real. Sua formação humanística manifestou-se logo no seu *Comentário* que publicou sobre o *De clementia*, de Sêneca, o grande educador romano. No ano de 1533, aderiu à Reforma, iniciando então a sua vida de pregador. Deixando seu país natal, Calvino foi para a Suíça, estabelecendo-se na cidade de Basileia (Bâle) onde publicou, em 1536, a *Instituição da religião cristã*, primeira edição, obra a qual dedicou toda a sua vida. A edição definitiva é de 1559, tida como a *Suma teológica* do protestantismo* francês. Passando por Genebra (Suíça), onde se tornou pastor, foi banido em razão de sua severidade, dirigindo-se para Estrasburgo, onde exerceu o seu ministério. Convidado a voltar para Genebra, em 1541, Calvino estabeleceu-se definitivamente nessa cidade, obtendo êxito. Sua administração, a um só tempo religiosa e política, transformou cuidadosa e lentamente as estruturas da cidade, num sentido rígido e progressivo. Reformador incontestável, fundou a Academia de Genebra, promulgando um número considerável de textos (cartas e sermões) e exprimindo sua doutrina. Calvino morreu em 1564, sendo enterrado em lugar ignorado na própria cidade de Genebra.

CARO, JOSÉ Estudioso da *halachá** e místico (v. Misticismo*) judeu espanhol (1488-1575). Ainda menino, foi expulso da Espanha com todos os judeus, em 1492, e depois de passar algum tempo na Turquia, estabeleceu-se em Safed, Palestina, em 1525. Dedicou-se ao estudo do judaísmo* e escreveu livros sobre o assunto. Em 1565, publicou sua obra principal, o código da lei judaica chamado *Shulchan Aruch** ("A mesa posta"), uma compilação ordenada e organizada de todas as codificações anteriores das decisões rabínicas (v. Rabino*) sobre preceitos e leis do *Talmud**. A princípio, sua obra encontrou grande oposição nos judeus *ashkenazim**, por ter Caro se baseado principalmente nas decisões de sábios espanhóis *sefaradim** (Alfassi e Maimônides*b), ignorando as de muitos sábios *ashkenazim* franceses e alemães. Apesar disso, o *Shulchan Aruch* tornou-se o mais difundido e aceito código das leis e preceitos judaicos, um guia de esclarecimento e de procedimentos. Vivendo em Safed, cidade de cabalistas, Caro se interessou também por cabala*. Tentou estudar com o grande mestre cabalístico de Safed, Isaac Luria, que, no entanto, não viu nele as qualificações necessárias. Alegava ser orientado por um guia celestial, o *Maguid*, que lhe ditava as decisões adequadas e o introduzia nos segredos cabalísticos. Esperava uma morte de mártir, como parte das "dores do parto" que levariam os judeus à redenção messiânica (v. Messianismo judaico*), mas morreu tranquilamente aos 87 anos de idade (P.G.)

CATARINA DE SIENA (SANTA) (1347-1380) Catarina Benincasa (seu nome de batismo), filha caçula de um tintureiro de Siena, jovial e bela. Após resistir aos esforços do pai para que se casasse, tornou-se irmã terciária (v. Terciários*) da Ordem Dominicana (v. Dominicanos*). Solitária e sempre dedicada às orações, Catarina passou por uma série de experiências religiosas, atraindo os moradores da cidade, redundando na formação de um grupo de leigos e padres, nobres e plebeus, jovens e velhos, grupo que ela chamava de "a sua família", os *caterinati*, e que a acompanhava em suas viagens. Sua reputação de santa e de mística (v. Misticismo*), marcada de estigmas, inquietava o meio eclesiástico. Sua presença em Avinhão contribuiu para que o papa* Gregório XI retornasse a Roma; seus conselhos e apoio a Urbano VI, que sucedera a Gregório, não impediram o Grande Cisma (v. Cismas da Igreja*) de 1378. Catarina deixou um *Diálogo sobre a doutrina divina*; 388 de suas "Cartas" chegaram até nós. Padroeira de Roma, proclamada por Pio XI, foi canonizada em 1461 (v. Canonização*).

CLARA DE ASSIS (SANTA) (1194-1253) Italiana, de família nobre, desde a adolescência condenava a vida que levava, não demorando a fugir de casa aos 18 anos para, juntamente com uma prima, procurar a proteção de são Francisco, que as colocou aos cuidados das beneditinas (v. Beneditinos*). A ela se juntaram sua irmã e a mãe viúva, as quais o franciscano* instalou numa casa em Assis, criando uma comunidade para a qual estabeleceu um "modo de vida especial". Começava, assim, a Ordem das Clarissas*, fundada por Clara em 1212; três anos depois, ela obtinha do papa* Inocêncio III (1160-1216) o "privilégio da pobreza", ou seja, autorização para que as irmãs vivessem apenas de esmolas, despojadas de qualquer bem, individual ou comunitário. A partir de então, sua vida transformou-se num longo embate para impedir o papado de lhe impor uma regra já existente — no caso, a dos beneditinos — ou de atenuar os critérios por ela adotados no cotidiano da ordem. Santa Clara é considerada uma religiosa das mais importantes, situando-se entre os principais religiosos da Idade Média e tida como "a mais autêntica expressão de perfeição evangélica". Canonizada em 1255 (v. Canonização*).

CRISTO V. Jesus*b (Cristo).

D

DALAI-LAMA O nome significa, em mongol, "oceano de sabedoria", e é o título do líder espiritual e temporal do Tibete, príncipe protetor, "papa" do lamaísmo*, líder dos monges no budismo* tibetano. A palavra "lama", no Tibete, é um título dado aos monges de posição superior. Atualmente, o dalai-lama se encontra em exílio na Índia; no século XVII, o quinto grande lama da seita* dos *geluppa* ("Bonés amarelos") foi reconhecido soberano temporal do Tibete pelo imperador da China. Entronizado, foi-lhe dado o título de dalai-lama e foi considerado reencarnação de um *bodhisattva** (pessoa que está no caminho da "Iluminação"). O dalai-lama, após morrer, acredita-se, reencarnará; apela-se aos oráculos, aos presságios e aos escritos que ele teria deixado para encontrar o menino no qual o dalai-lama reencarnará. Os meninos são examinados cuidadosamente a fim de verificar se eles possuem marcas, sinais ou indicações que permitam uma primeira escolha. Após complicado ritual, procede-se a um sorteio e o menino eleito será educado pelos monges e solenemente entronizado ao completar idade capaz de compreender o seu papel. O novo "Buda*b vivo" passará pela educação a mais estrita, não podendo entrar em contato com mulher (nem mesmo a sua mãe) no decorrer dos quatro primeiros anos. O último dalai-lama, o décimo quarto, foi entronizado em 1939, seis anos depois da morte do precedente.

DANIEL Há mais de um Daniel citado no Antigo Testamento*. Um, mencionado por Ezequiel*b, parece ser um personagem anterior a Moisés*b, sem lugar especificado de atuação, notável por sua piedade e sua sabedoria. Outro é o segundo filho do rei Davi*b. E o terceiro, e mais famoso, é o protagonista do Livro de Daniel, um judeu descendente da casa de Davi e eunuco no palácio de Nabucodonosor, o rei babilônio que destruiu o Templo* no século VI a.C. Segundo o texto bíblico, mesmo no exílio e na função que desempenhava, Daniel foi cumpridor dos preceitos judaicos (v. Judaísmo*), como o de orar a Deus três vezes por dia. Surpreendido numa dessas orações, foi condenado à morte e lançado numa cave de leões, que foi lacrada com uma grande pedra. No dia seguinte, o próprio rei, ao visitar a cave para constatar o destino de Daniel, encontrou-o vivo, recitando o *Shemá* aos leões. Deus teria revelado a Daniel a data do Juízo Final e a sorte reservada a Israel, mas ele simplesmente esqueceu, ou pelo menos assim alegou. Teria sido designado pelo rei Ciro, da Pérsia, para liderar os israelitas em sua volta a Jerusalém para reconstruir o Templo, mas convenceu o rei a nomear Zerubavel em seu lugar. A partir daí, seu destino é contraditório: alguns afirmam que acompanhou os exilados que voltaram da Babilônia; outros, que foi para a capital persa, Shushan (Susa), onde se radicou e viveu uma vida piedosa, e onde morreu e foi sepultado (P.G.).

DAVI Segundo rei de Israel (1010-970 a.C.), filho do efraimita*g Ishai, ou Jessé, de Beit Lechem (Belém), descendente de Ruth, a moabita, personagem central do Livro de Ruth (v. *Shavuot**). Dos 40 anos de seu reinado, Davi reinou sete sobre Judá, com sede em Hebron, e 33, sobre os reinos de Judá e Israel, com sede em Jerusalém, cidade que conquistou aos jebusitas em c. 1003. Fosse "valoroso homem de guerra", como descrito em I Samuel 16: 14-23) ou "pastor sem experiência militar", segundo I Samuel 17: 14-15, Davi caiu nas graças do rei Saul e dele ganhou um lugar no exército e na família quando derrotou Golias, um gigante filisteu*g, abrindo caminho para a vitória israelita nessa batalha e nas subsequentes. A popularidade de Davi provocou a inveja de Saul, já então um homem perturbado, e a suspeita de que ambicionava o trono. Perseguido, Davi fugiu e tornou-se um líder de 600 insurretos e descontentes, que se aliaram aos filisteus súditos de Achish, rei de Gat. Recebeu deste a cidade de Ziklag, de onde deveria atacar os israelitas, o que nunca fez: atacava apenas os bandos de nômades que molestavam os habitantes de Judá. Com a morte de Saul, Davi foi para Hebron, de onde reinou sobre Judá e recebeu apoio popular para tornar-se rei de todo Israel, em lugar de Ishboshet, filho de Saul que herdara seu trono. Com a morte de Ishboshet, os anciãos de Israel aceitaram Davi e o ungiram rei. Segundo alguns, isso significou a unificação dos dois reinos, Judá e Israel, num reino só. Segundo outros, os reinos continuaram separados, mas governados pelo mesmo rei, Davi. Os feitos militares de Davi foram notáveis: conquistou Jerusalém e fez dela sua capital; derrotou seguidamente os filisteus, afastando sua constante ameaça; a leste do Jordão derrotou os moabitas, amonitas, arameus e edomitas*g. Com seu reino consolidado e expandido, Davi fez também alianças diplomáticas e pactos militares com vários reis, inclusive Hiram, de Tiro, que viria a ajudar seu filho Salomão*b a erguer o Templo* de Jerusalém. Apesar de ter transformado um regime tribal num reino consolidado, Davi enfrentou muitas crises internas e muitos problemas pessoais, inclusive o de sua sucessão, que gerou intrigas e traições, como a de seu filho Absalão. Ele mesmo traiu um dos soldados de seu exército, mandando-o à morte certa para poder casar com sua mulher, Bat Sheva (Betsabé). Ela foi a mãe de seu sucessor, Salomão. Apesar de todos os aspectos contraditórios de sua personalidade, a figura de Davi é emblemática: líder guerreiro, unificador da nação, rei carismático, além de músico e poeta (a ele são atribuídos os Salmos*), é uma das figuras históricas mais queridas do povo judeu (v. Judaísmo*). Segundo a tradição judaica, o Messias*, o ungido salvador de Israel e da humanidade, será descendente de Davi. (P.G.)

DOMINGOS DE GUSMÃO (SÃO) (Domingo de Guzmán), pregador castelhano (1170-1221), fundador da Ordem dos Pregadores (OP) dos dominicanos*. Vindo de família aristocrata, foi aluno da Universidade de Palência, tornando-se prior*g do Convento de Osma por ele reformado mais tarde. Cônego regular, acompanhou seu bispo à Dinamarca e a Roma de onde o papa* Inocêncio III os enviou a pregar contra os albigenses. Sua austeridade e simplicidade lhe angariaram notoriedade e respeito. Em 1215, fundou a Ordem dos Dominicanos*, oficialmente aprovada pelo papa Honório III (1216/1227) e que, rapidamente, progrediu em toda a cristandade. Os dominicanos, chamados "jacobinos" na França, apresentam características comuns com os franciscanos*, embora sejam menos atormentados do que a Ordem de Assis. As verdadeiras armas dos dominicanos repousavam na sólida formação intelectual de seus integrantes, dando ao ofício religioso um lugar importante na sua existência. Ao longo dos séculos, a Ordem Dominicana deu ao mundo cultural e religioso grandes nomes, entre os quais Alberto Magno*b, Tomás de Aquino*b, Fra Angélico, mestre Eckhart e outros. Inicialmente contemplativos, os dominicanos se ramificaram, uns inclinando-se para o ensino de mulheres, outros para os doentes, pobres e prisioneiros.

E

ELIAS V. Messias*.

ESDRAS Em hebraico Ezra, líder religioso e espiritual dos judeus após seu retorno do exílio da Babilônia à Palestina, no século V a.C. Depois da destruição Templo* por Nabucodonosor, em 586 a.C., e do subsequente exílio, muitos judeus retornaram, sob a liderança de Zerubavel e com a permissão do rei persa Ciro, que dominara a Babilônia. Mas sua fidelidade aos princípios da religião judaica se diluíra, e a desagregação religiosa ameaçava a estrutura nacional. Esdras obteve a permissão de Artaxerxes e liderou o retorno de mais de 1.700 exilados para Jerusalém, onde iniciou, juntamente com Neemias (Nechemia) intensa campanha de reeducação religiosa e consolidação nacional, incentivando o povo a aceitar a Torá*, a observar os preceitos fundamentais do judaísmo* e a evitar a miscigenação com gentios. Assim, acredita-se que a ação de Esdras e Neemias foi decisiva para a conservação do judaísmo, numa espécie de reedição da liderança espiritual de Moisés*b. Além de restaurar na consciência e na prática as leis da Torá e o comportamento que elas suscitam, Esdras teria ainda reformulado o alfabeto hebraico, adotando os caracteres quadrados — até hoje o desenho básico do hebraico escrito em todos os textos religiosos — e instituído, com a Grande Assembleia (*Haknesset Hagdolá*), um corpo de sábios que exerceu a liderança religiosa, ao assumir o papel de supremo intérprete das leis judaicas e mentor de sua aplicação à vida cotidiana. Esdras morreu a caminho da Pérsia, onde deveria ter um encontro com o rei. O relato de sua vida, de sua atuação e da época em que viveu encontra-se em dois livros do Antigo Testamento*: Esdras e Neemias. (P.G.)

EUSÉBIO DE CESAREIA Clérigo e historiador grego (265-340), bispo de Cesareia (de 313 até a morte), cidade construída por Herodes, o Grande, na Palestina. Conselheiro favorito do imperador romano Constantino Magno (306/337), Eusébio desempenhou um grande papel na polêmica contra os arianos (v. Arianismo*) e no debate com santo Atanásio (295-373) no Concílio* Ecumênico de Niceia (325). Culto e respeitado, Eusébio estabeleceu as bases de uma *Crônica* (2 livros). Além disso, escreveu uma *História eclesiástica* registrando toda a história desde o Cristo até 323, bem como importantes obras apologéticas e um panegírico de Constantino Magno. Não padece dúvida de que o seu legado mais importante foi, sem precedentes, a *História eclesiástica* que lhe valeu o título de "pai da história cristã". Essa obra, dividida em dez livros, constitui a principal fonte da história dos primórdios tempos da Igreja do Oriente, sobrevivendo no grego original e nas versões latina, siríaca e armênia. Entre suas obras, encontram-se *Os mártires de Palestina*, testemunho ocular das perseguições* realizadas pelo imperador romano Diocleciano, de 303 a 310. Uma outra, preciosa, a *Preparatio evangelica* (*Preparação do Evangelho*) mostra a inferioridade da tradução da Bíblia* com relação à hebraica, e que o que de melhor havia na filosofia grega coincidia com o ensino bíblico. Por outro lado, os dois livros da *Crônica* são de importância fundamental para o conhecimento da história antiga. O primeiro, um esboço das nações; o segundo apresenta tábuas sincrônicas pertinentes a acontecimentos e dirigentes marcantes, remontando ao nascimento de Abraão*b e chegando até o ano de 328 a.C. Infelizmente, o texto original, em grego, só nos chegou às mãos fragmentado, muito embora haja uma adaptação latina feita por são Jerônimo*b e, desde 1818, uma tradução armênia.

EZEQUIEL Em hebraico, Ichezk'el, profeta de Israel no século VI a.C. Provavelmente um *cohen** da família do sumo sacerdote Tsadok, teria servido no primeiro Templo* antes de sua destruição pelos babilônios em 586 a.C. Quando o Templo foi destruído, Ezequiel já era um exilado na Babilônia, onde exerceu sua atividade de profeta e pregador entre 592 e 570. Opôs-se à resistência aos babilônios, por ser inútil, prevendo a destruição de Jerusalém, mas estimulou o retorno e a reconstrução do Templo, com sua visão de uma nação que se reencontrava e se redimia. Ezequiel viu na desgraça que se abatera sobre Israel um caminho de redenção*g, que restituiria o senso de moral e de justiça a um povo pecador, e uma advertência contra a corrupção de valores de todos os povos. Ao contrário de outras interpretações de textos bíblicos, afirmava que cada geração seria a única responsável por seus atos, sem transferência de culpas e castigos de ancestrais a descendentes. Suas palavras constituem um texto cheio de símbolos e metáforas, algumas das quais alimentaram visões escatológicas (v. Escatologia [no judaísmo]*) e místicas (v. Misticismo*) em épocas posteriores, como a dos "ossos secos", na qual se descreve a ressurreição dos mortos pela ação de Deus, metáfora da ressurreição moral de Israel, mas também prenúncio da era messiânica (v. Messianismo judaico*). O livro bíblico Ezequiel é formado de 48 capítulos em que o próprio Ezequiel fala em primeira pessoa, embora se acredite tenha sido escrito, ou compilado, por seus seguidores. (P.G.)

F

FÍLON Filósofo judeu de Alexandria (c. 20 a.C. – depois de 40 a.D.), de quem se conhecem as obras mas se desconhecem detalhes sobre sua vida. Seus trabalhos, em grego, revelam influência helenística e platonista, e pouco ou nenhum conhecimento do hebraico. Comentou a Bíblia* a partir de sua tradução grega, a *Septuaginta**, em textos alegóricos (v. Alegoria*) nitidamente inspirados nos métodos de interpretação dos judeus de Alexandria. Seus trabalhos versaram também sobre ética e metafísica, buscando uma aproximação entre o método filosófico e a inspiração religiosa, através da meditação mística e da profecia. Através da Torá*, Fílon via no judaísmo* a possibilidade dessa interação entre a fé, a moral e a filosofia. A Torá seria a ponte e o caminho necessário entre o terreno, suas paixões e seus pecados, que ela descreve até com crueza, e o divino, fonte da busca do bem e da perfeição ética e moral. Nessa interação dos fundamentos helenistas da filosofia com a fé judaica, Fílon chega à conclusão de que a Torá representa a própria Revelação do Divino como caminho para o homem na Terra. Sua obra teve influência na corrente neoplatônica da filosofia, nas obras dos Pais da Igreja* e no misticismo* judaico inspirado no neoplatonismo, que viria a ser a base da cabala*. (P.G.)

FOX, GEORGE (1624-1691) Fundador da Sociedade dos Amigos, seita* mais conhecida pelo nome de *quakers**. Nascido em Fenny Drayton (Inglaterra), filho de um tecelão, foi guardador de carneiros antes de se tornar um aprendiz na casa de um sapateiro. Aos 19 anos, sentiu-se chamado por Deus para "renunciar a todas as coisas", transformando-se num errante, "Bíblia* na mão", pelos campos a pregar" (1467). Provocador, irritado, Fox não tirava o chapéu para ninguém, tuteava todas as pessoas, reclamava por qualquer coisa, insistindo sempre sobre a igualdade de todos perante Deus. Tudo contribuía para que Fox fosse objeto do desprezo público, tendo sido preso várias vezes. Não obstante, a Sociedade dos Amigos se manteve, e Cromwell, então no poder, considerou a conduta de Fox apropriada e a sua doutrina, aprovada. George Fox viajou muito. Visitou a Escócia, o País de Gales, a Holanda e algumas regiões da Alemanha, difundindo sua doutrina por onde passava. Quando morreu, em 1691, a Sociedade dos Amigos contava com 50 mil *quakers*, numa população total de cinco milhões de almas. A origem do nome *quaker* deve-se a uma observação feita por um juiz em resposta a Fox que lhe teria dito "tremer em nome do Senhor", tendo a autoridade retrucado: "Vocês então são trêmulos (*quakers*)?"

FRANCISCO DE ASSIS (SÃO) V. Franciscanos*.

FRANCISCO DE PAULA (SÃO) (1416-1507) Italiano, fundador da ordem monástica dos Mínimos* (século XV), assim chamada para exprimir sua extrema humildade. Monge aos 13 anos de idade, com 19 retirou-se para uma gruta onde se dedicou a uma vida de extremo ascetismo*. A ordem, fundada em 1460 na Calábria, recebeu o nome de Ordem dos Eremitas de São Francisco de Assis, cujos integrantes teriam que, além dos três votos usuais, observar um jejum perpétuo. O papa* espanhol Alexandre VI (1431-1503; 1492/1503) alterou o nome para Eremitas Mínimos de São Francisco de Paula. Sua reputação estendeu-se à França; em 1482, foi chamado para atender o rei Luís XI (1423-1483; 1461/1483) que se encontrava doente. Após a morte do monarca, Francisco permaneceu em França até o fim da vida, estabelecendo sua ordem em diversos locais. Canonizado em 1519 (v. Canonização*).

FRANCISCO DE SALES (SÃO) (1567-1622) Bispo e escritor, nascido de família aristocrata no castelo de Sales, estudou em Paris e na Universidade de Pádua. Em 1593, ordenou-se sacerdote, vencendo a resistência do pai e cedo se destacando pelo ardor de suas prédicas, dizendo com frequência que aquele que prega com amor o faz de verdade. Ao fim de quatro anos de prédicas, a grande maioria dos habitantes da cidade de Chamblais, que haviam aderido ao calvinismo*, retornou à Igreja Católica. Em 1602, foi nomeado bispo de Genebra; oito anos depois, fundou a Ordem da Visitação, congregação religiosa colocada sob a direção de Joana de Chantal, religiosa francesa, viúva do barão de Chantal. Juntos, seis anos depois, fundaram a Ordem da Visitação (v. Visitandinas*). Psicólogo e humanista, Francisco escreveu uma *Introdução à vida devota* (1608-1619) e o *Tratado de amor de Deus*, interessando-se também por assuntos científicos, pelas artes e pelo idioma francês. Sua espiritualidade, baseada numa piedade da vida cotidiana, aproximava-se dos conceitos de santa Teresa*[b]. Francisco de Sales morreu em Lyon, num dos conventos da Visitação, aos 55 anos de idade. Doutor da Igreja*. Canonizado em 1655 (v. Canonização*).

FRANCISCO XAVIER (SÃO) (1506-1552) Missionário jesuíta, cognominado o "Apóstolo das Índias", nascido em Pamplona (Espanha), procedente de abastada família basca. Influenciado por Inácio de Loyola quando estudava em Paris, tornou-se um dos primeiros jesuítas*. Em 1541, com dois companheiros, foi enviado para a Índia portuguesa, lá chegando após uma viagem de um ano e um mês, aportando na cidade de Goa. Trabalhou durante sete anos seguintes no sul da Índia, no Ceilão (atual Sri Lanka), na península Malaia e nas ilhas Molucas. Em 1549 fundou a primeira missão cristã no Japão; três anos depois, numa caravela portuguesa desembarcou na China onde morreu aos 46 anos de idade. Francisco escreveu e deixou muitas cartas, longas e minuciosas e que constituem preciosas fontes sobre o seu trabalho e a sua vida. O seu corpo foi levado para Goa e ali enterrado. Canonizado em 1622 (v. Canonização*).

G

GAON DE VILNA Título de Elias ben Salomão Zalman (1720-1797), talmudista e chefe da academia rabínica* de Vilna, de onde seu título (v. Gaon*). É considerado por muitos o maior gênio do pensamento religioso judaico (v. Judaísmo*) nos últimos oito séculos, desde Maimônides*[b], profundo conhecedor de tudo que se produzira em torno do *Talmud* em 15 séculos de atividade intensa. Foi o líder do movimento dos *mitnagdim**, que se opuseram ao chassidismo* quando este movimento se difundiu na Europa central em meados do século XVIII. O Gaon de Vilna foi radical em sua oposição ao chassidismo: ordenou a excomunhão de todos os seus adeptos e a destruição de todas as suas obras. Como comentarista do *Talmud*, deu importância ao conteúdo literal do texto, evitando as especulações dialéticas típicas de muitos sábios rabínicos (v. Rabino*). Também comentou a Bíblia*, anotou glosas ao *Shulchan Aruch** e escreveu uma gramática da língua hebraica. Aprofundou-se no estudo da vertente cabalística (v. Cabala*) do judaísmo, mas não pelos aspectos filósoficos. Da mesma forma, foi crítico do iluminismo judaico (v. *Haskalá**), embora aceitasse o estudo de matérias não religiosas como forma de facilitar a compreensão da Torá*, adquirindo reputação de grande matemático. Sua extensa obra teve enorme influência em seu tempo e nas gerações seguintes. (P.G.)

GEIGER, ABRAHAM Erudito judeu alemão (1810-1874), um dos iniciadores da reforma religiosa judaica (v. Reforma Judaica*). Em 1832, ordenou-se rabino* em Wiesbaden (mudou-se depois para Breslau, Frankfurt am Main e Berlim), e logo instituiu mudanças na liturgia de sua congregação, visando a "modernizar" o culto*^{g} judaico e a torná-lo, em sua visão, mais compatível com os elementos culturais da sociedade alemã em que os judeus estavam inseridos. Criou um periódico em alemão no qual expressou sua concepção da reforma da religião judaica, o *Wissenschaftliche Zeitschrift für jüdische Theologie*, e foi o mentor da primeira reunião de rabinos reformistas na Alemanha, em 1837. Já em Berlim a partir de 1870, foi um dos fundadores da Escola Superior para o Conhecimento do Judaísmo (*Hochschule für Die Wissenschaft des Judentums*). A par das questões relativas à adaptação do ritual judaico à cultura e à estética contemporâneas, Geiger dedicou suas obras a temas conceituais sobre o judaísmo*, como a importância da profecia e a missão do judaísmo no cenário mundial. Para Geiger a religião judaica transcendia fronteiras nacionais e devia refletir uma natureza universal do povo judeu. Escreveu livros sobre diversos temas, como a Bíblia*, a língua hebraica da *Mishná*, a controvérsia saduceus*-fariseus*, a história do judaísmo, Maimônides*^{b} etc. (P.G.)

GREGÓRIO MAGNO Papa* e doutor da Igreja* (540-604), o primeiro e o mais importante dos papas de igual nome. Romano, procedente de família rica, Gregório foi prefeito de Roma; monge desde os 30 anos, foi embaixador do papa Pelágio II em Bizâncio; cinco anos depois foi eleito papa. O seu pontificado, não obstante as dificuldades surgidas, foi um período de grandes realizações, entre as quais a reforma da liturgia, o combate às heresias*, a reformulação da administração. A Itália encontrava-se devastada pelas invasões, a Igreja sob a ameaça da simonia e dos maus costumes e Roma corria o risco de ser invadida pelos lombardos. Gregório lutou vigorosamente contra a desordem do clero, eliminando os vestígios do paganismo na Itália; e iniciou a evangelização da Inglaterra, sob a direção de santo Agostinho de Cantuária, o "Apóstolo dos ingleses". Teólogo, promulgou numerosos textos doutrinários, entre os quais o *Liber regulae pastoralis* sobre os deveres do clero, as *Homilias* e os *Diálogos*, obra hagiográfica. Gregório Magno, além de papa, foi um notável estadista; sua vida e seus ideais, durante muito tempo, "foram fontes de inspiração para o clero ocidental".

GREGÓRIO NAZIANZENO (329-389) Um dos grandes doutores da Igreja*. Ordenado (v. Ordenação*^{g}) a contragosto sacerdote, em cerca de 362, uniu-se a seu colega e amigo Basílio. Dez anos depois, ainda contra sua vontade, foi consagrado bispo pelo amigo, até que, após longa permanência num mosteiro, aceitou a direção da comunidade católica de Constantinopla (379). Ali contribuiu significativamente para o encerramento da crise ariana (v. Arianismo*) pelo concílio* ecumênico realizado nessa cidade em 381. Sua argumentação sobre a doutrina da Santíssima Trindade*, expressa em cinco discursos, foi tão calorosa que lhe valeu o título de "O Teólogo"; no entanto, após algumas semanas, renunciou ao cargo e afastou-se, acabando seus dias perto da cidade em que nascera. Além de notável orador, Gregório era poeta. Escritor, deixou numerosa correspondência e um longo poema autobiográfico. Canonizado (v. Canonização*) pela Igreja Ortodoxa (v. Ortodoxia*) em 1368.

H

HILEL Sábio rabínico (v. Rabino*) da antiga Palestina, cognominado "o Velho" (século I a.C). Foi fundador e líder de uma escola de interpretação das Escrituras que leva seu nome (*Beit Hilel*, "a Casa de Hilel") que serviu de modelo para as muitas escolas similares que foram depois criadas na Palestina, na Babilônia e em toda a dispersão judaica. Nascido na Babilônia, Hilel radicou-se na Palestina, onde estudou a Torá* e a Lei Oral enquanto trabalhava para se sustentar. Hilel adotou uma ampla visão interpretativa dos textos religiosos judaicos (v. Judaísmo*), voltada mais para a essência e o conteúdo moral do que para o sentido literal do texto. Nesse aspecto, sua escola era mais aberta e menos rigorista que a de Shamai, outro sábio rabínico e seu contemporâneo. Hilel e Shamai formaram o último dos pares de sábios que representavam linhas interpretativas complementares, pares chamados em hebraico *zugot*. Shamai tinha como prioridade afastar os judeus da influência dos idólatras, comum no reinado de Herodes, e valorizava mais que Hilel as normas religiosas e comportamentais tais como expressas textualmente. Na verdade, eles quase não divergiam quanto ao significado mais profundo dos preceitos judaicos: apesar da tradicional polêmica entre as duas escolas quanto à ênfase, as divergências substanciais entre os dois sábios resumiam-se a três pontos. Hilel foi o primeiro a estabelecer regras de interpretação da Bíblia*, depois muito ampliadas por seus sucessores. Segundo uma anedota famosa, ao lhe ser solicitado que resumisse todo o conteúdo da Torá enquanto de pé sobre uma perna só (ou seja, muito sucintamente), Hilel teria respondido com a "regra de ouro": "Não faça aos outros o que não queres que te façam". Esta frase em construção negativa reaparece pouco tempo depois em forma afirmativa, dita por Jesus*[b]: "Faz ao próximo o que desejas que ele te faça". Rabi Akiva*[b] menciona a variante bíblica "Ama ao próximo como a ti mesmo" como sendo o preceito-síntese da Torá. (P.G.)

HIRSCH, SAMSON RAPHAEL V. Ortodoxia (no judaísmo)*.

HUSS, JAN (1369-1415) Reformista e mártir*[g] tcheco. De origem campesina, tornou-se professor de teologia na Universidade de Praga, da qual foi reitor em 1402. Anos mais tarde, imbuído das ideias e conceitos formulados por John Wycliffe (1320-1384), teólogo inglês, criticou severamente nos seus sermões uma série de abusos do clero. Desde a época de estudante, Huss observava, indignado, como numerosos professores não davam a menor importância ao ensino, além de levar uma vida desinteressada e avara. Huss lia meticulosamente as críticas emitidas pelo professor inglês, com admiração manifesta, parecendo que ambos falavam a mesma língua, mas sem perder de vista sua própria opinião. Cada vez mais Huss aspirava por uma reforma radical da Igreja capaz de modificar sua estrutura, aí incluídos os abusos do clero. Em 1411, o papa* Gregório XII (1325-1417; 1406/1415) puniu a cidade de Praga com um interdito*[g] (proibição de celebrar missas, de distribuir os sacramentos* ou de recebê-los, extensivo a pessoas ou comunidades). Concomitantemente, o arcebispo de Praga mandou queimar os livros de Wycliffe, embora Huss permanecesse na Universidade. Em 1414, o professor tcheco, por convocação, compareceu ao Concílio* de Constança, no qual foi acusado de heresia*; no ano seguinte, nessa mesma cidade, pereceu na fogueira, e suas cinzas foram lançadas no Reno. Jan Huss é considerado um mártir e herói nacional na Boêmia (principal componente da República Tcheca) e um dos principais escritores em língua tcheca. Uma igreja hussita (v. Hussitismo*) ainda existe em Praga.

I

IEHUDÁ HANASSI Líder (*nassi*) da comunidade judaica da Palestina (135-c.-220 a.D.) nos primeiros tempos após a perda da soberania para os romanos e no início do exílio histórico dos judeus (v. Judaísmo*). Viveu na Galileia, depois em Beit Shearim e em Séforis. Foi o representante da comunidade para todas as questões religiosas e políticas, e como tal teve de se entender com as autoridades romanas. Dedicou-se ao estudo e ao ensino da Torá* e das Leis Orais, tendo granjeado tal admiração e respeito por sua erudição e devoção que passou a ser chamado *Rabeinu Hakadosh* ("nosso santo mestre"), ou, simplesmente, *Rav* ("mestre"). Iehudá (Judá) haNassi foi o grande organizador e compilador da *Mishná**, completando o trabalho de rabinos* tão importantes quanto rabi Akiva*[b] e rabi Meir, entre outros. Sua autoridade não é questionada, valendo sua opinião como a definitiva na interpretação dos textos e das leis sempre que houver diferenças irreconciliáveis de opinião entre os sábios denominados *tanaim**. (P.G.)

IOCHANAN BEN ZAKAI Sábio rabínico (v. Rabino*) da Palestina no século I a.D., seguidor e sucessor de Hilel*[b] e um dos *tanaim** (compiladores da *Mishná**). Como a maioria dos sábios da época, identificava-se com os fariseus*, em contraposição aos saduceus*. Em sua colaboração no comentário das leis judaicas criou várias regras de interpretação da *halachá**. Quando irrompeu a luta armada contra os romanos, em 66, adotou uma posição pacifista e submissa, mais preocupado em manter a herança religiosa e espiritual dos judeus do que em tentar preservar a soberania política. Assim, ao invés de resistir à ocupação de Jerusalém pelos romanos, enganou as legiões que cercavam a cidade, ao ser dela retirado num ataúde conduzido por seus discípulos. Apresentou-se então a Vespasiano, cuja ascensão ao poder imperial de Roma previu, e dele pediu e obteve, em troca de sua submissão à autoridade romana, a fundação de uma academia rabínica* em Iavne. Foi a partir da academia de Iavne, e das muitas outras que depois dela foram criadas, que o judaísmo* foi adaptado para sobreviver à perda da soberania e à dispersão. O culto*g no Templo* deu lugar ao culto na sinagoga*, a oração substituiu o sacrifício*, o estudo da Torá* e do *Talmud** preencheu o vácuo dos pregadores e dos intérpretes das Escrituras. As comunidades da dispersão se estruturaram para propiciar o cumprimento dos preceitos religiosos, garantir uma educação judaica e dar apoio aos judeus necessitados. As questões religiosas eram esclarecidas por meio do sistema de *Responsa**, que elucidava as dúvidas. Foi com esse mérito de ter dado início a uma nova forma de judaísmo, capaz de preservá-lo em condições tão adversas, que Iochanan ben Zakai foi o sábio rabínico mais respeitado de sua época, especialmente por seus discípulos, entre os quais avultaram dois líderes de sua geração: rabi Akiva*b e rabi Josué ben Chanania. (P.G.)

ISAAC Um dos patriarcas* do povo judeu, filho de Abraão*b e Sara*b, que tinham respectivamente 100 e 90 anos de idade quando ele nasceu. A história de Isaac é relatada na Torá*, primeira parte do Antigo Testamento*, no Livro do Gênese*g. Isaac foi circuncidado (v. Circuncisão*), assim como fora seu irmão paterno Ismael, nos termos da Aliança entre Deus e Abraão. Quando ainda menino, por ordem divina, Isaac foi levado ao sacrifício* por Abraão, na verdade um teste de obediência a Deus, relatado no episódio da *Akedá**. O reconhecimento da fidelidade de Abraão reforçou os termos da Aliança, da qual Isaac é herdeiro. Isaac casou com Rebeca*b, filha de um sobrinho de Abraão, e teve com ela dois filhos gêmeos: Esaú e Jacó*b. A Bíblia* conta como Esaú vendeu, por um prato de lentilhas, seus direitos de primogênito a Isaac, e como Rebeca ajudou Jacó a burlar o já cego Isaac para dele receber a bênção do primogênito. É a partir da semente de Isaac, através de Jacó (Israel), que a tradição judaica (v. Judaísmo*) da Aliança se transmite aos descendentes de Abraão. (P.G.)

ISAÍAS Um dos profetas maiores de Israel (n. 765 a.C.), ativo entre 740 e 701 a.C. Oriundo de família nobre e figura pública importante, combateu energicamente a lassidão moral e a decadência de valores de sua época, e foi condenado à morte por Manassés. Sua profecia tem fundamento em uma visão social e prega a bondade, a justiça e a equidade para com os pobres e despossuídos como mais valiosas para Deus e para o judaísmo* do que o culto*g e o sacrifício*. Ele prevê a ruína de Judá e de Israel em consequência de seus pecados e de seu abandono da Aliança e dos preceitos divinos. Opôs-se a alianças de Judá com a Assíria e com qualquer povo vizinho, que ele via como mais um passo na corrupção dos valores judaicos. Por isso mesmo, apoiou a resistência do rei de Judá aos inimigos e sua defesa de Jerusalém. A parte mais importante da profecia de Isaías, que viria a ter grande influência também no pensamento cristão, refere-se a sua visão escatológica (v. Escatologia [no judaísmo]*) do "fim dos dias", com a reconciliação de Deus com os remanescentes de seu povo e o advento de um tempo em que lobo e cordeiro conviverão, e as espadas e lanças se transformarão em pás e podadeiras. O "servo do Senhor" que trará a redenção*g, mencionado no capítulo 42 do Livro de Isaías, é visto pelos judeus como o próprio povo judeu, e pelos cristãos como Jesus*b. Isaías é tido como "o profeta da consolação". (P.G.)

ISRAEL V. Jacó*b.

J

JACÓ Terceiro patriarca* dos judeus, filho de Isaac*b e Rebeca*b, neto de Abraão*b e Sara*b. Sua história é relatada no Livro do Gênese*g, e representa um elo de ligação entre a fase patriarcal da história judaica (v. Judaísmo*) e a fase de formação do povo de Israel e de sua identidade religiosa e nacional. Jacó, protegido por sua mãe, obtém de Isaac a bênção do primogênito que caberia a Esaú, e torna-se o herdeiro do clã de Abraão. Em Haran, ele tem 12 filhos homens e uma filha com suas 4 mulheres: Lia*b e Raquel*b, filhas de seu tio Labão, e as concubinas Bila e Zelfa. Os filhos homens serão a origem das 12 tribos que, centenas de anos depois, se estabeleceriam na Terra Prometida* para levar adiante a consecução da Aliança abraâmica. Em relatos cheios de simbolismo e metáforas, o livro do Gênese conta como Jacó, a caminho de Haran, sonha com uma escada em que anjos* sobem e descem, e como, em seu retorno a Canaã, luta com um anjo, emissário de Deus, e o vence, passando a chamar-se por isso Israel ("o que lutou com Deus"). Sonhador é também seu filho José, cujos sonhos de grandeza o indispõem com seus irmãos, que o vendem como escravo a mercadores a caminho do Egito. É ainda o talento de José na interpretação de sonhos alheios que fazem dele o administrador da casa real do faraó, o que lhe permite receber seu pai, Jacó, e seus irmãos quando a seca em Canaã os obriga a buscar alimento no Egito. Jacó morreu no Egito, mas foi levado por todos os seus filhos para ser sepultado na gruta de Machpelá, em Hebron, onde estão também Abraão e Sara, Isaac, Rebeca e Lia. As 12 tribos de Israel descendem de seus filhos: Reuven (Rubem), Shimon (Simão), Levi, Iehudá (Judá), Issacar, Zebulun, Dan, Naftali, Gad, Asher, Iossef (José) [esta subdividida em duas, oriundas dos dois filhos de José, Efraim e Menashe] e Biniamin (Benjamim). Cerca de 200 anos depois, libertados da escravidão do Egito, os descendentes dessas tribos atravessaram o deserto para se estabelecer em Canaã e dar origem ao povo chamado de "filhos de Israel" (bnei Israel). Destes, são os descendentes de Judá, de Levi e de Benjamim, do reino de Judá, que irão constituir o povo judeu. As dez outras tribos, formadoras do reino de Israel, foram conquistadas e dispersas pelos assírios no século VIII a.C. e desapareceram da história judaica. (P.G.)

JEREMIAS Um dos profetas maiores de Israel (séculos VII e VI a.C.), originário de uma família sacerdotal de Anatot. Começou a profetizar em 625, advertindo o povo da ruína iminente e da próxima destruição do Templo* como castigo pelo afastamento do caminho do Senhor e pela prática da idolatria. Impopular e perseguido, teve no entanto alguns aliados, como Baruch (Baruc). Jeremias previu a conquista de Judá por Nabucodonosor, o lhe valeu a ira do rei Joaquim, que o mandou prender, obrigando-o a se esconder. O rei Sedecias, apesar de admirá-lo, não seguiu seus conselhos de apaziguamento com a Babilônia, e participou de uma aliança contra ela. Novamente Jeremias atacou a decisão e, afinal, foi preso e lançado num fosso, tendo sua vida poupada graças ao apreço do rei. Jeremias escreveu as Lamentações (Heichá) após a destruição do Templo. Ele foi o profeta do exílio da Babilônia, incentivando os exilados a serem bons cidadãos no novo país, mas sem perder a fé no retorno a Sion*. Protegido inicialmente pelos babilônios e seus defensores, foi depois obrigado a fugir com Baruch para o Egito, onde acabou assassinado por judeus a quem reprovara o comportamento. Jeremias ditou suas profecias a Baruch que as registrou nos 52 capítulos do Livro de Jeremias, o segundo livro dos Profetas* chamados acharonim (v. Rishonim*g), ou posteriores. (P.G.)

JERÔNIMO (SÃO) (347-420) Pai e doutor da Igreja* latina (seu nome em latim é Hieronymus). Nascido na Dalmácia (região ocidental dos Bálcãs), de pais cristãos, percorreu a Gália e Roma, e foi ordenado (v. Ordenação*g) padre em Antioquia (Turquia), após passar três anos no deserto, levando uma vida de anacoreta. Em 382, em Roma, começou a tradução da Bíblia*, do hebraico para o latim, posteriormente chamada Vulgata*. Retornou a Roma e depois foi ao Oriente, estabelecendo-se em Belém para terminar seus trabalhos. Jerônimo deixou uma enorme obra de traduções, história eclesiástica, cartas e sermões. Todos os momentos e episódios de sua trajetória têm sido amiúde representados por pintores, em especial a sua penitência no deserto, onde se vê um asceta (v. Ascetismo*) barbado rezando, tendo a seus pés um leão.

JESUS (CRISTO) Seu nome em hebraico era Iehoshua, ou Ieshu (de um verbo que significa, "salvar"), segundo a fé cristã origem e fundamento da religião cristã (v. Cristianismo*), Deus feito homem, pelo "Mistério da Encarnação", segunda pessoa da Santíssima Trindade*. Messias* (do aramaico meschikhâ, ou do hebraico mashiach) o redentor (v. Redenção*g) ungido anunciado pelos profetas, ou, em grego, christós, o Cristo, vindo à Terra para resgatar o mundo. Sua natureza e origem se manifestam no Credo onde é esclarecido que foi concebido pelo Espírito Santo no seio da Virgem Maria*b. O seu nascimento em Belém, humilde, foi anunciado aos reis magos e aos pastores por anjos* e prodígios no céu, acontecimentos registrados por Lucas e Mateus, nos Evangelhos*. Sobre sua mãe, Maria, e seu pai, José, pouco se sabe, exceto que a primeira era uma jovem virgem e o segundo, um carpinteiro, homem de grande integridade. Aos 30 anos de idade, Jesus recebeu o batismo* pelas mãos de seu primo João*b, o Batista, célebre profeta cujo ministério havia sido prenunciado pelo profeta Isaías*[b]. Após o batismo, antes de seu ministério, Jesus retirou-se para o deserto onde foi tentado por Satã (v. Lúcifer*[d]) após jejum de 40 dias e noites como penitência. Retornando à Galileia, Jesus iniciou sua vida pública, reunindo discípulos entre os quais selecionou 12 (apóstolos*), pregou e realizou milagres. Explicou que era o Filho de Deus, que sua missão na Terra era ensinar o amor aos homens, vivendo na perfeição, utilizando parábolas nem sempre assimiladas. O seu ministério durou cerca de dois anos, ou um pouco mais. O tema central de sua pregação é a chegada do Reino de Deus e, por força disso, a conversão torna-se inevitável. Deus será aclamado como rei de Israel, o que sugere a liberação política e religiosa do povo. O novo reino, o de Deus, não é definido por Jesus mas todos são convidados a entrar nesse reino, prioritariamente os pobres, os pecadores, as crianças, os doentes, as prostitutas, enfim, todos aqueles que a sociedade e a religião haviam abandonado. Sua atividade taumaturga, consubstanciada nuns 30 milagres, tem sido conservada pelos Evangelhos. O meio judeu (v. Judaísmo*) nessa época era constituído por diferentes partidos, entre os quais os saduceus* e os fariseus*, estes rigorosos observadores da Lei, que aguardavam o Messias, figura redentora prometida por Deus, e destinada a redimir os judeus e a implantar a paz, a justiça e a liberdade, acabando com o jugo romano. Embora esses grupos aguardassem o Messias, o ensino de Jesus contrariava suas concepções religiosas em muitos aspectos, mormente o respeito do repouso sabático, não observado por Jesus, que salientava: "O *shabat* é feito para o homem não o homem para o *shabat*". Por outro lado, o caráter acentuadamente religioso de sua mensagem decepcionava os que esperavam do Messias a libertação de Israel do domínio romano, neles incluídos alguns de seus discípulos. O modo como Jesus caracterizava o Reino de Deus não correspondia à expectativa da maioria da população. Traído por um de seus discípulos foi preso, condenado pelos romanos como agitador político e por eles crucificado aos 33 anos de idade. A presença e o desempenho de Jesus certamente alterou, sob vários aspectos, o desenrolar da história, dando lugar a inúmeras discussões, estudos teológicos, manifestações várias, entre outras uma que propunha o "mito de Jesus" e outras o qualificando como um profeta. Para os cristãos, Jesus, segundo o dogma da Santíssima Trindade, tem caráter divino, perpetuado com sua Ressurreição após a morte na cruz. A religião que fundou, o cristianismo*, apoiada no Antigo Testamento* e no Novo Testamento* (que formam a Bíblia* cristã) e estendendo-se aos apóstolos, disseminou-se por todo o mundo romano. As conversões, crescentes, preocuparam o governo de Roma o qual, embora tolerante em matéria de religião, jamais aceitaria um credo que recusava cultuar o imperador. Dois séculos de perseguições* tentaram, em vão, eliminar a nova religião até o dia em que o imperador Constantino estabeleceu ampla liberdade para todos os credos; em 385, o imperador Teodósio Magno (347-395) oficializava o cristianismo como a religião do Estado e, com isso, a tomada do poder político pela Igreja.

JÓ Personagem do Livro de Jó (em hebraico *Iov*), um dos três Livros de Sabedoria* do Antigo Testamento*. Não se sabe se o personagem é real ou lendário, onde e quando exatamente teria vivido. Sua história é a de um homem bom e virtuoso, a quem os sucessivos golpes do destino e o grande sofrimento que lhe causam não o fazem perder a fé nem a resignação com a vontade de Deus. Jó perde seus sete filhos e suas três filhas, toda a sua riqueza e toda a sua saúde, o corpo transformado numa chaga repelente. Ele está ciente de que sua vida foi de retidão e que não merecia essa sorte como castigo, mas a aceita como desígnio de Deus. Afinal, seu sofrimento é explicado por Deus como parte de uma ordem cósmica inacessível à compreensão do homem, muito além das relações virtude—recompensa e pecado—castigo. Jó tem restituídos os elementos da felicidade terrena ao gerar sete filhos e três filhas de grande beleza, ao reaver em dobro os bens perdidos e ao recuperar a saúde, para viver 147 anos. Segundo certa interpretação no *Talmud* Jó não teria existido, sendo sua história uma parábola e uma reflexão sobre a conduta do homem e seu destino na Terra. (P.G.)

JOÃO BATISTA (SÃO) Conhecido como "o Precursor" (de Jesus*[b]) (5 a.C.-27 a.D). Conforme o Evangelho* de Lucas, era filho de Zacarias e Isabel, prima da Virgem Maria*[b]. O seu nascimento e missão foram anunciados pelo anjo* Gabriel. Atendendo aos apelos da natureza, retirou-se para o deserto, rezando, praticando o ascetismo* e pregando a penitência a discípulos que batizava (origem do nome) nas águas do rio Jordão (o *Livro de João*, livro sagrado dos mandeanos (v. Mandeísmo*) — religiosos gnósticos — relata a vida de são João Batista). Sua existência histórica é confirmada pelo historiador judeu Flávio Josefo. Ao batizar Jesus, aparecem no céu sinais indicando a presença do Filho de Deus; João anuncia então que o Messias* chegara. Jesus vive algum tempo ao lado de João, encontrando pessoas que viriam a ser os seus primeiros discípulos, Pedro*b, André, Tiago, João. Detido por Herodes Antipas, o Batista não hesita em atacar a conduta desse monarca, sendo encarcerado e degolado a pedido de Salomé, enteada do rei. Festejado no dia 24 de junho, a comemoração foi "colocada em solstício do verão porque ele é o precursor, nascido seis meses antes de Jesus, este a verdadeira luz". Os festejos de são João incluem danças, cantos e fogos. No Brasil, são João Batista é padroeiro de inúmeras cidades, entre as quais São João Del Rei, Caratinga, São João da Boa Vista e Foz do Iguaçu.

JOÃO BATISTA DE LA SALLE (SÃO) Padre e educador (1651-1719), organizador em Reims e depois em Paris de uma congregação dos Irmãos das Escolas Cristãs. Seus objetivos visavam, predominantemente, às crianças pobres; não encontrando professores, desfez-se do seu patrimônio e iniciou o treinamento de jovens para o magistério, criando os primeiros irmãos, todos leigos (v. Laicismo*). Paralelamente, escolas foram abertas; em 1688, La Salle introduziu em Paris escolas dominicais; mais tarde, recebeu convite do rei da Inglaterra Jaime II (1633-1701; 1685/1688), então exilado, para educar filhos dos nobres da corte. Em 1700, foi aberta uma escola em Roma. La Salle, à época, foi o primeiro a instituir cursos profissionalizantes para professores. Um pequeno livro, *A Conduta das escolas cristãs*, traduzido para o inglês em 1935, assinalou um importante acontecimento para o ensino, com a aplicação do "método simultâneo" e o uso da língua materna em substituição ao latim. Canonizado em 1900 (v. Canonização*).

JOÃO BOSCO (SÃO) (Padre italiano, 1815-1888.) Criado pela mãe, desde cedo ocupou-se na catequização e na educação de crianças. Estabelecendo-se perto de Turim, desenvolveu grande atividade pedagógica, reunindo centenas de jovens que frequentavam as suas aulas vespertinas. Orientado pela mãe, abriu um pensionato para iniciantes, com oficinas de alfaiataria, sapataria e outras profissões. Admirador de são Francisco de Sales*b, chamou seus auxiliares de "sale-sianos*", difundindo a congregação pelo mundo, fazendo escolas para todos os níveis (agricultura e comércio) e também hospitais para missões estrangeiras. Do ponto de vista disciplinar, suas escolas eram um exemplo; dom Bosco gabava-se de nunca ter penalizado um de seus alunos; de outra parte negava ter adotado ou criado qualquer sistema educacional, pontilhando métodos preventivos e rejeitando métodos repressivos. A dom Bosco foram atribuídos fatos milagrosos, alguns comprovados. Pregador eficiente e calmo pouco deixou escrito, a citar uma biografia de dom José Cafasso, padre de Turim, professor e conselheiro de João. Dom Bosco foi canonizado em 1934 (v. Canonização*).

JOÃO CRISÓSTOMO (SÃO) (344-407) Cognominado "Boca de Ouro" pela beleza de seus discursos e pronunciamentos. Filho único de um general, nasceu em Antioquia (Turquia), tornando-se cristão por influência materna, pretendendo ser jurista. No entanto, após viver como asceta (v. Ascetismo*) no deserto, abandonou esse propósito e fez-se padre. Encarregado de anunciar a palavra de Deus, sua eloquência o tornou muito popular, sendo nomeado patriarca* de Constantinopla. Embora convicto e sincero, Crisóstomo angariou inimizades, entre as quais a da imperatriz Eudóxia, cujas intrigas redundaram na sua deposição do arcebispado que ocupava. Após um primeiro exílio, trouxe-o de volta a intervenção do imperador, que o admirava; menos de um ano depois, seus adversários conseguiram o seu desterro definitivo para a Armênia. João Crisóstomo é tido como um dos quatro grandes doutores da Igreja* grega, sendo notórios e admirados os sermões que proferiu, demorados e pragmáticos. As homilias que proclamou são particularmente notáveis. No Oriente, os cristãos o qualificam de Doutor, ou Nosso Pai, e sua liturgia*g, ainda é lá praticada.

JOÃO EVANGELISTA (SÃO) Apóstolo* do Cristo (morto em Éfeso, cidade turca, c. 100). Autor presumível do 4º Evangelho* cujo prólogo representa uma cristologia com considerações sobre o Verbo (*Logos*), e que, pelo seu conteúdo, o faz diferente dos Evangelhos ditos "sinóticos". O seu texto é quase uma ode ao amor, repetidamente salientando aos cristãos*: "amai-vos uns aos outros". Discípulo preferido de Jesus*b, um dos primeiros a ser chamado para acompanhá-lo, pescador como Tiago, o maior, companheiro de Jesus ao Calvário*. Quando a Virgem Maria*b morreu em Éfeso, João estava ao seu lado. João pregou em Samaria, e assistiu ao Concílio* de Jerusalém. Conforme Tertuliano*b menciona, ele teria ido a Roma, tendo sido perseguido, mas conseguindo escapar. Segundo tradição, exilara-se na ilha grega de Patmos, onde escrevera o Apocalipse*. Autores modernos pensam que o Apocalipse seria obra de um discípulo de Jesus, numa data mais avançada. Três pequenas epístolas* são também atribuídas a João, a primeira foi incluída no Cânon*. Muitas vezes representado na arte, são João tem como símbolo uma águia. Comemoração a 27 de dezembro.

JOÃO XXIII (1881-1963; 1958/1963) Figura emblemática do clero mundial. Raros foram os papas* que chegaram ao pontificado numa uma idade tão avançada como o cardeal Angelo Giuseppe Roncalli. De fato, ele se preparava para completar 77 anos, circunstância que parecia explicar sua escolha para a cadeira de são Pedro*b. No entanto, o seu pontificado, que não chegou a cinco anos, marcou uma etapa decisiva na história do papado e da cristandade em geral. Era, dizia-se, um papa de transição, hipótese logo desmentida pela sua bondade e simplicidade e também pelo seu dinamismo, surpreendente para a idade que tinha. Além do mais, possuía ampla experiência diplomática e grande cultura, falando fluentemente o francês, o búlgaro, o russo, o turco e o grego. Em janeiro de 1959, anunciou aos cardeais sua intenção de convocar um concílio* ecumênico; (o último realizara-se em 1870). No dia 11 de outubro de 1962, o Concílio Vaticano II* foi aberto com a participação efetiva de 2.300 cardeais, bispos, arcebispos, patriarcas*, vindos de todas as partes do mundo. Sua última aparição pública foi feita da janela de seus aposentos no dia 23 de maio de 1963. João XXIII morreu ao anoitecer de 3 de junho de 1963, ocasionando profunda tristeza no mundo inteiro. Seu sucessor foi Paulo VI (1897-1978), papa de 21 de junho de 1963 a 6 de agosto de 1978, o primeiro pontífice a viajar de avião ao redor do mundo.

JORGE (SÃO) Vários personagens trazem esse nome. O mais conhecido, o mais comemorado e o mais representado é identificado como um mártir*g do século IV, nascido na Capadócia, região da Ásia Menor e, conforme tradição, martirizado. Não se conhece a data exata de seu nascimento, admitindo-se que teria vindo ao mundo entre os séculos III e IV. São Jorge é o padroeiro da Inglaterra e também dos militares, escoteiros e de várias igrejas. A tradição o faz príncipe da Capadócia (Turquia). Sem dúvida é o santo que maior número de homenagens recebe, disputando com santo Antônio popularidade e prestígio, mormente no Brasil, onde é comemorado efusivamente. Venerado também na Rússia, Itália, Portugal etc. São Jorge é representado montado num cavalo branco, cercado de aparato militar, frequentemente invocado como salvador de almas. A seu respeito, existe grande variedade de lendas; na Idade Média, em alguns países, são Jorge era apresentado como paladino da Capadócia, destruidor de um edito do imperador romano, Diocleciano, contra os cristãos. Mitologicamente, tornou-se um cavaleiro andante, matador de dragões, libertador de cativos. Nos cultos*g afro-brasileiros, são Jorge é identificado com Oxóssi*d (candomblés* da Bahia) e com Ogum*d, nas macumbas* do Rio de Janeiro, Recife e Porto Alegre. Sincretismo*g com são Sebastião (Oxóssi) e com santo Antônio (Ogum). Não são poucos, porém, os que negam a existência do santo, considerando-o apenas um mito. Comemoração: 23 de abril.

JOSÉ V. Jacó*b.

JOSUÉ Líder dos hebreus, sucessor de Moisés*b, comandou-os após a morte deste na conquista da maior parte das terras de Canaã. Chamava-se originalmente Oseias (em hebraico Oshea), mas Moisés acrescentou-lhe ao nome a consoante inicial do nome de Deus, passando a se chamar Yeoshua, ou Ioshua, de onde Josué. Representando a tribo de Efraim (v. Efraimitas*g) foi um dos 12 espiões enviados por Moisés a Canaã para levantar dados sobre a Terra Prometida* antes da luta para conquistá-la. Ele e Caleb foram os únicos a enaltecer as qualidades da terra "que destilava leite e mel". Antes de morrer, sem ter entrado em Canaã, Moisés escolheu-o como seu sucessor para a conquista da Terra Prometida. Josué venceu os povos do sul, liderados pelo rei de Jebus (hoje Jerusalém) e os povos do norte, comandados pelo rei de Chatsor (Hazor), distribuindo as tribos de Israel pelos territórios conquistados. Estabeleceu um centro religioso e nacional em Shiló, no território de Efraim, sua própria tribo, onde ergueu o Tabernáculo*g, santuário da Arca da Aliança*. Ele se casou com Rachav (Raab), uma canaanita de Jericó que se convertera ao judaísmo*, depois de tê-lo ajudado em sua primeira incursão militar, que derrubou as muralhas daquela cidade. Josué morreu com 110 anos de idade, sendo sepultado em terras de Efraim. Sua história é contada no livro do Antigo Testamento* que leva seu nome, o primeiro livro dos Profetas*, que se segue à Torá* (Pentateuco). Esse livro contém uma descrição geográfica de Canaã que é considerada de grande importância, e referência para os estudos históricos da região. (P.G.)

K

KARDEC, ALLAN (Léon Hippolyte Denizard Rivail), escritor francês (1804-1869), codificador do espiritismo*, ao qual dedicou sua vida. O pseudônimo que adotou fez com que chamasse sua doutrina de "kardecismo"*. Tudo começou quando, levado por um amigo a examinar "mesas falantes e girantes", fenômeno que à época despertava grande interesse, constatou haver alguma coisa mais do que ilusão ou charlatanismo, o que lhe aguçou a curiosidade. Após uma série de experiências, acompanhadas de profunda meditação, convenceu-se de que as respostas e perguntas sobre vários assuntos eram dadas por espíritos, sem qualquer intervenção humana. Reunindo paulatinamente as revelações, Kardec concluiu ser possível a comunicação com os mortos, descobrindo e codificando uma série de leis, publicadas no *Livro dos espíritos*, com enorme repercussão. Após essa obra, 13 outras foram editadas, com igual êxito. Sua doutrina disseminou-se pelo mundo e suas obras foram traduzidas em vários idiomas. Em 1858, Kardec fundou a *Revista Espírita*, o mais antigo periódico do espiritismo e, logo depois, a Sociedade Parisiense de Estudos Espíritas. Introduzido no Brasil na segunda metade do século XIX, o kardecismo possui milhares de adeptos que frequentam um sem-número de "centros", e é respeitado no país inteiro.

KAPLAN, MORDECHAI V. Reconstrucionismo*.

KRISHNAMURTI, JIDDU Filósofo hindu (v. Hinduísmo*), (1895-1986). Nascido no sul da Índia, "descoberto", em 1909, pela sra. Ana Bensant, membro da Sociedade de Teosofia local e, sob a direção de sua mãe adotiva, tornou-se "o novo profeta", passando a dirigir uma organização religiosa criada por ele e sua protetora, a Ordem da Estrela do Oriente (*Eastern Star Order*). No entanto, considerando que essa ordem não se coadunava com o seu ideário religioso, ele se retirou da organização, provocando sua dissolução em 1929. Não desejando ter discípulos, Krishnamurti pôs-se a percorrer o mundo, proferindo conferências a respeito de seus princípios filosóficos. Na sua filosofia, só uma completa e repentina mudança no coração do ser humano seria capaz de promover a criação de um mundo novo, ideia que se baseia, ainda que levemente, em alguns pensadores zen*. Seus princípios e seus ensinamentos originaram vários movimentos filosóficos não só na Índia como nos Estados Unidos e na Europa, com grande difusão de seus trabalhos.

L

LAO-TSEU (Ou Lao-Tzu, ou Lao-Tsé.) Nascido, provavelmente, no século VI a.C., fundador do taoísmo*, religião chinesa. *Tao* é palavra de difícil definição; a maioria dos especialistas optam por "caminho", "estrada" e outros significados. No *Tao-Te-Ching*, principal obra sagrada do taoísmo, está registrado que "o *Tao* eterno não pode ser expresso por palavras". O nome de seu fundador significa o "velho mestre" ou "filósofo". Embora contemporâneo de Confúcio, Lao era mais velho e, ao conhecê-lo, teve uma impressão não muito favorável, tendo mesmo o aconselhado a renunciar às suas ambições, que ele, Lao-Tseu, tinha como excessivas. Já ancião, Lao-Tseu, então conservador dos arquivos reais, aposentou-se e partiu para lugar ignorado. Foi então que teria escrito o *Tao-Te-Ching*, livrinho de 5 mil caracteres num total de 25 páginas e 81 capítulos. Depois o sábio desapareceu e não mais se ouviu falar dele.

LIA Em hebraico Leah, uma das quatro matriarcas do povo judeu, juntamente com Sara*b, Rebeca*b e Raquel*b. Lia era a filha mais velha de Labão, tio de Jacó*b que vivia em Haran. Jacó pretendia a mão de Raquel, pela qual trabalhou sete anos para Labão. Com a colaboração de Raquel, Labão enganou-o e deu-lhe Lia em casamento, o que fez Jacó trabalhar mais sete anos por Raquel. Dos 12 filhos de Jacó seis foram de Lia, entre eles Iehudá (Judá) e Levi (além de Reuven, Shimon, Issachar e Zevulun), cujas tribos, juntamente com a de Biniamin, formariam o futuro reino de Judá, e das quais descenderia o povo judeu atual. Ao engravidar pela sétima vez, Lia, teria pedido a Deus uma filha, Dina, reservando a sua irmã Raquel a prerrogativa de dar a Jacó mais um filho varão. Como recompensa, diz a tradição judaica (v. Judaísmo), de seu filho Levi descenderiam o líder da libertação dos hebreus e da formação do povo judeu, Moisés*b, e toda a casta dos sacerdotes (v. *Cohen**) de Israel, sendo Aarão*b, irmão de Moisés, o primeiro deles. De Lia descenderia também o rei Davi*b e, portanto, o futuro Messias*. Ela foi sepultada na gruta de Machpelá, juntamente com Abraão*b, Sara, Isaac*b, Rebeca e Jacó. (P.G.)

LUTERO, MARTINHO (1483-1546) Reformista alemão, geralmente considerado o fundador do protestantismo*. Lutero nasceu na pequena cidade de Eisleben. Estudou as "artes liberais" na Universidade de Erfurt onde se tornou mestre de filosofia; em 1505, entrou para um mosteiro dos agostinianos (v. Agostinismo*), obtendo sete anos depois o diploma de doutor em teologia na Universidade de Wittenberg, onde passou a ensinar teologia. Em 1511, foi enviado a Roma, ficando vivamente impressionado com o que viu, que despertou nele sérias dúvidas sobre as condições e o caráter do papado, dando início ao seu litígio com a Igreja. Em 1517, ele afixou, na porta da Igreja de Wittenberg, 95 teses nas quais denunciava a venda das indulgências*g (resgate dos pecados e de penalidades por dinheiro ao cristão que realizasse uma obra pia, no caso a reconstrução da Basílica* de São Pedro). Em 1521, o papa Leão X lançou contra ele uma bula*, a *Exurge Domine*, ameaçando-o de excomunhão*g, documento que Lutero queimou em praça pública. Convocado a comparecer na Dieta (assembleia) de Worms — presente o imperador Carlos Quinto — Lutero confirmou suas convicções, recusando retratar qualquer de suas proposições. Em consequência, foi excomungado pela Santa Sé através da bula *Decet romanum pontificem* e banido do império. Exilado no castelo do Eleitor do Saxe, seu amigo, Lutero iniciou e terminou a tradução da Bíblia* para o alemão; em 1525, casou-se com uma ex-freira, Catarina Bora. Lutero morreu no dia 14 de fevereiro de 1546, reafirmando sua posição de protestante e sua interpretação do protestantismo, a justificação pela fé.

M

MAIMÔNIDES, MOISÉS Filósofo judeu espanhol (1135-1204), também chamado Rambam, acrônimo de rabi Moshé ben Maimon, seu título e nome hebraicos. Fugiu com a família de sua cidade natal, Córdoba, durante as perseguições da dinastia islâmica dos almôadas, e viveu algum tempo em Fez, no Marrocos, e depois na Palestina para se estabelecer finalmente no Egito, onde foi médico do vice-rei. Além de suas atividades de médico e escritor de muitos tratados sobre medicina, foi líder da comunidade judaica e um dos maiores estudiosos e pensadores do judaísmo* e da *halachá**, se não, segundo muitos, o maior deles. Morreu aos 70 anos e foi sepultado em Tiberíades, hoje em Israel. Seus seguidores afirmavam que "de Moisés*b a Moisés (Maimônides) não houve ninguém como Moisés". As primeiras obras de Maimônides foram escritas em árabe, e uma delas, um prefácio ao décimo capítulo do *Sinédrio*, contém os Treze Princípios da Fé, a síntese de Maimônides para a fé judaica, segundo os quais todo judeu deve crer: 1) em Deus, criador do Universo; 2) na unicidade de Deus; 3) que Deus é incorpóreo; 4) que Deus é eterno; 5) no culto*g exclusivo de Deus; 6) na veracidade das profecias bíblicas; 7) que Moisés foi o maior de todos os profetas; 8) que a Torá* foi dada por Deus a Moisés; 9) que a Torá é imutável; 10) que Deus acompanha a ação dos homens; 11) que Deus recompensa os bons e castiga os maus; 12) que o Messias* virá um dia; 13) na ressurreição dos mortos. A obra de Maimônides sobre a religião judaica despertou inicialmente polêmica e mesmo rejeição em muitos círculos rabínicos (v. Rabino*). Das duas obras mais importantes, a primeira, escrita em hebraico, foi *Mishne Torá*, uma compilação detalhada e normativa de toda a *halachá*, em 14 volumes, e para a qual Maimônides dedicou dez anos, de 1170 a 1180. Foi muito criticada devido ao critério adotado de selecionar as decisões aceitas pelo autor, muitas vezes sem citar a fonte. A outra grande obra de Maimônides foi escrita em árabe, *Dalatat al--ha'irin*, em hebraico *Moré Nevuchim*, ou *Guia dos perplexos*. É uma obra filosófica sobre a natureza da fé judaica, também muito combatida na época pela sua inspiração aristotélica e racionalista. Segundo Maimônides, a verdadeira fé do judaísmo só é alcançável pelo pensamento aristotélico, que explica a natureza do divino, e não em crenças supersticiosas que se aproximam da idolatria. Rejeitadas pelos círculos tradicionalistas do pensamento religioso judaico, as ideias de Maimônides foram mais tarde totalmente aceitas pelo movimento iluminista judaico, a *Haskalá**. A partir de então, tendo os principais pontos de discórdia (a filosofia em contraposição à fé) perdido a relevância, Maimônides é aceito e enaltecido por praticamente todas as correntes do pensamento religioso judaico, inclusive a ortodoxa (v. Ortodoxia [no judaísmo]*). (P.G.)

MANI (Ou também Manikaios, Manichaeus, em siríaco.) Mani hayya ("Mani, o folgazão") nasceu na Pérsia (Irã atual), nas proximidades de Ctesiphon (Mesopotâmia) em 216 e morreu em 277, decapitado por ordem do rei Bahram I. No dia 20 de março de 242, Mani iniciou a pregação de sua doutrina, cujos fundamentos residiam, de um lado, na distinção entre dois princípios, ou raízes, a luz e as trevas, realidades antagônicas e visíveis, e, de outro, na existência de três momentos: o passado, o presente e o futuro. Mani redigiu pessoalmente a sua doutrina, através de Escrituras que constituem um conjunto de livros canônicos ilustrados por ele próprio. Deles só subsistem fragmentos. O maniqueísmo*, nome atribuído a sua doutrina, por longo tempo foi confundido com o gnosticismo*, isto é, com as seitas* gnósticas; no entanto, difundiu-se pelos quatro pontos cardeais. Combatido vigorosamente pelas autoridades cristãs, sobreviveu até o século X; o paulicianismo*, os patarinos*, o bogomilismo* e o catarismo* sentiram fortemente a sua influência. Na Ásia Central e na China, ainda são encontrados vestígios de sua presença. Por muito tempo desconhecido, o maniqueísmo tem sido revelado por documentos encontrados no Turquestão e no Egito.

MAOMÉ (Também grafado Muhamad, Mohamad, 570?-632.) Cognominado "o Louvado", comumente chamado de o Profeta, dos fundadores das grandes religiões é aquele de quem mais se conhece em termos históricos. Profundamente religioso, Maomé foi também um grande líder político e militar, que soube impor às tribos da península Arábica um poder único baseado num sistema jurídico original e inédito, e tendo como fundamento o monoteísmo. Maomé nasceu em Meca* e pertencia à poderosa tribo árabe dos coraixitas, cujos integrantes afirmavam descender de Abraão*[b] através de seu filho Ismael. O pai do Profeta faleceu antes que ele nascesse, e perdeu a mãe ainda criança, passando a viver, primeiro, com o avô paterno 'Abd al-Muttalib e, depois, sendo criado por seu tio paterno Abu Talib. Aos 13 anos de idade, pela primeira vez viajou, levado pelo tio, o que lhe deu ensejo de conhecer judeus e cristãos. Mais tarde, engajou-se a serviço de uma rica e bonita viúva, 15 anos mais velha, com a qual se casou. Companheira perfeita, compreensiva e encorajadora, Khadija foi com quem teve, entre outros filhos, Fátima, que assegurou a sucessão, casando-se com um primo de Maomé, Ali, filho de Abu Talib. Dotado de um temperamento suave e místico, aos 40 anos de idade Maomé atravessou uma crise espiritual, passando por grande necessidade de solidão. Após ter feito expressivo número de doações e esmolas, o Profeta procurou o deserto, retirando-se numa caverna, dedicando-se à ascese e à meditação. Foi então que teve sua primeira revelação (610), vendo o anjo* Gabriel (Jibrail, em árabe) que lhe transmitiu palavras de Deus. Três anos depois, as revelações reapareceram, e ele as relatou aos companheiros mais próximos, convencido de sua missão. A pregação fundamentada no monoteísmo estrito e na subordinação a Alá* foi muito mal recebida pela aristocracia mercantil de Meca que temia ser prejudicada em seus interesses econômicos, principalmente no tocante aos seus privilégios relativos à peregrinação* à Caaba*. No entanto, as conversões, realizadas de imediato na família de Maomé eram cada vez mais numerosas. Em 622, o Profeta refugiou-se em Yatrib, onde já tinha adeptos. Essa data, histórica para o Islã* por marcar a era da hégira* (emigração), assinala uma grande mudança na vida de Maomé. Ele se tornou então organizador, chefe de Estado e espiritual. Yatrib passou a chamar-se Medina (Madinat al-Nabi, "cidade do Profeta"). Em breve era senhor de toda a Arábia, após combater tribos rebeldes e os ricos comerciantes judeus. Em 632 Maomé faleceu, acompanhado de seus adeptos. O Profeta resumia assim a sua missão: "Um só Deus (Alá), um só livro (Alcorão*), uma só lei, um só idioma, um só povo."

MARIA (Em hebraico, Miriam.) Na tradição cristã, virgem, mãe de Jesus*b, mulher de José, também chamada Nossa Senhora, Madona, Virgem Santa, Virgem Maria, Mãe do Cristo, conforme o dogma católico. O da Imaculada Conceição, aceito desde os primórdios do cristianismo*, só foi promulgado em 1854, explicando que a mãe de Deus não pode, como as outras mulheres, submeter-se ao pecado original. O evangelista Lucas a indica como parente de santa Isabel, mãe de são João Batista*b. Filha de Ana e Joaquim; os Evangelhos* narram o mistério da Anunciação*g: o anjo* Gabriel diz a Maria que ela iria conceber do Espírito Santo aquele que seria Jesus, o Messias*, o Salvador, esperado pelos judeus (v. Judaísmo*). Jesus nasce em Belém onde a família se instalara para um recenseamento determinado pelos romanos. Os evangelistas contam a adoração dos pastores, a dos reis magos, a fuga para o Egito. O culto*g da Virgem Maria propagou-se a partir do século IV; ela era a *Theotocos*, a "mãe de Deus". O lugar da Virgem Maria no plano divino tem sido estudado sob diferentes aspectos. "Maria personifica a santidade da Igreja, tema inesgotável para diferentes setores e momentos da cultura e da religião; maioria das grandes catedrais a tem como Protetora: Notre Dame de Paris, Chartres, Lourdes etc. Congregações as mais diversas lhe são devotadas. Comemoração (festa) principal: 15 de agosto (Assunção*g).

MOISÉS Líder dos hebreus e seu libertador da escravidão do Egito, Moisés é considerado também o primeiro profeta e o iniciador da religião judaica (daí também chamada "mosaica", v. Judaísmo*) por ter sido, segundo o Antigo Testamento*, o porta-voz da palavra de Deus e de Seus mandamentos. Filho de Amram e Iochevet, Moisés nasceu no Egito, na tribo de Levi, por volta do século XIII a.C., quando os hebreus eram escravos do faraó. Segundo o relato bíblico, por temer um levante dos escravos o faraó determinara que todo primogênito varão dos hebreus deveria ser morto. Moisés foi salvo porque sua irmã, Miriam, o colocou num cesto que, à deriva no Nilo, foi encontrado pela filha do faraó. Esta adotou Moisés como filho, dando-lhe uma educação de príncipe egípcio. Já adulto, Moisés teve conhecimento de sua origem, e, ao defender um escravo hebreu, matou seu feitor egípcio e teve de fugir para o deserto. Tornou-se pastor em Midian, onde casou com Tsipora (Séfora), com quem teve dois filhos: Guershon e Eliezer. É no deserto, no monte Horeb, que Deus pela primeira vez se revela a Moisés em uma sarça ardente, identificando-se com a expressão "Eu sou Quem Eu sou". Fiel a sua Aliança com os descendentes de Abraão*b, Deus incumbe Moisés de libertar os hebreus, e o manda voltar ao Egito, onde, com a ajuda de seu irmão Aarão*b, ele exige do faraó a libertação dos escravos. Após dez pragas enviadas por Deus sobre o Egito, os judeus são libertados e, perseguidos pelo exército do arrependido faraó, atravessam o mar Vermelho. As águas, que se haviam cindido para sua passagem, fecham-se sobre os egípcios, afogando-os. No deserto, durante 40 anos de travessia em direção à Terra Prometida*, Moisés torna-se, além de líder e guia, comandante militar e juiz, também um profeta, o porta-voz de Deus para a transformação de uma multidão de ex-escravos num povo com uma identidade, portador de uma fé e de um código de crença e de comportamento. No monte Sinai, segundo a Bíblia* e a tradição judaica, Moisés recebe a Torá* e os Dez Mandamentos* diretamente de Deus ("da boca de Deus pela mão de Moisés"), que constituem a partir de então o eixo normativo e conceitual da fé e da prática do judaísmo*. Ao voltar com as Tábuas da Lei de sua primeira ascensão ao cume do Sinai, onde permanecera durante 40 dias, Moisés encontra o povo adorando um bezerro de ouro. Enfurecido, quebra as pedras e castiga os idólatras. É depois de sua segunda ascensão que a Lei de Deus é aceita pelos hebreus. Moisés teve de lutar internamente contra grupos que se rebelaram contra sua liderança, preferindo voltar ao Egito, e contra inimigos externos, como os amalecitas, os amoritas, os moabitas e os madianitas. Ao se aproximar da Terra Prometida, soube que não lhe seria permitido entrar em Canaã e que sua morte era iminente. A Bíblia descreve uma longa negociação de Moisés com Deus, tentando reverter essa determinação, mas afinal ele a aceita e transfere a Josué*b a liderança e a missão de conquistar Canaã e lá estabelecer os hebreus. Segundo a tradição, Moisés também repassa a Josué a Lei Oral, por ele recebida de Deus juntamente com a Torá, e que, séculos depois, seria escrita e compilada na *Mishná**. Moisés abençoou o povo que liderara, e, em 7 do mês de Adar, morreu suavemente, "com o beijo de um anjo*", num sítio desconhecido no monte Nebo, onde foi sepultado. (P.G.)

N

NACHMANIDES Nome atribuído ao médico e sábio rabínico (v. Rabino*) espanhol rabi Moisés ben Nachman (1194-c.-1270), também chamado Ramban. Foi considerado o maior talmudista (v. *Talmud**) de sua geração, e além dela. Opôs-se ao estudo da filosofia, com exceção das obras de Maimônides*b, que estudou a fundo, tentando mediar entre os adeptos de suas ideias e aqueles que a combatiam. Participou, em 1263, de uma disputa pública — discussão de temas religiosos em que ele defendeu a abordagem judaica — com Pablo Christiani. O rei Jaime I, que prometera a Nachmanides que não o molestaria, esteve presente à disputa e ficou impressionado com sua argumentação. Mas os dominicanos* incomodaram-se com o que consideraram um discurso anticristão, e Nachmanides teve de deixar a Espanha. Estabeleceu-se em Acre, na Palestina, em 1267, onde viveu o resto da vida. Tendo Ramban se iniciado na cabala*, sua obra revela uma percepção mística dos textos judaicos, como seu comentário da Torá*, em que estão presentes fórmulas e conceitos cabalísticos: a combinação dos nomes de Deus*, a transmigração das almas e a ideia de que as histórias da Bíblia* são o prenúncio profético do futuro de Israel. Criticou a abordagem filosófica de Maimônides no *Guia dos perplexos*, mas defendeu-o dos ataques que os tradicionalistas lhe fizeram por isso, aceitando inclusive o seu código da halachá*, o *Mishne Torá*. (P.G.)

NANAK (1469-1538) Fundador da religião dos *sikhs**. Hindu (v. Hinduísmo*), membro de uma seita*, Nanak nasceu numa pequena aldeia perto da cidade de Lahore, numa família de casta bem situada mas com poucos recursos. Criado em ambiente hinduísta, Nanak teve como seu primeiro professor um muçulmano; adulto, juntou-se aos místicos (v. Misticismo*), numerosos na região enquanto o seu pai tentava, sem sucesso, estabelecer-se no comércio local. Nanak empregou-se então na casa de um nobre muçulmano, casou-se e teve dois filhos. Aos 35 anos, teria ouvido uma voz que lhe ordenava pregar uma nova religião: "Tu és o Guru, o Supremo Guru." Imediatamente, Nanak começou a repetir: "Não existe hindu, não existe muçulmano." A seguir, começou a viajar por todo o território indiano e a pregar sem cessar, compondo poemas religiosos. Após 24 anos de peregrinação, instalou-se num local ao qual chamam de "Cidade do Criador". Nanak morreu pouco depois em seu país natal indicando como sucessor um dos seus discípulos, Angad.

NEWMAN, JOHN HENRY (1801-1890) Teólogo inglês, uma das mais importantes e prestigiosas personalidades católicas da Inglaterra, líder do Movimento de Oxford* (1833) e, mais tarde, cardeal da Igreja Católica. "Natureza sedenta de Deus", converteu-se aos 15 anos, distanciando-se do liberalismo escolar e do anglicanismo*. Decepcionado com o calvinismo*, retomou a convivência com os Pais da Igreja*, sendo nomeado capelão universitário. Na Inglaterra, fundou um ramo do Oratório de São Filipe Néri (v. Oratorianos*). O seu desempenho como padre católico não será fácil; os vários projetos que apresentou (fundação de uma universidade católica em Dublin e de um oratório para estudantes em Oxford) naufragaram. Sua ortodoxia foi contestada; denunciado em Roma, teve sua conversão ao catolicismo* posta em dúvida. Nada disso abalou sua fé e suas concepções cada vez mais firmes na credibilidade do catolicismo, tornando-se um dos adeptos da infalibilidade papal*, antes de sua confirmação ser promulgada no Concílio* Vaticano I (1870). Newman foi um escritor profícuo, sua atividade literária, imensa; produziu 36 obras. Finalmente, após mantê-lo no ostracismo, a Santa Sé (v. Vaticano*) o elevou ao cardinalato, aos 78 anos de idade. Onze anos depois, Newman faleceu, em 11 de agosto de 1890.

NOÉ Personagem bíblico do livro do Gênese*g, a quem, por ser justo e íntegro num contexto de maldade e corrupção, Deus teria incumbido de salvar todas as espécies animais para um novo começo, pois o resto dos seres seria aniquilado num grande dilúvio*. Noé constrói então uma arca na qual abriga sua família e um par de cada espécie animal, enquanto o dilúvio submerge a terra e todos os seus habitantes. Com o baixar das águas, constatado quando a arca pousa sobre uma montanha (supostamente o monte Ararat, na Armênia) e quando uma pomba volta à arca com um ramo de oliveira, e depois de uma nova saída não volta mais, os animais saem da arca e repovoam o mundo. Noé dedicou-se à agricultura e morreu com 950 anos. Seus filhos Sem, Cam e Jafé darão origem a todas as raças e etnias. A história do dilúvio e da salvação das espécies animais está presente em outras tradições, como a epopeia babilônia de Gilgamesh, em que o herói chama-se Utnapishtim. Um dos aspectos mais importantes da versão do Antigo Testamento* é o pacto que Deus estabelece com Noé, tido nos textos judaicos como o "pacto dos gentios". Mais genérico e sucinto que o futuro pacto com Abraão*b, que se expressaria na Torá* e nas 613 *mitsvot*, e que seria restrito aos judeus, o pacto de Noé abarca toda a humanidade, e se resume em sete pontos, seis dos quais de caráter proibitivo (proibição da idolatria, da blasfêmia*g, do homicídio, do adultério, do roubo e da ingestão de carne obtida de um animal vivo) e um de caráter afirmativo (a criação de um sistema de justiça). (P.G.)

P

PALAMAS, GREGÓRIO Místico (v. Misticismo*) e teólogo (1296-1359), nascido em Constantinopla (atual Istambul, Turquia). Eremita (v. Eremitismo*) do monte Atos (Grécia), mestre do hesicasmo* (mística da contemplação sensível de Deus pelo silêncio e mobilidade). Os hesicastas, sentados, fixavam o olhar no seu umbigo, procurando, através dessa técnica, alcançar concentração espiritual, capaz de levá-los a um êxtase incomum, até então desconhecido. Essa doutrina, ardorosamente propagada e defendida por Palamas, encontrou logo adversários que a condenavam, por violar, segundo eles, a transcendência de Deus. A controvérsia durou dez anos, encontrando em Palamas um aguerrido defensor. A sua nomeação para bispo de Salonica reabriu a discussão sobre o assunto, e os seus ensinamentos foram reconhecidos como ortodoxos (v. Ortodoxia*) pela Igreja bizantina. Gregório morreu em 1359 e, após oito anos, o Concilio de Constantinopla o canonizou (v. Canonização*) como doutor da Igreja*.

PAULO (SÃO) (c. 03-64) Apóstolo* do cristianismo*, conhecido como o "Apóstolo dos Gentios", ou seja, dos pagãos, dos não monoteístas. Ao referir-se à sua identidade, Paulo costumava dizer: "circuncidado (v. Circuncisão*), da tribo de Benjamim, hebreu filho de hebreus; no plano da lei, fariseu*". A exemplo de muitos judeus, usava dois nomes, um (Saul) no cotidiano com seus companheiros, e outro (Paulus) com o mundo greco-romano. Tendo adquirido a cidadania romana, estudou a Bíblia* com Gamaliel, sábio rabino* que lecionava em Jerusalém. Perseguindo cristãos* quando se dirigia para Damasco, caiu da montaria, ocasião que teve uma visão do Cristo*b. A partir de então, se fez cristão, adotando definitivamente um só nome, o de Paulo e tornou-se o mais zeloso missionário do cristianismo, empreendendo grandes viagens ao longo de 14 anos, as primeiras com Barnabé, um cipriota que aderira à fé cristã. Os dois percorreram a Ásia Menor, escrevendo 14 epístolas* sobre o cristianismo, formando um dos Livros do Novo Testamento*. Preso na cidade de Éfeso (Turquia), foi depois enviado a Roma onde foi executado. Em grande parte, o cristianismo a ele deve sua universalização.

PEDRO (SÃO) Apóstolo* e mártir*g cristão (?-64 a.D.), um dos primeiros discípulos de Jesus*b, juntamente com seu irmão André. Pescador da Galileia, o seu verdadeiro nome era Simão, mudado para Cefas, de onde "Pedro" (do aramaico *Kéfas*, "pedra", "rochedo" e daí para o grego *Pétros* e o latim *Petrus*), por decisão de Jesus que lhe disse: "Tu és Pedro e sobre esta pedra construirei minha Igreja". Simão Pedro ocupou sempre lugar de destaque no pequeno grupo de discípulos que cercavam Jesus. No entanto, por três vezes renegou o seu Mestre no decorrer do processo que condenou Jesus, mas, após a crucificação, tornou-se um dos principais missionários do cristianismo*. Inicialmente em desacordo com o apóstolo Paulo*b a respeito das relações entre cristãos de origem judaica (v. Judeocristianismo*) e os gentios (pagãos, idólatras), decidiu-se, por fim, a autorizar o ingresso dos não judeus à Igreja. No Pentecostes*, é ele quem anuncia aos judeus o advento do Reino e a Ressurreição do Cristo. Detido duas vezes e libertado, Pedro converte um centurião romano (Cornélio), intervém em favor da não circuncisão* dos gentios. Segundo a tradição, Simão Pedro pregou na Ásia Menor e escreveu duas epístolas* neotestamentárias; vários livros não canônicos lhe têm sido atribuídos. A Igreja Católica tem sustentado que ele foi o primeiro bispo de Roma, cidade na qual foi preso e crucificado de cabeça para baixo (em 64, 65, 67 ou 80), fato negado pelos protestantes (v. Protestantismo*). O seu túmulo, segundo tradição, está situado no Vaticano* (daí o nome de São Pedro dado à importante basílica* da cristandade).

R

RAM MOHAN ROY (1772-1833) Uma das maiores figuras da Índia, político e reformista. Linguista emérito, dominava o inglês, o persa, o árabe e o sânscrito. Teólogo, estudou e interpretou vários textos sagrados de diversas religiões. De 1804 a 1815, foi funcionário da Companhia das Índias Orientais, em Rampur e Calcutá, para depois, rico, estabelecer-se nesta última cidade, escrevendo livros sobre religião. Crítico perspicaz, combateu calorosamente os equívocos da sociedade indiana, condenando o sistema de castas e a poligamia. Apesar de não ser antibritânico, Mohan Roy protestou energicamente contra as leis que ele considerava nocivas à dignidade dos indianos. Partidário declarado da industrialização do país, seus pronunciamentos e suas opiniões causaram admiração, tendo sido enviado à Inglaterra com o título de Rajá, para representar o imperador Mogol Akbar III. Por sua influência junto ao governador-geral da Índia, lorde Bentinck, em 1829, foi abolida a incineração ritual das viúvas. Ram Mohan Roy morreu subitamente em Bristol, na Inglaterra, aos 61 anos de idade, tendo os seus contemporâneos lhe outorgado o título de "Pai da Índia moderna".

RAMAKRISHNA Santo hindu, (1834-1886), sacerdote de Cáli*^{d}, divindade indiana que, por suas manifestações extáticas, tornou-se um místico famoso (v. Misticismo*). Este personagem estudou várias religiões importantes partindo de uma experiência íntima (especialmente o cristianismo* e o Islã*), chegando à conclusão de que Deus é único mas que existem meios diferentes de se chegar a Ele; afirmava, porém, que o hinduísmo* convinha mais ao indiano e que a ioga*, a meditação e a *bhakti* (devoção, adoração) constituíam os melhores caminhos para a contemplação divina. Ramakrishna, apesar de ser adepto de Vixnu*^{d}, um dos grandes deuses da Índia, admitia todas as formas de pensamento religioso, inclinando-se para a filosofia de Sankara (Çankara) um dos maiores filósofos da Índia. Defendendo e pregando uma doutrina de tolerância e de beneficência universal, Ramakrishna cercou-se de alguns discípulos, exercendo expressiva influência no pensamento indiano moderno. Fundou a Ordem de Ramakrishna, cujos princípios foram estabelecidos por seu discípulo Vivekananda, célebre asceta (v. Ascetismo*) bengali (1862-1902). Orador convincente, ele fundou, após a morte de seu mestre, a Sociedade Vedanta, em Nova York.

RAQUEL Em hebraico Rachel, uma das quatro matriarcas do povo judeu, juntamente com Sara*^{b}, Rebeca*^{b} e Lia*^{b}, e cuja história é contada no livro do Gênese*^{g}. Filha mais nova de Labão, foi pretendida por seu primo, Jacó*^{h}, mas ajudou seu pai a enganá-lo para fazê-lo casar com sua irmã mais velha, Lia. Jacó, que trabalhara sete anos para Labão pela mão de Raquel, só a recebeu sete dias após seu casamento com Lia, em troca do compromisso de trabalhar mais sete anos para Labão. Dos 12 filhos homens de Jacó, Raquel foi a mãe de dois: Iossef (José) e Biniamin (Benjamim). Raquel não chegou a sofrer a perda de José, quando seus irmãos o entregaram a mercadores que o levaram para o Egito, e também não vivenciou o posterior reencontro da família: ela morrera nas proximidades de Belém, quando dava à luz Biniamin. Foi através deste que Raquel se eternizou como matriarca judia, pois são as tribos de Biniamin, Iehudá (Judá) e Levi, formadoras do reino de Judá, que irão dar origem ao povo judeu de hoje (v. Judaísmo*). Raquel não foi sepultada no túmulo dos patriarcas*, na gruta de Machpelá, em Hebron. Seu túmulo, perto do lugar em que morreu, em Belém, foi centro de peregrinação* de judeus durante séculos, principalmente de mulheres estéreis em busca da graça*^{g} que finalmente sorrira a Raquel no fim de sua vida. (P.G.)

RASHI Acrônimo do título e nome hebraicos Rav Shlomó Itzchaki, sábio rabínico (v. Rabino*) francês da cidade de Troyes (1040-1105). Rashi é tido como o maior dos comentaristas da Torá* e do *Talmud** babilônio, tanto que seus comentários passaram a ser parte integrante do *Talmud*, publicados, em sua escrita peculiar, lado a lado com os textos que comentam e interpretam. A vida de Rashi envolve algumas anedotas e lendas, como a da salvação de sua mãe, grávida dele, da espada de um cavaleiro cruzado, quando milagrosamente se abriu um nicho num muro, onde ela se abrigou. Ele estudou na Renânia, mas voltou a Troyes, onde, além de se sustentar com o cultivo de uma vinha, criou uma escola de estudo e de interpretação dos textos judaicos que logo se tornou famosa. Rashi teve três filhas, todas dedicadas como ele ao estudo, e as três o ajudaram em seus trabalhos de comentarista e interpretador do *Talmud*. Há indícios de que tenha passado seus últimos anos de vida em Worms, onde se construiu uma sinagoga* em seu nome. Destruída pelos nazistas, ela foi reconstruída depois da guerra. Os comentários e interpretações de Rashi são de grande lucidez, abordando não só as questões de conteúdo da *halachá** como temas do *Midrash**, elucidações gramaticais e até mesmo o significado de certas palavras, traduzindo para o francês e para o alemão algumas mais difíceis ou raras. Sintéticos e claros, eles fixam o texto, esclarecendo seu sentido literal, explicam os termos e as construções linguísticas mais complexas e deduzem-lhe o significado, enunciando as referências e argumentos que lhe servem de base. Assim mesmo, consta que o próprio Rashi teria comentado uma ou outra passagem com uma observação curta e direta: "Não sei o que isso quer dizer". Tem-se como tarefa impossível estudar o *Talmud* babilônio sem contar com os comentários de Rashi. (P.G.)

REBECA Em hebraico Rivka, uma da quatro matriarcas do povo judeu, juntamente com Sara*b, Lia*b e Raquel*b. Sua história é relatada no livro do Gênese*g. Era filha de Betuel, um sobrinho de Abraão*b que vivia em Haram Naharaim (Mesopotâmia). Abraão enviou seu servo Eliezer à Mesopotâmia, à procura de uma esposa para seu filho Isaac*b. Ao ser gentilmente atendido à beira de um poço por Rebeca, que lhe deu de beber, Eliezer não hesitou em escolhê-la para ser a esposa de Isaac. Rebeca teve com Isaac dois filhos gêmeos: Essav (Esaú) e Iaacov (Jacó*b), assim chamado por ter nascido depois de Esaú, agarrado a seu calcanhar (em hebraico, *akev*). Apesar de gêmeos, tinham o físico e o temperamento completamente diferentes, Esaú um rude e cabeludo pastor, Jacó um jovem caseiro e devoto. Rebeca não escondeu sua preferência por Jacó, e quando Isaac, cego, chamou por Esaú para dar-lhe a bênção do primogênito, Rebeca apresentou-lhe Jacó, que, sem o conhecimento do pai, trocara com Esaú o seu direito de primogênito por um prato de lentilhas. Rebeca foi enterrada com os patriarcas* e matriarcas de Israel, com exceção de Raquel, na gruta de Machpelá, em Hebron. (P.G.)

RUTH V. *Shavuot**.

S

SALOMÃO Filho de Davi*b e Bat Sheva (Betsabé), rei de Israel (961-c.920 a.C.) e construtor do primeiro Templo*. Seu nome hebraico era Shlomó, e sua história é contada no primeiro livro dos Reis, do Antigo Testamento*. Por manobra de sua mãe e do profeta Natan, Salomão subiu ao trono quando seu pai, Davi, ainda vivia. A fim de trazer o centro religioso para Jerusalém e assim fortalecer seu poder político, construiu, com a ajuda do rei fenício de Tiro, Hiram, um majestoso templo, que foi concluído no 11º ano de seu reinado. O reinado de Salomão foi pontuado por obras e medidas importantes, como a divisão do reino em 12 províncias, a construção de cidades-fortalezas e cidades-celeiros e a construção de um porto em Eilat, abrindo caminhos marítimos para a África oriental, a península Arábica e a Ásia. A tradição judaica (v. Judaísmo*) atribui a Salomão uma grande sabedoria, que lhe granjeou prestígio internacional (ilustrado no episódio da visita da rainha de Sabá). Opulência e magnificência caracterizaram sua corte, as artes proliferaram, e ao próprio Salomão são atribuídos textos literários, como o Cântico dos Cânticos, os Provérbios*g e Eclesiastes*, incorporados aos Hagiógrafos*. Mas todo esse esplendor custava caro, e o peso desse custo levou à decadência, ao enfraquecimento e às disputas internas. Com a morte de Salomão, o reino cindiu-se em dois, o reino de Judá, ao sul, e o de Israel, ao norte, e nunca tornou a se unir. (P.G.)

SARA A primeira das quatro matriarcas do povo judeu, juntamente com Rebeca*b, Lia*b e Raquel*b. Sua história é relatada no livro do Gênese*g, do Antigo Testamento*. Seu nome original era Sarai. Parente de Abraão*b, tornou-se sua esposa antes que ele empreendesse sua jornada a Canaã. A tradição judaica (v. Judaísmo*) atribui-lhe a virtude de ter ajudado Abraão a difundir a crença no monoteísmo, principalmente entre as mulheres. Quando Abraão foi para o Egito, Sara passou por irmã de Abraão e foi cobiçada por um governante local, que desistiu de tê-la ao saber que era casada. Sara teve dificuldades em engravidar, e foi com a escrava Hagar que Abraão teve seu primeiro filho, Ismael. Quando já era idosa, Sara recebeu de três anjos* que se haviam hospedado com Abraão a notícia de que breve conceberia um filho. Aos 90 anos de idade, deu à luz Isaac*[b], e pediu a Abraão que expulsasse Hagar e Ismael. Morreu com 127 anos de idade, e Abraão adquiriu a gruta de Machpelá, em Hebron, onde a sepultou. (P.G.)

SCHNEERSON, MENACHEM MENDEL Nome do *Lubavicher Rebe* (v. *Chabad**).

SHAMAI V. Hilel*[b].

SMITH, JOSEPH Fundador e chefe dos mórmons*, (1805-1844), nascido no estado de Vermont, EUA. Na noite de 21 de setembro de 1828, um anjo* teria aparecido a Smith indicando-lhe o lugar onde estava enterrado um livro que contava a história dos primeiros ocupantes da América do Norte. Nas mãos de Smith, esse livro veio a constituir o *Livro do mórmon*, considerado a Palavra de Deus, e a *Escritura dos mórmons*. Essa obra foi publicada em Palmyra (estado de Nova York) em 1830, motivando Smith a organizar a Igreja dos Santos dos Últimos Dias. A partir de então, a história dos mórmons foi assinalada por uma série de migrações e perseguições. A forte oposição local obrigou Smith e seus adeptos a se instalarem em Illinois, na pequena cidade de Nauvoo, onde, em 1843, proclamou ter recebido uma mensagem divina instituindo a poligamia. Já então tido como profeta, Smith foi detido e encarcerado. Na noite de 27 de junho de 1844, uma multidão enfurecida invadiu a prisão, linchando até a morte Smith e seu irmão Hyrum.

T

TAGORE, RABINDRANATH Este último nome, vocábulo bengali, identifica uma família de nobres indianos, os quais, no século XIX, tentaram realizar uma renovação religiosa na Índia. O mais importante deles foi Rabindranath Tagore (1861-1941). Poeta, escritor, filósofo e artista, nascido e morto em Calcutá, Rabindranath é considerado "a figura mais notável da cultura indiana moderna". Fez seus estudos em sua cidade natal e também na Inglaterra; após a divisão de Bengala em 1905, vinculou-se ao movimento político nacionalista. Logo começou a escrever poemas em bengali, publicando, em 1912, uma coletânea de traduções em inglês de seus poemas, o que lhe valeu ser o primeiro literato da Ásia a receber o prêmio Nobel de literatura, em 1913. À vista da recepção internacional de sua obra, começou a difundir, na Índia e fora dela, suas concepções e ideias de cooperação e amizade entre as nações, mormente as da Ásia e da Europa. Viajante habitual, percorreu inúmeros países, estabelecendo amizade com os grandes nomes de sua época, Romain Rolland e Tolstoi, entre outros. Em 1921, em Bengala, reestruturou a Universidade de Vishvbharati, beneficiando estudantes indianos e estrangeiros. Nas obras que publicou (mais de mil poemas, duas mil canções, 24 peças de teatro, oito romances, novelas e ensaios), ele exalta a natureza e o patriotismo, realçando a amizade e o amor às divindades. Seus contemporâneos o tinham como o *gurudeb* ("Divino Mestre").

TERESA D'ÁVILA (SANTA) (1515-1582) Carmelita* espanhola mística, juntamente com Catarina de Siena*[b], uma das primeiras mulheres declaradas doutoras da Igreja (1970) (v. Doutores da Igreja*). Foi fundadora do Convento São José, em Ávila, que veio a ser a primeira casa das carmelitas* descalças. Viajando durante 20 anos por toda a Espanha, Teresa fundou 17 conventos para a instalação de pequenas comunidades, fechadas e rigorosamente disciplinadas. Sob sua influência, Juan de la Cruz, seu amigo, fez o mesmo com os frades carmelitas. Santa Teresa d'Ávila é a representante mais ilustre do misticismo* espanhol. Além de uma autobiografia (o *Livro da vida*, 1588), escreveu o *Livro das fundações* (1613) no qual relata suas realizações. Praticando o jejum e a flagelação, Teresa tinha visões, ouvia vozes; conheceu a levitação "enquanto um anjo* transpassava o seu coração", deixando-a "abrasada de amor a Deus". Teresa d'Ávila nunca foi teóloga. Sua obra é considerada uma "mística prática". Para Teresa Deus era tudo; sua espiritualidade é rigorosamente pessoal; o segredo de seu êxito, conforme assinala uma historiadora das religiões, "reside provavelmente na prática da oração, isto é, a oração silenciosa, da qual ela foi mestra incontestável".

TERTULIANO (Quintus Septimus Florens Tertullianus) "Pai da teologia latina", nasceu e morreu em Cartago (c. 160-c. 225 a.D.). Filho de um centurião, educado no meio pagão, Tertuliano recebeu uma boa educação literária, sem prejuízo dos estudos que fez sobre filosofia, ciências e jurisprudência. Só então, ao chegar o ano 197, converteu-se ao cristianismo*. Após viajar para a Grécia, Roma e Ásia Menor, casou-se, vinculando-se ao montanismo* e tornando-se um de seus chefes. Adversário ferrenho dos heréticos (v. Heresia*), escreveu grande número de tratados polêmicos contra eles, atacando também os pagãos. Quanto à moral, Tertuliano era de um rigorismo extremo, condenando os espetáculos, as segundas núpcias, o exercício das armas etc. Sua produção literária envolveu obras apologéticas, teológicas e ascéticas (v. Ascetismo*). Tertuliano sempre defendeu os cristãos, alegando que eles não representavam qualquer ameaça para o Estado, sugerindo a sua retirada da sociedade pagã, evitando assim que fossem contaminados pela sua imoralidade e sua idolatria. Entretanto aceitava — e até recomendava — o martírio, justificando-o com uma frase célebre: "O sangue dos mártires*g é a semente da Igreja".

TOMÁS DE AQUINO (SANTO) (1225-1274) Italiano, teólogo cristão, o maior dos escolásticos medievais. Filho de nobres, aos cinco anos de idade entrou para a Abadia* do Monte Cassino e depois para o Mosteiro dos Dominicanos* em Nápoles, onde começou a estudar teologia, literatura e ciências físicas; por volta de 1245, ingressou na Ordem dos Dominicanos. Aluno de Alberto Magno*b, acompanha seu mestre quando ele vai a Colônia fundar uma faculdade de teologia; de volta a Paris, em 1252, torna-se mestre em teologia quatro anos depois, prematuramente, atendendo a instâncias do papa* Alexandre IV. Após dirigir uma das escolas do colégio universitário São Tiago em Paris e ter ocupado uma cátedra universitária, partiu para Roma (1265-1268), onde redigiu sua obra principal, a *Suma teológica*. Retorna a Paris em 1268, ali permanecendo — e ensinando — durante quatro anos. Em 1270, aborda e participa das discussões em torno do problema das relações entre a razão e a fé e, mais particularmente, o da natureza humana. Tomás de Aquino morreu no mosteiro de Fossanova, preparando-se para comparecer ao Concílio* de Lyon. Sua obra, como muito bem assinalou uma historiadora francesa, "é quase titanesca", sobretudo a *Suma teológica*, "verdadeiro monumento apresentado sob a forma de um manual para uso dos estudantes". Essa obra, marcada pelo "clima" universitário no qual foi elaborada, é essencialmente escolástica. O objetivo do "Doutor Angélico", como era chamado, era o de construir uma fé à procura da inteligência. Seu pensamento se resume em duas ideias: a confiança na fé e na natureza. A obra de Tomás de Aquino influenciou consideravelmente a história do pensamento filosófico, teológico e religioso.

Y

YOUNG, BRIGHAM Líder religioso americano (1801-1877) dos mórmons*, religião fundada por Joseph Smith*b, que também foi seu primeiro líder. Após a morte de Smith, Young foi seu substituto como presidente da seita* e se tornou o segundo profeta e presidente da Igreja de Jesus Cristo dos Santos dos Últimos Dias. No exercício do cargo, na primavera de 1847, um grupo de pioneiros de 148 pessoas, sob sua direção, partiu para Utah, ali fundando a cidade de Salt Lake City, nominalmente vinculada à União mas que, de fato, constituiu um Estado por muitos anos. Polígamo convicto, deixou, após sua morte, 17 esposas e 56 filhos. A prática da poligamia foi extinta em 1890.

Z

ZOROASTRO (Forma grega do persa Zaratustra, c. 660-583 a.C.) Profeta e reformista iraniano. Sua vida e lenda, e também a sua doutrina, estão expostas no *Avesta**, livro sagrado dos antigos persas, vasta literatura religiosa escrita num dialeto iraniano, o *zend*. Este termo designa os comentários que acompanham o livro, escritos em pálavi, idioma hoje extinto. Os dados sobre a infância desse reformador são incertos e escassos, pondo-se em dúvida se Zoroastro existiu mas, na Antiguidade, dizia-se que ele era um mago*. A localização cronológica de sua vida é enigmática; uma avaliação moderna o coloca em 1000 a.C., sem muita certeza. Por outro lado não se conhece como desapareceu, alguns afirmando que foi assassinado, sendo sepultado em Persépolis, cidade do antigo Império Persa, mais tarde inexplicavelmente incendiada por Alexandre Magno. A teologia de Zoroastro é dualista (v. Dualismo*); um deus bom, Ahura Masda, ou Ormuzd*[d], (v. Masdeísmo*) se opõe a Angra-Maniu, ou Arimã*[d], divindade maléfica, representando dois princípios eternamente em luta. A vitória pertencerá a Ormuzd, mas é essencial que o homem, pelo livre-arbítrio de que é dotado, contribua para o triunfo do Bem.

ZWINGLI, HULDRYCH (1484-1531) Reformista suíço. Filho de um camponês, cresceu numa atmosfera política e espiritual. Suas relações com Pico della Mirandola, filósofo italiano (1463-1494), possibilitaram o conhecimento do hebraico e do grego. Em 1516, foi nomeado pregador da Abadia* de Einsieden, interessando-se pelas ideias de Martinho Lutero*[b] e participando dos debates sobre o celibato clerical ao mesmo tempo que reforçava a autoridade da Bíblia*. Ao contrário de Lutero, cuja Reforma, originariamente, se inspirava nas preocupações pessoais do reformista, em Zwingli, sua atenção voltava-se para a situação comunitária dos cantões (unidades político--territoriais) suíços. A Reforma por ele preconizada, a partir de 1522, consubstanciava-se numa operação política e religiosa que atendesse, ao mesmo tempo, a comunidade civil e a clerical, para, posteriormente, transformá--las num Estado teocrático (v. Teocracia*). O que Zwingli desejava era a mudança, religiosa e moral, do governo e recondução da confederação suíça às suas origens. Os cantões católicos foram duramente atacados por ele, proclamando a Reforma e levando a população à guerra civil, declarada em 1531. Sua derrota foi completa; Zwingli morreu numa escaramuça, ocorrência extremamente grave para o futuro do protestantismo* suíço. Mais radical do que Lutero, de quem era apologista, Zwingli preparou a vinda de Calvino*[b].

DEUSES, DIVINDADES E DEMÔNIOS

A

ADÔNIS (De adon, semítico, significando "senhor".) Personagem mítico da cultura grega, amante da deusa Afrodite*d, personifica a vegetação. Originariamente, deus fenício. Do seu sangue, por influência divina, nasceu a anêmona, cujas sementes brotam facilmente. Adotado pelos etruscos* com o nome de Atunis.

AFRODITE Deusa grega, pertencente ao panteão olímpico (em Roma, Vênus). Filha de Zeus*d e Dione, antiga tradição, no entanto, a descreve como filha de Urano*d, ao ser este mutilado por Cronos (Saturno). É a deusa do amor, da fecundidade e da paixão sensual, que fazia despertar entre mortais e deuses. Por ela foram atraídos, entre outros, Zeus, Adônis*d, Dioniso*d. Casada com Hefesto*d, foi infiel e surpreendida por ele nos braços de Ares*d. Entre seus filhos está Eros*d, o deus grego do amor. (P.G.)

AGNI (Do latim *ignis*, fogo.) Divindade védica (v. Vedas*), portador das oferendas destinadas aos deuses. Duas ou três versões sobre o seu nascimento: nascido do céu ou do raio; ou então da pedra ou da água. Cor vermelha, barba longa, vestes flamejantes, tridente e botija. Intermediário entre os homens e os deuses nos sacrifícios (cultos).

AMATERASU (Japonês: "aquela que brilha no céu".) Deusa do xintoísmo*, venerada como progenitora da família imperial japonesa. Contrariada com as crueldades cometidas por Susanovo, deus japonês dos ventos, a deusa retirou-se para uma caverna, o que fez desaparecer a luz da Terra. Outros deuses, porém, recompuseram a luminosidade com o auxílio de espelhos.

AMITABA (Do sânscrito, "luz incomensurável", Ami-tó ou O-mi-to, em chinês.) Divindade indiana, popular e de imenso prestígio; grande Buda, não obstante sem consignação formal na Índia. Associado ao crepúsculo, direção celestial o oeste. Representação iconográfica: um buda vermelho. Veículo cerimonial: uma parelha de pavões. Cultuado na China, proveniente da Índia, entre os séculos IV e VI a.D. Forma japonesa: Amida.

ANA PERENA Divindade romana, festejada no dia 15 de março, de nome duplo, personificação do ano "que flui e se mantém perene" (*annare perennare*). "Deusa autêntica", dona de um bosque às margens do rio Tibre. Comemorações religiosas discretas superadas pelos aspectos folclóricos pelas canções zombeteiras vindas de jovens que dançam ardorosamente.

ANAHITA ("A imaculada.") Originariamente, divindade semítica, associada a uma outra fenícia-cananeia, Anath, nome este com significado de "prudência", "precaução". Irmã-esposa de Baal*d, o grande deus semita. Admitida posteriormente no panteão dos partas, povo seminômade de origem iraniana, instalado no sudoeste do mar Cáspio. Considerada deusa da fertilidade, costuma ser representada como uma virgem ostentando joias e diademas. Também deusa da água. Animais sagrados: a pomba e o pavão. Assimilada na Ásia Menor como "a Grande Mãe".

ANÚBIS (Do egípcio Inpu ou Anepu, pelo grego.) Divindade egípcia dos mortos, representada com cabeça de cão (e não de chacal). Ignora-se a sua origem, e a interpretação de seu nome é controversa, sendo o mais comum o de "cãozinho". Em algumas localidades egípcias era chamado "senhor de boca de caverna".

Como deus dos mortos, "senhor do salão divino". Com o aparecimento de Osíris*ᵈ, novo "senhor dos mortos", suas atribuições ficaram reduzidas. Tido como o inventor da mumificação. Configurado plasticamente como um homem com cabeça de cão.

ÁPIS (Em egípcio, Hapi.) Touro sagrado, cultuado especialmente na cidade de Mênfis. Gênio do Nilo, força que anima este rio. Ápis "pai dos deuses"; os egípcios* viam nesse rio o símbolo de fertilidade.

APOLO Deus grego (também Febo, mesmos nomes em Roma), filho de Zeus*ᵈ e de Leto e irmão de Artêmis*ᵈ; um dos 12 deuses do panteão olímpico, deus do Sol, poeta e músico exímio, tocava a lira no Olimpo. Era ele quem inspirava as respostas da Pítia, no oráculo* de Delfos. Segundo Homero, na *Ilíada*, pouco frequentava o Olimpo. Representado como um jovem de grande beleza. (P.G.)

ARES Deus grego da guerra, um dos deuses do panteão olímpico, filho de Zeus*ᵈ e de Hera*ᵈ, corresponde ao Marte romano. Sempre representado com lança e escudo, só tinha um templo na Grécia. (P.G.)

ARIMÃ Nome dado pelo profeta Zoroastro*ᵇ (Zarastustra) ao adversário de Ahura Masda, incorporação do mal, morando em áreas subterrâneas de permanente escuridão de onde emanam doença e morte. Animal símbolo: serpente. Sacrifício de animais.

ARTÊMIS Deusa grega dos bosques e das florestas, protetora da virgindade, dos animais selvagens e das árvores, adorada como divindade lunar. Filha de Zeus*ᵈ e de Leto, irmã de Apolo*ᵈ, integra o panteão de 12 deuses e deusas do Olimpo. Corresponde à Diana romana, e é representada como uma jovem enérgica e belicosa, portando arco e flechas. (P.G.)

ASMODEU (Em latim, Asmodeus; no *Talmud**, Asmedai.) Divindade demoníaca, nome adaptado de Aésma Daèva, iraniano. Espírito mau, matador de sete homens sucessivamente casados com Sara. Posto em fuga por Tobias, último marido da jovem, refugia-se no deserto. Encadeado por um anjo* no Egito.

ASTARTÉA Também Astaroth, Istar, com este último nome cultuada na Babilônia, sem prejuízo das outras denominações. Analogia com Astoreth*ᵈ. Sempre associada a uma divindade maior. Deusa do amor e da fertilidade, configurada desnuda; por vezes representada como guerreira, aparecendo armada de lança e escudo. Identificada a Afrodite*ᵈ, entre os gregos (Vênus, entre os romanos). Animal sagrado: pomba.

ASTORETH Deusa cultuada e venerada na região da Palestina. Analogia com Astartéa*ᵈ. Configurada como divindade do amor e da fertilidade, exceção feita aos filisteus*ᵍ para os quais assume posição guerreira. Cultuada por Salomão*ᵇ, monarca hebreu.

ATENA Nome grego (também Palas) de uma das principais deusas do panteão greco-romano, correspondente a Minerva, em Roma. Nasceu, adulta e completamente armada, da cabeça de Zeus*ᵈ; ao mesmo tempo guerreira e sábia, é a deusa da sabedoria, protetora do artesanato, epônima da capital grega, Atenas. A ela foi dedicado um dos mais famosos templos da Antiguidade, o Partenon de Atenas, no qual o principal espaço era ocupado por uma grande estátua de Palas Atena, obra do escultor Fídias. (P.G.)

B

BAAL Deus da fecundidade e das tempestades entre os semitas, representado sob forma humana ou de um touro. "Baal" significa "dono", "senhor". Presente em várias localidades: Baal-Sidon, Baal-Líbano, Baal de Tiro (este conhecido como Melgar). Culto*ᵍ no Egito trazido pelos hicsos.

BAAL-HADADE ("Senhor do trovão.") Antigo deus sírio, controlador do clima e das tempestades. Na Babilônia, Adad. Na Síria, chamado "cavaleiro das nuvens", envolvido por lendas que salientam a sua morte e ressurreição, qualificando-o como "príncipe e senhor da terra". Símbolo: o touro. Homenageado em Ras Shamra (Síria), esculpido numa pedra empunhando uma clava.

BABA Deusa tutelar suméria da cidade de Lagash. Esposa de Mingirsu, deus da fertilidade. Inicialmente concebida como Deusa Mãe e, a partir da época babilônica, passou a ser conhecida como uma divindade de cura.

Gudéa, *patesi* (governador) de Lagash a chamava "senhora da fartura". Na Hungria, personagem de igual nome surgiu com atribuições completamente diferentes.

BEHEMOT (Do hebraico, behemá, animal.) Besta apocalíptica (v. Apocalipse*) na escatologia judaica (v. Escatologia [no judaísmo]). Na Idade Média, identificada com Satã (v Lúcifer*d). Para alguns, figura secreta de Bafomet, adorada pelos templários*.

BEIJADA (IBEJADA) Linha ou Falange das Crianças na umbanda*, liderada pelos santos Cosme e Damião, em cujo dia votivo são festejadas, sendo tradicional a distribuição de doces às crianças nesse dia (27 de setembro), em especial como pagamento de promessas. Às vezes é considerada uma linha independente; outras, uma falange da Linha de Oxalá*d. Inclui muitas entidades, como Joãozinho, Mariazinha, Pedrinho, Rosinha e outras. As crianças agem como anjos* da guarda poderosos, apesar de seu comportamento irreverente. Cores: azul-claro, cor-de-rosa, amarelo. Indumentária: roupas infantis, coloridas. Apetrechos: brinquedos. Fetiche: imagem dos santos Cosme e Damião, bonecas comuns. Dia: domingo. Comidas: doces e balas. Bebida: guaraná. Plantas: flores delicadas. Recebe oferendas em jardins. Saudação: "Salve a Beijada!" (E.D.G.)

BELIAL ("Profano", "desprezível".) No Antigo Testamento*, "homens de Belial", ou também "enxurrada de indignos de Deus" ou "torrentes do diabo". Espírito e príncipe das trevas.

BELZEBU (BEELZEBUB) "Senhor das moscas", discutível, divindade tutelar da terra dos filisteus*. Também traduzido como "senhor do esterco". No Novo Testamento*, "príncipe dos demônios".

BRAHMA Divindade, a primeira da trindade do hinduísmo*, diretor do céu, mestre dos horizontes e dos Vedas*. Personagem "neutro", o seu culto*g nunca foi muito praticado. Os adeptos de Vixnu*d, grande divindade, "aquele que preserva e evolui a criação", o fazem nascer do umbigo de Vixnu engravidada por uma serpente (*Ananta*). A essa deusa atribui-se a invenção do teatro, bem como ter presidido a união de Xiva (v. Xivaísmo*), deus maior do panteão indiano, e Párvati, divindade hindu, irmã de Vixnu, representando a natureza, autoridade suprema nas cerimônias tântricas (v. Tantra*). Brahma, geralmente, é representado com quatro rostos e quatro braços, tendo nas mãos um rosário*g e os quatro livros dos Vedas*. Sua cor é o vermelho.

C

CABOCLOS (POVO DA MATA) Nos ritos*g afro-brasileiros, personificação idealizada dos povos da floresta, divididos em "caboclos de pena" (índios de diversas nações, como aimorés, tupinambás, tamoios etc.) e "caboclos boiadeiros". Considerados os espíritos de mais alto grau de evolução, junto com os pretos-velhos*d, são os guias dos médiuns, fazendo trabalhos de cura e limpeza espiritual. Festejados no dia 24 de junho ou 2 de julho. Cores: verde, branco, vermelho e amarelo, combinados conforme a nação indígena. Indumentária: trajes estilizados de índio (com cocar e carcás) ou boiadeiro (de couro, com capanga). Apetrechos: arco e flecha, chicote. Fetiche: índio brasileiro ou boiadeiro. Dia: quinta-feira. Comidas: milho, peixe, frutas, abóbora. Bebida: batida de mel ou gengibre. Plantas: erva-mate, eucalipto. Recebe oferendas em matas. Saudação: "Okê!" (E.D.G.)

CAIPORA Entidade sobrenatural da mitologia* Tupi, muito difundida nos meios rurais brasileiros, para alguns uma variação dos "curupiras*d" (seres fantásticos de nossas matas). Defensor das árvores e protetor dos animais, lembrando a deusa grega Diana (Artêmis*d). Mito tupi-guarani, vindo do sul do país. Há quem grafe Caaporaassu.

CÁLI Avatar*g de Vixnu*d, Cáli, "a Negra", representa o poder destruidor, parceira de Xiva (v. Xivaísmo*). Geralmente representada em pé, ameaçadora e terrível. Às vezes aparece com uma cabeça de cavalo; outras, brandindo armas, colares de crânios humanos, dançando sobre um corpo inanimado. Seu culto*g se desenvolveu principalmente em Bengala, dando origem a numerosas seitas*, entre as quais a dos tugues*. Templo mais famoso em Calcutá; sacrifícios diários de carneiros e cabras. Mencionada nos Vedas*.

CENTAUROS Na mitologia* grega, criaturas estranhas, meio homens e meio animais, selvagens, torso humano, corpo de cavalo. Habitantes das grandes florestas, nutriam-se de carnes cruas. Temíveis pelo seu comportamento, o qual incluía embriaguez permanente, costumes brutais. Um deles, entretanto, Quirão, foi educador de Ulisses.

CERES V. Deméter*ᵈ.

CERNUNOS Divindade celta adepta da forma de meditação budista (v. Budismo*): sentada à maneira hindu com uma galhada de alce sobre a cabeça, o que lhe valeu ser nomeada como "dotada de chifres". Deus associado à fertilidade e à riqueza. Sinais de conexão com o mundo inferior.

CIGANOS Nos ritos*ᵍ afro-brasileiros, originalmente parte do Povo do Oriente*ᵈ, os espíritos ciganos atualmente são objeto de um culto*ᵍ à parte, desvinculado da umbanda* e geralmente privado, embora os devotos usem a influência dessas entidades para dar consultas de cartomancia e fazer trabalhos mágicos. São conselheiros e dão poder de adivinhação e magia*. Seus feitiços e simpatias são essencialmente europeus. Seus fiéis cultuam santa Sara Kali, a negra (24 de maio), padroeira dos ciganos. No Brasil, são devotos de santa Ana, a "cigana velha" (26 de julho) e Nossa Senhora Aparecida (12 de outubro). Cores: todas as cores claras; nunca usam preto. Indumentária: saia rodada, blusa de babados, lenço ou flor no cabelo para as mulheres; calça, camisa, colete e chapéu para os homens. Apetrechos: joias de ouro, baralhos, pandeiros, punhais, flores, cristais, moedas. Fetiche: boneca com trajes ciganos. Dia: domingo. Comidas: frutas, pão, doces. Bebida: vinho. Plantas: árvores frondosas. Recebe oferendas em matas ou jardins, junto a uma árvore; essas oferendas incluem comidas, bebidas, flores, lenços e fitas coloridos, moedas e os objetos preferidos de cada entidade. (E.D.G.)

CORIBANTES Companheiros da deusa frígia Cibele, realizadores de danças orgiásticas, em homenagem à divindade com música frenética, tocada em instrumentos de sopro e percussão.

CURETES Demônios cretenses (ilha de Creta, Grécia), associados à vegetação. Não raro confundidos ou identificados com os coribantes*ᵈ. Barulhentos, dançarinos, segundo a mitologia*, protegeram Zeus*ᵈ, recém-nascido, de ser devorado por Cronos.

CURUPIRA De *curu* e *pira*, "corpo de menino". "Um dos mais populares entes fantásticos das matas brasileiras". Anão, cabelos vermelhos, pés ao contrário (calcanhares para frente), a mais antiga referência ao seu nome deve-se a José de Anchieta, em maio de 1560. Demônio, capaz de explicar qualquer som misterioso na mata, ou dificuldades, tais como medo repentino, desaparecimento de pessoas, desvio ou esquecimento das trilhas na floresta. Mito (v. Mitologia*) dos índios tupi-guarani. Suas atribuições e atributos são inumeráveis. Figura gigantesca, calvo, corpo cabeludo, configuração física variável conforme o estado ou a área em que esteja. Curupira é ser de maus bofes, engana caçadores e viajantes por pura brincadeira.

D

DAGON (DAGAN) Divindade semítica. *Dagan* em hebraico, quer dizer "cereal", confundido, por vezes, com a palavra hebraica *dag* (peixe), razão pela qual costuma ser desenhado com um rabo de peixe. No Antigo Testamento* surge como deus supremo dos filisteus*ᵍ. Lugar de destaque entre os amoritas.

DAIMONES Deuses olímpicos em Homero, a partir de Hesíodo (século VIII) passam a ser seres intermediários entre as divindades e os heróis. Influentes sobre o destino das pessoas, considerados guardiões das pessoas.

DEMÉTER Deusa grega da terra, da agricultura, dos cereais, corresponde à deusa romana Ceres. Faz parte dos 12 deuses que integram o panteão do monte Olimpo. Teria entregado sementes a Triptolemo e o enviado num carro mágico para todas as partes do mundo, a fim de ensinar o homem a plantar. Os gregos* a homenageavam nos mistérios de Elêusis*. Sua filha, Perséfone, foi raptada pelo deus dos infernos Hades*ᵈ, e Demeter só a recuperou mediante um acordo pelo qual Perséfone passaria 1/3 do ano no inferno* (onde se casara com Hades). Nessa época, a natureza ficava fria e hostil, sendo este o mito grego para a origem das estações. (P.G.)

DIANA V. Artêmis*ᵈ.

DIONISO Deus grego do vinho, correspondente ao romano Baco. Associado a orgias*, bebedeiras e ao comportamento violento e imprevisível que elas suscitam. Era filho de Zeus*d e de Sêmele, e casou-se com Ariadne. Seus seguidores eram as ninfas*d, os sátiros*d e as mênades. Dioniso ensinou os homens a cultivar a vinha, e a ele foi dedicado um teatro em Atenas, berço da tragédia grega. (P.G.)

DIÓSCUROS (Grego, "filhos de Zeus*d".) Irmãos gêmeos Castor e Pólux, expedicionários contra Atenas, participantes da viagem dos Argonautas.

DURGÁ ("A de difícil acesso", sânscrito.) Divindade hindu (v. Hinduísmo*), gênero "grande Mãe", adorada pela população de Bengala e Dekã. Esposa de Xiva (v. Xivaísmo*). Tem poderes para manifestar-se com aspecto horrível, aparecendo como Cáli*d ("a negra") e outras deusas. Festividade no outono.

E

E.A. Deus babilônico, domínio dos mares, senhor da sabedoria e da magia*. Entre os hititas, povo asiático, adotava o nome de Aas, entendido como o "rei dos bons conselhos".

EL Denominação dada pelos sírios e cananeus, conhecida no sul da Arábia como uma divindade poderosa. Equiparado a Poseidon*d (nome grego de Netuno, um dos 12 olímpicos). Em algumas regiões, símbolo da fertilidade.

ENLIL (Sumério, "senhor do vento".) Em acádio Ellil, em grego, Illinos. Divindade suprema do panteão sumério, conhecido como "boi selvagem" (Rimu) devido a sua força descomunal.

EROS Deus grego do amor, filho de Ares*d (nome grego de Marte) e Afrodite*d (nome grego de Vênus), divindade primordial, classificado por Hesíodo, poeta grego do século VIII a.C., como "o mais belo entre os deuses". A arte e a crença popular o apresentam como um jovem alado com um arco e flecha. Criador do mundo, para alguns.

EUÁ Nos ritos*g afro-brasileiros, vodum*g Yewa. Irmã de Oxumarê*d, é considerada a cobra fêmea e o lado branco do arco-íris. Como deusa das chuvas, promove limpeza, harmonia, alegria e beleza. É guerreira e protege as moças. Cores: vermelho e branco. Indumentária: saia vermelha e branca; faixa peitoral e turbante vermelhos; contas vermelhas e búzios. Apetrechos: arpão e espada. Fetiche: arpão de latão. Dia: sábado. Comidas: canjiquinha, batata-doce com mel, banana. Bebida: champanha. Sacrifício: pomba branca. Plantas: alga, aguapé. Animal: caramujo de rio. Recebe oferendas em rios e lagos. Saudação: "*Ri Ro!*" Sincretismo*g: Nossa Senhora das Neves (5 de agosto). (E.D.G.)

EXU Nos ritos*g afro-brasileiros, vodum*g Legbá, inquice*g Bombojiro. Bará no batuque. Mensageiro dos orixás*, é um diabrete que mantém a ordem e pune os transgressores. Primeiro filho de Oxalá*d e Iemanjá*d, foi expulso de casa por ser muito travesso, e o país onde vivia ficou na miséria até que lhe foram dados presentes; por isso é o primeiro a receber oferendas nos rituais. Dono das encruzilhadas, abre ou fecha os caminhos. Dono do corpo e da magia*, atua nas questões materiais, na sexualidade e na feitiçaria. No sincretismo*g religioso foi associado ao diabo cristão e transformado em uma multidão de entidades que formam o Povo da Rua*d e as linhas da quimbanda*. Cores: vermelho e preto. Indumentária no candomblé*: saiote listado de preto e vermelho, gorro vermelho, adereços de palha, contas vermelhas e pretas (na umbanda*: v. Povo da Rua*d). Apetrechos: "agô" (bastão) no candomblé, tridente na umbanda. Fetiche: boneco de terra, argila, búzios e ferro (candomblé), imagem com traços demoníacos (umbanda). Dia: segunda-feira. Comidas: farofa com dendê, bife, limão. Bebida: "marafo" (cachaça). Sacrifício: bode ou galo pretos. Plantas: pimenta, arruda. Recebe oferendas em encruzilhadas. Saudação: "*Laroiê!*" Sincretismo: santo Antônio (13 de junho). (E.D.G.)

F

FADAS Concebidas como espíritos da natureza, de ordem menor, habitantes das nascentes, grutas e florestas. De modo geral, amigas e favoráveis aos seres humanos, embora não hesitassem em puni-los quando ingratos. Nas religiões germânicas, eram denominadas "elfos". O nome "fada" procede do latim *fatua*, visionária, e *fatum*, destino. Três delas eram tidas como as deusas do destino.

FAUNO Divindade romana cultuada no monte Palatino. Protetor dos pastores e rebanhos. Caráter benfazejo, visto como neto de Saturno (nome latino de Cronos). Templo na ilha do Tibre (Itália). Temido por momentos de seu comportamento. Remotamente, identificado como Lupercus.

FÓSFOROS ("Portadores da luz".) conhecido também como Heosphoros. Deus grego, representado como um jovem alado e desnudo. Em latim, Lúcifer*d.

G

GEIA (Em grego Gaia, "Terra".) Divindade grega. Engravidada por Urano*d (= "céu"), concebe os Titãs*d e os Ciclopes (em grego, "olhos redondos"), estes, gigantes devoradores de homens e com um olho no meio da testa.

GÊNIOS Espíritos protetores. Os etruscos* e romanos* os representavam como jovens desnudos e alados. A partir do século XVII, o termo tem sido aplicado a figuras aladas masculinas e femininas. No Oriente, seres híbridos e fantasmagóricos possuidores de forças sobrenaturais.

GNOMOS Na Europa, a população os via como seres demoníacos, habitantes dos bosques, montanhas e rios. De pequena estatura, geralmente dotados de traços feios. Segundo a cabala*, viviam no interior da Terra.

H

HADES (Do grego *Aides*, o "invisível".) Divindade grega dominante no mundo inferior, filho de Cronos e de Reia. Com o epíteto de Pylartes ("aquele que fecha os portões"), Hades toma conta da entrada de seus domínios, a fim de impedir a saída dos que entraram. A riqueza do interior da Terra fez com que o deus ganhasse mais um nome: Plutos (de *ploutos*, riqueza), associado a Plutão, divindade infernal.

HATHOR Deusa celeste egípcia, "casa de Hórus*d". Primordialmente, tida como a mãe do deus-sol (Hórus), foi substituída nessas funções por outra divindade, Ísis*d, sem, porém, deixar de integrar o panteão egípcio. Sua configuração plástica a faz representada em forma humana com chifres de vaca sobre a cabeça e o disco solar entre eles; deusa da música e do amor. Um antigo culto*g a fez "rainha das tamareiras e dos sicômoros".

HEFESTO (OU HEFAISTO) Deus grego do fogo e da forja, nomeado pelos romanos Vulcano. Uma das 12 divindades olímpicas. Divindade disforme, coxo, segundo a tradição, devido a ter sido atirado por Zeus*d (em Roma, Júpiter) do alto do Olimpo num momento de raiva, por ter Hefesto tentado socorrer Hera, sua mãe (que o gerou sozinha) e mulher de Zeus, quando brigavam. Artesão extraordinário, criou obras magníficas, entre elas a couraça de Hermes*d, as flechas de Apolo*d, o escudo de Aquiles. Marido de Afrodite*d (Vênus). Representado como homem de certa idade, feio e barbudo, empunhando tenazes e um martelo. (P.G.)

HEIMDALL Divindade germânica. Reside em Himinbjorg ("montanha celeste"), filho de virgens gigantes. Há controvérsias quanto ao significado de seu nome, sendo preferido "resplandecente". Uma outra hipótese o compara a uma forma da palavra "carneiro": *heimdali*. Outra sugestão o elegeria como pai da humanidade, "sentinela dos deuses".

HERA Deusa grega, irmã e também mulher de Zeus*d, o principal deus do Olimpo, portanto rainha dos deuses e dos homens e, principalmente, das mulheres. Seu correspondente romano é Juno. Representada como uma matrona cheia de dignidade, o que não impedia seus acessos de cólera, principalmente devido às seguidas traições de Zeus: vingou-se de Héracles*d, filho do amor adulterino de Zeus e Alcmena, conseguindo impor-lhe os "12 trabalhos"; tentou impedir o nascimento de Artêmis*d e de Apolo*d, filhos de Zeus e Leto; perseguiu Io, a quem Zeus transformou em vaca para escondê-la da esposa. (P.G.)

HÉRACLES (Hércules, em latim.) Semideus, herói, filho de Zeus*d, deus supremo, e Alcmena, simples mortal. Benfeitor da humanidade, dotado de extraordinária força, ainda bebê estrangulara duas serpentes enviadas pela deusa Hera*d, enciumada. Famoso pelos

12 trabalhos realizados (*doderathlos*) a serviço do rei Euristeu, culminando com a vitória sobre Cérbero, "o cão do inferno". Morte voluntária, aceito no Olimpo e vencedor de todos os desafios, tornou-se imortal.

HERMES Mensageiro dos deuses na mitologia* grega, um dos 12 deuses do Olimpo, correspondente ao Mercúrio romano. Patrono do comércio, às vezes mentia, o que lhe valeu ser considerado também protetor dos ladrões. Em uma de suas variantes, era quem conduzia os mortos ao inferno*. Presenteou Apolo*d com uma lira de sete cordas, que ele criara. Representado com sapatos e capacete alado, empunhando o caduceu, um bastão alado no qual duas serpentes se enroscam. (P.G.)

HÉSTIA Deusa da lareira e do fogo na mitologia* grega, pertencente ao panteão de 12 deuses do Olimpo; corresponde à Vesta romana. Protetora do lar, da cidade e do estado. Era filha de Cronos (Saturno) e de Reia, e uma das deusas mais apreciadas pelos gregos*, que lhe ofereciam os melhores sacrifícios. As sacerdotisas de Vesta eram chamadas "vestais". (P.G.)

HÓRUS Representado como um falcão, tendo por olhos o Sol e a Lua, o nome desse importante deus egípcio significa "o elevado". Do combate entre Seth*d e Hórus resulta uma divisão, o primeiro governará o Alto Egito, e o segundo, o Baixo Egito. Origens obscuras; grande número de santuários, nos quais o deus trazia vários nomes. Estreitamente ligado a Rá*d. Todos os deuses que aspiram à universalidade deverão aceitar um aspecto solar: Amon-Rá, Sobek-Rá e outros.

I

IANSÃ (OIÁ) Nos ritos*g afro-brasileiros, vodum*g Abé, inquice*g Maionga. Deusa das tempestades, dos ventos e da sexualidade feminina. Domina os eguns (mortos). Antes mulher de Ogum*d, fugiu com Xangô*d, que a seduzira, o que provocou grandes lutas entre os orixás*. Guerreira e aventureira, é, entre as três esposas de Xangô, sua melhor companheira. Cores: vermelho e branco. Indumentária: saia e faixa peitoral vermelha ou vermelha e branca, coroa de cobre, contas vermelhas. Apetrechos: alfanje, "eruexim" (chicote de crina de cavalo). Fetiche: alfanje de cobre (candomblé*), imagem católica (umbanda*). Dia: quarta-feira no candomblé, terça-feira na umbanda. Comidas: acarajé, xinxim de galinha, manga-rosa. Bebida: champanha. Sacrifício: cabra e galinha vermelhas. Plantas: bambu, espada-de-iansã. Animal: borboleta. Recebe oferendas em cachoeira. Saudação: "*Epahei!*" (h aspirado). Sincretismo*g: santa Bárbara (4 de dezembro).

IBÊJI Nos ritos*g afro-brasileiros, vodum*g Hobo, inquice*g Vunge. Orixá dos gêmeos, também conhecido como Beje. Filho de Iansã*d e Xangô*d. Não confundir com os "erês", formas infantis dos orixás. Culto*g dos mais populares; por extensão passou a ser o patrono das crianças. Sua festa é sempre infantil, realizando-se sempre à tarde, encerrada com um pequeno banquete oferecido às crianças. Cores: vermelho e verde. Indumentária: saia estampada em cores vivas, blusa branca, contas verdes e vermelhas. Apetrechos: brinquedos. Fetiche: par de bonecos de madeira (candomblé*) ou imagem católica (umbanda*). Dia: domingo. Comidas: caruru, cocada, frutas doces. Bebida: suco de frutas. Sacrifício: casal de frangos ou pombos brancos. Plantas: alecrim, roseira. Animais: passarinhos. Recebe oferendas em jardins. Saudação: "*Omi Beijada!*" Sincretismo*g: santos Cosme e Damião (27 de setembro). Na Bahia, com os santos Crispim e Crispiniano (25 de outubro).

ÍBLIS Também chamado Ach-chaytan al mardjum, literalmente, "Satã, o lapidado". Principal encarnação do demônio no mundo islâmico (v. Islã*). Íblis é forma derivada do grego *diabolos*. Segundo o Alcorão*, Deus após ter criado Adão ordena aos anjos* se prosternarem diante dele; um, Íblis, recusa, é expulso e maldito, sendo-lhe dado, porém, o poder de perverter aqueles que não são fiéis a Deus. Segundo alguns, coube a Satã incitar Adão e Eva a desobedecer ao "mestre". Por isso este é banido do paraíso e privado dos benefícios celestes.

IEMANJÁ Nos ritos*g afro-brasileiros, vodum*g Abotô, inquice*g Dandalunda. Orixá* dos mares e oceanos, deusa da maternidade e das mulheres, protetora dos pescadores e marinheiros. Esposa de Oxalá*d e mãe de vários orixás. O mais popular dos orixás, também nomeada sincreticamente Janaína e Sereia do Mar. Cor: azul-claro. Indumentária: saia azul-clara, blusa branca, adereços prateados; contas de cristal incolor ou azul transparente. Apetrechos: "abebé" (leque redondo) prateado, com imagem de sereia. Fetiche: abebé (candomblé*), imagem de sereia ou da Rainha do Mar (umbanda*). Dia: sábado. Comidas: peixe, manjar de coco, mamão. Bebida: champanha. Sacrifício: cabra, galinha, pata brancas. Plantas: lágrima-de-nossa-senhora, colônia. Animais: peixes. Recebe oferendas em praias. Saudação: *"Odó Iyá!"* Sincretismo*g: Nossa Senhora da Glória (15 de agosto) e Nossa Senhora das Candeias (2 de fevereiro). Às vezes, Nossa Senhora da Conceição (8 de dezembro).

IFÁ Nos ritos*g afro-brasileiros, vodum*g Fá, inquice*g Kassumbenka. Grande orixá* do destino e da adivinhação. Não incorpora, ou seja, nunca "baixa". Sem ter culto*g organizado nos terreiros, é conhecido e respeitado. O "babalaô", sacerdote de Ifá, cumpre o seu ministério através da adivinhação por meio de sementes, jogando com caroços de coquinhos de dendê, o *opelê-ifá* ("rosário de ifá" ou "colar de ifá", corrente na qual estão enfiadas metade de caroços de frutos de uma árvore africana) ou búzios. Uma vez jogadas, as peças formam várias figuras, resultando em 16 combinações (odus). Cabe ao babalaô interpretar como caem os coquinhos adivinhatórios. Cor: amarelo e branco. Apetrechos: colar de ifá e tabuleiro de ifá (do jogo de búzios). Dia: quinta-feira. Sincretismo*g: Espírito Santo.

ÍNCUBO (Do latim, *incubu*, "o que fica em cima".) Demônios masculinos que se apoderam de mulheres adormecidas. Na bruxaria esse nome designa o próprio diabo. Provocador de pesadelos.

INDRA ("Forte", "poderoso".) Divindade suprema do panteão védico (v. Vedas*) (Índia). Deus da guerra e dos fenômenos atmosféricos. Características comuns com Zeus*d (grego) e com Thor (germânico). Deus violento, amoral, corajoso. Segundo narrativas antigas, Indra é um dos avatares*g de Xiva (v. Xivaísmo*). No hinduísmo*, vemo-lo sentado num elefante branco, constantemente acompanhado pelos *Marut*, seus acólitos. No hinduísmo, divindade secundária.

IROCO Nos ritos*g afro-brasileiros, vodum*g Loco (*Loko*), inquice*g Kitembo (Tempo). É uma figura misteriosa, ao mesmo tempo orixá* e árvore sagrada (pé de iroco) onde moram todos os orixás. Senhor do tempo, rege as mudanças de clima e as estações do ano. Protege de perigos e facilita as transformações, mas é imprevisível, ora amável, ora irado. A bandeira de Tempo (branca) é colocada na entrada dos terreiros onde é cultuado (especialmente no candomblé* angola). Cores: branco, cinzento, verde, palha. Indumentária: bata cinzenta, faixa peitoral branca, gorro de palha, contas cinzentas. Apetrechos: grelha metálica semelhante a escada. Fetiche: escadinha metálica. Dia: terça-feira. Comidas: acaçá, canjica, inhame. Bebida: cerveja clara. Sacrifício: pombo e cabrito brancos. Plantas: gameleira branca e cajazeira. Animal: papagaio. Recebe oferendas nas matas, junto a árvores. Saudação: *"Iroko I Só!"* Sincretismo*g: são Lourenço (10 de agosto) e são Francisco de Assis (4 de outubro), sincretizado com Tempo. (E.D.G.)

ÍSIS Do nome egípcio Iset (copta*, Ese), deidade feminina, personagem que traz na cabeça a efígie do poder, da autoridade. O mito narra como buscou entre os mortos seu irmão e marido, Osíris*d. Introduzida no mundo da magia* e da necromancia (arte de adivinhar o futuro pelo contato com os mortos). Mais tarde, padroeira dos marinheiros.

ISTAR Originalmente, Estar. V. Astartéa*d

J

JANO (IANUS) "Deus do começo", romano, de origem remota, simboliza o começo e o fim quando o ano velho torna-se novo. Daí o mês de janeiro dele derivar o nome. Chaves e bastão de ponteiro. Templo fechado em épocas de paz e aberto durante as guerras. Mitologia*: "a humanidade deve a Jano a jurisprudência e a agricultura".

JEOVÁ A partir do século XIII (data discutível) forma empregada para designar Iavé, outra transliteração do nome do Deus exclusivo dos israelitas, aos quais é proibido pronunciar Seu nome. Nas Escrituras judaicas é grafado por um tetragrama* de consoantes. YHVH. Significado mais aceito: a fusão de três conjugações temporais do verbo "ser", no passado, presente e futuro. (V. tb. *Adonai**, Nomes de Deus*.)

JUNO V. Hera*d.

JÚPITER V. Zeus*d.

K

KITANITOWIT Divindade suprema dos índios algonquinos que vivem no leste do Canadá e no nordeste dos Estados Unidos. Seu nome quer dizer "bom criador", eterno e onipresente. Invisível, podendo abraçar o mundo inteiro, é representado como um círculo no meio do qual se assinala um ponto marcado significando o centro do mundo. Ao redor, quatro indicadores identificam os quadrantes celestes.

KRISHNA (Também Krisna, ambas as formas significando "escuro", o "escuro".) Cognominado "O Negro". Deus hindu (v. Hinduísmo*), oitavo avatar*g de Vixnu*d. Provavelmente, a mais venerada divindade de toda a Índia. Um sem-número de templos lhe são consagrados. Porta-voz do *Bhagavad-Gita* onde surge como deus supremo. A seu respeito, lendas incontáveis. Representado como um jovem magnificamente ornamentado de joias de um rei e acompanhado de suas "vaqueiras" (*gopi*). Aqui, a palavra "Go" é o nome de uma vaca — na Índia, animal sagrado — criado por Brahma*d. Krishna, entre outros atributos, simboliza o amor divino.

KULSHEDRA Demônio integrante das lendas albanesas, representado como uma velha gigantesca ou como um dragão cuspindo fogo. O nome (feminino) procede do latim *chersydrus* (serpente que vive na água e na terra). Poderes para provocar a escassez de água, só corrigida com sacrifícios humanos.

L

LAKSMI Deusa indiana, símbolo de beleza e boa sorte. Outro nome: Sri. Nos Vedas*, era a esposa de Varuna*d, deus supremo, criador de três mundos: o céu, a terra e a atmosfera. Guardiã da ordem e da moral. Parceira de Vixnu*d. Representada sentada numa flor de lótus. No Japão, conhecida como Kichijo-tem, e na China, Gon-de Tian. Uma infinidade de formas.

LAMA (Lamassu, acádio.) Demônio benevolente e protetor, feminino. À época do domínio assírio (séculos VII/VI a.C.), mormente no período final, Lama e seu parceiro Sedu eram esculpidos nas entradas do palácio, configurados como guardiões e caracterizados antropomorficamente: metade gente, metade touro (v. Antropomorfismo*). (Não confudir com o lama tibetano.)

LARES Espíritos, forças obscuras, divindades, esse nome não se afigura etimologicamente claro ou definido. Na religião romana (v. Romanos*) onde aparecem com frequência, os lares são entidades protetoras das colheitas, das ruas, da família e até da própria Roma (*lares praetistes*). Também as estradas e encruzilhadas beneficiavam-se da tutela dessa divindade, cultuada em público ou em casa. Cada residência possuía o seu lar, deus benfazejo, companheiro permanente dos penates*d. O culto*g aos lares acabou por ser suprimido ao findar da República sendo, porém, restabelecido por Augusto (63 a.C.-14 a.D.), imperador romano que imediatamente o assimilou ao seu gênio*d (do latim *geniu*, raiz *gen*, "engendrar", "conceber"), deus intrinsecamente vinculado ao que é humano. Na concepção romana todo homem tem seu gênio, especificamente masculino. O gênio, para os romanos, assegura a descendência. Na família, em casa, o gênio protege os que nela vivem e moram; é objeto de culto realizado em santuário especial, o larário, onde o chefe da família lhe oferece flores e outras homenagens por ocasião de acontecimentos importantes: aniversários, casamentos, nascimentos etc. De modo geral, o romano acredita que o gênio está em toda parte, nas ruas e encruzilhadas, nas tropas, nas corporações, nos monumentos. Até mesmo as grandes personalidades o cultuavam, como o próprio Augusto, que, para associar as camadas inferiores da sociedade ao sistema político por ele montado (na realidade, uma monarquia), não hesitou em trazer para a família imperial um culto público, até então doméstico. A instituição dessa modalidade de culto fazia com que cada família ficasse unida a ele, Augusto e aos seus descendentes. Com isso, caracterizava-se a divinização daquele que, pelo exercício de suas atribuições e pelo seu poder, situava-se acima dos mortais.

LASAS Seres femininos, integrantes do panteão etrusco*, representadas com ou sem asas, munidas de espelhos e guirlandas, ricamente enfeitadas. Frequentes no séquito de Turan, deusa do amor. À semelhança dos gênios, as lasas não são privilegiadas com poderes sobrenaturais, podendo ser consultadas sem as homenagens exigidas pelas grandes divindades.

LÊMURES Na Antiguidade romana, espectros de indivíduos mortos que vagueavam à noite atormentando os vivos. Suas festas: lemúrias, comemoradas em 9 de novembro e 13 de maio, ocasiões em que os moradores saíam de suas casas à meia-noite atirando feijões pretos como oferendas.

LEVIATÃ V. Behemot*d.

LILIT Divindade feminina do folclore judaico, primeira mulher de Adão no paraíso. Revoltada por lhe ter sido negada condição de igualdade com seu marido, pronunciou o nome inefável de Deus e voou para o mar Vermelho, tornando-se a noiva do próprio demônio, Samael. Lilit tem a forma de uma mulher sedutora que voa na noite para recolher o sêmen de poluções noturnas e com ele gerar demônios, além de roubar e molestar recém-nascidos. Segundo uma lenda picaresca, Lilit se apresentou certa vez ao rei Salomão*b disfarçada como a rainha de Sabá. Desconfiado, Salomão levantou-lhe a saia para descobrir o par de pernas cabeludas da demônia. (P.G.)

LOGUNEDÊ Orixá* pouco conhecido no Brasil. Filho de Oxóssi*d e Oxum*d. Bissexual, durante seis meses é Martim Pescador, servo do pai e masculino; nos outros seis, é o Peixe Marinho, feminino e servo da mãe. Representa a beleza adolescente masculina. Proporciona sorte, beleza e alegria. Cores: amarelo e azul. Indumentária: saia amarela, faixas peitorais branca e azul, couraça e capacete prateados; contas azuis e amarelas. Apetrechos: "iruquerê" de Oxóssi e "abebé" de Oxum. Fetiche: espada e flecha de latão, cavalo-marinho. Dia: quinta-feira. Comidas: de Oxóssi quando é macho e de Oxum quando é fêmea. Bebida: aluá (abacaxi fermentado). Sacrifício: bode castrado. Plantas: milho, malmequer. Animal: peixe. Recebe oferendas em rios. Saudação: *"Olu A Ô Ioriki!"* Sincretismo*g: santo Expedito (19 de abril). (E.D.G.)

LÚCIFER (Latim, "o portador da luz".) Segundo o cristianismo*; o diabo (v. Demonologia*), por vezes sinônimo de Satã (de Satanás, hebraico, "o que arma ciladas"). Certas seitas* gnósticas (v. Gnosticismo*) o consideravam o "primogênito de Deus". O mais belo dos anjos*, tornou-se Satã pelo orgulho de se igualar a Deus. Nome do planeta Vênus. Luceferário, o que leva a lanterna nas procissões.

M

MAAT Conceito divinizado no Egito antigo, filha de Rá*d, rei solar, representando a ordem, a coesão social, incorporando a justiça, a verdade e a legalidade. Configurada sob a forma de uma mulher trazendo na cabeça uma pluma de avestruz. É ela que os reis oferecem aos deuses. Maat representa a ordem universal, a lei pela qual o mundo é sustentado. Ela é o equilíbrio do universo.

MAHAVIRA ("Grande Alma" ou "Grande Herói", sânscrito.) Título dado a Vardhamana, o fundador do jainismo*, o último dos Tirtakaras, líderes jainistas divinizados. Mahavira tornou-se profeta, anunciador da salvação. Outro nome: Jina ("conquistador"). Símbolo: leão.

MAKEMAKE Importante divindade da Polinésia, na ilha de Páscoa. Deus do mar, simbolizado pela andorinha. Responsável pela fertilidade biológica da ilha. As famosas e gigantescas figuras de pedra integram o seu culto*g.

MANES Denominação dada pelos romanos a espíritos e divindades infernais, espíritos esses considerados pacíficos desde que homenageados. Para isso, os romanos, regularmente, dedicavam aos manes festividades especiais e liturgias próprias. No período imperial, o nome das pessoas mortas, gravado na sepultura, era quase sempre precedido de duas letras: D.M., isto é, *Dis manibus*, fórmula dedicada aos deuses.

MANITU Denominação dada pelos índios algonquinos da América do Norte para caracterizar uma energia impessoal e vital, imanente a pessoas, animais, vegetais e até aos fenômenos da natureza. Gêni tutelar para alguns índios americanos. Manitu, grande espírito.

MARDUK (Amar-utur, sumério; Merodach, hebraico.) Deus tutelar do império babilônico. Predominância confirmada num célebre poema onde está relatada sua vitória sobre Tramat ("mar", acádio). Considerado "senhor dos deuses" pelo seu saber e discernimento. Pai de Nabu, deus da escrita e da literatura. Nome de origem e de etimologia controversas, Filho de Éa, com quem dividia o patronato do exorcismo*. Corpo celeste: Júpiter.

MARTE V. Ares*d.

MERCÚRIO V. Hermes*d.

MINERVA V. Atena*d.

MITHRA Deus iraniano, responsável pelos contratos e fiador das promessas. No zoroastrismo, desalojado de sua posição dominante por Ahura Masda (v. tb. Masdeísmo*). Posteriormente restaurado ao poder. No Avesta*, Mithra surge com 10 mil orelhas e olhos, utilizando carruagem puxada por cavalos brancos.

MITHRAS Também grafado Mitras, divindade oriental. Atualmente opta-se por nele ver uma "forma de Perseu divinizado, oriundo de Tarso, na Ásia Menor". Divindade favorita dos soldados; deus da lealdade e da luta contra o mal. Sua difusão, ao que tudo indica, vincula-se às legiões romanas e aos mercadores. Culto*g vedado ao sexo feminino.

MITRA (Indiano.) Deus védico (v. Vedas*) da amizade, forma do Sol, segundo opinião de alguns. E também da divindade iraniana Mithra*d. Mitra governa de dia, enquanto Varuna*d, o deus supremo do vedismo, o faz à noite. Deus amistoso.

MUSAS Filhas de Zeus*d e de Mnemósine, as musas são nove irmãs, "frutos de nove noites de amor". Outras genealogias: filhas de Harmonia, Urano*d e Geia*d (o céu e a Terra). Vivem no Olimpo; cada uma responsável por setores da arte e da ciência: Erato (poesia), Euterpe (música), Calíope (poesia épica, filosofia), Clio (História), Melpone (tragédia), Polímnia (canção), Terpsicore (dança), Tália (comédia) e Urânia (astronomia). Cantoras, sendo seu canto mais antigo o que entoaram após a vitória dos Olímpicos sobre os Titãs*d.

N

NANÃ Nos ritos*g afro-brasileiros, vodum*g Burucu, inquice*g Zambarandá. A mais antiga divindade das águas, não das limpas, mas das estagnadas, dos pântanos. Nanã é *Iyánlá* (Grande Mãe), mãe de todos os seres e coisas, especialmente dos mortos. Segunda esposa de Oxalá*d, mãe de Omolu*d, Oxumarê*d e Euá*d. Originalmente um vodum jeje*g, foi incorporada à religião dos iorubás*g, junto com os filhos, ainda na África, após a conquista do Daomé por esse povo. Variantes do nome: Naná, Nanã Burucu, Anamburoquê e outros. Cores: anil e branco (candomblé*), roxo (umbanda*). Indumentária: bata branca ajustada por faixa peitoral anil, turbante anil, adornos de palha e búzios. Apetrechos: "ibiri" (feixe de fibras de dendezeiro forrado com fitas), vassoura de palha. Fetiche: ibiri de metal prateado (candomblé), imagem católica (umbanda). Dia: terça-feira. Comidas: efó, canjica, jaca. Bebida: vinho branco. Sacrifício: cabra e galinha brancas. Plantas: manacá, trapoeraba roxa. Animal: rã. Recebe oferendas em pântanos e ruínas. Saudação: "*Salúba!*". Sincretismo*g: santa Ana (26 de julho).

NÊMESIS A um só tempo, abstração e divindade. A esta é atribuído um mito, envolvendo sua união com Zeus*d, deus supremo dos gregos*. Nêmesis é filha da Noite (Nix); contrária a essa união, transforma-se um sem-número de vezes. Divindade distribuidora da justiça; punitiva das más ações e da arrogância. Reverenciada nos anfiteatros e hipódromos.

NEREIDAS Cinquenta filhas de Nereu, deus grego dos mares. Vinculadas a fenômenos marítimos. Dedicavam-se a fiar, tecer e cantar, brincando nas ondas e cavalgando delfins e tritões. Representadas cercadas de flores, cabeleiras repleta de pérolas.

NETUNO V. Posêidon*d.

NINFAS (*N´ymphe*, grego, "noiva".) Deidades femininas, em plano inferior ao dos deuses, eventualmente vistas como demônios (v. Demonologia*), mormente quando acompanhadas de sátiros*d ou de silenos*d. Divindades secundárias, as ninfas presidem a reprodução e a fecundidade. Sua ação, sempre benfazeja, alcança os seres humanos. Embora não fossem imortais, atingiam idade avançada. Dois grandes grupos: ninfas das águas e da terra. Particularmente cultuadas na Grécia. Vestidas com roupas leves, cabelos prateados, soltos, trançados. Algumas portam arco e flecha.

NINURTA Um dos mais antigos deuses da Mesopotâmia. Significações do nome: "Senhor da terra", filho de Enlil*d. Patrono dos rebanhos, responsável pela fertilidade campestre. Tradição guerreira. É Ninurta que enfrenta Zu, pássaro demoníaco, larápio que rouba as fábulas do destino visando a assumir a liderança divina.

NORNAS (De *norn*, "a que sussurra".) Na mitologia* germânica, profetisas que previam o destino das pessoas no momento em que nasciam. Inicialmente em grande número, acabaram reduzidas a uma tríade. Capazes de visualizar o passado, o presente e o futuro. Amigas íntimas das valquírias.

O

OBÁ Nos ritos*g afro-brasileiros, vodum*g Obachi. Orixá* das águas revoltas, enérgica e forte. Muito confundida com Iansã*d, pois também é guerreira, mas é mais austera e justiceira. Primeira e mais velha das mulheres de Xangô*d, foi abandonada por ele. Enganada por Oxum*d, cortou uma orelha para fazer uma sopa, a fim de enfeitiçar o marido, que se enfureceu ainda mais. Por isso dança se escondendo uma orelha com seu escudo. Cores: vermelho e amarelo. Indumentária: bata vermelha e branca, faixa peitoral amarela, coroa e pulseiras de cobre, contas amarelas e vermelhas. Apetrechos: espada e escudo de cobre. Fetiche: espada e escudo em cobre. Dia: quarta-feira. Comidas: moqueca de ovos, abará, manga-espada. Bebida: champanha. Sacrifício: pata, cabra ou galinha vermelhas. Plantas: mangueira, manjericão. Animal: *conquém* (galinha-d'angola). Recebe oferendas em cachoeiras. Saudação: "*Obá xirê!*". Sincretismo*g: santa Joana d'Arc (30 de maio) no Nordeste e RJ; santa Catarina (25 de novembro) no Sul.

OGUM Nos ritos*g afro-brasileiros, vodum*g Gum, inquice*g Roxomucumbe. Deus do ferro e da guerra. Vencedor das Demandas. Artífice da forja, patrono das artes manuais, vida cheia de aventuras amorosas. Segundo filho de Iemanjá*d, aventureiro e conquistador de reinos. Existem muitos Oguns. No candomblé*, os mais conhecidos são: Xoroquê (metade Exu*d), Megê (dos mortos), Delê (jovem guerreiro), Onirê (da terra), Ogunjá (ligado a Oxalá*d). Na umbanda* são sete chefes de legiões ligados às outras linhas: Matinata (Oxalá), Beira-Mar (Xangô*d), Rompe-Mato (Oxóssi*d), Iara (Iemanjá), Nagô (pretos-velhos*d), Megê (Omolu*d) e Malei (Exu). Cores: azul-escuro (candomblé), vermelho e branco (umbanda). Indumentária: calça e faixa peitoral de pano, saiote de pano ou palha; armadura estilizada e capacete prateados; contas azul-escuras (candomblé) ou vermelhas e brancas (umbanda). Apetrechos: espada prateada, capanga. Fetiche: jogo de ferramentas de agricultura em ferro (candomblé), imagem católica (umbanda). Dia: quarta-feira (candomblé), terça-feira (umbanda). Comidas: feijoada, angu com miúdos, manga-espada. Bebida: cerveja clara. Sacrifício: cabrito ou galo vermelhos. Plantas: espada-de-ogum, guiné. Animais: cachorro, cavalo. Recebe oferendas em estradas, ferrovias e ruas. Saudação: "*Ogunhê!*" ou "*Patakori!*" Sincretismo*g: são Jorge*b (23 de abril) no Sudeste e Sul; são Sebastião (20 de janeiro) ou santo Antônio (13 de junho) no Nordeste.

OMOLU Nos ritos*g afro-brasileiros, vodum*g Obaluaiê, inquice*g Cajanjá. Orixá* da varíola, peste, pragas e doenças, e também da cura. Considerado o Médico dos Pobres. No Brasil tem duas formas: Obaluaiê (jovem) e Omolu (velho). Também chamado Xapanã (no Sul), Sapatá, Intoto (a terra), entre muitos nomes. Rejeitado por Nanã*d, quase morreu e foi salvo por Iemanjá*d. Cores: preto, branco e vermelho. Indumentária: calça de pano rústico e capa de palha que cobre o corpo todo; contas pretas, brancas e vermelhas, colar de búzios. Apetrechos: *xaxará* (cajado de fibras de dendezeiro forradas com palha e enfeitado com búzios). Fetiche: cuscuzeiro invertido com sete lanças de ferro nos furos (candomblé*), imagem católica (umbanda*). Dia: segunda-feira ou sexta-feira (umbanda). Comidas: pipoca, bife de porco, banana-da-terra. Bebida: água. Quizilas: sal, peixe. Sacrifício: galo e cabrito pretos. Plantas: cravo-de-defunto, zínia. Animal: cachorro. Recebe oferendas em cemitérios. Saudação: "*Atotô!*". Sincretismo*g: Obaluaiê é são Roque (16 de agosto); Omolu é são Lázaro (17 de dezembro).

ORMUZD Também conhecido como Ahura Masda, o deus bom do sistema religioso dualista (v. Dualismo*) dos persas, que se opõe a Arimã*d (v. Masdeísmo*, Zoroastro*b).

OSÍRIS Divindade egípcia, filho de Geb, deus-terra e de Nut, deusa-céu, nascido na cidade de Busíris (Delta), no alto Egito, identificado, em Abydos, como o deus da morte. Conforme o mito, foi assassinado pelo irmão Seth*ᵈ. Seus restos mortais foram recolhidos por Isís*ᵈ, sua irmã e esposa, e revividos para que ela recebesse de Osíris o seu filho Hórus*ᵈ, que assumiu a herança do pai; Osíris tornou-se então soberano dos mortos. Na qualidade de rei, faz germinar as plantas na superfície da Terra. Como senhor do mundo inferior, representa o Sol. Atributos: báculo e açoite.

OSSAIM (OSSÃE) Nos ritos*ᵍ afro-brasileiros, vodum*ᵍ Neossum, inquice*ᵍ Katendê. Dono do axé vegetal, feiticeiro. Profundo conhecedor das plantas cuja colheita obedece a uma gama de ritos e regras específicas, postas em prática pelo "babalossaim", seu sacerdote. Só têm valor as plantas selvagens, colhidas ao som de cânticos e oferendas propiciatórias. Sexo discutível, uns afirmando ser masculino, outros, feminino. Frequentemente tido como bissexual. Na umbanda* tornou-se a cabocla Ossanha. Cores: verde e branco ou azul e vermelho. Indumentária: saia estampada, faixa peitoral branca, gorro estampado, contas nas suas cores. Apetrechos: haste metálica com sete pontas e um pássaro. Fetiche: folhas de palmeira feitas em cobre (candomblé*), imagem de cabocla (umbanda). Dia: quinta-feira. Comidas: canjiquinha, pamonha, milho com mel. Bebida: aluá. Sacrifício: bode e galo vermelhos. Plantas: mamona, pitangueira. Animais: pássaros. Recebe oferendas em matas. Saudação: "*Ewê ô!*". Sincretismo*ᵍ: são Benedito (4 de abril).

OXALÁ (ORIXALÁ, OBATALÁ) Nos ritos*ᵍ afro-brasileiros, vodum*ᵍ Olissassa, inquice*ᵍ Lemba. Grande Pai dos orixás*. Filho de Olórum, o criador supremo, criou o mundo e a humanidade. Possui duas formas: um guerreiro vigoroso e nobre, Oxaguiã, e um ancião cheio de bondade, Oxalufã. Cor: branca. Indumentária: Oxaguiã usa calça e saiote brancos, couraça e capacete prateados; Oxalufã usa saia comprida e blusa brancas, e coroa prateada; ambos usam contas brancas leitosas. Apetrechos: Oxaguiã usa espada e *eninodô* (pilão); Oxalufã usa o "paxorô" (cajado). Fetiche: pedacinhos de marfim guardados no interior de um anel de chumbo (candomblé*), imagem católica (umbanda*). Dia: sexta-feira (candomblé*), domingo ou segunda-feira (umbanda*). Comidas: canjica, arroz, acaçá. Bebida: água. Quizila: cachaça, vinho e azeite de dendê. Sacrifício: pombo ou bode brancos. Plantas: boldo, saião. Animal: caramujo (*igbin*). Recebe oferendas junto a igrejas ou em lugares altos. Saudação: "*Exê-ê-babá*", para Oxalá velho, e "*Ep-ep-babá*", para Oxalá moço. Sincretismo*ᵍ: Oxaguiã com Jesus*ᵇ menino (25 de dezembro); Oxalufã com o Senhor do Bonfim (Sexta-feira Santa).

OXÓSSI (ODÉ) Vodum*ᵍ Aguê, inquice*ᵍ Mutalambô. Orixá* da caça e da fauna, andarilho, é protetor dos caçadores e provedor de alimento. Rei das matas, é chefe dos caboclos*ᵈ da umbanda*. Filho de Iemanjá*ᵈ. Vive nas matas com o irmão Ossaim*ᵈ, que o enfeitiçou para torná-lo seu servo. Apaixonado por Oxum*ᵈ, disfarçou-se de mulher para casar com ela; por isso seu filho é bissexual. Cores: azul-turquesa, verde-claro. Indumentária: calça branca, saiote e faixa peitoral azul-turquesa, couraça e capacete prateados; contas nas suas cores. Apetrechos: "damatá" ou "ofá" (arco e flecha conjugados) e "iruquerê" (chicote de rabo de boi). Fetiche: damatá em ferro (candomblé*), imagem católica (umbanda). Dia: quinta-feira. Comidas: milho, abóbora, frutas. Bebida: aluá. Quizila: mel. Sacrifício: bode e galo vermelhos. Plantas: cróton, jasmim-manga. Animal: porco-do-mato. Recebe oferendas nas matas. Saudação: "*Oké arô*". Sincretismo*ᵍ: são Sebastião (20 de janeiro) no Sudeste e Sul; são Jorge*ᵇ (23 de abril) no Nordeste.

OXUM Nos ritos*ᵍ afro-brasileiros, vodum*ᵍ Aziri, inquice*ᵍ Kissimbi. Deusa dos rios, fontes e regatos. A mais jovem e brejeira das mulheres de Xangô*ᵈ, faceira e sedutora. Dona do ouro. Deusa do amor e da fertilidade, protege as mulheres solteiras, as parturientes e as crianças pequenas, até que seu orixá* pessoal se manifeste. Também é feiticeira poderosa: protege as "iaôs" (iniciandas do candomblé*) e suas filhas são as únicas que podem usar os búzios. Cores: amarelo. Indumentária: saia, faixa peitoral e turbante amarelos, adereços de latão, contas amarelas. Apetrechos: espada, "abebé" (leque redondo) de latão. Fetiche: abebé de latão com desenho de estrela, coração ou rosa (candomblé*), imagem católica (umbanda*). Dia: sábado. Comidas: omolocum (feijão-fradinho com camarão), xinxim de galinha, banana-da-terra. Bebida: champanha. Sacrifício: cabra e galinha amarelas. Plantas: jasmim, malmequer. Animal: pomba. Recebe oferendas em rios e fontes. Saudação: *"Orê-iê-iê-ô"*. Sincretismo*ᵍ: Nossa Senhora da Conceição (8 de dezembro); no Sul, Nossa Senhora das Dores (15 de setembro).

OXUMARÊ Nos ritos*ᵍ afro-brasileiros, vodum*ᵍ Dangbé, inquice*ᵍ Angoroméa. Filho de Nanã*ᵈ, é bissexual: durante metade do ano é masculino, uma serpente que vive na terra (Dan); na outra metade é feminino, a ninfa*ᵈ do arco-íris (Bessém). Principal divindade jeje*ᵍ, a serpente que sustenta a terra. Para os iorubás*ᵍ, é servo de Xangô*ᵈ. Orixá* da fecundidade (preside fecundação e gestação), beleza e fartura. Quando aparece na umbanda* é considerado uma forma de Oxum*ᵈ, por confusão com o nome, grafado então Oxumaré. Cores: verde e amarelo. Indumentária: saia branca, faixa peitoral verde, turbante com trança pendente de fitas coloridas; braceletes no feitio de serpentes; contas verdes e amarelas, e búzios. Usa todos os adereços duplicados. Apetrechos: par de serpentes de ferro. Fetiche: par de serpentes em metal, entrelaçadas. Dia: quinta-feira. Comidas: omolocum, batata-doce, banana. Bebida: água. Sacrifício: casais de aves (pato, ganso, frango) ou cabritos, sempre brancos. Plantas: dracena, cana-do-brejo. Animal: serpente. Recebe oferendas em poços ou fontes. Saudação: *"Arrobobô!"*. Sincretismo*ᵍ: são Bartolomeu (24 de agosto).

P

PÃ Originário da Acádia (Mesopotâmia), divindade campestre e dos bosques, filho de Hermes*ᵈ, deus dos rebanhos. Configurado com chifres e pernas de bode; perseguidor incansável das ninfas*ᵈ. Flautista; quando toca, a mata se imobiliza para ouvir a melodia vinda de sua flauta mágica (*syrinx*) feita por ele próprio. Hábito de aparecer de repente, causando pânico (origem desse substantivo). Reverenciado pelos atenienses por ter causado terror aos persas. Analogia romana: fauno*ᵈ. Na Idade Média, visto como manifestação do diabo.

PARCAS (Do latim *parere*, gerar.) Primitivamente significava "parte de alguma coisa". Mais tarde, parca passou a ser uma divindade, e depois, três. Filhas de Júpiter (v. Zeus*ᵈ) e Têmis. Suas decisões jamais poderiam ser anuladas, nem mesmo pelos deuses. Seus nomes: Cloto, Láquesis, Átropos. As três determinam o curso da vida humana, presidindo o nascimento, o casamento e a morte. Representadas como idosas, de aspecto severo.

PATINI Importante divindade cingalesa. Cuida do casamento e do combate às doenças e epidemias. Segundo alguns, responsável pelo cultivo do arroz no Ceilão, atual Sri Lanka. Mito: nascida de uma manga atingida ocasionalmente por uma flecha. Andar sobre o fogo é parte do seu culto*ᵍ.

PENATES Uma das "divindades da casa" entre os romanos*. A exemplo de outras (lares*ᵈ, gênios*ᵈ), os penates são modestos e familiares, afastados da majestade olímpica. Seu templo é o modelo menor de um templo de verdade, munido de um pequeno santuário. Os penates têm como função específica cuidar dos gêneros alimentícios da casa, guardados na despensa (*penus*), velando por eles. Etimologicamente, são os deuses do *penus* (não confundir com "penes"). Os penates, cujas origens são desconhecidas, costumavam ser representados sob o aspecto de dois jovens dançando com um copo na mão. Cada residência possuía um altar a eles dedicado. Ao contrário dos lares, divindades de várias espécies, os penates só existem para proteger as provisões da casa e o os seus moradores. O Estado romano mantinha cultos*ᵍ públicos para os penates. A expressão "recolher-se aos penates" significa "ir descansar", bem como "reunir os penates" quer dizer "juntar objetos domésticos". O Estado romano também dispunha de dois penates, encarregados de protegê-lo.

POSÊIDON Deus do mar na mitologia* grega, um dos 12 do Olimpo, correspondente ao Netuno romano. Também o deus dos cavalos, dos terremotos e das tempestades no mar. Era filho de Cronos (Saturno) e Reia, e, portanto, irmão de Zeus*ᵈ e de Héstia*ᵈ, e casado com Anfitrite. Sua fúria contra Odisseu (Ulisses) é relatada no poema épico de Homero, a *Odisseia*. Era servido por divindades marinhas, como as nereidas*ᵈ, e Proteu. Representado como um velho de barbas, empunhando um tridente, num carro puxado a cavalos. (P.G.)

POVO DA RUA Nos ritos*ᵍ afro-brasileiros, são os exus*ᵈ e pombagiras*ᵍ das encruzilhadas que, na quimbanda*, formam a Linha de Exu. Espíritos de aventureiros e vagabundos, representam a vida instintiva, a sexualidade e os interesses materiais. Acompanham os vivos, satisfazendo seus desejos em troca de presentes. Os exus e pombagiras das encruzilhadas se organizam em legiões e falanges que servem aos orixás* e guias: a de Exu Sete Encruzilhadas serve a Oxalá*d; a de Tranca-Ruas, a Ogum*d; a de Marabô, a Oxóssi*d; a de Gira-Mundo, a Xangô*d; a de Pombagira (Maria Padilha, Maria Mulambo, Cigana e outras), a Iemanjá*d; a de Toquinho, à Linha do Oriente; a de Mirim, à Beijada*d; a de Pinga-Fogo, aos pretos-velhos*d; Exu Caveira, a Omolu*d; Ventania, a Iansã*d; do Lodo, a Nanã*d; Cheiroso, a Oxum*d. Desde o final do século XX, com a popularização do *Haloween* nas grandes cidades brasileiras, essas entidades vêm sendo festejadas no Dia das Bruxas (31 de outubro), adotado como o Dia das Pombagiras. Cores: vermelho e preto. Indumentária: exus usam calça preta, camisa vermelha, capa vermelha e preta, e cartola; pombagiras usam saias rodadas e blusas decotadas, estampadas e brilhantes. Apetrechos: joias vistosas, tridente, figa. Fetiche: estatuetas com as características de cada entidade. Dia: segunda-feira. Comidas: bife, farofa. Bebida: cachaça (exu), anis (pombagira). Plantas: comigo-ninguém-pode, arruda, guiné. Animal: cachorro. Recebe oferendas em encruzilhadas. Saudação: "*Saravá!*" (E.D.G.)

POVO DO CEMITÉRIO Nos ritos*g afro-brasileiros, são as almas dos mortos comuns, que correspondem aos "eguns" (espíritos ancestrais) do candomblé*. São lembrados no dia de Finados (2 de novembro). Cor: branco. Indumentária: no candomblé*, roupa de tecido cru com retalhos coloridos; nenhuma na umbanda*. Apetrechos: velas. Fetiche: caveira ou cruz em pedestal. Dia: segunda-feira. Comidas: mingau branco, legumes. Bebida: água. Plantas: bambu, arruda, guiné, Animal: búzio. Recebe oferendas em cemitérios. Saudação: "*Hu Hu!*" (E.D.G.)

POVO DO ORIENTE Nos ritos*g afro-brasileiros, são magos, sacerdotes, médicos e cientistas de todas as regiões do mundo, de povos antigos e modernos. Sua especialidade é a magia*: ajudam no desenvolvimento de habilidades intelectuais, clarividência etc., além de fazer trabalhos de cura e feitiços. Cores: claras, variadas. Indumentária: representativa da origem do espírito (hindu, egípcio, asteca*, francês, chinês etc.). Apetrechos: signo-salomão (estrela de seis pontas), cristais etc., escolhidos por cada entidade. Fetiche: imagem representativa, naturalista. Dia: domingo. Comidas: frutas, mel. Bebida: vinho branco. Plantas: flores claras. Recebe oferendas em campinas e praias. (E.D.G.)

PRETOS-VELHOS Nos ritos*g afro-brasileiros, é o Povo da África ou de Aruanda (terra mítica ancestral com o nome da capital de Angola), espíritos dos antigos escravos, chamados vovôs e vovós, tios e tias. São bondosos e simples, mas sábios. São guias, conselheiros e curandeiros, especialistas em receitas contra doenças e feitiços. Sua festa anual é realizada no dia da abolição da escravatura no Brasil (13 de maio). Cores: preto e branco. Indumentária: calça ou saia de xadrez preto e branco, blusa branca. Apetrechos: cachimbo, bengala. Imagem: estatueta de velho ou velha com a roupa ritual. Dia: sexta-feira. Comidas: carne-seca, feijão preto. Bebida: café, vinho tinto. Plantas: fumo, alho. Recebem oferendas em jardins. Saudação: "Adorei as almas!" (E.D.G.)

PRÍAPO Deus frígio dos jardins, das abelhas, dos bodes e carneiros. Na Grécia e Roma antigas, deus da procriação, da fecundidade e dos rebanhos. Nascido disforme. A título de espantalho, estátuas de Príapo eram colocadas nos jardins e nas portas das casas, representando um ser grotesco e disforme dotado de órgãos genitais exagerados. Atributo essencial: afastar o mau-olhado e anular os malefícios de pessoas que visavam a estragar as colheitas.

PROMETEU Filho de um titã*d, Jápeto, e de Climene. Por ter roubado dos deuses o fogo para entregá-lo aos homens, Prometeu foi acorrentado a uma rocha no Cáucaso onde uma águia se alimentava, diariamente, de seu fígado, que se reconstituía no decorrer da noite. Libertado por Hércules após 30 anos (segundo alguns, 30 séculos). Considerado como o criador dos primeiros homens, moldando-os em barro. Cultuado particularmente em Atenas.

PTÁ Deus local de Mênfis, cidade egípcia, também grafado Ptah, figurado sob forma humana, envolvido numa mortalha. Considerado o criador do mundo e patrono da monarquia. É ele quem preside a festa Zed (jubileu faraônico). Artífices e técnicos ficam sob sua proteção. Durante o período ptolemaico, alcançou a posição de divindade tutelar do Egito. O clero sob sua direção foi um dos mais poderosos do país.

Q

QUETZALCOATL ("Serpente emplumada.") Divindade mexicana, originariamente um deus local, filho do grande Ometeotl e irmão de Tezcatlipoca, ambos preponderantes na mitologia* asteca*. Quetzalcoatl era também conhecido como deus do vento, figura divina benfazeja simbolizando o equilíbrio, a harmonia e a fecundidade. Já a irmã, representava o conflito, chamada com frequência de "Espelho Fumante". Temível e temida.

QUIRON (Do grego *cheir*, "mão".) Centauro*d de grande habilidade manual, razão do nome. Filho de Saturno, habitava uma gruta na Tessália, importante região da Grécia. Sábio, generoso e benévolo, curou muitos heróis famosos, entre os quais Aquiles. Conhecimentos de medicina, magia*, astronomia e música. Atingido por uma flecha, renunciou à imortalidade em favor de Prometeu*d.

R

RÁ Originariamente, o Sol visível, de há muito cultuado em vários lugares do Egito. Representação antropomórfica (v. Antropomorfismo*) com cabeça de falcão, é o deus que, no seu barco, diariamente, dia e noite, percorre o céu e o mundo inferior. Simbiose com Amon, patrono primitivo da cidade de Heliópolis, identificado a partir de então como Amon-Rá. A partir da quarta dinastia, os faraós se intitulavam "filhos de Rá". Predominância em toda a história egípcia: Amon-Rá, Sobek*d-Rá, Montu*d-Rá etc.

RAMA ("O escuro.") Também "Ramacandra" (Rama, a lua). Sétima encarnação de Vixnu*d, manifestação nominal da sílaba "Aum" ("Om"). No *Ramayana* e no *Mahabharata*, Rama é um monarca hindu (v. Hinduísmo*) que domina e mata o demônio de dez cabeças Râvana, raptor de sua mulher. Símbolos: arco e flecha. Culto*g atestado a partir do século XI.

S

SACI Entidade travessa do folclore brasileiro, o Saci-Pererê, pequeno negrinho, é figura zombeteira, graciosa, "comum nos estados do Sul". Uma perna só, gorro vermelho na cabeça, ágil e astuto, fumador de cachimbo, faz traquinagens uma atrás da outra. Entre elas, a de entrelaçar as crinas dos cavalos, depois de cansá-los. Identifica-se pelo assobio persistente, mas não pode ser localizado, assombrando gente e animais; parece ter surgido a partir do século XIX. Não confundir com o curupira*d ou com o caipora*d, também muito difundidos no folclore brasileiro.

SATÃ V. Lúcifer*d.

SÁTIROS Companheiros do deus grego Dioniso*d, devassos e luxuriosos, os sátiros eram imaginados como seres híbridos, com chifres pequenos, orelhas de animais, rabo e pernas de cabra. Preguiçosos, bestiais e sensuais, simbolizavam as forças incontroláveis da natureza.

SETH Poderosa divindade do panteão egípcio. Adversário e irmão de Osíris*d, o deus da vegetação, estando ambos em luta permanente. Há várias explicações para esse antagonismo. Por ter matado o irmão, Seth vem sendo considerado como a incorporação do mal. Os gregos* o chamam de Tifão, na mitologia* grega "filho do inferno", um monstro com cabeça de dragão. Tifão, deriva de *Typhos* ("redemoinho"). Não obstante, Seth é o deus perpétuo da cidade de Tânis. Sempre cultuado pelos soberanos da décima nona dinastia egípcia (não confundir com Sethi, nome de dois reis dessa dinastia).

SILENOS Na mitologia* grega, gênios*d agrestes, semelhantes aos sátiros*d. Originários da Frígia (antiga região da Ásia Menor, na Turquia atual), personificam entidades da água. Sileno (no singular) lidera os sátiros. Representados com patas, caudas e orelhas de cavalo.

SÚCUBO (Do latim *succumbere*, "deitar sob".) Demônio feminino, em permanente assédio aos homens. Na Idade Média, as mulheres eram estigmatizadas com esse apodo.

T

TANE(A) No Havaí, Kane. Deus polinésio das florestas, patrono dos artesãos, em especial dos construtores de embarcações. Também deus da luz, reverenciado como divindade de tudo que é bonito. Tane significa "homem". Os maoris (população descendente de negros melanésios, polinésios, autóctones da Nova Zelândia) afirmaram que "o caminho de Tane" os conduz ao oeste, o que significa "levá-los à trilha do Sol".

THOT Antiga divindade egípcia, senhor da Lua, representado como um homem com cabeça de íbis. Origem ignorada, em breve deus de Hermópolis, cidade do Alto Egito e capital do décimo quinto nomo ("distrito", "circunscrição"). Versado em magia*, mestre da escrita, da palavra e do pensamento. Assimilado pelos gregos* a Hermes*d e identificado como o Hermes Trismegisto (v. Hermetismo*). Responsável pelo calendário e seu guardião, Thot é o escriba divino. Na tradição helênica (Grécia) é ainda o psicopompo (condutor das almas dos mortos).

TITÃS Grupo secundário de deuses, assim considerados na mitologia* grega (seis filhas e seis filhos de Urano*d e Geia*d): Oceano e Tétis; Hiperion e Teia; Cronos e Reia; Coios e Febe; Crios e Euríbia e Jápeto e Climene. Derrotados por Zeus*d (Júpiter) e lançados no Tártaro (lugar especial do inferno* onde eram julgados e supliciados os grandes criminosos).

U

URANO Deus grego que personificava o céu, marido de Geia*d, a Terra, com quem gerou os titãs*g. Sua grande e descontrolada fertilidade foi interrompida ao ser mutilado por Cronos (Saturno), e, segundo antiga tradição, de seu esperma ensanguentado teria nascido Afrodite*d, que restaura a ordem nos sistemas de procriação na natureza. Representado como um touro. (P.G.)

V

VARUNA Deus supremo do vedismo (v. Vedas*) e do hinduísmo*, considerado o criador do céu, da Terra e da atmosfera. Etimologia duvidosa. Guardião da ordem, cósmica e moral. Divindade das águas, mestre da justiça, onisciente, correspondente ao deus grego Urano*d. Como mestre da justiça, Varuna é "aquele que junta os culpados em uma corda"; corresponde a Ahura Masda, deus iraniano (v. Masdeísmo*). Ao longo do tempo, porém, Varuna foi perdendo sua força, sendo atualmente uma divindade secundária. Costuma ser representado sentado numa tartaruga ou num cisne.

VÊNUS V. Afrodite*d.

VESTA V. Héstia*d.

VIXNU Deus indiano, a segunda grande divindade na trindade bramânica e hindu (Brahma*d-Xiva-Vixnu) [v. Bramanismo*, Hinduísmo*, Xivaísmo*] que tem como função primordial "preservar e fazer evoluir a criação". O seu nome, de origem obscura, quer dizer, provavelmente, "imanente". Antigo companheiro de Indra*d, se opõe a Xiva. Vixnu é o segundo Indra ou mesmo seu irmão. Integrante da Trimurti, isto é, da tríade que reúne Brahma (o criador do mundo); Vixnu e Xiva (o destruidor). Os avatares*g de Vixnu são numerosos, sendo costumeira a sua adoração sob vários aspectos. Sua representação mais comum, entretanto, envolve apenas quatro símbolos: a *chakra* ("disco"), a concha, a clava e a flor de lótus. Vixnu tem poderes para, além dos seus dez avatares, assumir 24 outras formas. É sem dúvida a divindade mais cultuada e popular da Índia.

VULCANO V. Hefesto*d.

X

XANGÔ Nos ritos*g afro-brasileiros, vodum*g Hevioso, inquice*g Zaze. Poderoso orixá* iorubá*g, deus do raio e do trovão, filho de Iemanjá*d e Oxalá*d. Foi grande rei, orgulhoso e dominador, mas justo. Vaidoso, elegante e conquistador, casou com Oiá (Iansã*d), Oxum*d e Obá*d. Dá aos homens poder de sedução e potência sexual. No Brasil é o Advogado dos

Pobres. Existem diversas variedades de Xangô. Cores: vermelho e branco (candomblé*), marrom (umbanda*). Indumentária: calça e saiote de tecido vermelho e branco, faixas peitorais vermelha e branca, coroa e braceletes de cobre, contas vermelhas e brancas ou marrons. Apetrechos: "oxé" (machado com lâmina dupla) feito em cobre. Fetiche: oxé (candomblé), imagem católica (umbanda). Dia: quarta-feira. Comidas: amalá (quiabo com camarão), rabada, canjica. Bebida: cerveja preta. Quizila: morte. Sacrifício: carneiro, cabrito ou galo vermelhos. Plantas: comigo-ninguém-pode, quiabo. Animal: jabuti. Recebe oferendas em pedreiras. Saudação: *"Kaô kabiecilê!"* Sincretismo*g: são Jerônimo*b (30 de setembro), o mais comum, é Agodô; são José (19 de março), Alafim; são João (24 de junho), Abomi, Afonjá ou Ouru, os mais jovens; são Paulo*b (29 de junho), Agogô; e são Pedro*b (29 e junho), Airá ou Alufã, os mais velhos.

Z

ZÉFIRO Vento do oeste. Impetuoso e funesto, provoca tempestades. Apaixonado por Flora, que faz florescer as plantas, Zéfiro transformou-se numa brisa, ganhando a moça em casamento. Representado com asas de borboleta, trazendo nas mãos punhado de flores.

ZERVAN (Também Zurvan, "tempo".) Deus iraniano do tempo, criador dos caminhos que conduzem à ligação com o Além. Difundido pelos magos*, Zervan é o senhor da luz e da escuridão. Quatro atributos: é divindade, possui a luz, a sabedoria e o poder.

ZEUS Principal deus da mitologia* grega, rei do Olimpo, supremo governante dos homens. Corresponde ao romano Júpiter. Os gregos* o consideravam o deus da justiça, que premiava os bons e castigava os maus. Com seus irmãos, todos filhos de Cronos (Saturno), guerrearam os titãs*d e destronaram o pai, assumindo Zeus o trono do Olimpo. Doze eram os deuses olímpicos (v. Gregos*). Zeus teve muitas aventuras amorosas, com deusas e com mortais, o que enfurecia sua mulher, Hera*d. Entre seus filhos mais famosos, citem-se os deuses Apolo*d, Dioniso*d, Hermes*d e Artêmis*d, os semideuses e heróis Héracles*d e Perseu. De sua cabeça nasceu a deusa Atena*d. (P.G.)

GLOSSÁRIO

A

ABSTINÊNCIA Privação voluntária de bens materiais ou de prazeres, visando ao aprimoramento moral ou espiritual. Tempos houve em que a abstinência da carne era praticada por imposição religiosa. Ainda praticada no Oriente e no Ocidente na quaresma.

ACHARONIM V. *Rishonim**g.

AGNUS DEI Expressão latina ("cordeiro de Deus"), com a qual João*b, o Batista designava Jesus*b. Cântico ritual de missa, epíteto de Jesus Cristo.

ALELUIA Aclamação litúrgica procedente do judaísmo*. Significa "louvai o Senhor". Frequente no "tempo pascal".

ANÁTEMA Sentença clerical cristã que expulsa da Igreja; excomunhão*g. Outrora, oferta a Deus do saque proveniente de "guerra santa*". Sentença religiosa extremamente severa.

ÂNGELUS Oração comunicada através de badaladas de sino, caraterizada espiritualmente pelo anúncio do anjo* Gabriel à Virgem Maria*b feito pelas palavras *Angelus Domini* ("o anjo do Senhor"). Recitado à noite, inicialmente; a partir do século XV, de manhã, ao meio-dia e à noite.

ANO LITÚRGICO Ciclo de festas sacras, repetido anualmente, a fim de comemorar a vida e a obra do Cristo*b e a dos santos. Começa no Advento (quatro semanas antes do Natal*).

ANO SANTO Cerimônia do grande jubileu*g, realizada de 25 em 25 anos. Anteriormente, a cada 100 anos e, depois, de 50 em 50 anos até o ano de 1475. Em 1333 e 1983, foram comemorados Anos Santos extraordinários.

ANUNCIAÇÃO Anúncio de que seria mãe do Messias*, feito à Virgem Maria*b pelo anjo* Gabriel. Festa celebrada em 25 de março. Tertuliano*b, célebre teólogo, considerava esse evento como o dia da criação do mundo.

ARCEDIAGO Chefe dos diáconos*g, no Oriente e no Ocidente, nomeado pelo bispo, primitivamente encarregado da distribuição de esmolas. Posteriormente, responsável pela educação de clérigos iniciantes. Em declínio, atualmente.

ARCIPRESTE Presbítero idoso. Na Inglaterra, superior de ordem secular. Título honorífico em alguns países.

ARQUIMANDRITA No Império Bizantino, superior de mosteiro, progressivamente ofuscado pelo "higumeno" (abade) [v. Abadia*]. Hoje, título honorífico.

ASSUNÇÃO Subida do corpo de Maria*b ao céu onde se reuniu à sua alma. Os ortodoxos (v. Ortodoxia*) celebram a "Dormição da Virgem" (morte e entrada no paraíso no mesmo instante). No Oriente e no Ocidente, celebração desde o século VIII.

AUTOCEFALIA Atributo de Igreja oriental que não reconhece o patriarcado (v. Patriarcas*). O termo alude a que ela é dirigida por si mesma: cada Igreja autocéfala elege o seu "primaz*g" em sínodo*g de metropolitas (bispos metropolitanos). A autonomia de uma Igreja autocéfala é reconhecida por outra também autônoma.

AVATAR Mutação, transformação. No hinduísmo*, descida de uma divindade à Terra, materializada. Os avatares podem assumir forma humana, ou a de um animal. Metamorfose.

B

BATISTÉRIO Capela de feitio circular ou octogonal, localizada perto da igreja, construída a partir do século IV, destinada a administrar o batismo* por imersão. Substituído a partir do século XII pela pia batismal, colocada no interior da igreja. Entre os romanos, tanque ou piscina para natação.

BEATIFICAÇÃO Rito*g com o qual uma pessoa é proposta como modelo de vida cristã. O termo provém do verbo latino *beatificare*, "tornar feliz". Etapa para a canonização*, na qual o beato é declarado santo.

BEATITUDE Estado permanente de satisfação. A palavra vem do latim e significa "felicidade". Longa tradição filosófica; serenidade e alegria desfrutada pela presença de Deus; êxtase místico. Só perfeita após a morte, na visão de Deus.

BLASFÊMIA Manifestação verbal ou gestual em relação a Deus ou aos santos. O termo provém do grego *blasphemía*, "injúria", "ofensa". Na Antiguidade, e mesmo na Idade Média, era punida com mutilações da língua. Não se trata de imprecação.

BREVIÁRIO Livro contendo orações a serem lidas diariamente por sacerdotes e religiosos católicos. Do latim *breviariu*, "resumo", o termo foi substituído por "Liturgia*g das Horas". Difundido pelos franciscanos* a partir do século XII. Reformado em 1971. Equivalente ao *Prayer Book** inglês.

BUREL Tecido grosseiro de lã, marrom, utilizado para fazer o hábito dos monges. "Tomar o burel" significa tomar a vestimenta ou sair da vida monástica (v. Monasticismo*).

C

CLAUSURA Local fechado, isolamento, parte de um convento onde ficam separados religiosos e cujo acesso é vedado a leigos. Eventualmente, punição. Também tem o sentido de vida retirada.

COGULA Túnica dotada de grandes mangas e capuz. Não é mais usada, exceção feita aos beneditinos*, na hora das orações. Os cistercienses*, monges pertencentes à Ordem de Cister, costumavam usá-la nos trabalhos manuais.

COMENDA Benefício, distinção, premiação concedida a eclesiásticos e cavaleiros de ordens militares*. Rendas de bispados, abadias ou igrejas, outorgadas a pessoas que nenhuma função espiritual desempenhavam. Textos de santo Ambrósio*b (334-397), doutor da Igreja*, registram esse costume.

COMUNHÃO Sacramento* da Eucaristia*g. Desde o 4º Concílio* de Latrão (1215), obrigatória, ao menos uma vez por ano. Assídua até o século IX, tornou-se cada vez menos frequente. A hóstia, pão consagrado, pode ser tomada na mão [Concílio Vaticano II* (1965)] ou sobre a língua (tradição medieval).

CONFIRMAÇÃO Um dos sete sacramentos* do catolicismo*, também denominado "crisma", tem origem na imposição carismática das mãos, feita pelos apóstolos* nas cerimônias do batismo*, tornando-se depois um sacramento independente.

CONFISSÃO Ação de confessar os pecados a um sacerdote (do latim *confessio*). Na Igreja Católica, sacramento* de penitência, confissão auricular, secreta e renovável. O budismo* e o jainismo* admitem as confissões nos mosteiros, dando-lhes um caráter expiatório. Não é considerada sacramento pelos protestantes (v. Protestantismo*).

CONFITEOR Palavra latina, significa "eu confesso". Oração iniciada com as palavras "confesso a Deus", recitada no começo da missa ou durante o sacramento* da penitência (v. Confissão*g). Oração antiquíssima, não modificada desde o século XIII.

CONSAGRAÇÃO O termo provém do latim *Consacratione*, "ação de tornar santo". Momento essencial da missa, ocasião em que o padre consagra o pão e o vinho que se transformam no corpo e sangue do Cristo*b. Elevação da hóstia e do cálice a fim de que os fiéis vejam o corpo do Cristo.

CONSUBSTANCIAÇÃO Doutrina luterana (v. Luteranismo*) que afirma a presença, "de forma real e substancial", do corpo e do sangue do Cristo*ᵇ através do pão e do vinho.

CORPUS CHRISTI Festa do Santíssimo Sacramento, celebrada no segundo domingo após Pentecostes*ᵍ. Instituída em 1264, pelo papa* Urbano IV (1200-1264; 1261/1264) e ratificada por Clemente V, em 1314.

CUJUS REGIO EJUS RELIGIO Expressão latina, literalmente "tal governante, tal religião", princípio estipulado pelo Tratado de Vestfália (1648) que assegurava aos governantes o direito de escolher a sua religião.

CULTO Homenagem prestada a Deus e aos santos mediante um conjunto de cerimônias e ritos*ᵍ pelos quais são manifestados o amor e a admiração dos fiéis. Reverência, manifestação respeitosa a uma divindade, santos ou qualquer ente ou elemento da natureza divinizado.

CÚRIA No Império Romano, lugar onde o Senado cuidava dos assuntos públicos. Conjunto de organismos pontifícios; de uma diocese*ᵍ ou de uma congregação. Secretariados, escritórios, conselhos, tribunais, organismos autônomos. O termo tem origem no latim *curia*.

D

DESPACHO No culto*ᵍ afro-brasileiro, oferenda feita aos orixás* visando a alcançar ou anular alguma coisa ou alguém. Sacrifício de um animal (galo), com farofa de dendê, velas e outros objetos, colocados numa gamela e deixados nas encruzilhadas.

DEUTERONÔMIO Quinto livro da Torá* (Pentateuco), em hebraico *Devarim* ("Palavras"), referindo-se a seu texto de abertura: *Ele hadevarim(...)* ["Estas são as palavras(...)"]. O título latino significa "repetição" (da lei), pois o livro compila muitas leis e preceitos mencionados nos livros anteriores. Por isso, acredita-se que seja posterior aos outros textos do Pentateuco, mas seus autores, provavelmente sacerdotes e profetas, apresentam as "palavras" como tendo sido proferidas diretamente por seu formulador original, Moisés*ᵇ. (P.G.)

DIÁCONO Termo proveniente do grego *diákonos*, "servidor". Clérigo ordenado (v. Ordenação*ᵍ), pregador; no catolicismo*, ordem imediatamente inferior ao sacerdócio; no protestantismo*, assistente do pastor no exercício de seu ministério. Figura importante nos primórdios do cristianismo*.

DIOCESE Território sobre o qual um bispo exerce jurisdição eclesiástica (a palavra grega *dioíkesis* significa "dirigir uma casa"). Baseia-se nas divisões provinciais do Império Romano. São divididas em paróquias*ᵍ.

DÍZIMO Décima parte das rendas, oferecida à Igreja para a manutenção do clero, dos lugares de culto*ᵍ e assistência aos necessitados. Contribuição antiquíssima.

E

ECCE HOMO Expressão latina ("Eis o homem") com a qual Pilatos apresentou Jesus*ᵇ à multidão, após ter mandado chicoteá-lo. Em nível popular, é empregada para designar, por antonomásia, alguém em mau estado.

ECLESIÁSTICO Livro bíblico deuterocanônico, isto é, que não foi incluído no cânon* judaico ou protestante, mas foi aceito como canônico pela Igreja Católica. É constituído por pensamentos e máximas sobre questões referentes à vida religiosa e à vida profana. (P.G.)

EDOMITAS Habitantes de Edom, antigo país ao sul do mar Morto e da Palestina histórica. Eram semitas, supostamente descendentes do irmão gêmeo de Isaac*ᵇ, Esaú. Tradicionais inimigos dos israelitas desde o reinado de Saul, continuaram a combatê-los até que foram todos convertidos compulsoriamente ao judaísmo* por João Hircano. A partir da dispersão, desapareceram como elemento diferenciado do povo judeu. (P.G.)

EFRAIMITAS Membros da tribo judaica de Efraim, juntamente com a de Menashe (Manassé) uma das duas em que dividiram os descendentes de José (v. Jacó*ᵇ). Efraim tinha posição privilegiada entre as tribos por abrigar o santuário de Shiló, onde se guardavam a Arca da Aliança* e as Tábuas da Lei, símbolo religioso da unidade de Israel. A destruição de Israel pelos assírios, em 721 a.D., marca o fim da presença no povo judeu dos efraimitas e das outras nove tribos do reino do norte. (P.G.)

ESCAPULÁRIO Vestimenta formada por dois panos retangulares, com capuz, cobrindo os ombros (a palavra vem do latim *scapulariu*, esta de *scapula*, "ombro") caindo até aos pés. Objeto de devoção.

EUCARISTIA Um dos principais sacramentos* da Igreja Católica, elaborada pelo próprio Cristo, transmitida pelos apóstolos* e a cada dia celebrada pelos padres. Comemora a Ceia, isto é, a última refeição de Jesus*b. Provém do grego *eucharistía* e significa "agradecimento", "ação de graças".

EVANGELIÁRIO Livro litúrgico (v. Liturgia*g) no qual estão registradas passagens dos Evangelhos*, lidas ou cantadas nas procissões. Incensado e depositado no altar.

EXCOMUNHÃO Exclusão da comunhão*g. Uma das três penalidades da Igreja (além de "interdito*g" e "suspensão"). Sanção penal. Motivos: heresia*, cisma (v. Cismas da Igreja*) e sagração de religioso sem mandato papal (v. Papa*).

ÊXODO Segundo livro da Torá* (Pentateuco), em hebraico *Shemot* ("Nomes", referente a sua abertura: "Estes são os nomes dos filhos de Israel que foram para o Egito:"), relata o período crítico da formação do povo judeu e da religião judaica (v. Judaísmo*): a escravidão no Egito, a libertação por seu líder Moisés*b e o compromisso assumido com Deus no deserto, ao pé do monte Sinai, a caminho da Terra Prometida*. (P.G.)

EX-VOTO Termo reduzido do latim *ex voto suscepto*, "em decorrência de um voto", abreviado E.V.S. Objeto oferecido a Deus, à Virgem ou a um santo, depositado num santuário em agradecimento à graça*g obtida. Podem ser diversos objetos, os mais comuns: quadros, miniaturas, muletas, inscrições, estas geralmente gravadas numa placa.

F

FILIOQUE Fórmula latina, significa "e do Filho", ou seja, o Espírito Santo procede do Pai e do Filho.

FILISTEUS Povo não semita, proveniente da Grécia, que habitou a Palestina histórica, aonde chegou em várias ondas. Habitaram o litoral sul, criando cidades que permanecem até hoje: Ashdod, Ashkelon, Gat e Gaza. Combateram os israelitas, até serem aniquilados por Davi*b. Os gregos chamavam de Palestina (nome originário de *plishtim*, os filisteus) a faixa litorânea por estes ocupada, e os romanos estenderam essa denominação a toda a Judeia. (P.G.)

FONTES BATISMAIS Cubas com água benta destinadas à realização do batismo*. Colocadas na entrada da igreja, lembram a necessidade desse sacramento* para uma pessoa tornar-se cristã. A partir do Concílio Vaticano II*, o batismo é realizado no coro do templo.

G

GÊNESE Primeiro livro da Torá* (Pentateuco), em hebraico *Bereshit* ('No princípio"), a primeira palavra da Bíblia*, que se refere ao início da Criação do Universo por Deus em seis dias. O livro descreve o ambiente e as concepções mitológicas (v. Mitologia*) do Crescente Fértil na Antiguidade, concernentes à origem do homem, às questões do Bem e do Mal, aos fenômenos naturais, às alianças com a Divindade e à história do clã que se tornaria o povo de Israel (v. Jacó*b). (P.G.)

GRAÇA Na teologia cristã, dom ou auxílio natural proporcionado às pessoas com intuito de lhes permitir suportar dificuldades encontradas. Acordada por Deus a fim de que os fiéis participem de sua glória na eternidade.

H

HAGIOGRAFIA Biografia, relato da vida de um santo (com raiz no grego *hágios*, "santo"). Origem: calendários litúrgicos (v. Liturgia*g). Relatos da vida de personagens religiosas. Coleções importantes: as *Acta sanctorum*, publicadas pelos bolandistas (v. Bolandismo*); a *Lenda dourada* de Jacques Voragine.

I

ICHTYS Esta palavra grega significa "peixe", e representa também as letras iniciais das palavras da expressão em grego que significa

"Jesus*ᵇ Cristo Filho de Deus Salvador". Daí uma das explicações para o fato de o peixe ter sido usado como símbolo cristão.

ÍCONE Nas igrejas orientais, representação plástica de personagens importantes ou cenas sagradas (do grego *eikón*, latim *icone*). Pintadas geralmente sobre madeira. Regras de composição estabelecidas por decisão conciliar.

INDULGÊNCIA Remissão total ou parcial de penalidade concedida pela Igreja. A partir do século VII, multas em função de pecados cometidos ("penitência tarifada"). Distinguem-se duas modalidades de indulgência: as plenárias e as parciais. Atualmente, só por concessão papal (v. Papa*).

INQUICE Nos candomblés* de Angola e do Congo, equivalente dos Orixás*.

I.N.R.I. Inscrição que teria sido colocada na cruz em que Jesus*ᵇ foi crucificado, sigla da locução em latim *Iesus Nazarenus Rex Iudaeorum*, "Jesus Nazareno, Rei dos Judeus". É uma irônica alusão dos romanos ao que supunham ser as pretensões de Jesus. (P.G.)

INTERDITO Sentença eclesiástica, na maioria das vezes incidindo sobre um clérigo. No direito canônico, "interdito local" ou "parcial". Espécie de excomunhão*ᵍ, sem o mesmo rigor. Falta grave se interrompido ou profanado.

IORUBÁS Povo negro do grupo sudanês da África Ocidental. Nagô. Também uma língua cua do sudeste da Nigéria, de Benim e do Togo

J

JEJE Povo africano do sudeste de Benim, e também, no Brasil, nos cultos*ᵍ afro-brasileiros, indivíduo não iorubá*ᵍ, ou referente a ele.

JUBILEU Do hebraico *Iovel* ('júbilo'), refere-se ao quinquagésimo ano de sucessivos ciclos de 50 anos, no qual, por mandamento de Deus diretamente a Moisés*ᵇ no monte Sinai, seria proclamada "liberdade através da terra para todos os habitantes que nela vivem". Esse preceito baseia-se na concepção da Lei judaica de que tudo pertence a Deus e nada definitivamente ao homem. No ano do Jubileu havia também remissão de dívidas, devolução de posses retidas como garantia, e anistia a prisioneiros. (P.G.)

JUÍZES Em hebraico, *Shoftim*, primeiro livro de Profetas* (em hebraico *Neviim*), segunda parte do Antigo Testamento*, é a narrativa histórica da fase tribal do povo judeu (v. Judaísmo*) estabelecido em Canaã após sua conquista por Josué*ᵇ e divisão das terras entre as tribos. O livro relata como, até a monarquia sob o primeiro rei de Israel, Saul, as tribos escolhiam um líder que comandasse seus exércitos na defesa contra os ataques de povos inimigos e servisse de juiz e mediador em suas questões internas. Entre os juízes mais conhecidos podem-se citar Gedeão (Guid'on), Débora (Dvorá), Sansão (Shimshon) e Samuel (Shmuel).

K

KERIGMA Texto apologético cristão atribuído ao apóstolo* Pedro*ᵇ, excluído dos escritos canônicos por são Jerônimo*ᵇ. A obra parece ter sido elaborada no Egito. O vocábulo vem do grego, significando "proclamação".

L

LÁBARO Estandarte do Império Romano no qual o imperador Constantino Magno fez colocar a locução latina "*In hoc signo vinces*" (com esse sinal vencerás) referindo-se à cruz, símbolo do cristianismo*. A palavra vem do grego bizantino *lábaron*, pelo latim tardio *labaru*.

LADAINHA Prece litúrgica (v. Liturgia*ᵍ) pronunciada em curtas invocações a Deus, alternadas entre um solista e a assembleia. Os ortodoxos (v. Ortodoxia*) distinguem as *ecteni* ("intercessão intensa") e as litanias (súplicas), estas, cantadas.

LEVÍTICO Terceiro livro da Torá* (Pentateuco), em hebraico *Vaikrá* ("[e] Ele chamou"), sua primeira palavra. Esse livro interrompe a narrativa histórica dos dois livros anteriores, e discorre sobre as leis e preceitos que constituíram o fundamento da legislação religiosa judaica na época, em quatro aspectos distintos: os sacrifícios*, o exercício do sacerdócio, a pureza e a impureza, e a santidade. (P.G.)

LITURGIA Conjunto de cerimônias e de orações que compõem o serviço divino, nos moldes determinados pela autoridade religiosa presente. O termo provém do grego *leitourgía*, "função pública", pelo latim medieval *liturgia*, "culto divino". As liturgias cristãs são diferentes embora centradas num fim comum: a presença do Cristo*b. No século XVI, as Igrejas reformadas (v. Reforma*) adotaram o idioma vernacular, enquanto a católica manteve o latim até 1965, quando o Concílio Vaticano II* instituiu o idioma nacional (v. Liturgia Judaica*.)

M

MACABEUS V. *Chanuká*.

MÁRTIR Pessoa submetida à pena de morte por ter recusado renunciar a sua religião ou aos seus princípios, ainda que sob torturas. Santo Estevão, apedrejado e morto em Jerusalém, é considerado como o primeiro mártir cristão. O termo original grego *mártyr* significa "testemunha".

MATRIMÔNIO Um dos sete sacramentos* do catolicismo*, baseado simbolicamente na união mística de Cristo*b com a Igreja, e, por isso, considerado indissolúvel.

MATSÁ A palavra hebraica designa o pão ázimo, bolacha assada sem fermento que substitui o pão nos oito dias de *Pessach**, a Páscoa judaica. Não só se deve comer a *matsá*, mas também deve-se pronunciar esta palavra, como forma de textualizar e conscientizar a lembrança histórica. Na véspera do início da festividade, toda a casa deve ser completamente limpa de quaisquer resquícios de fermento, cuja busca é feita em cerimônia especial, na qual são achadas e queimadas migalhas previamente espalhadas para esse fim. (P.G.)

MITNAGDIM O termo hebraico significa "opositores", e refere-se, historicamente, à corrente dentro do judaísmo* que se opôs ao movimento do chassidismo*, a partir do século XVIII. Os *mitnagdim* defendiam a tradição judaica como expressa em seus cultos*g e rituais instituídos, enquanto os *chassidim* haviam criado uma forma de devoção baseada na "intenção" (*kavaná*), no misticismo*, no fervor (*devekut*), e na espontaneidade de expressão. (P.G.)

MITRA Em grego, significa "faixa". Chapéu alto e largo, formado por duas metades iguais e paralelas, usado liturgicamente (v. Liturgia*g) pelo papa*, pelos arcebispos e cardeais, nas grandes cerimônias. Na Antiguidade pagã, chapéu alto e pontudo utilizado por egípcios, assírios e persas.

MUSSAR Movimento de caráter moralista — como definido por seu nome, que significa "moral", em hebraico — de judeus ortodoxos (v. Ortodoxia [no judaísmo]*) da Lituânia, visando ao fortalecimento de uma prática do judaísmo baseada na ética e no aperfeiçoamento moral do indivíduo. O movimento chegou a criar *ieshivot* (academias rabínicas*) em algumas cidades da Lituânia. (P.G.)

N

NAZIRITAS O termo deriva do hebraico *nazir*, e designa os judeus devotos (v. Judaísmo*) que, na Antiguidade, faziam voto de abstinência*g e de ascetismo* (não bebiam bebidas embriagantes, não cortavam os cabelos, mantinham rigoroso cuidado com a pureza corporal e mental), como forma de se dedicar ao culto*g de Deus. O mais conhecido dos naziritas, mencionado no Antigo Testamento*, foi Sansão, que combateu os filisteus*g, armado com a força descomunal que lhe fora conferida por sua condição de *nazir*. (P.G.)

NIHIL OBSTAT Expressão latina, significa "nada impede". Declaração consubstanciada em parecer dado pela Igreja sobre uma obra escrita por um clérigo, completada pela autorização de imprimir (imprimátur) dada por um bispo.

NÚMEROS Quarto livro da Torá* (Pentateuco), em hebraico *Bamidbar* ("No deserto"). Retoma a linha narrativa interrompida no terceiro livro, o Levítico*g, e relata a peregrinação* do povo judeu pelo deserto a caminho da Terra Prometida* até a chegada às fronteiras de Canaã, diante de Jericó. (P.G.)

O

ORDEM TERCEIRA Associação de leigos (v. Laicismo*). Seus integrantes são mantidos

ORDENAÇÃO

por uma ordem religiosa. A primeira ordem terceira foi fundada por Francisco de Assis em 1221 (v. Franciscanos*).

ORDENAÇÃO Um dos sete sacramentos* da Igreja Católica, também chamado "ordem sagrada", representando a participação em nível máximo no sacerdócio ministerial de Cristo*b.

ÓSCULO DA PAZ Gesto de paz praticado pelos antigos cristãos entre si, e atualmente na missa pelo oficiante e os fiéis, como sinal de fraternidade e união. Tempos atrás, beijava-se uma imagem de madeira ou marfim.

P

PÃO ÁZIMO V. *Matsá**g.

PARÁCLITO Também Paracleto (termo de origem grega, *parákletos*, "defensor"), nome do Espírito Santo dado por são João*b. Abadia* fundada em 1129, na França, por Abelardo, teólogo e filósofo francês.

PARÓQUIA Delimitação territorial de uma diocese*g, sob jurisdição espiritual de um pároco, localizada especificamente em cidade ou bairro. Atividades e opiniões predominantemente locais.

PARUSIA Termo escatológico, expressando a segunda vinda de Cristo*b em toda a sua glória (a palavra grega *parousía* significa "chegada"). Nas visões do Apocalipse* do apóstolo* João*b, a parusia deu lugar a representações iconográficas do Cristo. Na arte bizantina, um trono vazio aguarda um segundo retorno do Cristo, a *hetimasia*.

PATRÍSTICA 1. Setor da teologia que estuda os textos dos Pais da Igreja* que viveram entre o primeiro e o nono século depois de Cristo*b. 2. Filosofia cristã formulada pelos Pais da Igreja nos primeiros cinco séculos de nossa era.

PENTECOSTES Festa da Igreja Católica, comemorando a descida do Espírito Santo aos apóstolos* 50 dias depois da Páscoa*, cuja celebração homenageia a Ressurreição de Cristo*b. Os ortodoxos (v. Ortodoxia*) festejam a antiga vigília pascal sábado de manhã. Data da Páscoa fixada no Concílio* Ecumênico de Niceia (325). (V. tb. *Shavuot**.)

POMBAGIRA Nos ritos*g afro-brasileiros, companheira de Exu*d.

PRIMAZ Prelado católico possuidor de jurisdição sobre bispos e arcebispos. Hierarquicamente, primeiro lugar em importância.

PRIOR Superior de ordem religiosa ou militar. Feminino, priora ou prioresa.

PROVÉRBIOS Livro do Antigo Testamento*, incluído nos Hagiógrafos* como um dos Livros de Sabedoria*, cuja autoria a tradição atribui ao rei Salomão*b. Reúne pensamentos, reflexões, máximas e ensinamentos de sábios judeus (v. Judaísmo*) durante séculos, sobre diversos aspectos da vida espiritual e terrena. (P.G.)

Q

QUASÍMODO Em latim, *Quasi modo*, "do mesmo modo", palavras iniciais da missa no primeiro domingo depois da Páscoa*.

R

RAMADÃ Em árabe *ramadân*, designa o nono mês do calendário islâmico (v. Islã), de 30 dias, durante o qual o muçulmano deve jejuar no período diurno (do nascer ao pôr do sol), a fim de ficar mais próximo de Alá*.

REDENÇÃO Libertação do pecado, do sofrimento. Resgate (do latim *redemptione*) das faltas do homem pelo Cristo*b redentor. Um dos grandes mistérios da fé cristã.

RELICÁRIO Caixa ou cofre, lugar próprio para guardar relíquias; bolsinha. Os relicários têm forma variada: braço, estátua, alguns ricamente decorados.

RÉQUIEM A palavra se origina do latim *requiem*, acusativo de *requies*, "descanso", "repouso". Prece que a Igreja faz para os mortos, da primeira palavra proferida nessa oração.

RETÁBULO Degrau de pedra ou talha de madeira, construídos atrás do altar. Conforme a época da igreja, pode ter colunas ou pilares. Por suas características, torna-se decorativo.

RISHONIM Em hebraico, "primeiros", referência que tem duas incidências no estudo do judaísmo*. Na primeira, designa, cronologicamente, os primeiros profetas (*neviim rishonim*), em contraposição aos posteriores, chamados *neviim acharonim*. A mesma terminologia é usada para diferençar as primeiras gerações de sábios rabínicos (v. Rabino*) comentadores do *Talmud** (até a compilação do *Shulchan Aruch**), os *rishonim*, daqueles das gerações posteriores, chamados *acharonim*. (P.G.)

RITOS Conjunto de orações, gestos, cerimônias usualmente praticadas numa religião ou seita*. Em algumas sociedades, conjunto de práticas mágicas (v. Magia*). Pertinentes também a ordens religiosas. Cerimônias de passagem em certas comunidades primitivas, celebrando o acesso de jovens ao grupo dos adultos.

ROSÁRIO Sequência de 145 pequenas contas, cada uma representando uma oração. Em honra a Nossa Senhora (v. Maria*ᵇ), se intercalam ave-marias. Festa de Nossa Senhora do Rosário instituída pelo papa Gregório XII em 1573, comemorando a vitória de Lepanto sobre os turcos (1571).

S

SABORAIM Transcrição do hebraico *sevoraim* ("pensadores"), o termo designa os sábios judeus (v. Judaísmo*) da Babilônia no período entre os *amoraim** e os *gueonim* (v. Gaon*), ou seja, nos séculos VI e VII a.D. Seu trabalho concentrou-se em comentar e interpretar a obra dos *amoraim* (a *Guemará**). É-lhes atribuída uma boa parte da compilação do *Talmud** babilônio, ou pelo menos de alguns de seus segmentos. (P.G.)

SAMBENITO Vestimenta em forma de saco, barra amarela e vermelha, enfiada pela cabeça das vítimas que, na Inquisição*, iam ser queimadas na fogueira. No começo do século XVI, era costume colocar os sambenitos em exposição pública, com o propósito de perpetuar a infâmia dos condenados.

SANTO SUDÁRIO No cristianismo*, referência ao lençol utilizado para sepultar o Cristo*ᵇ. Como regra geral, véu usado na Antiguidade para cobrir a cabeça dos mortos. O mais famoso é o de Turim, no qual estudos fotográficos revelaram impressa no pano a figura de um homem com barba e cabelos longos iguais aos do Cristo. Sua autenticidade tem sido contestada.

SINCRETISMO Fusão de cultos*ᵍ e divindades ou de doutrinas religiosas, acarretando uma reinterpretação de seus componentes. "Intermistura de elementos culturais". Os cultos afro-brasileiros constituem um belo exemplo de sincretismo.

SÍNODO Assembleia de párocos, de bispos do mundo inteiro, convocado e presidido pelo papa*. Colegiado do governo eclesiástico das Igrejas Ortodoxas (v. Ortodoxia*). Reunião diocesana (v. Diocese*ᵍ).

T

TABERNÁCULO Tenda-santuário que serviu de abrigo para a Arca da Aliança* que continha as Tábuas da Lei com os Dez Mandamentos*. Foi erigido primeiramente no deserto do Sinai, durante a passagem dos israelitas, libertados da escravidão no Egito e a caminho da Terra Prometida*. Com seu estabelecimento em Canaã, o Tabernáculo foi erguido em Shiló, até a construção do Templo* de Jerusalém, por Salomão*ᵇ, para onde foram levados a Arca e as Tábuas da Lei. (P.G.)

TE DEUM Hino em prosa ("tu, ó Deus, te louvamos"), datado século IV, cantado nas cerimônias solenes.

TEHILIM V. Salmos*.

TOSSAFISTAS Termo hebraico que designa os sábios rabínicos (v. Rabino*) — principalmente alemães e franceses nos séculos XII a XIV — que criaram notas interpretativas e explicativas sobre o *Talmud**, chamadas em hebraico *tossafot* ("acréscimos"). A atividade inicial dos tossafistas foi comentar e, às vezes divergir, das notas de Rashi*ᵇ. Além das interpretações de Rashi, muitos dos textos criados pelos tossafistas também foram acrescentados, lado a lado com aquelas, nas edições ulteriores do *Talmud*. (P.G.)

TOSSEFTA Derivado do verbo hebraico que significa "acrescentar", o termo refere-se à obra que "complementa" a *Mishná**, atribuída pelo *Talmud** a Neemias, discípulo de rabi Akiva*ᵇ.

A *Tossefta* tem uma estrutura paralela à da *Mishná*, com as mesmas seis ordens e todos os seus tratados, além de quatro tratados não paralelos. (P.G.)

TRANSFIGURAÇÃO Aparição gloriosa do Cristo, testemunhada pelos apóstolos* Pedro*b, Tiago e João*b. Celebrada no Oriente desde o século XV, no dia 6 de agosto. E, no Ocidente, a partir de 1457, após vitória cristã sobre os turcos, um ano antes.

TRANSUBSTANCIAÇÃO Transformação da substância do pão e vinho na do corpo e do sangue de Jesus*b, na eucaristia*g. Doutrina oposta à da consubstanciação*g. Termo criado no IV Concílio* de Latrão (1215).

TURIFERÁRIO Clérigo a quem cabe carregar o turíbulo (vaso no qual se queima o incenso). Também grafado "turibulário".

U

UNÇÃO DOS ENFERMOS Um dos sete sacramentos* reconhecidos pelo catolicismo*, assim denominado a partir do Concílio Vaticano II* (antes "extrema-unção"). A mudança deveu-se à interpretação da Igreja de que o sacramento tem o poder de curar, não devendo, pois, ser restrito à iminência da morte.

V

VIÁTICO Sacramento* da comunhão*g, ministrado em casa a enfermos impossibilitados de sair ou a moribundos.

VODUM Nome genérico de divindades de origem jeje*g dos cultos*g afro-brasileiros. Correspondem aos orixás*d dos iorubás*g.

REFERÊNCIAS BIBLIOGRÁFICAS

1. DICIONÁRIOS E ENCICLOPÉDIAS

Amaral Azevedo, A.C. do. *Dicionário de nomes, termos e conceitos históricos*. 4 ed. Rio de Janeiro: Lexikon, 2012.
Attwater, D. *Dicionário dos santos*. São Paulo: Art, 1991.
Ausubel, N. *Conhecimento judaico*. 2 v. Rio de Janeiro: A. Koogan, 1989.
Bonnasie, P. *Dicionário de história medieval*. Lisboa: Privat, 1995.
Brandão, J. *Dicionário de mitologia grega*. 3 v. Petrópolis, RJ: Vozes, 1985/1987.
_____. *Dicionário mítico-etimológico da mitologia grega*. 2 v. Petrópolis, RJ: Vozes, 1991.
Chélini, J. *Histoire religieuse de l'Occident médiéval*. Paris: Hachette/Pluriel, 1991.
Cid, C./Riu, M./Castillo, A. *Historia de las religiones*. Barcelona: Ramon Sopena, 1969.
Daremberg/Saglio. *Dictionnaire des antiquités grecque et romaine*. Paris: Hachette, 1877/1919.
Delumeau, J. (dir.). *As grandes religiões do mundo*. Lisboa: Presença, 1997.
Eliade, M./Couliano, I.P. *Dictionnaire des religions*. Paris: Plon, 1990.
Enciclopaedia Universallis. *Dictionnaire de l'Islam, religion et civilisation*. Paris: Albin Michel, 1997.
Frédéric, L. *Dictionnaire de la civilisation indienne*. Paris: R. Lafont/Bouquins, 1987.
Gerard, A.M. *Dictionnaire de la Bible*. Paris: R. Lafont/Bouquins, 1989.
Ghérhards, A. *Dictionnaire des ordres religieux*. Paris: Fayard, 1998.
Grimal, P. *Dicionário de mitologia grega e romana*. Lisboa: Difel, 1993.
Harvey, P. *Dicionário Oxford de literatura clássica*. Rio de Janeiro: Jorge Zahar, 1987.
Horaval, Y. *Dictionnaire de la civilisation musulmane*. Paris: Larousse, 2001.
Lavedan, P. *Dictionnaire illustré de la mythologie et des antiquités grecque et romaine*. Paris: Hachette, 1952.
Lehman, Y. (dir.). *Religions de l'antiquité*. Paris: PUF, 1999.
Lenoir, E./Masquelier, Y. *Encyclopédie des religions*. 2 v. Paris: Bayard, 1997.
Levillain, Ph. *Dictionnaire historique de la papauté*. Paris: Fayard, 1995.
Loyn, H.R. (org.). *Dicionário da Idade Média*. Rio de Janeiro: Jorge Zahar, 1990.
Lurker, M. *Dicionário de deuses e demônios*. São Paulo: Martins Fontes, 1993.
Mathieu-Rosay, J. *Dictionnaire du christianisme*. Alleur, Belgique: Marabout, 1990.
Mazenod, L./Shoeller, G. *Dictionnaire des femmes célèbres*. Paris: R. Lafont/Bouquins, 1992.
Moure, M. *Dictionnaire encyclopédique de Histoire*. 5 v. Paris: Bordas, 1996.

NELLI, R. *Dictionnaire des héresies méridionales*. Paris: Privat, 1968.
PIKE, E.R. *Encyclopaedia of Religion and Religions*. London: George Allen and Unwin, 1951.
PLUME, CH./PASQUINI, X. *Encyclopédie des sectes dans le monde*. Nice: A. Lefeuvre, 1980.
PONT-HUMBERT, M. *Dictionnaire des symboles, des rites et des croyences*. Paris: Lattés, 1995.
POSENER, H. *Dictionnaire de la civilisation egyptienne*. Paris: Hazan, 1959.
POUPARD, P. (org.) *Dictionnaire des religions*. Paris: PUF, 1985.
PUCH, H.CH. (dir.). *Histoire des religions*. 3 v. Paris: Pleiade/Gallimard, 1970/1976.
ROTH, C. *Enciclopédia judaica*. 3 v. Rio de Janeiro: Tradição, 1967.
ROTH, C./WIGODER, G. (ed.). *Encyclopaedia Judaica*. 16 v. Jerusalém: Keter, 1972.
SANTIDRIÁN, P.R. *Diccionario de las religiones*. Madrid: Alianza, 1989.
SOURDEL, D. e J. *Dictionnaire historique de l'Islam*. Paris: PUF, 1996.
THIOLLIER, M.M. *Dictionnaire des réligions*. Paris: Sycomore: Asiathèque, 1980.
UNTERMAN, A. *Dicionário judaico de lendas e tradições*. Rio de Janeiro: Jorge Zahar, 1992.
VAINFAS R. (dir.). *Dicionário do Brasil colonial*. Rio de Janeiro: Objetiva, 2000.
VERNETTE, J./MONCELON, C. *Dictionnaire des groupes religieux d'aujoud'hui*. Paris: PUF, 1995.
VOISIN, J.L. (dir.) *Dictionnaire des personages historiques*. [s.l.]: Fallois, 1995.

2. OBRAS GERAIS

AMADO, J. *Conflito social no Brasil: a revolta dos Mucker*. São Paulo: Duas Cidades, 1978.
ARVON, H. *Le Bouddhisme*. 15 ed. Paris: PUF, 1994.
AZRIA, R. *O judaísmo*. Bauru, SP: EDUSC, 2000.
BARBIER, M. *La Laïcité*. Paris: L'Har-mattan, 1995.
BARYLKO, J. *Introducción al judaísmo*. Buenos Aires: Fleishman & Fischbein, 1977.
BOLTON, B. *A Reforma na Idade Média*. Lisboa: Edições 70, 1983.
BURKERT, W. *Religião grega na época clássica e arcaica*. Lisboa: Fundação Calouste Gulbenkian, 1993.
CHAMPEAUX, J. *La Religion romaine*. Paris: Librairie Générale Française, 1998.
CLÉMENT, O. *L'Église Orthodoxe*. 6 ed. Paris: PUF, 1998.
COHN, N. *Démonolâitrie et sorcellerie au Moyen Âge*. Paris: Payot, 1982.
COHN, N. *Na senda do milênio*. Lisboa: Presença, 1980.
DELLA CAVA, R. *Milagre em Joaseiro*. São Paulo: Paz e Terra, 1976.
DIMONT, M.I. *Jews, God and History*. Chicago: Signet, 1962.
ERMAN, A. *La Religion des égyptiens*. Paris: Payot, 1937.
FAURE, P. *Les Anges*. Paris: CERF, 1988.
FLEG, E. *Anthologie juive*. Paris: Flammarion, 1954.
FLUSSER, D. *O Judaísmo e as origens do cristianismo*. Rio de Janeiro: Imago, 2000.
FRANKFORT, H. *Reyes y dioses*. Madrid: Alianza, 1993.
GLATZER, N.N. *The Judaic Tradition*. New York: Behrman House, 1969.
GOLDBERG, D.J./RAYNER, J.D. *Os judeus e o judaísmo*. Rio de Janeiro: Xenon, 1989.
GRABAR, A. *L'Iconoclasme byzantin*. Paris: Flammarion, 1998.
HALM, H. *Le Chiisme*. Paris: PUF, 1995.
HERTZBERG, A. *Judaism*. New York: G. Braziller, 1962.

Holtz, B.W. (ed.). *Back to the Sources*. New York: Summit Books, 1984.
Jomier, J. *Islamismo: história e doutrina*. Petrópolis, RJ: Vozes, 1993.
Lanternari, V. *As religiões dos oprimidos*. São Paulo: Perspectiva, 1974.
Lecler, J. *Histoire de la tolérance au siècle de la Reforme*. Paris: Albin Michel, 1994.
Levine, R.M. *O Sertão prometido: O massacre de Canudos*. São Paulo: EDUSP, 1995.
Lewin, B. *La Inquisición en HispanoAmerica*. Buenos Aires: Paidos, 1967.
Macek, J. *La revolución husita*. Madrid: Siglo Veintiuno, 1975.
Mayer, J.F. *Les Sectes*. Paris: CERF, 1987.
Mello e Souza, L. de. *O Diabo e a Terra de Santa Cruz*. São Paulo: Companhia das Letras, 1987.
Mervin, S. *Histoire de l'Islam: Doctrines et fondements*. Paris: Flammarion, 2000.
Metraux, A. *Le Vaudou haitien*. Paris: Gallimard, 1958.
Mullet, M. *A Contrarreforma*. Lisboa: Gradiva, 1985.
Neusner, J. *Self-Fulfilling Prophecy*. Boston: Beacon Press, 1987.
Niel, F. *Albigeois et cathares*. 10 ed. Paris: PUF, 1983.
Nigel, D. *The Aztecs*. [s.l.]: Macmillan, 1973.
Novinsky, A. *A Inquisição*. São Paulo: Brasiliense, 1988.
Pagels, E. *As Origens de Satanás*. Rio de Janeiro: Ediouro, 1995.
Pereira de Queiroz, M. I. *O messianismo no Brasil e no mundo*. São Paulo: Alfa-Ômega, 1976.
Perrin, M. *Le Chamanisme*. Paris: PUF, 1995.
Rosenberg, R.A. *Guia conciso do judaísmo*. Rio de Janeiro: Imago, 1989.
Ruelland, J.G. *Histoire de la guerre sainte*. Paris: PUF, 1993.
Scopello, M. *Les Gnostiques*. Paris: CERF, 1991.
Steinsaltz, A. *O Talmud essencial*. Rio de Janeiro: A. Koogan, 1989.
Tardieu, M. *Le Manichéisme*. 2 ed. Paris: PUF, 1997.
Traunecker, C. *Os deuses do Egito*. Brasília: UNB, 1995.
Turcan, R. *Les Cultes orientaux dans le monde romain*. 2 ed. Paris: Belles Lettres, 1992.
Vaneigem, R. *Les Hérésies*. Paris: PUF, 1994.
Vazeilles, D. *Les Chamanes*. Paris: CERF, 1991.
Vernette, J. *Les Sectes*. Paris: PUF, 1993.

3. CULTOS AFRO-BRASILEIROS

Bastide, R. *As religiões africanas no Brasil*. 2 v. São Paulo: Pioneira/EDUSP, 1971.
Cacciatore, O.G. *Dicionário de cultos afro-brasileiros*. Rio de Janeiro: Forense, 1977.
Câmara Cascudo, L. da. *Dicionário do folclore brasileiro*. São Paulo: Melhoramentos, 1976.
Crós, C.R. *La Civilisation afro-brésilienne*. Paris: PUF, 1997.
Pierucci, A.F. "Religiões afro-brasileiras: religiões dos orixás". In: *O Livro das religiões*. São Paulo: Companhia das Letras, 2000.
Sangirardi Jr. *Deuses da África e do Brasil*. Rio de Janeiro: Civilização Brasileira, 1988.
Valente, W. *Sincretismo religioso afro-brasileiro*. São Paulo: Brasiliana/Companhia Editora Nacional, 1971.

Este livro foi impresso no Rio Grande do Sul, em agosto de 2012, pela
Edelbra Gráfica para a Lexikon Editora.
As fontes usadas são: a Calibri para a entrada
e a LeMonde Livre no corpo dos verbetes, em corpo 8,5/10.
O papel do miolo é offset 63g/m² e o da capa é cartão 250g/m².